公路工程试验检测人员考试复习指南

（二）《公路》《材料》

黎 霞 主编
李宇峙 主审

人民交通出版社

内 容 提 要

本书根据最新《公路工程试验检测人员考试大纲》编写，以考试大纲要求为主线，对考试要点进行了提炼。《公路》科目内容包括公路工程质量检验与评定标准、沥青混合料与水泥混凝土、路面基层与底基层材料、公路路基路面现场检测试验方法；《材料》科目包括土工试验、土工合成材料、集料、钢材、石料、水泥混凝土及砂浆、沥青及沥青混合料、无机结合料。

本书可供公路工程试验检测考试人员复习备考使用，也可供从事公路工程试验检测的人员在工作中参考。

图书在版编目(CIP)数据

公路工程试验检测人员考试复习指南.2,公路、材料/黎霞主编.—北京：人民交通出版社,2013.5

ISBN 978-7-114-10590-6

Ⅰ. ①公… Ⅱ. ①黎… Ⅲ. ①道路工程—试验—资格考试—自学参考资料②道路工程—检测—资格考试—自学参考资料③道路工程—工程材料—材料试验—资格考试—自学参考资料④道路工程—工程材料—检测—资格考试—自学参考资料 Ⅳ. ①U41

中国版本图书馆CIP数据核字(2013)第088832号

书　　名：公路工程试验检测人员考试复习指南(二)《公路》《材料》
著 作 者：黎　霞
责任编辑：曲　乐　刘永超
出版发行：人民交通出版社
地　　址：(100011)北京市朝阳区安定门外外馆斜街3号
网　　址：http://www.ccpress.com.cn
销售电话：(010)59757973
总 经 销：人民交通出版社发行部
经　　销：各地新华书店
印　　刷：北京盈盛恒通印刷有限公司
开　　本：787×1092　1/16
印　　张：30.75
字　　数：749千
版　　次：2013年5月　第1版
印　　次：2014年4月　第2次印刷
书　　号：ISBN 978-7-114-10590-6
定　　价：65.00元

前　言

高等级公路的飞速发展以及试验检测设备和技术的快速更新，对高等级公路建设和管理水平提出了更高的要求。同时，由于试验检测是工程质量控制与评判的基础，试验检测数据的规范、客观、公正、准确直接关系到工程的质量，公路工程试验检测工作更显重要，对参加试验检测和管理工作的技术人员的要求更高。为了贯彻实施交通运输部《公路水运工程试验检测管理办法》，不断提升试验检测人员检测技术实力和水平，进一步规范试验检测人员的管理，满足公路工程试验检测人员业务考试的需要，特编写本套复习指南。

本套复习指南按《公路水运工程试验检测人员考试大纲》(2013 版)中的科目设置分为三册，第一册为《公共基础》；第二册为《公路》、《材料》；第三册为《桥梁》、《隧道》。

本套复习指南由黎霞教授主编，李宇峙教授主审。其中第一册《公共基础》由长沙理工大学高燕希、黎霞编写。第二册《公路》中第一章、第三章～第五章由长沙理工大学黎霞编写，第二章由长沙理工大学黄云涌编写；《材料》中第一章和第八章由长沙理工大学高燕希、黎霞编写，第二章～第四章、第六章和第七章由长沙理工大学黄云涌编写，第五章由长沙理工大学黎霞编写。第三册《桥梁》中第一章和第二章由长沙理工大学蔡长丰编写，第三章和第四章由长沙理工大学肖常青编写；《隧道》中第一～第五章由长沙理工大学张庆彬编写，第六章～第八章由长沙理工大学肖常青编写。

在编写过程中，参考了有关标准、规范、试验规程、教材和论著等，在此谨向有关编者表示衷心感谢！由于编者水平有限，书中缺陷和不妥之处在所难免，敬请各位专家和同仁提出宝贵意见，以便进一步修改完善。

主编

2013 年 4 月

目 录

第一篇 公 路

第二篇　材　　料

第一篇　公　　路

第一章　公路工程质量检验与评定标准

主要内容：

本章主要介绍道路工程质量检验评定方法，路基路面工程施工质量的基本要求、检查项目和外观鉴定及检查项目的规定值和允许偏差、检查方法、频率和权值。

第一节　公路工程质量检验评定方法

复习要点：

1. 单位、分部、分项工程的概念及划分方法。

2. 制定公路工程质量检验评定标准的目的和适用范围；关键项目、规定值和极值等概念；交竣工验收程序和内容。

3. 检验评定程序；分项工程质量检验内容；工程质量评分方法、工程质量等级评定；分项工程计分规定；工程质量鉴定内容、等级评定。

一、概述

为了加强公路工程质量管理，统一公路工程质量检验标准和评定标准，保证工程质量，交通运输部特制定《公路工程质量检验评定标准第二册　土建工程》（JTG F80/1—2004）（以下简称《标准》）。该《标准》是对公路工程质量进行管理、监控和验收的法规性技术文件，是检验评定公路工程质量和等级的标准尺度。

该标准适用于四级及四级以上公路新建、改建工程的质量检验评定，其环保、机电工程部分按相应具体规定执行。适用于公路工程施工单位、工程监理单位、建设单位、质量检测机构和质量监督部门对公路工程质量的管理、监控和检验评定。

公路工程质量检验评定应以该标准为准。质量标准与其他规范不一致时，宜以颁布年份最新者为准；在公路施工、质量管理和工程质量评定中，除应符合该标准外，尚应符合现行国家、交通运输部颁布的相关规范的规定。

根据建设任务、施工管理和质量检验评定需要，应在施工准备阶段将建设项目划分为单位工程、分部工程、分项工程。施工单位、工程监理单位和建设单位应按相同的工程项目划分进行工程质量的监控和管理。

1. 单位工程

在建设项目中，根据签订的合同，具有独立施工条件的工程。单位工程分为路基工程、路面工程、桥梁工程（特大、大、中桥）、互通立交工程、隧道工程和交通安全设施六类。

2. 分部工程

在单位工程中，按结构部位、路段长度及施工特点或施工任务划分若干个分部工程。

3. 分项工程

在分部工程中，按不同的施工方法、材料、工序及路段长度等划分为若干个分项工程。

施工单位应对各分项工程，按《标准》所列基本要求、实测项目和外观鉴定进行自检，按"分项工程质量检验评定表"及相关施工技术规范提交真实、完整的自查资料，对工程质量进行自我评定；工程监理单位应按规定要求对工程质量进行独立抽检，对施工单位检评资料进行签认，对工程质量进行评定；建设单位根据对工程质量的检查及平时掌握的情况，对工程监理单位所做的工程质量评分及等级进行审定；质量监督部门、质量检测机构可根据该标准对公路工程质量进行检测评定。

路基、路面单位工程中分部和分项的划分内容详见表1-1-1。

路基、路面单位工程中分部及分项工程的划分 表1-1-1

单位工程	分部工程	分项工程
路基工程（每10km或每标段）	路基土石方工程*（1~3km路段）	土方路基*，石方路基*，软土地基*，土工合成材料处治层*等
	排水工程（1~3km路段）	管道基础及管节安装*，检查（雨水）井砌筑*，土沟，浆砌排水沟*，盲沟，跌水，急流槽*，水簸箕，排水泵站等
	小桥*（每座为单元）	基础及下部构造*，上部构造预制、安装或浇筑*，桥面*，栏杆，人行道等
	涵洞（1~3km路段）	管涵，盖板涵，箱涵*，拱涵，倒虹吸管，通道，顶入法施工的桥涵*等
	砌筑工程（1~3km路段）	挡土墙*，锚喷支护*，护坡，丁坝*等
	大型挡土墙*（每处为单元）	基础*，墙身*，面板预制*，面板安装*，加筋土挡土墙总体*等
路面工程（每10km或每标段）	路面工程*（1~3km路段）	底基层，基层*，面层*，垫层，联结层，路缘石，人行道，路肩等

注：1. 表内标注*号者为主要工程，评分时给予2分的权值，不带*号者为一般工程，权值为1。

2. 按路段长度划分的分部工程，高速公路、一级公路宜取低值，二级及二级以下公路可取高值。

二、工程质量评分方法

公路工程质量检验评定以分项工程为评定单元，采用100分制进行。在分项工程评分的基础上，逐级计算各相应分部工程、单位工程、合同段和建设项目评分值。

1. 分项工程评分方法

分项工程质量检验内容包括基本要求、实测项目、外观鉴定和质量保证资料四个部分，只有在其使用的原材料、半成品、成品及施工工艺符合基本要求的规定且无严重的外观缺陷和质量保证资料真实并基本齐全时，才能对分项工程质量进行检验评定。

涉及结构安全和使用功能的重要实测项目为关键项目（在文中以"△"标识），其合格率不得低于90%（属于工厂加工制造的桥梁金属构件不低于95%，机电工程为100%），且检测值不得超过规定极值，否则必须进行返工处理。

实测项目的规定极值是指任一单个检测值都不能突破的极限值,不符合要求时该实测项目为不合格。

采用《标准》附录 B 至附录 I 所列的方法进行评定的关键项目,不符合要求时则该分项工程评为不合格。

分项工程的实测项目满分值之和为 100 分,按实测项目采用加权平均法计算。存在外观缺陷或资料不全时,须予减分。

$$分项工程得分 = \frac{\sum[检查项目得分 \times 权值]}{\sum 检查项目权值}$$

$$分项工程评分值 = 分项工程得分 - 外观缺陷减分 - 资料不全减分$$

(1)基本要求检查。

分项工程所列基本要求,对施工质量优劣具有关键作用,应按基本要求对工程进行认真检查。经检查不符合基本要求规定时,不得进行工程质量的检验和评定。

(2)实测项目计分。

对规定检查项目采用现场抽样方法,按照规定频率和下列计分方法对分项工程的施工质量直接进行检测计分。

检查项目除按数理统计方法评定的项目以外,均应按单点(组)测定值是否符合标准要求进行评定,并按合格率计分。

$$检查项目合格率(\%) = \frac{检查合格的点(组)数}{该检查项目的全部检查点(组)数} \times 100$$

$$检查项目得分 = 检查项目合格率 \times 100$$

对于路基路面压实度、弯沉值、路面结构层厚度、水泥混凝土抗压和抗弯强度、半刚性材料强度等检查项目,则分别采用有关数理统计方法进行评定计分。

(3)外观缺陷减分。

对工程外表状况应逐项进行全面检查,如发现外观缺陷,应进行减分。对于较严重的外观缺陷,施工单位须采取措施进行整修处理。

(4)资料不全减分。

分项工程的施工资料和图表残缺,缺乏最基本的数据,或有伪造涂改者,不予检验和评定。资料不全者应予减分,减分幅度可按照《标准》所列各款逐款检查,视资料不全程度,每款扣 1~3分。

2. 分部工程和单位工程评分

《标准》附录 A 所列分项工程和分部工程区分为一般工程和主要(主体)工程,分别给以 1 和 2 的权值。进行分部工程和单位工程评分时,采用加权平均值计算法确定相应的评分值。

$$分部(单位)工程评分值 = \frac{\sum[分项(分部)工程评分 \times 相应权值]}{\sum 分项(分部)工程权值}$$

3. 合同段和建设项目工程质量评分

合同段和建设项目工程质量的评分值按《公路工程竣(交)工验收办法》计算。

$$合同段工程质量得分 = \frac{\sum[单位工程得分 \times 单位工程投资额]}{\sum 单位工程投资额}$$

$$合同段工程质量鉴定得分 = 合同段工程质量得分 - 内业资料扣分$$

$$建设项目工程质量评分值=\frac{\Sigma[合同段工程质量鉴定得分\times合同段工程投资额]}{\Sigma合同段工程投资额}$$

4. 施工单位应提交的质量保证资料

施工单位应有完整的施工原始记录、试验数据、分项工程自查数据等质量保证资料，并进行整理分析，负责提交齐全、真实和系统的施工资料和图表。工程监理单位负责提交齐全、真实和系统的监理资料。质量保证资料包括以下六个方面：

(1)所用原材料、半成品和成品质量检验结果。

(2)材料配比、拌和加工控制检验和试验数据。

(3)地基处理和隐蔽工程施工记录以及大桥、隧道施工监控资料。

(4)各项质量控制指标的试验记录和质量检验汇总图表。

(5)施工过程中遇到的非正常情况记录及其对工程质量影响分析。

(6)施工中如发生质量事故，经处理补救后，达到设计要求的认可证明文件。

三、工程质量等级评定方法

工程质量评定等级分为合格和不合格，应按分项工程、分部工程、单位工程、合同段和建设项目逐级评定。

1. 分项工程质量等级评定

分项工程评分值不小于75分者为合格，小于75分者为不合格；机电工程、属于工厂加工制造的金属构件不小于90分者为合格，小于90分者为不合格。

评定为不合格的分项工程，经加固、补强或返工、调测，当满足设计要求和评定标准后，可以重新评定其质量等级，但计算分部工程评分值时按其复评分值的90%计算。

2. 分部工程质量等级评定

若所属各分项工程全部合格，则该分部工程评为合格；若所属任一分项工程不合格，则该分部工程为不合格。

3. 单位工程质量等级评定

若所属各分部工程全部合格，则该单位工程评为合格；若所属任一分部工程不合格，则该单位工程为不合格。

4. 合同段和建设项目质量等级评定

合同段和建设项目所含单位工程全部合格，其工程质量等级为合格；所属任一单位工程不合格，则合同段和建设项目为不合格。

四、检测项目评定方法

1. 路基、路面压实度评定

(1)路基和路面基层、底基层的压实度以重型击实标准为准。沥青层压实度以《公路沥青路面施工技术规范》(JTG F40—2004)的规定为准。

对于特殊干旱、潮湿地区或过湿土，以路基设计施工规范规定的压实度标准进行评定。

(2)标准密度应作平行试验,求其平均值作为现场检验的标准值。对于均匀性差的路基土质和路面结构层材料,应根据实际情况增补标准密度试验,求得相应的标准值,以控制和检验施工质量。

(3)路基、路面压实度以1~3km长的路段为检验评定单元,按本标准各有关章节要求的检测频率进行现场压实度抽样检查,求算每一测点的压实度 K_i。细粒土现场压实度检查可以采用灌砂法或环刀法;粗粒土及路面结构层压实度检查可以采用灌砂法、水袋法或钻孔取样蜡封法。应用核子密度仪时,须经对比试验检验,确认其可靠性。

检验评定段的压实度代表值 K(算术平均值的下置信界限)为:

$$K = \bar{k} - \frac{t_\alpha}{\sqrt{n}} S \geq K_0 \tag{1-1-1}$$

式中:$\bar{k}$——检验评定段内各测点压实度的平均值;

t_α——t 分布表中随测点数和保证率(或置信度 α)而变的系数;t_α 见表1-1-2。

采用的保证率:高速公路、一级公路:基层、底基层为99%,路基、路面面层为95%;其他公路:基层、底基层为95%,路基、路面面层为90%;

S——检测值的标准差;

n——检测点数;

K_0——压实度标准值。

路基、基层和底基层:$K \geq K_0$,且单点压实度 K_i 全部大于等于规定值减2个百分点时,评定路段的压实度合格率为100%;当 $K \geq K_0$,且单点压实度全部大于等于规定极值时,按测定值不低于规定值减2个百分点的测点数计算合格率。

$K < K_0$ 或某一单点压实度 K_i 小于规定极值时,该评定路段压实度为不合格,相应分项工程评为不合格。

路堤施工段落短时,分层压实度应点点符合要求,且样本数不少于6个。

沥青面层:当 $K \geq K_0$ 且全部测点大于等于规定值减1个百分点时,评定路段的压实度合格率为100%;当 $K \geq K_0$ 时,按测定值不低于规定值减1个百分点的测点数计算合格率。

$K < K_0$ 时,评定路段的压实度为不合格,相应分项工程评为不合格。

$t_\alpha/\sqrt{n}$ 值　　表1-1-2

n \ 保证率	99%	95%	90%	n \ 保证率	99%	95%	90%
2	22.501	4.465	2.176	21	0.552	0.376	0.289
3	4.021	1.686	1.089	22	0.537	0.367	0.282
4	2.270	1.177	0.819	23	0.523	0.358	0.275
5	1.676	0.953	0.686	24	0.510	0.350	0.269
6	1.374	0.823	0.603	25	0.498	0.342	0.264
7	1.188	0.734	0.544	26	0.487	0.335	0.258
8	1.060	0.670	0.500	27	0.477	0.328	0.253
9	0.966	0.620	0.466	28	0.467	0.322	0.248
10	0.892	0.580	0.437	29	0.458	0.316	0.244

续上表

保证率 / n	99%	95%	90%	保证率 / n	99%	95%	90%
11	0.833	0.546	0.414	30	0.449	0.310	0.239
12	0.785	0.518	0.393	40	0.383	0.266	0.206
13	0.744	0.494	0.376	50	0.340	0.237	0.184
14	0.708	0.473	0.361	60	0.308	0.216	0.167
15	0.678	0.455	0.347	70	0.285	0.199	0.155
16	0.651	0.438	0.335	80	0.266	0.186	0.145
17	0.626	0.423	0.324	90	0.249	0.175	0.136
18	0.605	0.410	0.314	100	0.236	0.166	0.129
19	0.586	0.398	0.305	>100	$\frac{2.3265}{\sqrt{n}}$	$\frac{1.6449}{\sqrt{n}}$	$\frac{1.2815}{\sqrt{n}}$
20	0.568	0.387	0.297				

2. 水泥混凝土弯拉强度评定

(1)混凝土弯拉强度试验方法应使用标准小梁法或钻芯劈裂法，试件使用标准方法制作，标准养生时间28d。高速公路和一级公路每工作班制作2～4组：日进度≥1 000m取4组≥500m取3组，<500m取2组。其他公路每工作班制作1～3组：日进度≥1 000m取3组，≥500m取2组，<500m取1组。每组3个试件的平均值作为一个统计数据。

(2)混凝土弯拉强度的合格标准。

①试件组数大于10组时，平均弯拉强度合格判断式为：

$$f_{cs} \geq f_r + K\sigma \tag{1-1-2}$$

式中：f_{cs}——混凝土合格判定平均弯拉强度(MPa)；

f_r——设计弯拉强度标准值(MPa)；

K——合格判定系数(表1-1-3)；

σ——强度标准差。

合格判定系数 表1-1-3

试件组数 n	11～14	15～19	≥20
K	0.75	0.70	0.65

当试件组数为11～19组时，允许有一组最小弯拉强度小于$0.85f_r$，但不得小于$0.80f_r$。当试件组数大于20组时，其他公路允许有一组最小弯拉强度小于$0.85f_r$，但不得小于$0.75f_r$；高速公路和一级公路均不得小于$0.85f_r$。

②试件组数等于或少于10组时，试件平均强度不得小于$1.10f_r$，任一组强度均不得小于$0.85f_r$。

(3)当标准小梁合格判定平均弯拉强度f_{cs}和最小弯拉强度f_{min}中有一个不符合上述要求时，应在不合格路段每公里每车道钻取3个以上ϕ150mm的芯样，实测劈裂强度，通过各自工程的经验统计公式换算弯拉强度，其合格判定平均弯拉强度f_{cs}和最小值f_{min}必须合格，否则，应返工重铺。

(4)实测项目中，水泥混凝土弯拉强度评为不合格时相应分项工程评为不合格。

3. 水泥混凝土抗压强度评定

(1)评定水泥混凝土的抗压强度，应以标准养生28d龄期的试件为准。试件为边长150mm的立方体。试件3件为1组，制取组数应符合下列规定：

①不同强度等级及不同配合比的混凝土应在浇筑地点或拌和地点分别随机制取试件。

②浇筑一般体积的结构物(如基础、墩台等)时，每一单元结构物应制取2组。

③连续浇筑大体积结构时，每80~200m^{3}或每一工作班应制取2组。

④上部结构，主要构件长16m以下应制取1组，16~30m制取2组，31~50m制取3组，50m以上者不少于5组。小型构件每批或每工作班至少应制取2组。

⑤每根钻孔桩至少应制取2组；桩长20m以上者不少于3组；桩径大、浇筑时间很长时，不少于4组。如换工作班时，每工作班应制取2组。

⑥构筑物(小桥涵、挡土墙)每座、每处或每工作班制取不少于2组。当原材料和配合比相同、并由同一拌和站拌制时，可几座或几处合并制取2组。

⑦应根据施工需要，另制取几组与结构物同条件养生的试件，作为拆模、吊装、张拉预应力、承受荷载等施工阶段的强度依据。

(2)水泥混凝土抗压强度的合格标准。

①试件≥10组时，应以数理统计方法按下述条件评定：

$$R_n - K_1 S_n \geq 0.9R \quad (1\text{-}1\text{-}3)$$

$$R_{\min} \geq K_2 R \quad (1\text{-}1\text{-}4)$$

式中：n——同批混凝土试件组数；

R_n——同批n组试件强度的平均值(MPa)；

S_n——同批n组试件强度的标准差(MPa)，当$S_n < 0.06R$时，取$S_n = 0.06R$；

R——混凝土设计强度等级(MPa)；

$R_{\min}$——n组试件中强度最低一组的值(MPa)；

K_1、K_2——合格判定系数，见表1-1-4。

K_1、K_2的值 表1-1-4

N	10~14	15~24	≥25
K_1	1.70	1.65	1.60
K_2	0.9	0.85	

②试件<10组时，可用非统计方法按下述条件进行评定：

$$R_n \geq 1.15R$$

$$R_{\min} \geq 0.95R$$

(3)实测项目中，水泥混凝土抗压强度评为不合格时相应分项工程为不合格。

4. 喷射混凝土抗压强度评定

(1)喷射混凝土抗压强度系指在喷射混凝土板件上，切割制取边长为100mm的立方体试件，在标准养护条件下养生至28d，用标准试验方法测得的极限抗压强度，乘以0.95的系数。

(2)双车道隧道每10延米，至少在拱脚部和边墙各取1组(3个)试件。

其他工程，每喷射50m^3~100m^{3}混合料或小于50m^{3}混合料的独立工程，不得少于1组。

材料或配合比变更时需重新制取试件。

(3)喷射混凝土强度的合格标准。

①同批试件组数 $n \geqslant 10$ 时

试件抗压强度平均值不低于设计值；

任一组试件抗压强度不低于0.85设计值。

②同批试件组数 $n < 10$ 时

试件抗压强度平均值不低于1.05设计值；

任一组试件抗压强度不低于0.9设计值。

(4)实测项目中，喷射混凝土抗压强度评为不合格时相应分项工程为不合格。

5. 水泥砂浆强度评定

(1)评定水泥砂浆的强度，应以标准养生28d的试件为准。试件为边长70.7mm的立方体。试件6件为1组，制取组数应符合下列规定：

①不同强度等级及不同配合比的水泥砂浆应分别制取试件，试件应随机制取，不得挑选。

②重要及主体砌筑物，每工作班制取2组。

③一般及次要砌筑物，每工作班可制取1组。

④拱圈砂浆应同时制取与砌体同条件养生试件，以检查各施工阶段强度。

(2)水泥砂浆强度的合格标准

①同强度等级试件的平均强度不低于设计强度等级。

②任意一组试件的强度最低值不低于设计强度等级的75%。

③实测项目中，水泥砂浆强度评为不合格时相应分项工程为不合格。

6. 半刚性基层和底基层材料强度评定

(1)半刚性基层和底基层材料强度，以规定温度下保湿养生6d、浸水1d后的7d无侧限抗压强度为准。

(2)在现场按规定频率取样，按工地预定达到的压实度制备试件。每2 000m^2或每工作班制备1组试件：不论稳定细粒土、中粒土或粗粒土，当多次偏差系数 $C_v \leqslant 10\%$ 时，可为6个试件；$C_v = 10\% \sim 15\%$ 时，可为9个试件；$C_v > 15\%$ 时，则需13个试件。

(3)试件的平均强度 $\bar{R}$ 应满足下式要求：

$$\bar{R} \geqslant R_d/(1 - Z_\alpha(C_v) \tag{1-1-5}$$

式中：R_d——设计抗压强度(MPa)；

C_v——试验结果的偏差系数(以小数计)；

Z_α——标准正态分布表中随保证率而变的系数。高速、一级公路：保证率95%，$Z_\alpha = 1.645$；其他公路：保证率90%，$Z_\alpha = 1.282$。

(4)评定路段内半刚性材料强度评为不合格时相应分项工程为不合格。

7. 路面结构层厚度评定

(1)评定路段内路面结构层厚度按代表值和单个合格值的允许偏差进行评定。

(2)按规定频率，采用挖验或钻取芯样测定厚度。

(3)厚度代表值为厚度的算术平均值的下置信界限值，即：

$$X_L = \bar{X} - \frac{t_\alpha}{\sqrt{n}}S \tag{1-1-6}$$

式中：X_L——厚度代表值（算术平均值的下置信界限）；

$\bar{X}$——厚度平均值；

S——标准差；

n——检测点数；

t_α——t 分布表中随测点数和保证率（或置信度 α）而变的系数，可查表 1-1-2。

采用的保证率：

高速、一级公路：基层、底基层为 99%，面层为 95%。

其他公路：基层、底基层为 95%，面层为 90%。

（4）当厚度代表值大于等于设计厚度减去代表值允许偏差时，则按单个检查值的偏差不超过单点合格值来计算合格率；当厚度代表值小于设计厚度减去代表值允许偏差时，相应分项工程评为不合格。

（5）沥青面层一般按沥青铺筑层总厚度进行评定，高速公路和一级公路分 2～3 层铺筑时，还应进行上面层厚度检查和评定。

8. 路基、柔性基层、沥青路面弯沉值评定

（1）弯沉值用贝克曼梁或自动弯沉仪测量。每一双车道评定路段（不超过 1km）检查 80～100 个点，多车道公路必须按车道数与双车道之比，相应增加测点。

（2）弯沉代表值为弯沉测量值的上波动界限，用下式计算：

$$l_r = \bar{l} + Z_\alpha S$$

式中：l_r——弯沉代表值（0.01mm）；

$\bar{l}$——实测弯沉的平均值；

S——标准差；

Z_α——与要求保证率有关的系数，见表 1-1-5。

Z_α 值表　　表 1-1-5

层　　位	高速公路、一级公路	二、三级公路
沥青面层	1.645	1.5
路基	2.0	1.645

（3）当路基和柔性基层、底基层的弯沉代表值不符合要求时，可将超出 $\bar{l}$（(2～3)S 的弯沉特异值舍弃，重新计算平均值和标准差。对舍弃的弯沉值大于 $\bar{l}$ + (2～3)S 的点，应找出其周围界限，进行局部处理。

用两台弯沉仪同时进行左右轮弯沉值测定时，应按两个独立测点计，不能采用左右两点的平均值。

（4）弯沉代表值大于设计要求的弯沉值时相应分项工程为不合格。

（5）测定时的路表温度对沥青面层的弯沉值有明显影响，应进行温度修正。当沥青层厚度小于或等于 50mm 时，或路表温度在（20±2）℃范围内，可不进行温度修正。

若在非不利季节测定时，应考虑季节影响系数。

9. 路面横向力系数评定

（1）评定路段内的路面横向力系数按 SFC 的设计或验收标准值进行评定。

（2）SFC 代表值为 SFC 算数平均值的下置信界限值，即：

$$SFC_r = \overline{SFC} - \frac{t_\alpha}{\sqrt{n}}S$$

式中：SFC_r——SFC 代表值；

$\overline{SFC}$——SFC 平均值；

S——标准差；

n——检测点数；

t_α——t 分布表中随测点数和保证率（或置信度 α）而变的系数，可查表 1-1-2。

采用的保证率：高速公路、一级公路为 95%；其他公路为 90%。

(3) 当 SFC 代表值不小于设计或验收标准时，按单个 SFC 值计算合格率；当 SFC 代表值小于设计或标准值时，相应分项工程评为不合格。

第二节　路基土石方工程质量检查项目

复习要点：

1. 软土地基处治、土工合成材料处治层的基本要求；土方路基、石方路基的外观鉴定；软土地基处治、土工合成材料处治层的实测项目。

2. 一般规定；土方路基、石方路基的基本要求和实测项目；软土地基处治、土工合成材料处治层的实测关键项目。

3. 土方路基、石方路基的实测关键项目。

一、一般规定

(1) 土方路基和石方路基实测项目技术指标的规定值或允许偏差按高速公路、一级公路和其他公路（指二级及以下公路）两种情况设定，其中土方路基压实度按高速公路和一级公路、二级公路、三级和四级公路三种情况设定。

(2) 土方路基和石方路基实测项目规定的检查频率，如果检查路段以延米计时，则为双车道公路每一检查段内的最低检查频率，多车道公路必须按车道数与双车道之比，相应增加检查数量。

(3) 路基压实度指标须分层检测，并符合《标准》附录 B 规定。路基其他检查项目均在路基顶面进行检查测定。

(4) 路肩工程可作为路面工程的一个分项工程进行检查评定。

(5) 服务区停车场、收费广场的土方工程压实标准可按土方路基要求进行监控。

二、土方路基

1. 基本要求

(1) 在路基用地和取土坑范围内，认真清除地表植被、杂物、积水、淤泥和表土，处理坑塘，并按规范和设计要求对基底进行压实。

(2)路基填料应符合规范和设计的规定,经认真调查、试验后合理选用。

(3)路基必须分层填筑压实,每层表面平整,路拱合适,排水良好。

(4)施工临时排水系统应与设计排水系统结合,避免冲刷边坡,勿使路基附近积水。

(5)在设定取土区内合理取土,不得滥开滥挖。完工后应按要求对取土坑和弃土场进行修整,保持合理的几何外形。

2. 实测项目(表 1-1-6)

土方路基实测项目　　表 1-1-6

项次	检查项目			规定值或允许偏差			检查方法和频率	权值
				高速公路一级公路	其他公路			
					二级公路	三、四级公路		
1△	压实度(%)	零填及挖方(m)	0~0.30	—	—	≥94	按有关方法检查密度法;每 200m 每压实层测 4 处	3
			0~0.80	≥96	≥95	—		
		填方(m)	0~0.80	≥96	≥95	≥94		
			0.80~1.50	≥94	≥94	≥93		
			>1.50	≥93	≥92	≥90		
2△	弯沉(0.01mm)			不大于设计要求值			按有关方法(附录 I)检查	3
3	纵断高程(mm)			+10,-15	+10　-20		水准仪:每 200m 测 4 个断面	2
4	中线偏位(mm)			50	100		经纬仪:每 200m 测 4 点,弯道加 *HY*、*YH* 两点	2
5	宽度(mm)			符合设计要求			米尺:每 200m 测 4 处	2
6	平整度(mm)			15	20		3m 直尺:每 200m 测 2 处×10 尺	2
7	横坡(%)			±0.3	±0.5		水准仪:每 200m 测 4 个断面	1
8	边坡			符合设计要求			尺量:每 200m 测 4 处	1

注:1. 表列压实度以重型击实试验法为准,评定路段内的压实度下置信界限不得小于规定标准,单个测定值不得小于极值(表列规定值减 5 个百分点)。小于表列规定值 2~5 个百分点的测点,按其数量占总检查点的百分率计算减分值。
2. 采用核子仪检查压实度时应进行标定试验,确认其可靠性。
3. 特殊干旱、特殊潮湿的地区或过湿土路基,可按路基设计、施工规范所规定的压实度标准进行评定。
4. 三、四级公路铺筑沥青混凝土或水泥混凝土路面时,其压实度可采用二级公路标准。

3. 外观鉴定

(1)路基表面平整,边线直顺,曲线圆滑。不符合要求时,单向累计长度每 50m 减 1~2 分。

(2)边坡坡面平顺稳定、不得亏坡,曲线圆滑。不符合要求时,单向累计长度每 50m 减 1~2分。

(3)取土坑、弃土堆、护坡道、碎落台的位置适当、外形整齐、美观,防止水土流失。不符合要求时,每处减 1~2 分。

三、石方路基

1. 基本要求

(1)石方路堑的开挖宜采用光面爆破法。爆破后应及时清理险石、松石,确保边坡安全、稳定。

(2)修筑填石路堤时,应认真进行地表处理,逐层水平填筑石块,摆放平稳,码砌边部。填筑层厚度及石块尺寸应符合设计和施工规范规定。填石空隙用石渣或石屑嵌压稳定。上、下路床填料和石料最大尺寸应符合规范规定。采用振动压路机分层碾压,压至填筑层顶面石块稳定,20t 以上压路机振压两遍无明显高程差异。

(3)路基表面应整修平整。

2. 实测项目(表 1-1-7)

石方路基实测项目 表 1-1-7

<table>
<tr><th rowspan="2">项次</th><th rowspan="2" colspan="2">检查项目</th><th colspan="2">规定值或允许偏差</th><th rowspan="2">检查方法和频率</th><th rowspan="2">权值</th></tr>
<tr><th>高速公路
一级公路</th><th>其他公路</th></tr>
<tr><td>1</td><td colspan="2">压实度</td><td colspan="2">层厚和碾压遍数符合要求</td><td>查施工记录</td><td>3</td></tr>
<tr><td>2</td><td colspan="2">纵断高程(mm)</td><td>+10，-20</td><td>+10，-30</td><td>水准仪:每 200m 测 4 个断面</td><td>2</td></tr>
<tr><td>3</td><td colspan="2">中线偏差(mm)</td><td>50</td><td>100</td><td>经纬仪:每 200m 测 4 点,弯道加 HY、YH 两点</td><td>2</td></tr>
<tr><td>4</td><td colspan="2">宽度(mm)</td><td colspan="2">符合设计要求</td><td>米尺:每 200m 测 4 处</td><td>2</td></tr>
<tr><td>5</td><td colspan="2">平整度(mm)</td><td>20</td><td>30</td><td>3m 直尺:每 200m 测 2 处 ×10 尺</td><td>2</td></tr>
<tr><td>6</td><td colspan="2">横坡(%)</td><td>±0.3</td><td>±0.5</td><td>水准仪:每 200m 测 4 个断面</td><td>1</td></tr>
<tr><td rowspan="2">7</td><td rowspan="2">边坡</td><td>坡度</td><td colspan="2">符合设计要求</td><td rowspan="2">每 200m 抽查 4 处</td><td rowspan="2">1</td></tr>
<tr><td>平顺度</td><td colspan="2">符合设计要求</td></tr>
</table>

注:土石混填路基压实度或固体体积率可根据实际可能性进行的检验,其他检测项目与石方路基相同。

3. 外观鉴定

(1)上边坡不得有松石。不符合要求,每处减 1 ~2 分。

(2)路基边线直顺,曲线圆滑。不符合要求时,单向累计长度每 50m 减 1 ~2 分。

四、软土地基处治

1. 基本要求

(1)换填地基:换填地基的填筑压实要求同土方路基。

(2)砂垫层:砂的质量和规格必须符合设计要求和规范规定;适当加水,分层压实;砂垫层宽度应宽出路基边脚 0.5 ~1.0m,两侧端以片石护砌;砂垫层厚度及其上铺设的反滤层应符合设计要求。

(3)反压护道:填筑材料、护道高度、宽度应符合设计要求,压实度不低于 90% 。

(4)袋装砂井、塑料排水板:砂的规格、质量、砂袋织物质量和塑料排水板质量必须符合设计要求;砂袋和塑料排水板下沉时不得出现扭结、断裂等现象;井(板)底高程必须符合设计要求,其顶端必须按规范要求伸入砂垫层。

(5)碎石桩:碎石材料应符合规范要求;应严格按试桩结果控制电流和振冲器的留振时间;分批加入碎石,注意振密挤实效果,防止发生“断桩”或“颈缩桩”。

(6)砂桩:砂料应符合规定要求;砂的含水率应根据成桩方法合理确定;应确保桩体连续、密实。

(7)粉喷桩:水泥强度等级应符合设计要求;根据成桩试验确定的技术参数进行施工;严格控制喷粉

时间、停粉时间和水泥喷入量,不得中断喷粉,确保喷粉桩长度;桩身上部范围内必须进行二次搅拌,确保桩身质量;发现喷粉量不足时,应整桩复打;喷粉中断时,复打重叠孔段应大于1m。

(8)软土地基上的路堤,应在施工过程中进行沉降观测和稳定性观测,并根据观测结果对路堤填筑速率和预压期等作必要调整。

2. 实测项目(表1-1-8～表1-1-11)

砂垫层实测项目　　表1-1-8

项　次	检查项目	规定值或允许偏差	检查方法和频率	权　值
1	砂垫层厚度	不小于设计	每200m检查4处	3
2	砂垫层宽度	不小于设计	每200m检查4处	1
3	反滤层设置	符合设计要求	每200m检查4处	1
4	压实度(%)	90	每200m检查4处	2

袋装沙井、塑料排水版实测项目　　表1-1-9

项　次	检查项目	规定值或允许偏差	检查方法和频率	权　值
1	井(板)间距(mm)	±150	抽查2%	2
2Δ	井(板)长度	不小于设计	查施工记录	3
3	竖直度(%)	1.5	查施工记录	2
4	砂井直径(mm)	+10,-0	挖验2%	1
5	灌砂量(%)	-5	查施工记录	2

碎石桩(砂桩)实测项目　　表1-1-10

项　次	检查项目	规定值或允许偏差	检查方法和频率	权　值
1	桩距(mm)	±150	抽查2%	1
2	桩径(mm)	不小于设计	查施工记录	2
3Δ	桩长(m)	不小于设计	查施工记录	3
4	竖直度(%)	1.5	查施工记录	2
5	灌石(砂)量	不小于设计	查施工记录	2

粉喷桩实测项目　　表1-1-11

项　次	检查项目	规定值或允许偏差	检查方法和频率	权　值
1	桩距(mm)	±100	抽查2%	1
2	桩径(mm)	不小于设计	抽查2%	2
3Δ	桩长(m)	不小于设计	查施工记录	3
4	竖直度(%)	1.5	查施工记录	1
5	单桩喷粉量	符合设计要求	查施工记录	3
6	强度(kPa)	不小于设计	抽查5%	3

3. 外观鉴定

砂垫层表面坑洼不平时，每处减1~2分。

五、土工合成材料处治层

1. 基本要求

(1)土工合成材料质量应符合设计要求，无老化、外观无破损、无污染。

(2)土工合成材料应紧贴下承层，按设计和施工要求铺设、张拉、固定。

(3)土工合成材料的接缝搭接、黏接强度和长度应符合设计要求，上、下层土工合成材料搭接缝应交替错开。

2. 实测项目(表1-1-12~表1-1-15)

加筋工程土工合成材料实测项目　　表1-1-12

项　次	检查项目	规定值或允许偏差	检查方法和频率	权　值
1	下承层平整度、拱度	符合设计、施工要求	每200m检查4处	1
2	搭接宽度(mm)	+50，-0	抽查2%	2
3	搭接缝错开距离(mm)	符合设计、施工要求	抽查2%	2
4	锚固长度(mm)	符合设计、施工要求	抽查2%	3

隔离工程土工合成材料实测项目　　表1-1-13

项　次	检查项目	规定值或允许偏差	检查方法和频率	权　值
1	下承层平整度、拱度	符合设计、施工要求	每200m检查4处	1
2	搭接宽度(mm)	+50，-0	抽查2%	2
3	搭接缝错开距离(mm)	符合设计、施工要求	抽查2%	2
4	搭接处透水点	不多于1个	每缝	3

过滤排水工程土工合成材料实测项目　　表1-1-14

项　次	检查项目	规定值或允许偏差	检查方法和频率	权　值
1	下承层平整度、拱度	符合设计、施工要求	每200m检查4处	1
2	搭接宽度(mm)	+50，-0	抽查2%	3
3	搭接缝错开距离(mm)	符合设计、施工要求	抽查2%	3

防裂工程土工合成材料实测项目　　表1-1-15

项　次	检查项目	规定值或允许偏差	检查方法和频率	权　值
1	下承层平整度、拱度	符合设计、施工要求	每200m检查4处	1
2	搭接宽度(mm)	≥50(横向) ≥150(纵向)	抽查2%	3
3	黏结力(N)	≥20	抽查2%	3

3. 外观鉴定

(1)土工合成材料重叠、皱折不平顺，每处减1~2分。

(2)土工合成材料固定处松动，每处减1~2分。

第三节　路基排水工程质量检查项目

复习要点：

1. 管节预制、管道基础及管节安装、检查（雨水）井砌筑、土沟、浆砌排水沟、盲沟（工程师）的基本要求和外观鉴定。

2. 排水工程一般规定；管节预制、管道基础及管节安装、检查（雨水）井砌筑、土沟、浆砌排水沟、盲沟的实测项目。

3. 管节预制、管道基础及管节安装、检查（雨水）井砌筑、土沟、浆砌排水沟、盲沟的实测关键项目。

一、一般规定

（1）排水工程应按设计要求及施工规范的要求施工，依照实际地形，选择合适的位置，将地面水和地下水排出路基以外。

（2）本节“五”和“六”包括边沟、截水沟、排水沟等。

（3）跌水、急流槽、水簸箕等其他排水工程可按照本节“六”的标准进行评定。

（4）路面拦水带纳人路缘石分项工程，排水基层可按照本章第五节、第六节的标准进行评定。

（5）沟槽回填土应符合设计要求及施工规范的规定。

（6）排水泵站明开挖基础可按照“桥梁工程”的标准进行评定。

（7）钢筋混凝土构件包含钢筋加工及安装分项工程，预应力混凝土构件包括预应力钢筋的加工和张拉分项工程。

二、管节预制

1. 基本要求

（1）所用的水泥、砂、石、水、外加剂和掺和料的质量和规格应符合有关规范的要求，按规定的配合比施工。

（2）混凝土应符合耐久性（抗冻、抗渗、抗侵蚀）等设计要求。

（3）不得出现露筋和空洞现象。

2. 实测项目（表1-1-16）。

管节预制实测项目　　表1-1-16

项　次	检 查 项 目	规定值或允许偏差	检查方法和频率	权　值
1△	混凝土强度（MPa）	在合格标准内	按《标准》附录D检查	3
2	内径（mm）	不小于设计	尺量：2个断面	2
3	壁厚（mm）	不小于设计壁厚 −3	尺量：2个断面	2

续上表

项 次	检 查 项 目	规定值或允许偏差	检查方法和频率	权 值
4	顺直度	矢度不大于0.2%管节长	沿管节拉线量,取最大矢高	1
5	长度(mm)	+5，-0	尺量	1

3. 外观鉴定

(1)蜂窝、麻面面积不得超过该表面积的1%。不符合要求时,每超过1%减3分;深度超过10mm的必须处理。

(2)混凝土表面平整。不符合要求时减1~2分。

三、管道基础及管节安装

1. 基本要求

(1)管材必须逐节检查,不得有裂缝、破损。

(2)基础混凝土强度达到5MPa以上时,方可进行管节铺设。

(3)管节铺设应平顺、稳固,管底坡度不得出现反坡,管节接头处流水面高差不得大于5mm。管内不得有泥土、砖石、砂浆等杂物。

(4)管道内的管口缝,当管径大于750mm时,应在管内作整圈勾缝。

(5)管口内缝砂浆平整密实,不得有裂缝、空鼓现象。

(6)抹带前,管口必须洗刷干净,管口表面应平整密实,无裂缝现象。抹带后应及时覆盖养生。

(7)设计中要求防渗漏的排水管须做渗漏试验,渗漏量应符合要求。

2. 实测项目(表1-1-17)。

管道基础及管节安装实测项目　　表1-1-17

项 次	检 查 项 目		规定值或允许偏差	检查方法和频率	权 值
1△	混凝土抗压强度或砂浆强度(MPa)		在合格标准内	按《标准》附录D、F检查	3
2	管轴线偏位(mm)		15	经纬仪或拉线;每两井间测3处	2
3	管内底高程(mm)		±10	水准仪:每两井间测2处	2
4	基础厚度(mm)		不小于设计	尺量:每两井间测3处	1
5	管座	肩宽(mm)	+10，-5	尺量、挂边线:每两井间测2处	1
		肩高(mm)	±10		
5	抹带	宽度	不小于设计	尺量:按10%抽查	2
		厚度	不小于设计		

3. 外观鉴定

(1)管道基础混凝土表面平整密实,侧面蜂窝不得超过该表面积的1%,深度不超过10mm不符合要求时,减1~3分。

(2)管节铺设直顺,管口缝带圈平整密实,无开裂脱皮现象。不符合要求时,每处减1~

2 分。

(3)抹带接口表面应密实光洁,不得有间断和裂缝、空鼓。不符合要求时,每处减 1 ~ 2 分。

四、检查(雨水)井砌筑

1. 基本要求

(1)井基混凝土强度达到 5MPa 以上时,方可砌筑井体。

(2)砌筑砂浆配合比准确,井壁砂浆饱满,灰缝平整。圆形检查井内壁应圆顺,抹面密实光洁,踏步安装牢固。

(3)井框、井盖安装必须平稳,井口周围不得有积水。

2. 实测项目(表 1-1-18)

检查(雨水)井砌筑实测项目　表 1-1-18

项次	检查项目	规定值或允许偏差		检查方法和频率	权值
1△	砂浆强度(MPa)	在合格标准内		按《标准》附录 F 检查	3
2	轴线偏位(mm)	50		经纬仪:每个检查井检查	1
3	圆井直径或方井长、宽(mm)	±20		尺量:每个检查井检查	1
4	井底高程(mm)	±15		水准仪:每个检查井检查	1
5	井盖与相邻路面高差(mm)	雨水井	+0,-4	水准仪、水平尺; 每个检查井检查	2
		检查井	+4,-0		

3. 外观鉴定

(1)井内砂浆抹面无裂缝。不符合要求时,减 1 ~ 2 分。

(2)井内平整圆滑,收分均匀。不符合要求时,减 1 ~ 2 分。

五、土沟

1. 基本要求

(1)土沟边坡必须平整、坚实、稳定,严禁贴坡。

(2)沟底应平顺整齐,不得有松散土和其他杂物,排水畅通。

2. 实测项目(表 1-1-19)

土沟实测项目　表 1-1-19

项次	检查项目	规定值或允许偏差	检查方法和频率	权值
1	沟底高程(mm)	+0,-30	水准仪:每 200m 测 4 处	2
2	断面尺寸(mm)	不小于设计	尺量:每 200m 测 2 处	2
3	边坡坡度	不陡于设计	尺量:每 200m 测 2 处	1
4	边棱直顺度(mm)	50	尺量:20m 拉线,每 200m 测 2 处	1

3. 外观鉴定

沟底无明显凹凸不平或阻水现象。不符合要求时，每处减 1 ~2 分。

六、浆砌排水沟

1. 基本要求

(1)砌体砂浆配合比准确，砌缝内砂浆均匀饱满，勾缝密实。

(2)浆砌片(块)石、混凝土预制块的质量和规格应符合设计要求。

(3)基础中缩缝应与墙身缩缝对齐。

(4)砌体抹面应平整、压光、直顺，不得有裂缝、空鼓现象。

2. 实测项目(表 1-1-20)

浆砌排水沟实测项目 表 1-1-20

项 次	检 查 项 目	规定值或允许偏差	检查方法和频率	权 值
1△	砂浆强度(MPa)	在合格标准内	按《标准》附录 F 检查	3
2	轴线偏位(mm)	50	经纬仪或尺量：每 200m 测 5 处	1
3	沟底高程(mm)	±15	水准仪：每 200m 测 5 点	2
4	墙面直顺度(mm)或坡度	30 或符合设计要求	20m 拉线、坡度尺；每 200m 测 2 处	1
5	断面尺寸(mm)	±30	尺量：每 200m 测 2 处	2
6	铺砌厚度(mm)	不小于设计	尺量：每 200m 测 2 处	1
7	基础垫层宽、厚(mm)	不小于设计	尺量：每 200m 测 2 处	1

3. 外观鉴定

(1)砌体内侧及沟底应平顺。不符合要求时，减 1 ~2 分。

(2)沟底不得有杂物。不符合要求时，减 1 ~2 分。

七、盲沟

1. 基本要求

(1)盲沟的设置及材料的质量和规格应符合设计要求和施工规范规定。

(2)反滤层应用筛选过的中砂、粗砂、砾石等渗水性材料分层填筑。

(3)排水层应采用石质坚硬的较大粒料填筑，以保证排水孔隙度。

2. 实测项目(表 1-1-21)

盲沟实测项目 表 1-1-21

项 次	检 查 项 目	规定值或允许偏差	检查方法和频率	权 值
1	沟底高程(mm)	±15	水准仪：每 10 ~20m 测 1 处	1
2	断面尺寸(mm)	不小于设计	尺量：每 20m 测 1 处	1

3. 外观鉴定

1)反滤层应层次分明。不符合要求时,减1~2分。

2)进、出水口应排水通畅。不符合要求时,减1~2分。

八、排水泵站

1. 基本要求

(1)地基应具有足够的承载能力,不应扰动基底土壤。

(2)井壁混凝土应密实,混凝土强度达到合格标准后方可进行下沉。

(3)沉井下沉过程中,应随时注意正位,发现偏位及倾斜时须及时纠正。

(4)沉井封底应密实不漏水。

(5)水泵、管及管件应安装牢固,位置正确。

2. 实测项目(表1-1-22)

排水泵站(沉井)实测项目　　表1-1-22

项　次	检 查 项 目	规定值或允许偏差	检查方法和频率	权　值
1△	混凝土强度(MPa)	在合格标准内	按《标准》附录D检查	2
2	轴线平面偏位(mm)	1%井深	经纬仪:纵、横向各2处	1
3	垂直度(mm)	1%井深	用垂线检查;纵、横向各1处	1
4	底板高程(mm)	±50	水准仪:测4处	2

3. 外观鉴定

泵站轮廓线条清晰,表面平整。不符合要求时,减1~2分。

第四节　挡土墙、防护及其他砌筑工程质量检查项目

复习要点:

1. 挡土墙和砌石工程的基本要求和外观鉴定;其他分项工程的基本要求。

2. 墙背填土的基本要求;挡土墙和砌石工程的实测项目;其他工程的关键实测项目。

3. 挡土墙、墙背填土和砌石工程的实测关键项目。

一、一般规定

(1)对砌体挡土墙,当平均墙高小于6m或墙身面积小于1 200m^2时,每处可作为分项工程进行评定;当平均墙高达到或超过6m且墙身面积不小于1 200m^2时,为大型挡土墙,每处应作为分部工程进行评定。

(2)悬臂式和扶臂式挡土墙,桩板式、锚杆、锚碇板和加筋土挡土墙应作为分部工程进行评定。

(3)丁坝、护岸可参照挡土墙的标准进行评定。

(4)本节“十”可用于《标准》“桥梁工程”及本节未列出名称的其他砌石构造物的评定。

(5)钢筋混凝土结构或构件,均应包含钢筋加工及安装分项工程,其评定见《标准》第8.3节。

二、砌体挡土墙

1. 基本要求

(1)石料或混凝土预制块的质量和规格应符合有关规范和设计要求。

(2)砂浆所用的水泥、砂、水的质量应符合有关规范的要求,按规定的配合比施工。

(3)地基承载力必须满足设计要求。

(4)砌筑应分层错缝。浆砌时坐浆挤紧,嵌填饱满密实,不得有空洞;干砌时不得松动、叠砌和浮塞。

(5)沉降缝、泄水孔、反滤层的设置位置、质量和数量应符合设计要求。

2. 实测项目(表1-1-23和表1-1-24)。

砌体挡土墙实测项目　表1-1-23

项次	检查项目		规定值或允许偏差	检查方法和频率	权值
1△	砂浆强度(mm)		在合格标准内	按《标准》附录F检查	3
2	平面位置(mm)		50	经纬仪:每20m检查墙顶外边线3点	1
3	顶面高程(mm)		±20	水准仪:每20m检查1点	1
4	竖直度或坡度(%)		0.5	吊线:每20m检查2点	1
5△	断面尺寸(mm)		不小于设计	尺量:每20m量2个断面	3
6	底面高程(mm)		±50	水准仪:每20m检查1点	1
7	表面平整度(mm)	块石	20	2m直尺:每20m检查3处,每处检查竖直和墙长两个方向	1
		片石	30		
		混凝土块、料石	10		

干砌挡土墙实测项目　表1-1-24

项次	检查项目	规定值或允许偏差	检查方法和频率	权值
1	平面位置(mm)	50	经纬仪:每20m检查3点	2
2	顶面高程(mm)	±30	水准仪:每20m测3点	2
3	竖直度或坡度(%)	0.5	尺量:每20m吊垂线检查3点	1
4△	断面尺寸(mm)	不小于设计	尺量:每20m检查2处	2
5	底面高程(mm)	±50	水准仪:每20m测1点	2
6	表面平整度(mm)	50	2m直尺:每20m检查3处,每处检查竖直和墙长两个方向	1

3. 外观鉴定

1)砌体表面平整,砌缝完好、无开裂现象,勾缝平顺、无脱落现象。不符合要求时减1~

3分。

2)泄水孔坡度向外,无堵塞现象。不符合要求时必须进行处理,并减1~3分。

3)沉降缝整齐垂直,上下贯通。不符合要求时必须进行处理,并减1~3分。

三、悬臂式和扶臂式挡土墙

1. 基本要求

(1)混凝土所用的水泥、石、砂、水和外掺剂的质量和规格应符合有关规范的要求,按规定的配合比施工。

(2)地基强度必须满足设计要求。

(3)不得有露筋和空洞现象。

(4)沉降缝、泄水孔的设置位置、质量和数量应符合设计要求。

2. 实测项目(表1-1-25)

悬臂式、扶臂式挡土墙实测项目　表1-1-25

项次	检查项目	规定值或允许偏差	检查方法和频率	权值
1△	混凝土强度(MPa)	在合格标准内	按《附录》附录D检查	3
2	平面位置(mm)	30	经纬仪:每20m检查3点	1
3	顶面高程(mm)	±20	水准仪:每20m检查1点	1
4	竖直度或坡度(%)	0.3	吊垂线:每20m检查2点	1
5△	断面尺寸(mm)	不小于设计	尺量:每20m检查2个断面,抽查扶臂2个	2
6	底面高程(mm)	±30	水准仪:每20m检查1点	1
7	表面平整度(mm)	5	2m直尺:每20m检查2处,每处检查竖直和墙长两个方向	1

3. 外观鉴定

(1)混凝土施工缝平顺。不符合要求时减1~2分。

(2)蜂窝、麻面面积不得超过该面面积的0.5%。不符合要求时,每超过0.5%减3分;深度超过10mm的必须处理。

(3)混凝土表面出现非受力裂缝,减1~3分。裂缝宽度超过设计规定或设计未规定时超过0.15mm必须处理。

(4)泄水孔坡度向外,无堵塞现象。不符合要求时必须进行处理,并减1~3分。

(5)沉降缝整齐垂直,上下贯通。不符合要求时应进行处理,并减1~3分。

四、锚杆、锚碇板和加筋土挡土墙

1. 基本要求

(1)混凝土所用的水泥、砂、石、水和外掺剂的质量和规格必须符合有关规范的要求,按规定的配合比施工。

(2)地基强度应符合设计要求。

(3)锚杆、拉杆或筋带的质量和规格,必须满足设计和有关规范的要求,根数不得少于设计数量。

(4)筋带须理顺,放平拉直,筋带与面板、筋带与筋带连接牢固。

(5)混凝土不得出现露筋和空洞现象。

2. 实测项目

基础和肋柱预制分别按《标准》第8.5、8.12节有关规定检查,其他实测项目见表1-1-26～表1-1-30。

筋带实测项目 表1-1-26

项次	检查项目	规定值或允许偏差	检查方法和频率	权值
1	筋带长度	不小于设计	尺量:每20m检查5根(束)	2
2	筋带与面板连接	符合设计要求	目测:每20m检查5处	2
3	筋带与筋带连接	符合设计要求	目测:每20m检查5处	2
4	筋带铺设	符合设计要求	目测:每20m检查5处	1

锚杆、拉杆实测项目 表1-1-27

项次	检查项目	规定值或允许偏差	检查方法和频率	权值
1	锚杆、拉杆长度	符合设计要求	尺量:每20m检查5根	2
2	锚杆、拉杆间距(mm)	±20	尺量:每20m检查5根	1
3	锚杆、拉杆与面板连接	符合设计要求	目测:每20m检查5处	2
4	锚杆、拉杆防护	符合设计要求	目测:每20m检查10处	2
5△	锚杆抗拔力	抗拔力平均值≥设计值,最小抗拔力≥0.9设计值	拔力试验:锚杆数1%,且不少于3根	3

面板预制实测项目 表1-1-28

项次	检查项目	规定值或允许偏差	检查方法和频率	权值
1△	混凝土强度(MPa)	在合格标准内	按《标准》附录D检查	3
2	边长(mm)	±5或0.5%边长	尺量:长宽各量1次,每批抽查10%	2
3	两对角线差(mm)	10或0.7%最大对角线长	尺量:每批抽查10%	1
4△	厚度(mm)	+5,-3	尺量:检查2处,每批抽查10%	2
5	表面平整度(mm)	4或0.3%边长	2m直尺:长、宽方向各测1次,每批抽查10%	1
6	预埋件位置(mm)	5	尺量:检查每件,每批抽查10%	1

面板安装实测项目 表1-1-29

项次	检查项目	规定值或允许偏差	检查方法和频率	权值
1	每层面板顶高程(mm)	±10	水准仪:每20m抽查3组板	1
2	轴线偏位(mm)	10	挂线、尺量:每20m量3处	2
3	面板竖直度或坡度	+0,-0.5%	吊垂线或坡度板:每‰检查3处	1
4	相邻面板错台(mm)	5	尺量:每20m检面板交界处查3处	1

注:面板安装以同层相邻两板为一组。

锚杆、锚碇板和加筋土挡土墙总体实测项目　表 1-1-30

项次	检查项目		规定值或允许偏差	检查方法和频率	权值
1	墙顶和肋柱平面位置(mm)	路堤式	+50，-100	经纬仪:每 20m 检查 3 处	2
		路肩式	±50		
2	墙顶和柱顶高程(mm)	路堤式	±50	水准仪:每 20m 测 3 点	2
		路肩式	±30		
3	肋柱间距(mm)		±15	尺量:每柱间	1
4	墙面倾斜度(mm)		+0.5%H 且不大于 +50，-1%H 且不小于 -100	吊垂线或坡度板:每 20m 测 2 处	2
5	面板缝宽(mm)		10	尺量:每 20m 至少检查 5 条	1
6	墙面平整度(mm)		15	2m 直尺:每 20m 测 3 处，每处检查竖直和墙长两个方向	1

注:1. 平面位置和倾斜度"+"指向外,"-"指向内。
2. H 为墙高。

3. 外观鉴定

(1)预制面板表面平整光洁,线条顺直美观,不得有破损翘曲、掉角、啃边等现象。不符合要求时减 1~2 分。

(2)蜂窝、麻面面积不得超过该面面积的 0.5%。不符合要求时,每超过 0.5% 减 2 分;深度超过 10mm 的必须处理。

(3)混凝土表面出现非受力裂缝减 1~3 分。裂缝宽度超过设计规定或设计未规定时超过 0.15mm 必须进行处理。

(4)墙面直顺,线形顺适,板缝均匀,伸缩缝贯通垂直。不符合要求时减 1~3 分。

(5)露在面板外的锚头应封闭密实、牢固,整齐美观。不符合要求时减 1~5 分。

五、桩板式挡土墙

桩按《标准》第 8.5 节相关规定评定,面板预制及总体按本节"四"的相关规定评定。

六、墙背填土

1. 基本要求

(1)墙背填土应采用透水性材料或设计规定的填料,严禁采用膨胀土、高液限黏土、腐殖土、盐渍土、淤泥和冻土块等不良填料。填料中不应含有机物、冰块、草皮、树根等杂物或生活垃圾。

(2)墙背填土必须和挖方路基、填方路基有效搭接,纵向接缝必须设台阶。

(3)必须分层填筑压实,每层表面平整,路拱合适。

(4)墙身强度达到设计强度 75% 以上时方可开始填土。

2. 实测项目

除距面板 1m 范围以内压实度实测项目见表 1-1-31 外,其他部分填土和其他类型挡土墙填土的压实度要求均与路基相同。

锚杆、锚碇板和加筋土挡土墙墙背填土实测项目　　表 1-1-31

项　次	检 查 项 目	规定值或允许偏差	检查方法和频率	权　值
1△	距面板 1m 范围以内压实度(%)	90	按《附录》附录 B 检查，每 100m 每压实层测 1 处，并不得少于 1 处	1

3. 外观鉴定

1) 填土表面应平整，边线直顺。不符合要求时减 1 ~ 3 分。

2) 边坡坡面平顺稳定，不得亏坡，曲线圆滑。不符合要求时减 1 ~ 3 分。

七、抗滑桩

1. 基本要求

1) 混凝土所用的水泥、砂、石、水和外掺剂的质量和规格，必须符合设计和有关规范的要求，按规定的配合比施工。

2) 施工中应核对滑动面位置，如图纸与实际位置有出入，应变更抗滑桩的深度。

3) 做好桩区地面截、排水及防渗，孔口地面上应加筑适当高度的围埂。

2. 实测项目(表 1-1-32)

抗滑桩实测项目　　表 1-1-32

<table>
<tr><th>项　次</th><th colspan="2">检 查 项 目</th><th>规定值或允许偏差</th><th>检查方法和频率</th><th>权　值</th></tr>
<tr><td>1△</td><td colspan="2">混凝土强度(MPa)</td><td>在合格标准内</td><td>按《标准》附录 D 检查</td><td>3</td></tr>
<tr><td>2△</td><td colspan="2">桩长(m)</td><td>不小于设计</td><td>测绳量：每桩测量</td><td>2</td></tr>
<tr><td>3△</td><td colspan="2">孔径或断面尺寸(mm)</td><td>不小于设计</td><td>探孔器：每桩测量</td><td>2</td></tr>
<tr><td>4</td><td colspan="2">桩位(mm)</td><td>100</td><td>经纬仪：每桩测量</td><td>1</td></tr>
<tr><td rowspan="2">5</td><td rowspan="2">竖直度(mm)</td><td>钻孔桩</td><td>1% 桩长，且不大于 500</td><td>测壁仪或吊垂线：每桩检查</td><td rowspan="2">1</td></tr>
<tr><td>挖孔桩</td><td>0.5% 桩长，且不大于 200</td><td>吊垂线：每桩检查</td></tr>
<tr><td>6</td><td colspan="2">钢筋骨架底面高程(mm)</td><td>±50</td><td>水准仪：测每桩骨架顶面高程后反算</td><td>1</td></tr>
</table>

3. 外观鉴定

无破损检测桩的质量有缺陷，但经设计单位确认仍可采用时减 3 分。

八、挖方边坡锚喷防护

1. 基本要求

(1) 锚杆、钢筋和土工格栅的强度、数量、质量和规格，必须符合设计和有关规范的要求。

(2) 混凝土及砂浆所用的水泥、砂、石、水和外掺剂，必须符合有关规范的要求，按规定的配合比施工。

(3) 边坡坡度、坡面应符合设计要求。岩面应无风化、无浮石，喷射前应用水冲洗干净。

(4) 钢筋应清除污锈，钢筋网与锚杆或其他锚固装置连接牢固，喷射时钢筋不得晃动。

(5) 锚杆插入锚孔深度不得小于设计长度的 95%，孔内砂浆应密实、饱满。

(6)喷射前应做好排水设施,对漏水的空洞、缝隙应采用堵水等措施,确保支护质量。

(7)钢筋、土工格栅或锚杆不得外露,混凝土不得开裂脱落。

(8)有关预应力锚索的基本要求见《标准》第8.3.2条1,锚索非锚固段套管安装位置必须符合设计要求。

2. 实测项目(表1-1-33)

锚喷防护实测项目　　表1-1-33

项　次	检 查 项 目	规定值或允许偏差	检查方法和频率	权　值
1△	混凝土强度(MPa)	在合格标准内	按《附录》附录E检查	3
2△	砂浆强度(MPa)	在合格标准内	按《附录》附录F检查	3
3	锚孔深度(mm)	不小于设计	尺量:抽查10%	1
4	锚杆(索)间距(mm)	±100	尺量:抽查10%	1
5△	锚杆拔力(kN)	拔力平均值≥设计值,最小拔力≥0.9设计值	拔力试验:锚杆数1%,且不少于3根	3
6	喷层厚度(mm)	平均厚≥设计厚;60%检查点的厚度≥设计厚;最小厚度≥0.5设计厚,且不小于设计规定	尺量(凿孔)或雷达断面仪:每10m检查1个断面,每3m检查1点	2
7△	锚索张拉应力(MPa)	符合设计要求	油压表:每索由读数反算	3
8	张拉伸长率(%)	符合设计规定;设计未规定时采用±6	尺量:每索	2
9	断丝、滑丝数	每束1根,且每断面不超过钢丝总数的1%	目测:逐根(束)检查	2

注:实际工程中未涉及的项目不参与评定。

3. 外观鉴定

混凝土表面密实,不得有突变;与原表面紧密结合,不应起鼓。不符合要求时减1~3分。

九、锥、护坡

1. 基本要求

(1)石料的质量和规格应符合有关规定。砂浆所用的水泥、砂、水的质量应符合有关规范的要求,按规定的配合比施工。

(2)锥、护坡基础埋置深度及地基承载力应符合设计要求。

(3)砌体应咬扣紧密,嵌缝饱满密实。

(4)锥、护坡填土密实度应达到设计要求,对坡面刷坡整平后方可铺砌。

2. 实测项目(表1-1-34)。

锥、护坡实测项目　　表1-1-34

项　次	检 查 项 目	规定值或允许偏差	检查方法和频率	权　值
1△	砂浆强度(MPa)	在合格标准内	按《附录》附录F检查	3
2	顶面高程(mm)	±50	水准仪:每50m检查3点,不足50m时至少2点	1
3	表面平整度(mm)	30	2m直尺:锥坡检查3处,护坡每50m检查3处	1

续上表

项 次	检 查 项 目	规定值或允许偏差	检查方法和频率	权 值
4	坡度	不陡于设计	坡度尺量：每50m量3处	1
5△	厚度(mm)	不小于设计	尺量：每100m检查3处	2
6	底面高程(mm)	±50	水准仪：每50m检查3点	1

3. 外观鉴定

(1)表面平整，无垂直通缝。不符合要求时减1~3分。

(2)勾缝平顺，无脱落现象。不符合要求时减1~3分。

十、砌石工程

1. 基本要求

(1)石料的质量和规格及砂浆所用材料的质量和规格应符合设计要求，按规定的配合比施工。

(2)砌块应错缝砌筑、相互咬紧；浆砌时砌块应坐浆挤紧，嵌缝后砂浆饱满，无空洞现象；干砌时不松动、无叠砌和浮塞。

2. 实测项目(表1-1-34、表1-1-35)

浆砌砌体实测项目 表1-1-35

项 次	检 查 项 目		规定值或允许偏差	检查方法和频率	权 值
1△	砂浆强度(MPa)		在合格标准内	按《附录》附录F检查	3
2	顶面高程(mm)	料、块石	±15	水准仪：每20m检查3点	1
		片石	±20		
3	竖直度或坡度	料、块石	0.3%	吊垂线：每20m检查3点	2
		片石	0.5%		
4△	断面尺寸(mm)	料石	±20	尺量：每20m检查2处	2
		块石	±30		
		片石	±50		
5	表面平整度(mm)	料石	10	2m直尺：每20m检查5处×3尺	2
		块石	20		
		片石	30		

干砌片石实测项目 表1-1-36

项 次	检 查 项 目	规定值或允许偏差	检查方法和频率	权 值
1	顶面高程(mm)	±30	水准仪：每20m测3点	1
2	外形尺寸(mm)	±100	尺量：每20m或自然段，长宽各3处	2
3△	厚度(mm)	±50	尺量：每20m检查3处	3
4	表面平整度(mm)	50	2m直尺：每20m检查5处×3尺	2

3. 外观鉴定

(1)砌体边缘直顺,外露表面平整。不符合要求时减1~3分。

(2)勾缝平顺,缝宽均匀,无脱落现象。不符合要求时减1~3分。

十一、导流工程

1. 基本要求

(1)所用材料的质量和规格应符合有关规定。

(2)导流堤(坝)的基础埋置深度及地基承载力应符合设计要求。

2. 实测项目(表1-1-37)。

导流工程实测项目　　表1-1-37

项次	检查项目		规定值或允许偏差	检查方法和频率	权值
L△	砂浆强度(Ma)		在合格标准内	按《附录》附录F检查	3
2	平面位置(mm)		30	经纬仪:按设计图控制坐标检查	2
3	长度(mm)		不小于设计长度-100	尺量:每个检查	1
4△	断面尺寸(mm)		不小于设计	尺量:检查5处	2
5	高程(mm)	基底	不大于设计	水准仪:检查5点	2
		顶面	±30		

3. 外观鉴定

表面规整,线条直顺,曲线圆滑。不符合要求时减1~3分。

十二、石笼防护

1. 基本要求

(1)所用材料的质量和规格应符合有关规定。

(2)铁丝笼的网眼尺寸应符合设计要求。

(3)石笼的坐码或平铺应符合设计要求。

2. 实测项目(表1-1-38)。

石笼防护实测项目　　表1-1-38

项次	检查项目	规定值或允许偏差	检查方法和频率	权值
1	平面位置(mm)	符合设计要求	经纬仪:按设计图控制坐标检查	1
2	长度(mm)	不小于设计长度-300	尺量:每个(段)检查	1
3	宽度(mm)	不小于设计宽度-200	尺量:每个(段)量5处	1
4	高度(mm)	不小于设计	水准仪或尺量:每个(段)检查5处	1
5	底面高程(mm)	不高于设计	水准仪:每个(段)检查5点	1

3. 外观鉴定

表面整齐,线条直顺,曲线圆滑。不符合要求时减1~2分。

第五节　路面基层工程质量检测项目

复习要点：

1. 基层的一般规定、分类、外观鉴定。

2. 基层的基本要求、实测项目。

3. 基层的实测关键项目及压实度、厚度、强度等的检查和评定方法。

一、一般规定

(1)路面基层和底基层的实测项目规定值或允许偏差按高速公路、一级公路和其他公路(指二级及以下公路)两种情况设定。对于在设计和合同文件中提高了技术要求的二级公路，其工程质量检验评定按设计和合同文件的要求进行，但不应高于高速公路、一级公路的检验评定标准。

(2)路面基层和底基层实测项目规定的检查频率为双车道公路每一检查段内的检查频率(按 m^2 或 m^3 或工作班设定的检查频率除外)，多车道公路均须按其车道数与双车道之比，相应增加检查数量。

(3)各类基层和底基层压实度的代表值(平均值的下置信界限)不得小于规定代表值，单点不得小于规定极值。小于规定代表值2个百分点的测点，应按其占总检查点数的百分率计算合格率。

(4)垫层的质量要求同相同材料的其他公路的底基层；联结层的质量要求同相应的基层或面层；中级路面的质量要求同相同材料的其他公路的基层。

(5)路面表层平整度检查测定以自动或半自动平整度仪为主，全线每车道连续测定按每100m输出结果计算合格率。采用3m直尺测定路面各结构层平整度时，以最大间隙率作为指标，按尺数计算合格率。

(6)基层和底基层厚度按代表值和单点合格值设定允许偏差。当代表值偏差超过规定值时，该分项工程评为不合格；当代表值偏差满足要求时，按单个检查值的偏差不超过单点合格值的测点数计算合格率。

(7)材料要求和配比控制列入各节基本要求，可通过检查施工单位、工程监理单位的资料进行评定。

(8)路面基层完工后应按时浇洒透层油或铺筑下封层，透层油透入深度不小于5mm，不得使用透入能力差的材料做透层油。对封层、黏层和透层油的浇洒要求同沥青表面处治层中基本规定。

二、水泥土基层和底基层

1. 基本要求

(1)土质应符合设计要求，土块应经粉碎。

(2)水泥用量应按设计要求控制准确。

(3)路拌深度要达到层底。

(4)混合料处于最佳含水率状况下,用重型压路机碾压至要求的压实度。从加水拌和到碾压终了的时间不应超过3~4h,并应短于水泥的终凝时间。

(5)碾压经检查合格后立即覆盖或洒水养生,养生期要符合规范要求。

2. 实测项目(表1-1-39)

水泥土基层和底基层实测项目　　表1-1-39

<table>
<tr><th rowspan="3">项次</th><th rowspan="3" colspan="2">检查项目</th><th colspan="4">规定值或允许偏差</th><th rowspan="3">检查方法和频率</th><th rowspan="3">权值</th></tr>
<tr><th colspan="2">基层</th><th colspan="2">底基层</th></tr>
<tr><th>高速公路
一级公路</th><th>其他公路</th><th>高速公路
一级公路</th><th>其他公路</th></tr>
<tr><td rowspan="2">1△</td><td rowspan="2">压实度(%)</td><td>代表值</td><td>—</td><td>95</td><td>95</td><td>93</td><td rowspan="2">按有关方法检查,每200m每车道2处</td><td rowspan="2">3</td></tr>
<tr><td>极值</td><td>—</td><td>91</td><td>91</td><td>89</td></tr>
<tr><td>2</td><td colspan="2">平整度(mm)</td><td>—</td><td>12</td><td>12</td><td>15</td><td>3m直尺:每200m测2处×10尺</td><td>2</td></tr>
<tr><td>3</td><td colspan="2">纵断高程(mm)</td><td>—</td><td>+5,-15</td><td>+5,-15</td><td>+5,-20</td><td>水准仪:每200m测4断面</td><td>1</td></tr>
<tr><td>4</td><td colspan="2">宽度(mm)</td><td colspan="2">符合设计要求</td><td colspan="2">符合设计要求</td><td>尺量:每200m测4处</td><td>1</td></tr>
<tr><td rowspan="2">5△</td><td rowspan="2">厚度(mm)</td><td>代表值</td><td>—</td><td>-10</td><td>-10</td><td>-12</td><td rowspan="2">按有关方法检查,每200m每车道1点</td><td rowspan="2">2</td></tr>
<tr><td>合格值</td><td>—</td><td>-20</td><td>-25</td><td>-30</td></tr>
<tr><td>6</td><td colspan="2">横坡(%)</td><td>—</td><td>±0.5</td><td>±0.3</td><td>±0.5</td><td>水准仪:每200m测4断面</td><td>1</td></tr>
<tr><td>7△</td><td colspan="2">强度(MPa)</td><td colspan="2">符合设计要求</td><td colspan="2">符合设计要求</td><td>按有关方法检查</td><td>3</td></tr>
</table>

3. 外观鉴定

(1)表面平整密实、无坑洼。不符合要求时,每处减1~2分。

(2)施工接茬平整、稳定。不符合要求时,每处减1~2分。

三、水泥稳定粒料(碎石、砂砾或矿渣等)基层和底基层

1. 基本要求

(1)粒料应符合设计和施工规范要求,并应根据当地料源选择质坚干净的粒料,矿渣应分解稳定,未分解渣块应予以剔除。

(2)水泥用量和矿料级配按设计要求控制准确。

(3)路拌深度要达到层底。

(4)摊铺时要注意消除粗细料离析现象。

(5)混合料处于最佳含水率状况下,用重型压路机碾压至要求的压实度。从加水拌和到碾压终了的时间不应超过3~4h,并应短于水泥的终凝时间。

(6)碾压检查合格后立即覆盖或洒水养生,养生期要符合规范要求。

2. 实测项目(表 1-1-40)

水泥稳定粒料基层和底基层实测项目　　表 1-1-40

项次	检查项目		规定值或允许偏差				检查方法和频率	权值
			基层		底基层			
			高速公路一级公路	其他公路	高速公路一级公路	其他公路		
1△	压实度(%)	代表值	98	97	96	95	按有关方法检查,每 200m 每车道 2 处	3
		极值	94	93	92	91		
2	平整度(mm)		8	12	12	15	3m 直尺:每 200m2 处×10 尺	2
3	纵断高程(mm)		+5,-10	+5,-15	+5,-15	+5,-20	水准仪:每 200m 测 4 断面	1
4	宽度(mm)		符合设计要求		符合设计要求		尺量:每 200m 测 4 处	1
5△	厚度(mm)	代表值	-8	-10	-10	-12	按有关方法检查,每 200m 每车道 1 点	3
		合格值	-15	-20	-25	-30		
6	横坡(%)		±0.3	±0.5	±0.3	±0.5	水准仪:每 200m 测 4 断面	1
7△	强度(MPa)		符合设计要求		符合设计要求		按有关方法检查	3

3. 外观鉴定

(1)表面平整密实、无坑洼。不符合要求时,每处减 1~2 分。

(2)施工接茬平整、稳定。不符合要求时,每处减 1~2 分。

四、石灰土基层和底基层

1. 基本要求

(1)土的性质应符合设计要求,土块应经粉碎。

(2)石灰质量应符合设计要求,块灰须经充分消解才能使用。

(3)石灰和土的用量应按设计要求控制准确,未消解的生石灰块必须剔除。

(4)路拌深度应达到层底。

(5)混合料处于最佳含水率状况下,用重型压路机碾压至要求的压实度。

(6)保湿养生,养生期应符合规范要求。

2. 实测项目(表 1-1-41)

石灰土基层和底基层实测项目　　表 1-1-41

项次	检查项目		规定值或允许偏差				检查方法和频率	权值
			基层		底基层			
			高速公路一级公路	其他公路	高速公路一级公路	其他公路		
1△	压实度(%)	代表值	—	95	95	93	按有关方法检查,每 200m 每车道 2 处	3
		极值	—	91	91	89		
2	平整度(mm)		—	12	12	15	3m 直尺:每 200m 测 2 处×10 尺	2
3	纵断高程(mm)		—	+5,-15	+5,-15	+5,-20	水准仪:每 200m 测 4 断面	1

续上表

项次	检查项目		规定值或允许偏差				检查方法和频率	权值
			基层		底基层			
			高速公路一级公路	其他公路	高速公路一级公路	其他公路		
4	宽度(mm)		符合设计要求		符合设计要求		尺量:每200m测4处	1
5△	厚度(mm)	代表值	—	-10	-10	-12	按有关方法检查,每200m每车道1点	2
		合格值	—	-20	-25	-30		
6	横坡(%)		—	±0.5	±0.3	±0.5	水准仪:每200m测4个断面	1
7△	强度(MPa)		符合设计要求		符合设计要求		按有关方法检查	3

3. 外观鉴定

(1)外面平整密实、无坑洼。不符合要求时,每处减1~2分。

(2)施工接茬平整、稳定。不符合要求时,每处减1~2分。

五、石灰稳定粒料(碎石、砂砾或矿渣等)基层和底基层

1. 基本要求

(1)粒料应符合设计和施工规范要求,矿渣应分解稳定后才能使用。

(2)石灰质量应符合设计要求,块灰须经充分消解才能使用。

(3)石灰的用量应按设计要求控制准确,未消解生石灰块必须剔除。

(4)路拌深度达到层底。

(5)混合料应处于最佳含水率状况下,用重型压路机碾压至要求的压实度。

(6)保湿养生,养生期要符合规范要求。

2. 实测项目(表1-1-42)

石灰稳定粒料基层和底基层实测项目 表1-1-42

项次	检查项目		规定值或允许偏差				检查方法和频率	权值
			基层		底基层			
			高速公路一级公路	其他公路	高速公路一级公路	其他公路		
1△	压实度(%)	代表值	—	97	96	95	按有关方法检查,每200m每车道2处	3
		极值	—	93	92	91		
2	平整度(mm)		—	12	12	15	3m直尺:每200m测2处×10尺	2
3	纵断高程(mm)		—	+5,-15	+5,-15	+5,-20	水准仪:每200m测4断面	1
4	宽度(mm)		符合设计要求		符合设计要求		尺量:200m测4处	1
5△	厚度(mm)	代表值	—	-10	-10	-12	按有关方法检查,每200m每车道1点	2
		合格值	—	-20	-25	-30		
6	横坡(%)		—	±0.5	±0.3	±0.5	水准仪:每200m测4断面	1
7△	强度(MPa)		符合设计要求		符合设计要求		按有关方法检查	3

3. 外观鉴定

1）表面平整密实、无坑洼、无明显离析现象。不符合要求时，每处减1～2分。

2）施工接茬平整、稳定。不符合要求时，每处减1～2分。

六、石灰、粉煤灰土基层和底基层

1. 基本要求

（1）土质应符合设计要求，土块应经粉碎。

（2）石灰和粉煤灰质量应符合设计要求，石灰须经充分消解后才能使用。

（3）混合料配合比应准确，不得含有灰团和生石灰块。

（4）碾压时应先用轻型压路机稳定，再用重型压路机碾压至要求的压实度。

（5）保湿养生，养生期要符合规范要求。

2. 实测项目（表1-1-43）

石灰、粉煤灰土基层和底基层实测项目　　表1-1-43

<table>
<tr><th rowspan="3">项次</th><th rowspan="3" colspan="2">检查项目</th><th colspan="4">规定值或允许偏差</th><th rowspan="3">检查方法和频率</th><th rowspan="3">权值</th></tr>
<tr><th colspan="2">基层</th><th colspan="2">底基层</th></tr>
<tr><th>高速公路
一级公路</th><th>其他公路</th><th>高速公路
一级公路</th><th>其他公路</th></tr>
<tr><td rowspan="2">1△</td><td rowspan="2">压实度（%）</td><td>代表值</td><td>—</td><td>95</td><td>95</td><td>93</td><td rowspan="2">按有关方法检查，每200m每车道2处</td><td rowspan="2">3</td></tr>
<tr><td>极值</td><td>—</td><td>91</td><td>91</td><td>89</td></tr>
<tr><td>2</td><td colspan="2">平整度（mm）</td><td>—</td><td>12</td><td>12</td><td>15</td><td>3m直尺：每200m测2处×10尺</td><td>2</td></tr>
<tr><td>3</td><td colspan="2">纵断高程（mm）</td><td>—</td><td>+5，-15</td><td>+5，-15</td><td>+5，-20</td><td>水准仪：每200m测4断面</td><td>1</td></tr>
<tr><td>4</td><td colspan="2">宽度（mm）</td><td colspan="2">符合设计要求</td><td colspan="2">符合设计要求</td><td>尺量：每200m测4处</td><td>1</td></tr>
<tr><td rowspan="2">5△</td><td rowspan="2">厚度（mm）</td><td>代表值</td><td>—</td><td>-10</td><td>-10</td><td>-12</td><td rowspan="2">按有关方法检查，每200m每车道1点</td><td rowspan="2">2</td></tr>
<tr><td>合格值</td><td>—</td><td>-20</td><td>-25</td><td>-30</td></tr>
<tr><td>6</td><td colspan="2">横坡（%）</td><td>—</td><td>±0.5</td><td>±0.3</td><td>±0.5</td><td>水准仪：每200m测4个断面</td><td>1</td></tr>
<tr><td>7△</td><td colspan="2">强度（MPa）</td><td colspan="2">符合设计要求</td><td colspan="2">符合设计要求</td><td>按有关方法检查</td><td>3</td></tr>
</table>

3. 外观鉴定

（1）外面平整密实、无坑洼。不符合要求时，每处减1～2分。

（2）施工接茬平整、稳定。不符合要求时，每处减1～2分。

七、石灰、粉煤灰稳定粒料（碎石、砂砾或矿渣等）基层和底基层

1. 基本要求

（1）粒料应符合设计和施工规范要求，并应根据当地料源选择质坚干净的粒料。矿渣应分解稳定，未分解渣块应予以剔除。

（2）石灰和粉煤灰质量应符合设计要求，石灰应经充分消解后才能使用。

(3)混合料配合比应准确,不得含有灰团和生石灰块。

(4)摊铺时要注意消除粗离析现象。

(5)碾压时应先用轻型压路机稳定,再用重型压路机碾压至要求的压实度。

(6)保湿养生,养生期要符合规范要求。

2. 实测项目(表 1-1-44)

石灰、粉煤灰稳定粒料基层和底基层实测项目 表 1-1-44

项次	检查项目		规定值或允许偏差				检查方法和频率	权值
			基层		底基层			
			高速公路一级公路	其他公路	高速公路一级公路	其他公路		
1△	压实度(%)	代表值	98	97	96	95	按有关方法检查,每 200m 每车道 2 处	3
		极值	94	93	92	91		
2	平整度(mm)		8	12	12	15	3m 直尺:每 200m 测 2 处×10 尺	2
3	纵断高程(mm)		+5,-10	+5,-15	+5,-15	+5,-20	水准仪:每 200m 测 4 断面	1
4	宽度(mm)		符合设计要求		符合设计要求		尺量:200m 测 4 处	1
5△	厚度(mm)	代表值	-8	-10	-10	-12	按有关方法检查,每 200m 每车道 1 点	2
		合格值	-15	-20	-25	-30		
6	横坡(%)		±0.3	±0.5	±0.3	±0.5	水准仪:每 200m 测 4 断面	1
7△	强度(MPa)		符合设计要求		符合设计要求		按有关方法检查	3

3. 外观鉴定

(1)表面平整密实、无坑洼。不符合要求时,每处减 1~2 分。

(2)施工接茬平整、稳定。不符合要求时,每处减 1~2 分。

八、级配碎(砾)石基层和底基层

1. 基本要求

(1)选用质地坚韧、无杂质碎石、砂砾、石屑或砂,级配应符合要求。

(2)配料必须准确,塑性指数必须符合规定。

(3)混合料拌和均匀,无明显离析现象。

(4)碾压应遵循先轻后重的原则,洒水碾压至要求的密实度。

2. 实测项目(表 1-1-45)

级配碎(砾)石基层和底基层实测项目 表 1-1-45

项次	检查项目		规定值或允许偏差				检查方法和频率	权值
			基层		底基层			
			高速公路一级公路	其他公路	高速公路一级公路	其他公路		
1△	压实度(%)	代表值	98	98	96	96	按有关方法检查,每 200mm 每车道 2 处	3
		极值	94	94	92	92		

续上表

项次	检查项目		规定值或允许偏差				检查方法和频率	权值
			基层		底基层			
			高速公路一级公路	其他公路	高速公路一级公路	其他公路		
2	弯沉值(0.01mm)		符合设计要求		符合设计要求		按有关规定检查	3
3	平整度(mm)		8	12	12	15	3m 直尺：每 200m 测 2 处×10 尺	2
4	纵断高程(mm)		+5，-10	+5，-15	+5，-15	+5，-20	水准仪：每 200m 侧 4 断面	1
5	宽度(mm)		符合设计要求		符合设计要求		尺量：200m 测 4 处	1
6△	厚度(mm)	代表值	-8	-10	-10	-12	按有关方法检查，每 200m 每车道 1 点	2
		合格值	-15	-20	-25	-30		
7	横坡(%)		±0.3	±0.5	±0.3	±0.5	水准仪：每 200m 测 4 断面	1

3. 外观鉴定

表面平整密实，边线整齐，无松散现象。不符合要求时，每处减 1～2 分。

九、填隙碎石（矿渣）基层和底基层

1. 基本要求

（1）粗粒材料应为质坚、无杂质的轧制石料或分解稳定的轧制矿渣，填缝料为 5mm 以下的干燥筛余料或粗砂。

（2）应用振动压路机碾压，使填缝料填满粗粒料孔隙。

2. 实测项目（表 1-1-46）

填隙碎石（矿渣）基层和底基层实测项目 表 1-1-46

项次	检查项目		规定值或允许偏差				检查方法和频率	权值
			基层		底基层			
			高速公路一级公路	其他公路	高速公路一级公路	其他公路		
1△	固体体积率(%)	代表值	—	85	85	83	灌砂法：每 200m 每车道 2 处	3
		极值	—	82	82	80		
2	弯沉值(0.01mm)		符合设计要求		符合设计要求		按有关规定检查	2
3	平整度(mm)		—	12	12	15	3m 直尺：每 200m 测 2 处×10 尺	2
4	纵断高层(mm)		—	+5，-15	+5，-15	+5，-20	水准仪：每 200m 测 4 个断面	1
5	宽度(mm)		符合设计要求		符合设计要求		尺量：200m 测 4 处	1
6△	厚度(mm)	代表值	—	-10	-10	-12	按有关方法检查，每 200m 每车道 1 点	2
		合格值	—	-20	-25	-30		
7	横坡(%)		—	±0.5	±0.3	±0.5	水准仪：每 200m 测 4 断面	1

3. 外观鉴定

表面平整密实，边线整齐，无松散现象。不符合要求时，每处减 1～2 分。

第六节　路面面层工程质量检测项目

复习要点：

1. 水泥混凝土面层、沥青混凝土面层和沥青碎(砾)石面层的外观鉴定；沥青贯入式面层、沥青表面处治面层的实测项目、基本要求；路缘石、路肩的实测项目、外观鉴定和基本要求。

2. 一般规定；水泥混凝土面层、沥青混凝土面层的实测项目和基本要求。

3. 水泥混凝土面层、沥青混凝土面层的实测关键项目及压实度、厚度、弯沉、抗滑性能等的检查和评定方法。

一、一般规定

(1)路面面层的实测项目规定值或允许偏差按高速公路、一级公路和其他公路(指二级及以下公路)两种情况设定。对于在设计和合同文件中提高了技术要求的二级公路，其工程质量检验评定按设计和合同文件的要求进行，但不应高于高速公路、一级公路的检验评定标准。

(2)路面面层实测项目规定的检查频率为双车道公路每一检查段内的检查频率(按 m^2 或 m^3 或工作班设定的检查频率除外)，多车道公路的路面各结构层均需按其车道数与双车道之比，相应增加检查数量。

(3)路面表层平整度测定以自动或半自动平整度仪为主，全线每车道连续测定按每100m输出结果计算合格率。采用3m直尺测定路面各结构层平整度时，以最大间隙作为指标，按尺数计算合格率。

(4)路面表层渗水系数宜在路面成型后立即测定。

(5)路面各结构层厚度按代表值和单点合格值设定允许偏差。当代表值偏差超过规定值时，该分项工程评为不合格；当代表值偏差满足要求时，按单个检查值的偏差不超过单点合格值的测点数计算合格率。

(6)材料要求和配比控制列入路面各种基本要求，可通过检查施工单位、工程监理单位的资料进行评定。

(7)水泥混凝土上加铺沥青面层的复合式路面，两种结构均需进行检查评定。其中水泥混凝土路面结构不检查抗滑构造，平整度可按相应等级公路的标准；沥青面层不检查弯沉。

二、水泥混凝土面层

1. 基本要求

(1)基层质量必须符合规定要求，并应进行弯沉测定，验算的基层整体模量应满足设计要求。

(2)水泥强度、物理性能和化学成分应符合国家标准及有关规范规定。

(3)粗细集料、水、外掺剂及接缝填缝料应符合设计和施工规范要求。

(4)施工配合比应根据现场测定水泥的实际强度进行计算,并经试验,选择采用最佳配合比。

(5)接缝的位置、规格、尺寸及传力杆、拉力杆的设置应符合设计要求。

(6)路面拉毛或机具压槽等抗滑措施,其构造深度应符合施工规范要求。

(7)面层与其他构造物相接应平顺,检查井盖顶面高程应高于周边路面 1~3mm。雨水口高程按设计比路面低 5~8mm,路面边缘无积水现象。

(8)混凝土铺筑后按施工规范要求养生。

2. 实测项目(表 1-1-47)

水泥混凝土面层实测项目　　表 1-1-47

项次	检查项目		规定值或允许偏差		检查方法和频率	权值
			高速公路一级公路	其他公路		
1△	弯拉强度(MPa)		在合格标准之内		按有关方法检查	3
2△	板厚度(mm)	代表值	-5		按有关方法检查每 200m 每车道 2 处	3
		合格值	-10			
3	平整度	σ(mm)	1.2	2.0	平整度仪:全线每车道连续检测,按每 100m 计算 σ、IRI	2
		IRI(m/km)	2.0	3.2		
		h(mm)		5.0	3m 直尺:半幅车道板带每 200m 测 2 处×10 尺	
4	抗滑构造深度(mm)		一般路段不小于 0.7 且不大于 1.1;特殊路段不小于 0.8 且不大于 1.2	一般路段不小于 0.5 且不大于 1.0;特殊路段不小于 0.6 且不大于 1.1	砂铺法:每 200m 测 1 处	2
5	相邻板高差(mm)		2	3	抽量:每两条胀缝 2 点每 200m 抽纵、横各 2 条,每条 2 点	2
6	纵、横缝顺直度(mm)		10		纵缝 20m 拉线,横缝沿板板宽拉线;每 200m 测 4 处,每 200m 4 条	1
7	中线平面偏位(mm)		20		经纬仪:每 200m 测 4 点	1
8	路面宽度(mm)		±20		抽量:每 200m 测 4 处	1
9	纵断高程(mm)		±10	±15	水准仪:每 200m 测 4 断面	1
10	横度(%)		±0.15	±0.25	水准仪:每 200m 测 4 断面	1

注:表中 σ 为平整度仪测定的标准差;IRI 为国际平整度指数;h 为 3m 直尺与面层的最大间隙。

3. 外观鉴定

(1)混凝土板的断裂块数,高速公路和一级公路不得超过评定路段混凝土板总块数的 0.2%,其他公路不得超过 0.4%。不符合要求时,每超过 0.1% 减 2 分。对于断裂板应采取适当措施予以处理。

(2)混凝土板表面的脱皮、印痕、裂纹和缺边掉角等病害现象,对于高速公路和一级公路,有上述缺陷的面积不得超过受检面积的0.2%，其他公路不得超过0.3%。不符合要求时，每超过0.1%，减2分。

对于连续配筋的混凝土路面和钢筋混凝土路面，因干缩、温缩产生的裂缝，可不减分。

(3)路面侧石直顺、曲线圆滑，越位20mm以上者，每处减1～2分。

(4)接缝填筑饱满密实，不污染路面。不符合要求时，累计长度每100m减2分。

(5)胀缝有明显缺陷时，每条减1～2分。

三、沥青混凝土面层和沥青碎(砾)石面层

1.基本要求

(1)沥青混合料的矿料质量及矿料级配应符合设计要求和施工规范规定的规定。

(2)严格控制各种矿料和沥青用量及各种材料和沥青混合料的加热温度，沥青材料及混合料的各项指标应符合设计和施工规范要求。沥青混合料的生产，每日应做抽提试验、马歇尔稳定度试验。矿料级配、沥青含量、马歇尔稳定度等结果的合格率应不小于90%。

(3)拌和后的沥青混合料应均匀一致，无花白、无粗细料分离和结团成块现象。

(4)基层必须碾压密实，表面干燥、清洁、无浮土，其平整度和路拱度应符合要求。

(5)摊铺时应严格控制摊铺厚度和平整度，避免离析，注意控制摊铺和碾压温度，碾压至要求的密实度。

2.实测项目(表1-1-48)

沥青混凝土面层和沥青碎(砾)石面层实测项目　　表1-1-48

项次	检查项目		规定值或允许偏差		检查方法和频率	权值
			高速公路一级公路	其他公路		
1△	压实度(%)		试验室标准密度的96%(*98%) 最大理论密度的92%(*94%) 试验段密度的98%(*99%)		按有关方法检查，每200m测1处	3
2	平整度	σ(mm)	1.2	2.5	平整度仪：全线每车道连续按每100m计算σ或IRI	
		IRI(m/km)	2.0	4.2		
		h(mm)		5.0	3m直尺：每200m测2处×10尺	
3	弯沉值(0.01mm)		符合设计要求		按有关方法检查	2
4	渗水系数		SMA路面200mL/min；其他沥青混凝土路面300mL/min		渗水试验仪：每200m测1处	2
5	抗滑	摩擦系数	符合设计要求	—	摆式仪：每200m测1处； 横向力系数测定车：全线连续，按规定评定	2
		构造深度			砂铺法：每200m测1处	
6△	厚度(mm)	代表值	总厚度：设计值的-5% 上面层：设计值的-10%	-8%H	按有关方法检查，每200m每车道1点	3
		合格值	总厚度：设计值的-10% 上面层：设计值的-20%	-15%H		

续上表

<table>
<tr><th rowspan="2">项次</th><th rowspan="2" colspan="2">检 查 项 目</th><th colspan="2">规定值或允许偏差</th><th rowspan="2">检查方法和频率</th><th rowspan="2">权值</th></tr>
<tr><th>高速公路一级公路</th><th>其他公路</th></tr>
<tr><td>7</td><td colspan="2">中线平面平面偏位(mm)</td><td>20</td><td>30</td><td>经纬仪:每 200m 测 4 点</td><td>1</td></tr>
<tr><td>8</td><td colspan="2">纵断高程(mm)</td><td>±15</td><td>±20</td><td>水准仪:每 200m 测 4 断面</td><td>1</td></tr>
<tr><td rowspan="2">9</td><td rowspan="2">宽度(mm)</td><td>有侧石</td><td>±20</td><td>±30</td><td rowspan="2">尺量:每 200m 测 4 处</td><td rowspan="2">1</td></tr>
<tr><td>无侧石</td><td colspan="2">不小于设计</td></tr>
<tr><td>10</td><td colspan="2">横坡(%)</td><td>±0.3</td><td>±0.5</td><td>水准仪:每 200m 测 4 断面</td><td>1</td></tr>
</table>

注:1. 表内压实度可选用其中的 1 个或 2 个标准评定,选用 2 个标准时,以合格率低的作为评定结果。带 * 号者是指 SMA 路面,其他为普通沥青混凝土路面。

2. 表列厚度仅规定负允许偏差。其他公路的厚度代表值和合格值允许偏差按总厚度计,当总厚度≤60mm 时,允许偏差分别为 -5cm 和 -10cm;总厚度 >60mm 时,允许偏差分别为总厚度的 -8% 和 -15%。H 为总厚度(mm)。

3. 外观鉴定

(1)表面平整密实,不应有泛油、松散、裂缝和明显离析等现象。对于高速公路和一级公路,有上述缺陷的面积(凡属单条的裂缝,则按其实际长度乘以 0.2m 宽度,折算成面积)之和不得超过受检面积的 0.03%,其他公路不得超过 0.05%。不符合要求时,每超过 0.03% 或 0.05% 减 2 分。

半刚性基层的反射裂缝可不计作施工缺陷,但应及时进行灌缝处理。

(2)搭接处应紧密、平顺,烫缝不应枯焦。不符合要求时,累计每 10m 长减 1 分。

(3)面层与路缘石及其他构筑物应密贴接顺,不得有积水或漏水现象。不符合要求时,每处减 1 ~2 分。

四、沥青表面处治面层

1. 基本要求

(1)在新建或旧路的表层进行表面处治时,应将表面的泥沙及一切杂物清除干净,底层必须坚实、稳定、平整、保持干燥后才可施工。

(2)沥青材料的各项指标和石料的质量、规格及用量应符合设计要求和施工规范的规定。

(3)沥青浇洒应均匀,无露白,不得污染其他构筑物。

(4)嵌缝料必须趁热撒铺,扫布均匀,不得有重叠现象,压实平整。

2. 实测项目(表 1-1-49)

沥青表面处治面层实测项目　　表 1-1-49

<table>
<tr><th>项次</th><th colspan="2">检 查 项 目</th><th>规定值或允许偏差</th><th>检查方法和频率</th><th>权值</th></tr>
<tr><td rowspan="3">1</td><td rowspan="3">平整度</td><td>标准偏差 σ(mm)</td><td>4.5</td><td rowspan="2">平整度仪:全线每车道连续按 100m 计算 σ 或 IRI</td><td rowspan="3">2</td></tr>
<tr><td>IRI(m/km)</td><td>7.5</td></tr>
<tr><td>最大间隙 h (mm)</td><td>10</td><td>3m 直尺:每 200m 测 2 处 ×10 尺</td></tr>
<tr><td>2</td><td colspan="2">弯沉值(0.01mm)</td><td>符合设计要求</td><td>按有关方法检查</td><td>2</td></tr>
</table>

续上表

项次	检查项目		规定值或允许偏差	检查方法和频率	权值
3△	厚度(mm)	代表值	-5	按有关方法检查,每200m每车道1点	3
		合格值	-10		
4	沥青总用量(kg/m²)		±0.5%	每工作日每层洒布查1次	2
5	中线平面偏位(mm)		30	经纬仪:每200m测4点	1
6	纵断高程(mm)		±20	水准仪:每200m测4断面	1
7	宽度(mm)	有侧石	±30	尺量:每200m测4处	2
		无侧石	不小于设计		
8	横坡(%)		±0.5	水准仪:每200m测4断面	1

注:沥青总用量按《公路路基路面现场测试规程》(JTG E60—2008)方法,每工作日每层洒布沥青检查一次,并计算同一路段的单位面积的总沥青用量。

3. 外观鉴定

(1)表面应平整密实,不应有松散、油包、油丁、波浪、泛油、封面料明显散失等现象,有上述缺陷的面积之和不超过受检面积的0.2%。不符合要求时每超过0.2%减2分。

(2)表面无明显碾压轮迹。不符合要求时,每处减1~2分。

(3)面层与路缘石及其他构筑物应接顺,不得有积水现象。不符合要求时,每一处减1~2分。

五、沥青贯入式面层(或上拌下贯式面层)

1. 基本要求

(1)沥青材料的各项指标应符合设计要求和施工规范。

(2)各种材料的规格和用量应符合设计要求和施工规范的规定,上拌沥青混凝土混合料每日应做抽提试验和马歇尔稳定度试验。

(3)碎石层必须平整坚实,嵌挤稳定,沥青贯入应深透,浇洒应均匀,不得污染其他构筑物。

(4)嵌缝料必须趁热撒铺,扫料均匀,不应有重叠现象。

(5)上层采用拌和料时,混合料应均匀一致,无花白和粗细分离现象,摊铺平整,接茬平顺,及时碾压密实。

(6)沥青贯入式面层施工前,应先做好路面结构层和路肩的排水。

2. 实测项目(表1-1-50)

沥青贯入式面层(或上拌下贯式面层)实测项目　　表1-1-50

项次	检查项目		规定值或允许偏差	检查方法和频率	权值
1	平整度	标准偏差σ(mm)	3.5	平整度仪:按全线每车道100m计算σ或IRI	3
		IRI(m/km)	5.8		
		最大间隙h(mm)	8.0	3m直尺:每200m测2处×10尺	

续上表

<table>
<tr><th>项次</th><th colspan="2">检 查 项 目</th><th>规定值或允许偏差</th><th>检查方法和频率</th><th>权值</th></tr>
<tr><td>2</td><td colspan="2">弯沉值(0.01mm)</td><td>符合设计要求</td><td>按有关方法检查</td><td>2</td></tr>
<tr><td rowspan="2">3△</td><td rowspan="2">厚度(mm)</td><td>代表值</td><td>-8% H 或 -5mm</td><td rowspan="2">按有关方法检查，每 200m 每车道 1 点</td><td rowspan="2">3</td></tr>
<tr><td>合格值</td><td>-5% H 或 -10mm</td></tr>
<tr><td>4</td><td colspan="2">沥青总用量(kg/m²)</td><td>±0.5%</td><td>每工作日每层洒布查 1 次</td><td>3</td></tr>
<tr><td>5</td><td colspan="2">中线平面偏位(mm)</td><td>30</td><td>经纬仪：每 200m 测 4 点</td><td>1</td></tr>
<tr><td>6</td><td colspan="2">纵断高程(mm)</td><td>±20</td><td>水准仪：每 200m 测 4 断面</td><td>2</td></tr>
<tr><td rowspan="2">7</td><td rowspan="2">宽度(mm)</td><td>有侧石</td><td>±30</td><td rowspan="2">尺量：每 200m 测 4 处</td><td rowspan="2">2</td></tr>
<tr><td>无侧石</td><td>不小于设计</td></tr>
<tr><td>8</td><td colspan="2">横坡(%)</td><td>±0.5</td><td>水准仪：每 200m 测 4 断面</td><td>2</td></tr>
</table>

注：1. 当设计厚度≥6cm 时，按厚度百分率控制；设计厚度 <6cm 时，按厚度不足的毫米控制。H 为厚度(mm)。

2. 沥青总用量按《公路路基路面现场测试规程》(JTG E60—2008)方法，每工作日每层洒布沥青检查一次，并计算同一路段的单位面积的总沥青用量。

3. 外观鉴定

(1)表面应平整密实，不应有松散、裂缝、油包、油丁、波浪、泛油等现象，有上述缺陷的面积之和不超过受检面积的 0.2%。不符合要求时每超过 0.2% 减 2 分。

(2)表面无明显碾压轮迹。不符合要求时，每处减 1 ~2 分。

(3)面层与路缘石及其他构筑物应接顺，无积水现象。不符合要求时，每处减 1 ~2 分。

第七节 公路工程质量验收鉴定

一、公路工程验收阶段划分及依据

1. 公路工程验收阶段划分

公路工程验收分为交工验收和竣工验收两个阶段。

交工验收阶段，其主要工作是：检查施工合同的执行情况，评价工程质量，对各参建单位工作进行初步评价。

竣工验收阶段，其主要工作是：对工程质量、参建单位和建设项目进行综合评价，并对工程建设项目作出整体性综合评价。

2. 公路工程竣(交)工验收依据

(1)批准的项目建议书、工程可行性研究报告。

(2)批准的工程初步设计、施工图设计及设计变更文件。

(3)施工许可。

(4)招标文件及合同文本。

(5)行政主管部门的有关批复、批示文件。

(6)公路工程技术标准、规范、规程及国家有关部门的相关规定。

二、交工验收

1. 交工验收条件

(1)合同约定的各项内容已全部完成。各方就合同变更的内容达成书面一致意见。

(2)施工单位按《公路工程质量检验评定标准》及相关规定对工程质量自检合格。

(3)监理单位对工程质量评定合格。

(4)质量监督机构按《公路工程质量鉴定办法》对工程质量进行检测,并出具检测意见。检测意见中需整改的问题已经处理完毕。

(5)竣工文件按公路工程档案管理的有关要求,完成《公路工程项目文件归档范围》第三、四、五部分(不含缺陷责任期资料)内容的收集、整理及归档工作。

(6)施工单位、监理单位完成本合同段的工作总结报告。

2. 交工验收程序

(1)施工单位完成合同约定的全部工程内容,且经施工自检和监理检验评定均合格后,提出合同段交工验收申请报监理单位审查。交工验收申请应附自检评定资料和施工总结报告。

(2)监理单位根据工程实际情况、抽检资料以及对合同段工程质量评定结果,对施工单位交工验收申请及其所附资料进行审查并签署意见。监理单位审查同意后,应同时向项目法人提交独立抽检资料、质量评定资料和监理工作报告。

(3)项目法人对施工单位的交工验收申请、监理单位的质量评定资料进行核查,必要时可委托有相应资质的检测机构进行重点抽查检测,认为合同段满足交工验收条件时应及时组织交工验收。

(4)对若干合同段完工时间相近的,项目法人可合并组织交工验收。对分段通车的项目,项目法人可按合同约定分段组织交工验收。

(5)通过交工验收的合同段,项目法人应及时颁发“公路工程交工验收证书”。

(6)各合同段全部验收合格后,项目法人应及时完成“公路工程交工验收报告”。

3. 交工验收的主要工作内容

(1)检查合同执行情况。

(2)检查施工自检报告、施工总结报告及施工资料。

(3)检查监理单位独立抽检资料、监理工作报告及质量评定资料。

(4)检查工程实体,审查有关资料,包括主要产品的质量抽(检)测报告。

(5)核查工程完工数量是否与批准的设计文件相符,是否与工程计量数量一致。

(6)对合同是否全面执行、工程质量是否合格做出结论。

(7)按合同段分别对设计、监理、施工等单位进行初步评价。

4. 交工验收参加单位

各合同段的设计、施工、监理等单位参加交工验收工作,由项目法人负责组织。路基工程作为单独合同段进行交工验收时,应邀请路面施工单位参加。拟交付使用的工程,应邀请运营、养护管理等相关单位参加。交通运输主管部门、公路管理机构、质量监督机构视情况参加交工验收。

三、竣工验收

1. 竣工验收条件

(1)通车试运营2年以上。

(2)交工验收提出的工程质量缺陷等遗留问题已全部处理完毕,并经项目法人验收合格。

(3)工程决算编制完成,竣工决算已经审计,并经交通运输主管部门或其授权单位认定。

(4)竣工文件已完成“公路工程项目文件归档范围”的全部内容。

(5)档案、环保等单项验收合格,土地使用手续已办理。

(6)各参建单位完成工作总结报告。

(7)质量监督机构对工程质量检测鉴定合格,并形成工程质量鉴定报告。

2. 竣工验收准备工作程序

(1)公路工程符合竣工验收条件后,项目法人应按照公路工程管理权限及时向相关交通运输主管部门提出验收申请,其主要内容包括:

①交工验收报告。

②项目执行报告、设计工作报告、施工总结报告和监理工作报告。

③项目基本建设程序的有关批复文件。

④档案、环保等单项验收意见。

⑤土地使用证或建设用地批复文件。

⑥竣工决算的核备意见、审计报告及认定意见。

(2)相关交通运输主管部门对验收申请进行审查,必要时可组织现场核查。审查同意后报负责竣工验收的交通运输主管部门。

(3)以上文件齐全且符合条件的项目,由负责竣工验收的交通运输主管部门通知所属的质量监督机构开展质量鉴定工作。

(3)质量监督机构按要求完成质量鉴定工作,出具工程质量鉴定报告,并审核交工验收对设计、施工、监理初步评价结果,报送交通运输主管部门。

(4)工程质量鉴定等级为合格及以上的项目,负责竣工验收的交通运输主管部门及时组织竣工验收。

3. 竣工验收主要工作内容

(1)成立竣工验收委员会。

(2)听取公路工程项目执行报告、设计工作报告、施工总结报告、监理工作报告及接管养护单位项目使用情况报告。

(3)听取公路工程质量监督报告及工程质量鉴定报告。

(4)竣工验收委员会成立专业检查组检查工程实体质量,审阅有关资料,形成书面检查意见。

(5)对项目法人建设管理工作进行综合评价。审定交工验收对设计单位、施工单位、监理单位的初步评价。

(6)对工程质量进行评分,确定工程质量等级,并综合评价建设项目,填写“公路工程竣工验收评价表”。

(7)形成并通过《公路工程竣工验收鉴定书》。

(8)负责竣工验收的交通运输主管部门印发《公路工程竣工验收鉴定书》。

(9)质量监督机构依据竣工验收结论,对各参建单位签发“公路工程参建单位工作综合评价等级证书”。

4. 竣工验收委员会组成

由交通运输主管部门、公路管理机构、质量监督机构、造价管理机构等单位代表组成。国防公路应邀请军队代表参加。大中型项目及技术复杂工程,应邀请有关专家参加。

项目法人、设计、施工、监理、接管养护等单位代表参加竣工验收工作,但不作为竣工验收委员会成员。

5. 参加竣工验收工作各方的主要职责

竣工验收委员会负责对工程实体质量及建设情况进行全面检查。对工程质量进行评分,对各参建单位及建设项目进行综合评价,确定工程质量和建设项目等级,形成工程竣工验收鉴定书。

项目法人负责提交项目执行报告及验收工作所需资料,协助竣工验收委员会开展工作。

设计单位负责提交设计工作报告,配合竣工验收检查工作。

施工单位负责提交施工总结报告,提供各种资料,配合竣工验收检查工作。

监理单位负责提交监理工作报告,提供工程监理资料,配合竣工验收检查工作。

接管养护单位负责提交项目使用情况报告,配合竣工验收检查工作。

公路建设项目设计、施工、监理、接管养护等有多家单位的,项目法人应组织汇总设计工作报告、施工总结报告、监理工作报告、项目使用情况报告。竣工验收时选派代表向竣工验收委员会汇报。

四、工程质量鉴定方法

1. 质量鉴定基本要求

(1)公路工程质量鉴定由该建设项目的质量监督机构或竣工验收单位指定的质量监督机构负责组织。

(2)公路工程质量鉴定工作包括工程实体检测、外观检查和内业资料审查。

(3)公路工程质量鉴定依据质量监督机构在交工验收前和竣工验收前的工程质量检测资料,同时可结合监督过程中的检查资料进行评定(必要时工程质量检测工作可委托有相应资质的检测机构承担)。

2. 工程实体检测

(1)路基工程压实度、边坡每公里抽查不少于一处,每个合同段路基压实度检查点数不少于10个。路基弯沉检测,高速、一级公路以每半幅每公里为评定单元,其他等级公路以每公里为评定单元。

(2)排水工程的断面尺寸每公里抽查2~3处,铺砌厚度按合同段抽查不少于3处。

(3)小桥抽查不少于总数的20%且每种类型抽查不少于1座。

(4)涵洞抽查不少于总数的10%且每种类型抽查不少于1道。

(5)支挡工程抽查不少于总数的10%且每种类型抽查不少于1处。

(6)路面工程的弯沉、平整度检测，高速、一级公路以每半幅每公里为评定单元，其他等级公路以每公里为评定单元。其他抽查项目每公里不少于1处。

(7)特大桥、大桥逐座检查；中桥抽查不少于总数的30%且每种桥型抽查不少于1座。

桥梁下部工程抽查不少于墩台总数的20%且不少于5个，墩台数量少于5个时全部检测。每种结构形式抽查不少于1个。

桥梁上部工程抽查不少于总孔数的20%且不少于5个，孔数少于5个时全部检测。每种结构形式抽查不少于1个。

(8)隧道逐座检查。

(9)交通安全设施中防护栏、标线每公里抽查不少于1处；标志抽查不少于总数的10%。

(10)机电工程各类设施抽查不少于10%，每类设施少于3个时全部检测。

(11)房屋建筑工程逐处检查。

3. 外观检查

(1)由该项目工程质量鉴定的质量监督机构或其委托的有资质的检测单位负责在交工验收前和竣工验收前对工程外观进行全面检查。

(2)工程外观存在严重缺陷、安全隐患或已降低服务水平的建设项目不予验收，经整修达到设计要求后方可组织验收。

(3)项目交工验收前应对桥梁、隧道、重点支挡工程、高边坡等涉及安全运营的重要工程部位进行详细检查。

4. 内业资料审查

内业资料主要审查以下质量保证资料：

(1)所用原材料、半成品和成品质量检验结果。

(2)材料配比、拌和加工控制检验和试验数据。

(3)地基处理、隐蔽工程施工记录和大桥、隧道施工监控资料。

(4)各项质量控制指标的试验记录和质量检验汇总图表。

(5)施工过程中遇到的非正常情况记录及其对工程质量影响分析。

(6)施工过程中如发生质量事故，经处理补救后，达到设计要求的认可证明文件。

(7)中间交工验收资料。

(8)施工过程各方指出较大质量问题、交工验收遗留问题及试运营期出现的质量问题处理情况资料。

五、鉴定等级评定

1. 鉴定方法

(1)分部工程质量鉴定方法

工程实体检测以本办法规定的抽查项目及频率为基础，按抽查项目的合格率加权平均乘100作为分部工程实测得分；外观检查发现的缺陷，在分部工程实测得分的基础上采用扣分制，扣分累计不得超过15分。

$$分部工程实测得分=\frac{\sum[抽查项目合格率\times权值]}{\sum权值}\times100$$

$$分部工程得分=分部工程实测得分-外观扣分$$

（2）单位工程、合同段、建设项目工程质量鉴定方法

根据分部工程得分采用加权平均值计算单位工程得分，再逐级加权计算合同段工程质量得分。内业资料审查发现的问题，在合同段工程质量得分的基础上采用扣分制，扣分累计不得超过5分；合同段工程质量得分减去内业资料扣分为该合同段工程质量鉴定得分。采用加权平均值计算建设项目工程质量鉴定得分。

$$单位工程得分=\frac{\sum[分部工程得分\times权值]}{\sum权值}$$

$$合同段工程质量得分=\frac{\sum[单位工程得分\times单位工程投资额]}{\sum单位工程投资额}-内业资料扣分$$

$$建设项目工程质量鉴定得分=\frac{\sum[合同段工程质量鉴定得分\times合同段工程投资额]}{\sum合同段工程投资额}$$

公式中的投资额原则使用结算价，当结算价暂时无法确定时，可使用招标合同价。但无论采用结算价还是招标合同价，计算时各单位工程或合同段均应统一。

2. 等级评定

（1）总体要求

路基整体稳定；路面无严重缺陷；桥梁、隧道等构造物结构安全稳定，混凝土强度、桩基检测、预应力构件的张拉应力、桥梁承载力等均符合设计要求；工程质量经施工自检和监理评定均合格，并经项目法人确认。不满足上述要求的工程质量鉴定不予通过。

（2）工程质量等级划分

①交工验收工程质量等级应按分部工程、单位工程、合同段、建设项目逐级进行评定，评定分为合格和不合格，工程质量评分值大于等于75分的为合格，小于75分的为不合格。

②竣工验收工程质量等级应按分部工程、单位工程、合同段、建设项目逐级进行评定，分部工程质量等级分为合格、不合格两个等级；单位工程、合同段、建设项目工程质量等级分为优良、合格、不合格三个等级。

分部工程得分大于或等于75分，则分部工程质量为合格，否则为不合格。

单位工程所含各分部工程均合格，且单位工程得分大于或等于90分，质量等级为优良；所含各分部工程均合格且得分大于或等于75分，小于90分，质量等级为合格；否则为不合格。

合同段（建设项目）所含单位工程（合同段）均合格，且工程质量鉴定得分大于或等于90分，工程质量鉴定等级为优良；所含单位工程均合格，且得分大于或等于75分、小于90分，工程质量鉴定等级为合格；否则为不合格。

③不合格分部工程经整修、加固、补强或返工后可重新进行鉴定，直至合格。

④对建设项目出现以下特别严重问题的合同段，整改合格后，合同段工程质量不得评为优良，质量鉴定得分按照整改前的鉴定得分，超出75分的按75分计，不足75分的按原得分；建设项目竣工验收工程质量等级和综合评定等级直接确定为合格。

a. 路基工程的大段落路基沉陷、大面积高边坡失稳。

b. 路面工程车辙深度大于10mm的路段累计长度超过该合同段车道总长度的5%。

c. 特大桥梁主要受力结构需要或进行过加固、补强。

d. 隧道工程渗漏水经处治效果不明显，衬砌出现影响结构安全裂缝，衬砌厚度合格率小于90%或有小于设计厚度二分之一的部位，空洞累计长度超过隧道长度的3%或单个空洞面积大于$3m^2$。

e. 重大质量事故或严重质量缺陷，造成历史性缺陷的工程。

⑤对建设项目出现以下严重问题的合同段，整改合格后，合同段工程质量不得评为优良，质量鉴定得分按75分计算；并视对建设项目的影响，由竣工验收委员会决定建设项目工程质量是否评为优良。

a. 路基工程的重要支挡工程严重变形。

b. 路面工程出现修补、唧浆、推移、网裂等病害路段累计长度超过路线的3%或累计面积大于总面积的1.5%；竣工验收复测路面弯沉合格率小于90%。

c. 大桥、中桥主要受力结构需要或进行过加固、补强。

⑥发生过重大及以上生产安全事故的建设项目综合评定等级不得评为优良。

复习思考题

一、单项选择题

1. 某分部工程的加权平均分为90分，那么该分部工程质量等级为____。

A. 优良　B. 合格　C. 不合格　D. 无法确定

2. 对于水泥混凝土上加铺沥青面层的复合式路面，水泥混凝土路面结构不必检测____。

A. 强度　B. 厚度　C. 平整度　D. 抗滑

3. 交工验收时，____需检测弯沉、平整度、抗滑性能等。

A. 沥青混凝土面层　B. 水泥混凝土面层

C. 半刚性基层　D. 土方路基

4. 根据"评定标准"规定，某一级公路土基压实度标准为95%，当某测点的压实度为92.5%时，评定结果为____。

A. 优良　B. 合格　C. 不合格并扣分　D. 不合格并返工

5. 水泥混凝土面层应按____进行质量评定。

A. 分项工程　B. 分部工程　C. 单位工程　D. 单项工程

6. 水泥混凝土路面是以____龄期的强度为评定依据。

A. 7d　B. 14d　C. 28d　D. 90d

7. 对土方路基质量评定影响最大的指标是____。

A. 压实度　B. 平整度　C. 宽度　D. 纵断高程

8. 半刚性基层的下列四个实测项目中，规定权值最大的是____。

A. 压实度　B. 平整度　C. 宽度　D. 横坡

9. 路面表面构造深度的标准值为0.8mm，那么测试值应____为合格。

A. ≥0.8mm　B. ≤0.8mm　C. >0.8mm　D. <0.8mm

10. 公路工程质量检验评定的依据为____。

A. 设计规范　　B. 施工规范

C. 质量检验评定标准　　D. 试验规程

11. 二灰砂砾基层应按____进行质量评定。

A. 单位工程　　B. 单项工程　　C. 分部工程　　D. 分项工程

12. 当弯沉代表值小于设计弯沉值(或竣工验收弯沉值)时,其得分为____。

A. 100 分　　B. 规定的满分　　C. 合格率×规定分　　D. 零分

13. 下列关于工程质量等级评定的条件中,正确的是____。

A. 所属分项工程全部合格,其分部工程评为合格

B. 分部工程加权平均分不小于 75 分,其分部工程评为合格

C. 单位工程加权平均分不小于 75 分,其单位工程评为合格

D. 工程建设项目的工程质量评分不小于 75 分,其工程项目评为合格

14. 交工验收时测定水泥稳定碎石基层的压实度,应采用____。

A. 环刀法　　B. 灌砂法　　C. 钻芯法　　D. 核子密度仪法

15. 水泥混凝土路面是以____为控制指标。

A. 抗压强度　　B. 抗弯拉强度　　C. 抗拉强度　　D. 抗剪强度

16. 对水泥混凝土路面质量评定影响最大的实测项目是____。

A. 抗弯拉强度　　B. 平整度　　C. 抗滑　　D. 纵断高程

17. 沥青面层应按____进行质量评定。

A. 分项工程　　B. 分部工程　　C. 单项工程　　D. 单位工程

18. 工程质量评定按____顺序逐级进行。

A. 分项工程、分部工程、单位工程　　B. 分部工程、分项工程、单位工程

C. 单位工程、分部工程、分项工程　　D. 单位工程、分项工程、分部工程

19. 公路工程质量检验评分以____为评定单元。

A. 分部工程　　B. 分项工程　　C. 单位工程　　D. 单项工程

20. 某单位工程质量等级评定中,其所属分部工程全部合格,加权平均分为 88 分,则该单位工程质量等级评定为____。

A. 优良　　B. 合格　　C. 不合格　　D. 资料不全无法确定

21. 对某路段沥青混凝土面层进行弯沉检测,由检测结果计算的弯沉代表值小于设计弯沉值时,其得分为____。

A. 100 分　　B. 规定满分　　C. 合格率×规定分　　D. 零分

22. 下列检测项目中不属于级配碎(砾)石基层和底基层的检测项目是____。

A. 压实度　　B. 强度　　C. 平整度　　D. 厚度

二、多项选择题

1. 属于数理统计方法评定计分的检查项目有____。

A. 压实度　　B. 弯沉　　C. 平整度　　D. 结构层厚度

2. 土方路基交工验收时,需检测的项目包括____等。

A. 压实度　　B. 弯沉　　C. 横坡　　D. 中线偏位

3. 级配碎石基层交工验收时，需检测的项目包括____等。

A. 压实度　B. 弯沉　C. 平整度　D. 中线偏位

4. 路基单位工程包含____等分部工程。

A. 路基土石方工程　B. 小桥工程　C. 大型挡土墙　D. 砌筑工程

5. 在路面分部工程中，属于主要分项工程的有____等。

A. 面层　B. 基层　C. 底基层　D. 垫层

6. 下列分部工程中，属于路基单位工程的有____。

A. 路基土石方工程　B. 大型挡土墙　C. 小桥工程　D. 涵洞工程

7. 下列关于工程建设项目质量评定的说法中，正确的是____。

A. 工程建设项目质量等级分为三级

B. 只要有一个单位工程不合格，建设项目工程质量为不合格

C. 所有单位工程全部合格，建设项目工程质量等级为合格

D. 只有所有的单位工程全部优良，工程建设项目才能评为优良

8. 属于分项工程质量检验评定内容的有____。

A. 经检查不符合基本要求规定时，不予检验与评定

B. 缺乏最基本资料，不予检验与评定

C. 外观有严重的缺陷，不予检验与评定

D. 检查项目合格率小于70%，不予检验与评定

9. 水泥稳定粒料基层交工验收时，应检测____等。

A. 压实度　B. 弯沉　C. 强度　D. 抗滑

10. 施工质量控制中，____等需检测弯沉、压实度。

A. 沥青混凝土面层　B. 水泥混凝土面层

C. 半刚性材料基层　D. 土方路基

11. 根据“评定标准”规定，属于路基单位工程中的分部工程的有____。

A. 路基土石方工程　B. 路肩

C. 小桥　D. 路缘石

12. 下列属于单位工程的有____。

A. 路基土石方工程　B. 路面工程

C. 互通立交工程　D. 交通安全设施

13. 分项工程质量检查内容有____。

A. 实测项目评分　B. 资料不全扣分

C. 外观缺陷扣分　D. 基本要求检查

14. 属于沥青表处面层检测项目的有____。

A. 压实度　B. 弯沉　C. 沥青总用量　D. 抗滑

15. 属于路基单位工程的分部工程项目的是____。

A. 路肩　B. 小桥　C. 涵洞　D. 排水工程

16. 水泥稳定碎石基层与级配碎石基层交工验收时，都需检测的项目有____。

A. 压实度　B. 强度　C. 厚度　D. 弯沉

17. 在交工验收时，____应进行回弹弯沉检测。

A. 沥青混凝土面层　　B. 水泥混凝土面层

C. 半刚性基层　　D. 粒料类基层

三、判断题（对者打“√”，错者打“×”）

1. 工程建设项目的质量等级是根据单位工程的优良率评定的。（　）

2. 路基除压实度指标需分层检测外，其他检查项目均在路基完成后对路基顶面进行检查测定。（　）

3. 石灰稳定土基层交工验收时，含水率作为实测项目之一，需进行检测和评定。（　）

4. 分层铺筑的高速公路沥青面层，应分别检查沥青面层总厚度和上面层厚度。（　）

5. 当沥青混凝土面层平整度检测值的合格率为96%时，则平整度的得分为96分。（　）

6. 水泥混凝土上加铺沥青面层的复合式路面，沥青面层应检测路表弯沉。（　）

7. 小桥、涵洞工程属于路基单位工程中的主要分部工程。（　）

8. 粒料类基层的厚度不必检验评定。（　）

9. 对于水泥混凝土路面，应测定其抗压强度。（　）

10. 不合格的分项工程，经加固、补强、返工或整修后，当重新评定的评分值大于75分时，该分项工程可评为合格工程。（　）

11. 沥青混凝土面层与沥青碎石面层的检测项目完全相同。（　）

12. 就半刚性基层而言，压实度对质量评定的影响较平整度大。（　）

13. 根据“评定标准”规定，当土方路基施工路段较短时，分层压实度必须每点都符合要求，且实际样本数不小于6个。（　）

14. 在分项工程质量等级评定时，只要实测项目得分大于等于75分，则认为该分项工程质量为优良。（　）

15. 小桥工程在质量评定中，属于路基单位工程中的分部工程。（　）

16. 根据“评定标准”规定，纵断高程一般用水准仪测定。（　）

17. 路基工程实测项目质量标准按高速公路、一级公路、二级公路和其他公路四挡设定。（　）

18. 半刚性基层材料强度评定合格时得满分，不合格时得零分。（　）

19. 经检查不符合基本要求规定时，不得进行分项工程质量检验与评定。（　）

20. 建设项目工程质量等级分为优良、合格、不合格等三级。（　）

21. 二灰土基层和二灰砂砾基层的实测项目是完全相同的。（　）

22. 当建设项目工程质量评分大于85分时，该项目评为优良工程。（　）

23. 半刚性基层交工验收时需进行弯沉测定。（　）

24. 弯沉指标评定结果只有两种，即评分值可以得100分或零分。（　）

四、问答题

1. 试述高速公路沥青混凝土面层交工验收时，实测项目及相应的检测方法。对于二级公路有何不同？

2. 试述水泥混凝土面层实测项目及其相应的检测方法。

3. 试述水泥稳定粒料基层实测项目及相应检测方法。

4. 试述建设项目工程质量等级是如何评定的?

5. 分部工程质量等级是如何评定的?

6. 半刚性基层、底基层在交工验收时应检测哪些内容？并说明各自的检测方法。

7. 试述分项工程评分方法。

8. 公路工程质量评定等级有哪些及其评定方法?

9. 分项工程质量检测内容?

10. 土方路基实测项目有哪些？石方路基与其有什么不同?

11. 路基工程中有哪些分部工程?

12. 分项工程质量检测中，为什么首先检查是否满足基本要求?

13. 某土方路基质量评定，经对压实度、弯沉、平整度等 8 项指标检测，各指标合格率如表所示，其中压实度代表值大于压实度标准值，弯沉代表值满足要求。外观缺陷和资料不全扣分分别为 8 分和 6 分。

检查项目	压实度△	弯沉△	纵断高程	中线偏位	宽度	平整度	横坡	边坡
合格率(%)	65	100	75	90	85	70	90	80
权值	3	3	2	2	2	2	1	1

试:(1)评定该路段土方路基质量等级。

(2)如评定结果不合格，那么如何改进该土方路基的质量？如评定结果合格，为了进一步提高该土方路基的质量，则应采取什么措施。

14. 某二级公路仅有路基、路面两个单位工程，经检验评定土方路基工程得分 91 分，路面工程得分 89 分，涵洞工程得 85 分，浆砌排水沟工程得 79 分，请评定此二级公路各分部工程和单位工程的质量等级。

15. 某路面分部工程，其所属各分项工程评分为:底基层 88 分，基层 83 分，面层 92 分，路缘石 90 分，路肩 80 分，试评定该分部工程的质量等级。(注:面层、基层为主要分项工程)

第二章　沥青混合料与水泥混凝土

复习要点：

1. 沥青混合料类型及其特点；沥青混合料高温稳定性、低温抗裂性、水稳定性的概念；沥青混合料各项技术指标概念及所代表的含义。

2. 沥青用量表示方法，沥青含量和油石比的概念及二者之间换算的方法；马歇尔试件不同密度定义，常用密度检测方法；车辙试验的目的及操作步骤；针对不同粒径矿料与沥青两种黏附性试验方法；水泥混凝土原材料要求，影响水泥混凝土强度和工作性的因素，水泥混凝土凝结时间测试。

3. 马歇尔试件成型方法，影响试件制备的关键因素；确定一个标准马歇尔试件混合料用量计算方法；马歇尔试件毛体积密度、表观密度及最大相对理论密度试验操作步骤；马歇尔稳定度试验操作步骤及结果评定方法；沥青混合料配合比设计步骤；水泥混凝土配合比设计步骤；水泥混凝土强度试验；水泥混凝土工作性试验。

第一节　沥青混合料

一、沥青混合料基本概念

沥青混合料是指由适当比例的粗集料、细集料以及填料与沥青在严格控制条件下拌和形成的复合材料。

1. 沥青混合料分类

1）按级配及密实类型分类

（1）密级配沥青混凝土混合料。按密级配原理设计组成的各种粒径颗粒的矿料，与沥青结合料拌和而成，经马歇尔标准击实成型试件的剩余空隙率为3% ~5%（对重载道路为4% ~6%，对人行道路为2% ~5%）的密实型沥青混凝土混合料。按粒径大小分为砂粒式、细粒式、中粒式、粗粒式、特粗式等。按关键性筛孔通过率的不同又可分为细型密级配、粗型密配沥青混合料等。

（2）开级配沥青混合料。矿料级配主要由粗集料嵌挤组成，细集料及填料较少，经高黏度沥青结合料黏结，矿料相互拨开形成的混合料，经马歇尔标准击实成型试件的空隙率通常大于15% ~18%。代表性结构有铺筑于沥青层表面的排水式大孔隙沥青混合料磨耗层，如美国的OGFC、欧洲有的也称PEM等；以及铺筑在沥青层底部的排水式沥青稳定基层（ATPB）。

（3）半开级配沥青混合料。由适当比例的粗集料、细集料及少量填料（或不加填料）与沥青结合料拌和而成，经马歇尔标准击实成型试件的剩余空隙率在8% ~10%以上的半开式沥青碎石混合料，我国的AM型沥青碎石混合料属于此类。

(4)间断级配沥青混合料。矿料级配组成中缺少1个或几个档次，使部分筛孔上的分计筛余很少，而形成的级配曲线不连续的沥青混合料。根据混合料的空隙率不同，间断级配混合料可以是密级配或非密级配的混合料。密级配间断级配混合料的代表性结构是沥青马蹄脂碎石混合料(SMA)。

(5)密级配沥青稳定碎石基层混合料(ATB)。它与沥青混凝土的区别主要是公称最大粒径的不同，实际上相当于用于基层的粗粒式或特粗式沥青混合料，公称最大粒径通常大于26.5mm，其设计空隙率为3%～6%，不大于8%，粒径大于37.5mm的特粗式沥青稳定碎石混合料也称大粒径沥青混合料。

(6)开级配排水式沥青稳定基层混合料(ATPB)。公称最大粒径通常大于19mm，铺筑在沥青层底部起排水作用，设计空隙率大于15%～18%。

(7)半开级配沥青稳定混合料。设计空隙率在8%～10%以上，适用于缺乏添加矿粉的沥青拌和设备和人工炒拌(只加少量矿粉或不加矿粉)制造沥青混合料铺筑中低级公路的情况，根据路面的压实层厚度可采用不同的公称最大粒径，通常成为沥青碎石(AM)。

2)按沥青结合料及有无粗集料分类

(1)普通沥青和改性沥青混合料。

(2)乳化沥青碎石混合料。采用乳化沥青与矿料在常温状态下拌和而成，压实后剩余空隙率在10%以上的常温沥青混合料。

(3)沥青马蹄脂碎石混合料。由沥青结合料与少量的纤维稳定剂、细集料以及较多量的填料(矿粉)组成的沥青马蹄脂，填充于间断级配的粗集料骨架的间隙，组成一体形成的沥青混合料，简称SMA。

(4)沥青马蹄脂。由沥青结合料与少量的纤维稳定剂、细集料及较多量的填料(矿粉)组成的混合料。

(5)沥青胶浆。由沥青结合料、矿粉，或掺加部分纤维组成的混合料。

3)按颗粒最大粒径和级配分类

(1)砂粒式沥青混合料。公称最大集料粒径等于或小于4.75mm的沥青混合料，也称为沥青石屑或沥青砂。

(2)细粒式沥青混合料。公称最大集料粒径为9.5mm或13.2mm的沥青混合料。

(3)中粒式沥青混合料。公称最大集料粒径为16mm或19mm的沥青混合料。

(4)粗粒式沥青混合料。公称最大集料粒径为26.5mm或31.5mm的沥青混合料。

(5)特粗式沥青混合料。公称最大粒径为等于或大于37.5mm的沥青混合料。

4)按沥青生产工艺分类

(1)热拌热铺沥青混合料。沥青与矿料在热态下拌和、热态下铺筑的沥青路面混合料。

(2)再生沥青混合料。采用适当的工艺，将已破破坏的旧沥青路面混合料进行再生处理，或与新沥青混合料混合得到的沥青混合料。

(3)冷拌冷铺沥青混合料。主要指乳化沥青混合料或稀释液体沥青混合料，主要用于沥青路面的维修养护工程。

(4)温拌沥青混合料。主要指在沥青混合料中加入温拌剂降低沥青次高温下的黏度，用于特殊工况下的施工。

2. 沥青混合料结构类型及其特点

按强度构成原则,分为按嵌挤原则构成的结构和按密实级配原则构成的结构两类。

按嵌挤原则构成的沥青混合料的结构强度,是以矿料颗粒之间的嵌挤力和内摩阻为主,沥青结合料的黏附作用为辅而构成的。沥青贯入式路面、沥青表面处治、沥青碎石路面均属此类结构。这一类路面是以颗粒较粗的、尺寸较均匀的矿料构成骨架,沥青混合料填充其空隙,并把矿料黏成一个整体。这种混合料的强度受自然因素(温度、水)的影响较小。

按密实级配原则构成的沥青混合料的结构强度,是以沥青与矿料之间的黏结力为主,矿质颗粒之间的嵌挤力和内摩阻力为辅而构成的。沥青混凝土路面属于此类。这类的沥青混合料的结构强度受温度影响较大。

二、沥青混合料马歇尔试验设计方法及物理力学指标

目前国内外对沥青混合料进行设计的主要方法包括马歇尔设计方法、维姆设计法、美国的superpave设计法及美国工程兵GTM设计法。我国目前的标准设计方法为马歇尔设计法。

马歇尔试验方法主要是通过沥青混合料的成型后按照《公路工程沥青及沥青混合料试验规程》(JTG E20—2011)中沥青混合料试件密度试验及空隙率等物理指标计算方法,测定试件的密度、空隙率等各项物理指标,从而进行沥青混合料配合比设计。

1)击实或压实标准的选择

根据国内外对马歇尔混合料设计方法发展的讨论,室内压实方法包括最初的方法都将现场条件考虑了在内。参考现场条件并非根据施工情况,而是根据路面经历了一定水平交通荷载之后所达到的密度。因此,如果在室内来设计承受交通荷载的混合料,那么室内混合料显然应压实到未来的交通最终压实的相同的通常密度(空隙率),否则预测的交通水平太高会使混合料可能被压实到空隙率太小且不够稳定的密实状态,或者预测的交通水平太低使室内采用的压实功生成的密度高于实际交通水平所形成的密度,其结果是混合料沥青含量太小,混合料现场耐久性偏低。后者情况下,混合料虽未显示现场稳定性低,但因膜厚太小,在轻交通作用下没有良好耐久性,因此在设计提供适合现场性能的混合料时,室内压实水准的选择是关键。

2)矿质集料间隙率(VMA)

矿质集料间隙率VMA为压实集料块体中空隙总体积。如果VMA太小,则混合料可能有稳定性问题,而如果VMA太大,则混合料可能有耐久性问题,而且生产不经济,因此这项空隙率对混合料性能具有重大影响。VMA具有两个成分:压实后沥青填充的空隙体积及剩余空隙体积,剩余空隙体积使沥青胶结料在炎热气候可以充分热膨胀。沥青胶结料体积是混合料耐久性的关键。沥青胶结料体积连同集料级配决定每一集料颗粒周围沥青膜厚度。除非膜厚足够,沥青胶结料可能更快氧化,膜容易被水穿透,且对混合料抗拉强度影响不利。美国沥青协会提出的VMA的建议中,注意到当最大颗粒尺寸减小,则最小VMA增大,这是因为小颗粒间总的空隙大于大颗粒间的空隙所致。因此,最大集料尺寸为50mm的密级配混合料的最佳沥青含量可能低到3.0%~3.5%,而最大集料尺寸为10mm时,沥青含量可能达到7.0%~7.5%。任何给定混合料的VMA必须足够高,保证沥青胶结料加上要求空隙量有其空间。

3)压实沥青混合料空隙率

压实密级配沥青混合料试件在最佳沥青含量时的空隙率,美国大部分机构建议在3%~

5%之间。推荐这一空隙率范围有若干理由，但是该空隙率是对室内压实试样而言，不应同现场压实试样相混淆。该空隙率必须与施工中经过压实作用且空隙未被沥青胶结料填满的情况相接近。沥青混合料路面层通过粒间接触，抵抗结合料流动，将荷载从表面传递至下卧层；因此，如果要达到足够的性能，在层内一定要形成高度的抗剪切力。必须具有这样高度的抗剪切力，才可以防止在交通作用下的附加压实、在轮迹带可能引起的车辙或在路表面引起的沥青胶结料泛油。

此外，密级配沥青混合料磨耗层一定要提供一个比较不透水不透气的面层。空隙率低将减小集料体中沥青胶结料膜的老化，也减少水分进入混合料穿透沥青薄膜，将沥青从集料剥离的可能性。重要的是沥青混合料在室内要压实到近似于交通作用下的最终密度，同时具有3% ~5%的空隙率，考虑到表面层的抗滑性能要求，可以考虑采用3% ~6%的空隙率。

沥青混凝土的空隙率对沥青路面的水损坏、沥青氧化、车辙、疲劳寿命等都有很大的影响。

沥青混凝土的空隙率过大，降水容易透入结构层中，使沥青路面产生各种各样的水破坏，热拌沥青混凝土的空隙率小于7%时，混合料的透水性很小；空隙率大于8%时，混合料的透水性增加很快。

沥青混凝土的空隙率大还使空气容易进入结构层中，使沥青容易氧化变脆，从而导致沥青混凝土容易产生裂缝和松散，直接影响路面的使用寿命。沥青的残留针入度直接受沥青面层空隙率的影响；沥青混凝土的空隙率大于8%时，沥青针入度的损失显著增加（沥青氧化较快）。

沥青混凝土的空隙率过小，面层容易产生车辙和推挤现象。密级配混合料的初始现场空隙率应不大于8%，并且在路面使用期间应不小于3%。

沥青混合料空隙率对改性沥青混凝土的疲劳寿命有很大的影响，空隙率对不同沥青混凝土（含沥青品种不同和矿料级配不同等）的疲劳寿命的影响程度是不一样的，而且可有较大差别。

沥青混凝土的空隙率对其弯拉劲度也有明显影响，热拌沥青混凝土的空隙率 >7%时，空隙率每增加1%，沥青面层的使用寿命要降低10%。

所以，密实沥青混凝土应施工成初始空隙率不大于7%，而且开放交通后的最终空隙率应大于3%。

4）密度

在马歇尔混合料设计方法中，密度随沥青含量而变化。由于热沥青胶结料润滑颗粒，压实功迫使颗粒紧靠一起，起初密度随沥青含量增加而增大。密度达到某个峰值后开始降低，这是因为增加的沥青胶结料使各个颗粒周围的薄膜加厚，因而促使颗粒更多的分离，引起密度较低。在马歇尔混合料设计方法中，为比较准确评价沥青混合料的空隙率，对于普通沥青混合料应采用真空法实测其沥青混合料的最大密度，对于改性沥青混合料和SMA混合料应采用计算最大理论密度，采用表干法或蜡封法或体积法测定试件的毛体积密度。

（1）沥青混合料的密度：指压实沥青混合料常温条件下单位体积的干燥质量，以 g/cm^3 表示。

（2）沥青混合料的相对密度：同温度条件下压实沥青混合料试件密度与水密度的比值，单位无量纲。

（3）沥青混合料的理论最大密度：为计算沥青混合料空隙率之需，假设压实沥青混合料试

件空隙率为零的理想状态下最大密度，以 g/cm³ 表示。

(4)沥青混合料的理论最大相对密度：同温度条件下沥青混合料的理论最大密度和水的密度的比值，单位无量纲。

(5)沥青混合料的表观相对密度：又称视比重，是表观密度和同温度水的密度之比值，单位无量纲。

(6)沥青混合料的毛体积密度：单位体积（含混合料的实体矿物成分及不吸收水分的闭口孔隙、能吸收水分的开口孔隙等颗粒表面轮廓线所包围的全部毛体积）压实沥青混合料的干质量，由表干法、蜡封法或体积法测定，以 g/cm³ 表示。

①表干法测定的毛体积密度：又称饱和面干毛体积密度，是压实沥青混合料试件常温条件下的干燥质量与表干状态下的毛体积（指饱和面干状态下的实体体积与闭口孔隙、开口孔隙之和）之比值，它适用于较密实的吸水很少的试件。

②蜡封法测定的毛体积密度：是压实沥青混合料试件常温条件的干燥质量与蜡封条件的毛体积（指混合料蜡封状态下实体体积与闭口孔隙、开口孔隙之和，但不计蜡被吸入混合料的部分）之比值，它适用于吸水较多而不能由表干法测定的试件。

③体积法测定的毛体积密度，是压实沥青混合料试件的干质量与直接用卡尺测量的试件毛体积（指用卡尺测量的试件名义表面以内包括凹陷在内的全部毛体积）之比值，它适用于吸水严重至完全透水，不能由表干或蜡封法测定的试件。

5)有效沥青含量 P_{be}

沥青混合料中沥青总含量减去被集料吸收的沥青量。

6)粗集料松装间隙率

干燥粗集料（通常指 4.75mm 或 2.36mm 以上的集料）在标准量筒中经捣实形成的粗集料骨架部分以外的体积占容量筒总体积的百分率，以 VCA_{DRC} 表示。

7)沥青混合料试件的粗集料间隙率

压实沥青混合料试件内粗集料骨架部分以外的体积占试件总体积的百分率，以 VCA_{mix} 表示。

8)稳定度

马歇尔稳定度是指压实试件在温度为 60℃ 加载速度为 50mm/min 时承受的最大荷载。该稳定度为沥青混合料块体黏性的一般量度，并受集料内摩阻角与沥青胶结料 60℃ 的黏度影响。由于 60℃ 黏度主要受沥青胶结料等级影响，因而增大集料混合料稳定度最容易的途径是将沥青胶结料改变到较高黏度级。选择棱角更多的集料对马歇尔稳定度也具有重要影响；即具有相同级配的富有棱角集料产生比圆形集料或扁圆形集料稳定度更高。沥青胶结料黏度的任何增加都会增大马歇尔稳定度。还可加入少量很细粉尘，沥青胶结料/粉尘混合料，其作用如黏度更高的结合料，因而增大马歇尔稳定度。但是如果粉尘极细，则可能扩充沥青胶结料，其作用如同加大沥青胶结料含量而会降低稳定度。这取决于马歇尔稳定度与沥青含量关系曲线的形状。人们必须仔细全面分析各种成分变化对沥青混合料材性的影响。

马歇尔稳定度与现场稳定性不一定相关。专业人员常假定如果现场发生稳定性问题（车辙），设计时可采用增大最小可接受的马歇尔稳定度来解决。现场经验已证实，这种解决行不通。该解决办法的基本前提是：马歇尔稳定度是现场稳定性的一个代用量度。由于现场混合料稳定性受环境温度、荷载类型、加载速度、轮胎接触压力与众多混合料特性的影响。

室内马歇尔稳定度只考虑了上述条件的一部分，因此要接受以上前提是困难的。所以，如果现场稳定性存在问题，应进行综合研究，以确定产生问题的究竟是哪种材料特性，而不是假定更高的室内稳定度会解决问题。

马歇尔稳定度的主要用途在于评价稳定度随沥青含量增加的变化，以选择最佳沥青含量。马歇尔稳定度也用于量测厂拌沥青混合料的一致性。因为稳定度试验值变异性大，即试验精度很差，用马歇尔稳定度作为规范要求必须慎重。实际上，美国 ASTMD1559 并未包含精度说明，尽管试图采集有精度说明的数据已定期地进行多年。

9）流值

高流值通常显现为塑性混合料在交通作用下导致永久变形，而低流值可显现为空隙率高过正常而沥青含量不足的耐久性有问题混合料，并在路面寿命中因混合料的脆性而导致早期开裂。

在美国的州际公路或高交通量道路或机场采用 75 击马歇尔设计时，通常规定流值在20～40（0.1mm）的范围。对较低交通量道路采用 50 击马歇尔设计时，流值有时可高到 50（0.1mm）。

10）沥青填隙率或沥青饱和度（VFA）

规范一般规定 VFA 范围为65%～75%。根据 Superpave 设计思想，交通量越大，其相应的 VFA 值应减少。

三、沥青混合料的技术性质

1. 高温稳定性

沥青混合料的高温稳定性，是指沥青混合料在夏季高温（通常 60℃）条件下经受车辆荷载长期作用后，不产生车辙和波浪等病害的性能。

高温稳定性不好时沥青混合料在使用过程中受交通荷载的反复作用，容易产生车辙、推移、拥包等永久性变形（也包括泛油）。

评价沥青混合料高温稳定性关键试验方法——车辙试验。

为了模拟沥青路面在车轮的反复作用下产生车辙的情况，在试验室采用一个小型车轮在沥青混合料板块状试件上进行往复行走试验，从而使板块试件形成像实际沥青路面那样的辙槽。这种试验方法称为车辙试验。车辙试验是用一块碾压成型的板块试件（通常尺寸 300mm×300mm×50mm）在规定温度条件（通常为 60℃）下，以一个轮压为 0.7MPa 的实心橡胶轮胎在其上行走，测量试件在变形稳定时期，每增加 1mm 变形需要行走的次数，即称为“动稳定度”，以次/mm 表示。

2. 耐久性

沥青混合料耐久性主要包括沥青混合料的抗老化性能及水稳定性，表征沥青混合料耐久性的物理指标主要有空隙率及饱和度，力学指标则包括残留稳定度及冻融劈裂残留强度比等。

空隙率：压实后的沥青混合料的空隙率，即矿料及沥青以外的空隙（不包括矿料自身内部的空隙）的体积占试件总体积的百分率。空隙率大小与路面产生水损害与否关系密切，也与沥青路面疲劳性能的好坏紧密相关。路面现场空隙率水平在 7%～9% 时，由于动水压力的作用最易导致沥青路面产生水损害，同时空隙率较大时，沥青暴露在空气中的面积增加将加剧沥

青的氧化,导致路用性能下降。

饱和度:压实沥青混合料中的沥青饱和度,既试件矿料间隙中扣除被集料吸收的沥青以外的有效沥青结合料部分的体积在压实沥青混合料的矿料间隙率中所占的百分率。沥青饱和度反映了沥青填充矿料间隙的程度,饱和度太小,则空隙率大,对耐久性不利;饱和度过大,则空隙率小,高温季节时,沥青体积膨胀将向上泛出,导致泛油或其他高温病害。

残留稳定度是指将沥青混合料马歇尔试件模拟路面的水损害条件后测其稳定度值,并与正常马歇尔稳定度值进行比较,视其变化程度评价沥青混合料抗水损害能力。

冻融劈裂残留强度比是指在室内通过尽可能模拟现场水环境,对试件经过冻融循环处理后,测定试件劈裂强度的比值,用以评价沥青混合料的水稳定性。

3. 其他性能

沥青混合料低温抗裂性,抗滑性及施工和易性。

沥青混合料低温抗裂性是指沥青混合料在低温下的抗裂稳定性。与沥青性能、沥青用量及混合料密实程度关系紧密。

沥青混合料抗滑性是指轮胎沿路面表面在一定打滑率条件下滑动时所承受的摩擦阻力的大小;对行驶在路面的车辆而言,是指在一定条件下(速度,路面湿度等)车辆的紧急制动距离及抗侧滑能力。沥青路面抗滑性能与其表面构造深度、集料的磨光值及矿料表面沥青膜厚度相关。

施工和易性的含意:指沥青混合料在拌和过程中易于均匀、在运输与摊铺过程中不易离析、在碾压过程中易于压实成型的性能。施工和易性主要与沥青混合料级配类型及沥青黏度有关。

四、沥青混合料配合比设计及试件制作方法

1. 初估沥青用量的确定及试件材料用量的计算

马歇尔沥青用量大致范围确定方法:根据以往工程的实践经验,预估适宜的沥青用量(或油石比)。当工程使用的材料密度不同,原工程矿料的合成相对密度为 D_1,使用的最佳沥青用量为 a_1,新工程矿料的合成相对密度为 D_2 时,预估需要的沥青用量 a_2 可按 $a_2 = \dfrac{a_1}{\dfrac{(100-a_1)}{D_1}\times D_2 + a_2}$ 换算预估。以此沥青用量 a_2 为中值,按0.5%间隔,取5个不同的沥青用量,每一组的试样数不少于6个。其中按规范规定的击实次数和试验温度成型的马歇尔试件不少于4个;用于测定理论最大相对密度的试样不少于2个。

SGC是美国SHRP研究成果之一superpave沥青混合料设计方法中通过旋转压实成型沥青混合料圆柱体试件的方法,可用来进行混合料设计、评价压实特性或进行其他路用性能试验。

GTM是美国工程兵通过旋转压实成型沥青混合料圆柱体试件的方法,用于进行沥青混合料组成设计。

沥青混合料中沥青用量用沥青含量或油石比来表示。

沥青含量和油石比换算方法:

$$P_b = \frac{P_a}{100 + \gamma_{sb}} \times 100 \tag{1-2-1}$$

式中：P_a——预估的最佳油石比（与矿料总量的百分比），（%）；

P_b——预估的最佳沥青用量（占混合料总量的百分数），（%）；

γ_{sb}——集料的合成毛体积相对密度。

沥青混合料试件的制作温度按通过在135℃及175℃条件下测定的黏度－温度曲线确定，并与施工实际温度相一致，普通沥青混合料如缺乏黏温曲线时可参照热拌沥青混合料的施工温度（℃）表执行，改性沥青混合料的成型温度在此基础上再提高10℃～20℃。

确定一个标准马歇尔试件拌和物用量的计算方法：将拌和好的沥青混合料，均匀称取一个试件所需的用量（标准马歇尔试件约1 200g，大型马歇尔试件约4 050g）。当已知沥青混合料的密度时，可根据试件的标准尺寸计算并乘以1.03得到要求的混合料数量，进行击实成型；成型后用游标卡尺量取试件高度，根据试件高度来调整试件的矿料和沥青的用量。

2. 马歇尔试件毛体积密度的测定

1）沥青混合料试件毛体积密度试验（表干法）

表干法适用于测定吸水率不大于2%的各种沥青混合料试件，包括Ⅰ型或较密实Ⅱ型沥青混泥土、抗滑表层混合料、沥青与玛碲脂碎石混合料（SMA）试件的毛体积相对密度或毛体积密度。

表干法沥青混合料毛体积密度试验操作过程：

（1）选择适宜的浸水天平或电子秤，最大称量应不小于试件质量的1.25倍，且不大于试件质量的5倍。

（2）除去试件表面的浮粒，称取干燥试件的空中质量（m_a），根据选择的天平的感量读数，准确至0.1g、0.5g或5g。

（3）挂上网篮，浸水溢流水箱中，调节水位，将天平调平或复零，把试件置于网篮中（注意不要晃动水）浸水中3～5min，秤取水中质量（m_w）。若天平读数持续变化，不能很快达到稳定，说明试件吸水较严重，不适用与此法测定，应改用蜡封法测定。

（4）从水中取出试件，用洁净柔软的拧干湿毛巾轻轻擦去试件的表面水（不得吸走空隙内的水），称取试件的表干质量（m_f）。

（5）对从路上钻取的非干燥事件安可先称取水中质量（m_w），然后用电风扇将试件吹干至恒重（一般不少于12h，当不需要进行其他试验时，也可用60℃±5℃烘箱烘干至恒重），再称取空中质量（m_a）

2）沥青混合料试件毛体积密度试验（蜡封法）

蜡封法适用于测定吸水率大于2%的沥青混合料或沥青碎石混合料试件的毛体积相对密度或毛体积密度。

蜡封法沥青混合料毛体积密度试验试验方法及步骤：

（1）选择适宜的浸水天平或电子称，最大称量应不小于试件质量的1.25倍，且不大于试件质量的5倍。

（2）称取干燥试件的空中质量（m_a），根据选择的天平感应读数，准确至0.1g、0.5g、5g，当为钻芯法取得的非干燥试件时，应用电风扇吹干12h以上至恒重作为空中质量，但不得用烘干法。

(3)将试件置于冰箱中,在4℃~5℃条件下冷却不小于30min。

(4)将石蜡熔化至其熔点以上5.5℃±0.5℃。

(5)从冰箱中取出试件立即浸入石蜡液中,至全部表面被石蜡封住后迅速取出试件,在常温下放置30min,称取封蜡试件的空中质量质量(m_d)。

(6)挂上网篮,浸入溢流水箱中,调节水位,将天平调平或复零。将蜡封试件放入网篮浸水约1min,读取水中质量(m_c)。

(7)如果试件在测定密度后还需要做其他试验时,为便于除去石蜡,可事先在干燥试件表面涂一薄层滑石粉,称取涂滑石粉后试件质量(m_s),然后再蜡封测定。

(8)用蜡封法测定时,石蜡对水的相对密度按下列步骤测量确定:

①取一块铅或铁块之类的重物,称取空中质量(m_g);

②测定重物的水中质量(m'_g);

③待重物干燥后,按上述试件蜡封的步骤将重物蜡封后测定空中质量(m_d)及水中质量(m'_d);

④按试验计算石蜡对水的相对密度。

$$\gamma_p = \frac{m_d - m_g}{(m_d - m_g) - (m'_d - m'_g)} \tag{1-2-2}$$

式中:γ_p——在常温条件下石蜡对水的相对密度;

m_g——重物的空中质量(g);

m'_g——重物的水中质量(g);

m_d——蜡封后重物的空中质量(g);

m'_d——蜡封后重物的水中质量(g)。

3)沥青混合料试件毛体积密度试验(体积法)

本方法仅适用于不能用表干法、蜡封法测定的空隙率较大的沥青碎石混合料及大空隙率透水性开级配沥青混合料(OGFC)等。

体积法沥青混合料毛体积试验方法及步骤:

(1)选择适宜的天平或电子称,最大称量应介于试件质量的1.25~5倍。

(2)清理试件表面,刮去突出试件表面的残留混合料,称取干燥试件的空中质量(m_a),根据选择的天平的感量读取,准确至0.1g、0.5g或5g,当为钻芯法取得非法干燥试件时,应用电风扇吹干12h以上至恒重作为空中质量,但不得用烘干法。

(3)用卡尺测定试件的各种尺寸,准确至0.01cm,圆柱体试件的直径取上下2个断面测定结果的平均值,高度取十字对称四次测定的平均值;棱柱体试件的长度取上下2个位置的平均值,高度或宽度去两端及中间3个断面测定的平均值。

水中重法测定沥青混合料毛体积密度试验方法与步骤:

(1)选择适宜的浸水天平或电子秤最大称量应不小于试件质量的1.25倍,且不大于试件质量的5倍。

(2)试件表面的浮粒,称取干燥试件的空中质量(m_a),根据选择的天平的感量读数,准确至0.1g、0.5g或5g。

(3)挂上网篮,浸入溢流水箱的水中,调节水位,将天平调平或复零,把试件置于网篮中

(注意不要使水晃动),待天平稳定后立即读数,称取水中质量(m_w)。若天平读数持续变化,不能在数秒钟内达到稳定,说明试件有吸水情况,不适用于此法测定,应改用本规程 T 0705 或 T 0707 的方法测定。

(4)对从路上钻取的非干燥试件,可先称取水中质量(m_w),然后用电风扇将试件吹干至恒重(一般不少于 12h,当不需进行其他试验时,也可用 60℃ ±5℃烘箱烘干至恒重),再称取空中质量(m_a)。

在测定沥青混合料密度的方法中,水中重法最为简单,也是我国长期使用的传统方法,但在美国的试验方法中,没有水中重法,只有表干法与蜡封法。水中重法测定的是表观密度,与表干法、蜡封法,体积法测定的毛体积密度在意义上是不同的。但是当试件非常致密,几乎不吸水时,试件的表干质量与空中质量差别极小。例如马歇尔试件可能相差仅 1g,仅占试件质量的 0.1%,采用水中重法测定的表观密度与表干法测定的毛体积密度相差不超过 0.01g/cm^3,计算的空隙率相差约 0.2%,基本上在试验误差范围内。为此,在这种情况下,用水中重法测定的表观密度代替表干法测定的毛体积密度是可以的,这将使工程上的试验工作大为简化。

3. 沥青混合料马歇尔稳定度试验

稳定度是指标准尺寸试件在规定温度和加荷速度下,在马歇尔仪中最大的破坏荷载(kN)。

流值是达到最大破坏荷载时的试件的垂直变形(以 0.1mm 计)。

稳定度试验操作步骤:

(1)用卡尺(或试件高度测定器)测量试件直径和高度(如试件高度不符合 63.5mm ±1.3mm要求或两侧高度差大于 2mm 时,此试件应作废),并按有关方法测定试件的物理指标。

(2)将恒温水槽(或烘箱)调节至要求的试验温度,对黏稠石油沥青混合料为 60℃ ±1℃。将试件置于已经达到规定温度和恒温水槽(或烘箱)中保温 30 ~40min。试件应垫起,离容器底部不小于 5cm。

(3)马歇尔试验仪的上下压头放入水槽(或烘箱)中达到同样的温度,将上下压头从水槽(或烘箱)中取出拭擦干净内面。为使上下压头滑动自如,可在下压头的导棒上涂少量黄油,再将试件取出置于下压头上,盖上上压头,然后装在加载设备上。

(4)将流值测定装置安装于导棒,使导向套管轻轻地压住上压头,同时将流值计读数调零。在上压头的球座上放妥钢球,并对准荷载测定装置(应力环或传感器)的压头,然后调整应力环中百分表对准零或将荷重传感器的读数复位为零。

(5)启动加载设备,使试件承受荷载,加载速度为(50 ±5)mm/min。当试验荷载达到最大值的瞬间,取下流值计,同时读取应力环中百分表(或荷载传感器)读数和流值计的流值读数(从恒温水槽中取出试件至测出最大荷载值的时间,不应超过 30s)。

4. 沥青混合料理论最大相对密度试验(真空法)

真空法测定沥青混合料理论最大相对密度的主要仪器为带振动装置的负压容器,即测定沥青混合料散粒状试样的表观密度,由于集料表面裹覆有沥青,集料容易成团须人工将混合料分散并辅以负压装置将被混合料包裹的空气抽出。测定沥青混合料最大理论相对密度用于混合料配合比设计及现场施工质量尤其是压实度控制。

试验步骤如下：

①将空的负压容器浸没入25℃ ±0.5℃的水中，称取其水中重，记做 m_1 将已经分散冷却的混合料试样，按照规定称取一定数量样品，记做 m_a。

②将试样放入负压容器中并用25℃ ±0.5℃的为将其浸泡，水面必须高于混合料顶面2cm以上。

③启动真空泵使负压容器内真空度在2min内达到3.7kPa ±0.3kPa，开始计时并启动振动装置，持续抽真空及振动15min ±2min。

④抽真空结束后，关闭真空泵及振动装置，卸压。

⑤将盛有试样的负压容器缓慢移入恒温水槽中，移动过程中不得使试样露出水面，以免空气进入。

⑥称取盛有试样的负压容器水中重，记做 m_2。

⑦平行进行2次试验，取2次试验结果平均值作为试验结果。

⑧最大理论相对密度按下式进行计算：

$$\gamma_t = m_a/[m_a - (m_2 - m_1)] \tag{1-2-3}$$

式中：γ_t——沥青混合料最大理论相对密度（无量纲）；

m_a——试样重（g）；

m_1——负压容器水中重（g）；

m_2——盛有试样的负压容器水中重（g）。

最大理论密度按下式计算：

$$\rho_t = m_a/[m_a - (m_2 - m_1)] \times \rho_w \tag{1-2-4}$$

式中：ρ_w——水在25℃时的密度（g/cm³）。

5. 沥青混合料配合比设计

沥青混合料组成原材料：

沥青路面采用的沥青标号，宜按照公路等级、气候条件、交通条件、路面类型及在结构层中的层位及受力特点、施工方法等，结合当地的使用经验，经技术论证后确定。

《公路沥青路面施工技术规范》（JTG F40—2004）在提到当用于高速公路、一级公路的石料为酸性石料时，宜使用针入度较小的沥青，并采用下列抗剥离措施，使沥青与矿料的黏附符合规范的要求。这些剥离措施是：①用干燥的磨细消石灰粉或生石灰粉、水泥作为填料的一部分，其用量宜为矿料总量的1% ~2%；②在沥青中掺加抗剥落剂；③将粗集料用石灰浆处理后使用。

矿粉必须采用石灰岩或岩浆岩中的强基性岩石等憎水性石料经磨细得到矿粉，原石料中的泥土杂质应除净。

矿粉在沥青混合料中起着很重要的作用，通过沥青和填料之间相互作用形成的结构沥青和组成的沥青胶浆，使混合料中的矿料结合成一体。

沥青混合料配合比设计内容：

沥青与矿料级配选定之后，如何确定沥青混合料配合比，目前大多数国家仍采用马歇尔法。但是大量实践证明，马歇尔稳定度和流值与沥青路面的长期使用性能关系不显著，并且往往流值合格而高温车辙仍很严重，该法不能很好地反映沥青混合料的高温稳定性。用马歇尔试验方法进行混合料设计存在着片面性，鉴于此，不少公路工程研究者提出了对混合料进行综合设计，作为对马歇尔试验方法的补充和完善。

沥青混合料组成设计包括原材料选择和配合比设计两方面的工作，对材料选择侧重于其质量达到路用性能要求，混合料配合比设计实际上包括矿料级配类型和沥青用量的确定。

沥青混合料的综合设计应该包括两个方面的含义：一方面是对沥青路面的各种可能的破坏形式综合考虑，使沥青混合料在性能上得到保证，避免沥青路面可能出现的破坏，即综合考虑沥青路面的各种可能破坏形式及相应的沥青混合料路用性能；另一方面是沥青混合料设计与沥青路面结构设计的综合考虑，最理想的应是结构分析理论即所用的材料性能参数能够在沥青混合料设计中体现。

从本质上讲，混合料综合设计就是考虑其抗疲劳能力、高温稳定性、水稳定性、低温抗裂性和抗滑性等路用性能，通过确定沥青混合料的结构参数如沥青用量及与级配类型相关的空隙率等，使各项指标达到理想、协调，使混合料具有良好的结构特点，从而获得较为理想的受力变形特性，达到要求的性能指标。保证沥青路面在使用期限内就可以具有抵抗各种可能形式破坏的能力。由此看出，混合料组成设计应该遵循这样一个思路：沥青混合料路用性能→混合料受力变形特性→混合料结构特点→混合料结构参数，通过这一思路的逆过程，使混合料逐步从实验室走向工程实际。

矿质混合料的配合比组成设计主要包括以下步骤：

1）确定沥青混合料类型

沥青混合料类型根据道路等级、路面类型、所处的结构层位和设计厚度综合确定，公称最大粒径根据设计层厚确定，各国对沥青混合料的公称最大粒径（D）同路面结构层最小厚度的关系均有规定，除前苏联规定矿料公称最大粒径分别为面层厚度的0.6倍与底基层厚度的0.7倍外，一般均规定为0.5倍以下。我国研究表明：随h/D增大，耐疲劳性提高，但车辙量增大。相反随h/D减少，车辙量也减少但耐久性降低，特别是在$h/D<2$时，疲劳耐久性急剧下降。为此建议结构层厚度h与最大粒径D之比应控制在$h/D\geq 2.5\sim 3$，对SMA和OGFC等嵌挤型混合料$h/D\geq 2\sim 2.5$。只有控制了结构层厚度与最大公称粒径之比，才能保证摊铺的沥青混合料拌和均匀，易于达到要求的密实度和平整度，保证施工质量。

沥青混合料拌类型根据《公路沥青路面施工技术规范》（JTG F40—2004）中表4.4.1选定。

2）确定矿质混合料的级配范围

沥青混合料的设计级配范围按工程设计文件或招标文件的规定执行。当无明确规定时，工程单位应根据工程所在地的气候条件、交通条件、公路等级、路面类型、混合料所处的层次，按照下述（1）的原则矿料级配范围进行调整，确定设计级配范围。当发现设计文件规定的级配明显不合理时，有责任提出修改建议。在经实践证明是合理、且有成功的把握的情况下，设计级配范围容许超出规范规定的级配范围。所确定的设计级配范围必须得到主管部门，包括工程设计单位、建设单位和监理的认可和批准。设计级配范围一经确定，不得随意变更。

（1）首先按《公路沥青路面施工技术规范》（JTG F40—2004）表5.3.2-2确定采用粗型（C形）或细型（F形）的混合料。对夏季温度高、高温持续时间长，重载交通多的路段，宜选用粗型密级配沥青混合料（AC-C型），并取较高的设计空隙率。对冬季温度低、且低温持续时间长的地区，或者重载交通较少的路段，宜选用细型密级配沥青混合料（AC-F型），并取较低的设

计空隙率。

(2)为确保高温抗车辙能力,同时兼顾低温抗裂性能的需要。配合比设计时宜适当减少公称最大粒径附近的粗集料用量,减少0.6mm以下部分细粉的用量,使中等粒径集料较多,形成S形级配曲线,并取中等或偏高水平的设计空隙率。

(3)确定各层的工程设计级配范围时应考虑不同层位的功能需要,经组合设计的沥青路面应能满足耐久、稳定、密水、抗滑等要求。

(4)根据公路等级和施工设备的控制水平,确定的工程设计级配范围应比规范级配范围窄,其中4.75mm和2.36mm通过率的上下限差值宜小于12%。

(5)沥青混合料的配合比设计应充分考虑施工性能,使沥青混合料容易摊铺和压实,避免造成严重的离析。

确定设计级配范围时宜按下列原则进行调整:

(1)根据公路等级和施工设备的控制水平确定设计级配范围上限和下限的差值,设计级配范围上下限差值,通常情况下对4.75mm和2.36mm通过率的范围差值宜小于12%。

(2)确定设计级配范围时应特别重视实践经验,通过对条件大体相当的工程的使用情况进行调查研究,证明选择的级配范围能适用于使用需要。

(3)对温度炎热、夏季持续时间长,但冬季不太寒冷的地区,或者重载路段,应重视考虑抗车能力的需要,降低4.75mm和2.36mm通过率,采用较粗的级配,适当提高VMA,选用较高的设计空隙率。

(4)对温度寒冷、夏季高温持续时间短的北方地区,或者非重载路段,应在保证抗车辙能力的前提下,充分考虑提高低温抗裂性能,适当增大4.75mm和2.36mm通过率,采用较细的级配,适当减少VMA,选用较小设计空隙率。

(5)对我国许多地区,夏季温度炎热,高温持续时间长,冬季又十分寒冷,年温差特别大,且属于重载路段的工程,高温要求和低温要求发生矛盾时,应以提高高温抗车辙能力为主,兼顾提高低温抗裂性能的需要,在减少4.75mm和2.36mm通过率的同时,适当增加0.075mm通过率,使规范级配范围成S形,并取中等或偏高水平的设计空隙率。

(6)在潮湿区和湿润区等雨水、冰雪融化水对路面有严重危险的地区,在考虑抗车辙能力的同时还应重视密水性的需要,减少水损害破坏,宜适当减少设计空隙率,应保持良好的雨天抗滑性能。对干旱地区的混合料,受水的影响很小,对密水性及抗滑性能的要求可放宽。

(7)对等级较高的公路,沥青层厚度较厚时,可采用较粗的级配范围;反之,对等级较低的公路,沥青层厚度较薄时,宜采用较细的级配范围。

(8)对重点考虑高抗车辙能力、设计空隙率较高的混合料,细集料宜采用较多的石屑;而对更需要低温抗裂性能、较小设计空隙率的混合料,相对而言,宜采用较多的天然砂作细集料。

(9)确定沥青混合料设计级配范围时应考虑不同层次的功能需要。对沥青面层较厚的三层式面层,表面层应综合考虑满足高温抗车辙能力、低温抗裂性能、抗滑的需要,中面层应考虑高温抗车辙能力,底面层重点考虑抗疲劳开裂性能、密水性等。对沥青面层较薄时或双层式路面的下面层,底面层应在满足密水性能的同时,提高高温抗车辙能力,并满足抗疲劳开裂性能。

(10)对交通量大、轴载重的道路,宜偏向级配范围的下(粗)限;对中小交通量或人行道路等宜偏向级配范围的上(细)限。可根据实践经验选用连续级配或间断级配,当无成功的经验或不能确保施工中不产生严重的离析时,宜采用通常的连续级配沥青混凝土。在通常情况下,连续级配宜成为S形的级配范围,即适当减少公称最大粒径附近的粗集料通过率,减少0.6mm以下部分细粉的用量,使中等粒径粗集料(如5mm、10mm)的材料较多的级配曲线。

沥青混合料配合比设计包括目标配合比设计、生产配合比设计及生产配合比验证三个阶段。

第一阶段:目标配合比设计阶段。

(1)矿料级配计算。

目前,矿料级配的计算大都利用微机进行人机对话的方式进行,计算程序并不复杂,各单位都可以自行编程。计算时应充分考虑便于现有材料得到有效的使用,筛孔上应特别重视4.75mm、2.36mm、0.075mm,并尽量接近设计级配的范围中值。

(2)马歇尔试验。

按配比在油石比在大致选定范围以内,以0.5%间隔的不同油石比分别进行马歇尔试验。

①沥青混合料马歇尔试验方法绘图(图略)。计算最佳油石比:

②按最大密度、最大稳定度、空隙率中值确定的最佳油石比 OAC_1;

③按各项指标全部合格范围的中值确定的最佳油石比 OAC_2;

④由此确定最佳油石比OAC和相应的最佳沥青用量。

(3)高温稳定性检测。

按规范规定,对于高速公路沥青路面上面层及中面层的沥青混凝土混合料进行配合比设计时,应通过车辙试验机对抗车辙能力进行检验。因此,由马歇尔试验设计的配合比并不能马上就作为目标配合比。

(4)水稳定性检验。

按照最佳油石比重新制作试件,进行马歇尔试验及48h浸水马歇尔试验及冻融劈裂试验分别测定沥青混合料试件的残留稳定度及冻融劈裂残留强度比,对沥青混合料的水稳定性进行验证。

(5)低温弯曲试验。

按照最佳油石比重新制作试件,对热拌沥青混合料最低试验温度 -10℃,加载速率50mm/min的条件下进行弯曲试验。

第二阶段:生产配合比设计阶段。

在目标配合比确定之后,应利用实际施工的拌和机进行施工配合设计。试验前,应首先根据级配类型选择振动筛筛号,使几个热料仓的材料不致相差太多。最大筛孔应保证使超粒径料排出,使最大粒径筛孔通过量符合设计范围要求。试验时,按目标配合比设计的冷料比例上料、烘干、筛分、然后取样筛分。与目标配合比设计一样用微机进行矿料级配计算,按此配合比进行马歇尔试验,将其结果绘成图(图略)。由图得出的最佳油石比如下:

①按最大密度、最大稳定度、空隙率中值的最佳油石比 OAC_1;

②按各项指标全部合格的范围的中值确定最佳油石比 OAC_2;

③由此确定最佳油石比;

④相当的最佳沥青用量。

看此结果与目标配合比试验结果是否相吻合,然后确定最终油石比。

第三阶段:生产配合比验证阶段。

此阶段即试拌试铺阶段。施工单位进行试拌试铺时,应报告监理部门及业主、工程指挥部会同设计、监理、施工人员一起进行鉴别。拌和机按照生产配合比结果进行试拌,首先有在场人员对混合料级配及油石比发表意见。如有不同意见,应适当调整再进行观察,力求意见一致。然后用此混合料在试验段上试铺,进一步观察摊铺、碾压过程和成型混合料的表面状况,判断混合料的级配及油石比。如不满意,也应适当调整,重新试拌试铺,直至满意为止。另一方面,试验室密切配合现场指挥在拌和厂或摊铺机旁采集沥青混合料试样,进行马歇尔试样,检验是否符合标准要求。同时还应进行车辙试验及浸水马歇尔试验,进行高温稳定度性及水稳定性验证。只有所有指标全部合格,才能交付使用。在试铺试验段时,实验室还应在现场取样进行抽提试验,再次检验实际级配和油石比是否合格。同时按照规范规定的试验段铺筑要求,进行各种试验。

随着沥青含量的增加沥青混合料的空隙率减少,稳定度增加,流值减小,饱和度增加。

(1)按图1-2-1的方法,以油石比或沥青用量为横坐标,以马歇尔试验的各项指标为纵坐标,将试验结果点入图中,连成圆滑的曲线。确定均符合本规范规定的沥青混合料技术标准的沥青用量范围 $OAC_{min} \sim OAC_{max}$。选择的沥青用量范围必须涵盖设计空隙率的全部范围,并尽可能涵盖沥青饱和度的要求范围,并使密度及稳定度曲线出现峰值。如果没有函盖设计空隙率的全部范围,试验必须扩大沥青用量范围重新进行。

注:绘制曲线时含VMA指标,且应为下凹型曲线,但确定 $OAC_{min} \sim OAC_{max}$ 时不包括VMA。

(2)根据试验曲线的走势,按下列方法确定沥青混合料的最佳沥青用量 OAC_1。

①在曲线图1-2-1上求取相应于密度最大值、稳定度最大值、目标空隙率(或中值)、沥青饱和度范围的中值的沥青用量 a_1. a_2. a_3. a_4。按式1-2-5取平均值作为 OAC_1。

$$OAC_1 = (a_1 + a_2 + a_3 + a_4)/4 \tag{1-2-5}$$

②如果在所选择的沥青用量范围未能涵盖沥青饱和度的要求范围,按式(1-2-6)求取3者的平均值作为 OAC_1。

$$OAC_1 = (a_1 + a_2 + a_3)/3 \tag{1-2-6}$$

③对所选择试验的沥青用量范围,密度或稳定度没有出现峰值(最大值经常在曲线的两端)时,可直接以目标空隙率所对应的沥青用量 a_3 作为 OAC_1,但 OAC_1 必须介于 $OAC_{min} \sim OAC_{max}$ 的范围内。否则应重新进行配合比设计。

(3)以各项指标均符合技术标准(不含VMA)的沥青用量范围 $OAC_{min} \sim OAC_{max}$ 的中值作为 OAC_2。

$$OAC_2 = (OAC_{min} + OAC_{max})/2 \tag{1-2-7}$$

(4)通常情况下取 OAC_1 及 OAC_2 的中值作为计算的最佳沥青用量OAC。

$$OAC = (OAC_1 + OAC_2)/2 \tag{1-2-8}$$

(5)按(4)计算的最佳油石比OAC,从图1-2-1中得出所对应的空隙率和VMA值,检验是否能满足《公路沥青路面施工技术规范》(JTG F40—2004)表5.3.4或表5.3.5关于最小VMA值的要求。OAC宜位于VMA凹形曲线最小值的贫油一侧。当空隙率不是整数时,最小VMA按内插法确定,并将其画入图1-2-1中。

(6)检查图1-2-1中相应于此OAC的各项指标是否均符合马歇尔试验技术标准。

(7)根据实践经验和公路等级、气候条件、交通情况,调整确定最佳沥青用量OAC。

①调查当地各项条件相接近的工程的沥青用量及使用效果，论证适宜的最佳沥青用量。检查计算得到的最佳沥青用量是否相近，如相差甚远，应查明原因，必要时重新调整级配，进行配合比设计。

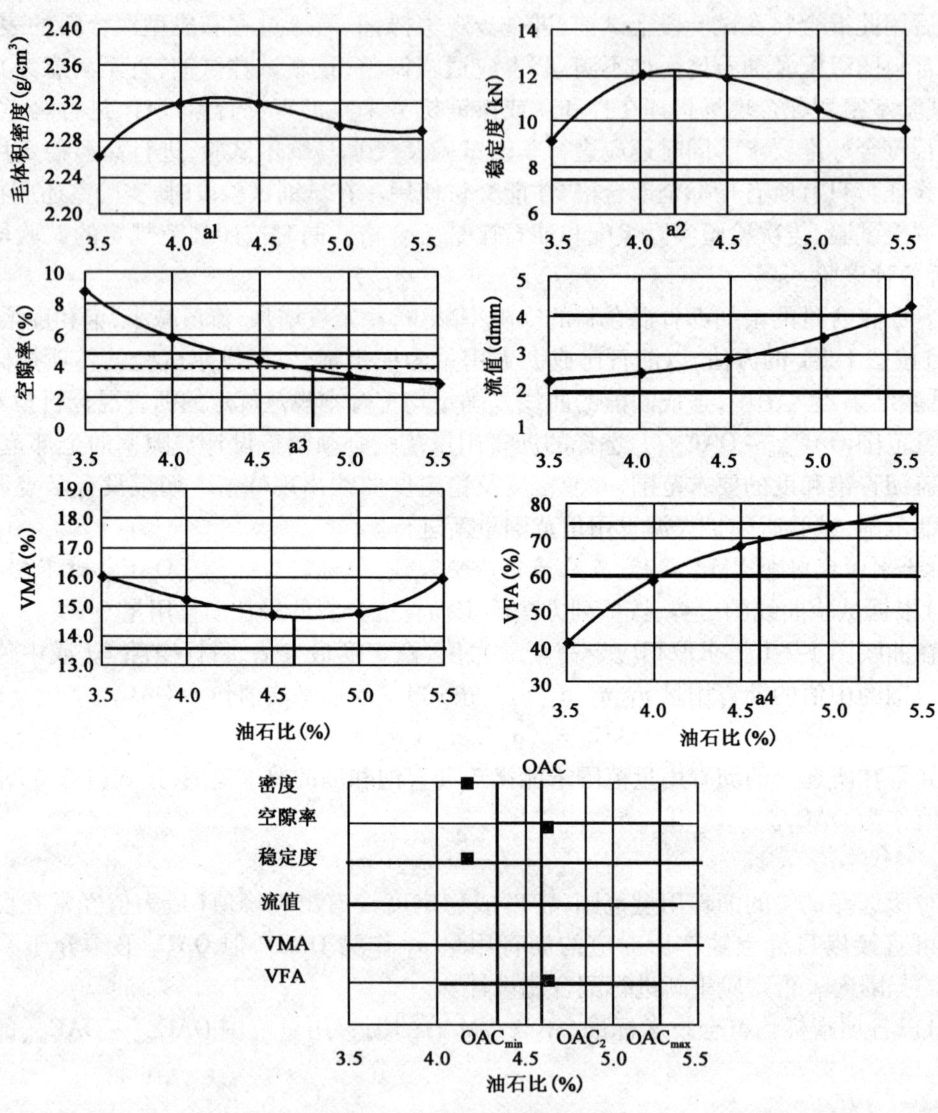

图 1-2-1　马歇尔试验结果示例

②对炎热地区公路以及高速公路、一级公路的重载交通路段，山区公路的长大坡度路段，预计有可能产生较大车辙时，宜在空隙率符合要求的范围内将计算的最佳沥青用量减小 0.1% ~0.5% 作为设计沥青用量。此时，除空隙率外的其他指标可能会超出马歇尔试验配合比设计技术标准，配合比设计报告或设计文件必须予以说明。但配合比设计报告必须要求采用重型轮胎压路机和振动压路机组合等方式加强碾压，以使施工后路面的空隙率达到未调整前的原最佳沥青用量时的水平，且渗水系数符合要求。如果试验段试拌试铺达不到此要求时，宜调整所减小的沥青用量的幅度。

③对寒区公路、旅游公路、交通量很少的公路，最佳沥青用量可以在 OAC 的基础上增加

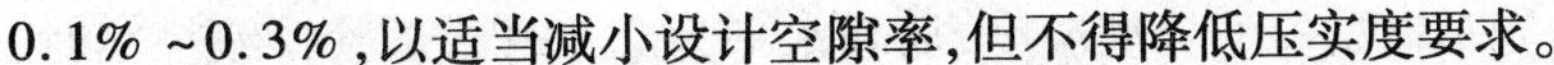

0.1%～0.3%，以适当减小设计空隙率，但不得降低压实度要求。

（8）按式（1-2-9）及式（1-2-10）计算沥青结合料被集料吸收的比例及有效沥青含量。

$$P_{ba}=\frac{\gamma_{se}-\gamma_{sb}}{\gamma_{se}\times\gamma_{sb}}\times\gamma_{b}\times100 \tag{1-2-9}$$

$$P_{be}=P_{b}-\frac{P_{ba}}{100}\times P_{s} \tag{1-2-10}$$

式中：P_{ba}——沥青混合料中被集料吸收的沥青结合料比例（%）；

P_{be}——沥青混合料中的有效沥青用量（%）；

γ_{se}——集料的有效相对密度，无量纲；

γ_{sb}——材料的合成毛体积相对密度，无量纲；

γ_{b}——沥青的相对密度（25℃/25℃），无量纲；

P_{b}——沥青含量（%）；

P_{s}——各种矿料占沥青混合料总质量的百分率之和，即 $P_{s}=100-P_{b}$（%）。

注：如果需要，可按式（1-2-11）及式（1-2-12）计算有效沥青的体积百分率 V_{be} 及矿料的体积百分率 V_{g}。

$$V_{be}=\frac{\gamma_{f}\times P_{be}}{\gamma_{b}} \tag{1-2-11}$$

$$V_{g}=100-(V_{be}+VV) \tag{1-2-12}$$

注：图中 $a_1=4.2\%$，$a_2=4.25\%$，$a_3=4.8\%$，$a_4=4.7\%$，$OAC_1=4.49\%$（由4个平均值确定），$OAC_{min}=4.3\%$，$OAC_{max}=5.3\%$，$OAC_2=4.8\%$，OAC=4.64%。此例中相对于空隙率4%的油石比为4.6%。

6. 沥青混合料高温稳定性检验

沥青混合料高温稳定性评价采用车辙试验，为了模拟沥青路面在车轮的反复作用下产生车辙的情况，在试验室采用一个小型车轮在沥青混合料板块状试件上进行往复行走试验，从而使板块试件形成像实际沥青路面那样的辙槽。

车辙试验最初是由英国运输与道路研究试验所（TRRL）开发的，通过测定轮荷载作用次数与板块试件变形的关系，得出变形速率RD或动稳定度DS，可用作沥青混合料的抗永久变形性能指标。这种试验方法比较直观，对沥青路面车辙形成过程的模拟性好，试验设备不需太高的精度，操作方法也不复杂，容易为工程上所接受。

试验时先测定试验轮压强[应符合（0.7±0.05）MPa]，将试件装于原试模中。并一起置于达到试验温度（60±1）℃的恒温室中，保温不少于5h，也不得多于24h。在试件的试验轮不行走的部位上，粘贴一个热电偶温度计，控制试件温度稳定在（60±1）℃。

再将试件连同试模置于车辙试验机的试件台上，试验轮在试件的中央部位，其行走方向须与试件碾压方向一致。开动车辙变形自动记录仪，然后启动试验机，使试验轮往返行走，时间约1h，或最大变形达到25mm为止。试验时，记录仪自动记录变形曲线及时间温度。须注意的是，对于300mm宽且试验时变形较小的试件，也可对一块试件在两侧1/3位置上进行两次试验取平均值。

我国规范规定，以60℃作为车辙试验的标准温度，加载水平为0.7MPa，试验持续一小时，以动稳定度作为评价指标。所谓动稳定度是测量试件在变形稳定时期，每增加1mm变形需要行走的次数，以次/mm表示。

提高沥青混合料高温稳定性主要从提高沥青结合料黏度及改善混合料矿料级配入手，如采用高黏度沥青或骨架密实型级配等。

7. 沥青混合料其他性能

路面使用期间经受车轮荷载的反复作用，长期处于应力应变交替变化状态，致使路面结构强度下降，当荷载重复作用超过一定次数后，路面内部产生的应力就会超过强度下降后的结构抗力，使路面出现裂纹，产生疲劳破坏。沥青混合料疲劳性能除了与荷载作用方式（大小、频率）环境条件（温度、湿度）有关以外，也与沥青混合料的材料性能及体积指标存在密切的关系。

水稳定性：是指沥青混合料抵抗水损害的能力，水损害是指沥青路面在轮胎引起的动水压力作用下或水的冻融循环作用下水分进入沥青与集料的界面，将沥青膜置换，导致混合料丧失黏结力从而引起松散、坑槽等病害。沥青混合料的水稳定性主要与沥青混合料组成材料、混合料配合比以及现场压实度存在紧密的关系，评价沥青混合料水稳定性目前主要以冻融劈裂残留强度比及浸水马歇尔试验残留稳定度两项指标。

沥青混合料低温抗裂性：沥青混合料低温抗裂性指沥青混合料抵抗降温引起的温度应力及温度交替变化时所产生的疲劳应力而产生裂缝的能力。沥青混合料低温抗裂性主要与沥青的性质、沥青混合料配合比等因素有关。评价沥青混合料低温抗裂性的方法目前主要有低温弯曲试验测定其极限应变、TSRST（约束试件温度应力试验）测定其破断温度及破断应力等。

渗水性主要指路面现场抵抗水渗透的能力，水长期残留于沥青路面内部对沥青路面抗水损害能力是一个严峻的考验，为路面水损害创造了条件。沥青路面现场渗水主要与沥青混合料类型、沥青混合料现场压实质量有关。目前主要通过现场渗水试验对路面渗水性进行评价。

施工和易性是指沥青混合料在拌和、运输、摊铺、碾压过程中，不出现离析并易于获得质量均匀，易于密实的性能。离析的后果很严重，将导致路面现场外观不均匀，并引发一系列其他病害。施工和易性主要与沥青混合料矿料级配、最大粒径及沥青用量、沥青性质及配合比存在密切的关系。目前离析主要通过过目测（物理离析）进行评价，也可通过渗水及构造深度检测进行评价。

沥青混合料水稳定性评价指标有浸水马歇尔试验残留稳定度及冻融劈裂残留强度比。

浸水马歇尔试验：

浸水马歇尔试验基本步骤与马歇尔试验一致，不过试样在马歇尔试验前应在60℃水中浸泡48h，并将稳定度值与普通马歇尔稳定度值进行比较。

$$MS_0 = MS_1/MS \times 100\% \tag{1-2-13}$$

式中：MS_0——试件浸水残留稳定度（%）；

MS_1——浸水试件马歇尔稳定度（kN）；

MS——普通试件马歇尔稳定度（kN）。

冻融劈裂试验：

①试件成型，采用双面击实50次成型马歇尔试件，事件数量不少于8个；

②将试件分成2组，一组在室温下保存备用，另一组进行真空饱水，在真空度为97.3～98.7kPa条件下饱水15min，打开阀门恢复常压，试件在水中放置0.5h。

③将试件取出放入塑料袋中，加入约10mL水，扎紧袋口，放入－18℃±2℃的恒温冰箱中保持16±1h。

④将试件从冰箱中取出，立即放入60℃±0.5℃的恒温水槽中并撤出塑料袋，保温24h。

⑤将第一组及第二组试件全部浸入25℃±0.5℃的恒温水槽中保温不少于2h。

⑥取出试件立即进行劈裂试验，加载速率为50mm/min。得到试验最大荷载。

⑦计算：

$$R_{T1} = 0.006287P_{T1}/h_1 \tag{1-2-14}$$

$$R_{T2} = 0.006287P_{T2}/h_2 \tag{1-2-15}$$

式中：R_{T1}——未进行冻融循环的第一组试件单个试件的劈裂抗拉强度（MPa）；

R_{T2}——进行冻融循环的第二组试件单个试件的劈裂抗拉强度（MPa）；

P_{T1}——未进行冻融循环的第一组试件单个试件的劈裂试验荷载（N）；

P_{T2}——进行冻融循环的第二组试件单个试件的劈裂试验荷载（N）；

h_1——第一组每个试件的高度（mm）；

h_2——第二组每个试件的高度（mm）。

冻融劈裂残留强度比：

$$TSR = R_{T2}/R_{T1} \times 100\%$$

式中：TSR——冻融劈裂残留强度比（%）。

8. *沥青混合料中沥青含量的检测方法和矿料级配检验*

沥青混合料的沥青含量是沥青质量在沥青混合料总质量中的比例。

《公路工程沥青及沥青混合料试验规范》（JTG F40—2004）中沥青混合料中沥青含量试验中有射线法、离心分离法、燃烧炉法。

射线法测定用黏稠石油沥青拌制的热拌沥青混合料中沥青含量（或油石比），不适用于其他沥青拌制的混合料；适用于热拌热铺沥青混合料路面施工时的沥青用量检测，以快速评定拌和厂产品质量。

离心分离法适用于热拌热铺沥青混合料路面施工时的沥青用量检测，以评定拌和厂产品质量，也适用于旧路调查时检测沥青混合料的沥青用量，用此法抽提的沥青溶液可用于回收沥青，以评定沥青的老化性质。

沥青含量对沥青混合料的高温稳定性、低温抗裂性、疲劳性能、抗水损害能力及耐久性均存在重大影响，沥青含量过高则降低沥青混合料高温稳定性，过低则降低沥青混合料低温抗裂性、疲劳性能、抗水损害能力及耐久性。

矿料级配检验是指通过现场取样后，将沥青混合料中的沥青与矿料分离，再将集料试样烘干后进行筛分试验，检验混合料中集料级配。

三氯乙烯是一种高效有机溶剂，能溶解沥青且自身具有较好的热稳定性，广泛用于沥青及沥青混合料试验，三氯乙烯废液应予以回收。

离心分离法：

①取有代表性试样1 000～1 500g（准确至0.1g）记做m，装入大烧杯中，向装有试样的烧

杯中倒入三氯乙烯溶剂，将其浸没，浸泡 30min 并用玻璃棒适当搅动混合料，使沥青充分溶解。

②将混合料及溶液倒入离心分离器，用少量三氯乙烯将杯壁及玻璃棒上附着物全部洗入分离器中；称取洁净的环形滤纸质量，精确至 0.01g，将滤纸放在分离器边缘，加盖紧固，在分离器出口处放上回收瓶，开动离心机，转速逐渐增至 3 000r/min，沥青溶液通过排出口注入回收瓶中，待停止流出后停机。从盖孔中注入新的三氯乙烯，稍停，重复以上操作，直到流出液为淡黄色为止。

③取下环形滤纸，将其干燥并放入(105 ±5)℃烘箱中至恒重，称取质量，其增重部分为矿粉的一部分；将离心器容器中的矿料取出放入(105 ±5)℃烘箱中至恒重，冷却至室温后称取质量为 m_1。

④用压力过滤器过滤回收瓶中的沥青溶液，由滤纸的增重 m_3 得出泄漏入滤液中的矿粉。

⑤计算沥青含量及油石比。

$$\text{矿料总质量}\ m_a = m_1 + m_2 + m_3$$
$$\text{沥青含量} = (m - m_a)/m \tag{1-2-16}$$
$$\text{油石比} = (m - m_a)/m_a$$

燃烧炉法：

①将已知油石比或沥青含量的试样对燃烧炉进行标定；

②称取有代表性试样质量 m(精确至 0.1g)，将盛试样的盛样篮放在托盘上放入燃烧炉中，燃烧温度设定为(538 ±5)℃。

③待试样在燃烧炉中烧至恒重时，燃烧炉自动读出试样重 m_1。

④计算：

$$\text{沥青含量} = (m - m_1)/m - c_f \tag{1-2-17}$$

式中：c_f——燃烧炉标定后的修正系数。

9. 其他沥青混合料

沥青玛蹄脂碎石(Stone Mastic Asphalt)SMA 是一种典型的骨架密实型机构具有柔韧性好、抗松散、抗裂能力强；具有良好的耐久性和防水性；抗塑性流动和抗永久变形能力强，不易产生车辙；具有粗糙的表面构造，防滑性能好。其主要不足是：对集料要求高，施工难度相对普通沥青混凝土较高。

SMA 沥青玛蹄脂碎石与普通沥青混合料最大的区别在于其粗集料形成了“石—石”嵌挤结构为沥青混合料提供了强有力的骨架和较大的内摩阻力，另一方面 SMA 沥青玛蹄脂碎石与其他“骨架—空隙”结构沥青混合料的区别在于 SMA 的矿料级配中含有相当多的填料，加入纤维后增大了沥青的黏度提高了沥青混合料的黏聚力从而极大地改善了沥青混合料的高温稳定性、低温抗裂性、疲劳性能及抗水损害能力。

OGFC(Open Grade Friction Course)排水式沥青混合料被用来作为高等级公路沥青路面磨耗层。铺筑大孔隙排水式沥青混合料的目的是使路面在高速行车条件下，雨水可通过混合料内部大的开口孔隙迅速地排出路面以外，不产生溅水与水雾，同时大幅度降低行车噪声。OGFC在应用过程中存在两个亟须克服的两个难题，一个是路面上灰尘进入路面内部堵塞OGFC的孔隙通道导致路面排水能力下降从而失去排水减噪的功效，另一个则是由于 OGFC 的结构特点造成混合料中细集料及填料很少，混合料通常情况下黏聚力不足，需要使用高黏度沥青或对沥青进行改性提高混合料的黏聚力，保证混合料有足够的力学强度，避免出现松散及高温病害。

粗集料骨架间隙率是评价沥青混合料中粗集料是否形成骨架的判定依据。

粗集料骨架间隙率的计算：

$$VCA_{mix} = [1 - (\gamma_f / \gamma_{ca}] \times P_{ca}) \times 100\% \qquad (1\text{-}2\text{-}18)$$

式中：P_{ca}——沥青混合料中粗集料的比例，即大于4.75mm的颗粒含量(%)；

γ_f——沥青混合料试件毛体积相对密度，无量纲；

γ_{ca}——粗集料合成毛体积相对密度，无量纲。

析漏试验用于检验沥青结合料在高温状态下从沥青混合料中析出的自由沥青数量，供SMA、OGFC及沥青碎石等混合料确定最大油石比使用。

试验步骤：按照拟定的配合比拌制一定数量的样品，称取1 000g样品，倒入洁净并已称重的烧杯中并用洁净的玻璃板盖好后放入(170±2)℃的烘箱中，当为改性沥青SMA时，温度为185℃，持续60min±1min。将烧杯从烘箱中取出，不加任何振动或冲击，将混合料倒扣在玻璃板上，称取烧杯及所有黏附在烧杯内的物质总重，减去原烧杯自重，得到的即为析漏量与放入烧杯中混合料总质量的比值即为析漏率。析漏率必须满足规范要求。

肯塔堡飞散试验用于评价沥青用量或混合料黏结性不足，在交通荷载作用下路面集料脱落并散失的程度，以经过处理的马歇尔试件在洛杉矶磨耗机内旋转撞击规定次数后质量损失率表示。标准飞散试验可用于确定表面层用SMA、OGFC等混合料最小沥青用量。

肯塔堡飞散试验步骤：试件为双面击实50次的马歇尔试件，在测定完试样的物理体积指标后，放入规定水温的恒温水槽内，养护到规定的时间后，放入洛杉矶磨耗机内，以30～33r/min的转速旋转300转。旋转完毕后，取出残留试样称重，计算质量损失率即为飞散损失。

SMA混合料与常规沥青混合料配合比设计的区别在于除了要进行析漏试验及飞散试验外，最重要的是SMA由于特殊的粗集料骨架嵌挤结构，因此在级配设计过程中必须先测定级配中粗集料捣实骨架间隙率，在进行马歇尔击实试验后测定并计算混合料试件的粗集料骨架间隙率，并与捣实骨架间隙率进行比较。若混合料试件的粗集料骨架间隙率大于捣实骨架间隙率，则表示细料偏多将骨架已撑开，难于获得好的高温性能，需调整及配；若混合料试件的粗集料骨架间隙率小于捣实骨架间隙率，则表示混合料骨架完整可以形成嵌挤结构。甚至将混合料粗集料骨架间隙率是否小于捣实骨架间隙率作为是否真正SMA的标志。

第二节　水泥混凝土

复习要点：

1. 普通混凝土的概念，混凝土的组成材料；维勃稠度试验方法；影响混凝土强度的各种因素，混凝土耐久性评价指标。

2. 混凝土工作性的定义，坍落度试验原理，工作性的评价方法及其影响因素；混凝土凝结时间的测定方法及注意事项；混凝土立方体试件制作方法，强度试验方法及操作步骤；混凝土组成材料技术要求。

3. 坍落度试验方法与步骤，混凝土工作性调整方法；混凝土凝结时间对施工及质量的影响；混凝土强度等级的划分依据，混凝土质量的评定方法，混凝土各种强度试验方法、强度试验数据计算与处理；混凝土配合比设计方法与步骤。

一、水泥混凝土的技术性质

水泥混凝土是由水泥及粗、细集料和水按适当比例混合，在需要时掺加适宜的外加剂、掺和料等配制而成。

1. 新拌水泥混凝土的工作性（和易性）

新拌混凝土的工作性又称和易性，是指新拌混凝土在施工过程中（包括拌和、运输、浇注、成型）易于获得成型密实、质量均匀的性能，包括流动性、黏聚性、保水性三个方面的含义。

坍落度试验测出混凝土拌和物流动性的同时，再通过经验观察，结合一定的辅助手段来综合评定混凝土的工作性。

能够影响到混凝土拌和物工作性的因素概括地分为内因和外因两大类。外因主要指施工环境条件，包括外界环境的气温、湿度、风力大小以及时间等。但应值得重视和了解的因素是在构成混凝土组成材料的特点及其配合比的内因上，其中包括原材料特性、单位用水量、水灰比和砂率等方面。

评价干硬性混凝土和易性采用维勃稠度试验：将拌和物装填到放在维勃稠度仪上的圆锥筒中，提起圆锥筒后，将一透明圆盘扣在混凝土拌和物上。开启振动台，同时开始计时，当透明圆盘底面被水泥浆布满的瞬间停止计时，并关闭振动台。以这一过程所需的时间作为维勃稠度试验的结果，以秒为单位。显然维勃时间愈长，混凝土拌和物的流动性就愈小。

坍落度试验方法和步骤；

①试验前将坍落筒内外洗净，放在经水润湿过的平板上（平板吸水时应垫以塑料布），踏紧踏脚板。

②将代表样分三层装入筒内，每层装入高度稍大于筒高的1/3，用捣棒在每一层的横截面上均匀插捣25次。插捣在全部面积上进行，沿螺旋线由边缘至中心，插捣底层时插至底部，插捣其他两层时应插透本层并插入下层20～30mm，插捣须垂直压下（边缘部分除外），不得冲击。在插捣顶层时，装入的混凝土应高出坍落筒口，陡插捣过程随时添加拌和物。当顶层插捣完毕后，将捣棒用锯和滚的动作，清除掉多余的混凝土，用镘刀抹平筒口，刮净筒底周围的拌和物。而后立即垂直地提起坍落筒，提筒在5～10s内完成，并使混凝土不受横向及扭力作用。从开始装料到提出坍落度筒整个过程应在150s内完成。

③将坍落筒放在锥体混凝土试样一旁，筒顶平放木尺，用小钢尺量出木尺底面至试样顶面最高点的垂直距离，即为该混凝土拌和物的坍落度，精确至1mm。

④当混凝土试件的一侧发生崩坍或一边剪切破坏，则应重新取样另测。如果第二次仍发生上述情况，则表示该混凝土和易性不好，应记录。

⑤当混凝土拌和物的坍落度大于220mm时，用钢尺测量混凝土扩展后最终的最大直径和

最小直径，在这两个直径之差小于50mm的条件下，用其算术平均值作为坍落扩展度值；否则，此次试验无效。

⑥坍落度试验的同时，可用目测方法评定混凝土拌和物的下列性质，并予记录。

a. 棍度：按插捣混凝土拌和物时难易程度评定。分“上”、“中”、“下”三级。

“上”：表示插捣容易；

“中”：表示插捣时稍有石子阻滞的感觉；

“下”：表示很难插捣。

b. 含砂情况：按拌和物外观含砂多少而评定，分“多”、“中”、“少”三级。

“多”：表示用镘刀抹拌和物表面时，一两次即可使拌和物表面平整无蜂窝；

“中”：表示抹五六次才可使表面平整无蜂窝；

“少”：表示抹面困难，不易抹平，有空隙及石子外露等现象。

c. 黏聚性：观测拌和物各组分相互黏聚情况。评定方法是用捣棒在已坍落的混凝土锥体侧面轻打，如锥体在轻打后逐渐下沉，表示黏聚性良好；如锥体突然倒坍、部分崩裂或发生石子离析现象，即表示黏聚性不好。

d. 保水性：指水分从拌和物中析出情况，分“多量”、“少量”、“无”三级评定。

“多量”：表示提起坍落筒后，有较多水分从底部析出；

“少量”：表示提起坍落筒后，有少量水分从底部析出；

“无”：表示提起坍落筒后，没有水分从底部析出。

和易性调整方法：

在新拌混凝土中，水泥浆填充集料间的空隙，并包裹集料，它赋予新拌混凝土一定的流动性。因此，水泥浆的数量和稠度对新拌混凝土的和易性有显著影响。水泥浆的稠度决定于水灰比，但水灰比直接影响混凝土的强度和耐久性。所以，水灰比的大小，应根据混凝土强度和耐久性的要求合理确定。

事实上，对新拌混凝土流动性起决定作用的是用水量的多少。无论是提高水灰比或增加水泥浆量都表现为混凝土用水量的增加。大量实验表明：在混凝土的原材料确定时，当混凝土的用水量一定，水泥用量增减不超过50～100kg时，新拌混凝土的坍落度大体保持不变，这一规律称为固定用水量法则。单纯加大用水量会降低混凝土的强度和耐久性。因此，应该在保持水灰比不变的条件下，用调整水泥浆量的办法来调整新拌混凝土的流动性。

砂率的变动，会影响新拌混凝土中集料的级配，使集料的空隙率和总表面积有很大变化，对新拌混凝土的和易性产生显著影响。在水泥浆量一定时，砂率过大，集料的总表面积及空隙率都会增大，需较多水泥浆填充和包裹集料，使起润滑作用的水泥浆减少，新拌混凝土的流动性减小。砂率过小，集料的空隙率显著增加，不能保证在粗集料之间有足够的砂浆层，也会降低新拌混凝土的流动性，并会严重影响黏聚性和保水性，容易造成离析、流浆等现象。在新拌混凝土中，加入少量减水剂，能使流动性大幅度增加；加入引气剂，能增加流动性，改善黏聚性，降低泌水性；加入增稠剂，能增加大流动性混凝土的黏聚性，减少泌水。

在混凝土中掺入掺和料，能增加新拌混凝土的黏聚性，减少离析和泌水。当同时加入优质粉煤灰、硅灰等超细微粒掺和料和减水剂时，超细微粒掺和料还能增加新拌混凝土的流动性。

2. 水泥混凝土拌和物凝结时间

通过测定贯入阻力的试验方法，检测混凝土拌和物的凝结时间，来控制现场施工流程。每次测定时，测针应距试模边缘至少25mm，而每次测针的检测点之间净距离也至少为所用测针直径的2倍。如果混凝土进行湿筛不好操作时，可以按混凝土中水泥砂浆的配合比，直接称料拌和成砂浆再进行试验，但注意应按粗集料的吸水率修正加水量。

初凝　　　　　　　贯入阻力3.5MPa

终凝　　　　　　　贯入阻力28.0MPa

水泥的水化是混凝土产生凝结的主要原因，但是，混凝土的凝结时间与所用水泥的凝结时间并不一致，因为水灰比的大小会明显影响水泥的凝结时间，水灰比越大，凝结时间越长，一般混凝土的水灰比与测定水泥凝结时间的水灰比是不同的，凝结时间便有所不同。而且新拌混凝土的凝结时间，还受温度、外加剂等其他各种因素的影响。凝结时间长，虽然有助于水泥混凝土浇注成型但将延长脱模时间，另外强度增长速度较慢。

3.硬化后水泥混凝土的性能

水泥混凝土强度等级是根据立方体抗压强度标准值来确定，表示方法是用符号“C”和“立方体抗压强度标准值”两项内容表示。影响混凝土强度的因素很多，主要是组成原材料的影响，包括原材料的特征和各材料之间的组成比例等内因，以及养护条件和试验检测条件等外因。混凝土抵抗环境介质作用并长期保持其良好的使用性能和外观完整性的能力称为耐久性。混凝土耐久性主要包括抗渗、抗冻、抗侵蚀、碳化、碱集料反应及混凝土中的钢筋锈蚀等性能。

立方体混凝土抗压试块成型方法：

当坍落度大于25mm且小于70mm时，用标准振动台成型、将试模放在振动台上夹牢，防止试模自由跳动，将拌和物一次装满试模并稍有富余，开动振动台至混凝土表面出现乳状水泥浆时为止，振动过程中随时添加混凝土使试模常满，记录振动时间（约为维勃秒数的2～3倍，一般不超过90s）。振动结束后，用金属直尺沿试模边缘刮去多余混凝土，用镘刀将表面初次抹平，待试件收浆后，再次用镘刀将试件仔细抹平，试件抹面与试模边缘的高低差不得超过0.5mm。

当坍落度大于70mm时，用人工成型。拌和物分厚度大致相等的两层装入试模捣固时按螺旋方向从边缘到中心均匀地进行。插捣底层混凝土时，捣棒应到达模底；插捣上层时，捣棒应贯穿上层后插入下层20～30mm处。插捣时应用力将捣棒压下，保持捣棒垂直，不得冲击，捣完一层后，用橡皮锤轻轻击打试模外端面10～15下，以填平插捣过程中留下的孔洞。每层插捣次数$100mm^2$扩截面积内不得少于12次。试件抹面与试模边缘高低差不得超过0.5mm。

梁型混凝土抗弯拉试块成型方法：

按所需试样用量称取有代表性的碾压混凝土试样，将试样分两层装入试模。装模时，应注意不使试样产生离析。每次试样入模后，先用镘刀沿试模内壁上下插捣一周，再用捣棒插捣。100mm×100mm×400mm的试件，每层插捣50下；150mm×150mm×550mm或150mm×150mm×600mm的试件，每层插捣100下。插捣按螺旋方向从边缘到中间均匀地进行。插捣下层时应插捣至模底，插捣上层时应插入下层2cm左右。插捣时应用力均匀，不得冲击。将压板置于试样表面，把改制平板振动器放在压板上，打开振动器开关，振至试样与试模口齐平为止。去掉压板和套模，用镘刀将试样表面抹光。

水泥混凝土抗压强度试验步骤：

①至试验龄期时，自养护室取出试件，应尽快试验，避免其湿度变化。

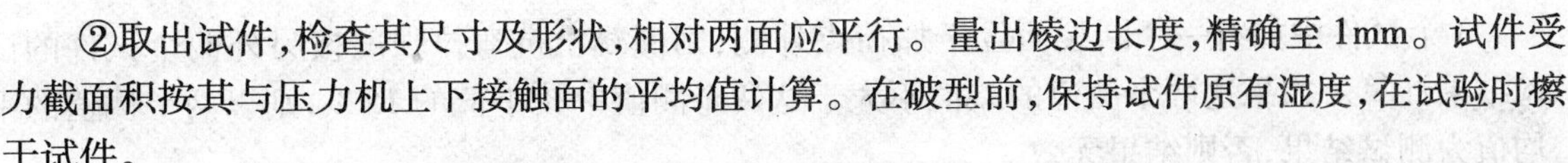

②取出试件，检查其尺寸及形状，相对两面应平行。量出棱边长度，精确至1mm。试件受力截面积按其与压力机上下接触面的平均值计算。在破型前，保持试件原有湿度，在试验时擦干试件。

③以成型时侧面为上下受压面，试件中心应与压力机几何对中。

④强度等级小于C30的混凝土取0.3MPa/s～0.5MP/s的加荷速度；强度等级大于C30小于C60时，则取0.5MPa/s～0.8MPa/s的加荷速度；强度等级大于C60的混凝土取0.8MPa/s～1.0MP/s的加荷速度。当试件接近破坏而开始迅速变形时，应停止调整试验机油门，直至试件破坏，记下破坏极限荷载$F(N)$。

抗压强度试验结果计算及评定：

①混凝土立方体试件抗压强度按下式计算：

$$f_{cu} = F/A \tag{1-2-19}$$

式中：f_{cu}——混凝土立方体抗压强度(MPa)；

F——极限荷载(N)；

A——受压面积(mm^2)。

②以3个试件测值的算术平均值为测定值，计算精确至0.1MPa。三个测值中的最大值或最小值中如有一个与中间值之差超过中间值的15%，则取中间值为测定值；如最大值和最小值与中间值之差均超过中间值的15%，则该组试验结果无效。

抗弯拉强度试验步骤：

①试件取出后，用湿毛巾覆盖并及时进行试验，保持试件干湿状态不变。在试件中部量出其宽度和高度，精确至1mm。

②调整两个可移动支座，将试件安放在支座上，试件成型时的侧面朝上，几何对中后，务必使支座及承压面与活动船形垫块的接触面平稳、均匀，否则应垫平。

③加荷时，应保持均匀、连续。当混凝土的强度等级小于C30时，加荷速度为0.02MPa/s～0.05MPa/s；当混凝土的强度等级大于或等于C30且小于C60时，加荷速度为0.05MP/s～0.08MPa/s；当混凝土的强度等级大于或等于C60时，加荷速度为0.08MPa/s～0.10MP/s。当试件接近破坏而开始迅速变形时，不得调整试验机油门，直至试件破坏，记下破坏极限荷载$F(N)$。

④记录下最大荷载和试件下边缘断裂的位置。

抗弯拉强度试验结果计算及评定：

①当断面发生在两个加荷点之间时，抗弯拉强度F_f按下式计算：

$$F_f = FL/(bh^2) \tag{1-2-20}$$

式中：F_f——抗弯拉强度(MPa)；

F——极限荷载(N)；

L——支座间距离(mm)；

b——试件宽度(mm)；

h——试件高度(mm)。

②以3个试件测值的算术平均值为测定值。3个试件中最大值或最小值中如有一个与中间值之差超过中间值的15%，则把最大值和最小值舍去，以中间值作为试件的抗弯拉强度；如最大值和最小值与中间值之差值均超过中间值15%，则该组试验结果无效。

3 个试件中如有一个断裂面位于加荷点外侧，则混凝土抗弯拉强度按另外两个试件的试验结果计算。如果这两个测值的差值不大于这两个测值中较小值的 15%，则以两个测值的平均值为测试结果，否则结果无效。

如果有两根试件均出现断裂面位于加荷点外侧，则该组结果无效。

注：断面位置在试件断块短边一侧的底面中轴线上量得。抗弯拉强度计算精确到 0.01MPa。

水泥混凝土强度评定方法有已知标准差统计方法、未知标准差统计方法和非统计方法。

①统计法。

当混凝土的生产条件在较长时间内能保持一致，且同一品种混凝土的强度变异性保持稳定时，应由连续的三组试件组成一个验收批，其强度应同时满足下列要求：

$$\left.\begin{aligned}\bar{f}_{cu} &\geqslant f_{cu,k} + 0.7\sigma_0\\ f_{cu,min} &\geqslant f_{cu,k} - 0.7\sigma_0\end{aligned}\right\}\qquad(1\text{-}2\text{-}21)$$

当混凝土强度等级不高于 C20 时，其强度的最小值还应满足下列要求：

$$f_{cu,min} \geqslant 0.85 f_{cu,k}\qquad(1\text{-}2\text{-}22)$$

当混凝土强度等级高于 C20 时，其强度的最小值还应满足下列要求：

$$f_{cu,min} \geqslant 0.90 f_{cu,k}\qquad(1\text{-}2\text{-}23)$$

式中：$\bar{f}_{cu}$ ——同一验收批混凝土立方体抗压强度的平均值（MPa）；

$f_{cu,min}$ ——同一验收批混凝土立方体抗压强度的最小值（MPa）；

σ_0 ——验收批混凝土立方体抗压强度的标准差（MPa）。

验收批混凝土立方体抗压强度的标准差 σ_0，应根据前一个检验期内（不应超过三个月）同一品种混凝土试件的强度，按下列公式确定：

$$\sigma_0 = \frac{0.59}{m}\sum_{i=1}^{m}\Delta f_{cu,i}\qquad(1\text{-}2\text{-}24)$$

式中：$\Delta f_{cu,i}$ ——第 i 批试件立方体抗压强度中最大值与最小值之差；

m——用以确定验收批混凝土立方体抗压强度标准差的数据批数，$m \geqslant 15$。

当混凝土的生产条件在较长时间内不能保持一致，且混凝土强度变异不能保持稳定时，或在前一个检验期内的同一品种混凝土没有足够的数据用以确定验收批混凝土立方体抗压强的标准差时，应由不少于 10 组的试件组成一个验收批，其强度应同时满足下列要求：

$$\left.\begin{aligned}\bar{f}_{cu} - \lambda_1 S_{fcu} &\geqslant 0.9\bar{f}_{cu,k}\\ f_{cu,min} &\geqslant \lambda_2 f_{cu,k}\end{aligned}\right\}\qquad(1\text{-}2\text{-}25)$$

式中：S_{fcu}——同一验收批混凝土立方体抗压强度的标准差（MPa）。当 S_{fcu} 的计算值小于 $0.06 f_{cu,k}$ 时，取 $S_{fcu} = 0.06 f_{cu,k}$；

λ_1, λ_2 ——合格判定系数，见表 1-2-1。

混凝土强度的合格判定系数 λ_1, λ_2 表 1-2-1

试件组数	10~14	15~24	≥25
λ_1	1.70	1.65	1.60
λ_2	0.90	0.85	

混凝土立方体抗压强度的标准差 S_{fcu} 可按下列公式计算：

$$S_{fcu}=\sqrt{\frac{\sum_{i=1}^{n}f_{cu,i}^{2}-nf_{cu}^{2}}{n-1}} \tag{1-2-26}$$

式中：$f_{cu,i}$——第 i 组混凝土试件的立方体抗压强度值(MPa)。

n——一个验收批混凝土试件的组数。

②非统计法

对试件数量有限，不具备按统计法评定混凝土强度条件的工程，可采用非统计法评定。按非统计法评定混凝土强度时，其强度应同时满足下列要求：

$$\left.\begin{aligned}\bar{f}_{cu}&\geqslant 1.15f_{cu,k}\\ f_{cu,min}&\geqslant 0.95f_{cu,k}\end{aligned}\right\} \tag{1-2-27}$$

当检验评定结果不能满足统计法或非统计法的要求时，该批混凝土强度判定为不合格。当混凝土试件强度评定为不合格批时，可采用非破损或局部破损的检测方法，按国家现行有关标准的规定对结构构件中的混凝土强度进行推定，并作为处理的依据。

二、普通水泥混凝土配合比设计

1. 水泥混凝土组成材料性能要求

①水泥在混凝土中起胶结作用，对混凝土的性能起着关键作用，应从水泥品种和强度等级两个方面进行选择。水泥应根据工程性质和气候环境及施工条件进行合理选择；水泥的强度等级应与配制的混凝土强度等级相匹配。

②混凝土用粗集料(又称石子)包括碎石和卵石，是混凝土中用量最多的组成材料，对混凝土的强度形成起着重要作用。粗集料在混凝土中起着骨架作用，必须具备足够的承载能力，即具有良好的强度和坚固性，这类性质通常采用石料的立方体抗压强度或压碎指标来表示。最大粒径和针、片状颗粒含量均需要不同的限定，不同的级配类型配制的混凝土，将带来不同的影响。有害杂质会影响到水泥与集料之间的黏结性，对水泥的水化效果产生消极作用。

③混凝土用细集料应采用级配良好、质地坚硬、颗粒洁净的河沙或海砂。

2. 混凝土配合比设计阶段、要求及设计步骤

1)配合比设计阶段

①初步配合比设计阶段；

②试验室配合比设计阶段；

③基准配合比设计阶段；

④工地配合比设计阶段。

2)配合比设计要求

①满足结构物设计强度的要求：设计强度是混凝土设计过程中必须要达到的指标，针对结构物所发挥的作用、施工单位的施工管理水平，在配合比设计的实际操作过程中，采用一个比设计强度高一些的“配制强度”，以确定最终的结果满足设计强度的要求。

②满足施工工作性要求：针对工程实际，构造物的特点，包括断面尺寸、配筋状况以及施工

条件等来确定合适的工作性指标，以保证工程施工的需求。

③满足耐久性要求：配合比设计中通过考虑允许的“最大水灰比”和“最小水泥用量”，来保证处于不利环境（如严寒地区、受水影响等）条件下混凝土的耐久性的要求。

④满足经济性要求：在满足设计强度、工作性和耐久性要求的前提下，设计中通过合理减少价高材料（如水泥）的用量，多采用当地材料以及一些替代物（如工业废渣）等措施，降低混凝土费用，提高经济效益。

3）设计步骤

计算初步配合比、提出基准配合比、确定试验室配合比和换算工地配合比。

（1）计算初步配合比

①计算混凝土配制强度。

根据设计要求的强度等级，普通混凝土配制强度按下式计算：

$$f_{cu,0} \geqslant f_{cu,k} + 1.645\sigma \tag{1-2-28}$$

式中：$f_{cu,0}$——混凝土配制强度（MPa）；

$f_{cu,k}$——混凝土立方体抗压强度标准值（MPa）；

σ——混凝土强度标准差（MPa）。

遇有下列情况时应提高混凝土配制强度：

a. 现场条件与试验室条件有显著差异时；

b. C30 级及其以上强度等级的混凝土，采用非统计方法评定时。

混凝土强度标准差宜根据同类混凝土统计资料计算确定，并应符合下列规定：

a. 计算时，强度试件组数不应少于 25 组。

b. 当混凝土强度等级为 C20 和 C25 级，其强度标准差计算值少于 2.5MPa 时，计算配制强度用的标准差应取不小于 2.5MPa；当混凝土强度等级等于或大于 C30 级，其强度标准差计算值小于 3.0MPa 时，计算配制强度用的标准差应取不小于 3.0MPa。

c. 当无统计资料计算混凝土强度标准差时，其值应按国家标准《混凝土结构工程施工及验收规范》（GB 50204—2002）的规定取用。

②计算水灰比（W/C）。

普通混凝土水灰比按下式计算：

$$W/C = \frac{\alpha_a \cdot f_{ce}}{f_{cu,0} + \alpha_a \cdot \alpha_b \cdot f_{ce}} \tag{1-2-29}$$

式中：α_a、α_b——回归系数；

f_{ce}——水泥 28d 抗压强度实测值（MPa）。

当无水泥 28d 抗压强度实测值时，上公式中的 f_{ce} 值可按下式确定：

$$f_{ce} = \gamma_c \times f_{ce,g} \tag{1-2-30}$$

式中：γ_c——水泥强度等级值的富余系数，可按实际统计资料确定，如无统计资料则可取 1.13；

$f_{ce,g}$——水泥强度等级值（MPa）。

当计算求出 W/C 后，还应根据混凝土所处环境和耐久性要求的允许水灰比进行效核，要满足标准所规定的最大水灰比限定。

③单位用水量(Mw_o)的确定。

每立方米混凝土用水量的确定,应符合下列规定:

a. 干硬性和塑性混凝土用水量的确定:

水灰比在0.40~0.80范围时,根据粗骨料的品种、粒径及施工要求的混凝土拌和物稠度,其用水量可按表1-2-2,表1-2-3选取。

干硬性混凝土的用水量(kg/m^3)　　表1-2-2

拌和物稠度		卵石最大粒径(mm)			碎石最大粒径(mm)		
项目	指标	10	20	40	16	20	40
维勃稠度(s)	16~20	175	160	145	180	170	155
	11~15	180	165	150	185	175	160
	5~10	185	170	155	190	180	165

塑性混凝土的用水量(kg/m^3)　　表1-2-3

拌和物稠度		卵石最大粒径(mm)				碎石最大粒径(mm)			
项目	指标	10	20	31.5	40	16	20	31.5	40
坍落度(mm)	10~30	190	170	160	150	200	185	175	165
	35~50	200	180	170	160	210	195	185	175
	55~70	210	190	180	170	220	205	195	185
	75~90	215	195	185	175	230	215	205	195

注:1. 本表用水量系采用中砂时的平均取值。采用细砂时,每立方米混凝土用水量可增加5~10kg;采用粗砂时,则可减少5~10kg。掺用各种外加剂或掺和料时,用水量应相应调整。

2. 水灰比小于0.4的混凝土以及采用特殊成型工艺的混凝土用水量应通过试验确定。

b. 流动性和大流动性混凝土的用水量宜按下列步骤计算:

以表1-2-3中坍落度90mm的用水量为基础,按坍落度每增大20mm用水量增加5kg,计算出未掺外加剂时的混凝土的用水量。

掺外加剂时的混凝土用水量可按下式计算:

$$m_{wa} = m_{w0}(1-\beta) \tag{1-2-31}$$

式中:m_{wa}——掺外加剂混凝土每立方米混凝土用水量(kg);

m_{w0}——未掺外加剂混凝土每立方米混凝土用水量(kg);

β——外加剂的减水率。外加剂的减水率应经试验确定。

④计算单位水泥用量(m_{co})。

每立方米混凝土的水泥用量(m_{c0})可按下式计算:

$$m_{c0} = \frac{m_{w0}}{W/C} \tag{1-2-32}$$

⑤砂率的确定。

当无历史资料可参考时,混凝土砂率的确定应符合下列规定:

a. 坍落度为10~60mm的混凝土砂率,可根据粗集料品种。粒径及水灰比按表1-2-4选取。如实际水灰比在表中无对应位置,可通过内插的方式推算出来。

混凝土的砂率（%） 表1-2-4

水灰比 (W/C)	卵石最大粒径(mm)			碎石最大粒径(mm)		
	10	20	40	16	20	40
0.40	26~32	25~31	24~30	30~35	29~34	27~32
0.50	30~35	29~34	28~33	33~38	32~37	30~35
0.60	33~38	32~37	31~36	36~41	35~40	33~38
0.70	36~41	35~40	34~39	39~44	38~43	36~41

注：本表数值系中砂的选用砂率，对细砂或粗砂，可相应地减少或增大砂率。只用一个单粒级粗集料配制混凝土时，砂率应适当增大。对薄壁构件，砂率取偏大值。本表中地砂率系指砂与集料总量的重量比。

b. 坍落度大于60mm的混凝土砂率，可经试验确定，也可在表1-2-4的基础上，按坍落度每增大20mm，砂率增大1%的幅度予以调整。

c. 坍落度小于10mm的混凝土或使用外加剂的混凝土，其砂率应经试验确定。

⑥计算砂(m_{so})和石(m_{go})的用量。

粗集料和细集料用量的确定，应符合下列规定：

a. 当采用质量法时，应按下列公式计算：

$$m_{c0} + m_{g0} + m_{s0} + m_{w0} = m_{cp} \tag{1-2-33}$$

$$\beta_s = \frac{m_{s0}}{m_{g0} + m_{so}} \times 100\% \tag{1-2-34}$$

式中：m_{c0}——每立方米混凝土的水泥用量(kg)；

m_{g0}——每立方米混凝土的粗集料用量(kg)；

m_{s0}——每立方米混凝土的细集料用量(kg)；

m_{w0}——立方米混凝土的用水量(kg)；

m_{cp}——每立方米混凝土拌和物的假定质量(kg)，其值可取2 350~2 450kg；

β_s——砂率(%)。

b. 当采用体积法时，应按下列公式计算：

$$\frac{m_{co}}{\rho_c} + \frac{m_{g0}}{\rho_g} + \frac{m_{s0}}{\rho_s} + \frac{m_{w0}}{\rho_w} + 0.01\alpha = 1 \tag{1-2-35}$$

$$\beta_S = \frac{m_{s0}}{m_{g0} + m_{s0}} \times 100\% \tag{1-2-36}$$

式中：ρ_c——水泥密度(kg/m³)，可取2 900~3 100kg/m³；

ρ_g——粗集料的表观密度(kg/m³)；

ρ_s——细集料的表观密度(kg/m³)；

ρ_w——水的密度(kg/m³)，可取1 000kg/m³；

α——混凝土的含气量百分数，在不使用引气型外加剂时，可取1。

这样就得到初步配合比为水泥：水：砂：石 $= M_{co} : M_{wo} : M_{so} : M_{go}$。

(2)提出基准配合比

初步配合比设计得到的结果，仅仅依靠的是一种经验方式，其结果必须通过实际检验来查看工作性是否满足施工和易性要求,必要时进行调整,提出符合工作性要求的基准配合比。

进行混凝土配合比试配时应采用工程中实际使用的原材料。混凝土的搅拌方法,宜与生产时使用的方法相同。

工作性调整思路:

通过具体的坍落度(或维勃稠度)试验,混凝土的工作性检测结果会有以下几种可能:

①坍落度值(或维勃稠度)满足设计要求,且混凝土黏聚性和保水性亦良好,则原有的初步配合比无需调整,得到的基准配合比与初步配合比一致。

②坍落度值(或维勃稠度)不能满足设计要求,但混凝土黏聚性和保水性却较好时,此时应在保持原有水灰比不变的条件下,调整水和水泥用量,直至通过试验证实工作性满足要求。这样得到的基准配合比中,砂、石用量仍未发生变化,但水泥、水的用量改变。

③当试拌实测之后,发现流动性能够达到设计要求,但混凝土黏聚性和保水性却不好,此时保持原有水泥和水的用量,在维持砂石总量不变的条件下,适当调整砂率以改善混凝土的黏聚性和保水性,直至坍落度、黏聚性和保水性均满足要求。经过调整,得到的基准配合比同初步配合比对照,其中水泥和水的用量可能未变(也有可能在改变砂率的同时,相应要调整水泥浆的用量,使水泥和水的用量也发生变化),但砂和石各自的用量肯定发生改变。

④试拌实测后,如发现拌和物的坍落度值(或维勃稠度)不能满足设计要求,且混凝土黏聚性和保水性也不好,则应在水灰比和砂、石总量维持不变的条件下,改变用水量和砂率,直到符合设计要求为止。此时提出的基准配合比与初步配合比完全不同。

无论出现以上何种情形,基准配合比为水泥∶水∶砂∶石 $= M_{ca}:M_{wa}:M_{sa}:M_{ga}$。

(3)确定试验室配合比

混凝土强度试验时至少应采用三个不同的配合比。当采用三个不同的配合比时,其中一个应为所确定的基准配合比,另外两个配合比的水灰比,宜较基准配合比分别增加和减少0.05;用水量应与基准配合比相同,砂率可分别增加和减少1%。

当不同水灰比的混凝土拌和物坍落度与要求值的差超过允许偏差时,可通过增、减用水量进行调整。

制作混凝土强度试验试件时,应检验混凝土拌和物的坍落度或维勃稠度、黏聚性、保水性及拌和物的表观密度,并以此结果作为代表相应配合比的混凝土拌和物的性能。进行混凝土强度试验时,每种配合比至少应制作一组(三块)试件,标准养护到28d时试压。

根据试验得出的混凝土强度与其相对应的灰水比(C/W)关系,用作图法或计算法求出与混凝土配制强度($f_{cu,0}$)相对应的灰水比,并应按下列原则确定每立方米混凝土的材料用量:

①用水量(m_w)应在基准配合比用水量的基础上,根据制作强度试件时测得的坍落度或维勃稠度进行调整确定;

②水泥用量(m_c)应以用水量乘以选定出来的灰水比计算确定;

③粗集料和细集料用量(m_g 和 m_s)应在基准配合比的粗集料和细集料用量的基础上,按选定的灰水比进行调整后确定。

混凝土配合比的密度调整:

应根据前述所确定的材料用量按下式计算混凝土的表观密度计算值 $\rho_{c,c}$:

$$\rho_{c,c} = m_c + m_g + m_s + m_w \tag{1-2-37}$$

应按下式计算混凝土配合比校正系数 δ：

$$\delta = \frac{\rho_{c,t}}{\rho_{c,c}} \tag{1-2-38}$$

式中：$\rho_{c,t}$ ——混凝土表观密度实测值（kg/m^3）；

$\rho_{c,c}$ ——混凝土表观密度计算值（kg/m^3）。

当混凝土表观密度实测值与计算值之差的绝对值不超过计算值的2%时，按前述确定的配合比即为确定的设计配合比；当二者之差超过2%时，应将配合比中每项材料用量均乘以校正系数 δ，即为确定的设计配合比。

（4）换算工地配合比

试验室配合比是在砂、石材料干燥条件下进行试验和计算得到的结果，而工地所使用的砂、石材料都含有一定的水分，而且所含水分随时间和环境气候的变化，随时不断变动，与设计配合比有明显差异。所以工地现场进行混凝土拌和时，要按当时工地所测得的砂、石含水率进行材料用量的修正。含水率的定义为：砂、石中的水质量占干燥砂、石质量的百分率。因此，工地每立方米混凝土配合比的各材料用量用下列公式计算：

$$m_c = m'_{cb} \tag{1-2-39}$$

$$m_s = m'_{sb} \times (1 + w_s\%) \tag{1-2-40}$$

$$m_g = m'_{gb} \times (1 + w_g\%) \tag{1-2-41}$$

$$m_w = m'_{wb} - (m'_{sb} \times w_s\% + m'_{gb} \times w_g\%) \tag{1-2-42}$$

式中：w_s、w_g ——分别为工地砂、石材料的含水率（%）。

最终得到混凝土的施工现场配合比：水泥∶水∶砂∶石 $= M_{cb}:M_{wb}:M_{sb}:M_{gb}$

混凝土配合比可采用两种方法来表示：

①单位用量表示法：每立方米混凝土中各材料的用量，如1立方米混凝土中水泥∶水∶砂∶石＝340kg∶170kg∶765kg∶1 292kg。

②相对用量表示法：以水泥的质量为1，其他材料针对水泥的相对用量，并按"水泥∶砂∶石；水灰比"的顺序排列表示，如上列单位用水量表示法中所列内容为基础，采用相对用量来表示则可转化为1∶2.25∶3.80；$W/C=0.5$。

混凝土的耐久性主要取决于混凝土的密实程度，而密实度的大小又在于混凝土的水灰比和水泥用量。当水灰比偏大或水泥用量偏小时都有可能在硬化后的混凝土构件内部留下过多的孔隙，为日后引起混凝土耐久性不良现象留下隐患。当进行混凝土配合比设计时，为保证混凝土的耐久性，对混凝土的最大水灰比和最小水泥用量，应符合表1-2-5的规定。

混凝土的最大水灰比和最小水泥用量 表1-2-5

环境条件		结构物类型	最大水灰比			最小水泥用量(kg)		
			素混凝土	钢筋混凝土	预应力混凝土	素混凝土	钢筋混凝土	预应力混凝土
干燥环境		正常的居住和办公用房屋内部件	不作规定	0.65	0.60	200	260	300
潮湿环境	无冻害	高湿度的室内部件、室外部件；在非侵蚀土和(或)水中的部件	0.70	0.60	0.60	225	280	300

续上表

环境条件		结构物类型	最大水灰比			最小水泥用量(kg)		
			素混凝土	钢筋混凝土	预应力混凝土	素混凝土	钢筋混凝土	预应力混凝土
潮湿环境	有冻害	经受冻害的室外部件;在非侵蚀性土和(或)水中且经受冻害的部件;高湿度且经受冻害的室内部件	0.55	0.55	0.55	250	280	300
有冻害和除冰剂的潮湿环境		经受冻害和除冰剂作用的室内和室外部件	0.50	0.50	0.50	300	300	300

注:当用活性掺和料取代部分水泥时,表中的最大水灰比和最小水泥用量即为替代前的水灰比和水泥用量。配制C15级及其以下等级的混凝土,可不受本表限制。

复习思考题

一、单项选择题

1. 水煮法是将沥青裹覆后的集料在蒸馏水中浸煮3min,按沥青膜剥落的情况分为____个等级。

A. 3　　B. 4　　C. 5　　D. 6

2. 可以用作沥青微填料的物质是____。

A. 炭黑　　B. 高钙粉煤灰　　C. 火山灰　　D. 页岩粉

3. 我国《公路沥青路面施工技术规范》(JTG F40—2004)规定:夏炎热区(1-4)普通沥青混合料60℃时动稳定度不小于____ mm。

A. 600　　B. 700　　C. 800　　D. 1000

4. 改善沥青与集料黏附性的方法是____。

A. 掺加高效抗剥剂　　B. 掺加粉煤灰,活化集料表面

C. 掺加有机酸类,提高沥青活性　　D. 掺加重金属皂类,降低界面张力

5. 沥青混合料的黏聚力是随着沥青黏度的提高而____。

A. 增加　　B. 减小　　C. 无相关关系　　D. 不变

6. 沥青混合料的抗剪强度可通过____方法应用莫尔—库仑包络线方程求得。

A. 磨耗试验　　B. 三轴试验　　C. 标准黏度计法　　D. 直剪试验

7. 按胶浆理论,沥青混合料中微分散系的分散介质是____。

A. 水　　B. 沥青胶结物　　C. 填料　　D. 沥青

8. SBS改性沥青混合料较原始沥青混合料在技术性能上有以下____改善。

A. 提高了高温时的稳定性　　B. 提高了低温时的变形能力

C. 降低了沥青混合料的成本　　D. A和B均正确

9. 评价沥青混合料水稳定性的指标是____。

A. 稳定度　　B. 动稳定度　　C. 劈裂强度　　D. 残留稳定度

10. 影响沥青路面抗滑性能的因素是____。

A. 集料耐磨光性　B. 沥青用量　C. 沥青含蜡量　D. A. B 均是

11. 矿料配合比例不变，增加沥青用量，混合料的饱和度将____。

A. 增加　B. 不变　C. 减小　D. 先增加后减小

12. 对水中称重法、表干法、封蜡法、体积法的各自适用条件下述说法正确的是____。

A. 水中称重法适用于测沥青混合料的密度

B. 表干法适合测沥青混凝土的密度

C. 封蜡法适合测定吸水率大于 2% 的沥青混合料的密度

D. 体积法与封蜡法适用条件相同

13. 饱和度是用来评价沥青混合料的____。

A. 高温稳定性　B. 低温抗裂性　C. 耐久性　D. 抗滑性

14. 沥青混合料试件质量为 1 200g，高度为 65.5mm，成型标准高度(63.5mm)的试件混合料的用量为____ g。

A. 1 152　B. 1 163　C. 1 171　D. 1 182

15. 若沥青混合料的油石比为 5.0%，则沥青含量为____。

A. 4.76%　B. 4.56%　C. 5.00%　D. 5.26%

16. 为保证沥青混合料沥青与集料的黏附性，在选用石料时，应优先选用____石料。

A. 酸性　B. 碱性　C. 中性　D. 无要求

17. 油石比是指____比值。

A. 沥青与矿料的质量　B. 沥青与矿料的体积

C. 沥青与混合料总质量　D. 沥青与混合料总体积

18. 沥青材料老化后其质量将____。

A. 减小　B. 增加

C. 不变　D. 有的沥青减小，有的增加

19. 我国现行《公路沥青路面施工技术规范》(JTG F40—2004)规定的沥青混合料级配范围均属____级配。

A. 连续　B. 间断　C. 开级配　D. 半开级配

20. 在沥青混合料中，细集料是指粒径小于____的天然砂、人工砂及石屑。

A. 5mm　B. 2.36mm　C. 4.75mm　D. 2.5mm

21. 在沥青混合料中，既有较多数量的粗集料可形成空间骨架，同时又有相当数量的细集料可填充骨架的孔隙，这种结构形式称之为____结构。

A. 骨架—空隙　B. 密实—骨架　C. 悬浮—密实　D. 骨架-密实

22. 车辙试验主要是用来评价沥青混合料的____。

A. 高温稳定性　B. 低温抗裂性　C. 耐久性　D. 抗滑性

23. 测定沥青碎石混合料密度最常用的方法为____。

A. 水中重法　B. 表干法　C. 蜡封法　D. 体积法

24. 采用表干法测定沥青混合料试件毛体积密度的正确步骤是____。

a. 在天平上称取试件干燥状态时的质量。b. 擦干试件表面的水分，在天平上称取试件的表干重。c. 将试件放入浸水天平中，称取试件水中重。d. 计算试件的毛体积相对密度。e. 量取水温，对毛体积密度进行修正。

A. abcde　　B. acbde　　C. abced　　D. bcade

25. 采用蜡封法测定沥青混合料试件毛体积密度的正确步骤是____。

a. 在天平上称取试件干燥状态时的质量。b. 将试件放入浸水天平的吊篮中，称取试件的水中重。c. 将试件放入70℃左右的液体蜡中，迅速取出，待冷却后称取试件重。d. 计算试件的毛体积相对密度。e. 量取水温，对毛体积密度进行修正。f. 预先测定蜡的密度。

A. abcdef　　B. facbde　　C. abcefd　　D. bcadfe

26. 在通过马歇尔试验确定沥青混合料油石比过程中，正确地步骤是____。

a. 测定试件的马歇尔稳定度与流值。b. 测定试件的体积指标。c. 根据设计及规范要求，确定各指标所对应的油石比范围。d. 确定所有指标满足要求的油石比公共范围。e. 根据气候条件及交通量确定最佳油石比。

A. bacde　　B. acbde　　C. abced　　D. bcade

27. 立方体抗压强度标准值是混凝土抗压强度总体分布中的一个值，强度低于该值的概率不超过(　)。

A. 15%　　B. 10%　　C. 5%　　D. 3%

28. 混凝土拌和物发生分层、离析，说明其(　)。

A. 黏聚性差　　B. 保水性差　　C. 流动性差　　D. ABC

29. 普通混凝土标准试件经28d标准养护后测得抗压强度为30MPa，同时又测得同批混凝土水饱水后的抗压强度为28.9MPa，干燥状态测得抗压强度为32.5MPa，该混凝土的软化系数为(　)。

A. 0.89　　B. 0.92　　C. 0.96　　D. 0.11

30. 新拌混凝土坍落度小于____，采用维勃稠度法测其和易性。

A. 20mm　　B. 15mm　　C. 10mm　　D. 5mm

31. 完整的水泥混凝土配合比设计的正确步骤是(　)。

a. 根据设计强度等级计算配制强度。b. 根据和易性选定单位水泥用量。c. 计算水灰比并进行耐久性复核。d. 根据和易性选定单位用水量。e. 计算水泥用量并进行耐久性复核。f. 选定砂率。g. 计算砂石材料用量。h. 确定试验室配合比。i. 确定基准配合比。j. 根据现场砂石材料含水率计算施工配合比。

A. acdefgihj　　B. abdcefgh　　C. badefgh

D. fgdeabch　　E. fagbcdeh

二、多项选择题

1. 评价沥青混合料水稳定性的方法有(　)。

A. 马歇尔试验　　B. 浸水马歇尔实验　　C. 冻融劈裂试验　　D. 浸水车辙试验

2. 影响沥青混合料高温稳定性的因素有(　)。

A. 沥青种类及沥青用量　　B. 矿料级配

C. 压实度　　D. 温度

3. 下列影响沥青混合料技术性质的因素中，与矿料间隙率不相关的是(　)。

A. 集料最大粒径　　B. 细砂用量　　C. 石粉用量　　D. 沥青针入度

4. 沥青混合料试件的矿料间隙率包括(　)。

A. 空隙率　B. 沥青体积百分率　C. 混合料间隙率　D. 集料空隙率

5. 用乳化沥青作透层油时，要通过试洒试验确定乳化沥青的(　)。

A. 渗透深度　B. 稠度(黏度)

C. 破乳速度　D. 单位面积洒布量

6. 25℃时，测得比重瓶充满水时的质量为55.062 2g，瓶加沥青再充满水时的质量为55.189 2g，其中沥青质量为15g，沥青的相对密度为(　)，密度为(　)(保留三位小数，25℃时水的密度修正系数为0.99098)。

A. 1.009　B. 0.999　C. 0.012　D. 1.015

7. 沥青混合料理论最大相对密度计算式中的γ_1、γ_2、…、γ_n的物理含义，下述说法正确的是(　)。

A. 粗集料对水的毛体积相对密度　B. 各矿料的表观密度

C. 各矿料的表观相对密度　D. 细集料用表观相对密度

8. 沥青混合料的表观密度是指单位表观体积混合料的质量，表观体积包括(　)。

A. 实体体积　B. 不吸水的内部闭口孔隙体积

C. 开口孔隙体积　D. 部分开口孔隙体积

9. 沥青混合料稳定度和残留稳定度的单位分别是(　)。

A. MPa　B. kN　C. %　D. mm

10. 若沥青混合料密度试验采用表干法，理论最大相对密度计算中粗、细集料分别采用(　)。

A. 表观密度　B. 毛体积相对密度　C. 表干相对密度　D. 表观相对密度

11. 在确定最佳沥青用量的初始值OAC_1时，取三个沥青用量的平均值，它们分别是(　)。

A. 最大密度对应的沥青用量　B. 最大稳定度对应的沥青用量

C. 空隙率中值对应的沥青用量　D. 饱和度中值对应的沥青用量

12. 沥青混合料的配合比设计包括(　)阶段。

A. 初步配比　B. 目标配比　C. 生产配比　D. 生产配比验证

13. 通过配合比设计，可以决定沥青混合料的(　)。

A. 材料品种　B. 矿料级配　C. 沥青用量　D. 碾压温度

14. 沥青混合料的物理性质指标是(　)。

A. 稳定度和流值　B. 沥青饱和度　C. 密度　D. 空隙率

15. 沥青混合料的沥青材料的标号应根据(　)等因素选择。

A. 路面类型　B. 矿料级配　C. 气候条件　D. 施工方法

16. 沥青混合料抽提试验的目的是检查沥青混合料的(　)。

A. 沥青用量　B. 矿料级配

C. 沥青的标号　D. 矿料与沥青的黏附性

17. 混凝土拌和物的工作性选择可依据(　)。

A. 工程结构物的断面尺寸　B. 钢筋配置的疏密程度

C. 捣实的机械类型　D. 施工方法和施工水平

18. 混凝土配合比设计时必须按耐久性要求校核( )。

A. 砂率　B. 单位水泥用量　C. 浆集比　D. 水灰比

19. 在混凝土中掺入____,对混凝土抗冻性有明显改善。

A. 引气剂　B. 减水剂　C. 缓凝剂　D. 早强剂

20. 水泥混凝土配合比设计的基本要求包括( )。

A. 强度　B. 和易性　C. 耐久性

D. 经济性　E. 安全性

21. 水泥混凝土抗压强度试验时,抗压强度代表值可能的结果为( )。

A. 最大值　B. 最小值　C. 平均值　D. 中间值

22. 测定混凝土凝结时间的贯入阻力仪由____三个部分组成。

A. 加荷装置　B. 测针　C. 砂浆试样筒

D. 标准筛　E. 维卡仪　F. 跳桌

23. 混凝土抗折试件的(标准的和非标准的)规格为____。

A. 150mm×150mm×550mm　B. 100mm×100mm×400mm

C. 150mm×150mm×600mm　D. 100mm×100mm×600mm

24. 进行水泥混凝土配合比设计时,最基本的“三大参数”是____。

A. 水灰比　B. 坍落度　C. 砂率

D. 空隙率　E. 用水量　F. 含气量

25. 配制公路桥涵高强度混凝土的要求是____。

A. 水胶比0.24~0.38　B. (水泥+掺和料)≤550~600kg/m^3

C. 砂率40%~45%　D. 坍落度220mm~250mm

26.《公路工程水泥混凝土试验规程》中推荐的混凝土强度快速试验方法为____。

A. 1h促凝蒸压法　B. 4h压蒸养护法

C. 3d强度推算法　D. 80℃沸水法

27. 混凝土减水剂的技术指标包括____两个方面。

A. 掺外加剂混凝土性能指标　B. 匀质性指标

C. 抗冻性指标　D. 抗渗性指标

28. 采用标准养护的混凝土试件应符合____条件。

A. 在温度为20±5℃环境中静置1~2昼夜

B. 拆摸后放入温度20±2℃,相对湿度95%以上标养室中

C. 或放在温度20±2℃的不流动的$Ca(OH)_2$饱和溶液中

D. 经常用水直接冲淋其表面以保持湿润

29. 公路水泥混凝土路面配合比设计在兼顾经济性的同时,应满足____三项技术要求。

A. 弯拉强度　B. 抗压强度　C. 工作性

D. 耐久性　E. 抗拉拔力

三、判断题

1. 随着沥青稠度和沥青酸含量的增加,沥青与石料的黏附性提高。( )

2. 沥青混合料是一种复合材料，由沥青、粗集料、细集料和矿粉以及外加剂所组成。（ ）

3. 悬浮—密实结构的沥青混合料高温稳定性很好。（ ）

4. 沥青混合料的抗剪强度主要取决于黏聚力和内摩擦角两个参数。（ ）

5. 沥青混合料的黏聚力随着沥青黏度的提高而降低。（ ）

6. 沥青混合料中如果矿粉颗粒之间接触处是自由沥青所连接，则具有较大的黏聚力。（ ）

7. 沥青用量只影响沥青混合料的黏聚力，不影响其内摩擦角。（ ）

8. 黏聚力值随温度升高而显著降低，但内摩擦角受温度变化的影响较小。（ ）

9. 我国现行国标规定，采用马歇尔稳定度试验来评价沥青混合料的高温稳定性。（ ）

10. 即使在夏季，为防止水的渗入和阳光紫外线对沥青的老化作用，沥青混合料空隙率越少越好。（ ）

11. 沥青混合料试验室配合比设计可分为矿质混合料组成设计和沥青最佳用量确定两部分。（ ）

12. 沥青混合料的主要技术性质为：高温稳定性、低温抗裂性、耐久性、抗滑性和工作性。（ ）

13. 高聚物材料按按其性能和用途可分为橡胶和纤维两大类。（ ）

14. 混凝土用砂的细度模数越大，则该砂的级配越好。（ ）

15. 在现场混凝土施工中，保持集料总用量不变的情况下降低砂率值，可增大拌和物的流动性。（ ）

16. 卵石混凝土比同条件配合比拌制的碎石混凝土的流动性好，但强度则低一些。（ ）

17. 流动性大的混凝土比流动性小的混凝土强度低一些。（ ）

18. 普通混凝土的强度与其水灰比成线性关系。（ ）

19. 在混凝土中掺入引气剂，则混凝土密实度降低，因而其抗冻性亦降低。（ ）

20. 混凝土施工配合比和试验室配合比两者的水灰比相同。（ ）

21. 混凝土外加剂是一种能使混凝土强度大幅度提高的填充料。（ ）

22. 在混凝土施工中，统计得出混凝土强度标准差越大，则表明混凝土生产质量越不稳定，施工水平越差。（ ）

23. 普通混凝土的弹性模量是割线弹性模量，而不是切线弹性模量。（ ）

24. 水泥混凝土流动性过低时，可加入适量的水以改善其流动性。（ ）

25. 混凝土抗压强度试件以边长 150mm 的正立方体为标准试件，其集料最大粒径为 40mm。（ ）

26. 为满足公路桥涵混凝土耐久性的需要，在配合比设计时应从最大水灰比和最小水泥用量两个方面加以限制。（ ）

27. 有抗冻要求的桥涵混凝土工程，不得掺入引气剂，以免增加混凝土中含气量。（ ）

28. 冬期施工，混凝土拌和物的出机温度不宜低于 10℃。（ ）

29. 混凝土中掺入粉煤灰可以节约水泥，但不能改善混凝土的其他性能。（ ）

30. 混凝土外加剂是在混凝土拌制过程中掺入用以改善混凝土性质的物质，除特殊情况外，掺量不大于水泥质量的 5%。（ ）

四、问答题

1. 简述沥青混合料配合比设计的详细步骤。
2. 简述沥青混合料冻融劈裂试验的具体步骤。
3. 何谓沥青混合料？试述沥青混合料的强度理论。
4. 沥青混合料有那些类型？并简述各自的优缺点。
5. 简述空隙率大小对沥青混合料性能的影响。
6. 简述水泥混凝土和易性试验方法。
7. 简述水泥混凝土抗折强度的试验步骤及数据处理方法。

第三章　路面基层与底基层材料

主要内容：

介绍几种常见类型的无机结合料基层和底基层材料（水泥稳定类材料、石灰稳定类材料、石灰工业废渣类材料）以及无黏结粒料基层和底基层材料（级配碎石、级配砂砾、填隙碎石）的技术要求、混合料配合比设计方法、基层和底基层材料试验检测方法。

第一节　基层、底基层材料技术要求

复习要点：

基层的类型、级配要求、适用范围；水泥、石灰、粉煤灰、土等半刚性基层原材料技术要求。

一、用于路面基层材料土的一般定义

公路路面常用的基层与底基层材料可分为三大类：柔性基层、半刚性基层、刚性基层；也可以分为：无机结合料稳定类、有机结合料稳定类和粒料类。我国常用的基层材料有：水泥稳定类、石灰稳定类、石灰工业废渣稳定类、级配碎石、级配砾石或级配砂砾、填隙碎石、热拌沥青碎石或乳化沥青碎石、沥青贯入式碎石等类型。

按照土中单个颗粒（指碎石、砾石和砂颗粒）的粒径大小和组成，将土分为细粒土、中粒土和粗粒土。

1）细粒土：颗粒的最大粒径不大于4.75mm，公称最大粒径不大于2.36mm的土，包括各种黏质土、粉质土、砂和石屑等；

2）中粒土：颗粒的最大粒径不大于26.5mm，公称最大粒径大于2.36mm的且不大于19mm土或集料，包括砂砾土、碎石土、级配砂砾、级配碎石等；

3）粗粒土：颗粒的最大粒径不大于53mm，公称最大粒径大于19mm的且不大于37.5mm土或集料，包括砂砾土、碎石土、级配砂砾、级配碎石等。

二、无机结合料稳定材料组成材料的技术要求

在粉碎的或原状松散的土中掺入一定量的无机结合料（包括水泥、石灰或工业废渣等）和水，经拌和得到的混合料在压实与养生后，其抗压强度符合规定要求的材料称为无机结合料稳定材料。无机结合料稳定类基层与底基层主要有：水泥稳定材料、石灰稳定材料、石灰工业废渣稳定材料等。其中水泥稳定土、石灰工业废渣稳定土适用于各级公路的基层和底基层，但是

水泥稳定细粒土和二灰、二灰土、二灰砂不能用做二级和二级以上公路高等级路面的基层;石灰稳定土适用于各级公路的底基层,也可作为二级和二级以下公路的基层,但石灰稳定细粒土不能用做二级和二级以下公路高等级路面基层。

1.水泥稳定类基层、底基层组成材料的技术要求

水泥稳定类材料包括水泥稳定级配碎石、级配砂砾、未筛分碎石、石屑、土、碎石土、砂砾土等,以及经加工性能稳定的钢渣和矿渣等。

(1)对于二级和二级以下的公路,水泥稳定材料所用的粗粒土、中粒土、细粒土应满足如下要求:

①水泥稳定材料用做底基层时,单个颗粒的最大粒径不应超过53mm(注:指方孔筛。如为圆孔筛,则最大粒径可为所列数值的1.2~1.25倍,下同),水泥稳定材料的颗粒组成应在表1-3-1所列范围内,土的均匀系数应大于5。细粒土的液限不应超过40,塑性指数不应超过17。对于中粒土和粗粒土,如土中小于0.6mm的颗粒含量在30%以下,塑性指数可稍大。实际工作中,宜选用均匀系数大于10、塑性指数小于12的土。塑性指数大于17的土,宜采用石灰稳定,或用水泥和石灰综合稳定。

用做底基层时水泥稳定材料的颗粒组成范围(JTJ 034—2000)　　表1-3-1

筛孔尺寸(mm)	53	4.75	0.6	0.075	0.002
通过质量百分率(%)	100	50~100	17~100	0~50	0~30

注:表中所列用筛均为方孔筛。在无相应尺寸方孔筛的情况下,可先将颗粒组成在半对数坐标纸上画出两根级配曲线,然后在对数坐标上查找所需要筛孔的位置或点,从此点引一垂直线向上与两根曲线相交。从此两交点画水平线与垂直坐标相交,即可得到所需颗粒尺寸的通过百分率。

②水泥稳定材料用做基层时,单个颗粒的最大粒径不应超过37.5mm,水泥稳定材料的颗粒组成应在表1-3-2范围内。集料中不宜含有塑性指数的土。对于二级公路宜按接近级配范围的下限组配混合料或采用表1-3-2中的2号级配。

用做基层时水泥稳定材料的颗粒组成范围(JTJ 034—2000)　　表1-3-2

筛孔尺寸(mm)	37.5	26.5	19	9.5	4.75	2.36	1.18	0.6	0.075
通过质量百分率(%)	90~100	66~100	54~100	39~100	28~84	20~70	14~57	8~47	0~30

③级配碎石、未筛分碎石、砂砾、碎石土、砂砾土、煤矸石和各种粒状矿渣均适宜用水泥稳定。碎石包括岩石碎石、矿渣碎石、破碎砾石等。

(2)对于高速公路和一级公路,水泥稳定材料所用的粗粒土和中粒土应满足如下要求:

①水泥稳定材料用做底基层时,单个颗粒的最大粒径不应超过37.5mm。水泥稳定材料的颗粒组成应在表1-3-3所列1号级配范围内,土的均匀系数应大于5。细粒土的液限不应超过40%,塑性指数不应超过17。对于中粒土的粗粒土,如土中小于0.6mm的颗粒含量在30%以下,塑性指数可稍大。实际工作中,宜选用均匀系数大于10、塑性指数小于12的土。塑性指数大于17的土,宜采用石灰稳定,或用水泥和石灰综合稳定。对于中粒土和粗粒土,宜采用表表1-3-3中的2号级配,但小于0.075mmm的颗粒含量和塑性指数可不受限制。

②水泥稳定材料用做基层时,单个颗粒的最大粒径不应超过31.5mm。水泥稳定材料的颗粒组成应在表1-3-3所列3号级配范围内。

③水泥稳定材料用做基层时，对所用的碎石或砾石，应预先筛分成 3 ~ 4 个不同粒级，然后配合，使颗粒组成符合表 1-3-3 所列级配范围。

水泥稳定材料的颗粒组成范围（JTJ 034—2000）　表 1-3-3

编号＼筛孔尺寸(mm)	通过质量百分率(%)										
	37.5	31.5	26.5	19	9.5	4.75	2.36	0.6	0.075	液限(%)	塑性指数
1	100					50 ~ 100		17 ~ 100	0 ~ 30		
2	100	90 ~ 100		67 ~ 90	45 ~ 68	29 ~ 50	18 ~ 38	8 ~ 22	0 ~ 7①		
3		100	90 ~ 100	72 ~ 89	47 ~ 67	29 ~ 49	17 ~ 35	8 ~ 22	0 ~ 7①	<28	<9

注：集料中 0.5mm 以下细粒土有塑性指数时，小于 0.075mm 的颗粒含量不应超过 5%；细粒土无塑性指数时，小于 0.075mm的颗粒含量不应超过 7%。

(3) 水泥稳定粒径较均匀的砂时，宜在砂中添加少部分塑性指数小于 10 的黏性土或石灰土，也可添加部分粉煤灰，加入比例可按使混合料的标准干密度接近最大值确定，一般为 20% ~40%。

(4) 水泥稳定材料中碎石或砾石的压碎值应符合下列要求：

基层：高速公路和一级公路不大于 30%；二级和二级以下公路不大于 35%。

底基层：高速公路和一级公路不大于 30%；二级和二级以下公路不大于 40%。

(5) 有机质含量超过 2% 的土，必须先用石灰进行处理，闷料一夜后再用水泥稳定。

(6) 硫酸盐含量超过 0.25% 的土，不应用水泥稳定。

(7) 普通硅酸盐水泥、矿渣硅酸盐水泥和火山灰质硅酸盐水泥都可用于稳定材料，但应选用初凝时间 3h 以上和终凝时间较长（宜在 6h 以上）的水泥。不应使用快硬水泥、早强水泥以及已受潮变质的水泥。宜采用强度等级 32.5 或 42.5 的水泥。

(8) 综合稳定材料中用的石灰应是消石灰粉或生石灰粉。

(9) 凡是饮用水（含牲畜饮用水）均可用于水泥稳定材料施工。

2. 石灰稳定类基层和底基层材料技术要求

(1) 塑性指数为 15 ~ 20 的黏性土以及含有一定数量黏性土的中粒土和粗粒土均适宜于用石灰稳定。

用石灰稳定无塑性指数的级配砂砾、级配碎石和未筛分碎石时，应添加 15% 左右的黏性土。

塑性指数在 15 以上的黏性土更适宜于综合稳定。

塑性指数在 10 以下的亚砂土和砂土用石灰稳定时，应采取适当的措施或采用水泥稳定。

①石灰稳定材料用做高速公路和一级公路的底基层时，颗粒的最大粒径不应超过 37.5mm，用做其他等级公路的底基层时，颗粒的最大粒径不应超过 53mm。

②石灰稳定材料用做基层时，颗粒的最大粒径不应超过 37.5mm，用做其他等级公路的底基层时，颗粒的最大粒径不应超过 53mm。

级配碎石、未筛分碎石、砂砾、碎石土、砂砾土、煤矸石和各种粒状矿渣等均适宜用做石灰稳定材料的材料。石灰稳定材料中碎石、砂砾或其他粒状的含量应在 80% 以上，并应具有良好的级配。

③石灰稳定材料中碎石或砾石的压碎值应符合下列要求：

基层：二级公路不大于30%；二级以下公路不大于35%。

底基层：高速公路和一级公路不大于35%；二级和二级以下公路不大于40%。

④硫酸盐含量超过0.8%的土和有机质含量超过10%的土，不宜用石灰稳定。

(2)石灰技术指标应符合表1-3-4的规定。应尽量缩短石灰的存放时间。石灰在野外堆放时间较长时，应覆盖防潮。

石灰的技术指标　　　　表1-3-4

项目 \ 指标 \ 类别	钙质生石灰			镁质生石灰			钙质消石灰			镁质消石灰		
	等级											
	Ⅰ	Ⅱ	Ⅲ	Ⅰ	Ⅱ	Ⅲ	Ⅰ	Ⅱ	Ⅲ	Ⅰ	Ⅱ	Ⅲ
有效钙加氧化镁含量(%)	≥85	≥80	≥70	≥80	≥75	≥65	≥65	≥60	≥55	≥60	≥55	≥60
未消化残渣含量(5mm圆孔筛余,%)	≤7	≤11	≤17	≤10	≤14	≤20						
含水率							≤4	≤4	≤4	≤4	≤4	≤4
细度　0.71mm方孔筛的筛余(%)							0	≤1	≤1	0	≤1	≤1
细度　0.1251mm方孔筛的筛余(%)							≤13	≤20	—	≤13	≤20	—
钙镁石灰的分类界限,氧化镁含量(%)	≤5			>5			≤4			>4		

注：硅、镁氧化物含量之和大于5%的生石灰，有效钙加氧化镁含量指标，Ⅰ等≥75%，Ⅱ等≥70%，Ⅲ等≥60%；未消化残渣含量指标与镁质生石灰指标相同。

使用等外石灰、贝壳石灰、珊瑚石灰等，应进行试验，如混合料的强度符合表1-3-16的标准，即可使用。对于高速公路和一级公路，宜采用磨细生石灰粉。

(3)凡饮用水(含牲畜饮用水)均可用于石灰土施工。

3. 石灰工业废渣稳定类基层、底基层组成材料技术要求

(1)石灰工业废渣稳定材料所用石灰质量应符合本节表1-3-4规定的Ⅲ级消石灰或Ⅲ级生石灰的技术指标，应尽量缩短石灰的存放时间，如存放时间较长，应采取覆盖封存措施，妥善保管。

有效钙含量在20%以上的等外石灰、贝壳石灰、珊瑚石灰、电石渣等，当其混合料的强度通过试验符合表1-3-18的标准时，可以应用。

(2)粉煤灰中SiO_2. Al_2O_3和Fe_2O_3的总含量应大于70%，粉煤灰的烧失量不应超过20%；粉煤灰的比表面积宜大于2 500cm^2/g(或90%通过0.3mm筛孔，70%通过0.075mm筛孔)。

干粉煤灰和湿粉煤灰都可以应用，湿粉煤灰的含水率不宜超过35%。

(3)煤渣的最大粒径不应大于30mm，颗粒组成宜有一定级配，且不宜含杂质。

(4)宜采用塑性指数12～20的黏性土(亚黏土)。土块的最大粒径不应大于15mm。有机质含量超过10%的土不宜选用。

(5)二灰稳定的中粒土和粗粒土不宜含有塑性指数的土。

(6)用于二级及二级以下公路的二灰稳定材料应符合下列要求：

①二灰稳定材料用做底基层时，石料颗粒的最大粒径不应超过53mm。

②二灰稳定材料用做基层时，石料颗粒的最大粒径不应超过37.5mm；碎石、砾石或其他粒状材料的质量宜占80%以上，并符合表1-3-5或表1-3-6的级配范围。

二灰级配砂砾中集料的颗粒组成范围（JTJ 034—2000） 表1-3-5

编号 \ 筛孔尺寸(mm)	通过质量百分率(%)								
	37.5	31.5	19	9.5	4.75	2.36	1.18	0.6	0.075
1	100	85~100	65~85	50~70	35~55	25~45	17~35	10~27	0~15
2		100	85~100	55~75	39~59	27~47	17~35	10~25	0~10

二灰级配碎石中集料的颗粒组成范围（JTJ 034—2000） 表1-3-6

编号 \ 筛孔尺寸(mm)	通过质量百分率(%)								
	37.5	31.5	19.0	9.50	4.75	2.36	1.18	0.60	0.075
1	100	90~100	72~90	48~68	30~50	18~38	10~27	6~20	0~7
2		100	81~98	52~70	30~50	18~38	10~27	6~20	0~7

(7)用于高速公路和一级公路的二灰稳定材料应符合下列要求：

①二灰稳定材料用做底基层时，土中碎石、砾石颗粒的最大粒径不应超过37.5mm。各种细粒土、中粒土和粗粒土都可用二灰稳定后用做底基层。

②二灰稳定材料用做基层时，二灰的质量应占15%，最多不超过20%，石料颗粒的最大粒径不应超过31.5mm，其颗粒组成宜符合表1-3-5或表1-3-6中2号级配的范围①，粒径小于0.075mm的颗粒含量宜接近0。

③对所用的砾石或碎石，应预先筛分成3~4个不同粒级，然后再配合成颗粒组成符合表1-3-5或表1-3-6所列掺配范围的混合料。

注：表中所列级配的颗粒组成范围是根据强度高、干缩性小和抗冲刷能力强提出的。此颗粒组成范围可做改变，但改变后的二灰级配集料的强度，特别是干缩性和抗冲刷能力，应优于按表列颗粒组成范围配合的二灰级配集料的性质。

(8)碎石或砾石的压碎值应符合下列要求：

基层：高速公路和一级公路不大于30%；二级和二级以下公路不大于35%。

底基层：高速公路和一级公路不大于30%；二级和二级以下公路不大于40%。

(9)凡饮用水(含牲畜饮用水)均可使用。

三、柔性类基层、底基层组成材料技术要求

有机结合料沥青稳定类材料包括：热拌沥青混合料或乳化沥青碎石混合料、沥青贯入碎石等。沥青碎石适用于做二级及其以下公路的柔性路面的上基层以及调平层；乳化沥青碎石混合料适用于各级公路的调平层。

无黏结粒料类材料包括级配碎石、级配砾石、符合级配的天然砂砾、部分砾石经轧制掺配而成的级配碎砾石，以及泥结碎石、泥灰结碎石、填隙碎石等。级配碎石适用于各级公路的基层和底基层；级配砾石、级配碎砾石以及符合级配、塑性指数等技术要求的天然砂砾，可用做二级和二级以下公路的基层，也可用做各级公路的底基层；填隙碎石适用于各级公路的底基层和三、四级公路的基层。

1. 有机结合料沥青稳定类材料的技术要求

见第二章沥青混合料。

2. 无结合料粒料类材料的技术要求

1)级配碎石

(1)轧制碎石的材料可以是各种类型的岩石(软质岩石除外)、圆石或矿渣。圆石的粒径应是碎石最大粒径的3倍以上;矿渣应是已崩解稳定的,其干密度和质量应比较均匀,干密度不小于960kg/m³。

(2)碎石中针片状颗粒的总含量应不超过20%。碎石中不应有黏土块、植物等有害物质。

(3)石屑或其他细集料可以使用一般碎石场的细筛余料,也可以利用轧制沥青表面处治和贯入式用石料时的细筛余料,或专门轧制的细碎石集料。也可以用天然砂砾或粗砂代替石屑。天然砂砾的颗粒尺寸应该合适,必要时应筛除其中的超尺寸颗粒。天然砂砾或粗砂应有较好的级配。

(4)级配碎石或级配碎砾石用做二级和二级以下公路的基层时,其颗粒组成和塑性指数应满足表1-3-7中1号级配的规定。

级配碎石用做高速公路和一级公路的基层时,其颗粒组成和塑性指数应满足表1-3-7中2号级配的规定。同时,级配曲线宜为圆滑曲线。

级配碎石或级配碎砾石的颗粒组成范围(JTJ 034—2000)　　表1-3-7

编号 \ 筛孔尺寸(mm)	通过质量百分率(%)									
	37.5	31.5	19.0	9.5	4.75	2.36	0.6	0.075	液限(%)	塑性指数
1	100	90~100	73~88	49~69	29~54	17~37	8~20	0~7②	<28	<6(或9①)
2		100	85~100	52~74	29~54	17~37	8~20	0~7②	<28	<6(或9①)

注:①潮湿多雨地区塑性指数宜小于6,其他地区塑性指数宜小于9。

②对于无塑性的混合料,小于0.075mm的颗粒含量应接近高限。

(5)在塑性指数偏大的情况下,塑性指数与0.5mm以下细土含量的乘积应符合下列规定:

a. 在年降雨量小于600mm的地区,地下水位对土基没有影响时,乘积不应大于120;

b. 在潮湿多雨地区,乘积不应大于100。

(6)级配碎石用做中间层时,其颗粒组成和塑性指数应符合表1-3-7中2号级配的规定。

(7)未筛分碎石用做二级和二级以下公路的底基层时,其颗粒组成和塑性指数应符合表1-3-8中1号级配的规定;用做高速公路和一级公路的底基层时,其颗粒组成和塑性指数应符合表1-3-8中2号级配的规定。

未筛分碎石底基层颗粒组成范围(JTJ 034—2000)　　表1-3-8

编号 \ 筛孔尺寸(mm)	通过质量百分率(%)										
	53	37.5	31.5	19.0	9.5	4.75	2.36	0.6	0.075	液限(%)	塑性指数
1	100	85~100	69~88	40~65	19~43	10~30	8~25	6~18	0~10	<28	<6(或9①)
2		100	83~100	54~84	29~59	17~45	11~35	6~21	0~10	<28	<6(或9①)

注:①在潮湿多雨地区,塑性指数宜小于6,其他地区塑性数宜小于9。

(8)级配碎石或级配碎砾石所用石料的压碎值应满足下列规定:

基层:高速公路和一级公路不大于26%;二级公路不大于30%;二级以下公路不大于35%。

底基层：高速公路和一级公路不大于30%；二级公路不大于35%；二级以下公路不大于40%。

(9)级配碎石用做基层时，其重型击实标准的压实度不应小于98%，CBR值不应小于180%；用做底基层时其重型击实标准的压实度不应小于96%，CBR值不应小于100%。

2)级配砾石

(1)级配砾石用做基层时，砾石的最大粒径不应超过37.5mm；用做底基层时，砾石的最大粒径不应超过53mm。

(2)砾石颗粒中细长及扁平颗粒的含量不应超过20%。

(3)级配砾石基层的颗粒组成和塑性指数应满足表1-3-9的规定，同时级配曲线应为圆滑曲线。

级配砾石基层的颗粒组成范围（JTJ 034—2000）　表1-3-9

编号＼筛孔尺寸(mm)	通过质量百分率(%)									液限(%)	塑性指数
	53	37.5	31.5	19.0	9.5	4.75	2.36	0.6	0.075		
1	100	90~100	81~94	63~81	45~66	27~51	16~35	8~20	0~7②	<28	<6(或9①)
2		100	90~100	73~88	49~69	29~54	17~37	8~20	0~7②	<28	<6(或9①)
3			100	85~100	52~74	29~54	17~37	8~20	0~7②	<28	<6(或9①)

注：①潮湿多雨地区塑性指数宜小于6，其他地区塑性指数宜小于9。

②对于无塑性的混合料，小于0.075mm的颗粒含量应接近高限。

在塑性指数偏大的情况下，塑性指数与0.5mm以下细土含量的乘积应符合下列规定：

①在年降雨量小于600mm的中干和干旱地区，地下水位对土基没有影响时，乘积不应大于120；

②在潮湿多雨地区，乘积不应大于100。

(4)级配砾石和天然砂砾用做基层时，其重型击实标准的压实度不应小于98%，CBR值不应小于160%；用做底基层时其重型击实标准的压实度不应小于96%，CBR值对轻交通道路(A级交通)不应小于40%，对中等交通道路(B、C级交通)不应小于60%。

(5)用做底基层的砂砾、砂砾土或其他粒状材料的级配，应位于表1-3-10的范围内。液限应小于28%，塑性指数应小于9。

砂砾底基层的级配范围（JTJ 034—2000）　表1-3-10

筛孔尺寸(mm)	53	37.5	9.5	4.75	0.6	0.075
通过质量百分率(%)	100	80~100	40~100	25~85	8~45	0~15

(6)当用于底基层的在最佳水含量下制备的级配砾石试件的干密度与工地规定达到的压实干密度相同时，浸水4d的承载比值在轻交通道路上应不小于40%，在中等交通道路上应不小于60%。

(7)级配砾石用做基层时，石料的集料压碎值应满足下列规定：

基层：二级公路不大于30%；三级和四级公路不大于35%。

底基层：高速公路和一级公路不大于30%；二级公路不大于35%；二级以下公路不大于40%。

3)填隙碎石

(1)填隙碎石用做基层时,碎石的最大粒径不应超过53mm;用做底基层时,碎石的最粒径不应超过63mm。

(2)粗碎石可以用具有一定强度的各种岩石或漂石轧制①,但漂石的粒径应为粗碎石最大粒径的3倍以上;也可以用稳定的矿渣轧制,矿渣的干密度和质量应比较均匀,且其干密度不小于960kg/m^3。材料中的扁平、长条和软弱颗粒的含量不应超过15%。

(3)填隙碎石、粗碎石的颗粒组成应符合表1.3.9的规定。

(4)采用表1-3-11中的1号粗集料时,填隙料的标称最大粒径可为9.5mm②。填隙料宜具有表1-3-12的颗粒组成。

填隙碎石、粗碎石的颗粒组成(JTJ 034—2000)　　表1-3-11

编号	通过质量百分比率(%) / 标称尺寸(mm)	筛孔尺寸(mm)							
		63	53	37.5	31.5	26.5	19	16	9.5
1	30~60	100	25~60		0~15		0~5		
2	25~50		100		25~50	0~15		0~5	
3	20~40				35~70		0~15		0~5

填隙料的颗粒组成(JTJ 034—2000)　　表1-3-12

筛孔尺寸(mm)	9.5	4.75	2.36	0.6	0.075	塑性指数
通过质量百分率(%)	100	85~100	50~70	30~50	0~10	<6

(5)粗碎石的压碎值应符合下列规定:

用做基层不大于26%;用做底基层不大于30%。

(6)填隙碎石碾压后基层固体体积率应不小于85%;底基层固体体积率应不小于83%。

注:①宜用石灰岩轧制。

②宜用轧制石灰岩碎石的石屑。

第二节　基层、底基层混合料组成设计方法

复习要点:

基层混合料组成设计的目的和要点。

一、水泥稳定类混合料组成设计

半刚性基层、底基层材料的组成设计主要是根据强度标准,通过试验选取合适的集料或土及其他原材料,确定必须的或最佳的结合料剂量,以及确定混合料的最佳含水率和最大干密度。

无黏结粒料类材料强度主要来源于集料本身的强度及集料颗粒之间的嵌挤力,因此,除应保证高质量的集料外,还应使集料具有良好的级配。混合料的组成设计主要是确定集料的级配及混合料的最佳含水率和最大干密度。

1. 一般规定

（1）各级公路用水泥稳定材料的7d浸水抗压强度应符合表1-3-13的规定。

水泥稳定材料的抗压强度标准　　表1-3-13

层位＼公路等级	二级和二级以下公路	高速公路和一级公路
基层（MPa）	2.5～3②	3～5①
底基层（MPa）	1.5～2.0②	1.5～2.5①

注：①设计累计标准轴次小于 12×10^6 的公路可采用低限值；设计累计标准轴次超过 12×10^6 的公路可用中值；主要行驶重载车辆的公路应用高限值。某一具体公路应采用一个值，而不用某一范围。

②二级以下公路可取低限值；行驶重载车辆的公路，应取较高的值；二级公路可取中值；行驶重载车辆的二级公路应取高限值。某一具体公路应采用一个值，而不用某一范围。

（2）水泥稳定材料的组成设计应根据表1-3-13的强度标准，通过试验选取最适宜于稳定的土，确定必需的水泥剂量和混合料的最佳含水率，在需要改善混合料的物理力学性质时，还应确定掺加料的比例。

（3）综合稳定材料的组成设计应通过试验选取最适宜于稳定的土，确定必需的水泥和石灰剂量以及混合料的最佳含水率。

（4）采用综合稳定时，如水泥用量占结合料总量的30%以上，应按本节的技术要求进行组成设计。水泥和石灰的比例宜取60:40、50:50或40:60。

（5）水泥稳定材料的各项试验应按《公路工程无机结合料稳定材料试验规程》（JTG E51—2009）进行。

2. 原材料的试验

（1）在水泥稳定材料层施工前，应取所定料场中有代表性的土样按《公路土工试验规程》（JTG E40—2007）进行下列试验：

①颗粒分析；

②液限和塑性指数；

③相对密度；

④击实试验；

⑤碎石或砾石的压碎值；

⑥有机质含量（必要时做）；

⑦硫酸盐含量（必要时做）。

（2）对级配不良的碎石、碎石土、砂砾、砂砾土、砂等，宜改善其级配。

（3）应检验水泥的强度等级和终凝时间。

3. 混合料的设计步骤

（1）分别按下列五种①水泥剂量配制同一种土样、不同水泥剂量的混合料：

①做基层用：

中粒土和粗粒土：3%、4%、5%、6%、7%②；

塑性指数小于12的细粒土：5%、7%、8%、9%、11%；

其他细粒土：8%、10%、12%、14%、16%。

②做底基层用：

中粒土和粗粒土：3%、4%、5%、6%、7%；

塑性指数小于12的细粒土：4%、5%、6%、7%、9%；

其他细粒土：6%、8%、9%、10%、12%。

注：①在能估计合适剂量的情况下，可以将五个不同剂量缩减到三或四个。

②如要求用做基层的混合料有较高强度时，水泥剂量可用4%、5%、6%、7%、8%。

(2)确定各种混合料的最佳含水率和最大干(压实)密度，至少应做三个不同水泥剂量混合料的击实试验，即最小剂量、中间剂量和最大剂量。其他两个剂量混合料的最佳含水率和最大干密度用内插法确定。

(3)按规定压实度分别计算不同水泥剂量的试件应有的干密度。

(4)按最佳含水率和计算得的干密度制备试件。进行强度试验时，作为平行试验的最少试件数量应小于表1-3-14的规定。如试验结果的偏差系数大于表中规定的值，则应重做试验，并找出原因，加以解决。如不能降低偏差系数，则应增加试件数量。

最少试件数量　　表1-3-14

土类 \ 试件数量 \ 偏差系数	<10%	10%~15%	15%~20%
细粒土	6	9	
中粒土	6	9	13
粗粒土		9	13

(5)试件在规定温度下保湿养生6d，浸水24h后，按《公路工程无机结合料稳定材料试验规程》(JTG E51—2009)进行无侧限抗压强度试验。

(6)计算试验结果的平均值和偏差系数。

(7)根据表1-3-13的强度标准，选定合适的水泥剂量；试件室内试验结果的平均抗压强度面应符合下式的要求：

$$\bar{R} \geqslant R_d/(1 - Z_\alpha C_v) \tag{1-3-1}$$

式中：R_d——设计抗压强度(表1-3-13)；

C_v——试验结果的偏差系数(以小数计)；

Z_α——标准正态分布表中随保证率(或置信度α)而变的系数，高速公路和一级公路应取保证率95%，即$Z_\alpha = 1.645$，其他公路应取保证率90%，即$Z_\alpha = 1.282$。

水泥改善土的塑性指数应不大于6，承载比应不小于240。

(8)工地实际采用的水泥剂量应比室内试验确定的剂量多0.5%~1.0%。采用集中厂拌法施工时，可只增加0.5%；采用路拌法施工时，宜增加1%。

(9)水泥的最小剂量应符合表1-3-15的规定。

水泥的最小剂量　　表1-3-15

土类 \ 拌和方法	路拌法	集中厂拌法
中粒土和粗粒土	4%	3%
细粒土	5%	4%

(10)综合稳定材料的组成设计与上述步骤相同。

二、石灰稳定材料混合料组成设计

1. 一般规定

(1)各级公路用石灰稳定材料的 7d 浸水抗压强度应符合表 1-3-16 的规定。

石灰稳定材料的抗压强度标准

表 1-3-16

层位 \ 公路等级	二级和二级以下公路	高速公路和一级公路
基层(MPa)	≥0.8①	—
底基层(MPa)	0.5～0.7②	≥0.8

注:①在低塑性土(塑性指数小于7)地区,石灰稳定砂砾土和碎石土的7d 浸水抗压强度应大于0.5MPa(100g 平衡锥测液限)。

②低限用于塑性指数小于7 的黏性土,且低限值宜仅用于二级以下公路。高限用于塑性指数大于7 的黏性土。

(2)石灰稳定材料的组成设计应根据表 1-3-16 的强度标准,通过试验选取最适宜于稳定的土,确定必需的或最佳的石灰剂量和混合料的最佳含水率,在需要改善混合料的物理力学性质时,还应确定掺加料的比例。

(3)采用综合稳定材料时,如水泥用量占结合料总量的 30% 以下,则按本节的技术要求进行组成设计。

(4)石灰稳定材料的各项试验应按《公路工程无机结合料稳定材料试验规程》(JTG E51—2009)进行。

2. 原材料试验

(1)在石灰稳定材料层施工前,应取所定料场中有代表性的土样进行下列试验:

①颗粒分析;

②液限和塑性指数;

③击实试验;

④碎石或砾石的压碎值;

⑤有机质含量(必要时做);

⑥硫酸盐含量(必要时做)。

(2)如碎石、碎石土、砂砾、砂砾土等的级配不好,宜先改善其级配。

(3)应检验石灰的有效钙和氧化镁含量。

3. 混合料的设计步骤

(1)按下列石灰剂量配制同一种土样、不同石灰剂量的混合料:

①做基层用:

砂砾土和碎石土:3%,4%,5%,6%,7%;

塑性指数小于 12 的黏性土:10%,12%,13%,14%,16%;

塑性指数大于 12 的黏性土:5%,7%,9%,11%,13%。

②做底基层用:

塑性指数小于 12 的黏性土:8%,10%,11%,12%,14%;

塑性指数大于 12 的黏性土:5%,7%,8%,9%,11%。

(2)确定混合料的最佳含水率和最大干(压实)密度,至少应做三个不同石灰剂量混合料的击实试验,即最小剂量、中间剂量和最大剂量,其余两个混合料的最佳含水率和最大干密度用内插法确定。

(3)按规定的压实度,分别计算不同石灰剂量的试件应有的干密度。

(4)按最佳含水率和计算得的干密度制备试件。进行强度试验时,作为平行试验的最少试件数量应不小于表 1-3-17 中的规定。

最少试件数量　　表 1-3-17

土类＼试件数量＼偏差系数	<10%	10% ~15%	15% ~20%
细粒土	6	9	
中粒土	6	9	13
粗粒土		9	13

如试验结果的偏差系数大于表中规定的值,则应重做试验,并找出原因,加以解决。如不能降低偏差系数,则应增加试件数量。

(5)试件在规定温度下保湿养生 6d,浸水 24h 后,按《公路工程无机结合料稳定材料试验规程》(JTG E51—2009)进行无侧限抗压强度试验。

(6)计算试验结果的平均值和偏差系数。

(7)根据表 1-3-16 的强度标准,选定合适的石灰剂量。此剂量试件室内试验结果的平均抗压强度面应符合公式 1-3-1 的要求:

(8)工地实际采用的石灰剂量应比室内试验确定的剂量多 0.5% ~1.0%。

采用集中厂拌法施工时,可只增加 0.5%;采用路拌法施工时,宜增加 1%。

(9)石灰稳定不含黏性土的级配碎石、未筛分碎石和级配砂砾用做高级沥青路面的基层时,碎石和砂砾的颗粒组成应符合级配碎石或未筛分碎石)或级配砾石的级配范围,并应添加黏性土。石灰和所加土的总质量与碎石或砂砾的质量比宜为 1:4 ~1:5,即碎石或砾石在混合料中的质量应不少于 80%。

(10)综合稳定材料的组成设计与上述步骤相同。

三、石灰工业废渣混合料组成设计

1. 一般规定

(1)石灰工业废渣稳定材料的 7d 浸水抗压强度应符合表 1-3-18 的规定。

二灰混合料的压实度及抗压强度标准　　表 1-3-18

层位＼公路等级	二级和二级以下公路	高速公路和一级公路
基层(MPa)	0.6 ~0.8	0.8 ~1.1[①]
底基层(MPa)	≥0.5	≥0.6

注:①设计累计标准轴次小于 12×10^6 的高速公路用低限值;设计累计标准轴次大于 12×10^6 的高速公路用中值;主要行驶重载车辆的高速公路用高限值。对于具体一条高速公路,应根据交通状况采用某一强度标准。

(2)石灰工业废渣稳定材料的组成设计应根据表1-3-18的强度标准，通过试验选取最适宜于稳定的土，确定石灰与粉煤灰或石灰与煤渣的比例，确定石灰粉或灰灰煤渣与土的质量比例，确定混合料的最佳含水率。

(3)对于CaO含量2%～6%的硅铝粉煤灰，采用石灰粉煤灰做基层或底基层时，石灰与粉煤灰的比例可以是1:2～1:9。

(4)采用二灰土做基层时或底基层时，石灰与粉煤灰的比例可用1:2～1:4(对于粉土，以1:2为宜)，石灰粉煤灰与细粒土的比例可以是30:70①～90:10。

注：①采用此比例时，石灰与粉煤灰之比宜为1:2～1:3。

(5)采用二灰级配集料做基层时，石灰与粉煤灰的比例可用1:2～1:4，石灰粉煤灰与集料的比应是20:80～15:85。

(6)采用石灰煤渣做基层或底基层时，石灰与煤渣的比例可用20:80～15:85。

(7)采用石灰煤渣土做基层或底基层时，石灰与煤渣的比例可选用1:1～1:4，石灰煤渣与细粒土的比例可以是1:1～1:4。混合料中石灰不应少于10%，或通过试验选取强度较高的配合比。

(8)采用石灰煤渣集料做基层或底基层时，石灰：煤渣：集料可选用(7～9):(26～33):(67～58)。

(9)为提高石灰工业废渣的早期强度，可外加1%～2%的水泥。

(10)各种混合料的各项试验应按《公路工程无机结合料稳定材料试验规程》(JTG E51—2009)进行。

2. 原材料的试验

在石灰工业废渣稳定材料施工前，应取有代表性的样品进行下列试验：

(1)土的颗粒分析；

(2)液限和塑性指数；

(3)石料的压碎值试验；

(4)有机质含量(必要时做)；

(5)石灰的有效钙和氧化镁含量；

(6)收集或试验粉煤灰的化学成分、细度和烧失量。

3. 混合料的设计步骤

(1)制备不同比例的石灰粉煤灰混合料(如10:90，15:85，20:80，25:75，30:70，35:65，40:60，45:55和50:50)，确定其各自的最佳含水率和最大干密度，确定同一龄期和同一压实度试件的抗压强度，选用强度最大时的石灰粉煤灰比例。

(2)根据上款所得的二灰比例，制备同一种土样的4～5种不同配合比的二灰土或二灰级配集料。其配合比宜位于本节“一般规定”第(4)条或第(5)条所列范围内。

(3)确定各种二灰土或二灰级配集料的最佳含水率和最大干密度(用重型击实试验法)。

(4)按规定达到的压实度，分别计算不同配合比时二灰土、二灰级配集料试件应有的干密度。

(5)按最佳含水率和计算得的干密度制备试件。进行强度试验时，作为平行试验的试件数量应符合表1-3-19中的规定。如试验结果的偏差系数大于表中规定的值,则应重做试验,并找出原因,加以解决。如不能降低偏差系数,则应增加试件数量。

最少试件数量　　表1-3-19

偏差系数 / 试件数量 / 土类	<10%	10%~15%	15%~20%
细粒土	6	9	
中粒土	6	9	13
粗粒土		9	13

(6)试件在规定温度下保温养生6d,浸水24h后,按《公路工程无机结合料稳定试验规程》(JTG E51—2009)进行无侧限抗压强度试验。

(7)计算试验结果的平均值和偏差系数。

(8)根据表1-3-18的强度标准,选定混合料的配合比。在此配合比下试件室内试验结果的平均抗压强度面应符合式(1-3-1)的要求。

(9)石灰煤渣混合料的设计可参照上述石灰粉煤灰混合料的设计步骤。

第三节　基层与底基层材料试验检测方法

复习要点:

1.理论计算法确定半刚性基层材料的最大干密度;顶面法测定室内抗压回弹模量的试件制作与准备。

2.EDTA滴定法的目的与适用范围;烘干法测定含水率试验目的、适用范围;无侧限抗压强度试验方法和强度要求;劈裂试验方法;承载比(CBR)试验方法;无机结合料稳定材料试件制作方法(圆柱形和梁式);确定最大干密度的试验方法;有效氧化钙和氧化镁含量测试的操作步骤。

3.EDTA滴定法的试验步骤;烘干法测定无机结合料稳定材料含水率试验步骤;无机结合料稳定材料的击实试验步骤与计算;无侧限抗压强度试验试件的制备养生;无机结合料稳定材料养生试验方法;顶面法测定室内抗压回弹模量的试验步骤。

一、水泥或石灰剂量测定方法

所谓水泥或石灰剂量是指水泥或石灰占干土重的百分率。

对于石灰稳定类,当石灰剂量较低时,石灰主要起稳定作用,土的塑性、膨胀、吸水量、聚水量减少,土的密度、强度得到稳定。随着剂量的增加,石灰土的强度和稳定性均提高。但当剂量超过一定范围,过多的石灰在土的空隙中以自由灰存在,将导致石灰土的强度下降。而对于水泥稳定类,随着水泥剂量的增加,水泥土的物理—力学性质也将显著地改善,但不存在最佳水泥剂量。过多的水泥用量,虽可获得强度增加,但经济上是不合理的。因此对于无机结合料稳定类基层与底基层,必须测定水泥或石灰的剂量。

目前测定水泥或石灰剂量的方法主要有 EDTA 滴定法、直读式测钙仪测定石灰土中石灰剂量等方法。

1. EDTA 滴定法

1)目的和使用范围

(1)本试验方法适用于在工地快速测定水泥和石灰稳定材料中水泥和石灰的剂量,并可用以检查拌和的均匀性。用于稳定的土可以是细粒土,也可以是中粒土和粗粒土。本方法不受水泥和石灰稳定材料龄期(7d 以内)的影响。

(2)本方法也可以用来测定水泥和石灰稳定材料中结合料的剂量。

2)仪器设备

(1)滴定管(酸式)50mL,1 支。

(2)滴定台,1 个。

(3)滴定管夹,1 个。

(4)大肚移液管:10mL、50mL,10 支。

(5)锥形瓶(即三角瓶):200mL,20 个。

(6)烧杯:2 000mL(或 1 000mL),1 只;300mL,10 只。

(7)容量瓶:1 000mL,1 个。

(8)搪瓷杯:容量大于 1 200mL,10 只。

(9)不锈钢棒(或粗玻璃棒),10 根。

(10)量筒:100mL 和 5mL,各 1 只;50mL,2 只。

(11)棕色广口瓶:60mL,1 只(装钙红指示剂)。

(12)电子天平:量程不小于 1 500g,感量 0.01g。

(13)秒表 1 只。

(14)表面皿:ϕ9cm,10 个。

(15)研钵:ϕ12 ~ ϕ13cm,1 个。

(16)洗耳球(1 两或 2 两):1 个。

(17)精密试纸:pH12 ~ 14。

(18)聚乙烯桶:20L(装蒸馏水和氯化铵及 EDTA 二钠标准液),3 个;5L,1 个(装氢氧化钠);5L(大口桶),10 个。

(19)毛刷、去污粉、吸水管、塑料勺、特种铅笔、厘米纸。

(20)洗瓶(塑料)500mL,1 只。

3)试剂

(1)0.1mol/m^3 乙二铵四乙酸二钠(简称 EDTA 二钠)标准液:准确称取 EDTA 二钠(分析纯)37.23g,用 40 ~ 50℃ 的无二氧化碳蒸馏水溶解,待全部溶解并冷至室温后,定容至 1 000mL。

(2)10% 氯化铵(NH_4Cl)溶液:将 500g 氯化铵(分析纯或化学纯)放在 10L 聚乙烯桶内,加蒸馏水 4 500mL,充分振荡,使氯化铵完全溶解。也可分批在 1 000mL 的烧杯内配制,然后倒入塑料桶内摇匀。

(3)1.8% 氢氧化钠(内含三乙醇胺)溶液:用电子天平称 18g 氢氧化钠(分析纯),放入洁净干燥的1 000mL烧杯中,加入1 000mL蒸馏水使其全部溶解,待溶液冷至室温后,加入2mL三乙纯胺(分析纯),搅拌均匀后储于塑料桶中。

(4)钙红指示剂:将0.2g钙试剂羟酸钠(分子式$C_{21}H_{13}N_2N_aO_7S$,分子量460.39)与20g预先在105℃烘箱中烘1h的硫酸钾混合,一起放入研钵中,研成极细粉末,储于棕色广口瓶中,以防吸潮。

4)准备标准曲线

(1)取样:取工地用石灰和土,风干后用烘干法测其含水率,水泥可假定其含水率为0%。

(2)混合料组成的计算:

①公式:

$$\text{干料质量} = \frac{\text{湿料质量}}{(1+\text{含水率})} \tag{1-3-2}$$

②计算步骤:

a. 求干混合料质量 $=\dfrac{\text{湿混合料质量}}{(1+\text{最佳含水率})}$;

b. 干土质量 $=\dfrac{\text{干混合料质量}}{(1+\text{石灰(水泥)剂量})}$;

c. 干石灰(水泥)质量 = 干混合料质量 − 干土质量;

d. 湿土质量 = 干土质量 ×(1 + 土的风干含水率);

e. 湿石灰质量 = 干石灰 ×(1 + 石灰的风干含水率);

f. 石灰土中应加入的水 = 湿混合料质量 − 湿土质量 − 湿石灰质量。

(3)准备5种试样,每种2个样品(以水泥稳定为例),如为水泥稳定中、粗粒土,每个样品取1 000g左右(如为细粒土,则可称取300g左右)准备试验。为了减少中、粗粒土的离散,宜按设计级配单份掺配的方式备料。

5种混合料的水泥剂量应为:水泥剂量为0,最佳水泥剂量左右、最佳水泥剂量±2%和+4%①,每种剂量取两个(为湿质量)试样,共10个试样,并分别放在10个大口聚乙烯桶(如为稳定细粒土,可用搪瓷杯或1 000mL具塞三角瓶;如为粗粒土,可用5L的大口聚乙烯桶)内。土的含水率应等于工地预期达到的最佳含水率,土中所加的水应与工地所用的水相同。

注:①在此,准备标准曲线的水泥课题可为0.2%、4%、6%、8%。如水泥剂量较高或较低,应保证工地实际所用水泥或石灰的剂量位于标准曲线所用剂量的中间。

(4)取一个盛有试样的盛样器,在盛样皿内加入两倍试样质量(湿料质量)体积的10%氯化铵溶液(如湿料质量为300g,则氯化铵溶液为600mL;如湿料质量为1 000g,则氯化铵溶液为2 000mL)。料为300g,则搅拌3min(每分钟搅110~120次);料为1 000g,则搅拌5min。如用1 000mL具塞三角瓶,则手握三角瓶(瓶口向上)用力振荡3min(每分钟120次±5次),以代替搅拌棒搅拌。放置沉淀10min②,然后将上部清液转移到300mL烧杯内,搅匀,加盖表面皿待测。

注:②如10min后得到的是混浊悬浮液,则应增加放置深沉时间,直到出现无明显悬浮颗粒的悬浮液为止,并记录所需的时间。以后所有该种水泥(或石灰)稳定材料的试验,均应以同一时间为准。

(5)用移液管吸取上层(液面上1~2cm)悬浮液10.0mL放入200mL的三角瓶内,用量筒量取500mL1.8%氢氧化钠(内含三乙醇胺)溶液50mL倒入三角瓶中,此时溶液pH值为12.5~13.0(可用pH12~14精密试纸检验),然后加入钙红指示剂(质量约为0.2g),摇匀,溶剂呈玫瑰红色。记录滴定管中EDTA二钠标准溶液的体积V_1,然后用EDTA二钠标准溶液滴定,边滴定边摇匀,并仔细观察溶液的颜色;在溶液颜色变为紫色时放慢滴定速度,并摇匀;直到滴定到纯蓝色为终点,记录EDTA二钠标准溶液体积V_2(以mL计,读至0.1mL)。计算V_1-V_2,即为EDTA二钠标准溶液的消耗量。

(6)对其他几个盛样皿中的试样,用同样的方法进行试验,并记录各自EDTA二钠标准溶液的耗量。

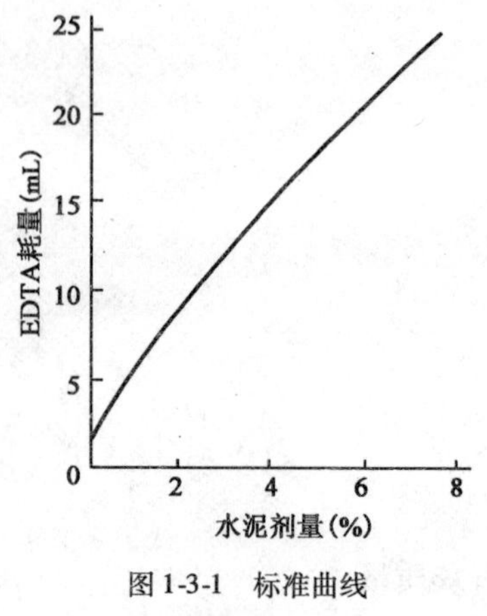

图1-3-1 标准曲线

(7)以同一水泥或石灰剂量混合料消耗EDTA二钠毫升数的平均值为纵坐标,以水泥或石灰剂量(%)为横坐标制图。两者的关系应是一根顺滑的曲线,如图1-3-1所示。如素土、水泥或石灰改变,必须重做标准曲线。

5)试验步骤

(1)选取有代表性的无机结合料稳定材料,对稳定中、粗粒土取试样约3 000g,对稳定细料土取试样约1 000g。

(2)对水泥或石灰稳定细粒土,称300g放在搪瓷杯中,用搅拌棒将结块搅散,加10%氯化铵溶液600mL;对水泥或石灰稳定中、粗粒土,可直接称取1 000g左右,放入10%氯化铵溶液2 000mL,然后如前述步骤时行试验。

(3)利用所绘制的标准曲线,根据EDTA二钠的消耗量,确定混合料中的水泥或石灰剂量(图1-3-1)。

6)注意事项

(1)每个样品搅拌的时间、速度和方式应力求相同,以增加试验的精度。

(2)做标准曲线时,如工地实际水泥剂量较大,素集料和低剂量水泥的试样可以不做,而直接用较高的剂量做试验,但应有两种剂量大于实用剂量,以及两种剂量小于实用剂量。

(3)配制的氯化铵溶液最好当天用完,不要放置过久,以免影响试验的精度。

2. 直读式测钙仪测定石灰土中石灰剂量的方法

1)目的和适用范围

本试验方法适用于测定新拌石灰土中石灰的剂量。

2)仪器设备

(1)钙离子选择性电极(PVC薄膜),1支。

(2)饱和甘汞电极,232(或330)型,1支。

(3)直读式测钙仪,1台。

(4)电子天平:量程不小于1 500g,感量0.01g;分析天平:量程不小于50g,感量0.000 1g,各1台。

(5)量筒:1 000mL、200mL、50mL,各1只。

(6)具塞三角瓶:1 000mL,10个(或搪瓷杯10个);500mL,4个。

(7)大口聚乙烯桶:5L,4个。

(8)烧杯:2 000mL,1 个;300mL,10 个;50mL,15 个。

(9)容量瓶:1 000mL,1 个。

(10)塑料瓶:10L,2 个;1 000mL,3 个;250mL,2 个。

(11)大肚移液管:100mL,1 支。

(12)干燥器:1 个。

(13)表面皿:ϕ90mm,10 个;ϕ50mm,15 个。

(14)计时器:1 只。

(15)搅拌子:20 只。

(16)电炉、石棉网,各 1 个。

(17)洗瓶:500mL,1 个。

(18)其他:吸水管,洗耳球,粗、细玻璃棒,试剂勺。

3)制备溶液

(1)10%氯化铵溶液。

将 100g 氯化铵放入大烧杯中,加蒸馏水 900mL①,搅拌均匀后,存放于塑料桶内保存。

(2)10^{-1}mol/m^3 氯化钙标准溶液。

将分析纯碳酸钙($CaCO_3$)在 180℃烘箱中烘 2h 后,取出放入干燥器内冷却 45min。用分析天平准确称取已冷却的碳酸钙 10.009g 放入 300mL 烧杯中,盖上表面皿。用少许蒸馏水润湿后,从杯口用吸水管沿杯壁逐滴滴入 1∶5 稀盐酸(18mL 盐酸加 90mL 蒸馏水)并轻摇杯子,使碳酸钙全部溶解。然后用洗瓶吹洗表面皿和杯壁,移至电炉上加热并保持微沸 5min,以驱除二氧化碳。冷却后转移至 1 000mL 容量瓶中,用蒸馏水多次沿杯壁冲洗烧杯,将冲洗的水一并倒入容量瓶中。当蒸馏水加到约 950mL 时,再用 20%氢氧化钠调至中性,使 pH 值为 7。最后用蒸馏水稀释至刻度,反复摇匀,静置后倒入 1 000mL 塑料瓶②中备用。

注①配制体积,可根据待测样品数量确定。

②装有各种溶液的塑料瓶(桶)均应贴上标签,写明浓度、溶液名称和制备日期。

(3)10^{-2}mol/m^3 氯化钙标准溶液。

用大肚移液管吸取 100mL10^{-1}mol/m^3 氯化钙标准溶液放入 1 000mL 容量瓶中,加蒸馏水稀释到刻度后,充分摇匀,转入 1 000mL 塑料瓶中备用。

(4)10^{-3}mol/m^3 氯化钙标准溶液。

用大肚移液管吸取 100mL10^{-2}mol/m^3 氯化钙标准溶液放入 1 000mL 容量瓶中,加蒸馏水稀释到刻度,充分摇匀,转入 1 000mL 塑料瓶中备用。

(5)氯化钾饱和溶液。

用感量为 0.01g 的电子天平称分析纯氯化钾(KCl)70g,放入 300mL 烧杯中,用量筒取 200mL 蒸馏水倒入烧杯内,用玻璃棒充分搅动,溶液中应留有结晶(溶液呈过饱和状态),移入塑料瓶中备用。

(6)20%氢氧化钠溶液。

用感量 0.001g 的电子天平迅速称取 40g 分析纯氢氧化钠放入 300mL 烧杯中,加入 160mL 新煮沸并已冷却的蒸馏水。用玻璃棒充分搅匀后,转入塑料瓶中备用(若用玻璃瓶装,瓶塞应改用橡胶塞,避免因久放瓶塞打不开)。

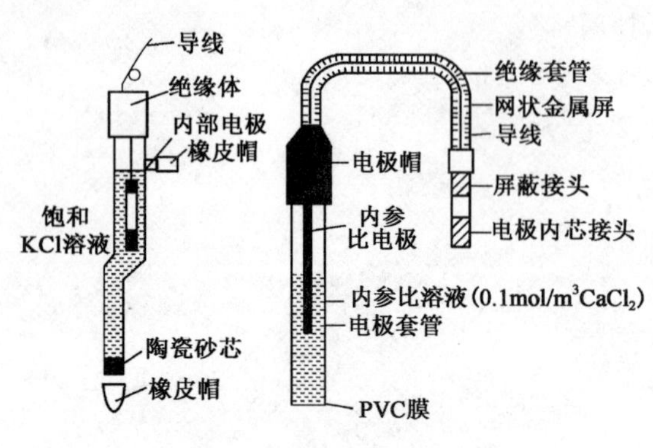

图 1-3-2　钙电极和干汞电极

4）准备仪器和电极

（1）钙电极（图 1-3-2）：在测定的前一天，应将内参比电极从套管中取出，向管中滴入 $10^{-1}mol/m^3$ 氯化钙标准溶液 15 滴左右。再将内参比电极装回管内。在每天进行测定之前，将钙电极有薄膜的一端放在 $10^{-2}mol/m^3$ 氯化钙标准溶液中浸泡 2h，使电极活化。使用前取出电极，用水冲洗并以软纸吸干电极上的水分。

（2）甘汞电极：检查内液面是否与上部加液口平，若内液面低时，拔去加液口橡皮帽并用滴管添加氯化钾饱和溶液。测定时拔去上端加液口橡皮帽和下端橡皮帽。用水冲洗并以软纸吸干水分。

（3）仪器：在测定前接通测钙仪电源，使仪器预热 20min。

5）准备石灰土标准剂量浸提液

（1）测定土和石灰的风干含水率。

（2）确定石灰土的最佳含水率。

（3）计算 6%、14% 石灰土中石灰、土和水的质量。

（4）石灰土标准剂量浸提液的制备：

用准备好的土和石灰配制 6%、14%①的石灰土标准剂量浸提液供标定仪器用。用电子天平按本条（3）中计算得的量分别称取准备好的土样和石灰，制备以上两种剂量的石灰稳定材料。石灰稳定细粒土各制备 300g 湿混合料，分别放入 1 000mL 具塞三角瓶（或搪瓷杯）中，混匀。再用量筒加入 10% 氯化铵溶液 600mL。盖紧塞子用手振荡（或用不锈钢棒搅拌）3min，保持每分钟 120 次 ±5 次。对石灰稳定中、粗粒土各制备 1 000g 湿混合料，分别放入 5L 聚乙烯桶中，混匀。再用量筒加入 10% 氯化铵溶液 2 000mL，用搅拌棒搅拌 5min。

以上溶液静置 10min 后，将上部清液用移液管转移到干燥、清洁的 500mL 具塞三角瓶中，摇匀，瓶外加贴标签，供以后标定仪器时用。

当石灰品种、土质和水质相同时，制备的 6%、14% 石灰土标准剂量浸提液可供连续标定 10d 之用。

注①可以根据设计剂量选择石灰土标准浸提液剂量的上限。如果剂量高时，标定所用剂量的上限可以是 16% 或 18% 等。此时，标定仪器过程中调节旋钮Ⅱ应使之显示 16.0 或 18.0 等。

6）标定仪器

将上述制备好的标准液分别倒出 25 ~ 30mL 于干燥、洁净的 50mL 烧杯中，各加入一只搅拌子。先将 6% 标准液放在直读式测钙仪上，待仪器开始搅拌后放入钙电极和甘汞电极（图 1-3-3），停止搅拌后，调整校正旋钮Ⅰ，使之显示 6.0，采样读数结束。将电极提起，取下 6% 标准液。用水冲洗电极并用软纸吸干电极上的水。再将装有 14% 标准液的烧杯放在直读式测钙仪上，开始搅拌后，放入

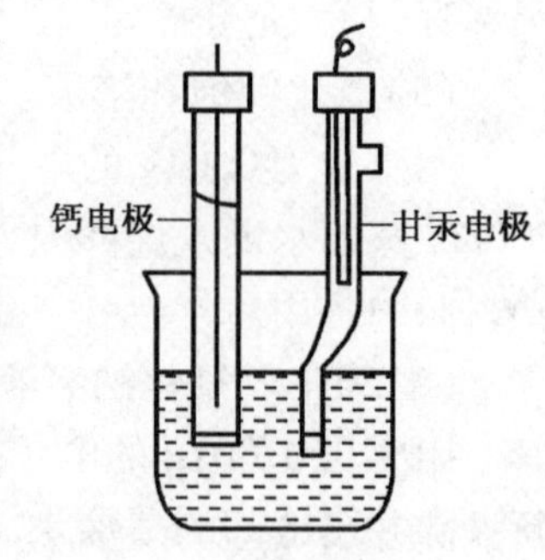

图 1-3-3　测试示意图

钙电极和甘汞。停止搅拌后，调整校正旋钮Ⅱ，使之显示 14.0。如此重复 2～3 次。每次用 6% 和 14% 标准液校正均能显示 6.0 和 14.0 时，仪器标定即完毕。

7）试验步骤

（1）从施工现场同一位置取约 3 000g 具有代表性的石灰中、粗粒土试样，石灰稳定细粒土试样约 1 000g 经进一步拌匀后备用。

（2）用感量 0.01g 的电子天平称取两份石灰稳定细粒土试样各 300g，并分别放入两个 1 000mL具塞三角瓶中，每个三角瓶中加 10% 氯化铵溶液 600mL。盖紧塞子用手振荡（或用不锈钢棒搅拌）2min，保持每分钟 120 次 ±5 次。用感量 0.01g 的电子天平称取两份石灰稳定中、粗粒土试样各 1 000g，并分别放入 5L 聚乙烯桶中，加 10% 氯化铵溶液 2 000mL，用搅拌棒搅拌 5min。

（3）静止 10min 后将 25～30mL 待测液倒入干燥、洁净的 50mL 烧杯中。加入一只搅拌子并放在直读式测钙仪上，仪器开始搅拌后，放入钙电极和甘汞电极，待停止搅拌后，仪器显示的数值即为该样品的石灰剂量。

8）注意事项

（1）在计算 6% 和 14% 混合料的组成时，应使混合料的最佳含水率与施工碾压时的最佳含水率相近。

（2）若土、石灰或水质有变化时，必须重新配置 6% 和 14%（或 16%、18%）石灰土标准剂量浸提液，并用它标定仪器。

（3）制备每个样品的浸提液时，搅拌的时间、速度和方式应力求相同。配制的氯化铵溶液当天用完，不宜放置过久。

（4）所用器具必须用水冲洗干净。

（5）每测完一个样品应用蒸馏水或自来水冲洗电极，并用软纸吸干后再测下一个样品。

（6）若进行全天测试，午间休息时可将钙电极薄膜端浸泡在 10^{-3}mol/m^3 氯化钙标准溶液中，下午测定前不必进行活化。下午测定结束后应用水冲洗电极，并用软纸将水吸干，套上橡皮帽，然后挂起干放保存，次日用前再进行活化。

（7）在连续使用时，钙电极的内参比液应每周更换一次。以保证试验的稳定性。

二、含水率试验方法

含水率对无机结合料稳定材料的强度有很大影响，当含水率过小时，其发生化学与物理化学作用不充分，不能保证土团得到最大限度的粉碎和均匀拌和，也不能保证达到最大压实度要求，因此对于无机结合料稳定类结构层，均存在一个最佳含水率。因此必须对含水率的试验方法有所了解。目前测定含水率的方法有：烘干法、砂浴法、酒精法等。

1. 烘干法

本法是测定无机结合料稳定材料含水率的标准方法。在 105℃～110℃ 的条件下烘干到恒重的稳定材料称为干稳定材料，湿稳定材料和干稳定材料的质量之差与干稳定材料的质量之比的百分率称为稳定材料的含水率。

具体试验方法同第二部分《材料》“土工试验”中含水率测试的烘干法。

2. 砂浴法

1)目的和适用范围

本方法适用于在工地快速测定无机结合料稳定材料的含水率。当土中含有大量石膏、碳酸钙或有机质时,不应使用本方法。

2)仪器设备

(1)对于稳定细粒土。

①铝盒:直径约50mm,高25~30mm。

②电子天平:量程不小于150g,感量0.01g。

③砂浴:直径约200mm、深至少25mm的砂浴1个,其中放有清洁的砂。也可以使用更大的砂浴,一次烘干几个试样。

④加热砂浴的设备1套。

⑤调土刀:刀片长100mm、宽20mm。

(2)对于稳定中粒土。

①称量1 000g以上的天平1架,感量0.1g。

②边长约200mm、深约50mm的白铁皮方盘1个。

③能放入方盘的砂浴1个,砂深至少25mm。

④加热砂浴的设备1套。

⑤刀片长100mm、宽20mm的调土刀。

⑥长200mm、宽100mm的长方盘1个。

(3)对于稳定粗粒土。

①称量3kg以上的天平1个,感量0.1g。

②边长约250mm、深50mm~70mm的白铁皮方盘1个。

③能放入方盘的砂浴1个,砂深至少25mm。

④加热砂浴的设备1套。

⑤刀片长200mm、宽30mm的调土刀。

⑥长200mm、宽100mm的长方盘1个。

3)试验步骤

(1)对于稳定细粒土,其步骤如下:

①取清洁干燥的铝盒,称其质量并精确到0.01g(m_1)。至少取30g试样,经粉碎后松放在铝盒中,盖上盒盖,称其质量并精确到0.01g(m_2)。

②取下盒盖,将盛有试样的铝盒放在正在加热的砂浴内,但需注意勿使砂浴温度太高①。在加热过程中,应该经常用调土刀搅拌试样,以促使水分蒸发。

③当加热一段时间(通常1h足够②)使试样干燥后,从砂浴中取出铝盒,盖上盒盖,并放置冷却。

④将铝盒和烘干试样称其质量并精确到0.01g(m_3)。

注:①避免稳定材料过分加热。用一张小的白纸片放在土中拌和,如纸变成焦黄色,就表示加热过分。

②烘干时间随土类、试样的数量及野外条件而变。当对某种土要大量做含水率测定

时，应使用不同的干燥时间，以确定烘干所需要的最短时间。如将试样再烘 1min 后，其质量损失不超过 0.1g（对于细粒土）、0.5g（对于粗粒土）时，即认为土已被烘干。

(2)对于稳定中粒土和粗粒土，其步骤如下：

①取清洁干燥的方盘，称其质量并精确到 0.1g(m_1)。稳定中粒土的试样至少要 300g，稳定粗粒土的试样至少要 2 000g。将试样弄碎并均匀地撒布在方盘内，称方盘和试样的合量 m_2，并精确至 0.1g。

②将方盘放在正在加热的砂浴内，应注意砂浴温度不要过高。在加热过程中，应该经常用调土刀搅拌试样，以促使水分蒸发。

③当加热一段时间（通常 1h 足够）后，从砂浴中取出方盘，并让其冷却。

④当方盘冷却后，立即称方盘和试样的合量 m_3，并确到 0.1g。

4)计算

用下式计算无机结合料稳定材料的含水率：

$$w = \frac{m_2 - m_1}{m_3 - m_1} \times 100 \tag{1-3-3}$$

式中：m_1——铝盒或方盘的质量(g)；

m_2——铝盒或方盘和湿稳定材料的合计质量(g)；

m_3——铝盒或方盘和干稳定材料的合计质量(g)。

5)报告

无机结合料稳定材料的含水率取整至 1%。

3. 酒精法

本方法适用于在工地快速测定无机结合料稳定中、细土的含水率。对于粗粒土，因为需要大量酒精，而且火大有危险，所以不宜使用本方法。如果土中含有大量黏土、石膏、石灰质或有机质，也不能使用本方法。

具体试验方法同第二篇《材料》“土工试验”中含水率测试的酒精法。

三、石灰的化学分析

各种化学组成的石灰均可用于稳定材料。通过大量的试验表明，钙石灰比镁石灰稳定材料的初期强度为高，特别是在剂量不大的情况下，但镁石灰稳定材料的后期效果并不比钙石灰差，尤其是在剂量较大时，还优于钙石灰。石灰的等级愈高（即 $CaO + MgO$ 的含量愈高）时，在同样石灰剂量下有较多的 CaO 和 MgO 起作用，因而稳定效果愈好。因此在选择石灰时必须进行学化分析。

1. 氧化钙的测定

1)目的和适用范围

本方法适用于测定各种石灰的有效氧化钙含量。

2)仪器设备

(1)方孔筛：0.15mm，1 个。

(2)烘箱：50～250℃，1 台。

(3)干燥器:ϕ25cm,1个。

(4)称量瓶:ϕ30mm×50mm,10个。

(5)瓷研钵:ϕ12~13cm,1个。

(6)分析天平:量程50g,感量0.000 1g,1台。

(7)电子天平:量程500g,感量0.01g,1台。

(8)电炉:1 500W,1个。

(9)石棉网:20cm×20cm,1块。

(10)玻璃珠:ϕ3mm,一袋(0.25kg)。

(11)具塞三角瓶:250mL,20个。

(12)漏斗:短颈,3个。

(13)塑料洗瓶,1个。

(14)塑料桶:20L,1个。

(15)下口蒸馏水瓶:5 000mL,1个。

(16)三角瓶:300mL,10个。

(17)容量瓶:250mL、1 000mL,各1个。

(18)量筒:200mL、100mL、50mL、5mL,各1个。

(19)试剂瓶:250mI、1 000mL,各5个。

(20)塑料试剂瓶:1L,1个。

(21)烧杯:50mL,5个;250mL(或300mL),10个。

(22)棕色广口瓶:60mL,4个;250mL,5个。

(23)滴瓶:60mL,3个。

(24)酸滴定管:50mL,2支。

(25)滴定台及滴定管夹,各一套。

(26)大肚移液管:25mL、50mL,各1支。

(27)表面皿:7cm,10块。

(28)玻璃棒:8mm×250mm及4mm×180mm各10支。

(29)试剂勺:5个。

(30)吸水管:8mm×150mm,5支。

(31)洗耳球:大、小各1个。

3)试剂

(1)蔗糖(分析纯)。

(2)酚酞指示剂:称取0.5g酚酞溶于50mL 95%乙醇中。

(3)0.1%甲基橙水溶液:称取0.05g甲基橙溶于50mL蒸馏水(40~50℃)中。

(4)盐酸标准溶液(相当于0.5mol/L):将42mL浓盐酸(相对密度1.19)稀释至1L,按下述方法标定其摩尔浓度后备用。

称取0.8~1.0g(精确至0.000 1g)已在180℃烘干2h的碳酸钠(优级纯或基准级),记录为m,置于250mL三角瓶中,加100mL水使其完全溶解;然后加入2~3滴0.1%甲基橙指示剂,记录滴定管中待标定盐酸标准溶液的体积V_1,用待标定的盐酸标准溶液滴定至碳酸钠溶液由黄色变为橙红色;将溶液加热至徽沸,并保持微沸3min,然后放在冷水中冷却至室温,如

此时橙红色变为黄色，再用盐酸标准溶液滴定，至溶液出现稳定橙红色时为止，记录滴定管中盐酸标准溶液的体积 V_2。V_1、V_2 的差值即为盐酸标准溶液的消耗量 V。

盐酸标准溶液的摩尔浓度①按下式计算：

$$N = Q/(V \times 0.053) \tag{1-3-4}$$

式中：N——盐酸标准溶液摩尔浓度(moL/L)；

Q——称取碳酸钠的质量(g)；

V——滴定时消耗盐酸标准溶液的体积(mL)。

4)准备试样

(1)生石灰试样：将生石灰样品打碎，使颗粒不大于1.18mm。拌和均匀后用四分法缩减至200g左右，放入瓷研钵中研细。再经四分法缩减几次至剩下20g左右。研磨所得石灰样品，使通过0.15mm的筛。从此细样中均匀挑取10余克，置于称量瓶中在105℃烘箱内烘至恒量，储于干燥器中，供试验用。

(2)消石灰试样：将消石灰样品用四分法缩减至10余克。如有大颗粒存在，须在瓷研钵中磨细至无不均匀颗粒存在为止。置于称量瓶中在105℃烘箱内烘至恒量，储于干燥器中，供试验用。

5)试验步骤

称取约0.5g(用减量法精确至0.000 1g)试样，记为 m_1，放入干燥的250mL具塞三角瓶中，取5g蔗糖覆盖在试样表面，投入干玻璃珠15粒，迅速加入新煮沸并已冷却的蒸馏水50mL，立即加塞振荡15min(如有试样结块或黏于瓶壁现象，则应重新取样)。打开瓶塞，用水冲洗瓶塞及瓶壁，加入2~3滴酚酞指示剂，记录滴定管中盐酸标准溶液体积 V_3，用已标定的约0.5mol/L盐酸标准溶液滴定(滴定速度以每秒2~3滴为宜)，至溶液的粉红色显著消失并在30s内不再复现即为终点，记录滴定管中盐酸标准溶液的体积 V_4。V_3、V_4 的差值盐酸标准溶液的消耗量 V_5。

6)计算

有效氧化钙的百分含量(X_1)按式(1-3-5)计算：

$$X_1 = \frac{V_5 \times M \times 0.028}{m_1} \times 100 \tag{1-3-5}$$

式中：V_5——滴定时消耗盐酸标准溶液的体积(mL)；

0.028——氧化钙毫克当量；

M_1——试样质量(g)；

M——盐酸标准溶液摩尔浓度(mol/L)。

7)精密度或允许误差 V

对同一石灰样品至少应做两个试样和进行两次测定，并取两次结果的平均值代表最终结果。石灰中氧化钙和有效钙含量在30%以下的允许重复性误差为0.040，30%~50%的为0.50，大于50%的为0.60。

2. 氧化镁的测定

1)目的和适用范围

本试验方法适用于测定各种石灰的总氧化镁含量。

2)仪器设备

同有效氧化钙的测定。

3)试剂

(1)1∶10 盐酸:将 1 体积盐酸(相对密度 1.19)以 10 体积蒸馏水稀释。

(2)氢氧化铵-氯化铵缓冲溶液:将 67.5g 氯化铵溶于 300mL 无二氧化碳蒸馏水中,加浓氢氧化铵(相对密度为 0.90)570mL,然后用水稀释至 1 000mL。

(3)酸性铬兰 K-萘酚绿 B(1∶2.5)混合指示剂:称取 0.3g 酸性铬兰 K 和 0.75g 萘酚绿 B 与 50g 已在 105℃烘干的硝酸钾混合研细,保存于棕色广口瓶中。

(4)EDTA 二钠标准溶液;将 10g EDTA 二钠溶于 40 ~ 50℃蒸馏水中,待全部溶解并冷至室温后,用水稀释至 1 000mL。

(5)氧化钙标准溶液:精确称取 1.784 8g 在 105℃烘干(2h)的碳酸钙(优级纯),置于 250mL 烧杯中,盖上表面皿,从杯嘴缓慢滴加 1∶10 盐酸 100mL,加热溶解,待溶液冷却后,移入 1 000mL 的容量瓶中,用新煮沸冷却后的蒸馏水稀释至刻度摇匀。此溶液每毫升的 C_a^{2+} 相当于 1mg 氧化钙的 C_a^2 含量。

(6)20% 的氢氧化钠溶液:将 20g 氢氧化钠溶于 80mL 蒸馏水中。

(7)钙指示剂:将 0.2g 钙试剂羟酸钠和 20g 已在 105℃烘干的硫酸钾混合研细,保存于棕色广口瓶中。

(8)10% 酒石酸钾钠溶液:将 10g 酒石酸钾钠溶于 90mL 蒸馏水中。

(9)三乙醇胺(1∶2)溶液:将 1 体积三乙醇胺以 2 体积蒸馏水稀释摇匀。

4)EDTA 标准溶液与氧化钙和氧化镁关系的标定

精确吸取 $V_1 = 50$mL 氧化钙标准溶液放于 300mL 三角瓶中,用水稀释至 100mL 左右,然后加入钙指示剂约 0.2g,以 20% 氢氧化钠溶液调整溶液碱度到出现酒红色,再过量加 3 ~ 4mL,然后以 EDTA 二钠标准液滴定,至溶液由酒红色变成纯蓝色时为止,记录 EDTA 二钠标准溶液体积 V_2。

EDTA 二钠标准溶液对氧化钙滴定度按式(1-3-6)计算。

$$T_{CaO} = CV_1/V_2 \tag{1-3-6}$$

式中:T_{CaO}——EDTA 标准溶液对氧化钙的滴定度,即 1mL EDTA 标准溶液相当于氧化钙的毫克数;

C——1mL 氧化钙标准溶液含有氧化钙的毫克数,等于 1;

V_1——吸取氧化钙标准溶液体积(mL);

V_2——消耗 EDTA 标准溶液体积(mL)。

EDTA 二钠标准溶液对氧化镁的滴定度(T_{MgO}),即 1mL EDTA 二钠标准液相当于氧化镁的毫克数按式(1-3-7)计算。

$$T_{MgO} = T_{CaO} \times \frac{40.31}{56.08} = 0.72T_{CaO} \tag{1-3-7}$$

5)准备试样

(1)生石灰试样:将生石灰样品打碎,使颗粒不大于 1.18mm。拌和均匀后用四分法缩减至 200g 左右,放入瓷研钵中研细。再经四分法缩减至 20g 左右。研磨所得石灰样品,通过

0.15mm(方孔筛)的筛。从此细样中均匀挑取10余克,置于称量瓶中在105℃烘箱内烘至恒量,储于干燥器中,供试验用。

(2)消石灰试样:将消石灰样品用四分法缩减至10余克。如有大颗粒存在,须在瓷研钵中磨细至无不均匀颗粒存在为止。置于称量瓶中在105℃烘箱内烘至恒量,储于干燥器中,供试验用。

6)试验步骤

称取约0.5g(精确至0.000 1g)试样,并记录为m,放入250mL烧杯中,用水湿润,加30mL 1:10盐酸,用表面皿盖住烧杯,加热至微沸并保持微沸8~10min。用水把表面皿洗净,冷却后把烧杯内的沉淀及溶液移入250mL容量瓶中,加水至刻度摇匀。待溶液沉淀后,用移液管吸取25mL溶液,放入250mL三角瓶中,加50mL水稀释后,加酒石酸钾钠溶液1mL、三乙醇胺溶液5mL,再加入铵-铵缓冲溶液10mL(此时待测溶液的pH=10)、酸性铬兰K-萘酚绿B指示剂约0.1g。记录滴定管中EDTA二钠标准溶液体积V_5,用EDTA二钠标准溶液滴定至溶液由酒红色变为纯蓝色时即为终点,记录滴定管中EDTA二钠标准溶液的体积V_6。V_5、V_6的差值即为滴定钙镁含量的EDTA标准溶液体积V_3。

再从同一容量瓶中,用移液管吸取25mL溶液,置于300mL三角瓶中,加水150mL稀释后,加三乙醇胺溶液5mL及20%氢氧化钠溶液5mL(此时待测溶液的pH≥12),放入约0.2g钙指示剂。记录滴定管中初始EDTA二钠标准溶液体积V_7,用EDTA二钠标准溶液滴定,至溶液由酒红色变为纯蓝色即为终点,记录滴定管中EDTA二钠标准溶液的体积V_8。V_7、V_8的差值即为滴定钙离子的EDTA二钠标准溶液体积V_4。

7)计算

氧化镁的百分含量(X_2)按式(1-3-8)计算:

$$X_2 = \frac{T_{MgO}(V_3 - V_4) \times 10}{m \times 1\,000} \times 100 \tag{1-3-8}$$

式中:T_{MgO}——EDTA二钠标准溶液对氧化镁的滴定度;

V_3——滴定钙、镁含量消耗EDTA二钠标准溶液体积(mL);

V_4——滴定钙消耗EDTA二钠标准溶液体积(mL);

10——总溶液对分取溶液的体积倍数;

m——试样质量(g)。

8)精密度或允许误差

对同一石灰样品至少应做两个试样和进行两次测定,读数精确至0.1mL。取两次测定结果的平均值代表最终结果。

3. 有效氧化钙和氧化镁含量的简易测定方法

1)适用范围

本试验方法适用于氧化镁含量在5%以下的低镁石灰①。

注①:氧化镁被水分解的作用缓慢,如果氧化镁含量高,到达滴定终点的时间很长,从而增加了与空气中二氧化碳的作用时间,影响测定结果。

2)仪器设备

同有效氧化钙的测定,除外(11)、(17)中的250mL、(18)中的100及50mL、(19)中的

250mL,(20)、(21)、(22)、(25)、(27)项所列仪器。

3)试剂

(1)1mol/L 盐酸标准液:取83mL(相对密度1.19)浓盐酸以蒸馏水稀释至1 000mL,溶液摩尔浓度的标定与有效氧化钙的测定所述0.5mol/L 盐酸溶液的标定方法同,但无水碳酸钠的称量应为1.5~2g。

(2)1%酚酞指示剂。

4)准备试样

生石灰试样、消石灰试样同有效氧化钙测试。

5)试验步骤

迅速称取石灰试样0.8~1.0g(精确至0.000 1g)放入300mL三角瓶中,记录试样质量 m。加入150mL新煮沸并已冷却的蒸馏水和10颗玻璃珠。瓶口上插一短颈漏斗,使用带电阻的电炉加热5min(调到最高挡),但勿使沸腾,放入冷水中迅速冷却。滴入2滴酚酞指示剂,记录滴定管中盐酸标准溶液体积 V_3,在不断摇动下以盐酸标准液滴定,控制速度为每秒2~3滴/s,至粉红色完全消失,稍停,又出现红色,继续滴入盐酸,如此重复几次,直至5min内不出现红色为止,记录滴定管中盐酸标准溶液体积 V_4。V_3、V_4 的差值即为盐酸标准溶液的消耗量 V_5。如滴定过程持续半小时以上,则结果只能作参考。

6)计算

$$(CaO + MgO)\% = \frac{V_5 \times N \times 0.028}{m} \times 100 \tag{1-3-9}$$

式中:V_5——滴定消耗盐酸标准液的体积(mL);

N——盐酸标准液的摩尔浓度;

G——样品质量(g)。

0.028——氧化钙的毫克当量。因氧化镁含量甚少,并且两者之毫克当量相差不大,故有效(CaO+MgO)%的毫克当量都以CaO的毫克当量计算。

7)精密度或允许误差

读数精确至0.1mL。对同一石灰样品至少应做两个试样和进行两次测定,并取两次测定结果的平均值代表最终结果。

四、取样方法

1.适用范围

本方法适用于无机结合料稳定材料室内试验、配合比设计以及施工过程中的质量抽检等。本方法规范了无机结合料及稳定材料的现场取样操作。

2.分料

可用下列方法之一将整个样品缩小到每个试验所需材料的合适质量。

1)四分法

(1)需要时应加清水使主样品变湿。充分拌和主样品,在一块清洁、平整、坚硬的表面上将试料堆成一个圆锥时,用铲翻动此锥体,这样重复进行3次。在形成每一个锥体堆时,铲中的料要放在锥顶,使滑到边部的那部分料尽可能分布均匀,使锥体的中心不移动。

(2)将平头铲反复交错垂直插入最后一个锥体的面部,使锥体顶变平,每次插入后,提起铲时不要带有试料。沿两个垂直的直径,将已变成平顶的锥体料堆分成四部分,尽可能使这四部分的质量相同。

(3)将对角的一对料(如一、三象限为一对,二、四象限为一对)铲到一边,将剩余的一对料铲到一块。重复上述拌和以及缩小的过程,直到达到要求的试样质量。

2)分料法

如果集料中含有粒径2.36mm以下的细料,材料应该是表面干燥的。将材料充分拌和后通过分料器,保留一部分,将另一部分再次通过分料器。这样重复进行,直到将原样品缩小到需要的质量。

3.料堆取样

在料堆的上部,中部和下部各取一份试样,混合后按四分法分料取样。

4.试验室分料

(1)目标配合比阶段各种石料应逐级筛分,然后按设定级配进行配料。

(2)生产配合比阶段可采用四分法分料,且取料总质量应大于分料取样后每份质量的4~8倍。

5.施工过程中混合料取样

(1)在进行混合料验证时,宜在摊铺机后取料,且取料应分别来源于3~4台不同的料车,然后混合到一起进行四分法取样,进行无侧限抗压强度成型及试验。

(2)在评价施工离散性时,宜在施工现场取料。应在施工现场的不同位置按随机取样原则分别取样品,对于结合料剂量还需要在同一位置的上层和下层分别取样,试样应单独成型。

五、最大干密度确定方法

1.理论计算法

常见路面基层材料有半刚性基层及粒料类基层,粒料类基层最大干密度的确定可参照粗粒土和巨粒土的振动法。半刚性基层材料按照《公路工程无机结合料稳定材料试验规程》(JTG E51—2009)执行,用标准击实法求得,但当粒料含量高时(50%以上),由于击实筒空间的限制,现行方法就不能得出真正的最大干密度。若以此为准,按施工规范要求的压实度成型,所测的强度和有关参数太小,据此进行设计,势必造成浪费。同样,如以此为准进行施工质量控制,必然要求太低,不能保证施工质量,因此,需要寻求更科学的方法。下面介绍一种确定最大干密度和最佳含水率的方法,即理论计算法。

1)石灰土、二灰稳定料

根据室内试验测得结合料的最大干密度 ρ_1 和集料的相对密度 γ,把已确定的结合料与集料的质量比换算为体积比 V_1: V_2,则混合料的最大干密度 ρ_0 为:

$$\rho_0 = V_1\rho_1 + V_2\gamma \tag{1-3-10}$$

石灰土、二灰稳定粒料的最佳含水率 w_0 是结合料的最佳含水率 w_1 和集料饱水裹覆含水率 w_2 的加权值，可按式(1-3-11)计算：

$$w_0 = w_1A + w_2B \tag{1-3-11}$$

式中：A、B——结合料和集料的质量百分比，以小数计。

饱水裹覆含水率是指把集料浸水饱和后取出，不擦去表面覆裹水时的含水率。除吸水率特大的集料外，此值对于砾石可以取3%，碎石可取4%。

2）水泥稳定粒料

此类材料的最大干密度 ρ_0 与集料的最大干密度 ρ_G 和水泥硬化后的水泥质量有关，即：

$$\rho_0 = \frac{\rho_G}{1 - \frac{(1+k)a}{100}} \tag{1-3-12}$$

式中：ρ_G——集料在振动台上的加载振动而得到的最大干密度（g/cm^3）；

a——水泥含量（%）；

k——水泥水化时水的增量，视水泥品种不同而异，一般为水泥质量的10%～25%，以小数计。

水泥加水拌均匀后，在105℃烘箱中烘干，称试验前水泥质量和烘干后硬化的水泥质量，即可求得水泥水化的水增量。

因水泥中含有水化水，故用烘箱法不能正确测出水泥稳定粒料的最佳含水率。根据对比试验，水泥稳定粒料的最佳含水率 w_0 由水泥的水化水、集料的饱水裹覆含水率和拌和水泥所需要（水灰比为0.5）三者组成，即：

$$w_0 = 0.5 + ka + w_2\left(1 - \frac{a}{100}\right) \tag{1-3-13}$$

式中：a——水泥含量（%）；

w_2——集料饱水裹覆含水率（%），同式(1-3-11)中规定；

k——水泥水化水增量，以小数计，同式(1-3-12)中规定。

2. 击实试验法

不同的无机结合料稳定材料，在不同的无机结合料剂量、不同的含水率、不同的击实功下可以达到不同的密实度，在公路工程的施工质量控制过程中，要求在一定压实功的作用下达到最大的密实度。本试验法适用于在规定的试筒内，对水泥稳定材料（在水泥水化前）、石灰稳定材料及石灰（或水泥）粉煤灰稳定材料进行击实试验，以绘制稳定材料的含水率-干密度关系曲线，从而确定其最佳含水率和最大干密度。

1）目的和适用范围

（1）本方法适用于在规定的试筒内，对水泥稳定材料（在水泥水化前）、石灰稳定材料及石灰（或水泥）粉煤灰稳定材料进行击实试验，以绘制稳定材料的含水率—干密度关系曲线，从而确定其最佳含水率和最大干密度。

（2）试验集料的公称最大粒径宜控制在37.5mm以内（方孔筛）。

（3）试验方法类别。本试验方法分三类，各类击实方法的主要参数列于表1-3-20。

试验方法类别 表 1-3-20

类别	锤的质量(kg)	锤击面直径(cm)	落高(cm)	试筒尺寸			锤击层数	每层锤击次数	平均单位击实功(J)	容许最大粒径(mm)
				内径(cm)	高(cm)	容积(cm^3)				
甲	4.5	5.0	45	10	12.7	997	5	27	2.687	19.0
乙	4.5	5.0	45	15.2	12.7	2 177	5	59	2.687	19.0
丙	4.5	5.0	45	15.2	12.7	2 177	3	98	2.677	37.5

2)仪器设备

(1)击实筒:小型,内径100mm、高127mm的金属圆筒,套环高50mm,底座;大型,内径152mm、高170mm的金属圆筒,套环高50mm,直径151mm和高50mm的筒内垫块,底座。

(2)多功能自控电动击实仪:击锤的底面直径50mm,总质量4.5kg。击锤在导管内的总行程为450mm。可设置击实次数,并保证击锤自由垂直落下,落高应为450mm,锤迹均匀分布于试样面。

(3)电子天平:量程4 000g,感量0.01g。

(4)电子天平:称量15kg,感量0.1g。

(5)方孔筛:孔径53mm、37.5mm、26.5mm、19mm、4.75mm、2.36mm标准筛各1个。

(6)量筒:50mL、100mL和500mL的量筒各1个。

(7)直刮刀:长200~250mm、宽30mm和厚3mm,一侧开口的直刮刀,用以刮平和修饰粒料大试件的表面。

(8)刮土刀:长150~200mm、宽约20mm的刮刀,用以刮平和修饰小试件的表面。

(9)工字型刮平尺:30mm×50mm×310mm,上下两面和侧面均刨平。

(10)拌和工具:约400mm×600mm×70mm的长方形金属盘,拌和用平头小铲等。

(11)脱模器。

(12)测定含水率用的铝盒、烘箱等其他用具。

(13)游标卡尺。

3)试料准备

将具有代表性的风干试料(必要时,也可以在50℃烘箱内烘干)用木锤捣碎或用木碾碾碎。土团均应破碎到能通过4.75mm的筛孔。但应注意不使粒料的单个颗粒破碎或不使其破碎程度超过施工中拌和机械的破碎率。

如试料是细粒土,将已捣碎的具有代表性的土过4.75mm筛备用(用甲法或乙法做试验)。

如试料中含有粒径大于4.75mm的颗粒,则先将试料过19mm的筛,如存留在筛孔19mm筛的颗粒的含量不超过10%,则过26.5mm的筛,留作备用(用甲法或乙法做试验)。

如试料中粒径大于19mm的颗粒含量超过10%,则将试料过37.5mm的筛;如果存留在37.5mm筛上的颗粒含量不超过10%,则过53mm筛备用(用丙法试验)。

每次筛分后,均应记录超尺寸颗粒的百分率 P。

在预定做击实试验的前一天,取有代表性的试料测定其风干含水率。对于细粒土,试样应不少于100g;对于中粒土(粒径小于25mm的各种集料),试样应不少于1 000g;对于粗粒土的各种集料,试样应不少于2 000g。

试验前用游标卡尺准确测量试模的内径、高和垫块的厚度，以计算试筒的容积。

4）试验步骤

（1）甲法

①将已筛分的试样用四分法逐次分小，至最后取出约10～15kg试料。再用四分法将已取出的试料分成5～6份，每份试料的干质量为2.0kg（对于细粒土）或2.5kg（对于各种中粒土）。

②预定5～6个不同含水率，依次相差0.5%～1.5%①，且其中至少有两个大于和两个小于最佳含水率。

注：①对于中、粗粒土，在最佳含水率附近取0.5%，其余取1%。对于细粒土，取1%，但对于黏土，特别是重黏土，可能需要取2%。

③按预定含水率制备试样。将1份试料平铺于金属盘内，将事先计算得的该份试料中应加的水量均匀地喷洒在试料上，用小铲将试料充分拌和到均匀状态（如为石灰稳定材料、石灰粉煤灰综合稳定材料、水泥粉煤灰综合稳定材料和水泥、石灰综合稳定材料，可将石灰、粉煤灰和试料一起拌匀），然后装入密闭容器或塑料口袋内浸润备用。

浸润时间：黏性土12～24h，粉性土6～8h，砂性土、砂砾土、红土砂砾、级配砂砾等可以缩短到4h左右，含土很少的未筛分碎石、砂砾和砂可缩短到2h。浸润时间一般不超过24h。

应加水量可按式（1-3-14）计算：

$$Q_W = \left(\frac{Q_n}{1+0.01w_n} + \frac{Q_c}{1+0.01w_c}\right) \times 0.01w - \frac{Q_n}{1+0.01w_n} \times 0.01w_n - \frac{Q_c}{1+0.01w_c} \times 0.01w_c \tag{1-3-14}$$

式中：Q_w——混合料中应加的水量（g）；

Q_n——混合料中素土（或集料）的质量（g），其原始含水率为w_n，即风干含水率（%）；

Q_c——混合料中水泥或石灰的质量（g），其原始含水率为w_c（%）；

w——要求达到的混合料的含水率（%）。

④将所需要的稳定剂水泥加到浸润后的试料中，并用小铲、泥刀或其他工具充分拌和到均匀状态。水泥应在土样击实前逐个加入。加有水泥的试样拌和后，应在1h内完成下述击实试验，拌和后超过1h的试样，应予作废（石灰稳定材料和石灰粉煤灰稳定材料除外）。

⑤试筒套环与击实底板应紧密联结。将击实筒放在坚实地面上，取制备好的试样（仍用四分法）400～500g（其量应使击实后的试样等于或略高于筒高的1/5）倒入筒内，整平其表面并稍加压紧，然后将其安装到多功能自控电动击实仪上，设定所需锤击次数，进行第一层试样的击实。第一层击实完后，检查该层高度是否合适，以便调整以后几层的试样用量。用刮土刀或螺丝刀将已击实层的表面“拉毛”，然后重复上述做法，进行其余四层试样的击实。最后一层试样击实后，试样超出试筒顶的高度不得大于6mm，超出高度过大的试件应该作废。

⑥用刮土刀沿套环内壁削挖（使试样与套环脱离）后，扭动并取下套环。齐筒顶细心刮平试样，并拆除底板。如试样底面略突出筒外或有孔洞，则应细心刮平或修补。最后用工字型刮平尺齐筒顶和筒底将试样刮平。擦净试筒的外壁，称其质量m_1。

⑦用脱模器推出筒内试样。从试样内部从上到下取两个有代表性的样品（可将脱出试件用锤打碎后，用四分法采取），测定其含水率，计算至0.1%。两个试样的含水率的差值不得大

于1%。所取样品的数量见表1-3-21(如只取一个样品测定含水率,则样品的质量应为表列数值的两倍)。擦净试筒,称其质量 m_2。

测稳定材料含水率的样品数量　　表1-3-21

公称最大粒径(mm)	样品质量(g)	公称最大粒径(mm)	样品质量(g)
2.36	约50	37.5	约500
19	约100		

烘箱的温度应事先调整到110℃左右,以使放入的试样能立即在105～110℃的温度下烘干。

⑧按第③～第⑦项的步骤进行其余含水率下稳定材料的击实和测定工作。

凡已用过的试样,一律不再重复使用。

(2)乙法

在缺乏内径10cm的试筒时,以及在需要与承载比等试验结合起来进行时,采用乙法进行击实试验。本法更适宜于公称最大粒径达19mm的集料。

①将已过筛的试料用四分法逐次分小,至最后取出约30kg试料。再用四分法将取出的试料分成5～6份,每份试料的干重约为4.4kg(细粒土)或5.5kg(中粒土)。

②以下各步的做法与甲法第②～第⑧项相同,但应该先将垫块放入筒内底板上,然后加料并击实。所不同的是,每层需取制备好的试样约900g(对于水泥或石灰稳定细粒土)或1 100g(对于稳定中粒土),每层的锤击次数为59次。

(3)丙法

①将已过筛的试料用四分法逐次分小,至最后取出约33kg试料。再用四分法将取出的试料分成6份(至少要5份),每份重约5.5kg(风干质量)。

②预定5～6个不同含水率,依次相差0.5%～1.5%。在估计的最佳含水率左右可只差0.5%～1%。

③同甲法第③项。

④同甲法第④项。

⑤将试筒、套环与夯击底板紧密地联结在一起,并将垫块放在筒内底板上。击实筒应放在坚实(最好是水泥混凝土)地面上;取制备好的试样1.8kg左右(其量应使击实后的试样略高于(高出1～2mm)筒高的1/3)倒入筒内,整平其表面,并稍加压紧。然后将其安装到多功能自控电动击实仪上,设定所需锤击次数,进行第一层试样的击实。击实时,击锤应自由铅直落下,落高应为45cm,锤迹必须均匀分布于试样面。第1层击实完后检查该层的高度是否合适,以便调整以后两层的试样用量。用刮土刀或改锥将已击实的表面"拉毛",然后重复上述做法,进行其余两层试样的击实。最后一层试样击实后,试样超出试筒顶的高度不得大于6mm。超出高度过大的试件应该作废。

⑥用刮土刀沿套环内壁削挖(使试样与套环脱离)后,扭动并取下套环。齐筒顶细心刮平试样,并拆除底板,取走垫块。擦净试筒的外壁,称重 Q_1。

⑦用脱模器推出筒内试样。从试样内部从上到下取两个有代表性的样品(可将脱出试件用锤打碎后,用四分法采取),测定其含水率,计算至0.1%。两个试样的含水率的差值不得大于1%。所取样品的数量应不少于700g,如只取一个样品测定含水率,则样品的数量应不少于

1 400g。烘箱的温度应事先调整到110℃左右，以使放入的试样能立即在105～110℃的温度下烘干。擦净试筒的外壁，称重Q_2。

⑧按第③～第⑦项进行其余含水率下稳定材料的击实和测定。凡已用过的试料，一律不再重复使用。

5）计算及制图

（1）按式（1-3-15）计算每次击实后稳定材料的湿密度：

$$\rho_W = \frac{Q_1 - Q_2}{V} \tag{1-3-15}$$

式中：ρ_w——稳定材料的湿密度（g/cm^3）；

Q_1——试筒与湿试样的合质量（g）；

Q_2——试筒的质量（g）；

V——试筒的容积（cm^3）。

（2）按式（1-3-16）计算每次击实后稳定材料的干密度：

$$\rho_d = \frac{\rho_W}{1 + 0.01w} \tag{1-3-16}$$

式中：ρ_d——试样的干密度（g/cm^3）；

w——试样的含水率（%）。

以干密度为纵坐标，以含水率为横坐标，曲线必须是凸形的，如试验点不足以连成完整的凸形曲线，则应该进行补充试验。将试验各点采用二次曲线方法拟合曲线，曲线顶点的纵横坐标分别为稳定材料的最大干密度和最佳含水率。最大干密度用两位小数表示。如最佳含水率的值在12%以上，则用整数表示（即精确到1%）；如最佳含水率的值在6%～12%，则用一位小数“0”或“5”表示（即精确到0.5%）；如最佳含水率的值小于6%，则取一位小数，并用偶数表示（即精确到0.2%）。

（3）超尺寸颗粒的校正。

当试详中大于规定最大粒径的超尺寸颗粒的含量为5%～30%时，按式（1-3-17）对试验所得最大干密度和最佳含水率进行校正（超尺寸颗粒的含量小于5%时，可以不进行校正）①。

最大干密度按式（1-3-17）校正：

$$\rho'_{dm} = \rho_{dm}(1 - 0.01p) + 0.9 \times 0.01pG'_\alpha \tag{1-3-17}$$

式中：ρ'_{dm}——校正后的最大干密度（g/cm^3）；

ρ_{dm}——试验所得的最大干密度（g/cm^3）；

p——试样中超尺寸颗粒的百分率（%）；

G'_α——超尺寸颗粒的毛体积相对密度。

计算精确至0.01g/cm^3。

注①超尺寸颗粒的含量小于5%时，它对最大干密度的影响位于平行试验的误差范围内。

最佳含水率按式（1-3-18）校正：

$$w'_0 = w_0(1 - 0.01P) + 0.01Pw_\alpha \tag{1-3-18}$$

式中：w_0'——校正后的最佳含水率（%）；

w_o——试验所得的最佳含水率（%）；

p——试样中超尺寸颗粒的百分率（%）；

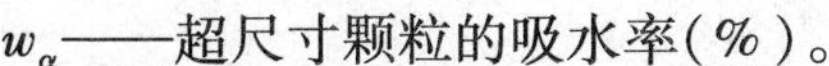

w_{α}——超尺寸颗粒的吸水率(%)。

6)精密度或允许误差

应做两次平行试验,取两次试验的平均值作为最大干密度和最佳含水率。两次试验最大干密度的差不应超过0.05g/cm^3(稳定细粒土)和0.08g/cm^3(稳定中粒土和粗粒土),最佳含水率的差不应超过0.5%(最佳含水率小于10%)和1.0%(最佳含水率大于10%)。

7)报告

报告应包括以下内容:

试样的最大粒径、超尺寸颗粒的百分率;

无机结合料类型及剂量;

所用试验方法类别;

最大干密度(g/cm^3);

最佳含水率(%)并附击实曲线。

3.振动压实试验方法

1)适用范围

本方法适用于在室内对水泥、石灰、石灰粉煤灰稳定粒料土基层材料进行振动压实试验,以确定这些材料在振动压实条件下的含水率-干密度曲线,确定其最佳含水率和最大干密度。

2)仪器设备

(1)钢模:内径152mm、高170mm、壁厚10mm;钢模套环:内径152mm、高50mm、壁厚10mm;筒内垫块:直径151mm、厚20mm;钢模底板:直径300mm、厚10mm。以上各部件如图1-3-4所示,可用螺栓固定成一体。

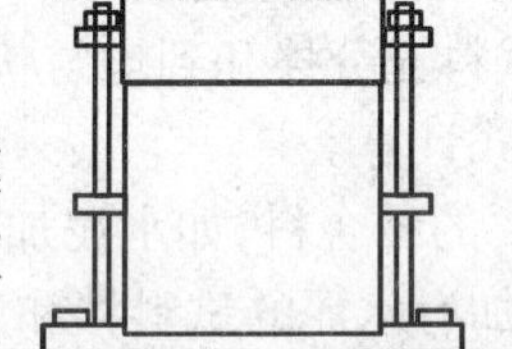

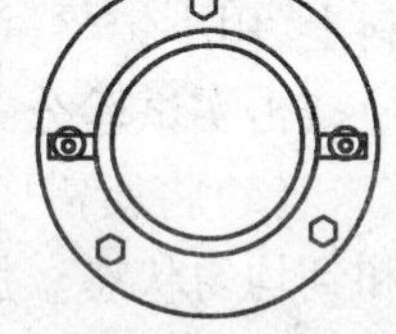

图1-3-4　钢模、钢模套环及钢模底板示意图

(2)振动压实机:如图1-3-5所示配有直径150mm的压头,静压力、激振力和频率可调。

(3)电子天平:量程15kg,感量0.1g;量程4 000g,感量0.01g。

(4)方孔筛:孔径37.5mm、31.5mm、26.5mm、19mm、9.5mm、4.75mm、2.36mm、0.6mm以及0.075mm标准筛各1个。

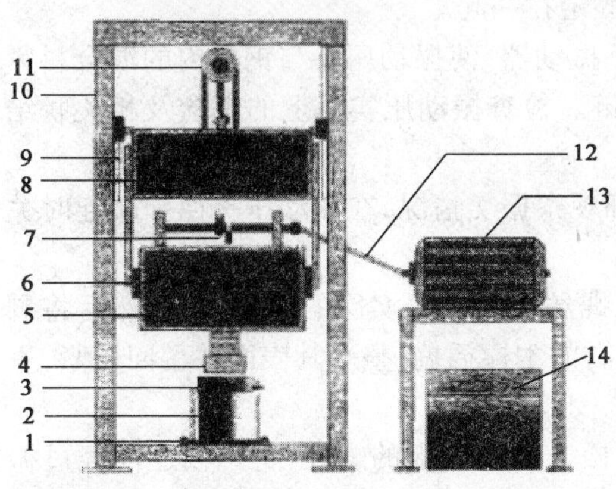

图1-3-5　振动压实机示意图

1-钢模底盘;2-钢模;3-钢模套环;4-压头;5-下车系统;6-减振块;7-偏心块;8-上车系统;9-导向柱;10-机架;11-手动葫芦;12-传动轴;13-电动机;14-变频器

(5)量筒:50mL、100mL和500mL的量筒各1个。

(6)直刮刀:长200~250mm、宽30mm、厚3mm,一侧开口的直刮刀,用以刮平和修饰粒料大试件的表面。

(7)工字形刮平尺:30mm×50mm×310mm,上下两面和侧面均刨平。

(8)拌和工具:约400mm×600mm×70mm的长方形金属盘、拌和用平头小铲等。

(9)脱模器。

(10)测定含水率用的铝盒、烘箱等其他用具。

(11)用于固紧试模螺栓的扳手、钳子,用于调节偏心块夹角的小榔头等。

3）试验准备

（1）对集料进行筛分，按预定级配配好集料。如果集料的最大公称粒径不大于37.5mm，则直接备料；如果大于37.5mm的粒径含量超过10%，则过37.5mm筛备用，筛分后记录超尺寸颗粒的百分率。

（2）在预定做击实试验的前一天，取有代表性的试料测定其风干含水率。对于细料，试样应不少于100g；对于中粒料，试样应不少于1 000g；对于粗粒料，试样应不少于2 000g。同时测定石灰和水泥的含水率。

4）试验步骤

（1）调节振动压实机上下车的配重块数、偏心块夹角和变频器的频率。对无机结合料稳定粒料一般选用面压力约为0.1MPa，激振力约6 800N，振动频率为28～30Hz的振实条件。

（2）将准备好的各种粗、细集料按照预定的混合料级配配制5～6份，每份试料的干质量为5.5～6.5kg。

（3）预定5～6个不同含水率，依次相差1%～2%，且其中至少有两个大于和两个小于最佳含水率。

（4）按预定含水率制备试样

将一份试料平铺于金属盘内，将事先计算得到的该份试料中应加的水量均匀地喷洒在试料上，用小铲将试料充分拌和到均匀状态，然后装入密闭容器或塑料口袋内浸润备用。应加水量按击实试验公式计算。

（5）将所需要的结合料，如水泥加到浸润后的试料中，并用小铲、泥刀或其他工具充分拌和到均匀状态。加有水泥的试料拌和后，应在1h内完成振实试验。拌和后超过1h的试样，应予以作废（石灰稳定和石灰粉煤灰稳定除外）。

（6）净增将钢模套环、钢模及钢模底板紧密联结，然后将其放在坚实地面上。将拌和好的混合料按四分法分成4份，将对角的2份依次倒入筒内，一边倒一边用直径2cm左右的木棒插捣。混合料应分两次装完，整平其表面并稍加压紧，然后将钢模连同混合料放在振动压实机的钢模底板上，用螺栓将钢模底板与振动压实机底板固定在一起。

（7）将振动压头对准钢模后，拉动手动葫芦放下振动器，使振动压头与钢模内的混合料紧密接触，然后取下手动葫芦吊钩，放好手动葫芦拉链。检查振动压实机上的螺栓及相关联结处，确定没有任何物品放在振动压实机上。

（8）启动振动压实机开关，开始振动压实。仔细观察振实情况，在振动压头回弹跳起时关闭机器，记下振动压实时间。

（9）用手动葫芦拉起振动压实头。用刮土刀或螺丝刀将已振实层的表面拉毛，然后将剩下的混合料加入试模中，一边倒一边用直径2cm左右的木棒插捣，整平其表面并稍回压紧，重复上述振动试验。

（10）振动完毕后，用手动葫芦拉起振动压头。松开钢模底板的螺栓，将钢模连同经过振实的混合料一起卸下。用刮土刀沿套环内壁稍稍挖松振实后的混合料，以便使混合料与套环脱离，松开螺栓后小心拨动并取下钢模套环，然后检查钢模内振实后的材料高度是否合适。经过振实的混合料不能低于钢模的边缘，同时，振实后混合料也不能高出钢模边缘10mm，否则作废。

（11）齐钢模顶用刮土刀仔细刮平混合料，如混合料顶面略突出筒外或有孔洞，则应仔细

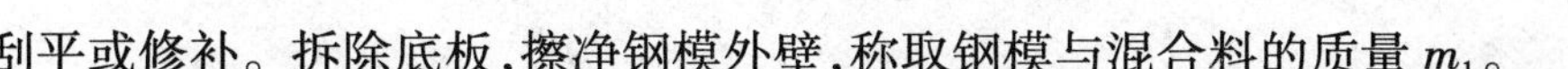

刮平或修补。拆除底板,擦净钢模外壁,称取钢模与混合料的质量 m_1。

(12)用脱模器推出钢模内混合料。用锤将经过振实的混合料打碎后,从其中心部分取 2 000 ~2 500g 的混合料,装入金属盆中。将金属盆连同混合料一起放入 100℃的烘箱中烘干 12h,测定其含水率,并计算相应的干密度。擦净试筒,称其质量 m_2。

5)计算(按击实试验相关公式)

(1)计算每次击实后稳定材料的湿密度。

(2)计算每次击实后稳定材料的干密度。

(3)制图。

①以干密度为纵坐标、含水率为横坐标,在普通直角坐标纸上绘制干密度-含水率关系曲线。凸形曲线顶点的纵横坐标分别为稳定材料的最大干密度和最佳含水率。

②如试验点不足以连成完整的驼峰形曲线,则应该进行补充试验。

③按上述方法测定并计算不同含水率下的试件的干密度,绘制干密度-含水率关系曲线。确定最佳含水率、最大干密度和最佳压实状态下的振动压实时间。

6)结果整理

(1)混合料密度计算应保留小数点后 3 位有效数字,含水率应保留小数点后 1 位有效数字。

(2)应做两次平行试验,两次试验最大干密度的差不应超过 0.05g/cm^3(稳定细粒土)和 0.08g/cm^3(稳定中粒土和粗粒土),最佳含水率的差不应超过 0.5%(最佳含水率小于 10%)和 1.0%(最佳含水率大于 10%)。

7)报告

(1)试样的最大粒径、超尺寸颗粒的百分率。

(2)水泥的种类和强度等级,或石灰中有效氧化钙和氧化镁的含量(%)。

(3)无机结合料类型及剂量。

(4)所用振动压实机的各参数。

(5)最大干密度(g/cm^3)。

(6)最佳含水率(%),并附振实曲线。

六、试件制作方法

1. 圆柱形试件制作方法

1)适用范围

本方法适用于无机结合料稳定材料的无侧限抗压强度、间接抗拉强度、室内抗压回弹模量、动态模、劈裂模量等试验的圆柱形试件。

2)仪器设备

(1)方孔筛:孔径 53mm、37.5mm、31.5mm、26.5mm、4.75mm、2.36mm 的标准筛各 1 个。

(2)试模:细粒土,试模的直径 × 高 = 50mm × 50mm;中粒土,试模的直径 × 高 = 100mm × 100mm;粗粒土,试模的直径 × 高 = 150mm × 150mm。适用于下列不同土的试模尺寸如图 1-3-6 所示。

注:H11/C10 表示垫块和试模的配合精度

(3)电动脱模器。

(4)反力架:反力为400kN以上。

(5)液压千斤顶:200 ~1 000kN。

(6)钢板尺:量程200mm或300mm,最小刻度1mm。

(7)游标卡尺:量程200mm或300mm。

(8)电子天平:量程15kg,感量0.1g,量程4 000g,感量0.01g。

(9)压力试验机:可替代千斤顶和反力架,量程式不小于2 000kN,行程式、速度可调。

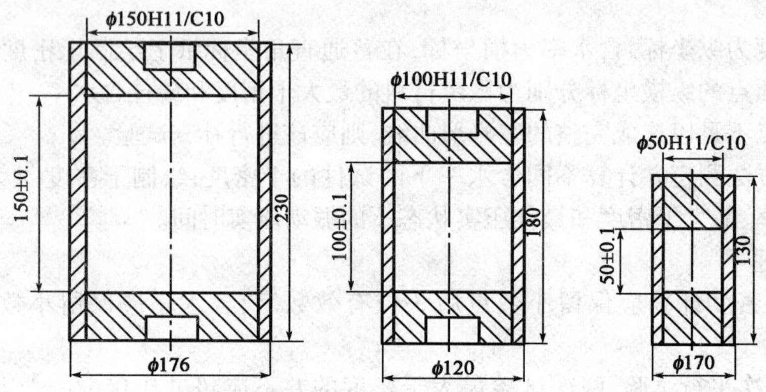

图1-3-6　圆柱形试件和垫块设计尺寸(尺寸单位:mm)

3)试验准备

(1)试件的径高比一般为1∶1,根据需要也可成型1∶1.5或1∶2的试件。试件的成型根据需要的压实度水平,按照体积标准,采用静力压实法制备。

(2)将具有代表性的风干试料(必要时,可以在50℃烘箱内烘干),用木锤捣碎或用木碾碾碎,但应避免破坏粒料的原粒径。按公称最大粒径的大一级筛,将土过筛并进行分类。

(3)在预定做试验的前一天,取有代表性的试料测定其风干含水率。对于细粒土,试们应不少于100g;对于中粒土,试样应不少于1 000g;对于粗粒土,试样应不少于2 000g。

(4)按《公路工程无机结合料稳定材料试验规程》(JTG E51—2009)中T 0804—94确定无机结合料混合料的最佳含水率和最大干密度。

(5)根据击实结果,称取一定质量的风干土,其质量随试件大小而变。对于直径50mm×50mm的试件,一个试件需干土180 ~210g,对于直径100mm×100mm的试件,一个试件需干土1 700 ~1 900g,对于直径150mm×150mm的试件,一个试件需干土5 700 ~6 000g。

对于细粒土,可以一次称取6个试件的土,对于中粒土,可以一次称取1个试件的土;对于粗粒土,一次只称取1个试件的土。

(6)将准备好的试料分别装入塑料袋中备用。

4)试验步骤

(1)调试成型所需要的各种设备,检查是否运行正常;将成型用的模具擦拭干净,并涂抹机油。成型中、粗粒土时,试模筒的数量应与每组试件的个数相配套。上下垫块应与试模筒相配套,上下垫块能够刚好放入试筒内上下自由移动(一般来说,上下垫块直径比试筒内径小约0.2mm)且上下垫块完全放入试筒后,试筒未被上下垫块占用的空间体积能满足径高比为1∶1的设计要求。

(2)对于无机结合料稳定细粒土,至少应该制6个试件;对于无机结合料稳定中粒土和粗粒土,至少分别应该制9个和13个试件。

(3)根据击实结果和无机结合料的配合比按式(1-3-32)和式(1-3-25)计算每份料的加水量、无机结合料的质量。

(4)将称好的土放在长方盘(约400mm×600mm×70mm)内。向土中加水拌料、闷料。石灰稳定材料、水泥和石灰综合稳定材料、石灰粉煤灰综合稳定材料、水泥粉煤灰综合稳定材料,可将石灰或粉煤灰和土一起拌和,将拌和均匀后的试料放在密闭容器或塑料袋(封口)内浸润备用。

对于细粒土(特别是黏性土),浸润时的含水率应比最佳含水率小3%;对于中粒土和粗粒土,可按最佳含水率加水;对于水泥稳定类材料,加水量应比最佳含水率小1%~2%。

浸润时间:黏性土12~24h,粉性土6~8h,砂性土、砂砾土、红土砂砾、级配砂砾等可以缩短到4h左右,含土很少的未筛分碎石、砂砾及砂可以缩短到2h。浸润时间一般不超过24h。

(5)在试件成型前1h内,加入预定数量的水泥并拌和均匀。在拌和过程中,应将预留的水(对于细粒土为3%,水泥稳定类为1%~2%)加入土中,使混合料的含水率达到最佳含水率。拌和均匀的加有水泥的混合料应在1h内按下述方法制成试件,超过1h的混合料应该作废。其他结合料稳定材料的混合料虽不受此限,但也应尽快制成试件。

(6)将试模配套的下垫块放入试模的下部,但外露2cm左右。将称量的规定数量的稳定材料混合料m_1(g)分2~3次灌入试模中,每次灌入后用夯棒轻轻均匀插实。如制的是50mm×50mm的小试件,则可以将混合料一次倒入试模中,然后将与试模配套的上垫块放入试模内,应使其外露2cm左右(即上下垫块露出试模外的部分应该相等)。

(7)将整个试模(连同上、下垫块)放到反力框架内的千斤顶上(千斤顶下应放一扁球座)或压力机上,以1mm/min的加载速率加压,直到上下压柱都压入试模为止。维持压力2min。

(8)解除压力后,取下试模,并放到脱模器上将试件顶出。用水泥稳定有黏结性的材料(如黏性土)时,制件后可以立即脱模;用水泥稳定无黏结性细粒土时,最好过2~4h再脱模;对于中、粗粒土的无机结合料稳定材料,也最好过2~6h脱模。

(9)在脱模器上取试件时,应用双手抱住试件侧面的中下部,然后沿水平方向轻轻旋转,待感觉到试件移动后,再将试件轻轻捧起,放置到试验台上。切勿直接将试件向上捧起。

(10)称试件的质量m_2,小试件准确到0.01g;中试件准确到0.01g,大试件准确到0.1g。然后用游标卡尺量试件的高度h,准确到0.1mm。检查试件的高度和质量,不满足成型标准的试件作为废件。

(11)试件称量后应立即放在塑料袋中封闭,并用潮湿的毛巾覆盖,移放至养生室。

5)计算

单个试件的标准质量:

$$m_0 = V \times \rho_{max} \times (1 + w_{opt}) \times \gamma \tag{1-3-19}$$

考虑到试件成型过程中的质量损耗,实际操作过程中每个试件的质量可增加0~2%。即:

$$m_0' = m_0 \times (1 + \delta) \tag{1-3-20}$$

每个试件的干料(包括干土和无机结合料)总质量:

$$m_1 = m_0' / (1 + w_{opt}) \tag{1-3-21}$$

每个试件中的无机结合料质量:

外掺法 $m_2 = m_1 \times \alpha/(1+\alpha)$ (1-3-22)

内掺法 $m_2 = m_1 \times \alpha$ (1-3-23)

每个试件中的干土质量：

$$m_3 = m_1 - m_2 \tag{1-3-24}$$

每个试件中的加水量：

$$m_w = (m_2 + m_3) \times w_{opt} \tag{1-3-25}$$

验算：

$$m'_0 = m_2 + m_3 + m_w \tag{1-3-26}$$

式中：V——试件体积（cm^3）；

w_{opt}——混合料最佳含水率；

ρ_{max}——混合料最大干密度（g/cm^3）；

γ——混合料压实度标准（%）；

m_0、m_0'——混合料质量（g）；

m_1——干混合料质量（g）；

m_2——无机结合料质量（g）；

m_3——干土质量（g）；

δ——计算混合料质量的冗余量（%）；

α——无机结合料的掺量（%）；

m_w——加水量（g）。

6）结果整理

（1）小试件的高度误差范围应为 -0.1~0.1cm，，中试件的高度误差范围应为 -0.1~0.15cm，大试件的高度误差应为 -0.1~0.2cm。

（2）质量损失：小试件应不超过标准质量 5g，中试件应不超过 25g，大试件应不超过 50g。

2. 梁式试件制作方法

1）适用范围

本方法适用于无机结合料稳定材料的抗弯拉强度、干缩试验、温缩试验、疲劳试验、弯拉模量等试验的梁式试件的成型。

2）仪器设备

（1）方孔筛：孔径 53mm、37.5mm、31.5mm、26.5mm、4.75mm 和 2.36mm 的筛各 1 个。

（2）试模：内壁尺寸 50mm×50mm×200mm、100mm×100mm×400mm（图 1-3-7）或 150mm×150mm×550mm。铸铁制成；内表面磨光，拆装方便。内部尺寸允许偏差为：棱边长度不超过 1mm，直角不超过 0.5°。模板应有足够的刚度，在加压振动作用下，不易变形，带有与试件面积相同的上、下压块（图 1-3-8），厚约 5cm。

（3）压力试验机：可替代千斤顶和反力架，量程不小于 2 000kN，行程速度可调。

（4）钢板尺：量程应满足测量长度的要求，最小刻度 1mm。

（5）游标卡尺：量程 200mm。

（6）电子天平：量程 15kg，感量 0.1g；量程4 000g，感量 0.01。

（7）台秤：量程 50kg，感量 5g。

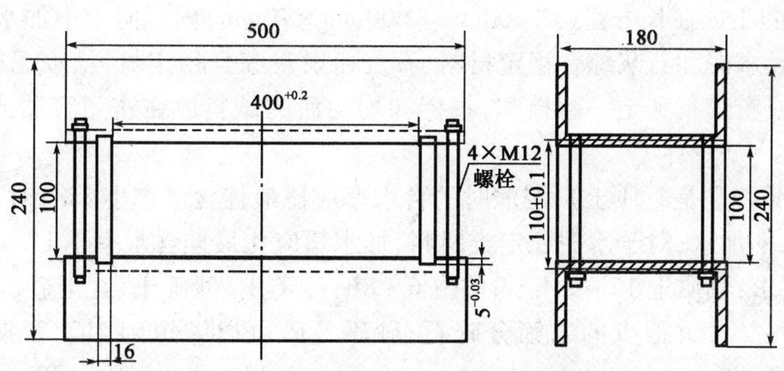

图 1-3-7　中梁试模的外模尺寸及要求(尺寸单位:mm)

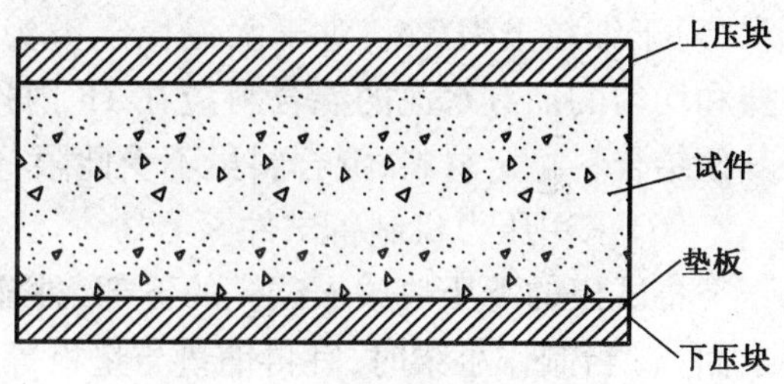

图 1-3-8　梁式试件成型示意图

(8)垫板:小梁垫板厚度 1mm,中梁垫板厚度 1.5 ~2mm,大梁垫板厚度 4 ~5mm。

3)试验准备

(1)根据材料粒径的大小,使用下列尺寸的试模:小梁,50mm ×50mm ×200mm,适用于细粒土;中梁,100mm ×100mm ×400mm,适用于中粒土①;大梁,150mm ×15omm ×550mm,适用于粗粒土。根据需要的压实度水平,按照体积标准,采用静力压实法制备。

注:由于大梁试件的成型难度较大,在试验室不具备成型条件时,中梁试件的最大公称粒径可放宽到 26.5mm。

(2)将具有代表性的风干试料(必要时,也可以在 50℃烘箱内烘干)用木锤捣碎或用木碾碾碎,但应避免破坏粒料的原粒径。按照公称最大粒径的大一级筛将土过筛并进行分类。

(3)在预定做试验的前一天,取有代表性的试料测定其风干含水率。对于细粒土,试样应不少于 100g;对于中粒土,试样应不少于 1 000g;对于粗粒土,试样应不少于 2 000g。

(4)按照《公路工程无机结合料稳定材料试验规程》(JTG E51—2009)中 T 0804—1994 确定无机结合料稳定材料的最佳含水率和最大干密度。

(5)根据击实结果,称取一定质量风干土,其质量随试件大小而变。对于小梁试件,1 个试件需干土 900 ~1 100g;对于中梁试件,1 个试件需干土 8 500g ~10 000g;对于大梁试件,1 个试件需干土 26 000 ~28 000g。

(6)将准备好的试料分别装入塑料袋中备用。

4)试验步骤

(1)调试成型所需要的各种设备,检查是否运行正常;将成型用的模具擦拭干净,并涂抹机油。

(2)无机结合料稳定细粒土,应制备 6 个试件;无机结合料稳定中粒土和粗粒土,应分别制备 9 个和 13 个试件。

(3)根据击实结果和无机结合料稳定材料的配合比,计算每份试料的加水量、无机结合料的质量。

(4)将称好的土放在长方盘(约400mm×600mm×70mm)内。向土中加水拌料、闷料。如为石灰稳定材料、水泥和石灰综合稳定材料、石灰粉煤灰综合稳定材料、水泥粉煤灰综合稳定材料,可将石灰或粉煤灰和土一起拌和,将拌和均匀后的试料放在密闭容器或塑料袋(封口)内浸润备用。

对于细粒土(特别是黏质土),浸润时的含水率应比最佳含水率小3%;对于中粒土和粗粒土可按最佳含水率加水;对于水泥稳定类材料,加水量应比最佳含水率小1%~2%。

浸润时间要求:黏质土12~24h,粉质土6~8h,砂类土、砂砾土、红土砂砾、级配砂砾等可以缩短到4h左右,含土很少的未筛分碎石、砂砾及砂可以缩短到2h。浸润时间一般不超过24h。

(5)在试件成型前1h内,加入预定数量的水泥并拌和均匀。在拌和过程中,应将预留的水(对于细粒土为3%,对于水泥稳定类为1%~2%)加入土中,使混合料达到最佳含水率。拌和均匀的加有水泥的混合料应在1h内按下述方法制成试件,超过1h的混合料应该作废。其他结合料稳定材料,混合料虽不受此限,但也应尽快制成试件。

(6)采用压力机制备试件。

将试模的下压块放入试模的下部,外露2cm左右,然后将垫板两面刷油后放在下压块的上面②。当制作小梁时,宜再铺垫与垫板等尺寸的纸。将称量的规定数量m_2的稳定材料混合料分2~3次灌入试模中,每次灌入后用夯棒轻轻均匀插实。如制的是小梁试件,则可以将混合料一次倒入试模中。最后将上压块放入试模内,也应使其外露2cm左右(上、下压块露出试模外的部分应该相等)。

注②:为了在梁式试件脱模后能够承托试件的质量,减少试件在搬运过程中的损坏。

(7)将整个试模(连同上下压块)放到压力机上,加压直到上下压块都压入试模为止。小梁维持压力2min,中梁维持压力5min,大梁维持压力至少10min。

(8)解除压力后,取下试模,对于小梁可利用压力机顶推法脱模,对于中梁、大梁宜采用拆卸模具方法脱模。用水泥稳定有黏结性的细粒土时,制件后可以立即脱模;用水泥稳定无黏结性的细粒土时,宜过2~4h再脱模;对于中、粗粒土的无机结合料稳定材料,宜过2~6h脱模。

(9)称试件的质量m_2,小梁精确至0.01g,中梁精确至0.1g,大梁精确至1g。然后用游标卡尺测量试件的断面尺寸以及小梁的长度,精确至0.1mm。用钢板尺量取中梁、大梁试件的长度,精确至1mm。检查试件的断面尺寸和质量,不满足成型标准的作为废件。

5)计算

每个试件的标准质量:

$$m_0 = V \times \rho_{max} \times (1 + w_{opt}) \times \gamma \tag{1-3-27}$$

考虑到试件成型过程中的质量损耗,实际操作过程中每个试件的质量可增加0%~2%,即:

$$m'_0 = m_0 \times (1 + \delta) \tag{1-3-28}$$

每个试件的干料(包括干土和无机结合料)总质量:

$$m_1 = \frac{m'_0}{1 + w_{opt}} \tag{1-3-29}$$

每个试件中的无机结合料质量,外掺法:

$$m_2 = m_1 \times \frac{\alpha}{1+\alpha} \tag{1-3-30}$$

内掺法：$m_2 = m_1 \times \alpha$ (1-3-31)

每个试件中的干土质量：

$$m_3 = m_1 - m_2 \tag{1-3-32}$$

每个试件的加水量：

$$m_w = (m_2 + m_3) \times w_{opt} \tag{1-3-33}$$

验算：

$$m'_0 = m_2 + m_3 + m_w \tag{1-3-34}$$

式中：V——试件体积（cm^3）；

w_{opt}、ρ_{max}——混合料最佳含水率（%）和最大干密度（g/cm^3）；

γ、δ、α——混合料压实度标准、计算混合料质量的冗余量、无机结合料的掺量（%）；

m_0、m'_0——混合料质量（g）；

m_1、m_2、m_3、m_w——干混合料质量、无机结合料质量、干土质量、加水质量（g）。

七、养生试验方法

1. 适用范围

（1）本方法适用水泥稳定材料类和石灰、二灰稳定材料类的养生。

（2）标准养生方法是指无机结合料稳定类材料在规定的标准温度湿度环境下强度增长的过程。快速养生是为了提高试验效率，采用提高养生温度缩短养生时间的养生方法。

（3）本方法规定了无机结合料稳定材料的标准养生和快速养生的试验方法和步骤。在采用快速养生时，应建立快速养生与标准养生条件下，混合料的强度发展的关系曲线，并确定标准养生的长龄期强度对应的快速养生短龄期。

2. 仪器设备

（1）标准养护室：标准养护室温度20℃±2℃，相对温度在95%以上。

（2）高温养护室：能保持计划体制养生温度60℃±1℃，相对湿度95%以上。容积能满足试验要求。

3. 试验步骤

1）标准养生方法

（1）试件从试模内脱出并量高称质量后，中试件和大试件应装入塑料袋内。试件装入塑料袋后，将袋内的空气排除干净，扎紧袋口，将包好的试件放入养护室。

（2）标准养生的温度为20℃±2℃，标准养生的湿度大于95%。试件宜放在铁架或木架上，间距至少10～20mm。试件表面应保持一层水膜，并避免用水直接冲淋。

（3）对无侧限抗压强度试验，标准养生龄期是7d，最后一天浸水。对弯拉强度、间接抗拉强度，水泥稳定材料类的标准养生龄期是90d，石灰稳定材料类的标准养生龄期是180d。

（4）在养生的最后一天，将试件取出，观察试件的边角有无磨损和缺块，并量高称质量，然后将试件浸泡于20℃ ±2℃水中,应使水面在试件顶上约2.5cm。

2)快速养生方法

(1)将一组无机结合料稳定材料,在标准养生条件下(20℃ ±2℃,湿度大于等于95%)养生180d(石灰稳定类材料养生180d,水泥稳定类材料养生90d)测试抗压强度值。

(2)将同样的一组无机结合料稳定材料,在高温养生条件下(60℃ ±1℃,湿度大于等于95%)养生7D.14D.21D.28d等,进行不同龄期的抗压强度试验,建立高温养生条件下强度-龄期的相关关系。

(3)在强度-龄期关系曲线上,找出标准养生龄期强度对应的高温养生的最短龄期。并以此作为快速养生的龄期。

3)快速养生试验步骤

(1)将高温养护室的温度调至规定的湿度60℃ ±1℃,湿度保持在95%以上,并能自动控温控湿。

(2)将制备的试件量高称质量后,小心装入塑料袋内。试件装入塑料袋后,将袋内的空气排除干净,并将袋口扎紧,将包好的试件放入养护箱中。

(3)养生期的最后一天,将试件从高温养护室取出,晾至室温(约2h),再打开塑料袋取出试件,观察试件有无缺损,量高称质量后,浸入20℃ ±2℃恒温水槽中,水面高出试件顶2.5cm。浸水24h后,取出试件,用软布擦去可见自由水,称质量、量高后,立即进行相关的试验。

4.结果整理

(1)如养生期间有明显的边角缺损,试件应该作废。

(2)对养生7d的试件,在养生期间,试件质量损失应符合下列规定:小试件不超过1g;中试件不超过4g:大试件不超过10g。质量损失超过此规定的试件,应作废。

(3)对养生90d和180d的试件,在养生期间,试件质量的损失应符合下列规定:小试件不超过1g;中试件不超过10g;大试件不超过20g。质量损失超过此规定的试件,应作废。

注:试件的质量损失指含水率的减少,不包括由于各种不同原因从试件上掉下的混合料。

5.报告

(1)材料的颗粒组成。

(2)水泥的种类和强度等级,或石灰的等级。

(3)重型击实的最佳含水率(%)和最大干密度(g/cm^3)。

(4)无机结合料类型及剂量。

(5)试件干密度(保留小数点后3位g/cm^3)或压实度。

(6)该材料在高温下龄期与强度的对应关系。

(7)与标准长龄期所对应的快速养生的龄期。

八、无侧限抗压强度试验方法

由于材料的强度不仅与材料品种有关,而且与试验与养生条件有关。根据《公路工程无机结合料稳定材料试验规程》(JTG E51—2009)的规定,材料组成设计一般以7d的无侧限抗压强度为准,即在路面结构设计过程中,无侧限抗压强度是用来评价无机结合料稳定材料强度的关键指标之一。无侧限抗压强度的大小,直接影响到无机结合料稳定材料的路用性能。因

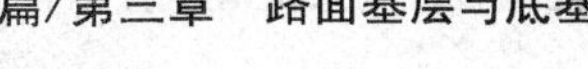

此必须了解无机结合料稳定材料的无侧限抗压强度的试验方法。

1. 目的和适用范围

本试验方法适用于测定无机结合料稳定材料(包括稳定细粒土、中粒土和粗粒土)试件的无侧限抗压强度,有室内配合比设计试验及现场检测。试件制备可采用预定干密度用静力压实法制备和用锤击法制备,但应尽可能用静力压实法制备等干密度的试件。试件为圆柱体,高:直径=1:1。

室内配合比设计试验和现场检测两者在试料准备上是不同的,前者根据设计配合比称取试料并拌和,按要求制备试件;后者则在工地现场取拌和的混合料作试料,并按要求制备试件。

2. 仪器设备

(1)标准养护室。

(2)水槽:深度应大于试件高度50mm。

(3)压力机或万能试验机(也可路面强度试验仪和测力计);压力机应符合现行《液压式压力试验机》(GB/T 3159—2009)及《试验机通用核技术要求》(GB/T 2611—2007)中的要求,其测量精度为±1%,同时应具有加载速率指示装置或加载速率控制装置。上下压板平整并有足够刚度,可以均匀地连续加载卸载,可以保持固定荷载。开、停机均灵活自如,能够满足试件吨位要求,且压力机加载速率可以有效可以有效控制在1mm/min。

(4)电子天平:量程15kg,感量0.1g;量程4 000g,感量0.01g。

(5)球形支座。

(6)机油:若干。

3. 试件制备和养护

(1)细粒土,试模的直径×高=50mm×50mm;中粒土,试模的直径×高=100mm×100mm;粗粒土,试模的直径×高=150mm×150mm。

(2)按本章试件制作方法(圆柱形)成型径高比为1:1的圆柱形试件。

(3)按本章养护试验方法的要求对试件进行7d的标准养生。

(4)将试件两顶面用刮平,必要时可用快凝水泥砂浆抹平试件顶面。

(5)为保证试验结果的可靠性和准确性,每组试件的数目要求为:小试件不少于6个;中试件不少于9个;大试件不少于13个。

4. 无侧限抗压强度试验步骤

(1)根据试验材料的类型和一般的工程经验,选择合适量程的测力计和压力机,试件破坏荷载应大于测力量程的20%且小于测力量程的80%。球形支座和上下顶板涂上机油,使球形支座能够灵活转动。

(2)将已浸水一昼夜的试件从水中取出,用软布吸去试件表面的水分,并称试件的质量m_4。

(3)用游标卡尺量试件的高度h,精确到0.1mm。

(4)将试件放到路面材料强度试验仪或压力机上,并在升降台上先放一扁球座,进行抗压试验。试验过程中,应保持加载速率为1mm/min。记录试件破坏时的最大压力P(N)。

(5)从试件内部取有代表性的样品(经过打破)测定其含水率w。

5. 计算

(1)试件的无侧限抗压强度 R_c 用式(1-3-35)计算：

$$R_c = \frac{p}{A} \tag{1-3-35}$$

式中，R_c——试件的无侧限抗压强度(MPa)；

p——试件破坏时的最大压力(N)；

A——试件的截面面积，$A = \frac{\pi}{4}D^2$；

D——试件的直径(mm)。

(2)精密度或允许误差

抗压强度保留1位小数。同一组试件试验中，采用3倍均方差剔除异常值，小试件允许有1个异常值，中试件1~2个异常值，大试件2~3个异常值。异常值数量超过上述规定的试验重做。同一组试验的变异系数 C_v(%)符合下列规定，方为有效试验：小试件不大于6%，中试件不大于10%，大试件不大于15%。如不能保证试验结果的变异系数小于规定的值，则应按允许误差10%和90%概率重新计算所需的试件数量，增加试件数量并另做新试验。新试验结果与老试验结果一并重新进行统计评定，直到变异系数满足上述规定。

6. 强度评定

如为现场检测，需按下述方法对无侧限抗压强度进行评定。

(1)半刚性基层和底基层材料强度，以规定温度下保湿养生6d，浸水1d后的7d无侧限抗压强度为准。

(2)按规定频率取样，根据工地预定达到的压实度制备试件。试件数量每200m³或每工作班：无论稳定细粒土、中粒土或粗粒土，当多次试验结果的偏差系数 $C_v \leqslant 10\%$ 时，可为6个试件，当 $C_v = 10\% \sim 15\%$ 时，可为9个试件；$C_v > 15\%$ 时，则需13个试件。

(3)评定路段试样的平均强度 $\bar{R}$ 应满足下列要求：

$$\bar{R} \geqslant R_d/(1 - Z_\alpha C_v) \tag{1-3-36}$$

式中，R_d——设计抗压强度(MPa)；

C_v——试验结果的偏差系数(以小数计)；

Z_α——标准正态分布表中随保证率而变的系数，高速公路、一级公路：保证率95%，$Z_\alpha = 1.645$；其他公路：保证率90%，$Z_\alpha = 1.282$。

(4)评定路段内无机结合料稳定材料强度评为不合格时，相应分项工程为不合格。

7. 报告

报告应包括以下内容：

(1)材料的颗粒组成。

(2)水泥的种类和强度等级，或石灰的等级。

(3)确定最佳含水率时的结合料用量以及最佳含水率(%)和最大干密度(g/cm³)。

(4)无机结合料的类型及剂量。

(5)试件干密度(保留3位小数，g/cm³)或压实度。

(6)吸水量以及测抗压强度时的含水率(%)。

(7)抗压强度,保留1位小数。

(8)若干个试验结果的最小值和最大值、平均值 $\bar{R}_c$ 、标准差S、偏差系数 C_v 和95%概率的值 $R_{c0.95}$ ($=\bar{R}_c-1.645S$) 。

九、间接抗拉强度试验方法(劈裂试验)

在路面设计中不仅要求材料的抗压弹性模量,而且要求材料的抗拉强度或间接抗拉强度(劈裂强度),材料在标准条件下参数及在现场制件条件下的参数、材料强度与模量与时间的变化等。在此介绍无机结合料稳定材料的间接抗拉强度试验方法。

1. 目的和适用范围

本试验方法适用于测定无机结合料稳定材料(包括稳定细粒土、中粒土和粗粒土)试件的间接抗拉强度。试件制备可按预定干密度用静力压实法制备或用击锤法制备,但应尽可能用静力压实法制备等干密度的试件。试件为圆柱体,高∶直径 =1∶1。

对其他综合稳定材料的间接抗拉强度试验应参照本试验方法。

2. 仪器设备

(1)压力机或万能试验机(也可路面强度试验仪和测力计);压力机应符合现行《液压式压力试验机》(GB/T 3159—2008)及《试验机通用技术要求》(GB/T 2611—2007)中的要求,其测量精度为±1%,同时应具有加载速率指示装置或加载速率控制装置。上下压板平整并有足够刚度,可以均匀地连续加载卸载,可以保持固定荷载。开机停机均灵活自如,能够满足试件吨位要求,且压力机加载速率可以有效可以有效控制在1mm/min。

(2)劈裂夹具

(3)压条[①]。采用半径与试件半径相同的弧面压条,其长度应大于试件的高度。不同尺寸试件采用的压条宽度和弧面半径为:

试件尺寸(mm)	宽度(mm)	弧面半径(mm)
50×50	6.35	25
100×100	12.70	50
150×150	18.75	75

(4)其余试验设备均与无侧限抗压强度测定的相同。

注①:由于龄期3个月的水泥稳定材料和龄期半年的其他稳定材料是半刚性材料,试验时也可以不用压条。

3. 试件的制备和养护

(1)试件采用高径比为1∶1 的圆柱体。细粒土,试模的直径×高 =50mm×50mm;中粒土,试模的直径×高 =100mm×100mm;粗粒土,试模的直径×高 =150mm×150mm。

(2)按本章试件制作方法(圆柱形)成型径高比为1∶1 的圆柱形试件。

(3)按本章养护试验方法的要求对试件进行设计龄期的标准养生。

(4)为保证试验结果的可靠性和准确性,每组试件的数目要求为:小试件不少于6个;中试件不少于9个;大试件不少于13个。

4. 试验步骤

(1)根据试验材料的类型和一般的工程经验,选择合适量程的测力计和压力机,试件破坏荷载应大于测力量程的20%且小于测力量程的80%。球形支座和上下顶板涂上机油,使球形支座能够灵活转动。

(2)将已浸水一昼夜的试件从水中取出,用软布吸去试件表面的可见自由水,并称试件的质量。

(3)用游标卡尺量试件的高度 H,精确到0.1mm。

(4)在压力机的升降台上置一压条,将试件横置在压条上,在试件的顶面也放一压条(上下压条与试件的接触线必须位于试件直径的两端,并与升降台垂直)。

(5)在上压条上面放置球形支座,应位于试件的中部。

(6)试验过程中,应使试验的形变等速增加,并保持速率约为1mm/min。记录试件破坏时的最大压力 P(N)。

(7)从试件内部取有代表性的样品(经过打碎)测定其含水率。

5. 计算

试件的间接抗拉强度用下列相应的公式计算。

$$R_i = \frac{2P}{\pi dH}\left(\sin 2\alpha - \frac{a}{d}\right) \tag{1-3-37}$$

式中:a——压条的宽度(mm);

α——半压条宽对应的圆心角;

其余符号同前。

对于小试件: $R_i = 0.012526\,\frac{P}{H}$(MPa)

对于中试件: $R_i = 0.006263\,\frac{P}{H}$(MPa)

对于大试件: $R_i = 0.004178\,\frac{P}{H}$(MPa)

6. 精密度或允许误差

间接抗拉强度保留两位小数。同一组试件试验中,采用3倍均方差剔除异常值,小试件允许有1个异常值,中试件1~2个异常值,大试件2~3个异常值。异常值数量超过上述规定的试验重做。同一组试验的变异系数 C_v(%)符合下列规定,方为有效试验:小试件不大于6%,中试件不大于10%,大试件不大于15%。如不能保证试验结果的变异系数小于规定的值,则应按允许误差10%和90%概率重新计算所需的试件数量,增加试件数量并另做新试验。新试验结果与老试验结果一并重新进行统计评定,直到变异系数满足上述规定。

7. 报告

报告应包括以下内容:

(1)集料的颗粒组成。

(2)水泥的种类和强度等级或石灰的有效氧化钙和氧化镁含量(%)。

(3)重型击实的最佳含水率(%)和最大干密度(g/cm^3)。

(4)无机结合料的类型及剂量。

(5)试件干密度(精确到0.01g/cm^3)或压实度。

(6)吸水率以及测间接抗拉强度时的含水率(%)。

(7)间接抗拉强度(MPa),用两位小数表示。

(8)若干个试验结果的最小值和最大值、平均值$\bar{R}_i$、标准差S、偏差系数C_v和95%概率的值$R_{i0.95}(=\bar{R}_i-1.645S)$。

十、室内抗压回弹模量试验方法(顶面法)

抗压回弹模量是路面结构设计中的一个基本参数,其值的大小直接影响到路面材料的强度特性和应力-应变特性,影响到路面结构厚度的取值。目前测定回弹模量的方法主要有:承载板法和顶面法,下面仅介绍顶面法。

1.目的和适用范围

本试验方法适用于在室内对无机结合料稳定材料试件进行抗压回弹模量的试验。

2.仪器设备

(1)压力机或万能试验机(也可路面强度试验仪和测力计):压力机应符合现行《液压式压力试验机》(GB/T 3159—2008)及《试验机通用技术要求》(GB/T 2611—2007)中的要求,其测量精度为±1%,同时应具有加载速率指示装置或加载速率控制装置。上下压板平整并有足够刚度,可以均匀地连续加载卸载,可以保持固定荷载。开机停机均灵活自如,能够满足试件吨位要求,且压力机加载速率可以有效可以有效控制在1mm/min。

(2)测形变的装置:圆形金属平面加载顶板和圆形金属平面加载底板,板的直径应大于试件的直径,底板直径线两侧有立柱,立柱上装有千分表夹。也可以直接利用直径152mm击实筒的底座。

(3)千分表(1/1 000mm),2只;也可采用数据采集系统,包括荷载传感器(1个)、位移传感器(2个)、荷载计数器以及数据采集仪。

(4)其他设备同无侧限抗压强度测定的要求,但不含50mm×50mm的试模。

3.试件制备和养护

(1)细粒土和中粒土混合料,试模的直径×高=100mm×100mm;粗粒土,试模的直径×高=150mm×150mm。

(2)按本节"五"确定无机结合料混合料的最佳含水率和最大干密度。

(3)对于同一无机结合料剂量的混合料需要制相同状态的试件数量(即平行试验的数量)与土类及操作的仔细程度有关。对于无机结合料稳定细粒土,应该制不少于6个试件,并要求模量试验结果的偏差系数不超过10%①;对于无机结合料稳定中粒土,应该制不少于9个试件,并要求模量试验结果的偏差系数不超过10%①;对于无机结合料稳定粗粒土,应该制不少于15个试件,并要求模量试验结果的偏差系数不超过15%

注①:如不能保证试验结果的偏差系数小于规定值,则应按允许误差10%和90%概率重新计算所需的试件数量。

(4)按本章试件制作方法(圆柱形)成型径高比为1:1的圆柱形试件。

(5)按本章养护试验方法的要求对试件进行标准养生,水泥稳定类土养生龄期为90d,石灰或粉煤灰稳定类土养生龄期为180d。

(6)圆柱形试件的两个端面应用水泥净浆彻底抹平。将试件直立桌上,在上端面用早强高强水泥净浆薄涂一层后,在表面撒少量0.25~0.5mm的细砂,用直径大于试件的平面圆形钢板放在顶面,加压旋转圆钢板,使顶面齐平。边旋转边平移并迅速取下钢板。如有净浆被钢板黏去,则重新用净浆补平,并重复上述步骤。一个端面整平后,放置4h以上,然后将另一端面同样整平。整平应该达到:加载板放在试件顶面后,在任一方向都不会翘动。试件整平后放置8h以上。

(7)将端面已经处理平整的试件浸水24h,水面高于试件顶面约2.5cm。

4. 试验步骤

(1)根据试验材料的类型和一般的工程经验,选择合适量程的测力计和压力机,试件破坏荷载应大于测力量程的20%且小于测力量程的80%。如采用压力机系统,需调试设备,设定好加载速率。

(2)加载板上的计算单位压力的选定值:对于无机结合料稳定基层材料,用0.5~0.7MPa;对于无机结合料稳定底基层材料,用0.2~0.4MPa,实际加载的最大单位压力应略大于选定值。

(3)将试件浸水24h后从水中取出并用布擦干后放在加载底板上,在试件顶面稀撒少量0.25~0.5mm的细砂,并手压加载顶板在试件顶面边加压边旋转,使细砂填补表面微观的不平整,并使多余的砂流出,以增加顶板与试件的接触面积。

(4)安置千分表,使千分表的脚支在加载顶板直径线的两侧并离试件中心距离大致相等。

(5)将带有试件的测形变装置放到路面材料强度试验仪的升降台上(也可以先将测形变装置放在升降台上再安置试件和千分表),调整升降台的高度,使加载顶板与测力环下端的压头中心与加载顶板的中心接触。

(6)预压:先用拟施加的最大载荷的一半进行两次加荷卸荷预压试验,使加载顶板与试件表面紧密接触。第2次卸载后等待1min,然后将千分表的短指针约调到中间位置,并将长指针调到0,记录千分表的原始读数。

(7)回弹形变测量:将预定的单位压力分成5~6个等份,作为每次施加的压力值。实际施加的荷载应较预定级数增加一级。施加第1级荷载(如为预定最大荷载的1/5),待荷载作用达1min时,记录千分表的读数,同时卸去荷载,让试件的弹性形变恢复,到0.5min时记录千分表的读数。施加第2级荷载(为预定最大荷载的2/5),同前待荷载作用1min,记录千分表的读数,卸去荷载。卸载后达0.5min时,再记录千分表的读数,并施加第3级荷载。如此逐级进行,直至记录下最后一级荷载下的回弹形变。

5. 计算

(1)计算每级荷载下的回弹形变 l。

$$l = \text{加荷时读数} - \text{卸荷时读数} \tag{1-3-38}$$

(2)以单位压力 P 为横坐标(向右),以回弹形变 l 为纵坐标(向下),绘制 P 与 l 的关系曲线。修正曲线开始段的虚假形变。修正时,一般情况下将第一个和第二个试验点取成直线,并延长此直线与纵坐标轴相交,此交点即为新原点。

(3)用加载板上的计算单位压力 P 以及与其相应的回弹形变 l 按式(1-3-38) 计算回弹模量 E:

$$E=\frac{pH}{l} \tag{1-3-39}$$

式中:p——单位压力(MPa);

H——试件高度(mm);

l——试件回弹形变(mm)。

6. 精密度或允许误差

抗压回弹模量用整数表示。同一组试件试验中,采用3倍均方差剔除异常值,大试件2~3个异常值。异常值数量超过上述规定的试验重做。同一组试验的变异系数 C_v(%)符合下列规定,方为有效试验:稳定细粒土、中粒土,变异系数不大于10%,粗粒土不大于15%。如不能保证试验结果的变异系数小于规定的值,则应按允许误差10%和90%概率重新计算所需的试件数量,增加试件数量并另做新试验。新试验结果与老试验结果一并重新进行统计评定,直到变异系数满足上述规定。

7. 报告

报告应包括以下内容:

(1)集料的颗粒组成。

(2)水泥的种类和强度等级或石灰的有效钙和氧化镁含量(%)。

(3)重型击实的最佳含水率(%)和最大干密度(g/cm^3)。

(4)无机结合料的类型及剂量。

(5)试件干密度或压实度。

(6)吸水率以及测回弹模量时的含水率(%)。

(7)回弹模量(MPa),用整数表示。

(8)n 个试验结果的最小值和最大值、平均值、标准差 S 和偏差系数 C_v(%)。

十一、承载比(CBR)试验方法

承载比CBR试验是美国加利福尼亚洲道路局在进行路面结构破坏调查时为了比较材料的强度而提出来的。CBR值是指试料贯入量达到2.5mm或5mm时的单位压力与标准碎石压入相同贯入量时的标准荷载强度(7MPa或10.5MPa)的比值。

CBR是路基土和路面材料的强度指标,是柔性路面设计的主要参数之一。在我国的柔性路面设计中,虽以路基土和路面材料的回弹模量值作为设计参数,但不少单位,特别是科研单位,为便于参考国外有关CBR方面的资料,在寻求模量与CBR的相关关系方面做了大量工作。

在我国《沥青路面设计规范》(JTG D50—2006)、《公路路基设计规范》(JTG D30—2004)是以路基土 E_0(回弹模量)作为设计参数,而在一些援外工程等则以路基土CBR值作为设计参数,因此在现行《沥青路面设计规范》(JTG D50—2006)、《公路路基设计规范》(JTG D30—2004)提出公路基土CBR值的要求以予比较,见表1-3-22。

路基填料最小 CBR 值和最大粒径要求 表 1-3-22

项目分类		路床表面以下深度(cm)	填料最小 CBR 值%		填料最大粒径(cm)
			高速、一级公路	其他公路	
填方路堤	上路床	0～30	8	6	10
	下路床	30～80	5	4	10
	上路堤	80～150	4	3	15
	下路堤	150 以下	3	2	15
零填及路堑路床		0～30	8	6	10

1. 目的和适用范围

(1)本试验方法适用于在规定的试筒内制件后,对各种土和路面基层、底基层材料进行承载比试验。

(2)试样的最大粒径宜控制在 20mm 以内,最大不得超过 40mm 且含量不超过 5%。

2. 仪器设备

(1)圆孔筛:孔径 40mm、20mm 及 5mm 筛各 1 个。

(2)试筒:内径 152mm、高 170mm 的金属圆筒;套环,高 50mm;筒内垫块,直径 151mm、高 50mm,夯击底板,同击实仪。

(3)夯锤和导管:夯锤的底面直径 50mm,总质量 4.5kg。夯锤在导管内的部行程为 450mm,夯锤的形式和尺寸与重型击实试验法所用的相同。

(4)贯入杆:端面直径 50mm、长约 100mm 的金属柱。

(5)路面材料强度仪或其他载荷装置:能量不小于 50kN,能调节贯入速度至每分钟贯入 1mm,可采用测力计式。

(6)百分表:3 个。

(7)试件顶面上的多孔板(测试件吸水时的膨胀量)。

(8)多孔底板(试件放上后浸泡水中)。

(9)测膨胀量时支承百分表的架子。

(10)荷载板:直径 150mm,中心孔眼直径 52mm,每块质量 1.25kg,共 4 块,并沿直径分为两个半圆块。

(11)水槽:浸泡试件用,槽内水面应高出试件顶面 25mm。

(12)其他:台秤,感量为试件用量的 0.1%;拌和盘;直尺;滤纸;脱模器等与击实试验相同。

3. 试样

将具有代表性的风干试料(必要时可在 50℃烘箱内烘干),用木碾捣碎,但应尽量注意不使土或粒料的单个颗粒破碎。土团均应捣碎至通过 5mm 的筛孔。

采取有代表性的试料 50kg,用 40mm 筛筛除大于 40mm 的颗料,并记录超尺寸颗粒的百分数,将已过筛的试料按四分法取出约 25kg。再用四分法将取出的试料分成 4 份。每份质量 6kg,供击实试验和制试件之用。

在预定做击实试验的前一天,取有代表性的试料测定其风干含水率,测定含水率用的试样数量可参照土工试验(表 T 0134—1 测定含水率用试样的数量)。

4. 试验步骤

(1)称试筒本身质量(m_1),将试筒固定在底板上,将垫块放入筒内,并在垫块上放一张滤纸,安上套环。

(2)将1份试料,按击实试验方法求试料的最大干密度和最佳含水率。

(3)将其余3份试料,按最佳含水率制备3个试件,将一份试料平铺于金属盘内,按事先计算得的该份试料应加的水量均匀地喷洒在试料上。用小铲将试料充分拌到均匀状态,然后装入密闭容器或塑料口袋内浸润备用。浸润时间:重黏土不得少于24h,轻黏土可缩短到12h,砂土可缩短到1h,天然砂砾可缩短到2h左右。制每个试件时,都要取样测定试料的含水率。

注:需要时,可制备三种干密度试件。如每种干密度试件制3个,则共制9个试件。每层击数分别为30.50和98次,使试件的干密度从低于95%到等于100%的最大干密度,这9个试件共需试料约55kg。

(4)将试筒放在坚硬的地面上,取备好的试样分3次倒入筒内(视最大料径而定),每层需试样1 700g左右(其量应使击实后的试样高出1/3筒高1~2mm)。整平表面,并稍加压紧,然后按规定的击数进行第一层试样的击实,击实时锤应自由垂直落下,锤迹必须均匀分布于试样面上,第一层击实完后,将试样层面“拉毛”,然后再装入套筒,重复上述方法进行其余每层试样的击实,大试筒击实后,试样不宜高出筒高10mm。

(5)卸下套环,用直刮刀沿试筒顶修平击实的试件,表面不平整处用细料修补。取出垫块,称试筒和试件的质量(m_2)。

(6)泡水测膨胀量的步骤如下:

①在试件制成后,取下试件顶面的破残滤纸,放一张好滤纸,并在上安装附有调节杆的多孔板,在多孔板上加4块荷载板。

②将试筒与多孔板一起放入槽内(先不放水),并用拉杆将模具拉紧,安装百分表,并读取初读数。

③向水槽内放水,使水自由进到试件的顶部和底部。在泡水期间,槽内水面应保持在试件顶面以上大约25mm,通常试件要泡水4昼夜。

④泡水终了时,读取试件上百分表的终读数,并用式(1-3-40)计算膨胀量:

$$\text{膨胀量} = \frac{\text{泡水后试件高度变化}}{\text{原试件高度(120mm)}} \times 100 \tag{1-3-40}$$

⑤从水槽中取出试件,倒出试件顶面的水,静置15min,让其排水,然后卸去附加荷载和多孔板、底板和滤纸,并称量(m_3),以计算试件的温度和密度的变化。

(7)贯入试验

①将泡水试验终了的试件放到路面材料强度试验仪的升降台上,调整偏球座,使贯入杆与试件顶面全面接触,在贯入杆周围放置4块荷载板。

②先在贯入杆上施加45N荷载,然后将测力和测变形的百分表的指针都调整至整数,并记读起始读数。

③加荷使贯入杆以1~1.25mm/min的速度压入试件,记录测力计内百分表某些整读数(如20、40、60)时的贯入量,并注意使贯入量为250×10^{-2}mm时,能有5个以上的读数。因此,测力计内的第一个读数应是贯入量30×10^{-2}mm左右。

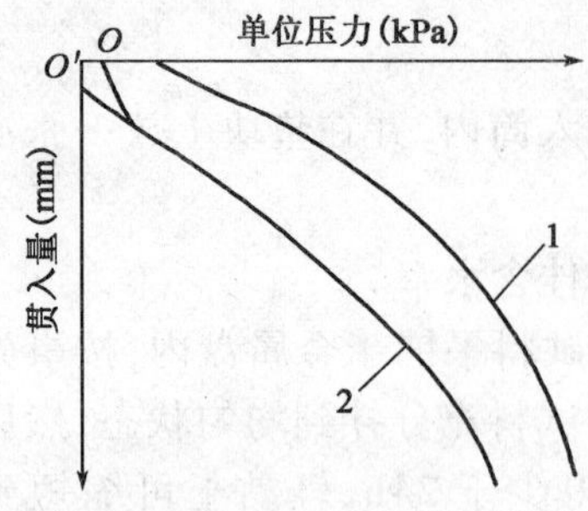

图 1-3-9　单位压力与贯入量关系曲线

5. 结果整理

1）以单位压力 p 为横坐标，贯入量 L 为纵坐标，绘制 P-L 关系曲线，如图 1-3-9 所示。图上曲线 1 是合适的。曲线 2 开始段是凹曲线，需要进行修正。修正时在变曲率点引一切线，与纵坐标交于 O' 点，O' 即为修正后的原点。

2）一般采用贯入量为 2.5mm 时的单位压力与标准压力之比作为材料的承载比（CBR），即：

$$\mathrm{CBR} = \frac{P_{2.5}}{7.0} \times 100 \tag{1-3-41}$$

式中：CBR——承载比（%）；

P——单位压力（MPa）。

同时计算贯入量为 5mm 时的承载比：$\mathrm{CBR} = \dfrac{P_{5.0}}{10.5} \times 100$

如贯入量为 5mm 时的承载比大于 2.5mm 时的承载比，则试验要重作。如结果仍然如此，则采用 5mm 时的承载比。

3）试件的湿密度用式（1-3-34）计算：

$$\rho = \frac{m_2 - m_1}{2\ 177} \tag{1-3-42}$$

式中：ρ——试件的湿密度（g/cm^3）；

m_2——试筒的试件的合质量（g）；

m_1——试筒的质量（g）；

2 177——试筒的容积（cm^3）。

4）试件的干密度用式（1-3-35）计算：

$$\rho_d = \frac{\rho_w}{1 + 0.01w} \tag{1-3-43}$$

式中：ρ_d——试件的干密度（g/cm^3）；

w——试件的含水率。

5）泡水后试件的吸水率按式（1-3-35）计算：

$$w_a = m_3 - m_2 \tag{1-3-44}$$

式中：w_a——泡水后试件的吸水率（g）；

m_3——泡水后试筒和试件的合质量（g）；

m_2——试筒和试件的合质量（g）。

6. 精度要求

如根据 3 个平行试验结果计算得的承载比变异系数 C_v 大于 12%，则掉一个偏离大的值，取其余 2 个结果的平均值。如 C_v 小于 12%，且 3 个平行试验结果计算的干密度偏差小于 0.03g/cm^3，则取 3 个结果的平均值；如 3 个试验结果计算的干密度偏差超过 0.03g/cm^3，则去掉一个偏离大的值，取其 2 个结果的平均值。

7. 报告

(1)材料的颗粒组成,最佳含水率(%)和最大干密度(g/cm^3)。

(2)材料的承载比(%),承载比小于 100,精确到 5%;承载比大于 100,精确到 10%。

(3)材料的膨胀量(%)。

复习思考题

一、单项选择题

1. 下列土中,____最适用于石灰稳定。

   A. I_P = 15 ~ 20 的黏性土;　　B. 含有一定黏性土的中粗粒土

   C. I_P = 0 的级配砂砾、级配碎石　　D. 塑性指数在 15 以上的黏性土

2. ____土最适用于石灰和水泥综合稳定。

   A. 塑性指数在 15 以上的黏性土　　B. 塑性指数在 10 以下的亚砂土

   C. 有机质含量超过 10% 的土　　D. 碎石

二、多项选择题

1. 公路路面常用的基层与底基层材料可分为____。

   A. 柔性基层　　B. 半刚性基层　　C. 刚性基层　　D. 半柔性基层

2. 公路路面常用的基层与底基层结合料有____。

   A. 气硬性结合料　　B. 水硬性结合料　　C. 无机结合料

   D. 有机结合料　　E. 粒料结合料

3. 钙质生石灰和镁质生石灰的技术指标是根据____确定的。

   A. CaO + MgO 的含量　　B. 未消化残渣含量

   C. 有效 MgO 的含量　　D. 有效 CaO + MgO 的含量

4. 粉煤灰的技术指标要求有____。

   A. 粉煤灰中 SiO_2、Al_2O_3 和 Fe_2O_3 的总含量应大于 70%

   B. 烧失量不应超过 20%

   C. 比面积宜大于 2 500cm^2/g

   D. 含水率不于 35%

5. 无机结合料稳定材料配合比设计时,7d 抗压强度的确定应根据____综合确定。

   A. 交通量　　B. 结合料类型与含量

   C. 公路等级　　D. 所处的结构层位

6. 下列____不能作为高速公路基层。

   A. 级配碎石　　B. 石灰稳定材料　　C. 水泥稳定碎石　　D. 水泥混凝土

7. 室内 CBR 的大小与____有关。

   A. 压实度　　B. 含水率

   C. 是否泡水　　D. 试验过程中的加载速度

8. 水泥稳定碎石的抗压强度与____有关

A. 水泥品种与用量　B. 碎石的级配　C. 养生期与条件　D. 石料强度

三、判断题（对者打"√"，错者打"×"）

1. 在粉碎的或原状松散的土中掺入一定量的无机结合料（包括水泥、石灰或工业废渣等）和水，经拌和得到的混合料在压实与养生后的材料称为无机结合料稳定材料。（　）

2. 粒料类基层的强度主要依靠石料的嵌挤锁结作用以及填充结合料的黏结作用。（　）

3. 凡能被经济粉碎的土都可用水泥稳定，其最大颗粒和颗粒组成应满足规范的要求。对于水泥稳定细粒土而言，要求土的均匀系数应大于 5，液限不应超过 40，塑性指数不应大于 17。（　）

4. 塑性指数 15 ~ 20 的黏性土以及含有一定数量黏性土的中粒土和粗粒土均适宜于用石灰稳定。（　）

5. 用石灰稳定不含黏性土或无塑性指数的级配砂砾、级配碎石和未筛分碎石时，应添加 15% 左右的黏性土。（　）

6. 水泥稳定材料和石灰稳定材料对集料的压碎值要求是不一样的。（　）

7. 钙石灰比镁石灰稳定材料的初期强度为高，特别是在剂量不大的情况下，但镁石灰稳定材料的后期效果并不比钙石灰差，尤其是在剂量较大时，还优于钙石灰。石灰的等级愈高（即 CaO + MgO 的含量愈高）时，在同样石灰剂量下有较多的 CaO 和 MgO 起作用，因而稳定效果愈好。（　）

8. 塑性指数在 15 以上的黏性土更适用于石灰和水泥综合稳定。（　）

9. 对于水泥和石灰综合稳定的材料，当水泥用量超过结合料用量的 30% 时，应按水泥稳定类进行设计。（　）

10. 可采用快硬水泥或早强水泥来提高水泥稳定基层的早期强度。（　）

四、问答题

1. 试述水泥稳定碎石材料击实试验步骤和采有的主要采用的仪器设备？

2. 试述水泥稳定类材料组成设计的步骤？

3. 室内 CBR 试验的主要步骤和主要采用的仪器设备？

4. 基层和底基层分为几类？

5. 烘干法测定半刚性基层材料与土的含水率有什么区别？

6. 半刚性基层材料进行击实试验时，如果存在超颗粒尺寸，应怎么处理？

第四章　公路路基路面现场检测试验方法

主要内容：

本章根据目前我国公路检测技术的现状，主要介绍压实度、回弹弯沉、回弹模量、平整度、抗滑性能、路面渗水、错台、车辙和施工控制等方面的内容和常用的试验检测方法。

第一节　几何尺寸试验检测方法

复习要点：

1. 常用路面结构层厚度检测方法及其适用范围，雷达波测试路面结构层厚度的基本原理。

2. 挖坑法、钻芯取样法检测路面结构层厚度的要点和适用范围。

3. 试坑法、钻芯法的测试步骤和填补要点。

一、概述

在路面设计中，不管是刚性路面还是柔性路面，最终要决定的都是各个层次的厚度，只有保证各个层次厚度，才能保证各个层次及整体的强度，除了保证强度外，严格控制厚度还能对路面标高起到一定的控制作用，所以厚度是一个非常重要指标，在《公路工程质量检验评定标准　第一册　土建工程》(JTG F80/1—2004)中权值很高。

路面厚度测定常采用射线或超声检测技术，通常用反射法测定面层厚度，但是仅仅在水泥混凝土路面厚度中使用比较成功。对于沥青路面尚在研制阶段，则难以保证测量精度。我国多采用钻取芯样或挖坑测定的方法量测沥青路面碾压的厚度。

近几年，国内的工程检验中大量使用短脉冲雷达无损测试设备测试路面结构层厚度。其沥青层的测试误差一般可控制在3mm内，但其测试效率是传统方法无法相比的。该设备利用雷达波(电磁波)在不同物质界面上的反射信号，识别分界面，通过电磁波的走时和在介质中的波速推算相应介质的厚度。

二、厚度检测方法

1. 挖坑法

(1)根据现行规范的要求，随机取样决定挖坑检查的位置。如为旧路，该点有坑洞等显著缺陷或接缝时，可在其旁边检测。

(2)选一块约40cm×40cm的平坦表面作为试验地点，用毛刷将其清扫干净。

(3)根据材料坚硬程度，选择镐、铲、凿子等适当的工具，开挖这一层材料，直至层位底面。在便于开挖的前提下，开挖面积应尽量缩小，坑洞大体呈圆形，边开挖边将材料铲出，置于搪瓷盘中。

(4)用毛刷将坑底清扫，确认为坑底面下一层的顶面。

(5)将钢板尺平放横跨于坑的两边，用另一把钢尺或卡尺等量具在坑的中部位置垂直伸至坑底，测量坑底至钢板尺的距离，即为检查层的厚度，以 mm 计，精确至 1mm。

2. 钻芯法

(1)根据现行规范的要求，随机取样决定钻孔检查的位置。如为旧路，该点有坑洞等显著缺陷或接缝时，可在其旁边检测。

(2)用路面取芯钻孔机钻孔，芯样的直径应为 100mm。如芯样仅供测量厚度，不做其他试验，对沥青面层与水泥混凝土板也可用直径 50mm 的钻头，对基层材料有可能损坏试件时，也可用直径 150mm 的钻头，但钻孔深度必须达到层厚。

(3)仔细取出芯样，清除底面灰尘，找出与下层的分界面。

(4)用钢板尺或卡尺沿周围对称的十字方向四处量取表面至上下层界面的高度，取其平均值，即为该层的厚度，精确至 1mm。

三、填补试坑或钻孔

补填工序如有疏忽，易成为隐患而导致开裂，因此，所有挖坑、钻孔均应仔细填好。按下列步骤用取样层的相同材料填补试坑或钻孔：

(1)适当清理坑中残留物，钻孔时留下的积水应用棉纱吸干。

(2)对无机结合料稳定层及水泥混凝土路面板，按相同配比用新拌的材料并用小锤击实。水泥混凝土中宜掺加少量快凝早强的外掺剂。

(3)对无结合料粒料基层，可用挖坑时取出的材料，适当加水拌和后分层填补，并用小锤击实。

(4)对正在施工的沥青路面，用相同级配的热拌沥青混合料分层填补并用加热的铁锤或热夯压实。旧路钻孔也可用乳化沥青混合料修补。

(5)所有补坑结束时，宜比原面层略鼓出少许，用重锤或压路机压实平整。

四、结构层厚度的评定

(1)评定路段路面结构层厚度按代表值和单个合格值的允许偏差进行评定。

(2)按规定频率，采用挖坑和钻取芯样测定厚度。

(3)厚度代表值为评定路段厚度的算术平均值的置信界限。即：

$$X_1 = \bar{x}_i - \frac{t_\alpha}{\sqrt{n}}s \tag{1-4-1}$$

式中：X_1——厚度代表值；

$\bar{x}$——厚度平均值；

S——标准差；

n——检测数量；

t_α——t分布在表中随测点和保证率（或置信度α）而变的系数，采用保证率：

高速公路、一级公路：基层、底基层为99%，面层为95%；

其他公路：基层、底基层为95%，面层为90%。

(4)当厚度的代表值大于或等于设计厚度减代表值允许偏差时，则按单个检查值的偏差不超过单点合格值来计算合格率；当厚度的代表值小于设计厚度减代表值允许偏差时，相应的分项工程评为不合格。

代表值和单个合格值的允许偏差见本部分第一章各节实测项目。

(5)沥青面层一般按沥青铺筑层总厚度进行评定，高速、一级公路分2～3层铺筑时，还应进行上面层厚度检查和评定。

第二节　压实度试验检测方法

复习要点：

1. 无核密度仪没定压实度的适用范围和试验步骤；核子密度仪试验的适用范围与试验要点（检测员）。

2. 现场密度试验方法与适用范围，现场灌砂法、环刀法的适用范围与应注意的问题，钻芯法的适用范围、应注意的问题；核子密度仪试验的适用范围、测试步骤和使用安全注意事项。

3. 压实度概念，灌砂法标定筒下部圆锥体内砂的质量的步骤，灌砂法标定量砂的单位质量的测定步骤，灌砂法测定现场密度的试验步骤与计算；环刀法测定现场密度的试验步骤与计算；钻芯法测定沥青面层密度的试验步骤。

压实就是把一定体积的路基土基层材料或路面沥青混凝土压缩到更小的体积的过程。在此过程中，使颗粒相互挤压到一起，减少孔隙，由此提高材料密度。高标准压实，是保证路基、路面应有强度和稳定性一项最经济有效的技术措施。

压实可以充分发挥路基土和路面材料的强度，可以减少路基、路面在行车荷载作用下产生的永久形变，还可以增加路基土和路面材料的不透水性和强度稳定性。对于增强道路路基路面的使用性能和延长寿命是非常重要的。如果路基、底基层、基层或面层材料压实不足，在使用过程中，路面上就可能产生车辙、裂缝、沉陷和水损坏，也可能使整个路面产生剪切破坏。

对于高等级沥青混凝土路面工程来说，成功的压实应能使面层达到最佳孔隙率和密实度。如果压实不够，孔隙常趋于相互连通，此时空气和水分就容易浸入致使道路易遭到破坏；此外，在冰冻气温下，路面中的水分发生冻胀也将造成道路的早期破坏。但对压实的沥青混合料中需要留有一定量的孔隙，否则由于孔隙量过分减少，在沥青含量稍多时，路面在轴载的作用下，将出现泛油和失稳现象。对于密级配混合料路面理想的孔隙量为8%或更低一些，此时孔隙之间一般并不连通；孔隙量过高，沥青容易出现剥落、松散、坑洞等水毁现象。

通常用压实度来衡量现场压实的质量，对于路基土及路面基层，压实度是指工地实际达到的干密度与室内标准击实试验所得的最大干密度的比值；对沥青路面，压实度是指现场实际达到的密度与标准密度的比值。即：

$$K = \frac{\rho_d}{\rho_0} \times 100\% \tag{1-4-2}$$

对于路基土及路面基层和对于沥青面层，压实度的意义虽然各有不同，但是都同样需要进行有效地控制。此时，要求解决三个问题，即如何确定土与路面材料的标准干密度，如何确定土基和路面结构层材料各自要求的压实度以及如何在现场正确地评定路基土和路面材料的压实度。

而在现场正确地评定路基土和路面材料的压实度，需要解决三个问题，即准确地测定现场密度、准确地测定含水率以及利用数理统计方法评定现场压实度。

一、实验室标准密度确定方法

1.路基土的最大干密度和最佳含水率确定方法

最通用的确定土和路面材料的标准干密度的方法是击实试验法。用这种方法在室内确定土和材料的最佳含水率和最大干密度，并由此最大干密度作为该土和该材料的标准干密度。因此，这个方法有时也被称做含水率-密实度关系试验法。击实试验法一般只适用于最大粒径25mm（圆孔筛）或20mm（方孔筛）的集料，一些国家也将它用于最大粒径达38mm（方孔筛）的集料。集料中有少量超尺寸的颗粒（例如不大于5%）对试验结果无明显的影响。集料中有较多的超尺寸颗粒时，虽然可以进行校正，以确定整个集料的干密度，但现用校正方法并不是很准确的。

现在各国使用的土和路面材料的击实法试验，可分为两类。一类是轻型击实试验法，另一类是重型击实试验法。轻型击实试验分两类，重型击实试验也分两类。各类击实试验的主要参数见表1-4-1。

击实试验方法种类 表1-4-1

试验方法	类别	锤底直径	锤质量	落高	试筒尺寸			层数	每层击数	击实功	最大粒径
					内径（cm）	高（cm）	容积（cm^3）				
轻型Ⅰ法	Ⅰ.1	5	2.5	30	10	12.7	997	3	27	598.2	25
	Ⅰ.2	5	2.5	30	15.2	12	2177	3	59	598.2	38
重型Ⅱ法	Ⅱ.1	5	4.5	45	10	12.7	997	5	27	2687.0	25
	Ⅱ.2	5	4.5	45	15.2	12	2177	3	98	2677.2	38

在击实试验中，根据试验类型不同，分别采用不同的备料方法：

（1）干土法（土重复使用）：将具有代表性的风干或在50℃温度下烘干的土样放在橡皮板上，用圆木棍碾散，然后过不同孔径的筛（视粒径大小而定）。对于小试筒，按四分法取筛下的土约3kg；对于大试筒，同样按四分法取样约6.5kg。估计土样风干或天然含水率，如风干含水率低于开始含水率太多时，可将土样铺于一不吸水盘上，用喷水设备均匀地喷洒适量的水，并充分拌和，闷料一夜备用。

（2）干土法（土不重复使用）：按四分法至少准备5个试样，分别加入不同量水分（按2%～3%含水率递增），拌匀后闷料一夜备用

（3）湿土法（土不重复使用）：对于高含水率土，可省略过筛步骤，用手捡除大于38mm的

粗石子即可。保持天然含水率的第一个土样,可立即用于击实试验。其余几个试样,分别风干不同时间,使含水率按2%～3%递增。

再根据工程要求,按表规定选择轻型或重型试验方法。振动台法与表面振动压实仪法均是采用振动方法测定土的最大干密度。前者是整个土样同时受到垂直方向的振动作用,而后者是振动作用自土体表面垂直向下传递的。研究结果表明,对于无黏聚性自由排水土,这两种方法最大干密度试验的测定结果基本一致,但前者试验设备及操作较复杂,后者相对容易,且更接近于现场振动碾压的实际状况。使用时可根据试验设备拥有情况择其一即可,但推荐优先采用表面振动压实仪法。

已有的国内外研究结果表明,对于砂、卵、漂石及堆石料等无黏聚性自由排水土而言,一致公认采用振动方法,而不是普通击实法。因此,建议采用振动方法测定无黏聚性自由排水土的最大干密度。

2. 路面基层混合料最大干密度及最佳含水率确定方法

1)理论计算法(见本篇第三章)

2)重型击实试验法(见本篇第三章)

3. 沥青混合料标准密度确定方法

沥青混合料标准密度,以沥青拌和厂取样试验的马歇尔密度或者试验段密度为准,施工及验收过程中的压实度检验不得采用配合比设计时的标准密度,应按如下方法逐日检测确定:

(1)以实验室密度作为标准密度,即沥青拌和厂每天取样1～2次实测的马歇尔试件密度,取平均值作为该批混合料铺筑路段压实度的标准密度。其试件成型温度与路面复压温度一致。当采用配合比设计时,也可采用其他相同的成型方法的实验室密度作为标准密度。

(2)以每天实测的最大理论密度作为标准密度。对普通沥青混合料,沥青拌和厂在取样进行马歇尔试验的同时以真空法实测最大理论密度,平行试验的试样数不少于2个,以平均值作为该批混合料铺筑路段压实度的标准密度;但对改性沥青混合料、SMA混合料以每天总量检验的平均筛分结果及油石比平均值计算的最大理论密度为准,也可采用抽提筛分的配合比及油石比计算最大理论密度。

(3)以试验路密度作为标准密度。用核子密度仪定点检查密度不再变化为止。然后取不少于15个的钻孔试件的平均密度为计算压实度的标准密度。

(4)可根据需要选用实验室标准密度、最大理论密度、试验路密度中的1～2种作为钻孔法检验评定的标准密度。

(5)施工中采用核子密度仪等无破损检测设备进行压实度控制时,宜以试验路密度作为标准密度,核子密度仪的测点数不宜少于39个,取平均值,但核子密度仪需经标定认可。

4. 试验路法

试验路法就是通过铺筑试验路来确定路面材料与拥有机械相适应的最佳含水率和最大干密度。

将实际用于路面结构层的材料,如级配集料、水泥稳定土、石灰稳定土等铺筑几段不同含水率的试验路,每段一种含水率,并应尽可能使中间的含水率接近预估的最佳含水率。将材料拌和均匀后,用工地拥有的压实机械进行碾压试验。在碾压过程中,经常测定集料或稳定土的干密度,直到干密度不再增加为止。用最后得到的干密度的平均值作为相应含水率(也取平均值)下的最终干密度。利用不同含水率及其相应的最终干密度绘制“含水率—干密度”关系曲线,并根据此曲线确定适合于所用机械被压材料的最佳含水率和最大干密度。材料变化时,需要另铺试验路,重新确定其最佳含水率和最大干密度。

很明显,用试验路法得到的标准干密度受压实机械的影响。由于至少需要铺筑4~5种不同含水率的试验路,工作量相当大。如只在一种预估的合适含水率下铺筑试验路,并以所得的最终干密度作为标准干密度,则对某种集料或稳定土来讲,针对某一机械的材料合适含水率是难于确定的。因此,试验路上得到的标准干密度是否适当,就不能确定。

当然,也可以采用另一种方法铺筑试验路段。在长200mm~300m的路段上,先用含水率较小的路面材料均匀摊铺一层(厚20cm~25cm),用工地拥有的或规定的压实机械进行碾压试验,直到材料的干密度不再增加为止。然后将压实的材料层翻松,洒一定数量的水并拌和均匀,铺平整后用同样的压实机械进行湿压试验,直到材料的干密度不再增加为止。如此反复进行4~5次,每次都增加一定的含水率。如前所述绘制“含水率-干密度”关系曲线,并根据此关系曲线确定材料的最佳含水率和最大干密度。采用此方法的前提是,每次碾压结束后,材料没有明显破碎现象。

试验路法的主要优点是:它考虑了所用的全部集料颗粒,并且是在工地的实际条件下得到的。当集料的最大粒径大于击实试验法所容许的最大粒径而且这部分颗粒的含量超过30%时,可以采用试验路法确定集料的标准干密度。

对于沥青混合料试验路法,主要通过试验路选择较理想的压实机械和压实工艺,并通过钻芯取样法确定其密度作为标准密度。

5. 含水率测定方法

现场测得的密度仅仅是路基土和路面材料的湿密度。为计算土和材料的干密度,还必须准确测定其含水率。

用核子仪可以直接在工地快速测得含水率,若用环刀法、灌沙法等测量密度时,都需要专门取有代表性的样品,送室内进行含水率试验。

含水率试验最准确的方法是烘干法。烘干法中,将已经称过湿质量的土或材料方在温度为105~110℃的烘箱内,烘够规定的时间后,取出称其干质量,然后计算其含水率。通常,黏性土需要烘干的时间较长,重黏土和黏土应烘24h。在测定中粒土和粗粒土的含水率时,不能仅取其中的细粒土测量含水率,因为它不能代表整个中粒土和粗粒土的含水率,且所得含水率可能较实际含水率为大。因此,所取的试样应能代表整个中粒土和粗粒土的颗粒组成,即在颗粒组成和含水率方面都有代表性。因此,取的样品数量应该较多。

作为一种快速简易的含水率测定法,在国内常用酒精燃烧称重法(简称酒精法),也有用砂浴法和烘干法的。在国外有多种型号的核密实度含水率测定仪,中子(放射性同位素)含水率测定仪;还有含水率快速测定仪。使用含水率快速测定仪时,将湿土和电石一起放入密闭金属容器内,摇晃3min。电石吸收土中的水分,产生乙炔气体,密闭容器内的压力增大,通过容器另一端的压力表,可以立即读出土的含水率。

实践证明,用酒精燃烧法测量土的含水率的准确度与土类有关。用酒精法测量砂的含水率时,所得结果与烘干法的结果相符。用酒精燃烧法测量黏性土,特别是重亚黏土和黏土的含水率时,所得结果与烘干法的结果相差很大。酒精燃烧法测得的含水率常小于烘干法的结果。其主要原因是,酒精难于将黏性土烧干。此外,潮湿的黏性土难于粉碎,也使酒精法的准确度

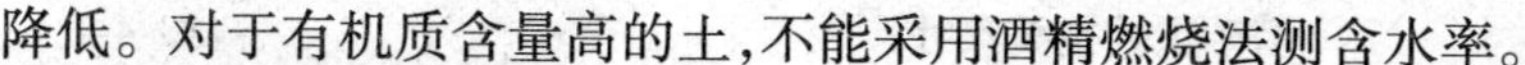

降低。对于有机质含量高的土,不能采用酒精燃烧法测含水率。

二、现场压实度试验方法

1. *灌砂法*

1)试验目的和适用范围

(1)本试验法适用于在现场测定基层(或底基层)、砂石路面及路基土的各种材料压实层的密度和压实度,也适用于沥青表面处治、沥青贯入式路面的密度和压实度检测,但不适用于填石路堤等有大孔洞或大孔隙材料的压实度检测。

(2)用灌砂法测定密度和压实度时,应符合下列规定:

①当集料的最大粒径小于15mm,测定层的厚度不超过150mm时,宜采用ϕ100mm的小型灌砂筒测试。

②当集料的最大粒径等于或大于15mm,但不大于40mm,测定层的厚度超过150mm,但不超过200mm时,应用ϕ150mm的大型灌砂筒测试。

2)仪具与材料

(1)灌砂筒:有大小两种,根据需要采用,形式和主要尺寸见图1-4-1及表1-4-2。当尺寸与表中不一致,但不影响使用时,亦可使用,储砂筒筒底中心有一圆孔,下部装一倒置的圆锥形漏斗,漏斗上端开口,直径与储砂筒的圆孔相同。漏斗焊接在一块铁板上,铁板中心有一圆孔与漏斗上开口相接,在储砂筒筒底与漏斗顶端铁板之间设有开关,开关为一薄铁板,一端与筒底及漏斗铁板铰接在一起,另一端伸出筒身外,开关铁板上也有一个相同直径的圆孔。

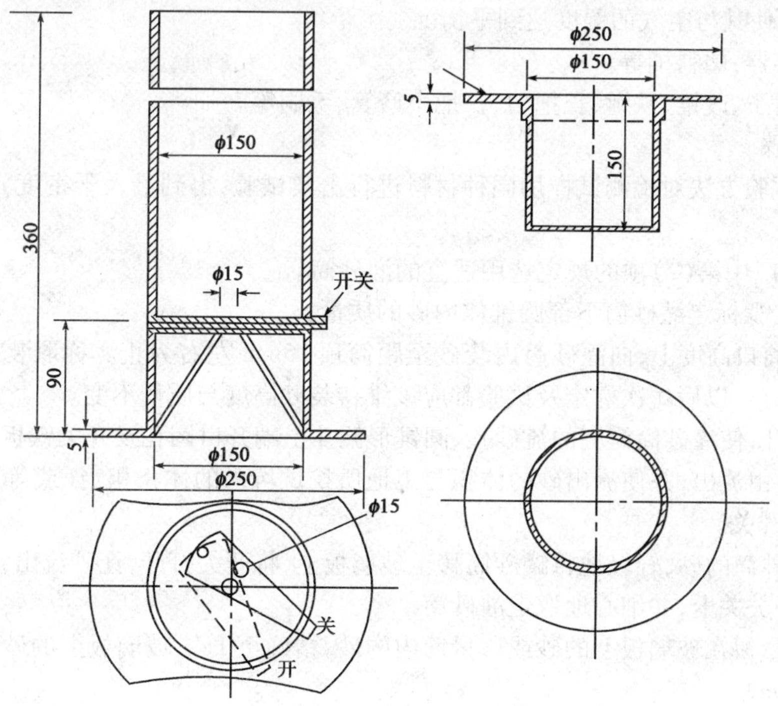

图1-4-1　灌砂筒和标定罐(尺寸单位:mm)

灌砂仪的主要尺寸　　表1-4-2

结构		小型灌砂筒	大型灌砂筒
储砂筒	直径(mm)	100	150
	容积(mm)	2120	4600
流砂孔	直径(mm)	10	15
金属标定罐	内径(mm)	100	150
	外径(mm)	150	200
金属方盘基板	边长(mm)	350	400
	深(mm)	40	50
	中孔直径(mm)	100	150

注:如集料的最大粒径超过31.5mm,则应相应地增大灌砂筒和标准罐的尺寸;如集料的最大粒径超过53mm,灌砂筒和现场试洞的直径应为200mm。

(2)金属标准罐:用薄铁板制作的金属罐,上端周围有一罐缘。

(3)基板:用薄铁板制作的金属方盘,盘的中心有一圆孔。

(4)玻璃板:边长500～600mm的方形板。

(5)试样盘:小筒挖出的试样可用饭盒存放,大筒挖出的试样可用300mm×500mm×40mm的搪瓷盘存放。

(6)天平或台秤:称量10～15kg,感量不大于1g,用于含水率测定的天平精度,对细粒土、中粒土、粗粒土宜分别为0.01g、0.1g、1.0g。

(7)含水率测定器具:如铝盒、烘箱等。

(8)量砂:粒径0.30～0.60mm清洁干燥的均匀砂,约20～40kg,使用前须洗净、洪干,并放置足够的时间,使其与空气的湿度达到平衡。

(9)盛砂的容器:塑料桶等。

(10)其他:凿子、改锥、铁锤、长把勺、长把小簸箕、毛刷等。

3)方法与步骤

(1)按现行试验方法对检测试样用同种材料进行击实试验,得到最大干密度ρ_0及最佳含水率(w_0)。

(2)按本节“1”中第(2)项的规定选用适宜的灌砂筒。

(3)按下列步骤标定灌砂筒下部圆锥体内砂的质量:

①在灌砂筒筒口高度上,向灌砂筒内装砂至距筒顶15mm左右为止。称取装入筒内砂的质量m_1,精确至1g。以后每次标定及试验都应该维持装砂高度与质量不变。

②将开关打开,使灌砂筒筒底的流砂孔、圆锥形漏斗上端开口圆孔及开关铁板中心的圆孔上下对准,让砂自由流出,并使流出砂的体积与工地所挖试坑内的体积相当(或等于标定罐的容积),然后关上开关。

③不晃动储砂筒的砂,轻轻地将罐砂筒移至玻璃板上,将开关打开,让砂流出,直到筒内砂不再下流时,将开关关上,并细心地取走灌砂筒。

④收集并称量留在玻璃板上的砂或称量筒内的砂,精确至1g。玻璃板上的砂就是填满筒下部圆锥体的砂m_2。

⑤重复上述测量3次,取其平均值。

(4)按下列步骤标定量砂的单位质量 r_s(g/cm^3):

①用水确定标定罐的容积 V,精确至1mL。

②在储砂筒中装入质量为 m_1 的砂,并将灌砂筒放在标定罐上,将开关打开,让砂流出,在整个流砂过程中,不要碰到灌砂筒,直到储砂筒内的砂不再下流时,将开关关闭,取下灌砂筒,称取筒内剩余砂的质量 m_3,精确至1g。

③按式(1-4-3)计算填满标定罐所需砂的质量 m_a(g):

$$m_a = m_1 - m_2 - m_3 \tag{1-4-3}$$

式中:m_a——标定罐中砂的质量(g);

m_1——装入灌砂筒内的砂的总质量(g);

m_2——灌砂筒下部圆锥体内砂的质量(g);

m_3——灌砂入标定罐后,筒内剩余砂的质量(g)。

④重复上述测量3次,取其平均值。

⑤按式(1-4-4)计算量砂的单位质量 r_s:

$$r_s = \frac{m_a}{V} \tag{1-4-4}$$

式中:r_s——量砂的单位质量(g/cm^3)

V——标定罐的体积(cm^3)。

(5)试验步骤:

①在试验地点,选一块平坦表面,并将其清扫干净,其面积不得小于基板面积。

②将基板放在平坦表面上,当表面的粗糙度较大时,则将盛有量砂 m_5 的灌砂筒放在基板中间的圆孔上,将灌砂筒的开关打开,让砂流入基板的中孔内,直到储砂筒内的砂不再下流时关闭开关。取下灌砂筒,并称量筒内砂的质量 m_6,精确至1g。

③取走基板,并将留在试验地点的量砂收回,重新将表面清扫干净。

④将基板放回清扫干净的表面上(尽量放在原处),沿基板中心孔凿洞(洞的直径与灌砂筒一致)。在凿洞过程中,应注意不使凿出的材料丢失,并随时将凿松的材料取出装入塑料袋中,不使水分蒸发。也可放在大试样盒内,试洞的深度应等于测定层厚度,但不得有下层材料混入,最后将洞内的全部凿松材料取出。对土基或基层,为防止试样盘内材料的水分蒸发,可分几次称取材料的质量。全部取出材料的总质量为 m_w,精确至1g。

注:当需要检测厚度时,应先测量厚度后再进行这一步骤。

⑤从挖出的全部材料中取出有代表性的样品,放在铝盒或洁净的搪瓷盘中,测定其含水率(w,以%计)。样品的数量如下:用小灌砂筒测定时,对于细粒土,不少于100g;对于各种中粒土,不少于500g。用大灌砂筒测定时,对于细粒土,不少于200g;对于各种中粒土,不少于1 000g;对于粗粒土或水泥、石灰、粉煤灰等无机结合料稳定材料,宜将取出的全部材料烘干,且不少于2 000g,称其质量 m_d。

⑥将基板安放在试坑上,将灌砂筒安放在基板中间(储砂筒内放满砂到要求质量 m_1),使灌砂筒的下口对准基板的中孔及试洞,打开灌砂筒的开关,让砂流入试坑内,在此期间,应注意勿碰动灌砂筒。直到储砂筒内的砂不再下流时,关闭开关,仔细取走灌砂筒,并称量筒内剩余砂的质量 m_4,精确至1g。

⑦如清扫干净的平坦表面的粗糙度不大,可省去(2)(3)的操作。在试洞挖好后,将灌砂

筒直接对准放在试坑上，中间不需要放基板，打开筒开关，让砂流入试坑内，在此期间，应注意勿碰动灌砂筒。直到储砂筒内的砂不再下流时，关闭开关，仔细取走灌砂筒，并称量剩余砂的质量 m_4，精确至1g。

⑧仔细取出试洞内的量砂，以备下次试验时再用。若量砂的湿度已发生变化或量砂中混有杂质，则应该重新烘干、过筛，并放置一段时间，使其与空气的湿度达到平衡后再用。

4)计算

(1)按下面各式分别计算填满试坑所用的砂的质量 m_b(g)：

①灌砂时，试坑上放有基板时：

$$m_b = m_1 - m_4 - (m_5 - m_6) \tag{1-4-5}$$

②灌砂时，试坑上不放基板时：

$$m_b = m_1 - m'_4 - m_2 \tag{1-4-6}$$

式中：m_b——填满试坑的砂的质量(g)；

m_1——灌砂前灌砂筒内砂的质量(g)；

m_2——灌砂筒下部圆锥体内砂的质量(g)；

m_4、m'_4——灌砂后，灌砂筒内剩余砂的质量(g)；

$m_5 - m_6$——灌砂筒下部圆锥体内及基板和粗糙表面间砂的合计质量(g)。

(2)按式(1-4-7)计算试坑材料的湿密度 ρ_w(g/cm³)：

$$\rho_w = \frac{m_w}{m_b} \times \gamma_s \tag{1-4-7}$$

式中：m_w——试坑中取出的全部材料质量(g)；

γ_s——量砂的单位质量(g/cm³)；

(3)按式(1-4-8)计算试坑材料的干密度 ρ_d(g/cm³)。

$$\rho_d = \frac{\rho_w}{1 + 0.01w} \tag{1-4-8}$$

式中：w——试坑材料的含水率(%)。

(4)当为水泥、石灰、粉煤灰等无机结合料稳定土的场合，可按式(1-4-9)计算干密度 ρ_d(g/cm³)：

$$\rho_d = \frac{m_d}{m_b} \times \gamma_s \tag{1-4-9}$$

式中：m_d——试坑中取出的稳定土的烘干质量(g)。

(5)按式(1-4-10)计算施工压实度：

$$K = \frac{\rho_d}{\rho_o} \times 100\% \tag{1-4-10}$$

式中：K——测试地点的施工压实度(%)；

ρ_d——试样的干密度(g/cm³)；

ρ_c——由击实试验得到的试样的最大干密度(g/cm³)。

注：当试坑材料组成与击实试验的材料有较大差异时，可以试坑材料作标准击实，求取实际的最大干密度。

5）报告

各种材料的干密度均应精确至 $0.01g/cm^3$。

6）试验中注意的问题

灌砂法是施工过程中最常用的试验方法之一。此方法表面上看起来较为简单，但实际操作时常常不好掌握，并会引起较大误差；又因为它是测定压实度的依据，故经常是质量检测监督部门与施工单位之间发生矛盾或纠纷的环节，因此应严格遵循试验的每个细节，以提高试验精度。为使试验做到准确，应注意以下几个环节：

（1）量砂要规则。量砂如果重复使用，一定要注意晾干，处理一致，否则影响量砂的松方密度。

（2）每换一次量砂，都必须测定松方密度，漏斗中砂的数量也应该每次重做。因此量砂宜事先准备较多数量。切勿到试验时临时找砂，又不做试验，仅使用以前的数据。

（3）地表面处理要平整。只要表面凸出一点（即使1mm），使整个表面高出一薄层，其体积就算到试坑中去了，也会影响试验结果。因此本方法一般宜采用放在基板上先测定一次粗糙表面消耗的量砂，按公式计算填坑的砂量，只有在非常光滑的情况方可省去此步骤。

（4）在挖坑时试坑周壁应竖直，避免出现上大下小或上小下大的情形，这样就会使检测密度偏大或偏小。

（5）灌砂时检测厚度应为整个碾压层厚，不能只取上部或者取至下一碾压层中。

2. 核子密度仪法

该法是利用放射性元素（通常是 γ 射线和中子射线）测量土或路面材料的密度和含水率。这类仪器的特点是测量速度快，需要人员少。该类方法适用于测量各种土或路面材料的密度和含水率，有些进口仪器可贮存打印测试结果。它的缺点是，放射性物质对人体有害，另外需要打洞的仪器，在打洞过程中使洞壁附近的结构遭到破坏，影响测定的准确性。对于核子密度湿度仪法，可作施工控制使用，但需与常规方法比较，以验证其可靠性。

1）试验目的和适用范围

（1）本方法适用于现场用核子密度湿度仪以散射法或直接透射法测定路基或路面材料的密度和含水率，并计算施工压实度。

（2）核子密湿度仪是现场检测压实度轻音乐常用的一种方法仪器按规定方法标定后，其检测结果可作为工程质量评定与验收的依据。本方法可检测土壤、碎石、土石混合物、沥青混合料和非硬化水泥混凝土等材料。

（3）本方法适用于施工质量的现场快速评定，不宜用作仲裁试验或评定验收的依据。

2）仪具与材料

（1）核子密度湿度仪：符合国家规定的关于健康保护和安全使用标准，密度的测定范围为 $1.12 \sim 2.73g/cm^3$，测定误差不大于 $\pm 0.03g/cm^3$。含水率测量范围为 $0 \sim 0.64g/cm^3$，测定误差不大于 $\pm 0.015g/cm^3$。它主要包括下列部件：

①γ 射线源：双层密封的同位素放射源，如铯—137、钴—60 或镭—226 等。

②中子源：如镅(241)—铍等。

③探测器：γ 射线探测器，如 G-M 计数管、氦—3 管、闪烁晶体或热中子探测器等。

④读数显示设备：如液晶显示器、脉冲计数器、数率表或直接读数表。

⑤标准板：提供检验仪器操作和散射计数参考标准用。

⑥安全防护设备：符合国家规定要求的设备。

⑦刮平板：钻杆、接线等。

（2）细砂：0.15～0.3mm。

（3）天平或台秤。

（4）其他：毛刷等。

3）方法与步骤

（1）本方法用于测定沥青混合料面层的压实密度或硬化水泥混凝土等难以打也材料的密度时，用表面散射法测定，所测定沥青面层的层厚应不大于根据仪器性能决定的最大厚度。用于测定土基或基层材料的压实密度及含水率时，打洞后用直接透射法测定，测定层的厚度不宜大于30cm。

（2）准备工作：

①每天使用前按下列步骤用标准板测定仪器的标准值：

a. 进行标准值测定时的地点至少离开其他放射源10m的距离，地面必须经压实而且平整。

b. 接通电源，按照仪器使用说明书建议的预热时间，预热测定仪。

c. 在测定前，应检查仪器性能是否正常。在标准板上取3～4个读数的平均值建立原始标准值，并使用说明书提供的标准值核对，如标准读数超过仪器使用说明书规定的限界时，应重复此项标准的测量；若第二次标准计数仍超出规定的限界时，需视作故障并进行仪器检查。

②在进行沥青混合料压实层密度测定前，应用核子仪对钻孔取样的试件进行标定：测定其他材料密度时，宜与挖坑灌砂法的结果进行标定。标定的步骤如下：

a. 选择压实的路表面，按要求的测定步骤用核子仪测定密度，读数。

b. 在测定的同一位置用钻孔法或挖坑灌砂法取样，量测厚度，按规定的标准方法测定材料的密度。

c. 对同一种路面厚度及材料类型，在使用前至少测定15处，求取两种不同方法测定密度的相关关系，其相关系数应不小于0.95。

③测试位置的选择：

a. 按照随机取样的方法确定测试位置，但距路面边缘或其他物体的最小距离不得小于30cm，核子仪距其他的射线源不得少于10cm。

b. 当用散射法测定时，应按图1-4-2的方法用细砂填平测试位置路表结构凹凸不平的空隙，使路表面平整，能与仪器紧密接触。

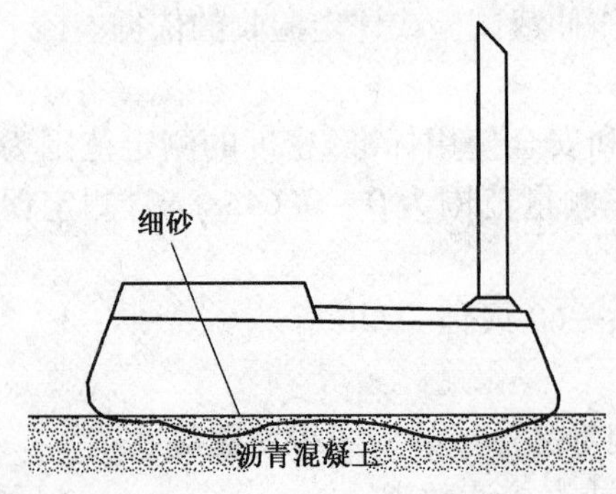

图1-4-2　用细砂填平测试位置的方法图

c. 当使用直接透射法测定时，应按图1-4-3的方法在表面上用导板和钻杆打孔。在拟测试材料的表面打一个垂直的测试孔，测试孔要以插进探测杆后仪器在测点表面上不倾斜为准。孔必须大于探测杆达到的测试深度。再按图1-4-3的方法将探测杆放下插入已打好的测试孔内，前后或左右移动仪器，使之安放稳固。

d. 按照规定的时间，预热仪器。

（3）测定步骤

①如果用散射法测定沥青混合料压实层密度时，应按图1-4-4的方法将核子仪平稳地置于测试位置上。测

点应随机选择，测定温度应与试验段测定时一致，一组不少于13点，取平均值。检测精度通过试验路段与钻孔计划体制比较评定。

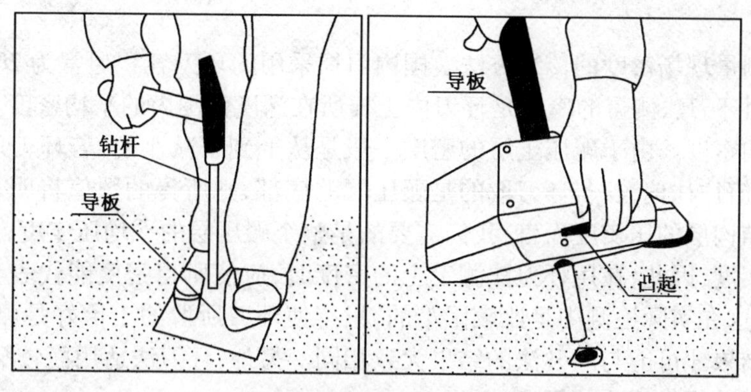

图1-4-3　在路表面上打孔的方法

②如用直接透射法测定时，应按图1-4-5的方法将放射源棒放下插入已预先打好的孔内。

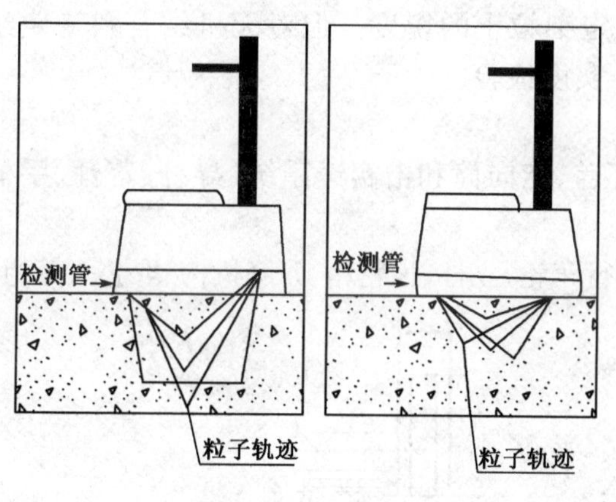

图1-4-4　用散射法测定的方法

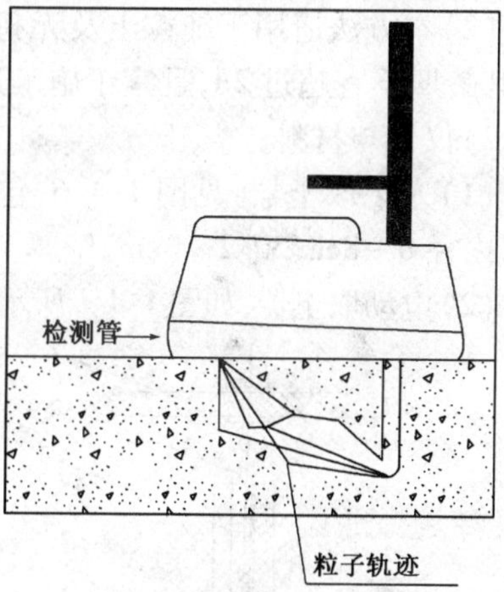

图1-4-5　用直接透射法测定的方法

③打开仪器，测试员退出仪器2m以外，按照选定的测定时间进行测量，到达测定时间后，读取显示的各项数值，并迅速关机。

注：各种型号的仪器在具体操作步骤上略有不同，可按照仪器使用说明书进行。

4）计算

计算施工干密度及压实度。

5）报告

测定路面密度及压实度的同时，应记录气温、路面的结构深度、沥青混合料类型、面层结构及测定厚度等数据和资料。

6）使用安全注意事项

（1）仪器工作时，所有人员均应退至距离仪器2m以外的地方。

（2）仪器不使用时，应将手柄置于安全位置，仪器应装入专用的仪器箱内，放置在符合核幅射安全规定的地方。

(3)仪器应由经有关部门审查合格的专人保管、专人使用，对从事仪器保管及使用的人员，应遵照有关核辐射检测的规定，不符合核防护规定的人员，不宜从事此项工作。

3. 环刀法

环刀法是测量现场密度的传统方法。国内习惯采用的环刀容积通常为 $200cm^3$，环刀高度通常约5cm。用环刀法测得的密度是环刀内土样所在深度范围内的平均密度。它不能代表整个碾压层的平均密度。由于碾压土层的密度一般是从上到下减小的，若环刀取在碾压层的上部，则得到的数值往往偏大，若环刀取的是碾压层的底部，则所得的数值将明显偏小。就检查路基土和路面结构层的压实度而言，我们需要的是整个碾压层的平均压实度，而不是碾压层中某一部分的压实度，因此，在用环刀法测定土的密度时，应使所得密度能代表整个碾压层的平均密度。然而，这在实际检测中是比较困难的，只有使环刀所取的土恰好是碾压层中间的土，环刀法所得的结果才可能与灌砂法的结果大致相同。另外，环刀法适用面较窄，对于含有粒料的稳定土及松散性材料无法使用。

1)试验目的的适用范围

(1)本方法规定在公路工程现场用环刀法测定土基及路面材料的密度及压实度。

(2)本方法适用于细粒土及无机结合料稳定细粒土的密度。但对无机结合料稳定细粒土，其龄期不宜超过2d，且宜于施工过程中的压实度检验。

2)仪器与材料

(1)人工取土器：见图1-4-6，包括环刀、环盖、定向筒和击实锤系统(导杆、落锤、手柄)。环刀内径6~8cm，高2~3cm，壁厚1.5~2mm。

(2)电动取土器：如图1-4-7所示。由底座、行车轮、立柱、齿轮箱、升降机构、取芯头等组成。

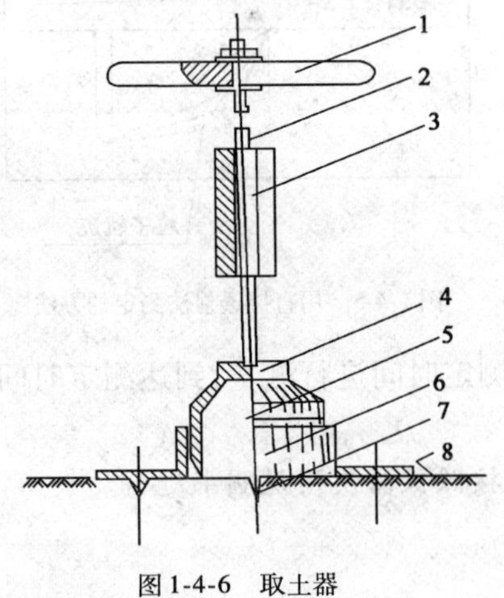

图1-4-6　取土器

1-手柄；2-导杆；3-落锤；4-环盖；5-环刀；6-定向筒；7-定向筒齿钉；8-试验地面

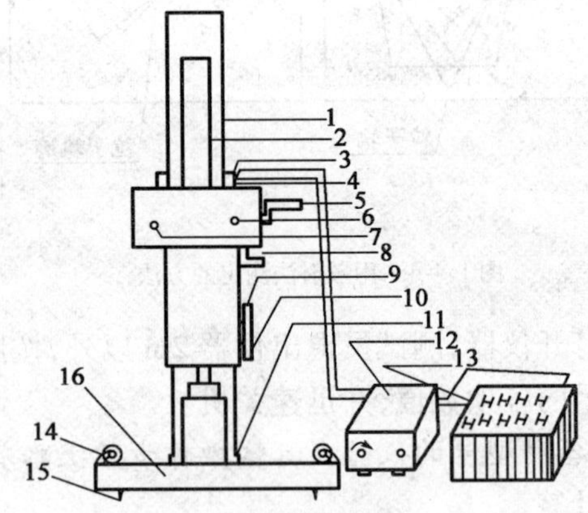

图1-4-7　电动取土器

1-立柱；2-升降轴；3-电源输入；4-直流电机；5-升降手柄；6、7-电源指示；8-锁紧手柄；9-升降手柄；10-取芯头；11-立柱套；12-调整器；13-电瓶；14-行车轮；15-定位销；16-底座平台

①底座：由底座平台(16)、定位销(15)、行车轮(14)组成。平台是整个仪器的支撑基础；定位销供操作时仪器定位用；行车轮供换点取芯时仪器近距离移动用，当定位四只轮子可板起离开地表。

②立柱：由立柱(1)与立柱套(11)组成，装在底座平台上，作为升降机构、取芯机构、动力

和传动机构的支架。

③升降机构:由升降手轮(9)、锁紧手柄(8)组成,供调整取芯机构高低用。松开锁紧手柄,转动升降手轮,取芯机构即可升降,到所需位置时拧紧手柄定位。

④取芯机构:由取芯头(10)、升降轴(2)组成,取芯头为金属圆筒,下口对称焊接两个合金钢切削刀头,上端面焊有平盖,其上焊螺母,靠螺旋接于升降轴上。取芯头为可换式,有三种规格,即50mm×50mm、70mm×70mm、100mm×100mm,另配有相应的取芯套筒、扳手、铅盒等。

⑤动力和传动机构:主要由直流电机(4)、调速器(12)、齿轮箱组成。另配电瓶和充电器。当电机工作时,通过齿轮箱的齿轮将动力传给取芯机,升降轴旋转,取芯头进入旋切工作状态。

⑥电动取土器主要技术参数为:工作电压DC24V(36A·h);转速50~70r/min,无级调速;整机质量约35kg。

(3)天平:感量0.1g(用于取芯头内径小于70mm样品的称量)或1.0g(用于取芯头内径100mm样品的称量)。

(4)其他:镐、小铁锹、修土刀、毛刷、直尺、钢丝锯、凡士林、木板及测定含水率设备等。

3)方法与步骤

(1)按有关试验方法对检测试样用同种材料进行击实试验,得到最大干密度及最佳含水率。

(2)用人工取土器测定黏性土及无机结合料稳定细粒土密度的步骤:

①擦净环刀,称取环刀质量M_2,精确至0.1g。

②在试验地点,将面积约30cm×30cm的地面清扫干净,并将压实层铲去表面浮动及不平整的部分,达一定深度,使环刀打下后,能达到要求的取土深度,但不得将下层扰动。

③将定向筒齿钉固定于铲平的地面上,顺次将环刀、环盖放入定向筒内与地面垂直。

④将导杆保持垂直状态,用取土器落锤将环刀打入压实层中,至环盖顶面与定向筒上口齐平为止。

⑤去掉击实锤和定向筒,用镐将环刀及试样挖出。

⑥轻轻取下环盖,用修土刀自边至中削去环刀两端余土,用直尺检测直至修平为止。

⑦擦净环刀外壁,用天平称取环刀及试样合计质量M_1,精确至0.1g。

⑧自环刀中取出试样,取具有代表性的试样,测定其含水率w。

(3)用人工取土器测定砂性土或砂层密度时的步骤:

①如为湿润的砂土,试验时不需使用击实锤和定向筒。在铲平的地面上,细心挖出一个直径较环刀外径略大的砂土柱,将环刀刃口向下,平置于砂土柱上,用两手平稳地将环刀垂直压下,直至砂土柱突出环刀上端约2cm时为止。

②削掉环刀口上的多余砂土,并用直尺刮平。

③在环刀上口盖一块平滑的木板,一手按住木板,另一手用小铁锹将试样从环刀底部切断,然后装满试样的环刀反转过来,削去环刀刃口上部的多余砂土,并用直尺刮平。

④擦净环刀外壁,称环刀与试样合计质量M_1,精确至0.1g。

⑤自环刀中取具有代表性的试样测定其含水率。

⑥干燥的砂土不能挖成砂土柱时,可直接将环刀压入或打入土中。

(4)用电动取土器测定无机结合料细粒土和硬塑土密度的步骤:

①装上所需规格的取芯头,在施工现场取芯前,选择一块平整的路段,将四只车轮打起,四

根定位销钉采用人工加压的方法，压入路基土层中，松开锁紧手柄，旋动升降手轮，使取芯头刚好与土层接触，锁紧手柄。

②将电瓶与调速器接通，调速器的输出端接入取芯机电源插口。指示灯亮，显示电路已通；启动开关，电动机工作，带动取芯机构转动。根据土层含水率调节转速，操作升降手柄，上提取芯机构，停机，移开机器，由于取芯头圆筒外表有几条螺旋状突起，切下的土屑排在筒外螺纹上旋抛出地表。因此，将取芯套筒套在切削好的土芯立柱上，摇动即可取出样品。

③取出样品，立即按取芯套筒长度用修土刀或钢丝锯修平两端，制成所需规格土芯，如拟进行其他试验项目，装入铅盒，送试验室备用。

④用天平称量土芯带套筒质量 M_1，从土芯中心部分取试样测定含水率。

(5)本试验须进行两次平行测定，其平行差值不得大于 0.03g/cm³。求其算术平均值。

4)计算

(1)按下列各式分别计算试样的湿密度及按下式计算干密度：

$$\rho_w = \frac{4 \times (M_1 - M_2)}{\pi \cdot d^2 \cdot h} \tag{1-4-11}$$

式中：ρ_w——试样的湿密度(g/cm³)；

M_1——环刀或取芯套筒与试样合计质量(g)；

M_2——环刀或取芯套筒质量(g)；

d——环刀或取芯套筒直径(cm)；

h——环刀或取芯套筒高度(cm)。

(2)计算施工压实度：

5)报告

试验应报告土的鉴别分类、土的含水率、湿密度、干密度、最大干密度、压实度等。

4. 钻芯法

1)试验目的和适用范围

(1)压实沥青混合料面层的施工压实度是指按规定方法采取的混合料试样的毛体积密度与标准密度之比，以百分率表示。

(2)本方法适用于检验从压实的沥青路面上钻取的沥青混合料芯样试件的密度，以评定沥青面层的施工压实度。

2)仪具与材料

(1)路面取芯钻机。

(2)天平：感量不大于 0.1g。

(3)溢流水槽。

(4)吊篮。

(5)石蜡。

(6)其他：卡尺、毛刷、小勺、取样袋(容器)、电风扇。

3)方法与步骤

(1)钻取芯样

按现行《公路路基路面现场测试规程》(JTG E60—2008)“T 0901”取样方法钻取路面芯

样，芯样直径不宜小于 ϕ100mm。当一次钻孔取得的芯样包含有不同层位的沥青混合料时，应根据结构组合情况用切割机将芯样沿各层结合面锯开分层进行测定。

钻孔取样应在路面完全冷却后进行，对普通沥青路面通常在第二天取样，对改性沥青及 SMA 路面宜在第三天以后取样。

（2）测定试件密度

①将钻取的试件在水中用毛刷轻轻刷净黏附的粉尘。如试件边角有浮松颗粒，应仔细清除。

②将试件晾干或用电风扇吹干不少 24h，直至恒重。

③测定试件的视密度或毛体积密度 ρ_s。当试件的吸水率小于 2% 时，采用水中重法或表干法测定；当吸水率大于等于 2% 时，用蜡封法测定；对空隙率很大的透水性混合料及开级配混合料用体积法测定。

（3）根据现行的《公路沥青路面施工技术规范》（JTG F40—2004）的规定，确定计算压实度的标准密度。

4）计算

（1）当计算压实度的沥青混合料的标准密度采用马歇尔击实试件成型密度或试验路段钻孔取样密度时，沥青面层的压实度按式（1-4-12）计算：

$$K = \frac{\rho_S}{\rho_0} \times 100\% \tag{1-4-12}$$

式中：K——沥青面层的压实度（%）；

ρ_s——沥青混合物料芯样试件的视密度或毛体积密度（g/cm³）；

ρ_0——沥青混合料的标准密度（g/cm³）。

（2）当计算压实度的沥青混合料的标准密度采用最大理论密度计算压实度时，应按下式计算压实度，其最大理论密度可用真空法实测也可用式（1-4-13）计算：

$$\rho_0 = \frac{100 + P_{ai}}{\dfrac{100}{\rho_{se}} + \dfrac{P_{ai}}{\rho_b}} \tag{1-4-13}$$

式中：ρ_0——沥青混合料的标准密度（g/cm³）；

V_v——沥青混合料的油石比（%）；

ρ_{se}——矿料的有效密度（g/cm³）；

ρ_b——沥青的密度（g/cm³）。

（3）按规定方法计算一个评定路段检测的压实度的平均值、标准差、变异系数，并计算代表压实度。

（4）试验检测中应注意的问题。压实度的大小取决于实测的压实密度，同时也与标准密度的大小有关。但目前对标准密度的规定并不统一，有些工程在压实度达不到时便重新进行马歇尔试验，调整标准密度使压实度达到要求，这样实际上是弄虚作假。为防止这种情况，新的检测方法规定了三种标准密度。在进行检测时，应结合工程实际情况，采用相应的标准密度。

5)报告

压实度试验报告应记载压实度检查的标准密度及依据,并列表表示各测点的试验结果。

5. 无核密度仪法

1)试验目的和适用范围

(1)本方法适用于现场无核密度仪快速测定路面各层沥青混合料的密度,并计算施工压实度,但测定结果不宜用于评定验收或仲裁。

(2)无核密度仪可用于检测铺筑完工的沥青路面、现场沥青混合料铺筑层密度及快速检查混合料的离析。

(3)应用无核密度仪时,必须严格标定,通过对比试验检验,确认其可靠性。

(4)每 12 个月要将无核密度仪送到授权服务中心进行标定和检查。

2)方法与步骤

(1)准备工作

①所测定沥青面层的层厚应不大于该仪器性能探测的最大深度。在进行沥青混合料压实层密度测定前,应用无核密度仪与钻孔取样的计划体制进行标定。

②第一次使用前需要对软件进行设置。仪器存储了软件的设置后,操作者无需每次开机后都进行软件的设置。

③按仪器使用说明书的要求综合标定仪器的测量精度。

④按照不同的需要选择想要的测量模式。

⑤按照仪器使用说明的规定,进行修正值设置。

(2)测试步骤

①为了保证测量精度,在正式测量前应正确选择测量场地。

②把仪器放置平稳,保证仪器不晃动。

③为了确保精确测量,仪器应与测量面紧密接触。在开始测量前应检查仪器的工作状态,如电池、内部温度、选择的测量单位、运行参考读数的日期和时间等。

④根据需要选择测量模式进行测试。

(3)按下式计算压实度:

$$K = \frac{\rho_d}{\rho_c} \times 100\%$$

式中:K——测试地点的施工压实度(%);

ρ_d——由无核密度仪测定的压实沥青混合料的实际密度(g/cm^3),一组不少于 13 个点,取平均值;

ρ_c——沥青混合料的标准密度(g/cm^3),按照《公路沥青路面施工技术规范》(JTG F40—2004)附录 E 的规定选用。

(4)报告

测定路面密度及压实度的同时,应记录气温、路面的结构深度、沥青混合料类型、面层结构及测定厚度等数据和资料。

三、压实度评定

(1)路基和路面基层、底基层的压实度以重型击实标准为准。沥青路面的压实度采取重点进行碾压工艺的过程控制,适度钻孔抽检压实度校核的方法。钻孔取样应在路面完全冷却后进行,对普通沥青路面通常在第二天取样,对改性沥青及 SMA 路面宜在第三天以后取样。可根据需要选用实验室标准密度、最大理论密度、试验路密度中的 1 ~2 种作为钻孔法检验评定的标准密度。

对于特殊干旱、潮湿地区或过湿土,以路基设计施工规范规定的压实度标准进行评定。

(2)标准密度应作平行试验,求其平均值作为现场检验的标准值。对于均匀性较差的路基土质和路面结构层材料,应根据实际情况增补标准密度试验,求得相应的标准值,以控制和检验施工质量。

(3)路基、路面压实度以 1 ~3km 长的路段为检验评定单元,按要求的检测频率及方法进行现场压实度抽样检查,求算每一测点的压实度 K_i。细粒土现场压实度检查可采用灌砂法或环刀法;粗粒土及路面结构层压实度检查可以采用灌砂法、水袋法或钻孔取样蜡封法。应用核子密度仪时,须经对比试验检验,确认其可靠性。沥青面层施工中采用核子密度仪等无破损检测设备进行压实度控制时,宜以试验路密度作为标准密度,核子密度仪的测点数不宜少于 39 个,取平均值,但核子密度仪需经标定认可。

检验评定段的压实度代表值 K(算术平均值的下置信界限)为:

$$K = \bar{k} - t_\alpha S/\sqrt{n} \geqslant K_0 \tag{1-4-14}$$

式中,$\bar{k}$——检验评定段内各测点压实度的平均值;

t_α——t 分布表中随各测点数和保证率(或置信度 α)而变的系数;

高速、一级公路:基层、底基层为 99%,路基、路面面层为 95%;

其他公路:基层、底基层为 95%,路基、路面面层为 90%;

S——检测值的均方差;

N——检测点数;

K_0——压实度标准值。

①路基、基层和底基层:

$K \geqslant K_0$,且单点压实度 K_i 全部大于等于规定值减 2 个百分点时,评定路段的压实度合格率为 100%;当 $K \geqslant K_0$,且单点压实度全部大于等于规定极值时,按测定值不低于规定值减 2 个百分点的测点数计算合格率;$K < K_0$ 或某一单点压实度 K_i 小于规定极值时,该评定路段压实度为不合格,相应分项工程评为不合格。

路堤施工段落短时,分层压实度应点点符合要求,且样本数不小于 6 个。

②沥青面层:

当 $K \geqslant K_0$ 且全部测点大于等于规定值减 1 个百分点时,评定路段的压实度合格率为 100%;当 $K \geqslant K_0$ 时,对于测定值不低于规定值减 1 个百分点的测点数计算合格率。

$K < K_0$ 时,评定路段的压实度为不合格,相应分项工程评为不合格。

(4)压实标准

不同的筑路材料、不同公路等级压实度标准值不同见表 1-4-3、表 1-4-4、表 1-4-5。

路基压实标准　　表 1-4-3

填挖类型		路槽底面以下深度(cm)	压实度(%)不小于		
			高速、一级公路	其他公路	
				二级公路	三、四级公路
填方路堤	路床	0~80	96	95	94
	上路堤	80~150	94	94	93
	下路堤	150 以下	93	92	90
零填及挖方(cm)		0~30	—	—	94
		0~80	96	95	—

注：表列压实度以重型击实试验法为准，评定路段内的压实度平均值下置信界限不得小于规定标准，单个测定值不得小于极值（表列值减 5 个百分点）；按不小于表列规定值减 2 个百分点的测点数量占总检查点的百分率计算合格率。

基层和底基层压实度标准　　表 1-4-4

结构类型	压实度(%)不小于							
	基层				底基层			
	高速、一级公路		其他公路		高速、一级公路		其他公路	
	规定值	极值	规定值	极值	规定值	极值	规定值	极值
级配碎石	98	94	98	94	96	92	96	92
填隙碎石（固体体积率%）	—	—	85	82	85	82	83	80
水泥土	—	—	95	91	95	91	93	89
水泥稳定粒料	98	94	97	93	96	92	95	91
石灰土	—	—	95	91	95	91	93	89
石灰、稳定粒料	—	—	97	93	96	92	95	91
石灰、粉煤灰土	—	—	95	91	95	91	93	89
石灰、粉煤灰稳定粒料	98	94	97	93	96	92	95	91

面层压实度标准　　表 1-4-5

结构类型	压实度(%)不小于	
	高速、一级公路	其他公路
沥青混凝土沥青碎(砾)石	试验室标准密度的 96%（98% *） 最大理论密度的 92%（94% *） 试验段密度的 98%（99% *）	

注：* 是指 SMA 路面。

第三节　路面平整度试验检测方法

复习要点：

1. 车载式颠簸累积仪法和激光平整度仪试验的适用范围、仪器设备、试验结果处理；

2. 平整度的概念、常用检测设备及指标；3m 直尺、连续式平整度仪法的适用范围、仪

器设备、试验结果处理及注意事项。

3.3m 直尺测定法、连续式平整度仪法的测试步骤。

路面平整度是评定路面使用品质的重要指标之一。它直接关系到行车安全、舒适以及车辆行驶能力和营运经济性,并影响着路面使用年限。测定路面平整度指标一是为了检查控制路面施工质量与验收路面工程,二是根据测定的路面平整度指标以确定养护修理计划。

平整度的测试设备分为断面类及反应类两大类,断面类实际上是测定路面表面凹凸情况,如最常用的3m 直尺法、连续式平整度仪法;还可用精确测定调和得到,国际平整度指数便是以此为基准建立的,这是平整度最基本的指标;反应类是由于路面凹凸不平引起车辆颠簸,这是驾驶员和乘客直接感受到的平整度指标。因此,它实际上是舒适性能指标,常用的有车载式颠簸累积仪。现已有更新型的自动化测试设备,如纵断面分析仪、路面平整度数据采集系统测定车等。常见几种平整度测试方法的特点及技术指标比较见表 1-4-6。国际上通用国际平整度指数 IRI 衡量路面行驶舒适性或路面行驶质量,可通过标定试验得出 IRI 与标准差 σ 或单向累计值 VBI 之间的关系。

平整度测试方法比较　　表 1-4-6

方　法	特　点	技术指标
3m 直尺法	设备简单,结果直观,间断测试,工作效率低,反映凹凸程度	最大间隙 h(mm)
连续式平整度仪法	设备较复杂,连续测试,工作效率高,反映凹凸程度	标准差 σ(mm)
车载式颠簸累积仪	设备复杂、工作效率高,连续测试,反映舒适性	单向累计值 VBI(cm/km)

国际平整度指数 IRI 是国际上公认的衡量路面行驶舒适性或路面行驶质量的指数。平整度测定的方法和仪器很多,相应采用的指标也各不相同。为了使采用不同的方法和仪器测定的结果可以相互比较,需要寻找一个标准的(或通用的)平整度指标,它同其他平整度指标应有良好的相关关系。同时,采用反应类平整度仪测定时,为使测定结果具有时间稳定性,必须经常进行标定;而标定曲线的精度取决于标定路段采用的平整度指标同反应类测定系统的相关性。

为了解决上述问题,世界银行于 1982 年组织了巴(西)、英、美、法等国专家参加的国际研究小组,在巴西进行了大规模的路面平整度试验。在此基础上提出采用国际平整度指数(IRI)作为评价标准的建议。

国际平整度指数(IRI)是一项标准化的平整度指标。它同反应类平整度测定系统类似,但是采用的是数学模型模拟 1/4 车轮(即单轮,类似于拖车)以规定速度行驶在路面断面上,分析行驶距离内动态反应悬挂系的累积竖向位移量。标准的测定速度规定为 80km/h,其测定结果的单位为 m/km。因而,这一指标与反应类仪器的平均调整坡 ARS 相似,称作参照平均调整坡(RARS80)。

求得每一个位置的变量值后,即可计算该位置的调整坡(RS)。

IRI 为路段长度内 RS 变量的平均值。因此,当每个断面点的调整坡求得后,便可按式(1-4-15)计算 IRI:

$$\mathrm{IRI} = \frac{1}{n-1}\sum_{i=2}^{n} RS_i \tag{1-4-15}$$

上述计算过程已编制电算程序，在量测得到纵断面的高程资料后，便可按抽样点间距利用此程序计算该段路面平整度的国际平整度指数 IRI 值。

国际平整度指数 IRI 作为通用指标的效果，可以通过考察不同平整度测定方法的测定结果转换成以 IRI 表征后的一致性得到证实。

1.3m 直尺法

3m 直尺测定法有单尺测定最大间隙和等距离(1.5m)连续测定两种。前者常用于施工时质量控制和检查验收，并要计算出测定段的合格率；后者也可用于施工质量检查验收，但要算出标准差，用标准差表示平整程度。它们与用连续式平整度仪测定的路面平整度有较好的相关关系。

3m 直尺测定法适用于测定热拌沥青混合料路面各层施工过程中的接缝及与构造物连接处的平整度，以评定路面的施工质量；也可用于除高速公路以外的其他等级公路路基路面工程质量检查验收或进行路况评定。

1）目的和适用范围

（1）本方法规定用 3m 直尺测定距离路表面的最大间隙表示路基路面的平整度，以 mm 计。

（2）本方法适用于测定压实成型的路面各层表面的平整度，以评定路面的施工质量，也可用于路基表面成型后的施工平整度检测。

2）仪具与材料

（1）3m 直尺：硬木或铝合金钢制，底面平直，长 3m。

（2）楔形塞尺：木或金属制的三角形塞尺，有手柄。塞尺的长度与高度之比不小于 10，宽度不大于 15mm，边部有高度标记，刻度精度不小于 0.2mm，也可使用其他类型的量尺。

（3）其他：皮尺或钢尺、粉笔等。

3）方法与步骤

（1）准备工作：

①按现行有关规范规定选择测试路段。

②在测试路段路面上选择测试地点：当为沥青路面施工过程中质量检测时，测试地点应选在接缝处，以单杆测定评定；除高速公路以外，可用于其他等级公路路基路面工程质量检查验收或进行路况评定，每 200 测 2 处，每处连续测量 10 尺。除特殊需要者外，应以行车道一侧车轮轮迹（距车道线 80 ~ 100cm）作为连续测定的标准位置。对旧路已形成车辙的路面，应取车辙中间位置为测定位置，用粉笔在路面上做好标记。

③清扫路面测定位置处的污物。

（2）测试步骤

①在施工过程中检测时，应根据需要确定的方向，将 3m 直尺摆在测试地点的路面上。

②目测 3m 直尺底面与路面之间的间隙情况，确定间隙为最大的位置。

③用有高度标线的塞尺塞进间隙处，量记其最大间隙的高度（mm），精确到 0.2mm。

④施工结束后检测时，按现行《公路工程质量检测评定标准》（JTG F80/1—2004）的规定，每 1 处连续检测 10 尺，按上述① ~ ③的步骤测记 10 个最大间隙。

4）计算

单杆检测路面的平整度计算，以 3m 直尺与路面的最大间隙为测定结果，连续测定 10 尺

时，判断每个测定值是否合格，根据要求计算合格百分率，并计算10个最大间隙的平均值。

$$合格率 = 合格尺数 / 总测尺数 \times 100\% \quad (1\text{-}4\text{-}16)$$

5）报告

单杆检测的结果应随时记录测试位置及检测结果。连续测定10尺时，应报告平均值、不合格尺数、合格率。

2. 连续式平整度仪法

1）目的和适用范围

（1）本方法规定用连续式平整度仪量测路面的不平整度的标准差（σ），以表示路面的平整度，以mm计。

（2）本方法适用于测定路表面的平整度，评定路面的施工质量和使用质量，不适用于在已有较多坑槽、破损严重的路面上测定。

2）仪具

（1）连续式平整度仪：

①整体结构：构造如图1-4-8所示。除特殊情况外，连续式平整度仪的标准长度为3m，其质量应符合仪器标准的要求。中间为一个3m长的机架，机架可缩短或折叠，前后各有4个行车轮，前后两组轮的轴间距离为3m。

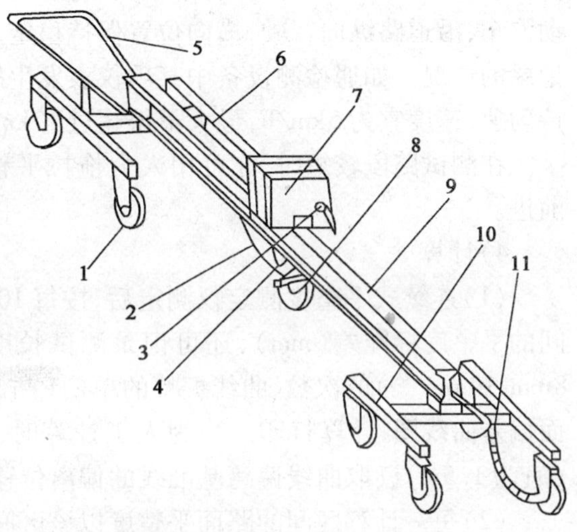

图1-4-8　连续式平整度仪示意图

1-脚轮；2-拉簧；3-离合器；4-测量架；5-牵引架；6-前架；7-记录计；8-测定轮；9-纵梁；10-后架；11-软轴

②标准差测量传感器：安装在机架中间，可以是能起落的测定轮或非接触式位移传感器，如激光或超声测量传感器。

③其他辅助机构：蓄电池电源，距离传感器，与数据采集、处理、存储、输出部分配套的采集控制箱及计算机、打印机等。

④测定间距为10cm，每一计算敬意的长度为100m并输出一次结果。

⑤可记录测试长度（m）、曲线振幅大于某一定值（如3mm、5mm、8mm、10mm等）的次数、曲线振幅的单向（凸起或凹下）累计值及以3m机架为基准的中点路面偏差曲线图，计算打印。

⑥机架装有一牵引钩及手拉柄，可用人力或汽车牵引。

（2）牵引车：小面包车或其他小型牵引汽车。

（3）皮尺或测绳。

3）试验步骤

（1）准备工作：

①选择测试路段。

②当为施工过程中质量检测需要时，测试地点根据需要决定；当为路面工程质量检查验收或进行路况评定需要时，通常以行车道一侧车轮轮迹带作为连续测定的标准位置。对旧路已形成车辙的路面，取一侧车辙中间位置为测定位置。按第一条第2项的规定在测试路段路面上确定测试位置，当以内侧轮迹带（IWP）或外侧轮迹带（OWP）作为测定位时，测定位置距车

道标线 80～100cm。

③清扫路面测定位置处的脏物。

④检查仪器箱各部分是否完好、灵敏，并将各连接线接妥，安装记录设备。

（2）试验步骤

①将连续式平整度测定仪置于测试路段路面起点上。

②在牵引汽车的后部，将平整度的挂钩挂上后，放下测定轮，启动检测器及记录仪，随即启动汽车，沿道路纵向行驶，横向位置保持稳定，并检查平整度检测仪表上测定数字显示、打印、记录的情况。如遇检测设备中某项仪表发生故障，即须停止检测。牵引平整度仪的速度应保持匀速，速度宜为 5km/h，最大不得超过 12km/h。

在测试路段较短时，亦可用人力拖拉平整度仪测定路面的平整度，但拖位时应保持匀速前进。

4）计算

（1）连续式平整度测定仪测定后，按每 10cm 间距采集的位移值自动计算每 100m 计算区间的平整度标准差（mm），还可记录测试长度（m）、曲线振幅大于某一定值（如 3mm、5mm、8mm、10mm 等）的次数、曲线振幅的单向（凸起或凹下）累计值及以 3m 机架为基准的中点路面偏差曲线图，计算打印。当为人工计算时，在记录曲线上任意设一基准线，每隔一定距离（宜为 1.5m）读取曲线偏离基准线的偏离位移值 d_i。

（2）每一计算区间的路面平整度以该区间测定结果的标准差表示，按式（1-4-17）计算：

$$\sigma_i = \sqrt{\frac{\sum d_i^2 - (\sum d_i)^2/N}{N-1}} \tag{1-4-17}$$

式中：σ_i——各计算区间的平整计算值（mm）；

d_i——以 100m 为一个计算区间，每隔一定距离（自动采集间距为 10cm，人工采集间距为 1.5m）采集的路面凹凸偏差位移值（mm）；

N——计算区间用于计算标准差的测试数据个数。

（3）按规定的方法计算一个评定路段内各区间平整度标准差的平均值、标准差、变异系数。

5）报告

试验应列表报告每一个评定路段内各测定区间的平整度标准差、各评定路段平整度的平均值、标准差、变异系数以及不合格区间数。

3. 车载式颠簸累积仪法

1）目的和适用范围

（1）本方法规定用车载式颠簸累积仪测量车辆在路面上通行时后轴与车厢之间的单向位移累积值 VBI 表示路面的平整度，以 cm/km 计。

（2）本方法适于各类颠簸累积仪在新建、改建路面工程质量验收和无严重坑槽、车辙等病害的正常行车条件下连续采集路段平整度数据。

2）主要设备

本试验需要下列仪具：

(1)车载式颠簸累积仪:由承载车辆、距离测量装置、颠簸累积值测试装置和主控制系统组成。主控制系统对测试装置的操作实施控制,完成数据采集、传输、存储与计算过程,如图1-4-9 所示。仪器的主要技术性能指标如下:

①测试速度:可在 30 ~80km/h 范围内选定。

②最大测试幅值: ±20cm。

③垂直位移分辨率:1mm。

④距离标定误差; <0.5% ;

⑤系统工作环境温度:0 ~60℃。

⑥系统软件能够依据相关关系公式自动对颠簸累积值进行换算,间接输出国际平整度指数 IRI。

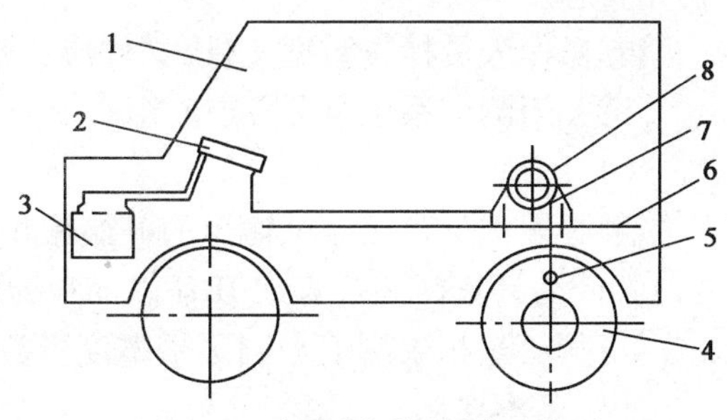

图 1-4-9　车载式颠簸累积仪示意图

1-测试车;2-数据处理器;3-电瓶;4-后桥;5-挂钩;6-底板;7-钢丝绳;8-颠簸累积仪传感器

(2)测试车:旅行车、越野车或小轿车。

3)工作原理

测试车以一定的速度在路面上行驶,由于路面上的凹凸不平状况,引起汽车的激振,通过机械传感器可测量后轴同车厢之间的单向位移累积值 VBI,以 cm/km 计。VBI 越大,说明路面平整性越差,人乘坐汽车时越不舒适。检测结果与测试车机械系统的振动特性和车辆行驶速度有关。减振性能好,则 VBI 测值小;车速越高,VBI 测值越大。因此必须通过对机械系统的良好保养和检测时严格控制车速来保持测定结果的稳定性。

4)使用技术要点

(1)仪器安装应准确、牢固、便于操作。

(2)测试速度以 32km/h 为宜,一般不宜超过 40km/h。

5)方法与步骤

(1)准备工作

①测试车辆具备下列条件之一时,都应进行仪器测值与国际平整度指数 IRI 的相关性标定,相关系数 R 应不低于 0.99:在正常状态下行驶超过 20 000km;标定的时间间隔超过 1 年;减振器、轮胎等发生更换、维修。

②检查测试车轮胎气压,应达到车辆轮胎规定的标准气压;车胎应清洁,不得黏附杂物;车上载重、人数以及分布应与仪器相关性标定试验时一致。

③距离测量系统需要现场安装的,根据设备操作手册说明进行安装,确保紧固装置安装牢固。

④检查测试系统,各部分应符合测试要求,不应有明显的可视性破损。

⑤打开系统电源,启动控制程序,检查系统各部分的工作状态。

(2)测试步骤

①测试开始之前应让测试车以测试速度行驶 5 ~10km,按照设备操作手册规定的预热时间对测试系统进行预热。

②测试车停在测试起点前 300 ~500m 处,启动平整度测试系统程序,按照设备操作手册的规定和测试路段的现场技术要求设置完毕所需的测试状态。

③驾驶员在进入测试路段前应保持车速在规定的测试速度范围内,沿正常行车轨迹驶入测试路段。

④进入测试路段后，测试人员启动系统的采集和记录程序，在测试过程中必须及时准确地将测试路段的起终点和其他需要特殊标记点的位置输入测试数据记录中。

⑤当测试车辆驶出测试路段后，仪器操作人员停止数据采集和记录，并恢复仪器各部分至初始状态。

⑥操作人员检查数据文件，文件应完整，内容应正常，否则需要重新测试。

⑦关闭测试系统电源，结束测试。

6）计算

颠簸累积仪直接测试输出的颠簸累积值 VBI，要按照相关性标定试验得到相关关系式，并以 100m 为计算区间换算成 IRI（以 m/km 计）。

7）颠簸累积仪测值与国际平整度指数 IRI 相关关系对比试验

（1）基本要求

由于颠簸累积仪测值受测试速度等因素影响，因此测试系统的每一种实际采用的测试速度都应单独进行标定，建立相关关系公式。标定过程及分析结果应详细记录并存档。

（2）试验条件

①按照每段 IRI 值变化幅度不小于 1.0 的范围选择不少于 4 段不同平整度水平的路段，且有足够加速或减速长度的路段。根据实际测试道路 IRI 的分布情况，可以增加某些范围内的标定路段。

②每路段长度不小于 300m。

③每一段内的平整度应均匀，包括路段前 50m 的引道。

④选择坡度变化较小的直线路段，路段交通量小，便于疏导。

⑤标定宜选择在车道的正常行驶轮迹上进行，明确标出标定路段的轮迹、起终点。

（3）试验步骤

①距离标定。

a. 依据设备供应商建议的长度，选择坡度变化较小的平坦直线路段，标出起终点和行驶轨迹。

b. 标定开始之前应让测试车以测试速度行驶 5～10km，按照设备操作手册规定的预热时间对测试系统进行预热。

c. 将测试车的前轮对准起点线，启动距离校准程序，然后令车辆沿着路段轨迹直线行驶，避免突然加速或减速，接近终点时，看指挥人员手势减速停车，确保测试车的前轮对准终点线，结束距离校准程序。重复此过程，确保距离传感器脉冲当量的准确性，应在允许误差范围之内。

②按前述测试步骤，令颠簸累积仪按选定的测试速度测试每个标定路段的反应值，重复测试至少 5 次，取其平均值作为该路段的反应值。

③IRI 值的确定。

a. 以精密水准仪作为标准仪具，分别测量标定路段两个轮迹的纵断高程，要求采样间隔为 250mm，高程测试精度为 0.5mm；然后用 IRI 标准计算程序对每个轮迹的纵断面测量值进行模型计算，得到该轮迹的 IRI 值。两个轮迹 IRI 值的平均值即为该路段的 IRI 值。

b. 其他符合世界银行一类平整度测试标准的纵断面测试仪具也可以作为确定标定路段标准 IRI 值的仪具。

(4)试验数据处理

用数理统计的方法将各标定路段的IRI值和相应的颠簸累积仪测值进行回归分析,建立相关关系方程式,相关系数 R 不得小于0.99。

$$IRI = a + b \cdot VBI_v \quad (1\text{-}4\text{-}18)$$

式中:IRI——国际平整度指数(m/km);

VBI_v——测试速度为口时颠簸累积仪测得的颠簸累积值(cm/km);

a、b——回归系数。

8)报告

(1)平整度测试报告应包括颠簸累积值VBI、国际平整度IRI平均值和现场测试速度。

(2)提供颠簸累积值VBI与国际平整度指数IRI在选定测试条件下的相关关系式及相关系数。

4. 车载式激光平整度仪法

1)目的和适用范围

(1)本方法适用于各类车载式激光平整度仪在新建、改建路面工程质量验收和无严重坑槽、车辙等病害及无积水、积雪、泥浆的正常通车条件下连续采集路段平整度数据。

(2)本方法的数据采集、传输、记录和处理分别由专用软件自动控制进行。

2)主要设备及技术要求

(1)测试系统。测试系统由承载车辆、距离传感器、纵断面调和传感器和主控制系统组成。主控制系统对测试装置的操作实施控制,完成数据采集、传输、存储与计算过程。

(2)设备承载车要求。根据设备供应商的要求选择测试系统承载车辆。

(3)测试系统基本技术要求和参数:

①测试速度:30~100km/h。

②采样间隔:≤500mm。

③传感器测试精度:0.5mm。

④距离标定误差:<0.1%。

⑤系统工作环境温度:0~60℃。

3)方法与步骤

(1)准备工作:

①设备安装到承载车上以后应按规定进行相关性试验。

②根据设备操作手册的要求对测试系统各传感器进行校准。

③检查测试车轮胎气压,应达到车辆轮胎规定的标准气压,车胎应清洁,不得黏附杂物。

④距离测量装置需要现场安装的,根据设备操作手册说明进行安装,确保机械紧固装置安装牢固。

⑤检查测试系统各部分应符合测试要求,不应有明显的可视性破损。

⑥打开系统电源,启动控制程序,检查各部分的工作状态。

(2)测试步骤:

①测试开始之前应让测试车以测试速度行驶5~10km,按照设备使用说明规定的预热时间对测试系统进行预热。

②测试车停在测试起点前50~100m处,启动平整度测试系统程序,按照设备操作手册的

规定和测试路段的现场技术要求设置完毕所需的测试状态。

③驾驶员应按照设备操作手册要求的测试速度范围驾驶测试车，宜为 50 ~ 80km/h，避免急加速和急减速，急弯路段应放慢车速，沿正常行车轨迹驶入测试路段。

④进入测试路段后，测试人员启动系统的采集和记录程序，在测试过程中必须及时准确地将测试路段的起终点和其他需要特殊标记的位置输入测试数据记录中。

⑤当测试车辆驶出测试路段后，测试人员停止数据采集和记录，并恢复仪器各部分至初始状态。

⑥检查测试数据文件，文件应完整，内容应正常，否则需要重新测试。

⑦关闭测试系统电源，结束测试。

4）计算

激光平整度仪采集的数据是路面相对高程值，应以 100m 为计算区间长度用 IRI 的标准计算程序计算 IRI 值，以 m/km 计。

5）激光平整度仪测值与国际平整度指数 IRI 相关关系对比试验

（1）试验条件：

①按照每段 IRI 值变化幅度不小于 1.0 的范围选择不少于 4 段不同平整度水平的路段，且有足够加速或减速长度的路段。根据实际测试道路 IRI 的分布情况，可以适当增加某些范围内的标定路段。

②每路段长度不小于 300m。

③每一段内的平整度应均匀，包括路段前 50m 的引道。

④选择坡度变化较小的直线路段，路段交通量小，便于疏导。

⑤有多个激光测头的系统需要分别标定。

⑥标定宜选择在车道的正常行驶轮迹上进行，明确画出轮迹带测线和起终点位置。

（2）试验步骤：

①距离标定：

a. 依据设备供应商建议的长度，选择坡度变化较小的平坦直线路段，标出起终点和行驶轨迹。

b. 标定开始之前应让测试车以测试速度行驶 5 ~ 10km，按照设备操作手册规定的预热时间对测试系统进行预热。

c. 将测试车的前轮对准起点线，启动距离校准程序，然后令车辆沿着路段轨迹直线行驶，避免突然加速或减速，接近终点时，看指挥人员手势减速停车，确保测试车的前轮对准终点线，结束距离校准程序。重复此过程，确保距离传感器测试结果的准确性，应在允许误差范围之内。

②按前述测试方法，令所标定的纵断面高程传感器对准测线重复测试 5 次，取其 IRI 计算值的平均值作为该路段的测试值。

③IRI 值的确定：

a. 以精密水准仪作为标准仪具，测量标定路段上测线的纵断高程，要求采样间隔为 250mm，高程测试精度为 0.5mm；然后用 IRI 标准计算程序对纵断面测量值进行模型计算，得到标定线路的 IRI 值。

b. 其他符合世界银行一类平整度测试标准的纵断面测试仪具也可以作为确定标定路段

IRI 值的仪具。

(3)试验数据处理:

用数理统计的方法将各标定路段的 IRI 值和相应的平整度仪测值进行回归分析,建立相关关系方程式,相关系数 R 不得小于 0.99。

6)报告

平整度检测报告应包括以下内容:

(1)国际平整度指数 IRI 平均值。

(2)提供激光平整度仪测值与国际平整度指数 IRI 在选定测试条件下的相关关系式及相关系数。

第四节　强度和模量

复习要点:

1. 土基现场 CBR 值要求;贝克曼梁法测试回弹模量的目的、适用范围与试验步骤;承载板法测试回弹模量的目的与适用范围。

2. 土基现场 CBR 值试验方法;回弹模量的常用测试方法;

3. 承载板法测试回弹模量的步骤与要点。

CBR 又称加州承载比,是 California Bearing Ratio 的缩写,由美国加利福尼亚州公路局首先提出来,用于评定路基土和路面材料的强度指标。在国外多采用 CBR 作为路面材料和路基土的设计参数。

我国现行沥青和水泥混凝土路面设计规范,对路面、路基的设计参数系采用回弹模量指标,而在境外修建的公路工程多采用 CBR 指标。为了进一步积累经验用于实践,以促进国际学术交流,参考了国内外的情况,我国将 CBR 指标列入《公路路基设计规范》(JTG D30—2004)和《公路路基施工技术规范》(JTG F10—2006),作为路基填料选择的依据。

在公路路基施工现场,用载重汽车作为反力架,通过千斤顶连续加载,使贯入杆匀速压入土基。为了模拟路面结构对土基的附加应力,在贯入杆位置安放荷载板。路基强度越高,贯入量为 25mm 或 50mm 的荷载越大即 CBR 值越大。土基现场的 CBR 值是为了衡量土基的整体承载能力,与土工试验的室内 CBR 值的试验条件也不同,应通过试验寻找两者之间的关系,换算为室内试验 CBR 值后,再用于路基施工强度检验或评定。

路基填料最小强度要求见表 1-4-7。

土基的回弹模量是公路设计一个必不可少的参数,用以表征土基承载能力,可以反映土基础瞬时荷载作用下的可恢复变形性质,我国现有规范已给出了不同的自然区划和土质的回弹模量值的推荐值,具体参见《公路沥青路面设计规范》(JTG D50—2006)中附录 F"查表法估计土基回弹模量参考值"。但由于土基回弹模量的改变将会影响路面设计的厚度,所以建议有条件时最好直接测定,而且随着施工质量的提高,回弹模量值的检验将会作为控制施工质量的一个重要指标。测定回弹模量的方法,目前国内常用的主要有承载板法、贝克曼梁法和其他间接测试方法(如贯入仪测定法)。

路基填料最小 CBR 值和最大粒径要求　　表 1-4-7

项目分类		路床表面以下深度(cm)	填料最小 CBR 值%		填料最大粒径(cm)
			高速、一级公路	其他公路	
填方路堤	上路床	0～30	8	6	10
	下路床	30～80	5	4	10
	上路堤	80～150	4	3	15
	下路堤	150 以下	3	2	15
零填及路堑路床		0～30	8	6	10

注:①当路床填料 CBR 值达不到表列要求时,可采取掺石灰或其他稳定材料等措施进行处理。

②其他公路铺筑高级路面时,应采用高速公路、一级公路的规定值。

一、土基现场 CBR 试验

1. 目的和适用范围

(1)方法适用于在现场测定各种土基材料的现场 CBR 值,同时也适合于基层、底基层砂类土、天然砂砾、级配碎石等材料 CBR 值的试验。

(2)本方法所用试样的最大集料粒径宜小于19.0mm,最大不得超过 31.5mm,也不适用于大粒径的土石混填石路基。

2. 仪具与材料

(1)荷载装置:装载有铁块或集料等重物的载重汽车,后轴重不小于 60kN,在汽车大梁的后轴之后设有一加劲横梁作反力架用。

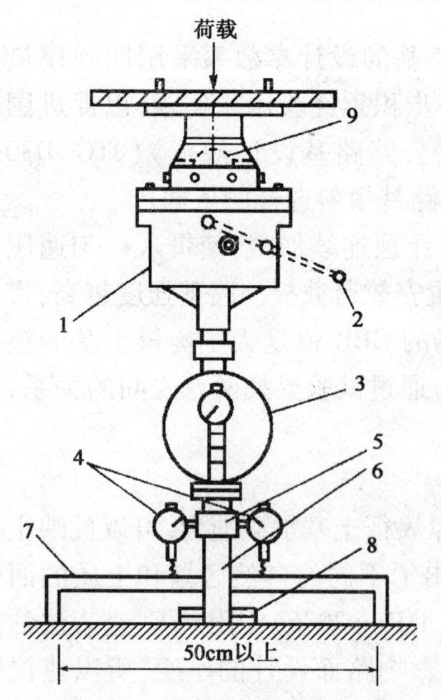

图 1-4-10　现场 CBR 测试装置示意图

1-加载千斤顶;2-手柄;3-测力计;4-百分表;5-百分表夹持具;6-入杆;7-平台;8-承载板;9-球座

(2)现场测试装置:如图 1-4-10 所示,由千斤顶(机械或液压)、测力计(测力环或压力表,根据路基强度选用量程)及球座组成。千斤顶可使贯入杆的贯入速度调节成 1mm/min。测力计的容量不小于土基强度,测定精度不小于测力计量程的 1%。

(3)贯入杆:直径 ϕ50mm,长约 200mm 的金属圆柱体。

(4)承载板:每块 1.25kg,直径 ϕ150mm,中心孔眼直径 ϕ52mm,不少于 4 块,并沿直径分为两个半圆块。

(5)贯入量测定装置:如图 1-4-10 所示的平台及百分表组成。百分表量程 20mm,精度 0.01mm,数量 2 个,对称固定于贯入杆上,端部与平台接触,平台跨度不小于 50cm。

注:此设备也可用两台贝克曼梁弯沉仪代替。

(6)细砂:洁净干燥的细干砂,粒径 0.3～0.6mm。

(7)其他:铁铲、盘、直尺、毛刷、天平等。

3. 方法与步骤

1)准备工作

(1)将试验地点约直径 ϕ30cm 范围的表面找平,用毛刷刷净浮土。如表面为粗粒土时,应撒布少许洁净的细砂填平,但不能覆盖全部土基表面避免形成夹层。

(2)安装测试设备:设置贯入杆及千斤顶。千斤顶顶在加劲横梁上且调节至高度适中。贯入杆应与土基表面紧密接触。

(3)安装贯入量测定装置:将支架平台、百分表(或两台贝克曼梁弯沉仪)安装好。

2)测试步骤

(1)在贯入杆位置安放 4 块 1.25kg 的分开成半圆的承载板,共 5kg。

(2)试验贯入前,先在贯入杆上施加 45N 荷载后,将测力计及贯入量百分表调零,记录初始读数。

(3)启动千斤顶,使贯入杆以 1mm/min 的速度压入土基,相应于贯入量为 0.5mm、1.0mm、1.5mm、2.0mm、2.5mm、3.0mm、4.0mm、5.0mrn、6.5mm、10.0mm 及 11.0mm 时,分别读取测力计读数。根据情况,也可在贯入量达 6.5mm 时结束试验。

注:用千斤顶连续加载,两个贯入量百分表及测力计均应在同一时刻读数。当两个百分表读数差值不超过平均值的 30% 时,以其平均值作为贯入量;当两个百分表读数差值超过平均值的 30% 时,应停止试验。

(4)卸除荷载,移去测定装置。

(5)在试验点下取样,测定材料含水率。取样数量如下:

①最大粒径不大于 4.75mm,试样数量约 120g;

②最大粒径不大于 19.0mm,试样数量约 250g;

③最大粒径不大于 31.5mm,试样数量约 500g。

(6)在紧靠试验点旁边的适当位置,用灌砂法或环刀法等测定土基的密度。

在试验过程中,贯入杆容易倾斜,在贯入杆位置安放半圆形承载板,限制贯入杆的侧向倾斜,当发生细微倾斜时,不应人为扶正;当发生较大倾斜时,应重新试验。在加荷装置上安装贯入杆后,应先施加 45N 的预压力,以使贯入杆端面与土基表面充分接触,并此荷载作为试验时的零荷载,该状态的贯入量高为零点。如绘制的压力和贯入量关系曲线,起始部分呈反弯,则表示试验开始时贯入杆辮面与土表面接触不好,应对曲线进行修正。试验结束标准应根据土基强度而定,当土基强度较大时,可在贯入量达 6.5mm 时结束试验。荷载压强及贯入量读数不宜过少,一般要求达到 2.5mm 贯入量时应不少于 5 个读数。

4. 计算

1)用贯入试验得到的等级荷重数除以贯入断面积($19.625cm^2$),得到各级压强(MPa),绘制荷载压强—贯入量曲线,如图 1-4-11 所示。当图中曲线在起点处有明显凹凸的情况时,应在曲线的拐弯处作切线延长进行修

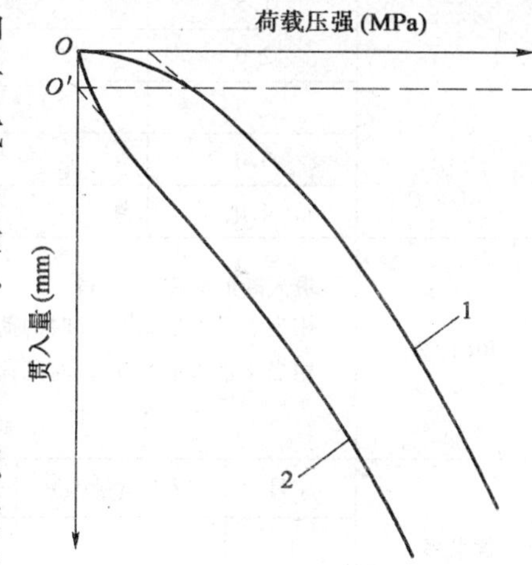

图 1-4-11　荷载压强—贯入量关系曲线

正，以与坐标轴相交的点 O' 作原点，得到修正后的压强—贯入量曲线。原点修正时，应注意压强或贯入量值须随平移后的原点而变化。

2）从压强—贯入量曲线上读取贯入量为2.5mm及5.0mm时的荷载压强 P_1，按式（1-4-19）计算现场CBR值。CBR一般以贯入量2.5mm时的测定值为准，当贯入量5.0mm时的CBR>2.5mm时的CBR时，应重新试验；如重新试验仍然如此时，则以贯入量5.0mm时的CBR为准。

$$现场CBR(\%) = \frac{p_1}{p_0} \times 100 \tag{1-4-19}$$

式中：p_1——荷载压强（MPa）；

p_0——标准压强，当贯入量为2.5mm时为7MPa，当贯入量为5.0mm时10.5MPa。

5. 报告

1）报告结果

（1）土基含水率（%）。

（2）测点的干密度（g/cm^3）。

（3）现场CBR值及相应的贯入量。

2）试验采用的记录格式见表1-4-8

现场CBR值测定记录表达式　　表1-4-8

路线和编号：　　　　路面结构：

测定层位：

承载板直径（cm）　　　　测定日期：　年　月　日

	预定贯入量（mm）	贯入量百分表读数（0.01mm）			测力计读数	压强（MPa）
		1	2	3		
加载记录	0					
	0.5					
	1.0					
	1.5					
	2.0					
	2.5					
	3.0					
	4.0					
CBR计算	贯入断面面积：　m^3 相当于贯入量2.5mm时的荷载压强；标准压强=7MPa　　$CBR_{2.5}$ =　　（%） 相当于贯入量5.0mm时的荷载压强；标准压强=10.5MPa　　CBR_5 =　　（%） 试验结构现场CBR =　　（%）					

	序号	湿土质量（g）	干土质量（g）	水质量（g）	含水率（%）	平均含水率（%）
含水率	1					
	2					

续上表

路线和编号：　　　　　　　　　　路面结构：

测定层位：

承载板直径(cm)：　　　　　　　　测定日期：　年　月　日

	序号	试样湿质量(g)	试样干质量(g)	体积(cm^3)	干密度(g/cm^3)	平均干密度(g/cm^3)
密度	1					
	2					

二、承载板法测定土基回弹模量试验方法

1. 目的和适用范围

(1)本方法适用于在现场土基表面，通过承载板对土基采用逐级加载、卸载的方法，测出每级荷载下相应的土基回弹变形值，经过计算求得土基回弹模量。

(2)本方法测定的土基回弹模量可作为路面设计参数使用。

2. 仪具与材料

(1)加载设施：载有铁块或集料等重物、后轴重不小于60kN的载重汽车一辆，作为加载设备，在汽车大梁的后轴之后约80cm处，附设加劲小梁一根作反力架，汽车轮胎充气压力0.50MPa。

(2)现场测试装置，如图1-4-12所示，由千斤顶、测力计(测力环或压力表)及球座组成。

(3)刚性承载板一块，板厚20mm，直径为ϕ30cm，直径两端设有立柱和可以调整高度的支座，供安放弯沉仪测头。承载板安放在土基表面上。

(4)路面弯沉仪两台，由贝克曼梁、百分表及其支架组成。

(5)液压千斤顶一台(80～100kN)，装有经过标定的压力表或测力环，其量程不小于土基强度，测定精度不小于测力计量程的1/100。

(6)秒表。

(7)水平尺。

(8)其他：细砂、毛刷、垂球、镐、铁锹、铲等。

3. 方法与步骤

1)准备工作

(1)根据需要选择有代表性的测点，测点应位于水平的路基上，路基土质均匀，不含杂物。

(2)仔细平整土基表面，撒干燥洁净的细砂填平土基凹处，砂子不可覆盖全部土基表面，避免

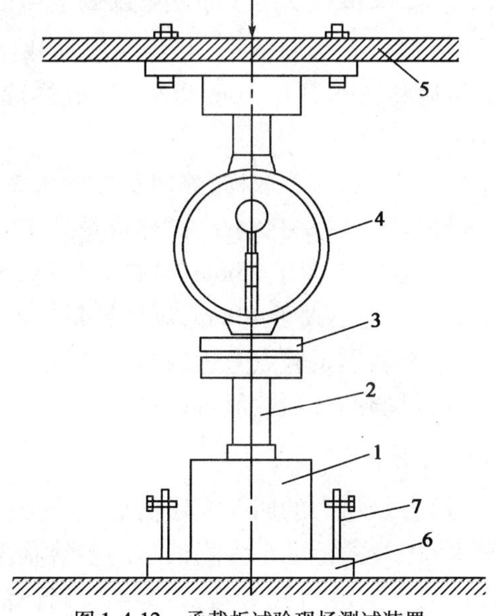

图1-4-12　承载板试验现场测试装置

1-加载千斤顶；2-钢圆筒；3-钢板及球座；4-测力计；5-加劲横梁；6-承载板；7-立柱及支座

形成夹层。

(3)安置承载板，并用水平尺进行校正，使承载板处于水平状态。

(4)将试验车置于测点上，在加劲小梁中部悬挂垂球测试，使之恰好对准承载板中心，然后收起垂球。

(5)在承载板上安装千斤顶，上面衬垫钢圆筒、钢板，并将球座置于顶部与加劲横梁接触，如用测力环时，应将测力环置于千斤顶与横梁中间，千斤顶及衬垫物必须保持垂直，以免加压时千斤顶倾倒发生事故并影响测试数据的准确性。

(6)安放弯沉仪，将两台弯沉仪的测头分别置于承载板立柱的支座上，百分表对零或其他合适的初始位置上。

2)测试步骤

(1)用千斤顶开始加载，注视测力环或压力表，至预压0.05MPa，稳压1min，使承载板与土基紧密接触，同时检查百分表的工作情况是否正常，然后放松千斤顶油门卸载，稳压1min后，将指针对零或记录初始读数。

(2)测定土基的压力-变形曲线，用千斤顶加载，采用逐级加载卸载法，用压力表或测力环控制加载量。荷载小于0.1MPa时，每级增加0.02MPa，以后每级增加0.04MPa左右。为了使加载和计算方便，加载数值可适当调整为整数。每次加载至预定荷载P后，稳定1min，立即读记两台弯沉仪百分表数值，然后轻轻放开千斤顶油门卸载至0，待卸载稳定1min后，再次读数。每次卸载后百分表不再对零。当两台弯沉仪百分表读数之差小于平均值的30%时，取平均值，如超过30%则应重测。当回弹变形值超过1mm时，即可停止加载。

(3)各级荷载的回弹变形和总变形，按以下方法计算：

回弹变形(l) =（加载后读数平均值 - 卸载后读数平均值）× 弯沉仪杠杆比

总变形(l') =（加载后读数平均值 - 加载初始前读数平均值）× 弯沉仪杠杆比

(4)测定总影响量a。最后一次加载卸载循环结束后，取走千斤顶，重新读取百分表初读数。然后将汽车开出10m以外，读取终读数，两只百分表的初、终读数差值之和即为总影响量a。

(5)在试验点下取样，测定材料含水率，取样数量如下：

最大粒径不大于5mm，试样数量约120g；

最大粒径不大于25mm，试样数量约250g；

最大粒径不大于40mm，试样数量约500g。

(6)在紧靠试验点旁边的适当位置，用灌砂法或环刀法等测定土基的密度。

(7)试验的各项数值可记录于表1-4-10的记录表上。

4. 计算

(1)各级压力的回弹变形值加上该级的影响量后，则为计算回弹变形值。表(1-4-9)是以后轴重60kN的标准车为测试车的各级荷载影响量的计算值。当使用其他类型的测试车时，各级压力下的影响量a_i按式(1-4-20)计算：

$$a_i = \frac{(T_1 + T_2)\pi D^2 p_i}{4T_1 Q} \cdot a \tag{1-4-20}$$

式中：T_1——测试车前后轴距（m）；

T_2——加劲小梁距后轴距离（m）；

D——承载板直径（m）；

Q——测试车后轴重（N）；

p_i——该级承载板压力（Pa）；

a——总影响量（0.01mm）；

a_i——该级压力的分级影响量（0.01mm）。

各级荷载影响量（后轴60kN车）　表1-4-9

承载板压力（MPa）	0.05	0.10	0.15	0.20	0.30	0.40	0.50
影响量	0.06a	0.12a	0.18a	0.24a	0.36a	0.48a	0.60a

承载板测定记录表　表1-4-10

路线和编号： 测定层位： 承载板直径：						路面结构： 测定用汽车型号： 测定日期：　年　月　日				
千斤顶读数	荷载 P(kN)	承载板压力 P（MPa）	百分表读数（0.01mm）			总变形（0.01mm）	回弹变形（0.01mm）	分级影响量（0.01mm）	计算回弹变形（0.01mm）	E_i（MPa）
			加载前	加载后	卸载后					
总影响量 a										
土基回弹模量 E_0（值）（MPa）										

（2）将各级计算回弹变形值点绘于标准计算纸上，排除显著偏离的异常点并绘出顺滑的 $P\sim L$ 曲线，如曲线起始部分出现反弯，应按图1-4-13所示修正原点 O，O' 则是修正后的原点。

（3）按式（1-4-21）计算相应于各级荷载下的土基回弹模量 E_i 值：

$$E_i=\frac{\pi D}{4}\cdot\frac{p_i}{l_i}(1-\mu_0^2)\qquad(1\text{-}4\text{-}21)$$

式中：E_i——相应于各级荷载下的土基回弹模量（MPa）；

μ_0——土的泊松比，根据部颁路面设计规范规定选用；

D——承载板直径30cm；

p_i——承载板单位压力（MPa）；

l_i——相对于荷载 p_i 时的回弹变形（cm）。

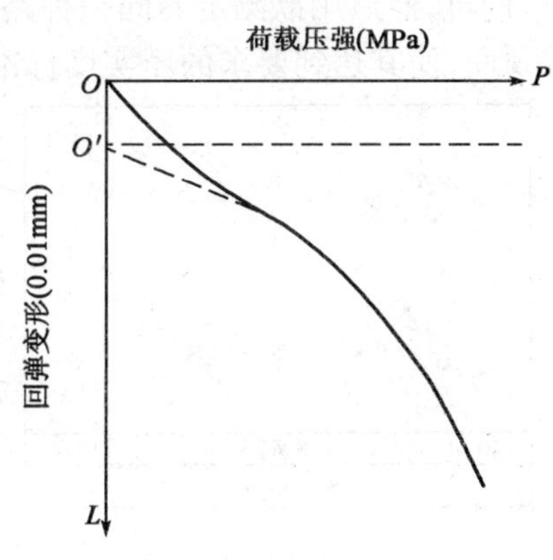

图1-4-13　修正原点示意图

(4)取结束试验前的各回弹变形值按线性回归方法由式(1-4-21)计算土基回弹模量 E_0 值：

$$E_i = \frac{\pi D}{4}\frac{\sum p_i}{\sum l_i}(1-\mu_0^2) \quad (1-4-22)$$

式中：E_0——土基回弹模量(MPa)；

μ_0——土的泊松比，根据部颁设计规范规定取用；

l_i——结束试验前的各级实测回弹变形值；

p_i——对应于 l_i 的各级压力值。

5. 报告

试验采用的记录格式见表 1-4-10。

三、贝克曼梁法

1. 目的和适用范围

本方法适用于在土基、厚度不小于 1m 的粒料整层表面，用弯沉仪测试各测点的回弹弯沉值，通过计算求得该材料的回弹模量值；也适用于在旧路表面测定路基路面的综合回弹模量。

相对于承载板法，本方法实质上是采用了柔性承载通过回弹弯沉反算土基回弹模量。

2. 试验方法与步骤

1)准备工作

(1)选择洁净的路基表面、路面表面作为测点，在测点处做好标记并编号。

(2)无结合料粒料基层的整层试验段(试槽)应符合下列要求：

①整层试槽可修筑在行车带范围内或路肩及其他合适处，也可在室内修筑，但均应适于用汽车测定弯沉。

②试槽应选择在干燥或中湿路段处，不得铺筑在软土基上。

③试槽面积不小于 3m×2m，厚度不宜小于 1m。铺筑时，先挖 3m×2m×1m。(长×宽×深)的坑，然后用欲测定的同一种路面材料按有关施工规定的压实层厚度分层铺筑并压实，直至顶面，使其达到要求的压实度标准。同时应严格控制材料组成，配比均匀一致，符合施工质量要求。

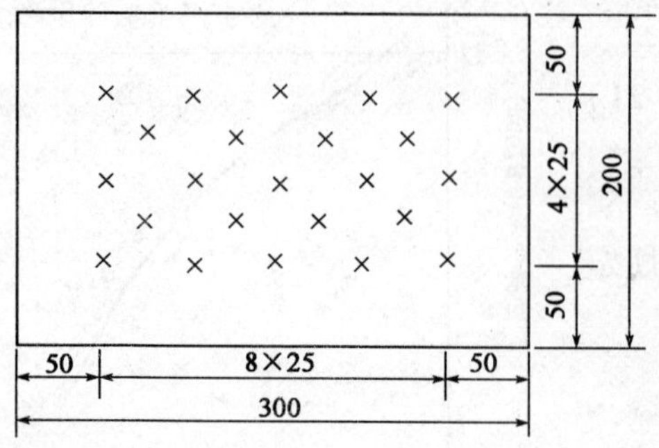

图 1-4-14 试槽表面的测点布置(尺寸单位：mm)

④试槽表面的测点间距可按 1-4-14 布置在中间 2m×1m 的范围内，可测定 23 点。

2)测试步骤

按上述方法选择适当的标准车，实测各测点处的路面回弹弯沉值 L_i。如在旧沥青面层上测定时，应读取温度，并按规定的方法进行测定弯沉值的温度修正，得到标准温度 20℃ 时的弯沉值。

3. 计算

(1)计算全部测定值的算术平均值、单次测量的标准差和自然误差:

$$L = \frac{\sum \overline{L}_i}{n} \tag{1-4-23}$$

$$S = \sqrt{\frac{\sum (L_i - L^2)}{n-1}} \tag{1-4-24}$$

$$r_o = 0.675 \times S \tag{1-4-25}$$

式中:$\overline{L}$——回弹弯沉的平均值(0.01mm);

S——回弹弯沉测定值的标准差(0.01mm);

r_o——弹弯沉测定值的自然误差(0.01mm);

L_i——各测点的回弹弯沉值(0.01mm);

n——测点总数。

(2)计算各测点的测定值与算术平均值的偏差值 $d_i = L_i - \overline{L}$,并计算较大的偏差与自然误差之比 d_i/r_o。当某个测点观测值 d_i/r_o 的值大于表 2-4-11 中的 d/r 极限值时则应舍弃该测点,然后重新计算所余各测点的算术平均值($\overline{L}$)及标准差(S)。

相应于不同观测次数的 d/r 极限值　　表 1-4-11

n	5	10	15	20	50
d/r	2.5	2.9	3.2	3.3	3.8

(3)按下式计算代表弯沉值:

$$L_r = \overline{L} + S \tag{1-4-26}$$

式中:L_r——计算代表弯沉;

$\overline{L}$——舍弃不符合要求的测点后所余各测点弯沉的算术平均值;

S——舍弃不符合要求的测点后所余各测点弯沉的标准差。

(4)按式(1-4-27)计算土基、整层材料的回弹模量(E_1)或旧路的综合回弹模量:

$$E_1 = \frac{2P_r}{L_r}(1-\mu^2)K \tag{1-4-27}$$

式中:E_1——计算的土基、整层材料的回弹模量或旧路的综合回弹模量(MPa);

P——测车轮的平均垂直荷载(MPa);

r——测定用标准双圆荷载单轮传压面当量圆的半径(cm);

μ——测定层材料的泊松比,根据路面设计规范的规定取用;

K——弯沉系数,为0.712。

4. 报告

报告应包括弯沉测定表、计算的代表弯沉、采用的泊松比及计算得到的材料回弹模量 E 等,对沥青路面应报告测试时的路面温度。

第五节　承载能力

复习要点：

1. 自动弯沉仪测定路面试验的适用范围和测试步骤，落锤弯沉仪测定弯沉试验方法的适用范围和测试步骤；贝克曼梁法测试弯沉的准备工作。

2. 弯沉值的概念，贝克曼梁法测试弯沉的目的与适用范围，弯沉测试车轴载的要求，贝克曼梁弯沉仪组成。

3. 贝克曼梁法测试弯沉的步骤及计算。

本节主要介绍我国目前路基、柔性路面回弹弯沉测试的标准方法，即贝克曼梁法。同时对自动弯沉测试设备（自动弯沉仪和落锤弯沉仪）测定弯沉的测试方法也做了一定介绍。

路面弯沉是汽车车轮荷载作用下路面表面产生的垂直变形值。它是反映路面整体抗压强度的一个综合指标。国内外普遍采用回弹弯沉来表征路基路面的承载能力，回弹弯沉越大，承载能力越小，反之越大。目前我国沥青路面设计方法采用的设计指标之一是路表回弹弯沉，并规定了双轮胎轮隙中心处路面表面最大回弹弯沉值应不大于设计要求弯沉值。在旧路的补强设计中，回弹弯沉值也是反映旧路强度的一个很重要的基本参数。在水泥混凝土路面中，弯沉检测用于接缝传荷能力和脱空的分析评定，所以正确的弯沉测试具有重要的意义。

（1）利用弯沉仪量测路面表面在标准试验车双后轮垂直静载作用下，轮隙处的回弹弯沉值，用作评定路面强度指标。

（2）根据实测所得的土基或整层路面材料的回弹弯沉值，按照弹性半空间体理论的垂直位移公式，计算土基或路面材料的回弹模量。

（3）通过对路面结构分层测定所得的回弹弯沉值，根据弹性层状体系垂直位移理论解，反算路面各结构层的回弹模量。

一、弯沉值的概念

1. 弯沉

指在规定的标准轴载作用下，路基和路面表面轮隙位置产生的总垂直变形（总弯沉）或垂直回弹变形（回弹弯沉），以 0.01mm 为单位。

2. 设计弯沉值

根据设计年限内一个车道上预测通过的累计当量轴次（N_e）、公路等级系数（A_c）、面层类型系数（A_s）和基层类型系数（A_b）而确定的路面弯沉设计值（L_d）。

$$L_d = 600N_e^{-0.2}A_cA_bA_s \tag{1-4-28}$$

高等级高速公路路基顶面的回弹弯沉，由设计单位根据设计的土基回弹模量、所建高等级公路相同土质的路基的回弹模量和弯沉的关系综合确定。

3. 竣工验收弯沉值

是检验路面是否达到设计要求的指标之一。当路面厚度计算以设计弯沉为控制指标时，

则验收弯沉值等于设计弯沉值；当厚度计算以层底拉应力为控制指标时，应根据拉应力计算所得的结构厚度，重新计算路面弯沉值，该弯沉值即为竣工验收弯沉值。

二、弯沉测试方法

1. 贝克曼梁法

传统方法，速度慢，静态测试，比较成熟，目前属于标准方法。

2. 自动弯沉仪法

利用贝克曼梁原理快速测定，属于静态测试范畴，但测定的是总弯沉，因此使用时应用贝克曼梁进行标定换算。

3. 落锤式弯沉仪法

近年来，像日本、丹麦等国研制了动力式落锤弯沉仪，并以量测冲击载荷作用下路面表面的弯沉，它可模拟快速行车对路面的弯沉效应。

利用重锤自由落下的瞬间产生的冲击荷载测定弯沉，属于动态弯沉，并能反算路面的回弹模量，快速连续，使用时应用贝克曼梁进行标定换算。

（一）贝克曼梁测定路基路面回弹弯沉试验方法

1. 适用范围

（1）本方法适用于测定各类路基路面的回弹弯沉，用以评定其整体承载能力，供路面结构设计使用。

（2）沥青路面的弯沉以路表温度20℃时为准，当路面平均温度在20℃ ±2℃以内可不修正，在其他温度测试时，对厚度大于5cm的沥青面层，弯沉值应予温度修正。

2. 试验原理

利用杠杆原理制成的杠杆式弯沉仪测定轮隙中心处的回弹弯沉。

3. 仪具与材料

（1）标准车：双轴、后轴双侧4轮的载重车，其标准轴荷载、轮胎尺寸、轮胎间隙及轮胎气压等主要参数应符合表1-4-12的要求。测试车应采用后轴100kN的BZZ-100标准车。

测定弯沉用的标准车参数　　表1-4-12

标准轴载等级	BZZ-100	BZZ-60
后轴标准轴载P(kN)	100 ±1	60 ±1
一侧双轮荷载(kN)	50 ±0.5	30 ±0.5
轮胎充气压力(MPa)	0.70 ±0.05	0.50 ±0.05
单轮传压面当量圆直径(cm)	21.30 ±0.5	19.50 ±0.5
轮隙宽度	应满足能自由插入弯沉仪测头的测试要求	

（2）路面弯沉仪：由贝克曼梁、百分表及表架组成，如图1-4-15所示。贝克曼梁由合金铝制成，上有水准泡，其前臂（接触路面）与后臂（装百分表）长度比为2∶1。弯沉仪长度有两种：一种长3.6m，前、后臂分别为2.4m和1.2m；另一种加长的弯沉仪长5.4m，前后臂分别为3.6m

和1.8m。当在半刚性基层沥青路面或水泥混凝土路面上测定时，宜采用长度为5.4m的贝克曼梁弯沉仪，并采用BZZ-100标准车。弯沉采用百分表量得，也可用自动记录装置进行测量。

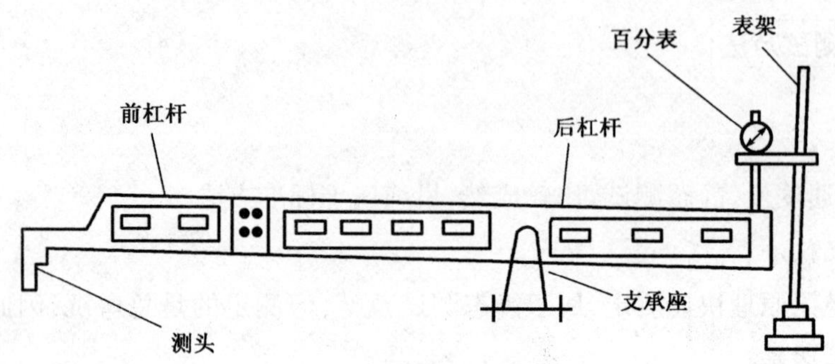

图1-4-15　弯沉仪构造图

(3)接触式路表温度计：端部为平头，分度不大于1℃。

(4)其他：皮尺、口哨、白油漆或粉笔、指挥旗等。

4.试验方法

1)准备工作

(1)检查并保持测定用标准车的车况及刹车性能良好，轮胎内胎符合规定充气压力。

(2)向汽车车槽中装载(铁块或集料)，并用地磅称量后轴总质量，符合要求的轴重规定。汽车行驶及测定过程中，轴载不得变化。

(3)测定轮胎接地面积：在平整光滑的硬质路面上用千斤顶将汽车后轴顶起，在轮胎下，铺一张新的复写纸，轻轻落下千斤顶，即在方格纸上印上轮胎印痕，用求积仪或数方格的方法测算轮胎接地面积，精确至$0.1cm^2$。

(4)检查弯沉仪百分表测量灵敏情况。

(5)当在沥青路面上测定时，用路表温度计测定试验时气温及路表温度(一天中气温不断变化，应随时测定)，并通过气象台了解前5d的平均气温(日最高气温与最低气温的平均值)。

(6)记录沥青路面修建或改建时材料、结构、厚度、施工及养护等情况。

2)测试步骤

(1)在测试路段布置测点，其距离随测试需要而定。测点应在路面行车车道的轮迹带上并用白油漆或粉笔画上标记。

(2)将试验车后轮轮隙对准测点后3~5cm处的位置上。

(3)将弯沉仪插入汽车后轮之间的缝隙处，与汽车方向一致，梁臂不得碰到轮胎，弯沉仪测头置于测点上(轮隙中心前方3~5cm处)，并安装百分表于弯沉仪的测定杆上。百分表调零，用手指轻轻叩打弯沉仪，检查百分表是否稳定回零。

弯沉仪可以是单侧测定，也可以是双侧同时测定。

(4)测定者吹哨发令指挥汽车缓缓前进，百分表随路面变形的增加而持续向前转动。当表针转动到最大值时，迅速读取初读数L_1。汽车仍在继续前进，表针反向回转，待汽车驶出弯沉影响半径(约3m以上)后，吹口哨或挥动指挥红旗，汽车停止。待表针回转稳定后，再次读取终读数L_2。汽车前进的速度宜为5km/h左右。

3)弯沉仪的支点变形修正

(1)当采用长度为3.6m的弯沉仪对半刚性基层沥青路面、水泥混凝土路面等进行弯沉测定时。有可能引起弯沉仪支座处变形。因此测定时应检验支点有无变形,此时应用另一台检验用的弯沉仪安装在测定用弯沉仪的后方,其测点架于测定用弯沉仪的支点旁。当汽车开出时,同时测定两台弯沉仪的弯沉读数,如检验用弯沉仪百分表有读数,即应该记录并进行支点变形修正。当在同一结构层上测定时,可在不同位置测定5次,求取平均值,以后每次测定时以此作为修正值。支点变形修正的原理如图1-4-16所示。

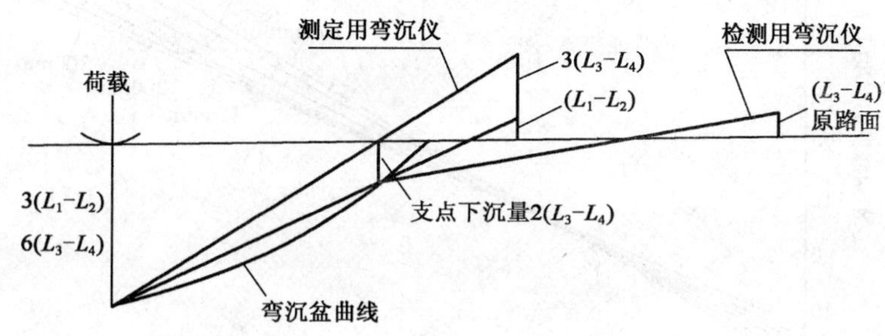

图1-4-16　弯沉仪支点变形修正原理

(2)当采用长度为5.4m的弯沉仪测定时,可不进行支点变形修正。

5. 结果计算及温度修正

(1)路面测点的回弹弯沉值按式(1-4-29)计算:

$$L_{\mathrm{T}} = (L_1 - L_2) \times 2 \tag{1-4-29}$$

式中:L_{T}——在路面温度T时的回弹弯沉值(0.01mm);

L_1——车轮中心临近弯沉仪测头时百分表的最大读数(0.01mm);

L_2——汽车驶出弯沉影响半径后百分表的终读数(0.01mm)。

(2)当需要进行弯沉仪支点变形修正时,路面测点的回弹弯沉值按式(1-4-30)计算:

$$L_T = (L_1 - L_2) \times 2 + (L_3 - L_4) \times 6 \tag{1-4-30}$$

式中:L_1——车轮中心临近弯沉仪测头时测定用弯沉仪的最大读数(0.01mm);

L_2——汽车驶出弯沉影响半径后测定用弯沉仪的最终读数(0.01mm);

L_3——车轮中心临近弯沉仪测头时检测用弯沉仪的最大读数(0.01mm);

L_4——汽车驶出弯沉影响半径后检验用弯沉仪的终读数(0.01mm)。

注:此式适用于测定用弯沉仪支座处有变形,但百分表架处路面已无变形的情况。

(3)沥青面层厚度大于5cm的沥青路面,回弹弯沉值应进行温度修正,温度修正及回弹弯沉的计算宜按下列步骤进行。

①测定时的沥青层平均温度按式(1-4-31)计算:

$$T = \frac{(T_{25} + T_{\mathrm{m}} + T_{\mathrm{e}})}{3} \tag{1-4-31}$$

式中:T——测定时沥青层平均温度(℃);

T_{25}——根据T_0由图1-4-17决定的路表下25mm处的温度(℃);

T_m——根据 T_0 由图 1-4-17 决定的沥青面层中间深度的温度(℃)；

T_e——根据 T_0 由图 1-4-17 决定的沥青面层底面处的温度(℃)。

图 1-4-17 中 T_0 为测定时路表温度与测定前 5d 日平均气温的平均值之和(℃)，日平均气温为日最高气温与最低气温的平均值。

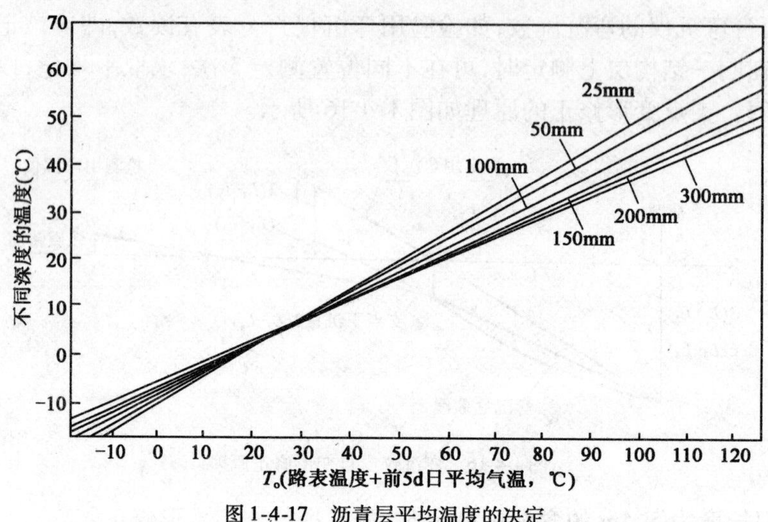

图 1-4-17　沥青层平均温度的决定

注：线上的数字为从路表下的不同深度

②采用不同基层的沥青路面弯沉值的温度修正系数 K，根据沥青平均温度 T 及沥青层厚度，分别由图 1-4-18 及图 1-4-19 求取。

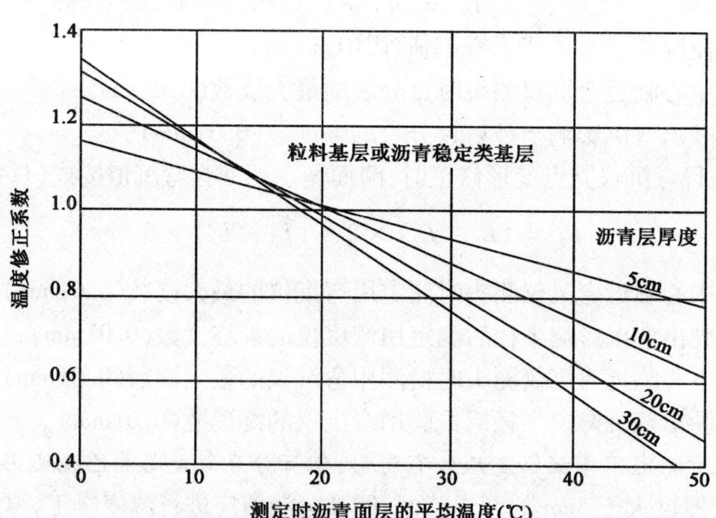

图 1-4-18　路面弯沉温度修正系数曲线(适用于粒料基层及沥青稳定基层)

③沥青路面回弹弯沉按下式计算：

$$L_{20} = L_T \times K \tag{1-4-32}$$

式中：K——温度修正系数；

L_{20}——换算为 20℃ 的沥青路面回弹弯沉值(0.01mm)；

L_T——沥青面层内平均温度为 T 时的回弹弯沉值(0.01mm)。

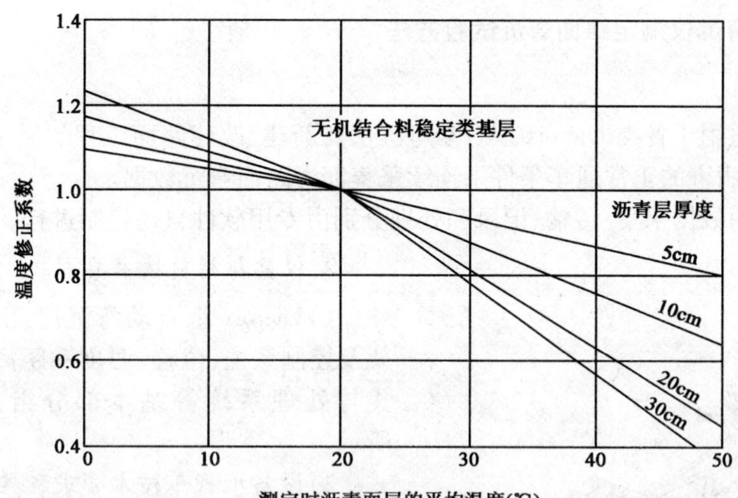

图 1-4-19　路面弯沉温度修正系数曲线(适用于无机结合料稳定的半刚性基层)

6. 结果评定

(1)弯沉值用贝克曼梁或自动弯沉仪测量。每一双车道评定路段(不超过 1km)检查 80 ~ 100 个点,多车道公路必须按车道数与双车道之比,相应增加测点。

(2)弯沉代表值为弯沉测量值的上波动界限,用式(1-4-33)计算:

$$L_r = \overline{L} + Z_a S \tag{1-4-33}$$

式中:L_r——弯沉代表值(0.01mm);

$\overline{L}$——实测弯沉的平均值(0.01mm);

S——标准差(0.01mm);

Z_a——保证率系数,见表 1-4-13。

Z_a　值　　表 1-4-13

层　次	Z_a	
	高速公路、一级公路	二、三级公路
沥青面层	1.645	1.5
路基	2.0	1.645

(3)当路基和柔性基层、底基层的弯沉代表值不符合要求时,可将超出$\overline{L} \pm (2 \sim 3)S$ 的弯沉特异值舍弃,重新计算平均值和标准差。对舍弃的弯沉值大于$\overline{L} + (2 \sim 3)S$ 的点,应找出其周围界限,进行局部处理。

用两台弯沉仪同时进行左右轮弯沉值测定时,应按两个独立测点计,不能采用左右两点的平均值。

(4)弯沉代表值大于设计要求的弯沉值时相应分项工程不合格。

(5)测定时的路表温度对沥青面层的弯沉值有明显影响,应进行温度修正。当沥青层厚度小于或等于 50mm 时,或路表温度在(20 ±2)℃范围内,可不进行温度修正。

若在非不利季节测定时,应考虑季节影响系数。

(二)自动弯沉仪测定路面弯沉试验方法

1. 适用范围

1)本方法适用于各类 Lacroix 型自动弯沉仪在新建、改建路面工程的质量验收中,在无严重坑槽、车辙等病害的正常通车条件下连续采集沥青路面弯沉数据。

2)本方法的数据采集、传输、记录和处理分别由专用软件自动控制进行。

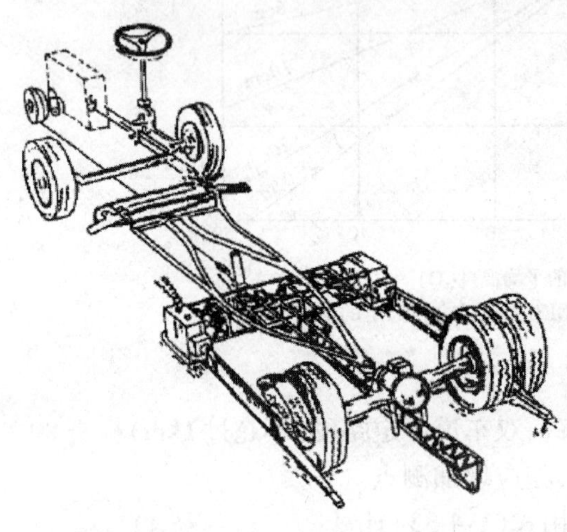

图 1-4-20 自动弯沉仪的测量机构

2. 仪具与材料技术要求

1)Lacroix 型自动弯沉仪:由承载车、测量机架及控制系统、位移、温度和距离传感器、数据采集与处理系统等基本部分组成,如图 1-4-20 所示。

2)设备承载车技术要求和参数

自动弯沉仪的承载车辆应为单后轴、单侧双轮组的载重车,其标准条件参考贝克曼梁测定路基路面回弹弯沉试验方法(表 2-4-6)中 BZZ-100 车型的标准参数。

3)测试系统基本技术要求和参数

(1)位移传感器分辨率:0.01mm。

(2)位移传感器有效量程:≥3mm。

(3)设备工作环境温度:0~60℃。

(4)距离标定误差:≤1%。

3. 方法与步骤

1)准备工作

(1)位移传感器标定。每次测试之前必须按照设备使用手册规定的方法进行位移传感器的标定,记录标定数据并存档。

(2)检查承载车轮胎气压。每次测试之前都必须检查后轴轮胎气压,应满足 0.70MPa ± 0.05MPa 的要求。

(3)检查承载车轮载。一般每年检查一次,如果承载车因改装等原因改变了后轴载,也必须进行此项工作,后轴载应满足 100kN ± 1kN 的要求。

(4)检查测量架的易损部件情况,及时更换损坏部件。

(5)打开设备电源进行检查,控制面板功能键、指示灯、显示器等应正常。

(6)开动承载车试测 2~3 个步距,观察测试机构,测试机构应正常,否则需要调整。

2)测试步骤

(1)测试系统在开始测试前需要通电预热,时间不少于设备操作手册要求,并开启工程警灯和导向标等警告标志。

(2)在测试路段前 20m 处将测量架放落在路面上,并检查各机构的部件情况。

(3)操作人员按照设备使用手册的规定和测试路段的现场技术要求设置完毕所需的测试状态。

(4)驾驶员缓慢加速承载车到正常测试速度,沿正常行车轨迹驶入测试路段。

(5)操作人员将测试路段起终点、桥涵等特殊位置的桩号输入到记录数据中。

(6)当测试车辆驶出测试路段后,操作人员停止数据采集和记录,并恢复仪器各部分至初始状态,驾驶员缓慢停止承载车,提起测量架。

(7)操作人员检查数据文件,文件应完整,内容应正常,否则需要重新测试。

(8)关闭测试系统电源,结束测试。

4. 计算

(1)采用自动弯沉仪采集路面弯沉盆峰值数据。

(2)数据组中左臂测值、右臂测值按单独弯沉处理。

(3)对原始弯沉测试数据进行温度、坡度、相关性等修正。

5. 弯沉值的横坡修正

沉值的横坡修正当路面横坡不超过4%时,不进行超高影响修正;当横坡超过4%时,超高影响的修正参照表1-4-14的规定进行。

弯沉值的横坡修正　　表1-4-14

横坡范围	高位修正系数	低位修正系数
>4%	$\frac{1}{1-i}$	$\frac{1}{1+i}$

注:i是路面横坡(%)。

6. 自动弯沉仪与贝克曼梁弯沉测定值对比试验

1)试验条件

(1)按弯沉值不同水平范围选择不少于4段路面结构相似的路段。路段长度可为300~500m,标记好起终点位置。

(2)对比试验路段的路面应清洁干燥,温度应在10%~35%范围内,并且选择温度变化不大的时间,宜选择晴天无风的天气条件,试验路段附近没有重型交通和震动。

2)试验步骤

(1)令自动弯沉仪按照正常测试车速测试选定路段,工作人员仔细用油漆每隔三个测试步距或约20m标记测点位置。

(2)自动弯沉仪测试完毕后,等待30min;然后,在每一个标记位置用贝克曼梁按照贝克曼梁测定路基路面回弹弯沉试验方法测定各点回弹弯沉值。

3)试验数据处理

从自动弯沉仪的记录数据中按照路面标记点的相应桩号提出各试验点测值,并与贝克曼梁测值一一对应,用数理统计的回归分析方法得到贝克曼梁测值和自动弯沉仪测值之间的相关关系方程,相关系数R不得小于0.95。

自动弯沉仪测值不能直接用于路面结构设计或承载能力的评价,要换算成回弹弯沉。不同的路面结构和路基条件都会影响相关关系式的建立,所选择对比试验的路段应基本相同(路基和路面条件)。同时,对比试验路段的弯沉分布范围应尽量宽,以使所建立的关系式更具代表性。

7. 报告

(1)弯沉平均值、标准差、代表值、测试时的路面温度及温度修正值。

(2)自动弯沉仪测值与贝克曼梁的相关关系式及相关系数。

(三)落锤式弯沉仪测定路面弯沉试验方法

1.适用范围

本方法适用于测定在落锤式弯沉仪(FWD)标准质量的重锤落下一定高度发生的冲击荷载作用下,路基或路面表面所产生的瞬时变形,即测定在动态荷载作用下产生的动态弯沉及弯沉盆。并可由此反算路基路面各层材料的动态弹性模量,作为设计参数使用。所测结果经转换至回弹弯沉值后可用于评定道路承载能力,也可用于调查水泥混凝土路面接缝的传力效果,探查路面板下的空洞等。

2.仪具与材料技术要求

落锤式弯沉仪:简称FWD,由荷载发生装置、弯沉检测装置、运算控制系统与车辆牵引系统等组成。

(1)荷载发生装置:重锤的质量及落高根据使用目的与道路等级选择,荷载由传感器测定。如无特殊需要,重锤的质量为200kg±10kg,可采用产生50kN±2.5kN的冲击荷载。承载板宜为十字对称分开成四部分且底部固定有橡胶片的承载板。承载板的直径一般为300mm。

(2)弯沉检测装置:由一组高精度位移传感器组成,如图1-4-21所示。传感器可为差动变压器式位移计(LVDT)或地震检波器。自承载板中心开始,沿道路纵向隔开一定距离布设一组传感器,传感器总数不少于7个,建议布置在0~250cm范围以内,必须包括0、30、60、90四点,其他根据需要及设备性能决定。

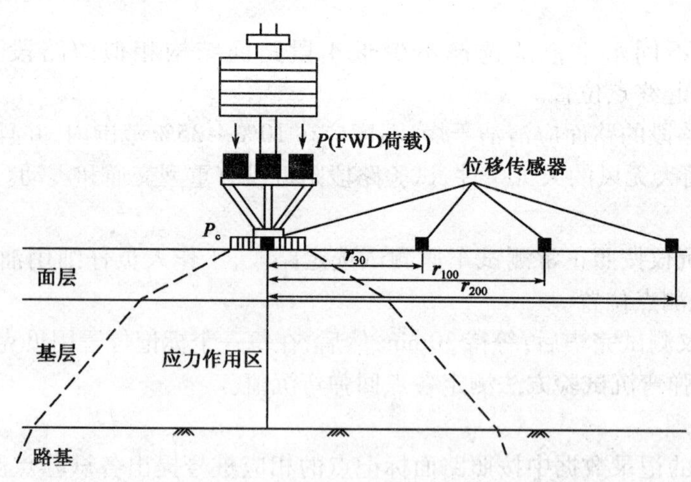

图1-4-21 落锤式弯沉仪传感器布置及应力作用示例

(3)运算及控制装置:能在冲击荷载作用的瞬间内,记录冲击荷载及各个传感器所在位置测点的动态变形。

(4)牵引装置:牵引1FWD并安装运算及控制装置的车辆。

3.方法与步骤

1)准备工作

(1)调整重锤的质量及落高,使重锤的质量及产生的冲击荷载符合第2条的要求。

(2)在测试路段的路基或路面各层表面布置测点,其位置或距离随测试需要而定。当在路面表面测定时，测点宜布置在行车道的轮迹带上。测试时，还可利用距离传感器定位。

(3)检查 FWD 的车况及使用性能，用手动操作检查，各项指标符合仪器规定要求。

(4)将 FWD 牵引至测定地点，将仪器打开，进入工作状态。牵引 FWD 行驶的速度不宜超过 50km/h。

(5)对位移传感器按仪器使用说明书进行标定，使之达到规定的精度要求。

2)测试步骤

(1)承载板中心位置对准测点，承载板自动落下，放下弯沉装置的各个传感器。

(2)启动落锤装置，落锤瞬即自由落下，冲击力作用于承载板上，又立即自动提升至原来位置固定。同时，各个传感器检测结构层表面变形，记录系统将位移信号输入计算机，并得到峰值，即路面弯沉，同时得到弯沉盆。每一测点重复测定应不少于 3 次，除去第一个测定值，取以后几次测定值的平均值作为计算依据。

(3)提起传感器及承载板，牵引车向前移动至下一个测点，重复上述步骤，进行测定。

4. 落锤式弯沉仪与贝克曼梁弯沉仪对比试验步骤

1)路段选择

选择结构类型完全相同的路段，针对不同地区选择某种路面结构的代表性路段，进行两种测定方法的对比试验，以便将落锤式弯沉仪测定的动弯沉换算成贝克曼梁测定的回弹弯沉值。选择的对比路段长度 300 ~ 500m，弯沉值应有一定的变化幅度。

2)对比试验步骤

(1)采用与实际使用相同且符合要求的落锤式弯沉仪及贝克曼梁弯沉仪测定车。落锤式弯沉仪的冲击荷载应与贝克曼梁弯沉仪测定车的后轴双轮荷载相同。

(2)用油漆标记对比路段起点位置。

(3)布置测点位置，用贝克曼梁定点测定回弹弯沉。测定车开走后，用粉笔以测点为圆心，在周围画一个半径为 15cm 的圆，标明测点位置。

(4)将落锤式弯沉仪的承载板对准圆圈，位置偏差不超过 30mm，进行测定。两种仪器对同一点弯沉测试的时间间隔不应超过 10min。

(5)逐点对应计算两者的相关关系。

通过对比试验得出回归方程式 $L_B = a + bL_{FWD}$，式中 L_{FWD}、L_B 分别为落锤式弯沉仪、贝克曼梁测定的弯沉值。回归方程式的相关系数 R 应不小于 0.95。

注：由于路面结构和材料、路基状况、温度、水文条件、路面使用状况不同，对比关系也有所不同，为了提高数据的准确性，应分各种情况做此项对比试验。

5. 水泥混凝土路面板调查的方法与步骤

(1)在测试路段的水泥混凝土路面板表面布置测点。当为调查水泥混凝土路面接缝的传力效果时，测点布置在接缝的一侧，位移传感器分开在接缝两边布置。当为探查路面板下的空洞时，测点布置位置随测试需要而定，应在不同位置测定。

(2)按第 3 条进行测定。

6. 计算

(1)按桩号记录各测点的弯沉及弯沉盆数据，计算一个评定路段的平均值、标准差、变异系数。

(2)当为调查水泥混凝土路面接缝的传力效果时,利用分开在接缝两边布置的位移传感器的测定值的差异及弯沉盆的形状,进行判断。

(3)当为探查路面板下的空洞时,利用在不同位置测定的测定值的差异及弯沉盆的形状,进行判断。

7. 报告

(1)报告应包括下列内容:

①各测点的最大弯沉及弯沉盆测定数据。

②每一个评定路段全部测点弯沉的平均值、标准差、变异系数及代表弯沉。

(2)如与贝克曼梁弯沉仪进行了对比试验,尚应报告相关关系式、相关系数、换算的回弹弯沉。

第六节　水泥混凝土芯样劈裂强度试验方法

复习要点:

1. 水泥混凝土路面芯样劈裂强度试验步骤。

2. 水泥混凝土路面芯样检查内容。

水泥混凝土路面强度的控制指标是弯拉或劈裂强度。由于弯拉强度试件成型及试验过程比较麻烦,现多采用劈裂强度来代替。

检验时从混凝土面板中用钻孔取样圆柱形试件进行劈裂试验,按已建立的关系式,由劈裂强度推算面板混凝土的抗折强度,检验其是否符合规定的要求。

1. 目的和适用范围

从硬化混凝土结构物中钻取和检查芯样,测定芯样的劈裂抗拉强度,作为评定结构品质的主要指标。

2. 仪器与材料

(1)压力机。

(2)劈裂夹具、木质三合板垫条。如图 1-4-22a)所示。

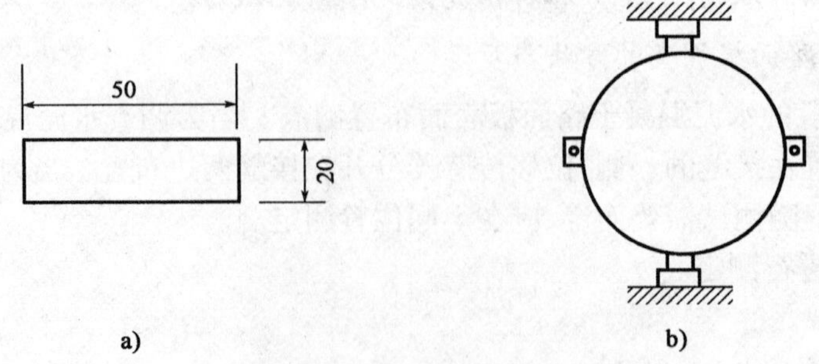

图 1-4-22　芯样劈裂试验装置(尺寸单位:mm)

a)夹具钢板条;b)劈裂夹具

3. 芯样的钻取与检查

1)芯样钻取

(1)钻取位置:应尽量避免靠近混凝土构件的接缝或边缘处钻取,且基本上不带钢筋。

(2)芯样尺寸:芯样的直径为混凝土所用集料最大粒径的3倍,一般为150mm±10mm或100mm±10mm;对路面工程,芯样长度应与路面厚度相等。

(3)标记:用油漆作标记"桩号"、"编号"、"位置"等。

2)芯样检查

(1)外观检查:每个芯样应详细描述有无裂缝、接缝、分层、麻面或离析等情况如:

集料情况:估计集料的最大粒径(D_{max})、形状、种类、配比及粗细集料的比例与级配等。

密实性:检查并记录气孔及其位置、尺寸、分布情况。

(2)芯样测量:平均直径 d_m:在芯样的中间及两面1/4处测三对数值,取平均值。

平均长度 L_m:取芯样直径两端侧面测定钻取后芯样的长度及端面加工后的长度。

$$L_m = (l_1 + l_2 + l_3 + l_4)/4$$

3)表观密度:必要时应测定芯样的表观密度

4. 芯样强度试验

(1)试件制作:试件两端面应与其轴线垂直。(抗压强度试件长度应不小于直径的0.95倍,也不应大于直径的2.1倍)

(2)湿度控制:试验前试件应在(20±2)℃的水中浸泡40h,从水中取出后立即试验。

如有专门要求,可用其他养护或湿度控制条件。

(3)强度测试:将试件、劈裂压条和垫块如图1-4-22b)所示置压力机上,借助夹具两侧杆将试件对中;开动压力机,当压力加到5kN时,将夹具抽出,以(60±4)N/s均匀加荷,直至破坏,读取最大读数 P。

5. 计算

(1)芯样劈裂抗拉强度按式(1-4-34)计算:

$$R_{劈} = \frac{2P}{\pi F} = \frac{2P}{\pi d_m L_m} \tag{1-4-34}$$

式中:P——极限荷载(N);

F——试件劈裂面面积(m^2)。

取三个试件的平均值作为混凝土的劈裂强度。如任一测值与中值的差值超过中值的15%时,则取中值为测定值。如有两个测值与中值的差值超过上述规定时,则该测试结果无效。

(2)面板混凝土的抗折强度按下式推算:

对于碎石混凝土:

$$R_{折} = 1.868 R_{劈}^{0.871} \tag{1-4-35}$$

对于卵石混凝土:

$$R_{折} = 2.597 R_{劈}^{0.534} \tag{1-4-36}$$

式中：$R_{折}$——面板混凝土的抗折强度(MPa)；

$R_{劈}$——混凝土试件的劈裂强度(MPa)。

第七节 路面抗滑性能试验方法

复习要点：

1. 路面抗滑性能的概念及其影响因素；摆式仪试验的测试原理；单、双轮横向力系数测试系统、车载式激光构造深度仪试验的适用范围、设备要求、测定步骤及其测试数据处理。

2. 手工铺砂法、摆式仪法的适用范围；摆式仪测试摆值的温度修正；路面抗滑性能检测中应注意的问题。

3. 手工铺砂法试验步骤与计算；摆式仪测试中橡胶片的要求；摆式仪测试的试验步骤。

路面抗滑性能是指车辆轮胎受到制动时沿表面滑动所产生的力。通常抗滑性能被看作是路面的表面特性，并用轮胎与路面间的摩阻系数来表示。表面特性包括路面细构造(通常用石料磨光值 PSV 表示)和粗构造(用构造深度表示)。摩擦系数堪培拉表征了道路表面防滑性能水平的高低；路表构造深度体现的是当道路表面有水存在时，路面防止车辆高速行驶情况下摩擦系数下降的能力。影响抗滑性的因素有路面表面特性、路面潮湿程度和行车速度。抗滑性能测试方法有：制动距离法、偏转轮拖车法(横向力系数测试)、摆式仪法、构造深度测试法(手工铺砂法、电动铺砂法、激光构造深度仪法)。各种方法的特点和测试指标见表 1-4-15。

路面抗滑性能测试方法比较 表 1-4-15

测试方法	测试指标	原理	特点及适用范围
制动距离法	摩擦系数 1	以一定速度在潮湿路面上行驶的 4 轮小客车或货车，当 4 个车轮被制动时，测试出从车辆减速滑移到停止的距离，运用动力学原理，算出摩擦系数	测试速度快，必须中断交通
摆式仪法	摩擦摆值 BPN	摆式仪的摆锤底面装一橡胶滑块，当摆锤从一定高度自由下摆时，滑块面同试验表面接触。由于两者间的摩擦而损耗部分能量，使摆锤只能回摆到一定高度。表面摩擦阻力越大，回摆高度越小(即摆值越大)	定点测量，原理简单，不仅可以用于室内，而且可用于野外测试沥青路面及水泥混凝土路面的抗滑值
手工铺砂法电动铺砂法	构造深度 TD (InIT1)	将已知体积的砂，摊铺在所要测试路表的测点上，量取摊平覆盖的面积。砂的体积与所覆盖平均面积的比值，即为构造深度	定点测量，原理简单，便于携带，结果直观。适用于测定沥青路面及水泥混凝土路面表面构造深度，用于评定路面表面的宏观粗糙度、排水性能及抗滑性

续上表

测试方法	测试指标	原　理	特点及适用范围
激光构造深度测试法	构造深度TD(mm)	中子源发射的许多束光线,照射到路表面的不同深度处,用200多个二极管接收返回的光束,利用二极管被点亮的时间差算出所测路面的构造深度	测试速度快,适用于测定沥青路面干燥表面的构造深度。用于评价路面抗滑及排水能力,但不适用于坑槽较多、显著不平整或裂缝过多的路段
摩擦系数测定车测定路面横向力系数	横向力系数SF_C	测试车上安装有两只标准试验轮胎,它们对车辆行驶方向偏转一定的角度。汽车以一定速度在潮湿路面上行驶时,试验轮胎受到侧向摩阻作用。此摩阻力除以试验轮上的载重,即为横向力系数	测试速度快,用于以标准的摩擦系数测试车测定沥青或水泥混凝土路面的横向力系数,结果可作为竣工验收或使用期评定路面抗滑能力使用

路表面细构造是指集料表面的粗糙度,它随车轮的反复磨耗而逐渐被磨光。通常采用石料磨光值(PSV)表征抗磨光的性能。细构造在低速(30~50km/h以下)时对路表抗滑性能起决定作用。而高速时主要起作用的是粗构造,它是由路表外露集料形成的构造,功能是使车轮下的路表水迅速排除,以避免形成水膜。粗构造由构造深度表征。

1.手工铺砂法

1)目的与适用范围

本方法适用于测定沥青路面及水泥混凝土路面表面构造深度,用以评定路面表面的宏观粗糙度,路面表面的排水性能及抗滑性能。

2)仪具与材料

(1)人工铺砂仪:圆筒、推平板组成。

①量砂筒:形状尺寸如图1-4-23所示,一端是封闭的,容积为25ml±0.15ml,可通过称量砂筒中水的质量以确定其容积V,并调整其高度,使其容积符合规定要求。带一专门的刮尺将筒口砂刮平。

②推平板:形状尺寸如图1-4-24所示,推平板应为木制或铝制,直径50mm,底面黏一层厚1.5mm的橡胶片,上面有一圆柱把手。

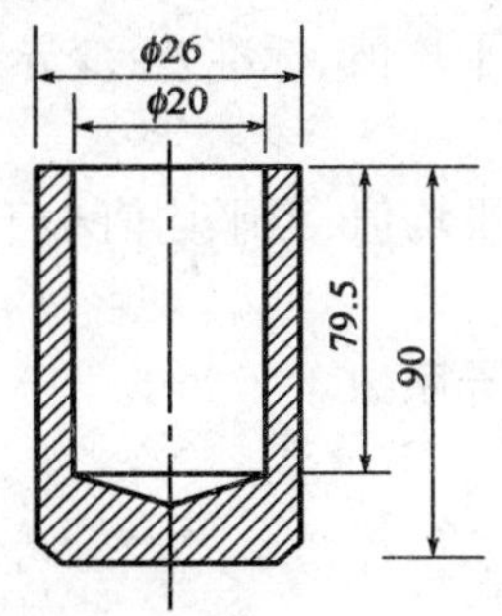

图1-4-23　量砂筒(尺寸单位:mm)

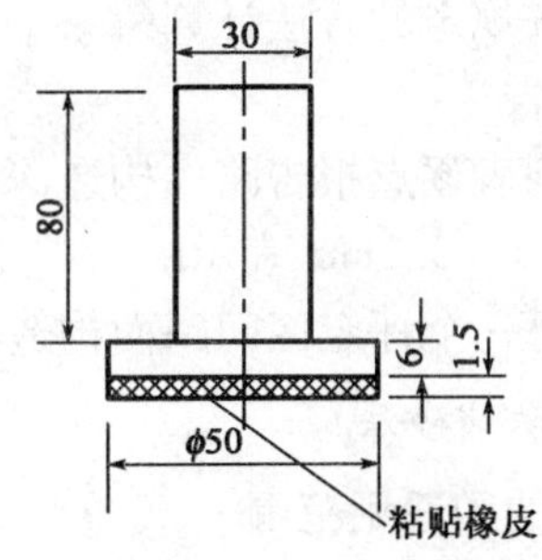

图1-4-24　推平板(尺寸单位:mm)

③刮平尺:可用30cm钢板尺代替。

(2)量砂:足够数量的干燥洁净的匀质砂、粒径0.15~0.3mm。

(3)量尺:钢板尺、钢卷尺或采用按公式将直径换算成构造深度作为刻度单位的专用的构造深度尺。

(4)其他:装砂容器(小铲)、扫帚或毛刷、挡风板等。

3)方法与步骤

(1)准备工作:

①量砂准备:取洁净的细砂晾干、过筛,取粒径为0.15~0.3mm的砂置于适当的容器中备用。量砂只能在路面上使用一次,不宜重复使用。回收砂必须经干燥、过筛处理后方可使用。

②按规定的方法,对测试路段按随机取样选点的方法,确定测点所在横断面位置。测点应选在行车道的轮迹带上,距路面边缘不应小于1m。

(2)试验步骤:

①用扫帚或毛刷子将测点附近的路面清扫干净,面积不小于30cm×30cm。

②用小铲装砂向圆筒中注满砂,手提圆筒上方,在硬质路表面上轻轻地叩打3次,使砂密实,砂面用钢尺一次刮平。

注:不可直接用量砂筒装砂,以免影响量砂密度的均匀性。

③将砂倒在路面上,用底面黏有橡胶片的推平板,由里向外重复做摊铺运动,稍稍用力将砂细心地尽可能的向外摊开,使砂填入凹凸不平的路表面的空隙中,尽可能将砂摊成圆形,并不得在表面上留有浮动余砂。注意摊铺时不可用力过大或向外推齐。

④用钢板尺测量所构成圆的两个垂直方向的直径,取其平均值,精确至5mm。

⑤按以上方法,同一处平行测定不少于3次,3个测点均位于轮迹带上,测点间距3~5m。该处的测定位置以中间测点的位置表示。

4)计算

(1)路面表面构造深度测定结果按式(1-4-36)计算:

$$\mathrm{TD}=\frac{1000V}{\pi D^2/4}=\frac{31831}{D^2} \tag{1-4-37}$$

式中:TD——路面表面构造深度(mm);

V——砂的体积(25cm^3);

D——摊平砂的平均直径(mm)。

(2)每一处均取3次路面构造深度的测定结果的平均值作为试验结果,精确至0.01mm。

(3)按规定的方法计算每一个评定区间路面构造深度的平均值、标准差、变异系数。

5)报告

(1)列表逐点报告路面构造深度的测定值及3次测定的平均值,当平均值小于0.2mm时,试验结果以<0.2mm表示。

(2)每一个评定区间路面构造深度的平均值、标准差、变异系数。

2. 电动铺砂法

1)目的和适用范围

本方法适用于测定沥青路面及水泥混凝土路面表面构造深度,用以评定路面表面的宏观粗糙度及路面表面的排水性能和抗滑性能。

2)仪具与材料

(1)电动铺砂仪:利用可充电的直流电源将量砂通过砂漏铺设成宽度5cm、厚度均匀一致的器具，如图 1-4-25 所示。

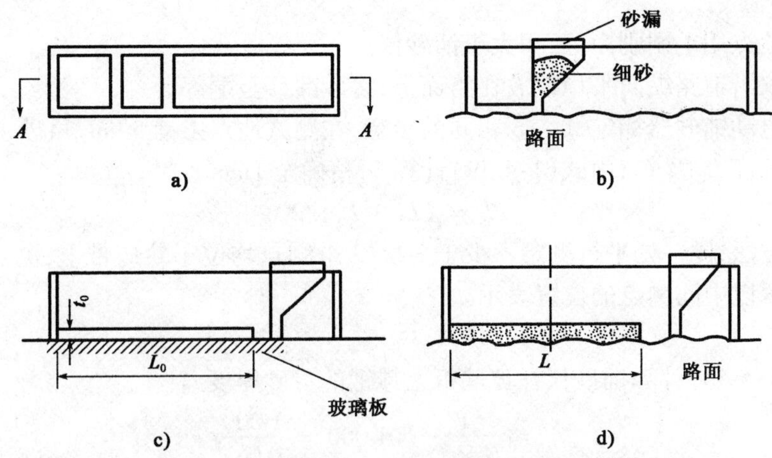

图 1-4-25　电动铺砂仪

a)平面图；b)断面；c)标定；d)测定

(2)量砂：足够数量的干燥洁净的匀质砂，粒径为 0.15 ~ 0.3mm。

(3)标准量筒：容积 50mL。

(4)玻璃板：面积大于铺砂器，厚 5mm。

(5)其他：直尺、扫帚、毛刷等。

3)方法与步骤

(1)准备工作：

①量砂准备：取洁净的细砂，晾干，过筛，取 0.15 ~ 0.3mm 的砂置适当的容器中备用。已在路面上使用过的砂如回收重复使用时，应重新过筛并晾干。

②对测试路段按随机取样选点的方法，决定测点所在横断面的位置。测点应选在行车道的轮迹上，距路面边缘不应小于 1m。

(2)电动铺砂仪标定

①将铺砂仪平放在玻璃板上，将砂漏移至铺砂器端部。

②将灌砂漏斗口和量筒口大致齐平。将砂通过漏斗均匀倒入砂漏，漏斗前后移动，使砂的表面大致齐平，但不得用任何其他工具刮动砂。

③开动电动起动机，使砂漏向另一端缓缓运动，量砂沿砂漏底部铺成如图 1-4-26 所示的宽 5cm 的带状，待砂全部漏完后停止。

④由 L_1 及 L_2 的平均值决定量砂的摊铺长度，精确至 1mm：

$$L_0 = (L_1 + L_2)/2 \tag{1-4-38}$$

式中：L_0——量砂的摊铺长度(mm)；

L_1、L_2——见图 1-4-26(mm)。

⑤重复标定 3 次，取平均值决定 L_0，精确至 1mm。

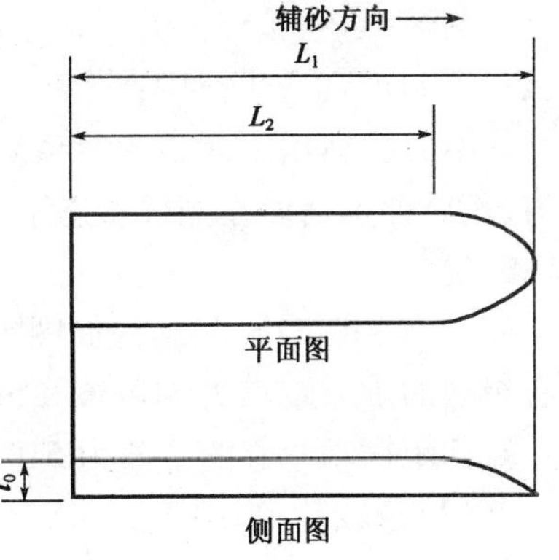

图 1-4-26　决定 L_0 的方法

标定应在每次测试前进行，用同一种量砂，由同一试验员承担测试。

(3)测试步骤

①将测试地点用毛刷刷净，面积大于铺砂仪。

②将铺砂仪沿道路纵向平稳地放在路面上，将砂漏移至端部。

③按上述电动铺砂器标定②~⑤相同的步骤，在测试地点摊铺50mL量砂，按图1-4-26的方法量取摊铺长度L_1及L_2，由式(1-4-39)计算L，精确至1mm。

$$L = (L_1 + L_2)/2 \tag{1-4-39}$$

④按以上方法，同一处平行测定不少于3次，3个测点均位于轮迹带上，测点间距3~5m，该处的测定位置以中间测点的位置表示。

4)计算

(1)按式(1-4-40)计算铺砂仪在玻璃板上摊铺的量砂厚度t_0：

$$t_0 = \frac{V}{B \times L_0} \times 1\,000 = \frac{1\,000}{L_0} \tag{1-4-40}$$

式中：t_0——量砂在玻璃板上摊铺的标定厚度(mm)；

V——量砂体积，$V=50$mL；

B——铺砂仪铺砂宽度，$B=50$mm；

L_0——玻璃板上50mL，量砂摊铺的长度(mm)。

(2)按式(1-4-41)计算路面构造深度TD：

$$\mathrm{TD} = \frac{L_0 - L}{L} \times t_0 = \frac{L_0 - L}{L \times L_0} \times 1\,000 \tag{1-4-41}$$

式中：TD——路面的构造深度(mm)；

L——路面上的50mL，量砂摊铺的长度(mm)。

(3)每一处均取3次路面构造深度的测定结果的平均值作为试验结果，精确至0.1mm。

(4)计算每一处评定区间路构造深度的平均值、标准值、变异系数。

5)报告

(1)列表逐点报告路面构造深度的测定值及3次测定的平均值，当平均值小于0.2mm时，试验结果以<0.2mm表示。

(2)每一个评定区间路面构造深度的平均值、标准差、变异系数。

3. 摆式仪法

1)目的和适用范围

本方法适用于摆式摩擦系数测定仪(摆式仪)测定沥青路面、标线或其他材料试件的抗滑值，用以评定路面在潮湿状态下的抗滑能力。

2)仪具与材料

(1)摆式仪：形状结构如图1-4-27所示，摆及摆的连接部分总质量为1 500g±30g，摆动中心至摆的重心距离为410mm±5mm，测定时摆在路面上滑动长度为126mm±1mm，摆上橡胶片端部距摆动中心的距离为510mm，橡胶片对路面的正向静压力为22.2N±0.5N。

(2)橡胶片：当用于测定路面抗滑值时的尺寸为6.35mm×25.4mm×76.2mm，橡胶质量应符合表1-4-16的要求，当橡胶片使用后，端部在长度方向上磨耗超过1.6mm或边缘在宽度方向上磨耗超过3.2mm，或有油类污染时，即应更换新橡胶片。新橡胶片应先在干燥路面上

测试 10 次后再用于测试。橡胶片的有效使用期为 1 年。

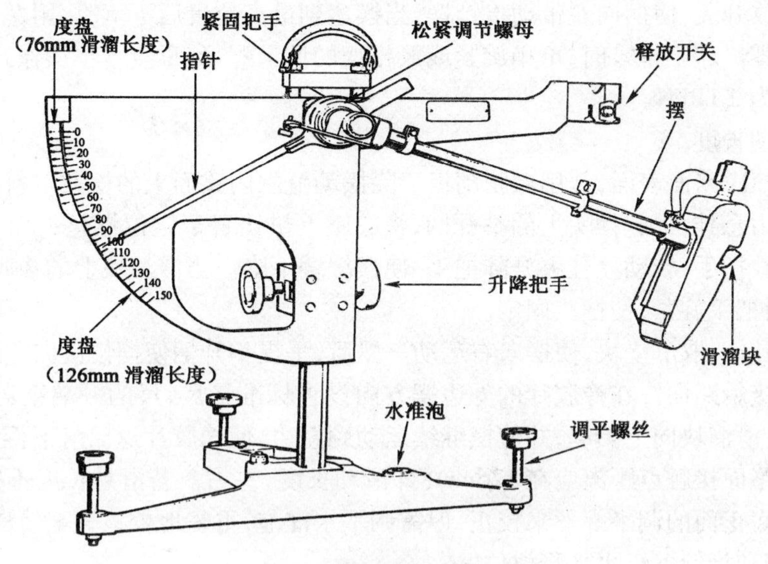

图 1-4-27　摆式仪结构示意图

橡胶物理性质技术要求　　表 1-4-16

性质指标	温　度(℃)				
	0	10	20	30	40
弹性(%)	43 ~ 49	58 ~ 65	66 ~ 73	71 ~ 77	4 ~ 79
硬度	55 ± 5				

(3)标准量尺:长 126mm。

(4)洒水壶。

(5)橡胶刮板。

(6)路面湿度计:分度不大于 1℃。

(7)其他:皮尺或钢卷尺、扫帚等。

3)方法与步骤

(1)准备工作:

①检查摆式仪的调零灵敏情况,并定期进行仪器的标定。当用于路面工程检查验收时,仪器就必须重新标定。

②对测试路段按随机取样选点的方法,决定测点所在横断面位置。测点应选在行车道的轮迹带上,距路面边缘不应于 1m,并用粉笔作出标记。测点位置宜紧靠铺砂法测定构造深度的测点位置,一一对应。

(2)试验步骤:

①仪器调平

a. 将仪器置于路面测点上,并使摆的摆动方向与行车方向一致。

b. 转动底座上的调整平螺栓,使水准泡居中。

②调零

a. 放松上、下两个紧固把手,转动升降把手,使摆升高并能自由摆动,然后旋紧紧固把手。

b.将摆固定在右侧悬臂上，使摆处于水平释放位置，并把指针拨至右端与摆杆平行处。

c.按下释放开关，使摆向左带动指针摆，当摆达到最高位置后下落时，用左手将摆杆接住，此时指针应指零。若不指零时，可稍旋紧或放松摆的调节螺母，重复本项操作，直至指针指零，调零允许误差为±1BPN。

③校核滑动长度

a.用扫帚扫净路面表面，并用橡胶刮板清除摆动范围内路面上的松散粒料。

b.让摆自由悬挂，提起摆头上的举升柄，将底座上垫块置于定位螺丝下面，使摆头上滑溜升高。放松紧固把手，转动立柱上升降把手，使摆缓缓下降。当滑溜块上的橡胶片刚刚接触路面时，即将紧固把手旋紧，使摆头固定。

c.提起举升柄，取下垫块，使摆向右运动。然后，手提举升柄使摆慢慢向左运动，直到橡胶片的边缘刚刚接触路面。在橡胶片的外边摆方向设置标准量尺，尺的一端正对该点。再用手提起举手柄，使滑溜块向上抬起，并使摆继续运动到左边，使橡胶片返回落下再一次接触路面，橡胶片两次同路面接触点距离应在126mm（即滑动长度）左右。若滑动长度不符标准时，则升高或降低仪器底正面的调平螺丝来校正，但需调平水准泡，重复地校核直至使滑动长度符合要求。而后，将摆和指针置于水平释放位置。

注：校核滑动长度时，应以橡胶片边刚刚接触路面为准，不可借摆力量向前滑动，以免标定的滑动长度过长。

④用喷壶的水浇洒测试路面，并用橡胶刮板刮除表面泥浆。

⑤再次洒水，并按下释放开关，使摆在路面滑过，指针即可指示出路面的摆值。但第一次测定，不做记录，当摆杆回落时，用左手接住摆，右手提起举升柄使滑溜块升高，将摆向右运动，并使摆针和指针重新置于水平释放位置。

⑥重复⑤的操作测定5次，并读记每次测定的摆值，即BPN。5次数值中最大值与最小值的差值不得大于3BPN。如差数大于3BPN时，应检查产生的原因，并再次重复上述各项操作，至符合规定为止。取5次测定的平均值作为每个测点路面的抗滑值（即摆值F_B），取整数，以BPN表示。

⑦在测点位置上用路表温度计测记潮湿路面的温度，精确至1℃。

⑧按以上方法，同一处平行测定不少于3次，3个测点均位于轮迹带上，测点间距3~5m。该处的测定位置以中间测点的位置表示。每一处均取3次测定结果的平均值作为试验结果，精确至1BPN。

4）抗滑值的温度修正

当路面温度为T（℃）时，测各的摆值为F_{BT}必须按式（1-4-41）换算成标准温度20℃的摆值F_{B20}。

$$F_{B20} = F_{BT} + \Delta F \qquad (1\text{-}4\text{-}42)$$

式中：F_{B20}——换算成标准温度20℃的摆值（BPN）；

F_{BT}——路面温度T时测得的摆值（BPN）；

T——测定的路表潮湿状态下的温度（℃）；

ΔF——温度修正值（BPN），按表1-4-17采用。

温 度 修 正 值　　表 1-4-17

温度 T(℃)	0	5	10	15	20	25	30	35	40
温度修正值 ΔF	-6	-4	-3	-1	0	+2	+3	+5	+7

5)报告

(1)测试日期、测点位置、天气情况、洒水后潮湿路面的温度,并描述路面类型、外观、结构类型等。

(2)列表逐点报告路面抗滑值的测定值 F_{BT} 经温度修正后的 F_{B20} 及 3 次测定的平均值。

(3)计算每一个评定路段路段抗滑性的平均值、标准差、变异系数。

6)精密度与允许差:同一测点,重复 5 次测定的差值应不大于 3BPN。

4. 车载式激光构造深度仪试验方法

激光深度构造仪是利用激光测距的原理测量地面材料颗粒表面以及材料颗粒之间的深度变化情况,其输出的测试结果是沿线断面一定间距长度内平均深度数据,与铺砂法一定面积内的平均深度数据有所差别。

1)目的与适用范围

(1)本方法适用于各类车载式激光构造深度仪在新建、改建路面工程质量验收和无严重破损病害及无积水、积雪、泥浆等正常行车条件下测定,连续采集路面构造深度,但不适用于带有沟槽构造的水泥混凝土路面构造深度的测定。

(2)本方法的数据采集、传输、记录和处理分别由专用软件自动控制进行。

2)仪具与材料技术要求

(1)测试系统构成

测试系统由承载车辆、距离传感器、激光传感器和主控制系统组成。主控制系统对测试装置的操作实施控制,完成数据采集、传输、存储与计算过程。

(2)设备承载车要求

根据设备供应商的要求选择测试系统承载车辆。

(3)测试系统基本技术要求和参数

①最大测试速度:≥50km/h。

②采样间隔:≤10mm。

③传感器测试精度:0.1mm。

④距离标定误差:<0.1%。

⑤系统工作环境温度:0~60℃。

3)方法与步骤

(1)准备工作

①设备安装到承载车上以后应按第 4 条进行相关性标定试验。

②根据设备操作手册的要求对测试系统各传感器进行校准。

③距离测量装置需要现场安装的,根据设备操作手册说明进行安装,确保机械紧固装置安装牢固。

④测试系统各部分应符合测试要求,不应有明显的可视性破损。

⑤打开系统电源，启动控制程序，检查各部分的工作状态。

(2)测试步骤

①按照设备使用说明规定的预热时间对测试系统预热。

②测试车停在测试起点前50～100m处，启动测试系统程序，按照设备操作手册的规定和测试路段的现场技术要求设置完毕所需的测试状态。

③驾驶员应按照设备操作手册要求的测试速度范围驾驶测试车，避免急加速和急减速，急弯路段应放慢车速，沿正常行车轨迹驶入测试路段。

④进入测试路段后，测试人员启动系统的采集和记录程序，在测试过程中必须及时准确地将测试路段的起终点和其他需要特殊标记的位置输入测试数据记录中。

⑤当测试车辆驶出测试路段后，测试人员停止数据采集和记录，并恢复仪器各部分至初始状态。

⑥检查：测试数据文件应完整，内容应正常，否则需要重新测试。

⑦关闭测试系统电源，结束测试。

4)激光构造深度仪测值与铺砂法构造深度值相关关系对比试验

(1)选择构造深度分别在0～0.3mm、0.3～0.55mm、0.55～0.8mm、0.8～1.2mm范围的四个各长100m的试验路段。试验前将路面清扫干净，并在起终点做上标记。

(2)在每个试验路段上沿一侧行车轮迹用铺砂法测试至少10点的构造深度值，并计算平均值。

(3)驾驶测试车以30～50km/h速度驶过试验路段，并且保证激光构造深度仪的激光传感器探头沿铺砂法所测构造深度的行车轮迹运行，计算试验路段的构造深度平均值。

(4)建立两种方法的相关关系式，要求相关系数R不小于0.97。

5)报告

构造深度检测报告应包括以下内容：

(1)路段构造深度平均值、标准差。

(2)提供激光构造深度仪测值与铺砂法构造深度值在选定测试条件下的相关关系式及相关系数。

5. 单轮式横向力系数测试系统测定路面摩擦系数试验方法

1)目的与适用范围

(1)本方法适用于工作原理和结构与SCRIM测试车相同的横向力系数测试系统在新建、改建路面工程质量验收和无严重坑槽、车辙等病害的正常行车条件下连续采集路面的横向力系数。

(2)本方法的数据采集、传输、记录和处理分别由专用软件自动控制进行。

2)仪具与材料技术要求

(1)测试系统构成：测试系统由承载车辆、距离测试装置、横向力测试装置、供水装置和主控制系统组成，如图1-4-28。主控制系统除实施对测试装置和供水装置的操作控制外，同时还控制数据的传输、记录与计算等环节。

(2)设备承载车基本技术要求和参数

横向力系数测试系统的承载车辆应为能够固定和安装测试、储供水、控制和记录等系统的载货车底盘，具有在水罐满载状态下最高车速大于100km/h的性能。

(3)测试系统技术要求和参数

①测试轮胎类型:光面天然橡胶充气轮胎。

②测试轮胎规格:3.00/20。

③测试轮胎标准气压:350kPa ±20kPa。

④测试轮偏置角:19.5°~21°。

⑤测试轮静态垂直标准荷载:2 000N ±20N。

⑥拉力传感器非线性误差:<0.05%。

⑦拉力传感器有效量程:0~2 000N。

⑧距离标定误差:<2%。

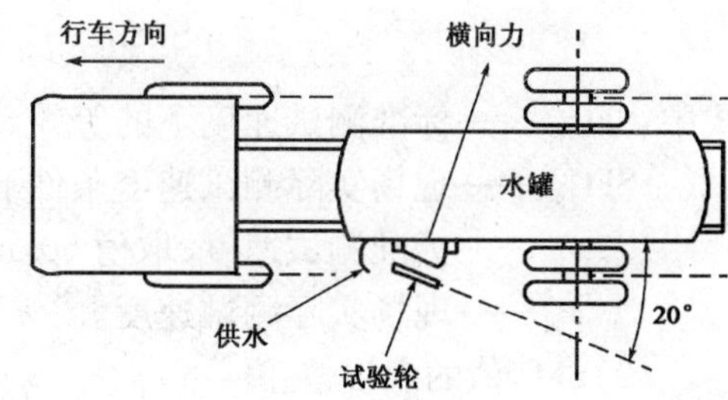

图 1-4-28　单轮式横向力系数测试系统构造示意图

3)方法与步骤

(1)准备工作

①每个测试项目开始前或连续测试超过 1 000km 后必须按照设备使用手册规定的方法进行测试系统的标定,记录标定数据并存档。

②检查测试车轮胎气压,应达到车辆轮胎规定的标准气压。

③检查测试轮胎磨损情况,当其直径比新轮胎减小达 6mm(也即胎面磨损 3mm)以上或有明显磨损裂口时,必须立即更换新轮胎。更换的新轮胎在正式测试前应试测 2km。

④检测测试轮气压,应达到 0.35MPa ±0.02MPa 的要求。

⑤检查测试轮固定螺栓应拧紧。将测试轮放到正常测试时的位置,检查其应能够沿两侧滑柱上下自由升降。

⑥根据测试里程的需要向水罐加注清洁测试用水。

⑦检查洒水口出水情况和洒水位置应正常;洒水位置应在测试轮触地面中点沿行驶方向前方 400mm ±50mm 处,洒水宽度应为中心线两侧各不小于 75mm。

⑧将控制面板电源打开,检查各项控制功能键、指示灯和技术参数选择状态应正常。

(2)测试步骤

①正式开始测试前,首先应按设备操作手册规定的时间要求对系统进行通电预热。

②进入测试路段前应将测试轮胎降至路面上预跑约 500m。

③按照设备操作手册的规定和测试路段的现场技术要求设置完毕所需的测试状态。

④驾驶员在进入测试路段前应保持车速在规定的测试速度范围内,沿正常行车轨迹驶入测试路段。

⑤进入测试路段后,测试人员启动系统的采集和记录程序。在测试过程中必须及时准确地将测试路段的起终点和其他需要特殊标记点的位置输入测试数据记录中。

⑥当测试车辆驶出测试路段后,仪器操作人员停止数据采集和记录,提升测量轮并恢复仪器各部分至初始状态。

⑦操作人员检查数据文件应完整,内容应正常,否则需要重新测试。

⑧关闭测试系统电源,结束测试。

4)SFC 值的修正

(1)SFC 值的速度修正

测试系统的标准测试速度范围规定为 50km/h ±4km/h,其他速度条件下测试的 SFC 值必须通过式(1-4-42)转换至标准速度下的等效 SFC 值。

$$SFC_{标} = SFC_{测} - 0.22(v_{标} - v_{测}) \tag{1-4-43}$$

式中：$SFC_{标}$——标准测试速度下的等效 SFC 值；

$SFC_{测}$——现场实际测试速度条件下的 SFC 测试值；

$v_{标}$——标准测试速度，取值 50km/h；

$v_{测}$——现场实际测试速度。

(2)SFC 值的温度修正

测试系统的标准现场测试地面温度范围为 20℃ ±5℃，其他地面温度条件下测试的 SFC 值必须通过表 1-4-18 转换至标准温度下的等效 SFC 值。系统测试要求地面温度控制在 8～60℃内。

SFC 值温度修正　　表 1-4-18

温度	10	15	20	25	30	35	40	45	50	55	60
修正	−3	−1	0	+1	+3	+4	+6	+7	+8	+9	+10

(3)评定路段内的路面横向力系数按 SFC 的设计或验收标准值进行评定。

横向力系数 SFC 代表值为 SFC 算术平均值的下置信界限值，即：

$$SFC_r = \overline{SFC} - \frac{t_\alpha S}{\sqrt{n}} \tag{1-4-44}$$

式中：SFC_r——SFC 代表值；

$\overline{SFC}$——SFC 平均值；

S——标准差；

n——采集数据样本数量；

t_α——t 分布表中随测点数和保证率（或置信度 α）而变的系数，可查附表。采用的保证率：高速公路、一级公路为 95%；其他公路为 90%。

当 SFC 代表值不小于设计或验收标准时，以所有个单个 SFC 值统计合格率；当 SFC 代表值小于设计或标准值时，相应分项工程评为不合格。

5)不同类型摩擦系数测试设备间相关关系对比试验

(1)基本要求

不同类型摩擦系数测试设备的测值应换算成 SFC 值后使用，所以制动式摩擦系数测试设备和其他类型横向力式测试设备在使用时必须和 SCRIM 系统进行对比试验，建立测试结果与 SCRIM 系统测值——SFC 值的相关关系。

(2)试验条件

①按 SFC 值 0～30、30～50、50～70、70～100 的范围选择 4 段不同摩擦系数的路段，路段长度可为 100～300m。

②对比试验路段地面应清洁干燥，地面温度应在 10～30℃范围内，天气条件宜为晴天无风。

(3)试验步骤

①测试系统和需要进行对比试验的其他类型设备分别按规定的方法及其操作手册规定的程序准备就绪。

②两套设备分别以 40km/h、50km/h、60km/h、70km/h、80km/h 的速度在所选择的 4 种试验路段上各测试 3 次，3 次测试的平均值的绝对差值不得大于 5，否则重测。

③两种试验设备设置的采样频率差值不应超过一倍，每个试验路段的采样数据量不应少于 10 个。

(4)试验数据处理

①分别计算出每种速度下各路段 3 次测试结果的总平均值和标准差，超过 3 倍标准差的值应予以舍弃。

②用数理统计的回归分析方法建立试验设备测值与速度的相关关系式，相关系数 R 不得小于 0.95。

③建立不同速度下试验设备测值 SFC 的相关关系式，相关系数尺不得小于 0.95。

6)报告

报告应包括横向力系数 SFC 的平均值、标准差、代表值及现场测试速度和温度。

6. 双轮式横向力系数测试系统测定路面摩擦系数试验方法

1)目的与适用范围

(1)本方法适用于工作原理和结构与 Mu-Meter 相同的摩擦系数测试系统在新建、改建路面工程的质量验收和无严重坑槽、车辙等病害的正常行车条件下测定沥青路面或水泥混凝土路面的摩擦系数。

(2)本方法的数据采集、传输、记录和处理分别由专用软件自动控制进行。

2)仪具与材料技术要求

(1)测定系统构成：测试系统主要由牵引车、供水系统、测量机构(包括荷载传感器)、电子控制和数据处理系统、标定装置等组成，如图 1-4-29 和图 1-4-30 所示。

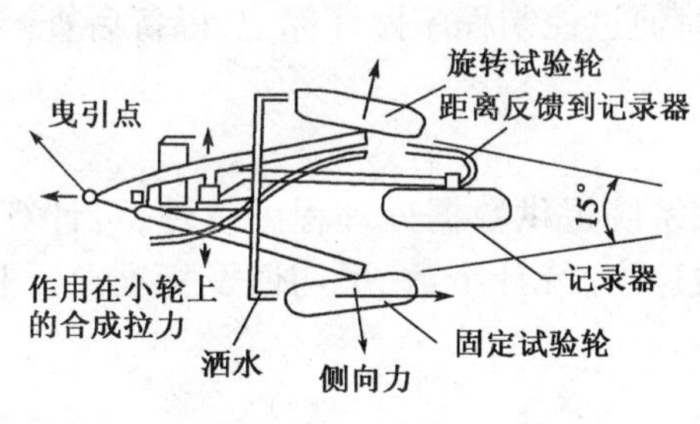

图 1-4-29　平面示意图

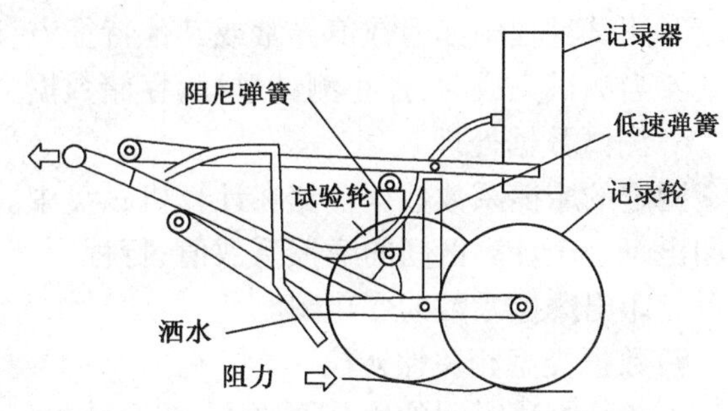

图 1-4-30　平侧视示意图

(2)设备牵引车基本技术要求和参数：牵引车最高行驶车速应大于 80km/h，车辆后部可安装专用拖挂的装置，车辆应配备警灯及相关警示标志。

(3)测试系统技术要求和参数：

①测试仪总质量：256kg。

②单轮静态标准荷载：1.27kN。

③测试轮夹角：15°。

④测试轮标准气压：70kPa ±3.5kPa。

⑤测试轮规格：4.00/4.80 ~8 光面轮胎。

⑥洒水量:路面水膜厚度0.5~1.0mm。

⑦锁 r_J 试速度范围:40~60km/h。

3)方法与步骤

(1)准备工作

①按照仪器设备技术手册或使用说明书对测试系统进行标定。将专门的标定板放在地面上,人工将测试仪从板上拖拉3遍,系统自动判断标定是否通过,标定通过后才能用于路面测试。

②测试前,设备预热10min左右,并检查汽油机是否能正常工作,机油是否需要更换。

③测试仪及洒水车轮胎胎压应满足测试要求,野外测试时间较长时,应带上气压表和充气泵,以便随时检查测试车轮胎气压是否正常,必要时及时补气。系统各部分轮胎气压要求如下:

a.摩擦测试轮:70kPa±3.5kPa。

b.距离测试轮:210kPa±13.7kPa。

c.水车轮胎:根据轮胎标示气压值。

④降下测试轮,打开水阀进行检查,水流情况应正常,水流应符合要求。检查仪表,各项指数应正常,然后升起测试轮。

⑤将牵引车及洒水车、测试仪及控制线路连接线依次连好后,拔出测试车插销,打开电脑进入测试状态,同时发动汽油机,打开水阀,准备测试。

(2)测试步骤

①在测试路段起点前约500m处将车停住,开机预热时间不少于10min。

②将车辆驶向测试路段,提前100~200m处打开水阀,降下测试轮。测试时的车速为40~60km/h,测试过程中应保持匀速。

③测试过程中如遇数值异常或其他特征点,应及时通过控制程序做好标记,以备后查。

④当测试完成时,停止测试过程,存储数据文件。

4)测试数据处理

测定的摩擦系数数据存储在计算机磁盘中。测试系统提供数据处理程序软件,可计算和打印出每一个计算区间的摩擦系数值、行程距离、行驶速度、统计个数、平均值及标准差,同时还可打印出摩擦系数的变化图。

5)数据类型相关性转换

本试验方法得到的直接数据结果应转换为标准SFC值后才可进行相关的质量检验和评价。

6)报告

(1)路段摩擦系数值平均值、标准差、变异系数。

(2)提供摩擦系数值与SCRIM系统测值所建立的相关关系式及相关系数。

7.抗滑性能检测中应注意的问题

(1)在使用摆式仪前必须按照说明书对摆式仪进行标定,否则所数据缺乏可靠性。

(2)用摆式仪测定时“标定滑动长度”是一个非常重要的环节,标定时应取滑溜块与路面正好轻轻接触的点进行量取。切不可给摆锤一个力,让它有滑动后再量取,这样标定,则滑动长度偏长,所测摆值偏大。

(3)在用手工铺砂法测路面构造深度时,不同的人进行测试,所测结果往往差别较大,其原因较多,例如装砂的方法不标准,摊砂用的推平板不标准,最主要的是砂摊开到多大程度为止,各人掌握不一。为了使测试结果准确可靠,在前面介绍时对容易产生误差的地方都有明确的规定,且摊开时用"尽可能向外摊平使砂填入凹凸不平的路表面空隙中,在地表面上形成一薄层"的提法,测试时应严格掌握操作方法的细节问题。

(4)用车载式激光构造深度仪测定路面构造深度时,由于计算模式的差别,激光构造深度与铺砂法的测试结果存在一定的差异,因此必须在完成两者之间的相关性试验和转换后才能进行测试结果的评定。

第八节　沥青路面渗水试验方法

复习要点:

1. 沥青路面渗水系数概念。
2. 沥青路面渗水试验的目的与适用范围。
3. 沥青路面渗水试验步骤。

沥青路面必须具有良好的防渗水性能,如果路面渗水严重,则沥青混合料和路面的耐久性将大幅降低。因此,沥青路面渗水性能成为反映沥青混合料级配组成的一个间接指标,也是沥青路面水稳定性的一个重要指标。如果整个沥青面层均透水,则表面水势必透入基层或路基,大幅降低路面承载能力,且易导致水损害快速出现。沥青面层中至少有一层不透水,且表面层能透水,则表面水能及时下渗,不致形成水膜,提高抗滑性能,减少噪声,如 OGFC 等透水型路面。

沥青路面渗水性能通常用渗水系数表征,渗水系数是指在规定的水头压力下,水在单位时间内通过一定面积的路面渗入下层的数量,单位 mL/min。研究与实践表明,路面渗水系数与空隙率有很大关系,通常剩余空隙率越大,路面渗水系数越大,路面渗水越严重。但同样的空隙率,路面的渗水情况却不同,因为空隙率包括了开空隙和闭空隙,而只有开空隙才能够透水。由此可见,渗水系数与空隙率又是性质不同的两项指标,控制好空隙率和压实度,并不能完全保证渗水性能。同时,渗水系数非常直观,所以很多国家越来越重视直接检查渗水系数。

由于路面在使用过程中,灰尘极易堵塞空隙,使渗水试验无法做好,因此,渗水系数测试应在路面施工结束后进行。同时,对于公称最大粒径大于26.5mm 的下面层或基层混合料,由于渗水系数的测定方法及指标问题,不适用于本方法测定。

1. 目的和适用范围

本方法适用于路面渗水仪测定沥青路面的渗水系数。

2. 仪具与材料

本试验需要下列仪具与材料:

(1)路面渗水仪:形状及尺寸如图 1-4-31 所示上部盛水量筒由透明有机玻璃制成,容积600mL,上有刻度,在 100mL 及 500mL 处有粗标线,下方通过 ϕ10mm 的细管与底座相接,中间

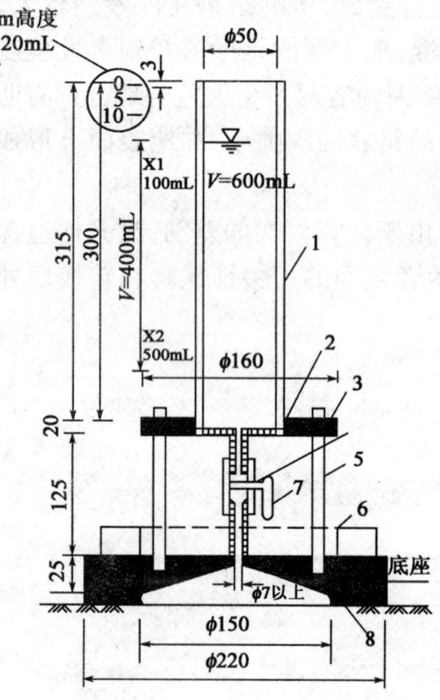

图 1-4-31　渗水仪结构图（尺寸单位：mm）
1-透明有机玻璃筒；2-螺纹连接；3-顶板；4-阀；5-立柱支架；6-压重铁圈；7-把手；8-密封材料

有一开关。量筒通过支架联结，底座下方开口内径150mm，外径220mm，仪器附压重铁圈两个，每个质量约5kg，内径160mm。

（2）水桶及大漏斗。

（3）秒表。

（4）密封材料：玻璃腻子、油灰或橡皮泥。

（5）其他：水、红墨水、粉笔、扫帚等。

3. 方法与步骤

1）准备工作

在测试路段的行车道面上，按随机取样方法选择测试位置，每一个检测路段应测定 5 个测点，用扫帚清扫表面，并用粉笔划上测试标记。

试验前，首先用扫帚清扫表面，并用刷子将路面表面的杂物刷去。杂物的存在一方面会影响水的渗入；另一方面也会影响渗水仪和路面或者试件的密封效果。

2）试验步骤

（1）将塑料圈置于试件中央或者路面表面的测点上，用粉笔分别沿塑料圈的内侧和外侧画上圈，在外环和内环之间的部分就是需要用密封材料进行密封的区域。

（2）用密封材料对环状密封区域进行密封处理，注意不要使密封材料进入内圈。如果密封材料不小心进入内圈，必须用刮刀将其刮走。然后再将搓成拇指粗细的条状密封材料摞在环状密封区域的中央，并且摞成一圈。

（3）将渗水仪放在试件或者路面表面的测点上，注意使渗水仪的中心尽量和圆环中心重合，然后略微使劲将渗水仪压在条状密封材料表面，再将配重加上，以防压力水从底座与路面间流出。

（4）将开关关闭，向量筒中注满水，然后打开开关，使量筒中的水下流排出渗水仪底部内的空气，当量筒中水面下降速度变慢时用双手轻压渗水仪使渗水仪底部的气泡全部排出。关闭开关，并再次向量筒中注满水。

（5）将开关打开，待水面下降至 100mL 刻度时，立即开动秒表开始计时，每间隔 60s，读记仪器管的刻度一次，至水面下降 500mL 时为止。测试过程中，如水从底座与密封材料间渗出，说明底座与路面密封不好，应移至附近干燥路面处重新操作。如水面下降速度很慢，从水面下降至 100mL 开始，测得 3min 的渗水量即可停止。若试验时水面下降至一定程度后基本保持不动，说明路面基本不透水或根本不透水，则在报告中注明。

（6）按以上步骤在同一个检测路段选择 5 个测点测定渗水系数，取其平均值，作为检测结果。

4. 计算

沥青路面的渗水系数按下式计算，计算时以水面从 100mL 下降至 500mL 所需的时间为标

准,若渗水时间过长,亦可采用3min通过的水量计算:

$$C_w = \frac{V_2 - V_1}{t_2 - t_1} \times 60 \tag{1-4-45}$$

式中:C_w——路面渗水系数(mL/min);

V_1——第一次读数时的水量(mL,通常为100mL);

V_2——第二次读数时的水量(mL,通常为500mL);

t_1——第一次读数时的时量(s);

t_2——第二次读数时的时量(s);

5.报告

列表逐点报告每个检测路段各个测点的渗水系数及5个测点的平均值、标准差、变异系数。若路面不透水,则在报告中注明为0。

第九节　错　　台

复习要点:

1.路面错台的概念。

2.路面错台的试验方法。

路面错台是路面常见的损坏形式,也是产生跳车的主要原因。但关于跳车一直没有严格的定义。一般来讲,错台是指路面在人工构造物端部接头、水泥混凝土路面或桥梁的伸缩缝以及沥青路面裂缝两侧由于深降所形成的台阶。

1.目的与适用范围

本方法适用于测定路面在人工构造物端部接头、水泥混凝土路面或桥梁的伸缩缝以及沥青路面裂缝两侧由于沉降所造成的错台(台阶)高度,以评价路面行车舒适性能(跳车情况),并作为计算维修工作量的依据。

2.仪具与材料技术要求

本方法需要下列仪具与材料:

(1)皮尺。

(2)水准仪。

(3)3m直尺、钢板尺、钢卷尺、粉笔。

3.方法与步骤

(1)非经注明,错台的测定位置,以行车道错台最大处纵断面为准,根据需要也可以其他代表性纵断面为测定位置。

(2)选择需要测定的断面,记录位置及桩号,描述发生错台的原因。

(3)构造物端部由于沉降造成的接头错台的测试步骤如下:

①将精密水平仪架在距构造物端部不远的路面平顺处调平。

②从构造物端部无沉降或鼓包的断面位置起,沿路线纵向用皮尺量取一定距离,作为测

点，在该处立起塔尺，测量高程。再向前量取一定距离，作为测点，测量高程。如此重复，直至无明显沉降的断面为止。无特殊需要，从构造物端部起的 2m 内应每隔 0.2m 量测一次，2 ~ 5m内宜每隔 0.5m 量测一次，5m 以上可每隔 1m 量测一次，由此得出沉降纵断面及最大沉降值，即最大错台高度 D_m，精确至 1mm。

（4）测定由水泥混凝土路面或桥梁的伸缩缝或路面横向开裂造成的接缝错台、裂缝错台时，用水平仪测定接缝或裂缝两侧一定范围内的道路纵断面，确定最大错台的位置及高度 D_m，精确至 1mm。

（5）当发生错台变形的范围不足 3m 时，可在错台最大位置沿路线纵向用 3m 直尺架在路面上，其一端位于错台的高出的一侧，另一端位于无明显沉降变形处，作为基准线。用钢板尺或钢卷尺每隔 0.2m 量取路面与基准线之间高度 D，同时测记最大错台高度 D_m，精确至 1mm。

4. 资料整理

以测定的错台台读数 D 与各测点的距离绘成纵断面图作为测定结果。图中应标明相应断面的设计纵断面高程，最大错台的位置与高度 D_m，精确至 0.001m。

5. 报告

测试报告应记录如下事项：

（1）路线名、测定日期、天气情况。

（2）测定地点、桩号、路面及构造物概况。

（3）道路交通情况及造成错台原因的初步分析。

（4）最大错台高度 D_m 及错台纵断面图。

第十节 车 辙

复习要点：

1. 沥青路面车辙概念，车辙深度的常用试验方法和现场安全。
2. 横断面尺测定车辙深度的测试步骤与计算。

车辙是路面结构层在行车荷载作用下的补充压实以及结构层中材料的侧身位移产生的累积永久变形。近年来，我国修建的高速公路车辙问题越来越严重，车辙作为沥青路面早期破坏的形式之一，其成因较为复杂，主要在以下内容不全：车辙形成的内在原因。车辙形成的内在原因主要有沥青混合料的性能、路面结构设计、施工控制等，沥青混合料的高温性能不良，将造成路面失稳发生车辙。

根据成因可以分成以下四类：①结构性车辙。结构性车辙是路面结构在交通荷载的反复作用下产生永久变形而形成，这种变形主要由于路面基层或路基强度不够，荷载作用超过路面各层的强度，包括路基在内的各结构层的永久变形，这种车辙一般宽度较大，两侧也没有隆起现象。②失稳性车辙。失稳性车辙是由于沥青混合料的高温稳定性差，抗剪强度不足，造成沥青混合料中颗粒之间的沥青膜在外力作用下产生剪切变形，引起集料颗粒产生相对位移，这类变形一般称为失稳性车辙，这种车辙不仅在车轮作用部位下凹，两侧也有隆起现象。③磨耗型

车辙。磨耗型车辙主要是由于沥青路面结构顶层材料在车轮的物理磨耗和自然环境因素的作用下不断损失造成的，特别是在冬季某些冰冻滑溜路段。车辆使用防滑链或采用带钉轮胎，造成路面的严重磨损。④压密性车辙。压密性车辙是一种不正常的车辙，主要是施工中控制不当，铺筑过程中沥青面层本身压实不好，开放交通后轮迹带下的面层继续受到压实，产生压密变形而形成。

1. 目的与适用范围

本方法适用于测定沥青路面的车辙，供评定路面使用状况及计算维修工作量时使用。

2. 仪具与材料技术要求

本方法可选用下列仪具与材料：

(1)路面横断面仪：如图1-4-32所示。其长度不小于一个车道宽度，横梁上有一位移传感器，可自动记录横断面形状，测试间距小于20cm，测试精度1mm。

(2)激光或超声波车辙仪：包括多点激光或超声波车辙仪、线激光车辙仪和线扫描激光车辙仪等类型，通过激光测距技术或激光成像和数字图像分析技术得到车道横断面相对高程数据，并按规定模式计算车辙深度。要求激光或超声波车辙仪有效测试宽度不小于3.2m，测点不少于13点，测试精度1mm。

(3)横断面尺：如图1-4-33所示。横断面尺为硬木或金属制直尺，刻度间距5cm，长度不小于一个车道宽度。顶面平直，最大弯曲不超过1mm，两端有把手及高度为10～20cm的支脚，两支脚的高度相同。

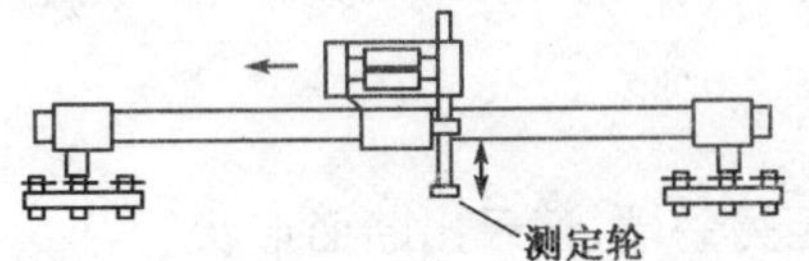

图1-4-32　路面横断面仪

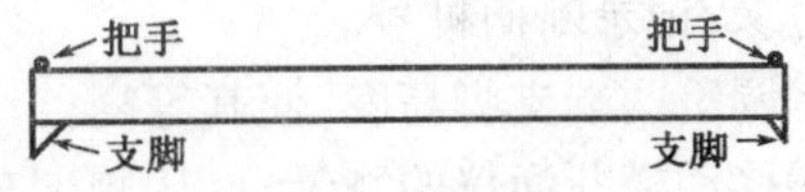

图1-4-33　路面横断面尺

(4)量尺：钢板尺、卡尺、塞尺，量程大于车辙深度，刻度至1mm。

(5)其他：皮尺、粉笔等。

3. 方法与步骤

(1)车辙测定的基准测量宽度应符合下列规定：

①对高速公路及一级公路，以发生车辙的一个车道两侧标线宽度中点到中点的距离为基准测量宽度。

②对二级及二级以下公路，有车道区画线时，以发生车辙的一个车道两侧标线宽度中点到中点的距离为基准测量宽度；无车道区画线时，以形成车辙部位的一个设计车道宽作为基准测量宽度。

(2)以一个评定路段为单位，用激光车辙仪连续检测时，测定断面间隔不大于10m。用其他方法非连续测定时，在车道上每隔50m作为一测定断面，用粉笔画上标记进行测定。根据需要也可按规定的方法在行车道上随机选取测定断面，在特殊需要的路段如交叉口前后可予加密。

(3)采用激光或超声波车辙仪的测试步骤如下：

①将检测车辆就位于测定区间起点前。

②启动并设定检测系统参数。

③启动车辙和距离测试装置，开动测试车，车沿车道轮迹位置且平行于车道线平稳行驶，测试系统自动记录出每个横断面和距离数据。

④到达测定区间终点后，结束测定。

⑤系统处理软件按照图 1-4-34 规定的模式通过各横断面相对高程数据计算车辙深度。

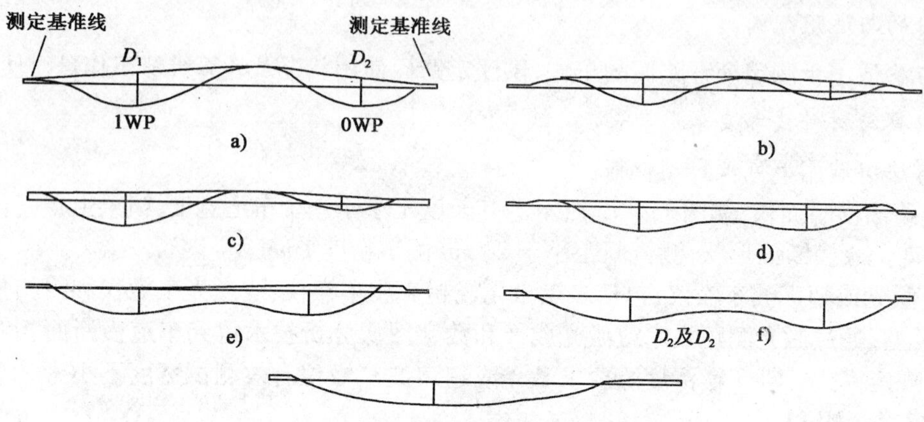

图 1-4-34　不同形状、不同程度的路面车辙示意图

注：1WP、0WP 表示内侧轮迹带及外侧轮迹带

(4)采用路面横断面仪的测试步骤如下：

①将路面横断面仪就位于测定断面上，方向与道路中心线垂直，两端支脚立于测定车道的两侧边缘，记录断面桩号。

②调整两端支脚高度，使其等高。

③移动横断面仪的测量器，从测定车道的一端移至另一端，记录出断面形状。

(5)采用横断面尺的测试步骤如下：

①将横断面尺就位于测定断面上，两端支脚置于测定车道两侧。

②沿横断面尺每隔 20cm 一点，用量尺垂直立于路面上，用目平视测记横断面尺顶面与路面之间的距离，精确至 1mm。如断面的最高处或最低处明显不在测定点上应加测该点距离。

③记录测定读数，绘出断面图，最后连接成圆滑的横断面曲线。

④横断面尺也可用线绳代替。

⑤当不需要测定横断面，仅需要测定最大车辙时，亦可用不带支脚的横断面尺架在路面上由目测确定最大车辙位置用尺量取。

4. 计算

(1)根据断面线按图 1-4-34 的方法画出横断面图及顶面基准线。通常为其中之一种形式。

(2)在图上确定车辙深度 D_1 及 D_2，读至 1mm。以其中最大值作为断面的最大车辙深度。

(3)求取各测定断面最大车辙深度的平均值作为该评定路段的平均车辙深度。

5. 报告

测试报告应记录下列事项：

(1)采用的测定方法。

(2)路段描述,包括里程桩号、路面结构及横断面、使用年限、交通情况等。

(3)各测定断面的横断面图。

(4)各测定断面的最大车辙深度表。

(5)各评定路段的最大车辙深度及平均车辙深度。

(6)根据测定目的应记录的其他事项或数据。

第十一节　施 工 控 制

复习要点:

1. 热拌沥青混合料施工温度、沥青混合料质量总量、沥青喷洒法施工沥青用量的测试方法和半刚性基层透层油渗透深度试验的目的与适用范围。

2. 沥青混合料施工温度测试步骤。

3. 沥青喷洒法施工沥青用量的测试步骤与计算,半刚性基层透层油渗透深度的测试步骤与计算。

一、热拌沥青混合料施工温度测试方法

1. 目的与适用范围

本方法适用于检测热拌热铺沥青混合料的施工温度,包括拌和厂沥青混合料的出厂温度、施工现场的摊铺温度、碾压开始时混合料的内部温度及碾压终了的内部温度等,供施工质量检验和控制使用。

2. 仪具与材料技术要求

本方法需要下列仪具与材料:

(1)温度计:常温至300℃,最小读数1℃,宜采用有数字显示或度盘指针显示的金属杆插入式热电偶温度计,测杆的长度不小于300mm。

(2)其他:棉纱、软布、螺丝刀等。

3. 方法与步骤

1)在运料卡车上测试

(1)混合料出厂温度或运输至现场温度应在运料卡车上测试,每车检测一次。当运料卡车的侧面中部有专用的温度检测孔(距底板高约300mm)时,可采用如图1-4-35所示的方法,用插入式温度计直接插入测试孔内的混合料中测试;当运料卡车无专用的温度检测孔时,可在运料车的混合料堆上部侧面测试。在拌和厂检测的为混合料出厂温度,在运输至现场后检测的为现场温度。

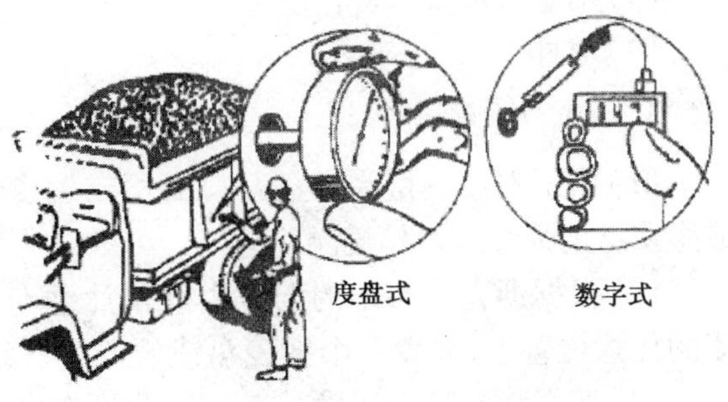

图1-4-35　在运料车上测试沥青混合料温度的方法

（2）测试时，温度计插入深度不小于150mm，注视温度变化直至不再继续上升为止，读记温度，精确至1℃。

2）在摊铺现场检测

（1）混合料摊铺温度宜在摊铺机的一侧拨料器前方的混合料堆上测试。在测试位置将温度计插入混合料堆内150mm以上，并跟着向前走，如料堆向前滚，拔出后重新插入，注视温度变化直至不再继续上升为止，读记温度，精确至1℃。

（2）摊铺温度应每车检测一次，要求符合现行《公路沥青路面施工技术规范》（JTG F40—2004）的规定。

3）在沥青混合料碾压过程中测定压实温度

（1）根据需要，随时选择初压开始、复压或终压成形等各个阶段的测点，供测试碾压温度及碾压终了温度用。

（2）将温度计仔细插入路面混合料压实层一半深度，轻轻压紧温度计旁被松动的混合料；当温度上升停止后，立即拔出并再次插入旁边的混合料层中测量；当测杆插入路面较困难时，可用螺丝刀先插一孔后再插入温度计。注视温度变化至不再继续上升为止，读记温度，精确至1℃。

（3）压实温度一次检测不得少于3个测点，取平均值作为测试温度。

4. 报告

（1）每车沥青混合料的出厂温度、到达现场温度、摊铺温度。

（2）压实温度，取3次以上测定值的平均值。

（3）气候状况、测定时间、层位、测定位置等。

二、沥青喷洒法施工沥青用量测试方法

1. 目的与适用范围

本方法适用于检测沥青表面处治、沥青贯入式、透层、黏层等采用喷洒法施工的沥青材料喷洒数量，供施工质量检验和控制使用。

2. 仪具与材料技术要求

本方法需要下列仪具与材料：

（1）天平或磅秤：感量不大于10g。

（2）受样盘：浅搪瓷盘或自制铁皮盘，面积不小于1 000cm^2，也可用硬质牛皮纸代替。

（3）钢卷尺或皮尺。

（4）地秤。

3. 方法与步骤

（1）用钢卷尺测量受样盘开口面积或牛皮纸的面积，计算精确至0.1cm^2。并称取受样盘或牛皮纸的质量m_1，精确至1g。

（2）根据沥青洒布车的沥青用量预计洒布的路段长度，在距两端1/3长度附近的洒布宽度的任意位置上，放置2个搪瓷盘或硬质牛皮纸，但应躲开车轮轨迹。

（3）沥青洒布车按正常施工速度和洒布方法喷洒沥青。

（4）将已接受有沥青的搪瓷盘或牛皮纸仔细取走，称取总质量m_2，精确至1g。当采用牛

皮纸时,应待沥青稍凝固并将四角稍稍抬起,以防沥青流失。

(5)搪瓷盘或牛皮纸取走后的空白处,应采用适当方式补洒沥青。

(6)沥青洒布车喷洒的沥青用量亦可用洒布车喷洒沥青的总质量及洒布总面积相除求得。此时洒布车喷洒前后的质量应由地秤称重正确测定,洒布总面积由皮尺测量求得。

4. 计算

(1)洒布的沥青用量按式(1-4-45)计算。

$$Q = \frac{m_2 - m_1}{F} \tag{1-4-46}$$

式中:Q——沥青洒布车洒布的沥青用量(kg/m^2);

m_1——搪瓷盘或牛皮纸质量(kg);

m_2——搪瓷盘或牛皮纸与沥青的合计质量(kg);

F——搪瓷盘或牛皮纸的面积(m^2)。

(2)计算所放置的各搪瓷盘或牛皮纸测定值的平均值。当两个测定值的误差不超过平均值的10%时,取两个数据的平均值作为洒布沥青用量的报告值。

5. 报告

(1)试验时洒布车的车速、挡数等数据。

(2)施工路段(桩号)、洒布沥青用量的逐次测定值及平均值。

三、沥青混合料质量总量检验方法

1. 目的与适用范围

本方法适用于在热拌沥青混凝土路面施工过程中对各层沥青混合料的厚度、矿料级配、油石比及拌和温度进行现场监测。通过拌和厂对混合料生产质量的总量检验,计算摊铺层的平均压实层厚度。

2. 仪具与材料技术要求

(1)拌和机类型:按现行规范的规定选用。

(2)高速公路和一级公路宜采用间歇式拌和机生产沥青混合料,拌和机必须配备计算机自动采集及记录打印数据的装置,以进行沥青混合料的总量检验。

3. 方法与步骤

1)准备工作

(1)对拌和机的各种称重传感器逐个认真标定,自动采集、记录打印的结果应经过校验,如与实际数量有差异时应求出修正系数,保证各项施工参数的准确性。

(2)开始拌和前应设定每拌和一盘沥青混合料的生产量,各个热料仓、矿粉、沥青等的标准配合比用量,设定各项施工温度。

2)沥青混合料质量总量测试步骤

(1)拌和过程中计算机通过传感器采集每拌和一盘混合料的各项数据,由计算机自动处理或者逐盘打印这些数据,进行沥青混合料质量的在线监测。当计算机能够实时监测、自动处理、显示、保存所采集的各项数据时,也允许不逐锅打印数据,只打印汇总统计值。

(2)计算机必须逐盘采集各项数据,按各个料仓的筛分曲线,逐锅计算出矿料级配,与工程设计级配范围及容许的施工波动范围进行比较,实时评定矿料级配是否符合要求。当发现有不合格情况时,必须引起注意。如果连续3锅以上都出现不合格情况,宜对设定值进行适当调整。

(3)计算机必须逐盘采集沥青结合料的实际使用量及沥青混合料的生产量,计算油石比(或沥青用量),与设计值及容许的波动范围相比较,评定是否符合要求。如果连续3锅以上不符要求,宜对设定值进行适当调整。

(4)计算机必须实时监测和采集与沥青混合料生产有关的各种施工温度,与施工规范的要求进行比较,评定其是否符合规定。

3)沥青混合料总量检验的计算方法

(1)总量检验的报告周期可以是一个工作日或一个台班。施工停止时,计算机应自动计算并及时打印出各项数据的统计结果。

(2)对沥青混合料的矿料级配,可以打印全部筛孔的结果,但评定是否符合要求可只对5个控制性筛孔(0.075mm、2.36mm、4.75mm、公称最大粒径、一挡较粗的控制性粒径等筛孔)。按下式依次计算全过程各种指标的平均值、标准差、变异系数,进行沥青混合料生产质量的总量检验。

$$K_0 = \frac{K_1 + K_2 + \cdots + K_N}{N} \tag{1-4-47}$$

$$S = \sqrt{\frac{(K_1 - K_0)^2 + (K_2 + K_0)^2 + \cdots + (K_N + K_0)^2}{N - 1}} \tag{1-4-48}$$

$$C_V = \frac{S}{K_0} \tag{1-4-49}$$

式中：K_0——该报告周期的平均值(%)；

S——一个报告周期的测定值的标准差(%)；

CV——一个报告周期的测定值的变异系数(%)；

K_1、K_2、…，K_N——该报告周期内每一盘的测定值(%)；

N——该报告周期内总的拌和盘数,其自由度为$N-1$。

4)计算摊铺层的平均压实厚度

利用一个评定周期的沥青混合料总生产量、施工总面积、沥青混合料密度按下式计算该摊铺层的平均压实厚度。

$$H = \frac{\sum m_i}{A \times d} \times 1\,000 \tag{1-4-50}$$

式中：H——该评定周期沥青路面摊铺层的平均施工压实厚度(mm)

m_i——每一盘沥青混合料的质量；

i——依次记录的盘次；

$\sum m_i$——一个评定周期内沥青混合料的总生产量(t)；

A——该评定周期沥青路面摊铺层的实际总面积(m^2)；

d——评定周期内摊铺层的现场压实密度的平均值，由钻孔试件的干燥密度（即试验室标准密度乘以压实度）测定得到（t/m^3）。

4. 其他

（1）沥青混合料生产过程中的动态质量管理按现行规范的方法进行。

（2）一个沥青层全部铺筑完成后，应绘制出各个检测指标的变化过程，并计算总的平均值、标准差、变异系数。计算各个指标的总合格率，作为施工质量检验的依据。

（3）计算机采集、计算的沥青混合料过程控制及施工质量总量检验的数据图表，均必须按要求随工程档案一起存档。

四、半刚性基层透层油渗透深度测试方法

半刚性基层上的透层油在沥青混凝土路面结构中起着重要作用，透层油可以使沥青面层与基层结合紧密，有助于提高路面结构的整体性，防止层间滑移，加强层间的连接作用。通过透油层的渗透作用透层油可以封闭基层混合料的开口空隙，形成一个渗透深度上的防水层，很大程度上提高基层抵御动水和静水破坏的能力，起到很好的密封防水作用。另外透层油还可以起到对基层的保护作用和养生作用。在道路工程建设中往往存在透层油的渗透效果不好以及施工时对透层油的不重视，造成透层油"撒而不透"的现状，致使基层和面层之间没有黏结成一个整体，成为我国沥青路面早期损坏的主要因素之一。因此，应根据基层类型选择渗透性好的透油层，并加强透层油的施工质量控制，以发挥透层油的作用。

1. 目的与适用范围

本方法适用于测定半刚性基层透层油的渗透深度，以评价透层油的渗透效果。

2. 仪具与材料技术要求

本方法需要下列仪具与材料：

（1）路面取芯钻机。

（2）钢板尺：量程不大于200mm，最小刻度1mm。

（3）填补钻孔材料：与基层材料相同。

（4）填补钻孔用具：夯、锤等。

（5）其他：毛刷、量角器、棉布等。

3. 方法与步骤

1）准备工作

在透层油基本渗透或喷洒48h后，在测试段内随机选取芯样位置，按本规程T 0901中的钻孔法钻取芯样。芯样直径宜为100mm，也可为150mm，芯样高度不宜小于50mm。

2）测试步骤

（1）用水和毛刷（或棉布等）轻轻地将芯样表面黏附的粉尘除净。

（2）将芯样晾干，使其能分辨出芯样侧立面透层油的下渗情况。

（3）用钢板尺或量角器将芯样顶面圆周随机分成约8等份，分别量测圆周上各等分点处透层油渗透的深度（mm），估读至0.5mm，分别以 $d_i(i=1,2,\cdots,8)$ 表示，见图1-4-36。

3）填补钻孔

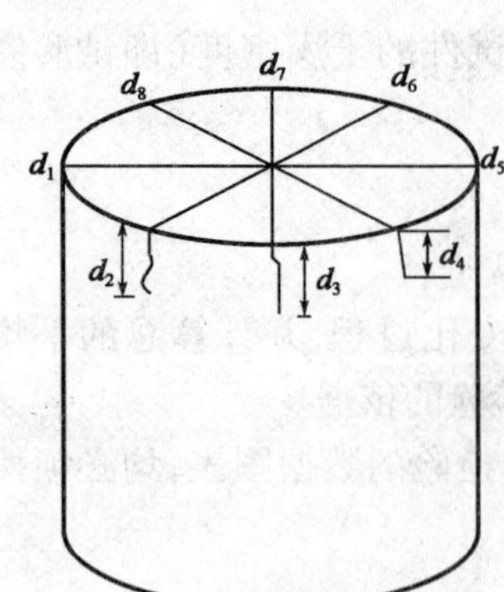

图 1-4-36　透层油渗透深度测试示意图

(1)清理孔中残留物，钻孔时留下的积水应用棉布吸干。

(2)采用与基层相同的材料(包括配合比)进行填补，并用夯、锤击实。

4. 计算

1)单个芯样渗透深度的计算

去掉 3 个最小值，计算其他 5 点渗透深度的算术平均值。

2)测试路段渗透深度的计算

取所有芯样渗透深度的算术平均值。

5. 报告

透层油渗透深度的报告应记录各测点的位置及各个芯样的渗透深度测试值。

我国现行的公路沥青路面施工技术规范中明确要求："根据基层类型选择渗透性好好的液体沥青、乳化沥青、煤沥青作透层油，喷洒后通过钻孔或挖掘确认透层油渗入基层的深度不宜小于 5mm(无机稳定集料基层)~10mm(无结合料基层)，并能与基层联贯成为一体。"

在半刚性基层上喷洒透层油后通过钻芯取样可以发现，如果基层表面的某处刚好有一块石料，那么该处用完层油无论如何都不会下渗，即下渗深度接近零。这种情况其实与透层油的渗透效果没有关系，此时应将该点作为畸异点剔除。通过多次试验发现，一个芯样上按顶面圆周 8 等分后的各渗透点表面可能碰到石料的平均次数约为 3 个，因此在测试方法中规定每个芯样剔除 3 个最小值后再取剩余 5 点的平均值作为该芯样的渗透深度。

复习思考题

一、单项选择题

1. 重型击实试验与轻型击实试验比较，试验结果____。
(注：ρ_0 为最大干密度，w_0 为最佳含水率)
A. ρ_0 大，w_0 大　B. ρ_0 小，w_0 小　C. ρ_0 大，w_0 小　D. ρ_0 小，w_0 大
2. 环刀法测定压实度时，环刀取样位置应位于压实层的____。
A. 上部　B. 中部　C. 底部　D. 任意位置
3. 沥青混凝土标准密度，应由____得到。
A. 马歇尔试验　B. 击实试验
C. 无侧限抗压强度试验　D. 钻芯取样试验
4. 某路段压实度检测结果为：平均值$\bar{K}=96.3\%$，标准偏差 $S=2.2\%$，则压实度代表值 $K_r=$____(%)。(注：$Z_a=1.645$，$t_\alpha/\sqrt{n}=0.518$)
A. 92.7　B. 99.9　C. 95.2　D. 97.4
5. 测定高速公路沥青混凝土面层抗滑摩擦系数，应优先采用____。
A. 摆式仪法　B. 制动距离法　C. 摩擦系数测试车法　D. 铺砂法
6. 平整度主要反映了路面的____性能。

A. 安全　B. 舒适　C. 抗滑　D. 经济

7. 高温条件下用摆式仪测定的沥青面层摩擦系数比低温条件下测得的摩擦摆值____。

A. 大　B. 小　C. 一样　D. 不一定

8. 贝克曼梁测定回弹弯沉，百分表初读数为49，终读数为24。那么回弹弯沉值为____。

A. 25(0.01mm)　B. 25(mm)　C. 50(0.01mm)　D. 50(mm)

9. 连续式平整度仪测定平整度时，其技术指标是____。

A. 最大间隙　B. 标准偏差　C. 单向累计值　D. 国际平整度指标

10. 路面表面构造深度的标准值为0.8mm，那么测试值应____为合格。

A. ≥0.8mm　B. ≤0.8mm　C. >0.8mm　D. <0.8mm

11. 一级公路土方路基下路床（路槽底面以下30～80cm范围）的压实度标准为____。

A. 96%　B. 95%　C. 93%　D. 90%

12. 承载板法测定土基回弹模量时，有可能要对荷载-变形曲线（即 $p-l$ 曲线）进行____修正。

A. 温度　B. 支点　C. 季节　D. 原点

13. 目前，对于土方路基压实度，最大干密度的确定方法是____。

A. 击实试验法　B. 振动试验法　C. 马歇尔试验法　D. 理论计算法

14. 回弹弯沉测定时，左轮百分表初读数61、终读数47；右轮初读数94、终读数81，则弯沉处理方法和计算结果正确的是____。

A. 左、右轮弯沉分别考虑，其值为14、13(0.01mm)

B. 左、右轮弯沉分别考虑，其值为28、26(0.01mm)

C. 取左右轮弯沉平均值，其值为13.5(0.01mm)

D. 取左右轮弯沉平均值，其值为27(0.01mm)

15. 测定二灰稳定碎石基层压实度，应优先采用____。

A. 环刀法　B. 灌砂法　C. 蜡封法　D. 核子密度仪法

16. 半刚性基层沥青面层弯沉测试中，当____时应进行温度修正。

A. 路面温度15℃，沥青面层厚度10cm　B. 路面温度15℃，沥青面层厚度4cm

C. 路面温度20℃，沥青面层厚度10cm　D. 路面温度20℃，沥青面层厚度4cm

17. 贝克曼梁的后臂与前臂之比为____。

A. 1∶1　B. 1∶2　C. 1∶3　D. 1∶4

18. 若检测弯沉的平均值35.2(0.01mm)，标准偏差为9.7(0.01mm)，已知保证率系数为1.645，t 分布系数 $t_{\alpha}/\sqrt{n}=0.580$，则弯沉代表值为____(0.01mm)。

A. 19.2　B. 51.2　C. 29.6　D. 40.8

19. 某半刚性基层设计厚度为20cm，允许偏差为－8mm，则结构层厚度合格标准为____cm。

A. ≥19.2　B. ≥20.8　C. ≤19.2　D. ≤20.8

20. 平整度测试设备有两类。其中____为断面类测试设备。

A. 3m直尺、连续平整度仪　B. 3m直尺、颠簸累积仪

C. 连续平整度仪、颠簸累积仪　D. 3m直尺、连续平整度仪、颠簸累积仪

21. 一般来说，用5.4m的贝克曼梁测得的回弹弯沉比用3.6m的贝克曼梁测得的____。

A. 大　B. 小　C. 一样　D. 不一定

22. 高等级公路沥青路面的弯沉值应在通车后的____验收。

A. 第一个最不利季节　B. 第一个夏季

C. 第一个冬季　D. 第一个雨季

23. 测试回弹弯沉时，弯沉仪的测头应放置在____位置。

A. 轮隙中心　B. 轮隙中心稍偏前

C. 轮隙中心稍偏后　D. 轮隙中任意位置

24. 回弹弯沉测试中，应对测试值进行修正，但不包括____修正。

A. 温度　B. 支点　C. 季节　D. 原点

25. 水泥混凝土路面是以____为控制指标。

A. 抗压强度　B. 抗弯拉强度　C. 抗拉强度　D. 抗剪强度

26. 当压实度代表值小于压实度标准时，其得分为____。

A. 100 分　B. 规定的满分　C. 合格率×规定分　D. 零分

27. 填隙碎石基层压实质量用____表示。

A. 压实度　B. 压实系数　C. 固体体积率　D. 密度

28. 厚度代表值 h 按____公式计算。

A. $h = \bar{h} - Z_a \cdot S$　B. $h = \bar{h} + Z_a \cdot S$

C. $h = \bar{h} - t_\alpha / \sqrt{n} \cdot S$　D. $h = \bar{h} + t_\alpha / \sqrt{n} \cdot S$

29. 在 $E_0 = \frac{\pi D}{4} \cdot \frac{\sum p_i}{\sum l_i}(1 - \mu_0^2)$ 中，$\sum l_i$ 的含义是____。

A. 各级计算回弹变形值之和

B. 最后一级计算回弹变形值

C. 变形≤1mm 的各级计算回弹变形值之和

D. 变形≤2mm 的各级回弹变形值之和

30. 目前，我国最常用的回弹弯沉测试方法是____。

A. 承载板法　B. 贝克曼梁法

C. 自动弯沉仪法　D. 落锤式弯沉仪法

31. 水泥混凝土路面在低温条件下测得的构造深度____高温条件下测得的构造深度。

A. 大于　B. 等于　C. 小于　D. 两者无关系

32. 平整度测试仪分断面类和反应类两种，3m 直尺和颠簸累积仪属于____测试仪。

A. 两者均是断面类　B. 两者均是反应类

C. 前者是断面类，后者是反应类　D. 前者是反应类、后者是断面类

33. 硬化后的水泥混凝土路面强度测试方法是____。

A. 无侧限抗压强度试验　B. 立方体抗压强度试验

C. 小梁抗弯拉强度试验　D. 劈裂抗拉强度试验

34. 对于天然砂砾室内确定其最大干密度较适宜方法为____。

A. 重型击实法　B. 轻型击实法

C. 灌砂法　D. 表面振动压实仪法

35. 在竣工验收时，对于沥青混凝土面层压实度合适的检测方法为____。

A. 灌砂法　　B. 核子密度仪法　　C. 环刀法　　D. 钻芯法

36. 用环刀法检测压实度时，如环刀打入深度较浅，则检测结果会____。

A. 偏大　　B. 准确　　C. 偏小　　D. 偏大偏小无规律

37. 用核子密度仪测定二灰碎石压实度时，应用____检测结果进行标定。

A. 环刀法　　B. 灌砂法　　C. 水袋法　　D. 钻芯法

38. 高速公路弯沉检测中测试车的标准轴载为____。

A. 60kN　　B. 80kN　　C. 100kN　　D. 120kN

39. 下列因素中，不会影响设计弯沉值大小的因素是____。

A. 累计当量轴次　　B. 公路等级　　C. 面层和基层类型　　D. 气温

40. 为保证路面的抗滑性能，沥青混凝土应选用____。

A. PSV 值较小的石料　　B. 构造深度较大的混合料

C. 沥青用量较高的混合料　　D. 粒径较小的混合料

41. 用摆式仪测定沥青路面的抗滑性能时，要进行温度修正的原因是____。

A. 高温时测得摆值偏小　　B. 低温时测得摆值偏小

C. 高温时沥青混合料强度降低　　D. 低温时沥青混合料强度降低

42. 横向力系数 SFC 表征的含义为____。

A. 测试车刹车时轮胎与路面的摩阻系数

B. 测试轮侧面测得的横向力与轮荷载大小之比

C. 测试轮在刹车时横向力的大小

D. 测试轮侧面测得的横向力与测试车重量的比值

43. 对于结构层厚度评定，下列说法中正确的是____。

A. 厚度代表值应大于等于设计厚度

B. 厚度代表值应小于等于设计厚度

C. 厚度代表值应大于等于设计厚度减代表值允许偏差

D. 厚度代表值应小于等于设计厚度减代表值允许偏差

44. 错台的测量是用来评价路面____。

A. 行车舒适性　　B. 整体强度　　C. 抗滑性　　D. 稳定性

二、多项选择题

1. 一般来说，测定沥青面层压实度的方法有____。

A. 灌砂法　　B. 环刀法　　C. 水袋法　　D. 钻芯取样法

2. 下列有关路面抗滑性能的说法中，正确的是____。

A. 摆值 F_B 越大，抗滑性能越好　　B. 构造深度 TD 越大，抗滑性能越好

C. 横向力系数 SFC 越大，抗滑性能越好　　D. 制动距离越长，抗滑性能越好

3. 关于环刀法测定压实度，下列说法正确的是____。

A. 环刀法可用于测定水泥稳定砂砾基层的压实度

B. 环刀法适用于细粒土

C. 环刀法检测比较方便

D. 环刀法检测结果比灌砂法的精确

4. 在沥青面层弯沉检测中，下列 4 种情况应进行温度修正的有____。

A. 路面温度 15℃，沥青面层厚度 10cm

B. 路面温度 15℃，沥青面层厚度 4cm

C. 路面温度 25℃，沥青面层厚度 10cm

D. 路面温度 25℃，沥青面层厚度 4cm

5. 关于土基压实度评定的下列说法中，正确的是____。

A. 用压实度代表值控制路段的总体压实水平

B. 单点压实度不得小于极值标准

C. 根据合格率，计算得分

D. 分层检测压实度，但只按上路床的检测值进行评定计分

6. 路面结构层厚度测定可以与压实度的____测定方法一起进行。

A. 灌砂法　　B. 钻芯取样法　　C. 环刀法　　D. 核子密度仪法

7. 弯沉测试车的主要技术参数为____。

A. 后轴轴载　　B. 后轴一侧双轮组

C. 前轴轴载　　D. 前轴一侧双轮组

8. 关于平整度的下列说法中，正确的是____。

A. 平整度反映了行车的舒适性

B. 最大间隙 h 越小，平整性越好

C. 标准偏差 σ 越小，平整性越好

D. 国际平整度指标 IRI 越小，平整性越好

9. 测定沥青混合料试件密度的方法有____等。

A. 水中重法　　B. 表干法　　C. 蜡封法　　D. 灌砂法

10. 应用核子密度仪测定压实度，下列说法正确的是____。

A. 核子密度仪法可以作为仲裁试验

B. 核子密度仪法可以测定粗粒料的压实度

C. 核子密度仪使用前应进行标定

D. 核子密度仪法适用于施工质量的现场快速评定

11. 下列关于承载板法测定土基回弹模量的说法中，正确的是____。

A. 以弹性半无限体理论为依据

B. 数据整理时，一般情况下应进行原点修正

C. 测试时，采用逐级加载、卸载的方式

D. 各级压力的回弹变形必须加上该级的影响量

12. 有关沥青混凝土面层弯沉测试评定中，下列情况正确的是____。

A. 弯沉代表值应大于等于设计弯沉

B. 当路面温度为 20 ± 2℃或沥青面层厚度小于等于 5cm 时，不必进行温度修正

C. 评定结果只有两种情况，即评分值要么得 100 分，要么得 0 分

D. 弯沉应在最不利季节测定，否则应进行季节修正

13. 沥青混合料标准密度的确定方法有____。

A. 试验路段法　　B. 马歇尔试验法

C. 实测最大理论密度法　　D. 环刀法

14. 灌砂法测定过程中，下列____操作会使测定结果偏小。

A. 测定层表面不平整而操作时未先放置基板测定粗糙表面的耗砂量

B. 标定砂锥质量时未先流出一部分与试坑体积相当的砂而直接用全部的砂来形成砂锥

C. 开凿试坑时飞出的石子未捡回

D. 所挖试坑的深度只达到测定层的一半

15. 用连续式平整度仪测定时应注意的问题有____。

A. 测试速度不能过快，以 5km/h 为宜

B. 不能测定水泥混凝土路面

C. 测试时应保持匀速，并不得左右摆动

D. 不能用于路面有较多坑槽、破坏的情况

16. 影响沥青路面构造深度的因素有____。

A. 石料磨光值　　B. 沥青用量　　C. 混合料级配　　D. 温度

17. 以下常用的车辙测量仪器是____。

A. 路面横断面仪　　B. 超声波车辙仪　　C. 3m 直尺　　D. 横断面尺

18. 施工控制包括____。

A. 热拌沥青混合料施工温度的控制

B. 沥青喷洒法施工沥青用量的控制

C. 沥青混合料质量总量控制

D. 半刚性基层透层油渗透深度的控制

三、判断题（对者打"√"，错者打"×"）

1. 水泥混凝土路面抗滑性能既可用摩擦系数表示，也可用构造深度表示。　（　）
2. 虽然连续平整度仪法测试速度快，结果可靠，但是一般不用于路基平整度测定。　（　）
3. 沥青路面弯沉验收应在施工结束后立即检测。　（　）
4. 路表回弹模量越大，表示路基路面的整体承载能力越大。　（　）
5. 路面结构层厚度检测，一般应与压实度灌砂法或钻芯取样法一起进行。　（　）
6. 压实度评定时，高速公路、一级公路的保证率比二级公路的小。　（　）
7. 用摆式仪测定路面的抗滑性能时，滑动长度越大，摆值就越小。　（　）
8. 高速公路土方路基上路床的压实度应不小于 93%。　（　）
9. 核子密度仪采用直接透射法测定路面结构层压实度时，孔深应略小于结构层厚度。　（　）
10. 路基土最佳含水率是指击实曲线上最大干密度所对应的含水率。　（　）
11. 摆式仪法测试抗滑性能时，摆在路面上的滑动长度为 12.6cm。　（　）
12. 半刚性基层沥青面层弯沉测试时，可采用 5.4m 的贝克曼梁，但应进行支点修正。　（　）

13. 路面构造深度越大,表示路面的抗滑性能越好。 （ ）

14. 沥青路面回弹弯沉验收时,应在通车后第一个最不利季节测试。 （ ）

15. 用承载板测定土基回弹模量,当其回弹变形大于 1mm 时,即可停止加载。 （ ）

16. 核子密度仪法测定路基路面压实度,结果比较可靠,可作为仲裁试验。 （ ）

17. 一级公路沥青混凝土面层的平整度常用 3m 直尺法测定。 （ ）

18. 对于水泥混凝土路面,应测定其抗压强度。 （ ）

19. 路面结构层厚度评定中,保证率的取值与公路等级有关。 （ ）

20. 就半刚性基层而言,压实度对质量评定的影响较平整度大。 （ ）

21. 由于水中重法测试精确,沥青混合料的密度必须用此法测定 （ ）

22. 高等级公路土方路基压实质量控制,应采用重型击实试验。 （ ）

23. 沥青面层的压实度是工地实际达到的干密度与室内马歇尔试验得到的最大干密度的比。 （ ）

24. 路面的摩擦摆值应换算为温度为 25℃时的摩擦摆值。 （ ）

25. 路基各施工层的压实度保证了技术指标的要求,则认为该路基的内在施工质量可满足设计文件的要求。 （ ）

26. 在用 5.4m 的贝克曼梁对半刚性基层沥青路面的回弹弯沉测试时,应进行支点变形的修正。 （ ）

27. 对路面面层应检验平整度,路基由于不影响路面的平整度,所以不需检验。 （ ）

28. 摩擦系数反映了路表干燥状态下的抗滑能力。 （ ）

29. 路面的回弹弯沉越小,表示路基路面的整体承载能力越大。 （ ）

30. 平整度是反映路面施工质量和服务水平的重要指标。 （ ）

31. 水泥混凝土路面压实度常用钻芯取样法测定。 （ ）

32. 厚度代表值、压实度代表值与 t 分布系数有关。 （ ）

33. 级配碎石、填隙碎石的压实质量用固体体积率控制。 （ ）

34. 承载板测定回弹模量,采用逐级加载—卸载的方式进行测试。 （ ）

35. 路面构造深度可以用摆式仪来测定。 （ ）

36. 核子密度仪一般用于路基路面压实度快速测定,但不宜作为仲裁试验。 （ ）

37. 当路面温度为 10℃时,沥青路面弯沉测定值不必进行修正。 （ ）

38. 重型击实试验和轻型击实试验的区别在于击实锤的重量不同。 （ ）

39. 弯沉值越小,表示路面的承载力越小。 （ ）

40. 弯沉指标评定结果只有两种,即评分值可以得 100 分或 0 分。 （ ）

41. 对于空隙率较大的沥青碎石混合料试件应用表干法测定其密度。 （ ）

42. 弯沉测定中,当某点的测试值超出 $\overline{L} \pm (2 \sim 3)S$ 时,应将其舍弃。并对舍弃的弯沉值过大的点,应找出其周围界限,进行局部处理。 （ ）

43. 在弯沉测试时只需根据情况进行支点变形修正和温度修正,不再进行其他修正。 （ ）

44. 用摆式仪测定路面抗滑性能时,重复 5 次测定的差值应不大于 5BPN。 （ ）

45. 对沥青混合料进行压实温度检测时一次检测不得少于 2 点。 （ ）

46. 测量半刚性基层透层油渗透深度时,应取测点的渗透深度的平均值。 （ ）

四、问答题

1. 试述承载板现场测试土基回弹模量试验步骤。

2. 试述影响路面抗滑性能的主要因素及路面抗滑性能测试方法。

3. 采用挖坑灌砂法进行压实度检测时,应注意哪几个问题？在测试中若没有测试粗糙表面的耗砂量,将对测试结果有怎样影响？为什么？

4. 简述贝克曼梁测定路表回弹弯沉的试验步骤。

5. 环刀法测定压实密度时,环刀取样位置应位于压实层什么位置？为什么？

6. 试述水泥混凝土芯样劈裂强度试验方法。

7. 试述摆式仪测定路面抗滑值测试要点。

8. 半刚性基层沥青面层当采用 3.6m 贝克梁测定弯沉时,为什么要进行支点变形修正？并试述支点变形修正方法。

9. 试论述灌砂法测定压实度的主要过程。

10. 灌砂法测定压实度的适用范围是什么？检测时应注意哪些问题。

11. 简述贝克曼梁法测定土基回弹弯沉的步骤。

12. 试述路面厚度的检测方法和评定方法。

13. 现场 CBR 试验基本步骤。

14. 简述沥青喷洒法施工沥青用量的测试步骤。

15. 试述半刚性基层透层油渗透深度的测试步骤。

16. 某高速公路二灰稳定砂砾基层设计厚度为18cm,代表值允许偏差为 -8mm,极值允许偏差为 -15mm。评定路段厚度检测结果(12 个测点)分别为 17.5、17.7、18.2、18.6、18.1、18.8、、17.6、17.8、19.1、19.3、17.4、17.9(cm),试按保证率99%评定该路段的厚度是否合格？并计算得分。

17. 用连续平整度仪测定某一级公路沥青混凝土面层的平整度,检测结果为 1.4、1.0、1.2、1.6、1.8、1.1、1.3、1.0、0.8、1.2、1.5、0.9、1.3、1.2、1.4、1.1、1.7、1.0、1.3、1.2(mm)。规定值为 $\sigma=1.5$mm、IRI = 0.5m/km。请计算平整度指标的合格率及得分。

18. 某土基承载板试验结果如表 1-4-19,请绘制 $p-l$ 曲线,并计算该处 E_0(注：$a_i=0.79p_i a$,$\mu_0=0.35$)。

表 1-4-19

序　号	承载板 p 压力(MPa)	百分表读数(0.01mm)			
		加　载　后		卸　载　后	
		左	右	左	右
1	0.02	14	13	3	3
2	0.04	28	29	7	8
3	0.06	38	40	8	9
4	0.08	52	54	10	11
5	0.10	66	72	12	14
总影响量	0	左　6			
		右　8			

19. 用贝克曼梁法测定某路段路基路面的综合回弹模量，经整理各测点弯沉值如下：38、45、32、42、36、37、40、44、52、46、42、45、37、41、44(0.01mm)。其中，测试车后轴重100kN(轮胎气压为0.7MPa，当量圆半径为10.65cm)，请计算该路段的综合回弹模量。(注：$E=0.712\times\frac{2pr}{L_r}(1-\mu^2)$，$\mu=0.3$)

20. 某二级公路路基压实质量检验，经检测各点(共12个测点)的干密度分别为1.72、1.69、1.71、1.76、1.78、1.76、1.68、1.75、1.74、1.73、1.73、1.70(g/cm^3)，最大干密度为1.82g/cm^3，试按95%的保证率评定该路段的压实质量是否满足要求(压实度标准为93%)(参考表1-4-20)。

21. 某新建二级公路设计弯沉值$l_d=33$(0.01mm)，其中一评定段(沥青混凝土面层)弯沉测试结果如下(单位为：0.01mm)17，11，10，14，13，10，16，19，12，14，17，20，试评定该路段弯沉检测结果，并计算得分(保证率为93.32%)(参考表1-4-20)。

附　表(20、21、23题)　　表1-4-20

保证率(%)	$t_\alpha/\sqrt{n}$			保证率系数Z_a
	$n=10$	$n=11$	$n=12$	
99	0.892	0.833	0.785	2.327
95	0.580	0.546	0.518	1.645
90	0.437	0.414	0.393	1.282
97.72	0.814	0.761	0.718	2.00
93.32	0.537	0.506	0.481	1.50

22. 某二级公路路基压实施工中，用灌砂法测定压实度，测得灌砂筒内量砂质量为5 820g，填满标定罐所需砂的质量为3 885g，测定砂锥的质量为615g，标定罐的体积3 035cm^3，灌砂后称灌砂筒内剩余砂质量为1 314g，试坑挖出湿土重为5 867g，烘干土质量为5 036g，室内击实试验得最大干密度为1.68g/cm^3，试求该测点压实度和含水率。

23. 某一级公路水泥稳定碎石基层，已知$R_d=3.2$MPa，现测得某段的无侧限抗压强度数值如下(MPa)：3.86；4.06；3.52；3.92；3.52；3.92；3.84；3.56；3.72；3.53；3.68；4.00请你对该段的强度结果进行评定并计算其得分(保证率为95%)(参考表1-4-20)。

24. 某检测组对某一已完工的路基进行弯沉测试，共测得27个弯沉值，其数据如下：60、52、104、110、90、156、224、70、140、130、70、100、210、104、170、80、86、74、54、60、104、70、218、100、110、50、40(0.01mm)，请计算该路段的弯沉代表值。(采用2S和3S法，取$Z_a=2.0$)。

25. 对某一级公路水泥稳定砂砾基层49个点随机抽样进行压实质量检查，其检测结果为：压实度平均值为97.3%，变异系数为4.2%，试推算具有95%单边置信水平的置信下限。(已知；$t_{0.95}/7=0.240$，$t_{0.975}/7=0.281$)

26. 用摆式摩擦仪测定沥青路面的摩擦摆值(路面温度为25℃)，其测定结果如表1-4-21，试计算该处路面的摩擦摆值(已知温度修正值为$\Delta F=2$)。

表 1-4-21

测 点 桩 号	测定平行值(BPN)					
	1	2	3	4	5	6
K2 + 315	49	52	51	53	51	52
K2 + 320	49	48	48	55	50	51
K2 + 325	51	52	51	49	50	—

27. 水泥混凝土路面芯样劈裂强度试验结果如下:4.6、5.5、5.6、4.7、5.2、3.8、3.6、4.8、5.2、4.7、4.2、3.2(MPa)。试对该段路面混凝土强度进行分析评定(设计抗折强度为4.5MPa,折算成劈裂强度为3.0MPa;合格判断系数 $K = 0.75$)。

28. 在高速公路路基精加工区,经常会碰到换土的情况,在同一处存在多种土混合时,怎样确定其压实度?

复习思考题参考答案

第一章　公路工程质量检验与评定标准

一、单项选择题

1. D　2. D　3. A　4. C　5. A　6. C　7. A　8. A　9. A　10. C
11. D　12. A　13. A　14. B　15. B　16. A　17. A　18. A　19. B　20. B
21. A　22. B

二、多项选择题

1. ABD　2. ABCD　3. ABC　4. ABCD　5. AB
6. ABCD　7. CB　8. ABC　9. AC　10. AD
11. AC　12. BCD　13. ABCD　14. BC　15. BCD
16. AC　17. AD

三、判断题

1. ×　2. √　3. ×　4. √　5. √　6. ×　7. ×　8. ×　9. ×　10. √
11. √　12. √　13. √　14. ×　15. √　16. √　17. ×　18. √　19. √　20. ×
21. √　22. ×　23. ×　24. √

四、问答题

（略）

第二章　沥青混合料与水泥混凝土

一、单项选择题

1. C　2. A　3. D　4. A　5. A　6. D　7. D　8. D　9. D　10. D
11. A　12. C　13. C　14. B　15. A　16. B　17. A　18. D　19. A　20. C
21. B　22. A　23. D　24. B　25. B　26. A　27. C　28. A　29. A　30. C
31. A

二、多项选择题

1. BCD　2. ABCD　3. D　4. AB　5. AD

6. AB　7. AD　8. AB　9. BC　10. BA
11. ABC　12. BCD　13. ABC　14. BCD　15. AC
16. AB　17. ABC　18. BD　19. AB　20. ABCD
21. CD　22. ABC　23. AB　24. ACE　25. AB
26. BC　27. AB　28. AB　29. ACD

三、判断题

1. √　2. √　3. ×　4. √　5. ×　6. ×　7. ×　8. √　9. ×　10. ×
11. √　12. √　13. ×　14. ×　15. ×　16. √　17. ×　18. ×　19. ×　20. √
21. ×　22. √　23. √　24. ×　25. √　26. √　27. ×　28. √　29. ×　30. √

四、问答题

（略）

第三章　路面基层与底基层材料

一、单项选择题

1. A　2. A

二、多项选择题

1. ABC　2. CD　3. BD　4. ABC　5. ABCD
6. BD　7. ABCD　8. ABCD

三、判断题

1. √　2. √　3. √　4. √　5. √　6. ×　7. √　8. √　9. √　10 ×

四、问答题

（略）

第四章　公路路基路面现场检测试验方法

一、单项选择题

1. C　2. B　3. A　4. C　5. C　6. B　7. B　8. C　9. B　10. A
11. A　12. D　13. A　14. B　15. B　16. A　17. B　18. B　19. A　20. A
21. A　22. A　23. B　24. D　25. B　26. D　27. C　28. C　29. C　30. B
31. B　32. C　33. D　34. D　35. D　36. A　37. B　38. C　39. D　40. B
41. A　42. B　43. C　44. A

二、多项选择题

1. ACD　2. ABC　3. BC　4. AC　5. ABCD
6. AB　7. AB　8. ABCD　9. ABC　10. BCD
11. ABCD　12. BCD　13. ABC　14. AC　15. ACD
16. BC　17. ABD　18. ABCD

三、判断题

1. ×　2. √　3. ×　4. √　5. √　6. ×　7. ×　8. ×　9. ×　10. √
11. √　12. ×　13√　14. √　15√　16. ×　17. ×　18. ×　19. √　20. √
21. ×　22. √　23. ×　24. ×　25. ×　26. ×　27. ×　28. ×　29. √　30. √
31. ×　32. √　33. ×　34. √　35. ×　36. √　37. ×　38. ×　39. ×　40. √
41. ×　42. √　43. ×　44. ×　45. ×　46. ×

四、问答题

（略）

第二篇　材　　料

第一章 土工试验

主要内容：

包括土的三相组成及物理性质指标换算、土的粒组划分及工程分类、相对密实度及界限含水率、土的动力特性与击实试验、土体压缩性指标及强度指标、土工原位测试方法及相关试验的基本操作规程。

第一节 土的形成与工程分类

复习要点：

1. 土的形成过程；粒度、粒度成分及其表示方法。

2. 土的三相组成；土中的水分；土粒大小及粒组划分。

3. 土的工程分类及命名（现行《公路土工试验规程》(JTG E40—2007)）。

一、土的形成

土是地壳表面的岩石经过物理风化、化学风化和生物风化作用的产物。岩石暴露在大气中，受到温度变化的影响，体积经常发生膨胀和收缩，不均匀的膨胀和收缩使之产生裂缝，同时长期经受风、霜、雨和雪的侵蚀以及动植物的破坏，逐渐有整块岩体崩解成大小不等和形状不同的碎块，这个过程叫做物理风化。物理风化只改变岩石颗粒的大小和形状，不改变颗粒的成分。物理风化后形成的碎块与氧气、二氧化碳和水接触，经过化学变化，变成更细的颗粒并且其成分也发生变化，产生与原来岩石成分不同的矿物，这个过程叫做化学风化。在此基础上，加之生物活动的参与，从而产生有机质的积聚，这个过程叫做生物风化。经过这些风化作用所形成的矿物颗粒堆积在一起，其间贯穿着孔隙，孔隙间存在着水和空气。这种松散的固体颗粒（有时还会含有有机质）、水和气体的集合体即是土。

土在其形成的过程中还受到重力、流水、冰川和风等自然力的作用使之运动、迁移和沉积，在不同的自然环境中沉积，形成不同的结构与构造，表现出不同的工程性质。

广泛分布在地壳表面的土，主要特征是分散性、复杂性和易变性。因其是由固体颗粒和孔隙及存在于孔隙中的水和气体组成的分散体系，土颗粒之间没有或只有很弱的联结，因而土的强度低且易变形，表现出分散性。由于受不同自然力作用且于不同的环境下沉积，表现出土的分布和性质方面的复杂性。又因为土的分散性，它的性质极易受到外界温度和湿度的影响而发生变化，表现出易变性。土的这些特征无疑都将反映到它的物理、化学和力学性质中。

土在道路建设中的用途：可被用作建筑材料，如路基、路面的构筑物；建筑物地基；土也可作为建筑物周围的介质或环境，如隧道、涵洞及地下建筑等。土和建筑是密不可分的，以至于人们把建筑行业统称为土木工程。

二、土的三相组成

土是由土颗粒（固相）、气体（气相）和水（液相）三种物质组成的集合体。

由于土是土粒、空气和水所组成的三相松散集合体，三相成分的比例不同，所运用的环境不同，使其物理和力学特性变的十分复杂。所以，对土进行试验和检测是道路设计、施工和科研必不可少的工作，它是设计、施工和科研的基础。固体部分一般由矿物质所组成，有时含有有机质，由它构成土的骨架。土骨架间布满相互贯通的孔隙，有时完全被水充满，称为饱和土；有时一部分被水占据，另一部分被气体占据，称为非饱和土；有时也可能完全充满气体，称为干土。这三种组成部分本身的性质以及它们之间的比例关系和相互作用决定土的物理力学性质及工程状态。一般可用相应的指标表示它们的物理性质及状态情况，工程设计和工程试验中要用到这些指标。

1. 固相

土的固相物质分为无机矿物颗粒和有机质，它们是构成土体骨架最基本的物质。矿物颗粒由原生矿物和次生矿物组成。

原生矿物是指岩浆在冷凝过程中形成的矿物，如石英、长石、云母等。原生矿物经化学风化作用后发生化学变化而形成新的次生矿物，如三氧化二铁、三氧化二铝、次生二氧化硅、黏土矿物及盐类等。次生矿物按其与水相互作用的程度，可分为可溶于水与不可溶于水的土颗粒。溶于水的按其溶解的难易性，又可分为易溶、中等溶解和难溶的土颗粒。次生矿物的成分和性质比较复杂，对土的工程性质影响较大。

土在风化过程中，往往有微生物参与，在土中产生有机质成分。在土中有机质成分分解完善的，成为腐殖质土。若土中有机质成分分解不完善，尚存在有残余物的称为泥炭。有机质成分分对土的工程性质产生不利影响，不应在公路工程中采用。

2. 液相

土的液相是指土孔隙中存在的水。水在土中以三种状态存在：固态、液态和气态。

（1）气态水：土孔隙的空气中任何时候都存在有水汽，它与空气形成气态混合物。

（2）液态水：可分为存在于矿物颗粒内部的水——化学结构水和化学结晶水，及存在矿物颗粒表面的水（表 2-1-1）——结合水和自由水（包括毛细水和重力水）。

矿物颗粒表面的水 表 2-1-1

水的类型		主要作用力
吸着水（结合水）	强结合水	物理化学力
	弱结合水	
自由水	毛细水	表面张力及重力
	重力水	重力

结合水根据被吸附的程度可分为两种形态的结合水：强结合水和弱结合水。

（3）固态水：冰——处于固态的晶体状态中的水，是自由水的一个特殊类型。水以冰的形态出现，具有季节性或永久性的特点。

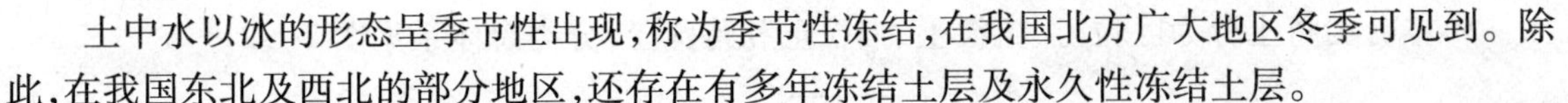

土中水以冰的形态呈季节性出现，称为季节性冻结，在我国北方广大地区冬季可见到。除此，在我国东北及西北的部分地区，还存在有多年冻结土层及永久性冻结土层。

3. 气相

土中气相主要指土孔隙中充填的空气。土的含气量与含水率有密切关系。土孔隙中占优势的是气体还是水，土的性质就会有很大的不同。

土中的气体可分为两类：与大气相连通的自由气体和与大气隔绝的封闭气体（气泡）。在受到外力作用时，自由气体能很快地从孔隙中被挤出，一般不影响土的工程性质。封闭气体在受到外力作用时，随着压力的增大，气泡可被压缩或溶解于水中，压力减小时，气泡会恢复原状或重新游离出来。气泡的存在增加土体的弹性，减小土的渗透性。这种含气体的土称为非饱和土。

三、土的工程分类

（一）土粒大小、粒组划分、粒度成分及其表示方法

天然土是由大小不同的颗粒组成的，土粒的大小称为粒度。天然土的粒径一般是连续变化的，为了描述的方便，工程上常把大小相近的土粒合并为组，成为粒组。粒组间的分界线是人为划定的，划分时应使粒组性质的变化相适应，并按一定的比例递减关系划分粒组的界限值。

土的粒度成分是指土中各种不同粒组的相对含量（以干土质量的百分比表示），它可用以描述土中不同粒径土粒的分布特征。

常用的粒度成分表示方法有表格法、累计曲线法、三角形坐标法。

（二）土工程分类的一般规定

1）土的工程分类（简称“分类”）适用于公路工程用土的鉴别、定名和描述，以便对土的性状作定性评价。

2）应以土的以下特征作为土分类依据：

（1）土颗粒组成特征；

（2）土的塑性指标：液限 w_L、塑限 w_P 和塑性指数 I_P；

（3）土中有机质存在情况。

3）本“分类”应按《公路土工试验规程》中的筛分法确定各粒组的含量；按《公路土工试验规程》中的液限塑限联合测定法确定液限和塑限；按规范规定判别有机质存在情况。

4）土的颗粒应根据图2-1-1所列粒组范围划分粒组。

200　60　20　5　2　0.5　0.25　0.075　0.002(mm)

巨粒组		粗粒组						细粒组	
漂石（块石）	卵石（小块石）	砾（角砂）			砂			粉粒	黏粒
		粗	中	细	粗	中	细		

图2-1-1　粒组划分图

5）本分类将土分为巨粒土、粗粒土、细粒土和特殊土，分类总体系见图2-1-2。

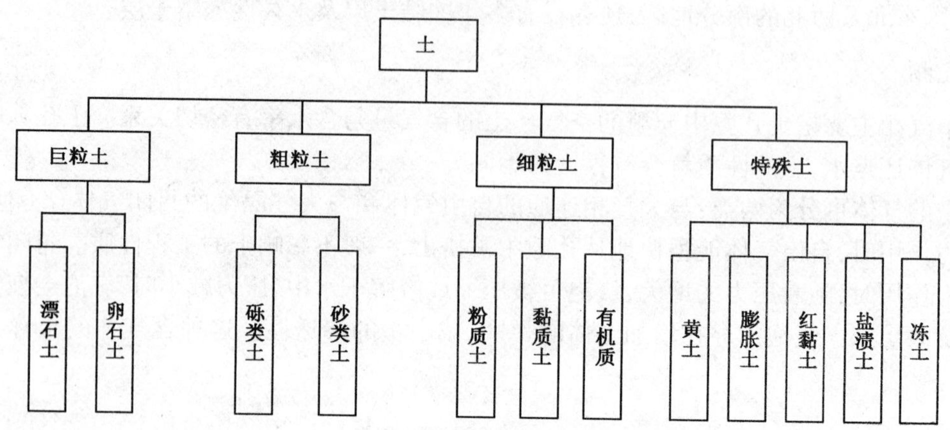

图2-1-2　土分类总体系

6）细粒土应根据塑性图分类。土的塑性图是以液限（w_L）为横坐标、塑性指数（I_P）为纵坐标构成的。

7）土的成分、级配、液限和特殊土等基本代号详见《公路土工试验规程》（JTG E40—2007），本章从略。

（三）巨粒土分类

试样中巨粒组质量大于总质量15%的土称巨粒土，其分类见表2-1-2。

巨粒土分类表

表2-1-2

分类		代号
漂（卵）石 （巨粒含量＞75%）	漂石粒＞卵石粒	B
	漂石粒≤卵石粒	Cb
漂（卵）石夹土 （巨粒含量＞50%且≤75%）	漂石粒＞卵石粒	BSI
	漂石粒≤卵石粒	CbSI
漂（卵）石质土 （巨粒含量＞15%且≤50%）	漂石粒＞卵石粒	SIB
	漂石粒≤卵石粒	SICb

（四）粗粒土分类

试样中巨粒组土粒质量小于或等于总质量15%，且巨粒组土粒与粗粒组土粒质量之和大于总质量50%的土称粗粒土。粗粒土中砾粒组质量大于砂砾组质量的土称砾类土，砾类土应根据其中细粒含量和类别以及粗粒组的级配进行分类；粗粒土中砾粒组质量小于或等于砂粒组质量的土称砂类土，砂类土应根据其中细粒含量和类别以及粗粒组的级配进行分类，分类体系见表2-1-3。

（五）细粒土分类

试样中细粒组土粒质量大于或等于总质量50%的土称细粒土，分类体系见表2-1-4。

细粒土中粗粒组质量小于或等于总质量25%的土称粉质土或黏质土；细粒土中粗粒组质量占总质量25%～50%（含50%）的土称含粗粒的粉质土或含粗粒的黏质土；试样中有机质含量大于或等于总质量的5%，且小于总质量10%的土称有机质土，试样中有机质大于或等于

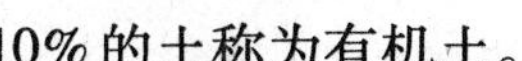
10%的土称为有机土。

粗粒土分类表 表 2-1-3

分类				代号
砾类土	砾	细粒组质量≤5%	当 $C_u \geqslant 5$，$C_c = 1 \sim 3$ 时，称级配良好砾	GW
			不同时满足当 $C_u \geqslant 5$，$C_c = 1 \sim 3$ 时，称为级配不良砾	GP
	含细粒土砾	细粒土质砾 15% < F≤50%		GF
	细粒组质量 5% < F≤15%	当细粒土位于塑性图 A 线以下时，称粉土质砾		GM
		当细粒土位于塑性图 A 线或 A 线以上时，称黏土质砾		GC
砂类土	砂 F < 5%	当 $C_u \geqslant 5$，$C_c = 1 \sim 3$ 时，称级配良好砂		SW
		不同时满足当 $C_u \geqslant 5$，$C_c = 1 \sim 3$ 时，称为级配不良砂		SP
	含细粒土砂	细粒土砂 15% < F≤50%		SF
	细粒组质量 15% < F≤50%	当细粒土位于塑性图 A 线以下时，称粉土质砂		SM
		当细粒土位于塑性图 A 线或 A 线以上时，称黏土质砂		SC

细粒土分类表 表 2-1-4

分类			代号
粉质土	高(低)液限粉土粗粒组含量≤25%		MH
	含砾(砂)高(低)液限粉土，25% < 粗粒组含量≤50%	砾粒≥砂粒	MHG MLG
		砾粒 < 砂粒	MHS MLS
黏质土	高(低)液限黏土粗粒组含量≤25%		CH CL
	含砾(砂)高(低)液限黏土，25% < 粗粒组含量≤50%	砾粒≥砂粒	CHG CLG
		砾粒 < 砂粒	CHS CLS
有机质土	塑性图 A 线或 A 线以上有机质高(低)液限黏土		CHO CLO
	塑性图 A 线以下有机质高(低)液限黏土		MHO MLO

细粒土应按塑性图分类。《公路土工试验规程》分类的塑性图见图 2-1-3，采用的液限分区为：低液限 $w_L < 50\%$；高液限 $w_L \geqslant 50\%$。

细粒土按其在塑性图中的位置确定土名称：

1）细粒土中粗粒组质量少于总质量 25% 的土称细粒土。按塑性图定名如下：

（1）当细粒土位于塑性图 A 线或 A 线以上时，在 B 线或 B 线以右，称高液限黏土，记为 CH；在 B 线以左，$I_P = 7$ 线以上，称低液限黏土，记 CL。

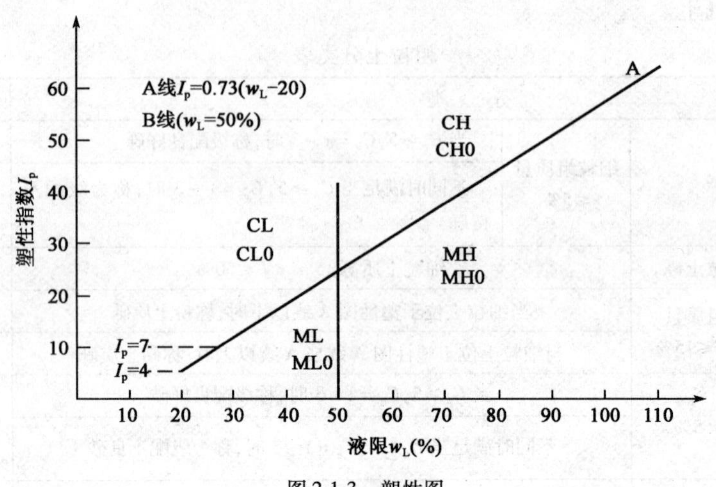

图 2-1-3　塑性图

(2)当细粒土位于 A 线以下时，在 B 线或 B 线以右，称高液限黏土，记为 MH；在 B 线以左，I_P =4 线以下，称低液限黏土，记 ML。

(3)黏土～粉土过渡区(CL～ML)的土可以按相邻土层的类别考虑细分。

2)含粗粒的细粒土应先确定细粒土部分的名称，再按以下规定最终定名：

(1)当粗粒组中砾粒组占优势时，称含砾细粒土，应在细粒土代号后缀以代号“G”。

(2)当粗粒组中砂粒组占优势或相当时，称含砂细粒土，应在细粒土代号后缀以代号“S”。

3)含有机质的细粒土称有机质土。

土中有机质包括未完全分解的动植物残骸和完全分解的无定形物质。后者多呈黑色、青黑色或暗色；有臭味；有弹性和海绵感。借目测、手摸及嗅感判别。

当不能判别时，可采用下列方法：将试样在 105～110℃ 的烘箱中烘烤。若烘烤 24h 后试样的液限小于烘烤前的 3/4，该试样为有机质土。当需要测有机质含量时，按有机质含量试验(T 0151—1993)进行。

有机质土应根据塑性图规定定名：

(1)位于塑性图 A 线或 A 线以上时，在 B 线或 B 线以右，称有机质高液限黏土，记为 CHO；在 B 线以左，I_P =7 线以上，称有机质低液限黏土，记 CLO。

(2)位于塑性图 A 线以下时，在 B 线或 B 线以右，称有机质高液限粉土，记为 MHO；在 B 线以左，I_P =4 线以下，称有机质低液限粉土，记 MLO。

(3)黏土～粉土过渡区(CL～ML)的土可以按相邻土层的类别考虑细分。

(六)特殊土的分类

1)《公路土工试验规程》给出黄土、膨胀土和红黏土在塑性图中的位置及其学名，以及盐渍土的含盐量标准和冻土的分类标准。

2)黄土、膨胀土和红黏土按图 2-1-4 定名。

(1)黄土：低液限黏土(CLY)，分布范围：大部分在 A 线以上，w_L <40%。

(2)膨胀土：高液限黏土(CHE)，分布范围：大部分在 A 线以上，w_L >50%。

(3)红黏土：高液限黏土(MHR)，分布范围：大部分在 A 线以下，w_L >55%。

3)盐渍土按表 2-1-5 规定划分。

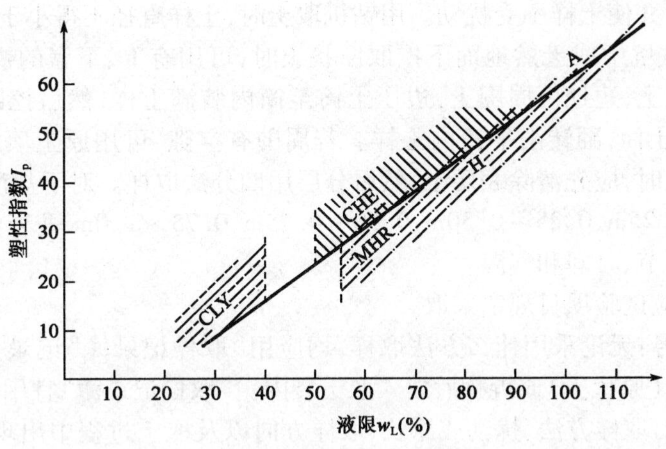

图 2-1-4　特殊土塑性图

盐渍土工程分类　　表 2-1-5

名　称	土层中平均总盐量(质量%)			
	氯盐渍土	亚氯盐渍土	亚硫酸盐渍土	硫酸盐渍土
Cl^-/SO_4^{2-} 比值	>2.0	1.0~2.0	0.3~1.0	<0.3
弱盐渍土	0.3~1.5	0.3~1.0	0.3~1.0	0.3~0.5
中盐渍土	1.5~5.0	1.0~4.0	0.3~0.8	0.5~1.5
强盐渍土	5.0~8.0	4.0~7.0	0.8~2.0	1.5~4.0
过盐渍土	>8.0	>7.0	>5.0	>4.0

第二节　土的物理指标试验

复习要点：

1. 土样的采集、运输和保管。
2. 土的物理性质指标及指标换算；烘箱安全操作要求。
3. 土样和试样制备；含水率试验；密度试验；相对密度试验。

一、土样的采集和试样制备

（一）土样的采集、运输和保管

1. 土样要求

采取原状土或扰动土视工程对象而定。凡属桥梁、涵洞、隧道、挡土墙、房屋建筑物的天然地基以及挖方边坡、渠道等，应采取原状土样；如为填土路基、堤坝、取土坑（场）或只要求土的分类试验者，可采取扰动土样。冻土采取原状土样时，应保持原土样温度，保持土样结构和含水率不变。

土样可在试坑、平洞、竖井、天然地面及钻孔中采取。取原状土样时，必须保持土样的原状结构及天然含水率，并使土样不受扰动。用钻机取土时，土样直径不得小于10cm，并使用专门的薄壁取土器；在试坑中或天然地面下挖取原状土时，可用有上、下盖的铁壁取土筒，打开下盖，扣在欲取的土层上，边挖筒周围土，边压土筒至筒内装满土样，然后挖断筒底土层（或左、右摆动即断），取出土筒，翻转削平筒内土样。若周围有空隙，可用原土填满，盖好下盖，密封取土筒；采取扰动土时，应先清除表层土，然后分层用四分法取样。对于盐渍土，一般应分别在0~0.05m、0.05~0.25m、0.25~0.50m、0.50~0.75m、0.75~1.0m垂直深度处，分层取样。同时，应测记采样季节、时间和气温。

土样数量按相应试验项目规定采取。

取土记录和编号：无论采用什么方法取样，均应用“取样记录簿”记录并撕下其一半作为标签，贴上取土筒上（原状土）或折叠后放入取土袋内。“取样记录簿”宜用韧质纸并必须用铅笔填写各项记录。对取样方法、扰动或原状、取样方向以及取土过程中出现的现象等，应记入取样说明栏内。

2. 土样的运输

原状土或需要保持天然含水率的扰动土，在取样之后，应立即密封取土筒，即密封取土筒，即先用胶布贴封取土筒上的所有缝隙，在两端盖上用红油漆写明“上、下”字样，以示土样层位。在筒壁贴上“取样记录簿”中扯下的标签，然后用纱布包裹，再浇注融蜡，以防水分散失。

密封后的原状土在装箱之前应放于阴凉处，不需保持天然含水率的扰动土，最好风干稍加粉碎后装入袋中。

土样装箱时，应与“取样记录簿”对照清点，无误后再装入，并在记录簿存根上注明装入箱号。对原状土应按上、下部位将筒立放，木箱中筒间空隙宜以稻（麦）草或软物填紧，以免在运输过程中受振、受冻。木箱上应编号并写明“小心轻放”、“切勿倒置”、“上”、“下”等字样。

3. 土样的保管

土样运到试验单位，应主动附送“试验委托书”，委托书内各栏根据“取样记录簿”的存根填写清楚，若还有其他试验要求，可在委托书内注明。

试验单位在接到土样之后，即按照“试验委托书”清点土样，核对编号并检查所送土样是否满足试验项目的需要等。同时，每清点一个土样，即在委托书中的试验室编号栏内进行统一编号，并将此编号记入原标签上，以免与其他工程所送土样编号相重而发生错误。

土样清点验收后，即根据“试验委托书”登记于“土样收发登记簿”内，并将土样交负责试验人员妥善保存，按要求进行试验。土样试验完毕，将余土仍装入原装内，待试验结果发出，并在委托单位收到报告书一个月后，仍无人查询，即可将土样处理。若有疑问，尚可用余土复试。试验结果报告书发出时，即在原来“土样收发登记簿”内注明发出日期。

（二）土样和试样制备

1. 细粒土扰动土样的制备程序

（1）将扰动土样进行土样描述，如颜色、土类、气味及夹杂物等。

（2）将块状扰动土放在橡皮板上用木碾或粉碎机碾散，但切勿压碎颗粒；如含水率较大不能碾散时，应风干至可碾散为止。

（3）根据试验所需土样数量，将碾散后的土样过筛。

（4）按规范要求，配制一定含水率的试样。

(5)测定湿润土样不同位置的含水率(至少两个以上),要求差值满足含水率测定的允许平行差值。

(6)对不同土层的土样制备混合试样时,应根据各土层厚度,按比例计算相应质量配合,然后按前四步骤进行扰动土样的制备工序。

2. 粗粒土扰动土样的制备程序

(1)无凝聚性的松散砂土、砂砾及砾石等按砂石土样的制备程序制备土样。

(2)取具有代表性且足够试验用的土样作颗粒分析用。

(3)将过筛土样或冲洗下来的土浆风干至碾散为止,再按细粒土扰动土样的制备程序(1)~(4)步骤操作。

3. 扰动土样试件的制备程序

根据工程要求,将扰动土制备成所需的试件进行水理、物理力学等试验之用。

根据试件高度要求分别选用击实法和压样法,高度小的采用单层击实法,高度大的采用压样法。

4. 原状土试件制备程序

(1)按土样上下层次小心开启原状土包装皮,将土样取出放正,整平两端。在环刀内壁涂一薄层凡士林,刀口向下,放在土样上,无特殊要求时,切土方向应与天然土层层面垂直。

(2)按规范规定切取试件,试件与环刀要密合,否则应重取。

(3)切取试件后,剩余的原状土样用蜡纸包好置于保湿器内,以备补作试验之用。

二、土的含水率试验

土中的水是指土颗粒表面的水,它包括结合水及自由水。土的含水率是在105~110℃下烘至恒量时所失去的水分质量和达到恒量后干土质量的比值,以百分数表示。

公路工程中测定含水率的常用方法:烘干法、酒精燃烧法、比重法。

土的工程性质之所以复杂,其主要原因是含水率在土的三相物质中形成一不确定的因素,含水率的变化将使土的一系列物理力学性质随之而异。因此,土的含水率测试是研究土的物理力学性质不可缺少的工作。

(一)烘干法

1. 适用范围

本试验方法适用于测定黏质土、粉质土、砂类土、砂砾石、有机质土和冻土土类的含水率。

2. 试验设备

烘箱、天平、干燥器、称量盒等。

3. 烘箱安全操作要求

(1)烘箱应安放在室内干燥及水平处,不必使用其它固定装置;

(2)确认烘箱四周有足够的空间,空隙最小为160毫米,安装于振动小,温度变化不大的环境中;

(3)通电前,先检查本箱的电气性能,并应注意是否有短路或漏电现象;

(4)易燃挥发物品切勿放入干燥箱内,以免发生爆炸;

(5)不要将任何物品放置在烘箱的顶部和下部;

(6)使用前必须检查加热器的每根电热丝的安装位置,以防热丝重叠或碰撞发生事故;

(7)向烘箱送入或拿出物品时,必须带防护手套以防烫伤;

(8)检查冷却风扇有无杂物,是否正常,确保高负荷运行的引擎及时冷却,不会造成因温度过高引起跳脱;

(9)维修烘箱(时)时,应确认烘箱已完全冷却到室温且电源已关闭。

4. 试验步骤

(1)取具有代表性试样,细粒土15~30g,砂类土、有机土为50g,砂砾石为1~2kg,放入称量盒内,立即盖好盒盖,称质量。称量时,可在天平一端放上与该称量盒等质量的砝码,移动天平游码,平衡后称量结果减去称量盒质量即为湿土质量。

(2)揭开盒盖,将试样和盒盖放入烘箱内,在105℃~110℃恒温下烘干。烘干时间对细粒土不得少于8h,对砂类土不得少于6h。对含有机质超过5%的土或含石膏的土,应将温度控制在60~70℃恒温下,干燥12~15h为好。

(3)将烘干后的试样和盒盖取出来,放入干燥器内冷却(一般只需0.5~1h即可)。冷却后盖好盒盖,称质量,准确至0.01g。

5. 结果整理

按下式计算含水率:

$$w = \frac{m - m_s}{m_s} \times 100 \tag{2-1-1}$$

式中:w——含水率(%),计算至0.1;

m——湿土质量(g);

m_s——干土质量(g)。

精密度和允许差:本试验须进行二次平行测定,取其算术平均值,允许平行差值应符合表2-1-6的规定。

含水率测定的允许平行差值　　表2-1-6

含水率(%)	允许平行差值(%)	含水率(%)	允许平行差值(%)
5以下	0.3	40以上	≤2
40以下	≤1	对层状和网状构造的冻土	<3

(二)酒精燃烧法

1. 目的和适用范围

本实验方法适用于快速简易测定细粒土(含有机质的除外)的含水率。

2. 试验设备

称量盒、天平、酒精、滴管、火柴、调土刀等。

3. 试验步骤

(1)取代表性试样(黏质土5~10g,砂类土20~30g),放入称量盒内,称湿土质量。

(2)用滴管将酒精注入放有试样的称量盒中,直至盒中出现自由液面为止。为使酒精在试样中充分混合均匀,可将盒底在桌面上轻轻敲击。

(3)点燃盒中酒精,燃至火焰熄灭。

(4)将试样冷却数分钟,按本试验(2)、(3)方法重新燃烧两次。

(5)待第三次火焰熄灭后,盖好盒盖,立即称干土质量,准确至0.01g。

4.结果整理:同烘干法。

(三)比重法

1.目的和适用范围

本试验方法仅适用于砂类土。

2.仪器设备

玻璃瓶、天平、漏斗、小勺、吸水球、玻璃片、土样盘及玻璃棒等。

3.试验步骤

(1)取代表性砂类土试样200~300g,放入土样盘内。

(2)向玻璃瓶中注入清水至1/3左右,然后用漏斗将土样盘中的试样倒入瓶中,并用玻璃棒搅拌1~2min,直至所含气体完全排出为止。

(3)向瓶中加清水至全部充满,静置1min后用吸水球吸去泡沫,再加清水使其充满,盖上玻璃片,擦干瓶外壁,称质量。

(4)倒去瓶中混合液,洗净,再向瓶中加清水至全部充满,盖上玻璃片,擦干瓶外壁,称质量,准确至0.5g。

4.结果整理

按下式计算含水率:

$$w = \left[\frac{m(G_s - 1)}{G_s(m_1 - m_2)} - 1\right] \times 100 \tag{2-1-2}$$

式中:w——砂类土的含水率(%),计算至0.1;

m——湿土质量(g);

m_1——瓶、水、土、玻璃片合质量(g);

m_2——瓶、水、玻璃片合质量(g);

G_s——砂类土的相对密度。

精密度和允许差同烘干法。

三、土的密度试验

密度是土的基本物理性质指标之一,无论在室内试验或野外勘查以及施工质量控制中均须测定密度,密度在公路工程的勘测、设计和施工中有着广泛的应用。

土的天然密度按下式定义为:

$$\rho = m/V \tag{2-1-3}$$

式中:m——土的天然质量;

V——与m相应的土体积。

在密度测试中，m 较易获得，难的是 V 值。V 值的检测操作受人为因素和土的粒度成分影响很大。

测定密度常用的方法有环刀法、电动取土器法、蜡封法、灌水法、灌砂法等。环刀法操作简便而准确，在室内和野外普遍采用；不能用环刀切削的坚硬、易碎、含有粗粒、形状不规则的土，可用蜡封法；灌水法、灌砂法一般在野外应用。

（一）环刀法

1. 目的和适用范围

本试验方法适用于细粒土。

2. 试验原理

采用一定体积的环刀削土样，使土按环刀形状充满其中，测环刀中土重，根据已知环刀的体积就可按定义计算土的密度。

3. 试验仪器

环刀、天平、修土刀、钢丝锯、凡士林等。

4. 试验步骤

（1）按工程需要取原状土或制备所需状态的扰动土样，整平两端，环刀内壁涂一薄层凡士林，刀口向下放在土样上。

（2）用修土刀或钢丝锯将土样上部削成略大于环刀直径的土柱，然后将环刀垂直下压，边压边削，至土样伸出环刀上部为止。削去两端余土，使土样与环刀口面齐平，并用剩余土样测定含水率。

（3）擦净环刀外壁，称环刀与土合质量 m_1，准确至0.1g。

5. 结果整理

按下列公式计算湿密度及干密度：

$$\rho = \frac{m_1 - m_2}{V} \tag{2-1-4}$$

$$\rho_d = \frac{\rho}{1 + 0.01w} \tag{2-1-5}$$

式中：ρ——湿密度（g/cm³），计算至0.01；

m_1——环刀与土合质量（g）；

m_2——环刀质量（g）；

V——环刀体积（cm³）；

ρ_d——干密度（g/cm³），计算至0.01；

w——含水率（%）。

精密度和允许差：本试验须进行二次平行测定，取其算术平均值，其平行差值不得大于0.03g/cm³。

（二）蜡封法

1. 目的和适用范围

本试验方法适用于易破裂土和形态不规则的坚硬土。

2. 试验原理

将不规则的土样(体积不小于 500cm^3)称其自然质量(m)后,浸入熔化的石蜡中,使土样被石蜡所包裹,而后称其在空气中重(m_1)与在水中重(m_2),并按公式计算土样密度。

此法所得密度值较其他方法大,这是因为在任何情况下难以避免熔蜡浸入土内孔隙中的缘故。

3. 试验设备

天平、烧杯、细线、石蜡、针、削土刀等。

4. 试验步骤

(1)用削土刀取体积大于 30cm^3 试件,削除试件表面的松、浮土以及尖锐棱角,在天平上称量,准确至 0.01g。取代表性土样进行含量测定。

(2)将石蜡加热至刚过熔点,用细线系住试件浸入石蜡中,使试件表面覆盖一薄层严密的石蜡,若试件膜上有气泡,需用热针刺破气泡,再用石蜡填充针孔,涂平孔口。

(3)待冷却后,将蜡封试件在天平上称量,准确至 0.01g。

(4)用细线将蜡封试件置于天平一端,使其浸浮在盛有蒸馏水的烧杯中,注意试件不要接触杯壁,称蜡封试件的水下质量,准确至 0.01g,并测量蒸馏水的温度。

(5)将蜡封试件从水中取出,擦干石蜡表面水分,在空气中称其质量,将其与(3)中所称质量相比,若质量增加,表示水分进入试件中;若浸入水分质量超过 0.03g,应重做。

5. 结果整理

按下列公式计算湿密度及干密度:

$$\rho = \frac{m}{\dfrac{m_1 - m_2}{\rho_{wt}} - \dfrac{m_1 - m}{\rho_n}} \tag{2-1-6}$$

$$\rho_d = \frac{\rho}{1 + 0.01w} \tag{2-1-7}$$

式中:m——试件质量(g);

m_1——蜡封试件质量(g);

m_2——蜡封试件水中质量(g);

ρ_{wt}——蒸馏水在 t℃时密度(g/cm^3),准确至 0.001;

ρ_n——石蜡密度(g/cm^3),应事先实测,准确至 0.01g/cm^3;一般可采用 0.92g/cm^3;精密度和允许差同环刀法。

(三)现场坑试法

对含有碎石的土层或人工填土层无法用环刀取样,则可在现场测点挖一测坑。挖的同时测其挖出土石的质量和含水率,对不规则的试坑体积测量,可用不透水的薄膜袋放在坑内,然后向袋中灌水并测所灌水的体积,并按定义计算土的密度。也可按灌砂法测定体积。

(四)其他测试方法

1. 电动取土器法。适用于硬塑土密度的快速测定。

2. 灌砂法。适用于现场测定细粒土、砂类土和砾类土的密度。试样的最大粒径不得超过

15mm，测定密度层的厚度为150～200mm。

3.灌水法。本试验方法适用于现场测定粗粒土和巨粒土的密度。

四、土的相对密度试验

土粒相对密度是土的物理性质中的三个基本指标之一，可以通过试验直接测定，即求出土在105～110℃下烘干至恒重时的质量，然后与同体积4℃时蒸馏水的质量的比值。

测定土的比重随土的粒径大小不同可采用不同的试验方法。常用方法有比重瓶法、浮力法、浮称法和虹吸筒法。

（一）比重瓶法

1.目的和适用范围

本试验方法适用于粒径小于5mm的土。

2.试验设备

比重瓶、天平、恒温水槽、砂浴、真空抽气设备、温度计及其他。

3.试验步骤

（1）将比重瓶烘干，将15g烘干土装入100mL比重瓶内（若用50mL比重瓶，装烘干土约12g），称量。

（2）为排除土中空气，将已装有干土的比重瓶，注蒸馏水至瓶的一半处，摇动比重瓶，土样浸泡20h以上，再将瓶在砂浴中煮沸，煮沸时间自悬液沸腾时算起，砂及低液限黏土应不少于30min，高液限黏土应不少于1h，使土粒分散。注意沸腾后调节砂浴温度，不使土液溢出瓶外。

（3）如是长颈比重瓶，用滴管调整液面恰至刻度处（以弯月面下缘为准），擦干瓶外及瓶内壁刻度以上部分的水，称瓶、水、土总质量。如是短颈比重瓶，将纯水注满，使多余水分自瓶塞毛细管中溢出，将瓶外水分擦干后，称瓶、水、土总质量，称量后立即测出瓶内水的温度，准确至0.5℃。

（4）根据测得的温度，从已绘制的温度与瓶、水总质量关系曲线中查得瓶水总质量。如比重瓶体积事先未经温度校正，则立即倾去悬液，洗净比重瓶，注入事先煮沸过且与试验时同温度的蒸馏水至同一体积刻度处，短颈比重瓶则注水至满，按本试验（3）步骤调整液面后，将瓶外水分擦干，称瓶、水总质量。

（5）如是砂土，煮沸时砂粒易跳出，允许用真空抽气法代替煮沸法排除土中空气，其余步骤与本试验（3）至（4）相同。

（6）对含有某一定量的可溶盐、不亲水性胶体或有机质的土，必须用中性液体（如煤油）测定，并用真空抽气法排除土中气体。真空压力表读数宜为100kPa，抽气时间1～2h（直至悬液内无气泡为止），其余步骤同本试验（3）至（4）。

（7）本试验称量应准确至0.001g。

4.结果整理

（1）用蒸馏水测定时，按下式计算相对密度：

$$G_s = \frac{m_s}{m_1 + m_s - m_2} \times G_{wt} \tag{2-1-8}$$

式中：G_s——土的比重，计算至0.001；

m_s——干土质量(g)；

m_1——瓶、水总质量(g)；

m_2——瓶、水、土总质量(g)；

G_{wt}——t℃时蒸馏水的相对密度，准确至0.001。

(2)用中性液体测定时，按照下式计算相对密度：

$$G_s = \frac{m_s}{m_1' + m_s - m_2'} \times G_{kt} \tag{2-1-9}$$

式中：G_s——土的比重，计算至0.001；

m_1'——瓶、中性液体总质量(g)；

m_2'——瓶、土、中性液体总质量(g)；

G_{kt}——t℃时中性液体相对密度(应实测)，准确至0.001。

(3)精密度和允许差：本试验必须进行二次平行测定，取其算术平均值，以两位小数表示，其平行差值不得大于0.02。

(二)浮力法

1. 目的和适用范围

本试验目的是测定土颗粒的相对密度。本试验方法适用于粒径大于或等于5mm的土，且其中粒径大于或等于20mm的土质量小于总质量的10%。

2. 试验设备

浮力仪、烘箱、温度计、孔径5mm及20mm筛等。

3. 试验步骤

(1)取代表性试样500～1 000g，彻底冲洗试样，直至颗粒表面无尘土和其他污物。

(2)称烧杯和杯中水的质量m_1，将金属网篮缓缓浸没于水中，再称烧杯、杯中水和悬没于水中的金属网篮的总质量，并立即测量容器内水的温度，准确至0.5℃。计算出悬没于水中的金属网篮的浮力质量m_2。

(3)将试样浸在水中一昼夜取出，立即放入金属网篮，缓缓浸没于水中。并在水中摇晃，至无气泡逸出为止。

(4)称烧杯、杯中水和悬没于水中的金属网篮及试样的总质量m_3。并立即测量容器内水的温度，准确至0.5℃。

(5)取出试样烘干，称量。

4. 结果整理

(1)按下式计算土粒相对密度：

$$G_s = \frac{m_s}{m_3 - m_2 - m_1} \times G_{wt} \tag{2-1-10}$$

式中：m_1——烧杯和烧杯中水总质量(g)；

m_2——悬没于水中的金属网篮的浮力质量(g)；

m_3——烧杯、烧杯中水和悬没于水中的金属网篮及试样的总质量(g)；

(2)按下式计算土粒平均相对密度：

$$G_s = \frac{1}{\frac{P_1}{G_{s1}} + \frac{P_2}{G_{s2}}} \tag{2-1-11}$$

式中：G_s——土粒平均比重，计算至0.01；

G_{s1}——大于5mm土粒相对密度；

G_{s2}——小于5mm土粒相对密度；

P_1——大于5mm土粒占总质量的百分数(%)；

P_2——小于5mm土粒占总质量的百分数(%)。

(3)精密度和允许差同比重瓶法。

(三)浮称法

1. 目的和适用范围

本试验目的是测定土颗粒的相对密度。本试验方法适用于粒径大于或等于5mm的土，且其中粒径大于或等于20mm的土质量小于总质量的10%。

2. 试验设备

静水力学天平、烘箱、温度计、孔径5mm及20mm筛等。

3. 试验步骤

(1)取代表性试样500～1 000g，彻底冲洗试样，直至颗粒表面无尘土和其他污物。

(2)将试样浸在水中一昼夜取出，立即放入金属网篮，缓缓浸没于水中。并在水中摇晃，至无气泡逸出为止。

(3)称金属网篮和试样在水中的总质量。

(4)取出试样烘干，称量。

(5)称金属网篮在水中质量，并立即测量容器内水的温度，准确至0.5℃。

4. 结果整理

(1)按下式计算土粒相对密度：

$$G_s = \frac{m_s}{m_s - (m_2' - m_1')} \times G_{wt} \tag{2-1-12}$$

式中：m_1'——金属网篮在水中质量(g)；

m_2'——试样和金属网篮在水中质量(g)。

(2)土料平均比重计算同浮力法。

(3)精密度和允许差同比重瓶法。

(四)虹吸筒法

1. 目的和适用范围

本试验目的是测定土颗粒的相对密度。本试验法适用于粒径大于或等于5mm的土，且其中粒径大于或等于20mm土的含量大于或等于总质量的10%。

2. 试验设备

虹吸筒、台秤、量筒及其他。

3. 试验步骤

(1)取代表性试样1 000 ~7 000g,彻底冲洗试样,直至颗粒表面无尘土和其他污物。

(2)再将试样浸在水中一昼夜取出,晾干(或用布擦干),称量。

(3)注清水入虹吸筒,至管口有水溢出时停止注水。待管不再有水流出后,关闭管夹,将试样缓缓放入筒中,边放边搅,至无气泡逸出时为止,搅动时勿使水溅出筒外。称量筒质量。

(4)待虹吸筒中水面平静后,开管夹,让试样排开的水通过虹吸筒流入筒中。

(5)称量筒与水质量后,测量筒内水的温度,准确至0.5℃。

(6)取出虹吸筒内试样,烘干,称量。

(7)本试验称量准确至1g。

4. 结果整理

(1)按下式计算土粒相对密度:

$$G_s = \frac{m_s}{(m_1 - m_0) - (m - m_s)} \times G_{wt} \tag{2-1-13}$$

式中:m——晾干试样质量(g);

m_1——量筒加水质量(g);

m_0——量筒质量(g)。

(2)土料平均相对密度计算同浮力法。

(3)精密度和允许差同比重瓶法。

五、土的物理指标换算

1. 土由三相组成

如前所述土是由固体颗粒、水和气体三相组成的集合体,这三种物质在体积上和质量上的比例关系不同,则会反映出土的物理状态上的变化,土中孔隙体积大,土就松,土中水分多,则土就软。所以研究土的状态,首先就要分析土的三相比例关系,并利用土的三相在体积上和质量上的相对比值,作为衡量土的基本物理性质的指标。

为了便于说明和记忆,把土中交错分布的土颗粒、水和气分别集中起来,按体积划分为固相、液相、气相三部分,如图2-1-5所示,称为三相图,并可根据三相图计算出各相之间的比例关系所表达的土的物理性质指标。

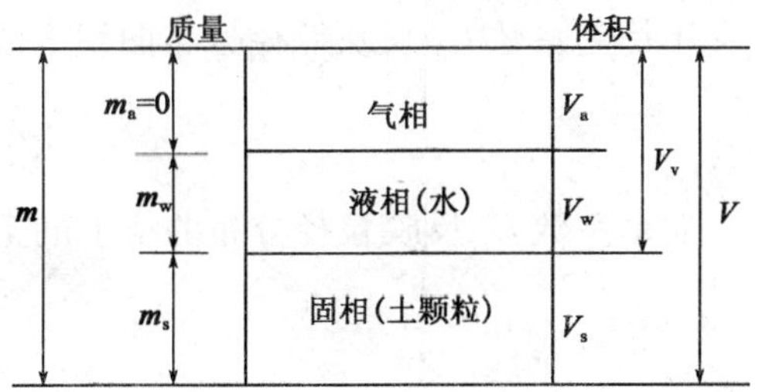

图2-1-5 土的三相图

V——土的总体积,cm^3 或 m^3;V_s——土的固体颗粒体积,cm^3 或 m^3;V_V——土的孔隙体积,cm^3 或 m^3;$V_V = V_a + V_w$;V_a——土中气体体积,cm^3 或 m^3;V_w——土中水的体积,cm^3 或 m^3;m——土的总质量,g;m_a——土的气体质量,一般

$m_a \approx 0$；m_w——土中水的质量，g；m_s——土中固体颗粒的质量，g。

2. 土的三相基本物理指标

土粒相对密度　$G_s = m_s/(\rho_w \cdot V_s)$；

天然密度　$\rho = m/V$；

含水率　$w(\%) = m_w/m_s \times 100$；

3. 常用的指标及定义

土粒相对密度　$G_s = m_s/(\rho_w \cdot V_s)$；

天然密度　$\rho = m/V$；

饱和密度　$\rho_{sat} = (m_s + V_v \cdot \rho_w)/V$；

干密度　$\rho_d = m_s/V$；

浮密度　$\rho' = (m_s + V_s \cdot \rho_w)/V$；

含水率　$w(\%) = m_w/m_s \times 100$；

孔隙比　$e = V_v/V_s$；

孔隙率　$n(\%) = V_v/V \times 100$；

饱和度　$S_r = V_w/V_v$；

液限含水率 w_L；塑限含水率 w_P；塑性指数 I_P；液性指数 I_L；相对密度 D_r。

以上指标中，土粒比重、天然密度、含水率是实测指标，其他是换算指标。三个实测指标的测试结果直接影响其他指标的计算，其中以天然密度和含水率的测试尤为重要。

第三节　颗粒分析试验

复习要点：

1. 司笃克斯定律。
2. 土粒级配指标：C_u、C_c。
3. 颗粒分析试验。

一、土粒级配指标

土颗粒组成特征应以土的级配指标的不均匀系数（C_u）和曲率系数（C_c）表示。

不均匀系数 C_u 反映粒径分布曲线上的土粒分布范围，按下式计算：

$$C_u = \frac{d_{60}}{d_{10}} \tag{2-1-14}$$

曲率系数 C_c 反映粒径分布曲线上的土粒分布形状，按下式计算：

$$C_c = \frac{(d_{30})^2}{d_{60} \times d_{10}} \tag{2-1-15}$$

式中：d_{10}、d_{30}、d_{60}——分别相当于含量为10%、30%、60%的粒径，d_{10} 称为有效粒径，d_{30} 称为中间粒径，d_{60} 称为限制粒径（也叫控制粒径）。

一般认为：

(1)C_u<5 时为均匀土，级配不好；C_u>10 时为级配良好的土。

(2)不能单独用 C_u 一个指标，而是要和 C_c 同时考虑，当同时满足 C_u>5，C_c=1～3 之间，为级配良好的土；若不能同时满足，则为级配不良的土。

二、司笃克斯定律

根据司笃克斯(*Stokes*)定律得出如下结论：土粒在悬液中沉降速度与粒径的平方成正比例关系。司笃克斯定律一般用于沉降分析法对细粒土的粒径分析。

然而实际中，土粒并不是球形颗粒，因此应用其定律及公式计算的并非实际土粒的尺寸，而是与实际土粒有相同沉降速度的理想球体的直径，称其为水力直径。

三、颗粒分析试验

粒度成分分析的目的在于确定土中各粒组颗粒的相对含量，为土的分类、定名和工程应用提供依据，指导工程施工。

对于粗粒土，即颗粒大于 0.075mm 的土，可以用筛分法。对于颗粒小于 0.075mm 的土，则可用密度计法或移液管法。当大于 0.075mm 的颗粒超过试样总质量的 15% 时，应先进行筛分试验，然后经过洗筛，再用密度计或移液管法进行试验。

(一)筛分法

利用一套标准筛子，可测定留在每一筛子上的土粒质量，并可计算小于某一筛孔直径土粒的累计质量及累计百分含量。

1.目的和适用范围

本试验法适用于分析粒径大于 0.075mm 的土。对于粒径大于 60mm 的土样，本方法不适用。

2.试验原理

筛析法是将土样通过逐级减小孔径的一组标准筛子。对于通过某一筛孔的土粒，可以认为其粒径恒小于该筛的孔径，反之，遗留在筛上的颗粒，可以认为其粒径恒大于该筛的孔径。这样即可把土样的大小颗粒按筛孔径大小逐级加以分组和分析。

3.仪器设备

标准筛、天平、摇筛机、烘箱、筛刷、烧杯、木碾、研钵及杵等。

4.试样

从风干、松散的土样中，用四分法按照下列规定取出具有代表性的试样：

(1)小于 2mm 颗粒的土 100～300g；

(2)最大粒径小于 10mm 的土 300～900g；

(3)最大粒径小于 20mm 的土 1 000～2 000g；

(4)最大粒径小于 40mm 的土 2 000～4 000g；

(5)最大粒径大于 40mm 的土 4 000g 以上。

5. 试验步骤

(1)对于无凝聚性的土

①按规定称取试样，将试样分批过2mm筛。

②将大于2mm的试样按从大到小的次序，通过大于2mm的各级粗筛。将留在筛上的土分别称量。

③2mm筛下的土如数量过多，可用四分法缩分至100～800g。将试样按从大到小的次序通过小于2mm的各级细筛。可用摇筛机进行振摇。振摇时间一般为10～15min。

④由最大孔径的筛开始，顺序将个筛取下，在白纸上用手轻轻摇晃，至每分钟筛下数量不大于该级筛余质量的1%为止。漏下的土粒应全部放入下一级筛内，并将留在各筛上的土样用软毛刷刷净，分别称量。

⑤筛后各级筛上的筛底土总质量与筛前试样质量之差，不应大于1%。

⑥如2mm筛下的土不超过试样总质量的10%，可省略细筛分析；如2mm筛上的土不超过试样总质量的10%，可省略粗筛分析。

(2)对于含有黏土粒的砂砾土

①将土样放在橡皮板上，用木碾将黏结的土团充分碾散，拌匀、烘干、称量。如土样过多时，用四分法称取代表性土样。

②将试样置于盛有清水的瓷盆中，浸泡并搅拌，使粗细颗粒分散。

③将浸润后的混合液过2mm筛，边冲边洗过筛，直至筛上仅留大于2mm以上的土粒为止。然后，将筛上洗净的砂砾风干称量。按以上方法进行粗筛分析。

④通过2mm筛下的混合液存放在盆中，待稍沉淀，将上部悬液过0.075mm洗筛，用带橡皮头的玻璃棒研磨盆内浆液，再加清水，搅拌、研磨、静置、过筛，反复进行，直至盆内悬液澄清。最后，将全部土粒倒在0.075mm筛上，用水冲洗，直到筛上仅留大于0.075mm净砂为止。

⑤将大于0.075mm的净砂烘干称量，并进行细筛分析。

⑥将大于2mm颗粒及2～0.075mm的颗粒质量从原称量的总质量中减去，即为小于0.075mm颗粒质量。

⑦如果小于0.075mm颗粒质量超过总土质量的10%，有必要时，将这部分土烘干、取样，另做密度计或移液管分析。

6. 结果整理

(1)按下式计算小于某粒径颗粒质量百分数：

$$X = \frac{A}{B} \times 100 \tag{2-1-16}$$

式中：X——小于某粒径颗粒的质量百分数(%)，计算至0.01；

A——小于某粒径颗粒的质量(g)；

B——试样的总质量(g)。

(2)当小于2mm的颗粒如用四分法缩分取样时，试样中小于某粒径的颗粒质量占总土质量的百分数按下式计算：

$$X = \frac{a}{b} \times p \times 100 \tag{2-1-17}$$

式中：a——通过2mm筛的试样中小于某粒径的颗粒质量(g)，计算至0.01；

b——通过2mm筛的土样中所取代试样的质量(g);

p——粒径小于2mm的颗粒质量百分数。

(3)在半对数坐标纸上,以小于某粒径的颗粒质量百分数为纵坐标,以粒径(mm)为横坐标,绘制颗粒大小级配曲线,求出各粒组的颗粒质量百分数,以整数(%)表示。

(4)必要时按下式计算不均匀系数:

$$C_u = \frac{d_{60}}{d_{10}} \tag{2-1-18}$$

式中:C_u——不均匀系数,计算至0.01且含两位以上有效数字;

d_{60}——限制粒径,即土中小于该粒径的颗粒质量为60%的粒径(mm);

d_{10}——有效粒径,即土中小于该粒径的颗粒质量为10%的粒径(mm);

(5)精密度和允许差:筛后各级筛上和筛底土总质量与筛前试样质量之差,不应大于1%。

(二)密度计法

1. 目的和适用范围

本实验方法适用于分析粒径小于0.075mm的细粒土。

2. 仪器设备

密度计、量筒、洗筛、天平、温度计、洗筛漏斗、煮沸设备、搅拌器及其他。

3. 试样

密度计分析土样应采用风干土。土样充分碾散,通过2mm筛(土样风干可在烘箱内以不超过50℃的鼓风干燥)。求出土样的风干含水率,按规范要求计算试样干质量为30g时所需的风干土质量。

4. 试验步骤

(1)将称好的风干土样倒入三角烧瓶中,注入蒸馏水200mL,浸泡一夜。按规范规定加入分散剂。

(2)将三角烧瓶稍加摇荡后,放在电热器上煮沸40min(若用氨水分散时,要用冷凝管装置;若用阳离子交换树脂时,则不需煮沸)。

(3)将煮沸冷却后的悬液倒入烧杯中,静置1min,把上部悬液通过0.075mm筛,注入1 000mL量筒中,把杯中沉土用带橡皮头的玻璃棒细心研磨。加水入杯中,搅拌后静置1min,再将上部悬液通过0.075mm筛,倒入量筒。反复进行,直至静置1min后,上部悬液澄清为止。最后将全部土粒倒入筛内,用水冲洗至仅有大于0.075mm净砂为止。注意量筒内的悬液总量不要超过1000mL。

(4)将留在筛上的砂粒洗入皿中,风干称量,并计算各粒组颗粒质量占总土质量的百分数。

(5)向量筒中注入蒸馏水,使悬液恰为1 000mL(如用氨水作分散剂时,这时应再加入25%氨水0.5mL,其数量包括在1 000mL内)。

(6)用搅拌器在量筒内沿整个悬液深度上下搅拌1min,往返约30次,使悬液均匀分布。

(7)取出搅拌器,同时开动秒表。测记0.5、1、5、15、30、60、120、240及1 440min的密度计读数,直至小于某粒径的土重百分数小于10%为止。每次读数前10~20s将密度计小心放入量筒至约接近估计读数的深度。读数以后，取出密度计（0.5 及 1min 读数除外），小心放入盛有清水的量筒中。每次读数后均须测记悬液温度，准确至 0.5℃。

(8) 如一次做一批土样(20 个)，可先做完每个量筒的 0.5min 及 1min 读数，再按以上步骤将每个土样悬液重新依次搅拌一次。然后分别测记各规定时间的读数。同时在每次读数后测记悬液的温度。

(9) 密度计数均以弯月面上缘为准。甲种密度计应准确至 1，估读至 0.1；乙种密度计应准确至 0.001，估读至 0.000 1。为方便读数，即 0.001 读作 1，而 0.000 1 读作 0.1。这样既方便读数又方便计算。

5. 结果整理

(1) 小于某粒径的试样质量占试样总质量的百分比按下列公式计算：

①甲种密度计

$$X = \frac{100}{m_s} C_G (R_m + m_t + n - C_D) \tag{2-1-19}$$

$$C_G = \frac{\rho_S}{\rho_S - \rho_{w20}} \times \frac{2.65 - \rho_{w20}}{2.65} \tag{2-1-20}$$

式中：X——小于某粒径的土质量百分数(%)，计算至 0.1；

m_s——试样质量(干土质量)(g)；

C_G——相对密度校正值；

ρ_s——土粒密度(g/cm^3)；

ρ_{w20}——20℃时水的密度(g/cm^3)；

m_t——温度校正值，按规范规定取值；

n——刻度及弯月面校正值；

C_D——分散剂度校正值；

R_m——甲种密度计读数。

②乙种密度计

$$X = \frac{100V}{m_s} C'_G [(R'_m - 1) + m'_t + n' - C'_D] \rho_{w20} \tag{2-1-21}$$

$$C'_G = \frac{\rho_s}{\rho_s - \rho_{w20}}$$

式中：X——小于某粒径的土质量百分比(%)，计算至 0.1；

V——悬液体积(=1 000mL)；

n'——刻度及弯月面校正值；

C'_G——相对密度校正值，按规范规定取值；

m'_t——温度校正值，按规范规定取值；

C'_D——分散剂校正值；

R'_m——乙种密度计读数。

(2) 土粒直径按下列公式计算，也可按土粒直径列线图确定。

$$d = \sqrt{\frac{1\,800 \times 10^4 \eta}{(G_s - G_{wt})\rho_{w4} g} \times \frac{L}{t}} \tag{2-1-22}$$

式中：d——土粒直径(mm)，计算至0.000 1且含两位有效数字；

η——水的动力黏滞系数(参见"渗透试验")(10^{-6}kPa·s)；

ρ_{w4}——4℃时水的密度(g/cm³)；

G_s——土粒相对密度；

G_{wt}——温度t℃时水的相对密度；

L——某一时间t内土粒的沉降距离(cm)；

g——重力加速度(981cm/s²)；

t——沉降时间(s)。

(三)移液管法

1.目的和适用范围

本试验方法适用于分析粒径小于0.075mm细粒土的组成。

2.仪器设备

分析天平、移液管、恒温水槽、1 000mL量筒、50mL小烧杯(高型)等，其他与密度计分析相同。

3.试验步骤

(1)取代表性试样，黏质土为10~15g，砂类土为20g，按密度计法(1)至(5)制取悬液。

(2)将盛土样悬液的量筒放入恒温水槽，使悬液恒温至适当温度。试验中悬液温度变化不得大于±0.5℃。按下式计算粒径小于0.05mm、0.01mm、0.005mm和其他所需粒径下沉一定深度所需的静置时间，按下式计算：

$$t = \frac{L}{\frac{2}{9} \times 10^{-4} \times g \times r^2 \times \frac{\rho_s - \rho_{wt}}{\eta}} \tag{2-1-23}$$

式中：t——某粒径土粒下沉一定深度所需的静置时间(s)，计算至0.01；

g——重力加速度，981cm/s²；

r——土粒半径($d/2$)(cm)(原以mm表示的粒径在这里须化为cm)；

L——移液管浸入悬液的深度，10cm。

(3)准备好50mL小烧杯，称量，准确至0.001g。

(4)准备好移液管，活塞①应放在关闭的位置上，旋转活塞②应放在与移液管及吸球相通的位置上。

(5)用搅拌器将悬液上下搅拌各约30次，时间为1min，使悬液分布均匀。停止搅拌，立即开始启动秒表。

(6)根据各粒径的静置时间提前约10s，将移液管放入悬液中，浸入深度为10cm，靠连接自来水管所产生的负压或用吸球来吸取悬液。

(7)吸入悬液，至略多于25mL，旋转活塞②180°，使其与放液管相通。再将多余悬液从放液口放出。

(8)将移液管下口放入已称量的小烧杯中，再旋转活塞②180°，使其之与移液管相通。同时用吸球将悬液(25mL)全部注入小烧杯内。在移液管上口预先倒入蒸馏水,此时开活塞①,使水流入移液管中,再将这部分水连同管内剩余颗粒冲入小烧杯内。

(9)将烧杯内悬液浓缩至半干,放入烘箱内在105~110℃温度下烘至恒重。称量小烧杯连同干土的质量,准确至0.001g。

4. 结果整理

土中小于某粒径的颗粒含量百分数按下式计算:

$$X = \frac{A \times 1\,000}{25 \times B} \times 100(\%) \tag{2-1-24}$$

或按下式计算:

$$X = \frac{C}{B} \times 100(\%),C = \frac{A \times 1\,000}{25} \tag{2-1-25}$$

式中:X——小于某粒径的颗粒含量百分数(%),计算至0.1;

A——25mL悬液中小于某粒径的颗粒烘干质量(g);

B——试样总质量(g);

C——1 000mL悬液中小于某粒径的颗粒总质量(g)。

如与分筛法联合分析,应将两段曲线绘成一平滑曲线。

第四节　界限含水率试验

复习要点:

1. 天然稠度试验。
2. 黏性土的界限含水率(液限 w_L、塑限 w_P、缩限 w_S);塑性指数 I_P、液性指数 I_L。
3. 界限含水率试验。

一、黏性土的界限含水率

含水率对黏性土的工程性质(如强度、压缩性等)有极大的影响。当土从很湿逐渐变干时,依次经历流动、可塑、半坚硬和坚硬四种物理状态,从一种状态变到另一种状态的分界点的含水率称为界限含水率。流动(液体)状态向可塑状态过渡的界限含水率称为液限 w_L;可塑状态向半坚硬状态过渡的界限含水率称为塑限 w_P;当到达塑限后继续变干,土的体积随含水率的减少而收缩。但到达某一含水率后,土体积不再收缩,这个界限含水率称为缩限 w_S。它们的各自含义及与土的状态的相对关系见图2-1-6。

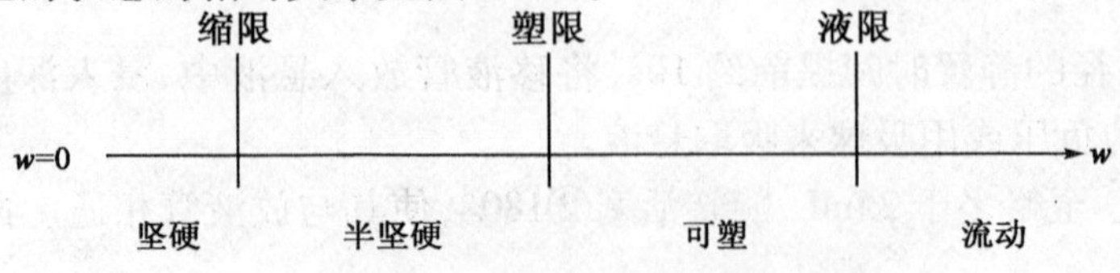

图2-1-6　界限含水率与土状态的关系

二、塑性指数、液性指数和土的天然稠度

1. 塑性指数 I_P

定义:可塑性的大小可用土处在塑性状态的含水率变化范围来衡量,从液限到塑限含水率的变化范围愈大,土的可塑性愈好。这个范围称为塑性指数 I_P。

$$I_P = w_L - w_P \tag{2-1-26}$$

塑性指数一般在习惯上用不带百分数符号的数值表示。塑性指数越大,表示土具有高塑性。

2. 液性指数 I_L

定义:几个含水率相同的土样,它们的液限、塑限不同,那么这些土样所处的状态可能不同,故提出一个能够表征天然含水率与界限含水率相对关系的指标来描述土的状态,这个称为液性指数 I_L。

$$I_L = \frac{w - w_P}{w_L - w_P} = \frac{w - w_P}{I_P} \tag{2-1-27}$$

式中:w——天然含水率;

当 $I_L = 1.0$,即 $w = w_L$,土处于液限;

当 $I_L = 0$,即 $w = w_P$,土处于塑限。

故按液性指数 I_L 可区分土的各种状态,在《公路桥涵地基与基础设计规范》(JTG D63—2007)中规定:

$I_L \leqslant 0$　坚硬状态　$0 < I_L \leqslant 0.25$　硬塑状态

$0.25 < I_L \leqslant 0.75$　可塑状态　$0.75 < I_L \leqslant 1$　软塑状态

$I_L > 1$　流塑状态

3. 土的天然稠度 w_c

土的液限(w_L)与天然含水率(w)之差和塑性指数(I_P)之比(式 2-1-28),称为土的天然稠度(w_c)。

$$w_c = \frac{w_L - w}{I_P} \tag{2-1-28}$$

土的天然稠度方法采用直接法和间接法。直接法是按烘干法(JTG E40—2007)测定原状土的天然含水率,用稠度公式计算土的天然稠度。间接法是用 LP—100 型液限塑限联合测定仪确定天然结构土体的锥入深度,并用测定结果确定土的天然稠度。

三、界限含水率试验

(一)液限塑限联合测定法

1. 目的及适应范围

本试验的目的是联合测定土的液限和塑限,用于划分土类、计算天然稠度、塑性指数,供公

路工程设计和施工使用。

本试验适用于粒径不大于0.5mm、有机质含量不大于试样总质量5%的土。

2. 仪器设备

圆锥仪、盛土杯、天平等。

3. 试验步骤

(1)取有代表性的天然含水率或风干土样进行试验。如土中含大于0.5mm的土粒或杂物时，应将风干土样用带橡皮头的研杵研碎或用木棒在橡皮板上压碎，过0.5mm的筛。

取0.5mm筛下的代表性土样200g，分开放入三个盛土皿中，加不同数量的蒸馏水，土样的含水率分别控制在液限(a点)、略大于塑限(c点)和二者的中间状态(b点)。用调土刀调匀，盖上湿布，放置18h以上。测定a点的锥入深度，对于100g锥应为20±0.2mm，对于76g锥应为17mm。测定c点的锥入深度，对于100g锥应控制在5mm以下，对于76g锥应控制在2mm以下。对于砂类土，用100g锥测定c点的锥入深度可大于5mm，用76g锥测定c点的锥入深度可大于2mm。

(2)将制备的土样充分搅拌均匀，分层装入盛土杯，用力压密，使空气逸出。对于较干的土样，应先充分搓揉，用调土刀反复压实。试杯装满后，刮成与杯边齐平。

(3)当用游标式或百分表式液限塑限联合测定仪试验时，调平仪器，提起锥杆(此时游标或百分表读数为零)，锥头上涂少许凡士林。

(4)将装好土样的试杯放在联合测定仪的升降座上，转动升降旋钮，待锥尖与土样表面刚好接触时停止升降，扭动锥下降旋钮，同时开动秒表，经5s时，松开旋钮，锥体停止下落，此时游标读数即为锥入深度h_1。

(5)改变锥尖与土接触的位置(锥尖两次锥入位置距离不小于1cm)，重复(3)和(4)步骤，得锥入深度h_2。h_1、h_2允许平行误差为0.5mm，否则，应重作。取h_1、h_2平均值作为该点的锥入深度h。

(6)去掉锥尖入土处的凡士林，取10g以上的土样两个，分别装入称量盒内，称质量(准确至0.01g)，测定其含水率w_1、w_2(计算到0.1%)。计算含水率平均值w。

(7)重复(2)至(6)步骤，对其他两个含水率土样进行试验，测其锥入深度和含水率。

(8)用光电式或数码式液限塑限联合测定仪测定时，接通电源，调平机身，打开开关，提上锥体(此时刻度或数码显示应为零)。将装好土样的试杯放在升降座上，转动升降旋钮，试杯徐徐上升，土样表面和锥尖刚好接触，指示灯亮，停止转动旋钮，锥体立刻自行下沉，5s时，自动停止下落，读数窗上或数码管上显示锥入深度。试验完毕，按动复位按钮，锥体复位，读数显示为零。

4. 结果整理

(1)在双对数坐标上，以含水率w为横坐标，锥入深度h为纵坐标，点绘a、b、c三点含水率的$h-w$图，连此三点，应呈一条直线。如三点不在同一条直线上，要通过a点与b、c两点相连成两条直线，根据液限(即a点含水率)在h_p-w_L图上查得h_p，以此h_p再在$h-w$的ab及ac两直线上求出相应的两个含水率。当两个含水率之差小于2%时，以该两点含水率的平均值与a点连成一直线。当两个含水率之差不小于2%时，应重做试验。

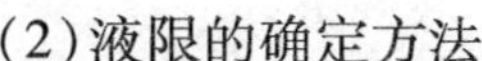

(2)液限的确定方法

若采用76g锥做液限试验，在 $h-w$ 图上，查得纵坐标入土深度 $h=17$mm 所对应的横坐标的含水率 w，即为该土样的液限 w_L；若采用100g锥做液限试验，在 $h-w$ 图上，查得纵坐标入土深度 $h=20$mm 所对应的横坐标的含水率 w，即为该土样的液限 w_L。

(3)塑限的确定方法

根据采用76g锥求出的液限，通过液限 w_L 与塑限时的入土深度 h_p 的关系曲线，求出 h_p，再由 $h-w$ 图求出入土深度为 h_p 时所对应的含水率，即为该土样的塑限 w_P。

根据采用100g锥求出的液限，通过液限 w_L 与塑限时的入土深度 h_p 的关系曲线，求出 h_p，再由 h_p-w_L 关系图求出入土深度为 h_p 时所对应的含水率，即为该土样的塑限 w_P。查 h_p-w_L 关系图时，须先通过简易鉴别法及筛分法（见土的工程分类及筛分试验）把砂类土与细粒土区别开来，再按这两种土分别采用相应的 h_p-w_L 关系曲线（见规范）；对于细粒土，用双曲线确定 h_p 值；对于砂类土，则用多项式曲线确定 h_p 值。

根据采用100g锥求出的液限，当a点的锥入深度在20mm ±0.2mm 范围内时，应在ab线上查得入土深度为20mm处相对应的含水率，此为液限 w_L。再用此液限在 h_p-w_L 关系曲线图上找出与之相对应的塑限入土深度 h'_p，然后到 $h-w$ 图ab直线上查得 h'_p 相对应的含水率，此为塑限 w_P。

（二）塑限滚搓法试验

1. 目的及适用范围

本试验的目的是按滚搓法测定土的塑限，适用于粒径小于0.5mm以及有机质含量不大于试样总质量5%的土。

2. 仪器设备

毛玻璃板、天平、烘箱、干燥器、调土皿、称量盒等。

3. 试验步骤

(1)按液限塑限联合测定法试验步骤(1)制备试样，一般取土样约50g备用。为在试验前使试样的含水率接近塑限，可将试样在手中捏揉至不黏手为止，或放在空气中稍为（微）晾干。

(2)取含水率接近塑限的试样一小块，先用手搓成椭圆形，然后再用手掌在毛玻璃板上轻轻搓滚。搓滚时须以手掌均匀施压力于土条上，不得将土条在玻璃板上进行无压力的滚动。土条长度不宜超过手掌宽度，并在滚搓时不应从手掌下任一边脱出。土条在任何情况下不允许产生中空现象。

(3)继续搓滚土条，直至土条直径达3mm时，产生裂缝并开始断裂为止。若土条搓成3mm时仍未产生裂缝及断裂，表示这时试样的含水率高于塑限，则将其重新捏成一团，重新搓滚；如土条直径大于3mm时即行断裂，表示试样含水率小于塑限，应弃去，重新取土加适量水调匀后再搓，直至合格。若土条在任何含水率下始终搓不到3mm即开始断裂，则认为该土无塑限。

(4)收集约3～5g合格的断裂土条，放入称量盒内，随即盖紧盒盖，测定其含水率。

4. 结果整理

按下式计算塑限：

$$w_p = \left(\frac{m_1}{m_2} - 1\right) \times 100 \quad (2\text{-}1\text{-}29)$$

式中：m_1——湿土质量(g)；

m_2——干土质量(g)。

(三)缩限试验

1. 目的和适用范围

土的缩限是扰动的黏质土在饱和状态下，因干燥收缩至体积不变时的含水率。本试验适用于粒径小于0.5mm和有机质含量不超过5%的土。

2. 仪器设备

收缩皿(或环刀)、天平、电热恒温烘箱或其他含水率测定装置、蜡、烧杯、细线、针、卡尺等。

3. 试验步骤

(1)制备土样：取有代表性的土样，制备成含水率大于液限的土膏。

(2)在收缩皿内涂一薄层凡士林，将土样分层装入皿内，每次装入后将皿底拍击试验台，直至气泡驱尽为止。

(3)土样装满后，用刀或直尺刮去多余土样，立即称收缩皿加湿土质量。

(4)将盛满土样的收缩皿放在通风处风干，待土样颜色变淡后，放入烘箱中至恒量，然后放在干燥器中冷却。

(5)称收缩皿和干土总质量，准确至0.01g。

(6)用蜡封法测定试样体积。

4. 结果整理

(1)缩限：含水率达液限的土在105～110℃下水分继续蒸发至体积不变时的含水率，叫缩限，用下式计算：

$$w_s = w - \frac{V_1 - V_2}{m_s} \times \rho_w \times 100 \quad (2\text{-}1\text{-}30)$$

式中：w_s——缩限(%)，计算至0.1；

w——试验前式样含水率(%)；

V_1——湿试件体积(即收缩皿容积)(cm^3)；

V_2——干试件体积(cm^3)；

m_s——干试件质量(g)；

ρ_w——水的密度，取1g/cm^3。

(2)收缩指数：液限与缩限之差称收缩指数，按下式计算。

$$I_S = w_L - w_S \quad (2\text{-}1\text{-}31)$$

式中：I_S——收缩指数(%)，计算至0.1。

(3)精密度和允许差：本试验需进行二次平行测定，取其算术平均值，精确至0.1%。平行差值，高液限土不得大于2%，低液限土不得大于1%。

第五节 砂的相对密度试验

复习要点：

1. 相对密度 D_r 的基本概念及表达。
2. 砂土相对密度测试。

一、砂的相对密度

砂土的密实状态对其稳定性质有很大影响。如密实的砂结构稳定、压缩性小，具有较大的强度，是良好的天然地基。疏松的砂尤其是饱和的细颗粒砂，结构常处于不稳定状态，显然是一种很不利的地基条件。

确定砂土密实状态的方法有多种，用孔隙比大小作为判断的指标是最简便的方法。但根据孔隙比评定密实度是有缺点的，因为它没有考虑到级配的因素，即同样密实的砂土，在颗粒均匀时孔隙比较大，而当颗粒大小混杂（级配良好）时，孔隙比就小。为此，引入相对密度的概念。

当砂土样以最疏松状态制备时，其孔隙比达最大值 e_{max}；当砂土样受振或捣实时，砂粒相互靠拢压紧，孔隙比达最小值 e_{min}。砂土在天然状态的孔隙比为 e_0，则砂土在天然状态的紧缩状态，可用相对密实度 D_r 来表示：

$$D_r = \frac{e_{max} - e_0}{e_{max} - e_{min}} \tag{2-1-32}$$

D_r 一般用小数或百分比表示。当 $D_r=0$，即 $e_0=e_{max}$ 时，表示砂土处于最疏松状态；当 $D_r=1.0$，即 $e_0=e_{min}$ 时，表示砂土处于最紧密状态。

《公路桥涵地基与基础设计规范》中规定用相对密实度 D_r 来确定砂土的紧密程度，见表2-1-7。

砂土密实度表 表2-1-7

分级		相对密实度 D_r	标准贯入平均击数 $N_{63.5}$
密实		$D_r \geqslant 0.67$	30～50
中密		$0.67 > D_r \geqslant 0.33$	10～29
松散	稍松	$0.33 > D_r \geqslant 0.20$	5～9
	极松	$D_r < 0.20$	<5

从理论上讲，用 D_r 划分砂土的紧密程度是合理的。

二、砂的相对密度试验

1. 目的和适用范围

相对密度是砂紧密程度的指标，等于其最大孔隙比与天然孔隙比之差和最大孔隙比与最小孔隙比之差的比值。

本试验的目的是求无凝聚性土的最大与最小孔隙比，用于计算相对密度，借此了解该土在自然状态或经压实后的松紧情况和土粒结构的稳定性。

本试验方法适用于颗粒直径小于5mm的土，且粒径2～5mm的试样质量不大于试样总质量的15%。

2. 试验设备

量筒、长颈漏斗、锥形塞、砂面拂平器、电动最小孔隙比仪（或金属容器、振动仪、击锤）、台秤。

3. 试验步骤

(1)最大孔隙比的测定

①取代表性试样约1.5kg，充分风干（或烘干），用手搓揉或用圆木棍在橡皮板上碾散，并拌和均匀。

②将锥形塞杆自漏斗下口穿入，并向上提起，使锥体堵住漏斗管口，一并放入容积为1 000mL量筒中，使其下端与量筒底相接。

③称取土样700g，准确至1g，均匀倒入漏斗中，将漏斗与塞杆同时提高，移动塞杆使锥体略离开管口，管口应经常保持高出砂面约1～2cm，使试样缓缓且均匀分布地落入量筒中。

④试样全部落入量筒后取出漏斗与锥形塞，用砂面拂平器将砂面拂平，勿使量筒振动，然后测读砂样体积，估读至5mL。

⑤以手掌或橡皮塞堵住量筒口，将量筒倒转，缓慢地转动量筒内的试样，并回到原来位置，如此重复几次，记下体积的最大值，估读至5mL。

⑥取上述两种方法测得的较大体积值，计算最大孔隙比。

(2)最小孔隙比的测定

①取代表性试样约4kg，按最大孔隙比测定的步骤①处理。

②分三次倒入容器进行振击，先取上述试样600～800g（其数量应使振击后的体积略大于容器容积的1/3）倒入1 000cm^3容器内，用振动仪以150～200次/min的速度敲打容器两侧，并在同一时间内，用击锤于试样表面锤击30～60次/min，直至砂样体积不变为止（一般约5～10min）。敲打时要用足够的力量使试样处于振动状态；振动时，粗砂可用较少击数，细砂应用较多击数。

③如用电动最小孔隙比试验仪时，当试样同上方法装入容器后，开动电机，进行振击试验。

④按步骤②进行后两次加土的振动和锤击，第三次加土时应先在容器口上安装套环。

⑤最后一次振毕，取下套环，用修土刀齐容器顶面削去多余试样，称量，准确至1g，计算其最小孔隙比。

4. 结果整理

(1)按下列公式计算最小与最大干密度：

$$\rho_{d\,min} = \frac{m}{V_{max}} \tag{2-1-33}$$

$$\rho_{d\,max} = \frac{m}{V_{min}} \tag{2-1-34}$$

式中：ρ_{dmin}——最小干密度（g/cm^3），计算至0.01；

ρ_{dmax}——最大干密度（g/cm³），计算至0.01；

m——试样质量（g）；

V_{max}——试样最大体积（cm³）；

V_{min}——试样最小体积（cm³）。

（2）按下列公式计算最大与最小孔隙比：

$$e_{max} = \frac{\rho_w G_s}{\rho_{d\,min}} - 1 \tag{2-1-35}$$

$$e_{min} = \frac{\rho_w G_s}{\rho_{d\,max}} - 1 \tag{2-1-36}$$

式中：e_{max}——最大孔隙比，计算至0.01；

e_{min}——最小孔隙比，计算至0.01；

G_s——土粒相对密度。

（3）按下列公式计算相对密实度：

$$D_r = \frac{e_{max} - e_0}{e_{max} - e_{min}} \tag{2-1-37}$$

或

$$D_r = \frac{(\rho_d - \rho_{d\,min})\rho_{d\,max}}{(\rho_{d\,max} - \rho_{d\,min})\rho_d} \tag{2-1-38}$$

式中：D_r——相对密实度；计算至0.01；

e_0——天然孔隙比或填土的相应孔隙比；

ρ_d——天然孔隙比或填土的相应干密度（g/cm³）。

（4）精密度和允许差：最小与最大干密度，均须进行两次平行测定，取其算术平均值，其平行差值不得超过0.03g/cm³。

第六节　土的力学性能试验

复习要点：

1. 击实的工程意义；击实试验原理；压缩机理；有效应力原理；与强度有关的工程问题；三轴压缩试验；黄土湿陷试验；回弹模量试验。

2. 土的击实特性；影响压实的因素；室内压缩试验与压缩性指标；先期固结压力 P_c 与土层天然固结状态判断；强度指标 c、φ；CBR 的概念。

3. 最大干密度；最佳含水率；击实试验；固结试验；直接剪切试验；无侧限抗压试验；承载比（CBR）试验。

一、土的击实试验

（一）击实的工程意义

在工程建设中，经常遇到填土或松软地基，为了改善这些土的工程性质，常采用压实的方法使土变得密实，这往往是一种经济合理的改善土的工程性质的方法。这里所说的使土变密实是指采用人工或机械的手段对土体施加机械能量，使土颗粒重新排列变密实，使土在短时间内得到新的结构强度。

实践表明，由于土的基本性质复杂多变，同一压实功能对于不同种类、不同状态的土的压实效果可以完全不同。因此为了技术上可靠和经济上的合理，需要了解土的压实特性与变化规律，以利工程实践。

在工程建设中经常会遇到需要将土按一定要求进行堆填和密实的情况，例如路堤、土坝、桥台、挡土墙、管道埋设、基础垫层以及基坑回填等。填土不同于天然土层，因为经过挖掘、搬运之后，原状结构已被破坏，含水率亦已发生变化，堆填时必然在土团之间留下许多孔隙。未经压实的填土强度低，压缩性大而且不均匀，遇到水易发生塌陷、崩解等。为使其满足稳定性和变形方面的工程要求，必须按一定标准加以压实。特别是像道路路堤这样的构筑物，在车辆频繁运行引起的反复荷载作用下，可能出现不均匀的或过大的沉陷、塌落甚至失稳滑动，从而恶化运营条件并增加维修工作量。所以，路堤填土必须具有足够的密实度以确保行车平顺和安全。

土的压实也用在地基处理方面，如用重锤夯实处理松软土地基使之提高承载力。早先的重锤夯实多用于地基表层松软土地基的设计荷载较小时，目前对于松软土层较厚或设计荷载较大的情况，也可以用高功能的夯压法即所谓强夯法进行处理。

（二）击实试验原理

击实是指采用人工或机械对土施加夯压能量（如打夯、碾压、振动碾压等方式），使土颗粒重新排列紧密，对于粗粒土，可增强颗粒表面摩擦力和颗粒之间嵌挤形成的咬合力。对于细粒土，则因为颗粒间的靠紧而增强粒间的分子引力，从而使土在短时间内得到新结构强度。

（三）土的击实特性

1. 压实曲线性状

击实试验所得到的击实曲线（图 2-1-7）是研究土的压实特性的基本关系图。从图中可见，击实曲线（$\rho_d - w$）上有一峰值，此处的干密度为最大，称为最大干密度 ρ_{dmax}；与之对应的制备土样含水率则称为最佳含水率 w_{op}（或称最优含水率）。峰点表明，在一定击实功能作用下，只有当压实土粒为最佳含水率时，土才能被击实至最大干密度，才能达到最大压实效果。

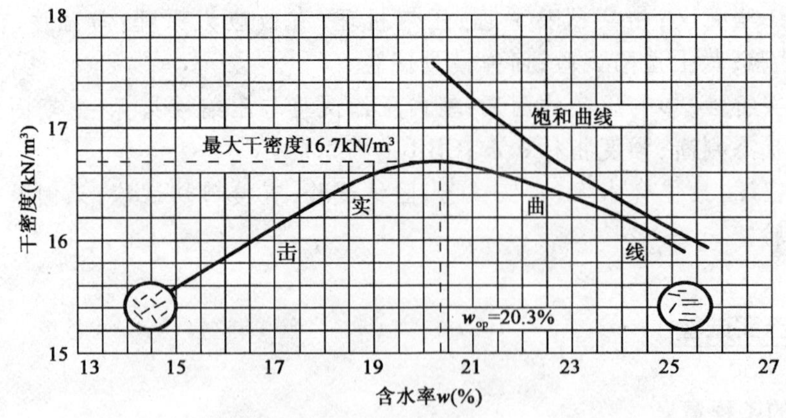

图 2-1-7 击实曲线

最佳含水率 w_{op} 和最大干密度 $\rho_{d\,max}$ 这两个指标十分重要，对于路基设计和施工都很有用处。最佳含水率与塑限含水率 w_p 相接近，在击实试验时可取 $w_{op}=w_p$ 或 $w_{op}=w_p+2$ 以及 $w_{op}=(0.65\sim0.75)w_L$（w_L 是液限含水率）等作为选择合适的制备土样含水率范围的参考。表2-1-8给出了塑性指数小于22的土的最佳含水率和最大干密度的经验数值。

最佳含水率和最大干密度的经验数值　　表 2-1-8

塑性指数 I_p	最大干密度 $\rho_{d\,max}$（kN/m^3）	最佳含水率 w_{op}（%）
<10	>18.5	<13
10～14	17.5～18.5	13～15
14～17	17.0～17.5	15～17
17～20	16.5～17.0	17～19
20～22	16.0～16.5	19～21

从图2-1-7的曲线形态可以看到，曲线左段比右段坡度陡。这表明含水率变化对于干密度影响在偏干（指含水率低于最佳含水率）时比偏湿（指含水率高于最佳含水率）时更为明显。

在 ρ_d-w 曲线中还给出了饱和曲线，它表示当土处于饱和状态时的 ρ_d-w 关系。饱和曲线与击实曲线的位置说明，土是不可能被击实到完全饱和状态的。试验证明，黏性土在最佳击实情况下（即击实曲线峰点），其饱和度通常为80%左右，整个击实曲线始终在饱和曲线左下侧，这一点可以这样理解：当土的含水率接近和大于最佳含水率时，土孔隙中的气体处于与大气不连通的状态，击实作用已不能将其排出土外。

2. 土的压实特性的机理解释

一般认为土的压实特性同土的组成与结构、土粒表面现象、毛细管压力、孔隙水和孔隙气压力等均有关系，所以因素是复杂的。但可以这样简要地理解：压实的作用是使土块变形和结构调整以致密实，在松散湿土的含水率处于偏干状态时，由于粒间引力使土保持比较疏松的凝聚结构，土中孔隙大都相互连通，水少而气多，在一定的外部压实功能作用下，虽然土孔隙气体易被排出，密度可以增大，但由于较薄的强结合水水膜润滑作用不明显以及外部功能不足以克服粒间引力，土粒相对移动便不显著，因此压实效果比较差；含水率逐渐加大时，水膜变厚、土块变软，粒间引力减弱，施以外部压实功能则土粒移动，加以水膜的润滑作用，压实效果渐佳；在最佳含水率附近时，土中所含的水量最有利于土粒受击时发生相对移动，以致能达到最大干密度；当含水率再增加到偏湿状态时，孔隙中出现了自由水，击实时不可能使土中多余的水和气体排出，从而孔隙压力升高更为显著，抵消了部分击实功，击实功效反而下降，这便出现了如图2-1-7中击实段曲线右段所示的干密度下降的趋势。在排水不畅的情况下，过多次数的反复击实，甚至会导致土体密度不加大而土体结构被破坏的后果，出现工程上所谓的"橡皮土"现象，应注意加以避免。

（四）影响压实的因素

（1）含水率对整个压实过程的影响。由击实曲线可知，严格的控制最佳含水率是关键。但是，不同的土类其最佳含水率和最大干密度是不同的。一般粉粒和黏粒含量愈多，土的塑性指数愈大，土的最佳含水率也愈大，同时其最大干密度愈小。因此，一般砂性土的最佳含水率小于黏性土，而砂性土的最大干密度也大于黏性土。

（2）击实功对最佳含水率和最大干密度的影响。对同一种土用不同的击实功进行击实试验后表明:击实功愈大,土的最大干密度愈大,而土的最佳含水率则愈小。但是这种增大击实功是有一定限制的,超过这一限度,即使增加击实功,土的干密度的增加也不明显。

(3)不同压实机械对压实的影响。如光面压路机、羊足碾和振动压路机等,它们的压实效果各不相同,作用于不同土类时,其效果也不同。

(4)土粒级配的影响。在路基、路面基层材料等的施工中表明,粒料的级配对所能达到的密实度有明显的影响。均匀颗粒的砂,单一尺寸的砾石和碎石,都很难碾压密实。只有在良好级配的条件下才能达到要求的密实度,也才能满足强度和稳定性的要求。

以上仅仅讨论了影响压实的主要因素,针对施工现场的不同条件,还会有其他的影响因素,此处不再赘述。

(五)击实试验

1. 击实试验的目的

最佳含水率可为现场填土提供依据。当土料为最佳含水率时,压实效果最好,室内土才能被击实至最大干密度,现场土最为密实。

击实试验是为了求得土的最大干密度和最佳含水率,为指导和控制施工质量,为工程设计和验收使用,还为路面结构层原材料配合比设计提供依据。击实试验是控制路基压实质量不可缺少的重要试验项目。

研究土的压实性常用的方法有现场填筑试验和室内击实试验两种。前者是在某一工序动工之前在现场选一试验路段。按设计要求和拟定的施工方法进行填筑,并同时进行有关测试工作以查明填筑条件(如使用土料或其他集合料,堆填方法,碾压方法等)与填筑效果(压实度)关系,从而可确定一些碾压参数。后者室内击实试验是通过击实仪进行。

2. 适用范围

本试验分轻型击实和重型击实。内径100mm试筒适用于粒径不大于20mm的土,内径152mm试筒适用于粒径不大于40mm的土。

当土中最大颗粒粒径大于或等于40mm,并且大于或等于40mm颗粒粒径的质量含量大于5%时,则应使用大尺寸试筒进行击实试验,或按规范要求进行最大干密度校正。大尺寸试筒要求其尺寸大于土样中最大颗粒粒径的5倍以上,并且击实试验的分层厚度应大于土样中最大颗粒粒径的3倍以上。单位体积击实功能控制在2 677.2 ~ 2 687.0kJ/m^{3}范围内。

当细粒土中的粗粒土总含量大于40%或粒径大于0.005mm颗粒的含量大于土总质量的70%(即$d_{30} \leq 0.005$mm)时,还应做粗粒土最大干密度试验,其结果与重型击实试验结果比较,最大干密度取两种试验结果的最大值。

3. 仪器设备

标准击实仪、烘箱及干燥器、天平、台秤、圆孔筛、拌和工具等。

4. 试验步骤

(1)根据工程要求,按规范规定选择轻型或重型试验方法。根据土的性质(含易击碎风化石数量多少,含水率高低),按规定选用干土法(土不重复使用)或湿土法。

(2)将击实筒放在坚硬的地面上,在筒壁上抹一薄层凡士林,并在筒底(小试筒)或垫块(大试筒)上放置蜡纸或塑料薄膜。取制备好的土样分3 ~ 5次倒入筒内。小筒按三层法时,每次约 800 ~ 900g(其量应使击实后的试样等于或略高于筒高的 1/3);按五层法时,每次约 400 ~ 500g(其量应使击实后的试样等于或略高于筒高的 1/5)。对于大试筒,先将垫块放入筒内底板上,按三层法,每层需试样 1 700g 左右。整平表面,并稍加压紧,然后按规定的击数进行第一层土的击实,击实时击锤应自由垂直落下,锤迹必须均匀分布于土样面,第一层击实完后,将试样层面"拉毛",然后再装入套筒,重复上述方法进行其余各层土的击实。小试筒击实后,试样不应高出筒顶面 5mm;大试筒击实后,试样不应高出筒顶面 6mm。

(3)用修土刀沿套筒内壁削刮,使试样与套筒脱离后,扭动并取下套筒,齐筒顶细心削平试样,拆除底板,檫净筒外壁,称量,准确至 1g。

(4)用推土器推出筒内试样,从试样中心处取样测其含水率,计算至 0.1%。测定含水率用试样的数量按表 2-1-9 规定取样(取出有代表性的土样)。两个试样含水率的精度应符合规范规定。

测定含水率用试样的数量　　表 2-1-9

最大粒径(mm)	试样质量(g)	个　数
<5	15 ~ 20	2
约 5	约 50	1
约 20	约 250	1
约 40	约 500	1

(5)对于干土法(土不重复使用)和湿土法(土不重复使用),将试样搓散,然后按规范要求洒水、拌和,每次约增加 2% ~ 3% 的含水率,其中有两个大于和两个小于最佳含水率,所需加水量按下式计算:

$$m_w = \frac{m_i}{1 + 0.01w_i} \times 0.01(w - w_i) \tag{2-1-39}$$

式中:m_w——所需的加水量(g);

m_i——含水率 w_1 时土样的质量(g);

w_i——土样原有含水率(%);

w——要求达到的含水率(%)。

按上述步骤进行其他含水率试样的击实试验。

5. 结果整理

(1)按下式计算击实后各点的干密度:

$$\rho_d = \frac{\rho}{1 + 0.01w} \tag{2-1-40}$$

式中:ρ_d——干密度(g/cm^3),计算至 0.01;

ρ——湿密度(g/cm^3);

w——含水率(%)。

(2)以干密度 ρ_d 为纵坐标,含水率 w 为横坐标,绘制干密度与含水率的关系曲线,曲线上峰值点的纵、横坐标分别为最大干密度和最佳含水率(见图 2-1-8)。如曲线不能绘出明显的峰值点,应进行补点或重做。

(3)按下式计算饱和曲线的饱和含水率 w_{max},并绘制饱和含水率与干密度的关系曲线图。

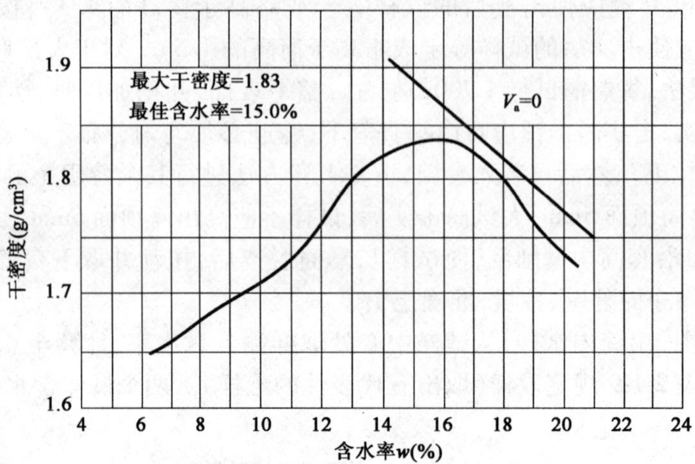

图 2-1-8　含水率与干密度关系曲线

$$w_{max} = \left[\frac{G_s\rho_w(1+w)-\rho}{G_s\rho}\right]\times 100$$

或

$$w_{max} = \left(\frac{\rho_w}{\rho_d}-\frac{1}{G_s}\right)\times 100 \tag{2-1-41}$$

式中：w_{max}——饱和含水率（%），计算至 0.01；

ρ——试样的湿密度（g/cm^3）；

G_s——试样相对密度，对于粗粒土，则为土中粗细颗粒的混合相对密度；

ρ_w——水在 4℃时的密度（g/cm^3）；

ρ_d——试样的干密度（g/cm^3）；

w——试样的含水率（%）。

（4）当试样中有大于 40mm 颗粒时，应先取出大于 40mm 颗粒，并求得其百分率 p，把小于 40mm 部分作击实试验，按下面公式分别对试验所得的最大干密度和最佳含水率进行校正（适用于大于 40mm 颗粒的含量小于 30% 时）。

最大干密度按下式校正：

$$\rho'_{dm} = \frac{1}{\dfrac{1-0.01p}{\rho_{dm}}+\dfrac{0.01p}{\rho_w G'_s}} \tag{2-1-42}$$

式中：ρ'_{dm}——校正后的最大干密度（g/cm^3），计算至 0.01；

ρ_{dm}——用粒径小于 40mm 的土样试样所得的最大干密度（g/cm^3）；

p——试料中粒径大于 40mm 颗粒的百分数；

G'_s——粒径大于 40mm 颗粒的毛体积相对密度，计算至 0.01。

最佳含水率按下式校正：

$$w'_0 = w_0(1-0.01p)+0.01pw_2 \tag{2-1-43}$$

式中：w'_0——校正后的最佳含水率（%），计算至 0.01；

w_0——用粒径小于 40mm 的土样试验所得的最佳含水率(%);

p——同前;

w_2——粒径大于 40mm 颗粒的吸水量(%)。

(5)精密度和允许差:本实验含水率必须进行两次平行测定,取其算术平均值,允许平行差值应符合表 2-1-10 规定。

含水率测定的允许平行差值　　表 2-1-10

含水率(%)	允许平行差值(%)	含水率(%)	允许平行差值(%)	含水率(%)	允许平行差值(%)
5 以下	0.3	40 以下	≤1	40 以下	≤2

二、土的承载比(CBR)试验

所谓 CBR 值,是指试料贯入量达 2.5mm 或 5mm 时,单位压力与标准碎石压入相同贯入量时标准荷载强度的比值。

1. 目的和适用范围

本试验方法只适用于在规定的试筒内制件后,对各种土和路面基层,底基层进行承载比试验。

试样的最大粒径宜控制在 20mm 以内,最大不得超过 40mm 且含量不超过 5%。

2. 仪器设备

圆孔筛、试筒、夯锤和导管、贯入杆、路面材料强度仪或其他载荷装置、百分表、试件顶面的多孔板、多孔底板、测膨胀量时支承百分表的架子、荷载板、水槽及其他。

3. 试验步骤

(1)称试筒本身质量(m_1),将试筒固定在底板上,将垫块放入筒内,并在垫块上放一张滤纸,安上套环。

(2)将 1 份试料按规范规定的层数和每层击数,求试料的最大干密度和最佳含水率。

(3)将其余 3 份试料,按最佳含水率制备 3 个试样。将一份试料平铺在金属盘内,按事先计算得的该份试料应加的水量均匀喷洒在试料上。

用小铲将试料充分拌和到均匀状态,然后装入密闭容器或塑料口袋内浸润备用。

浸润时间:重黏土不得少于 24h,轻黏土可缩短到 12h,砂土可缩短到 1h,天然砂砾可缩短到 2h 左右。

制每个试件时,都要取样测定试料的含水率。

注:需要时,可制备三种干密度试件。如每种干密度试件制 3 个,则共制 9 个试件。每层击数分别为 30、50 和 98 次,使试件的干密度从低于 95% 到等于 100% 的最大干密度。这样,9 个试件共需试料约 55kg。

(4)将试筒放在坚硬的地面上,取备好的试样分 3 次倒入筒内(视最大料径而定)。每层需试样1 700g左右(其量应使击实后的试样高出 1/3 筒高 1 ~ 2mm)。整平表面,并稍加压紧,然后按规定的击数进行第一层试样的击实,击实时锤应自由垂直落下,锤迹必须均匀分布在试样面上。第一层击实完后,将试样层面“拉毛”,然后再装入套筒,重复上述方法进行其余每层试样的击实。大试筒击实后,试样不宜高出筒高 10mm。

(5)卸下套环，用直刮刀沿试筒顶修平击实的试件，表面不平整处用细料修补。取出垫块，称试筒和试件的质量(m_2)。

(6)泡水测膨胀量的步骤如下：

①在试件制成后，取下试件顶面的破残滤纸，放一张好滤纸，并在其上安装附有调节杆的多孔板，在多孔板上加4块荷载板。

②将试筒与多孔板一起放在槽内(先不放水)，并用拉杆将模具拉紧，安装百分表，并读取初读数。

③向水槽内放水，使水自由进到试件的顶部和底部。在泡水期间，槽内水面应保持在试件顶面以上大约25mm。通常试件要泡水4昼夜。

④泡水终了时，读取试件上百分表的终读数，并用下式计算膨胀量：

$$膨胀量 = \frac{泡水后试件高度变化}{原试件高(=120mm)} \times 100 \tag{2-1-44}$$

⑤从水槽中取出试件，倒出试件顶面的水，静置15min，让其排水，然后卸去附加荷载和多孔板、底板和滤纸，并称量(m_3)，以计算试件的湿度和密度的变化。

(7)贯入试验。

①将泡水试验终了的试件放到路面材料强度试验仪的升降台上，调整偏球座，使贯入杆和试件顶面全面接触，在贯入杆周围放置4块荷载板。

②先在贯入杆上施加45N荷载，然后将测力计和测变形的百分表的指针都调整至整数，并记起始读数。

③加荷使贯入杆以1~1.25mm/min的速度压入试件，同时测记三个百分表的读数，记录测力计内百分表某些整读数(如20、40、60)时的贯入量，并注意当贯入量为250×10^{-2}mm时，能有5个以上的读数。因此，测力计内的第一个读数应是贯入量30×10^{-2}mm左右。

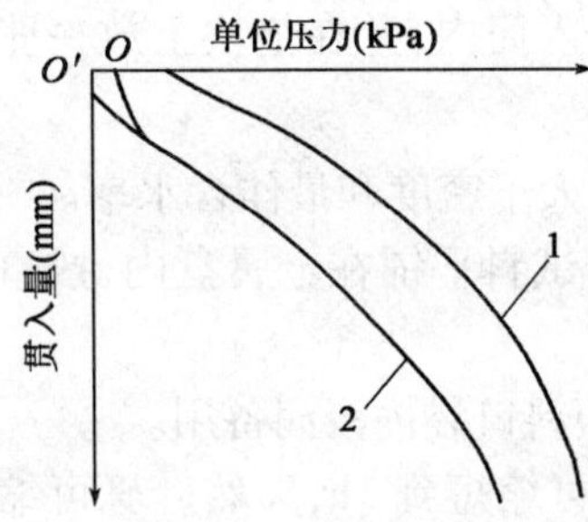

图2-1-9 单位压力与贯入量的关系曲线

4. 结果整理

(1)以单位压力(p)为横坐标，贯入量(l)为纵坐标，绘制$p-l$关系曲线，见图2-1-9。图上曲线1是合适的。曲线2开始段是凹曲线，需要进行修正。修正时，在变曲率点引一切线，与纵坐标交于O'点，O'即为修正后的原点。

(2)一般采用贯入量为2.5mm时的单位压力与标准压力之比作为材料的承载比，即CBR值。

即：

$$CBR = \frac{p}{7000} \times 100 \tag{2-1-45}$$

式中：CBR——承载比(%)，计算至0.1；

p——单位压力(kPa)。

同时计算贯入量为5mm时的承载比：

$$CBR = \frac{p}{10500} \times 100 \tag{2-1-46}$$

如贯入量为5mm时的承载比大于2.5mm时的承载比，应重做试验。如结果仍然如此，则采用5mm时的承载比。

(3)试件的湿密度用下式计算：

$$\rho = \frac{m_2 - m_1}{2\ 177} \tag{2-1-47}$$

式中：ρ——试件的湿密度(g/cm^3)，计算至0.01；

m_2——试筒和试件的合质量(g)；

m_1——试筒的质量(g)；

2 177——试筒的体积(cm^3)。

(4)试件的干密度用下式计算：

$$\rho_d = \frac{\rho}{1 + 0.01w} \tag{2-1-48}$$

式中：ρ_d——试件的干密度(g/cm^3)，计算至0.01；

w——试件的含水率。

(5)泡水后试件的吸水量按下式计算：

$$w_a = m_3 - m_2 \tag{2-1-49}$$

式中：w_a——泡水后试件的吸水量(g)；

m_3——泡水后试筒和试件的合质量(g)。

(6)精密度和允许差

如根据3个平行试验结果计算得到的承载比变异系数 C_V 大于12%，则去掉一个偏离大的值，取其余两个结果的平均值。如 C_V 小于12%，且3个平行试验结果计算的干密度偏差小于0.03g/cm^3，取3个结果的平均值。如3个试验结果计算的干密度偏差超过0.03g/cm^3，则去掉一个偏离大的值，取其余两个结果的平均值。

承载比小于100，相对偏差不大于5%；承载比大于100，相对偏差不大于10%。

三、土的回弹模量试验

(一)承载板法

1.目的和适用范围

本试验适用于不同湿度和密度的细粒土。

2.仪器设备

杠杆压力仪、承载板、试筒、量表、秒表。

3.试验步骤

(1)安装试样：将试件和试筒放在杠杆压力仪的底盘上；将承载板放在试件中央(位置)并与杠杆压力仪的加压球座对正；将千分表固定在立柱上，将表的测头安放在承载板的表架上。

(2)预压：在杠杆仪的加载架上施加砝码，用预定的最大单位压力 P 进行预压。含水率大于塑限的土，$p = 50 \sim 100kPa$；含水率小于塑限的土，$p = 100 \sim 200kPa$。预压1~2次，每次预压1min。预压后调正承载板位置，并将千分表调到接近满量程的位置，准备试验。

(3)测定回弹量：将预定最大单位压力分成4~6份，作为每级加载的压力。每级加载时间为1min时，记录千分表读数，同时卸载，让试件恢复变形。卸载1min时，再次记录千分表读数,同时施加下一级荷载。如此逐级进行加载卸载,并记录千分表读数,直至最后一级荷载。为使试验曲线开始部分比较准确,第一、二级荷载可用每份的一半。试验的最大压力也可稍大于预定压力。

4. 结果整理

(1)计算每级荷载下的回弹变形 l: l = 加载读数 - 卸载读数。

(2)以单位压力 p 为横坐标(向右),回弹变形 l 为纵坐标(向下),绘制 $p-l$ 曲线图。

(3)按下式计算每级荷载下的回弹模量:

$$E = \frac{\pi p D}{4l}(1-\mu^2) \tag{2-1-50}$$

式中:E——回弹模量(kPa);

p——承载板上的单位压力(kPa);

D——承载板直径(cm);

L——相应于单位压力的回弹变形(cm);

μ——细粒土的泊松比,取0.35。

(4)每个试样的回弹模量由 $p-l$ 曲线上直线段的数值确定。

(5)对于较软的土,如果 $p-l$ 曲线不通过原点,允许用初始直线段与纵坐标轴的交点当作原点,修正各级荷载下的回弹变形和回弹模量。

(6)精密度和允许差:土的回弹模量由三个平行试验的平均值确定,每个平行试验结果与均值回弹模量相差应不超过5%。

(二)强度仪法

1. 目的和适用范围

本试验适用于不同湿度、密度的细粒土及其加固土。

2. 仪器设备

路面材料强度仪、承载板、试筒、量表支杆及表夹、量表、秒表。

3. 试验步骤

(1)安装试样:将试件和试筒放在强度仪的升降台上;将千分表支杠拧在试筒两侧的螺丝孔上,将承载板放在试件表面中央位置,并与强度仪的贯入杠对正;将千分表和表夹安装在支杠上,并将千分表测头安放在承载板两侧的支架上。

(2)预压:摇动摇把,用预定的试验最大单位压力进行预压。

(3)测定回弹量:将预定的最大压力分成4~6份,作为每级加载的压力。由每级压力计算测力计百分表读数,按照百分表读数逐级加载。加载卸载按规范进行。如果试样较硬,预定的 p 值可能偏小,此时可不受 p 值的限制,增加加载级数,至需要的压力为止。

4. 结果整理

(1)计算每级荷载下的回弹变形 l: l = 加载读数 - 卸载读数。

(2)以单位压力 p 为横坐标(向右),回弹变形 l 为纵坐标(向下),绘制 $p-l$ 曲线图。

(3)按式2-1-50计算每级荷载下的回弹模量,其中细粒土的泊松比(μ)取0.35,对于具有一定龄期的加固土取0.25~0.30。

(4)精密度和允许差同承载板法。

四、土的固结试验

(一)单轴固结仪法

1. 目的和适用范围

本试验的目的是测定土的单位沉降量、压缩系数、压缩模量、压缩指数、回弹指数、固结系数以及原状土的先期固结压力等。

本试验方法适用于饱和的黏质土。当只进行压缩时,允许用非饱和土。

2. 仪器设备

固结仪、环刀、透水石、变形量测设备、天平、秒表、烘箱、钢丝锯、刮土刀、铝盒等。

3. 试验步骤

(1)在切好土样的环刀外壁涂一薄层凡士林,然后将刀口向下放入护环内。

(2)将底板放入容器内,底板上放透水石、滤纸,借助提环螺丝将土样环刀及护环放入容器中,土样上面覆滤纸、透水石,然后放下加压导环和传压活塞,使各部密切接触,保持平稳。

(3)将压缩容器置于加压框架正中,密合传压活塞及横梁,预加1.0kPa压力,使固结仪各部分紧密接触,装好百分表,并调整读数至零。

(4)去掉预压荷载,立即加第一级荷载。加砝码时应避免冲击和摇晃,在加上砝码的同时,立即开动秒表。荷载等级一般规定为50kPa、100kPa、200kPa、300kPa和400kPa。有时可以根据土的软硬程度,第一级荷载可考虑用25kPa。

(5)如系饱和试样,则在施加第一级荷载后,立即向容器中注水至满。如系非饱和试样,须以湿棉纱围往上下透水面四周,避免水分蒸发。

(6)如需确定原状土的先期固结压力时,荷载率宜小于1,可采用0.5或0.25倍,最后一级荷载应大于1 000kPa,使 $e-\lg p$ 曲线下端出现直线段。

(7)如须测定沉降速率、固结系数等指标,一般按0s、15s、1min、2min、4min、6min、9min、12min、16min、20min、25min、35min、45min、60min、90min、2h、4h、10h、23h、24h,至稳定为止。固结稳定的标准是最后1h变形量不超过0.01mm。

当不需测定沉降速度时,则施加每级压力后24h,测记试样高度变化作为稳定标准,当试样渗透系数大于 10^{-5}cm/s时,允许以主固结完成作为相对稳定标准。按此步骤逐级加压至试验结束。

注:测定沉降速率仅适用于饱和土。

(8)试验结束后拆除仪器,小心取出完整土样,称其质量,并测定其终结含水率(如不需测定试验后的饱和度,则不必测定终结含水率),并将仪器洗干净。

4. 结果整理

(1)按下式计算试验开始时的孔隙比:

$$e_0 = \frac{\rho_s(1 + 0.01w_0)}{\rho_0} - 1 \tag{2-1-51}$$

(2)按下式计算单位沉降量:

$$S_i = \frac{\sum \Delta h_i}{h_0} \times 1\,000 \tag{2-1-52}$$

(3)按下式计算各级荷载下变形稳定后的孔隙比 e_i：

$$e_i = e_0 - (1 + e_0) \times \frac{S_i}{1\,000} \tag{2-1-53}$$

(4)按下式计算某一荷载范围的压缩系数 α_v：

$$\alpha_v = \frac{e_i - e_{i+1}}{p_{i+1} - p_i} = \frac{\dfrac{(S_{i+1} - S_i)(1 + e_0)}{1\,000}}{p_{i+1} - p_i} \tag{2-1-54}$$

(5)按下式计算某一荷载范围的压缩模量 E_s 和体积压缩系数 m_v：

$$E_s = \frac{p_{i+1} - p_i}{\dfrac{(S_{i+1} - S_i)}{1\,000}} \times \frac{1 + e_i}{1 + e_0} \tag{2-1-55}$$

$$m_v = \frac{1}{E_s} = \frac{a}{1 + e_0} \tag{2-1-56}$$

式中：m_v——体积压缩系数(kPa^{-1})，计算至0.01；

α_v——压缩系数(kPa^{-1})，计算至0.01；

E_s——压缩模量(kPa)计算至0.01；

e_0——试验开始时试样的孔隙比，计算至0.01；

ρ_s——土粒密度(g/cm^3)；

ρ_0——试验开始时的密度(g/cm^3)；

w_0——试验开始时试样的含水率(%)；

S_i——某一级荷载下的沉降量(mm/m)，计算至0.1；

$\Sigma\Delta h_i$——某一级荷载下的总变形量，等于该荷载下百分表读数(即试样和仪器的变形量减去该荷载下的仪器变形量，mm)；

h_0——试样起始时的高度(mm)；

e_i——某一级荷载下压缩稳定后的孔隙比，计算至0.01；

p_i——某一级荷载值(kPa)。

(6)按下式计算压缩指数 C_c 及回弹指数 C_s：

$$C_c(\text{或 } C_s) = \frac{e_i - e_{i+1}}{\lg p_{i+1} - \lg p_i} \tag{2-1-57}$$

(7)还可按规范计算固结系数 C_v 及原状土的先期固结压力 p_c 等指标。

(二)快速试验法

1.目的和适用范围

本试验采用快速方法确定饱和黏质土的各项土性指标，是一种近似试验方法。

2. 仪器设备

同单轴固结仪法。

3. 试验步骤

(1)~(6)同单轴固结仪法步骤(1)~(6)。

(7)一般按 0s、15s、1min、2min、4min、6min、9min、12min、16min、20min、25min、35min、45min、60min，至稳定为止。各级荷载下的压缩时间规定为 1h，最后一级荷载下加读到稳定沉降时的读数。固结稳定的标准是最后 1h 变形量不超过 0.01mm。

当不需测定沉降速度时，则施加每级压力后 24h，测记试样高度变化作为稳定标准，当试样渗透系数大于 10^{-5}cm/s 时，允许以主固结完成作为相对稳定标准。按此步骤逐级加压至试验结束。

注：测定沉降速率仅适用于饱和土。

(8)同单轴固结仪法步骤(8)。

4. 结果整理

(1)结果整理内容与单轴固结仪法相同。

(2)还可按下式计算各级荷载下试样校正后的总变形量：

$$\sum \Delta h_i = (h_i)_t \frac{(h_n)_T}{(h_n)_t} = K(h_i)_t \tag{2-1-58}$$

式中：$\sum \Delta h_i$——某一级荷载下校正后的总变形量(mm)；

$(h_i)_t$——同一荷载下压缩 $1h$ 的总变形量减去该荷载下的仪器变形量(mm)；

$(h_n)_t$——最后一荷载下压缩 $1h$ 的总变形量减去该荷载下的仪器变形量(mm)；

$(h_n)_T$——最后一荷载下达到稳定标准的总变形量减去该荷载下仪器变形量(mm)；

K——大于 1 的校正系数，$K = \frac{(h_n)_T}{(h_n)_t}$。

五、土的直接剪切试验

(一)土的强度指标 c、φ

土的抗剪强度是土体在力系作用下抵抗破坏的极限剪切应力，通常认为土的抗剪强度可用库仑公式表达，即：

$$\tau_f = c + \sigma \tan\varphi \tag{2-1-59}$$

式中：τ_f——土的抗剪强度(kPa)；

c——土的黏聚力(kPa)；

σ——法向压应力(kPa)；

φ——土的内摩擦角(°)。

其中 c 和 φ 值为土在某一状态下的试验常数，称为土的抗剪强度指标。直剪试验就是测定土抗剪强度指标 c、φ 值的方法之一。强度指标 c、φ 反映土的抗剪强度变化的规律。

对于砂性土：　$c=0$　$\tau_f = \sigma \tan\varphi$　(2-1-60)

对于黏性土(式 2-1-61)：　$c \neq 0$　$\tau_f = c + \sigma \tan\varphi$　(2-1-61)

(二)黏质土的慢剪试验

1. 目的和适用范围

本试验方法适用于测定黏质土的抗剪强度指标。

2. 仪器设备

应变控制式直剪仪、环刀、位移量测设备(百分表或传感器)。

3. 试验步骤

(1)对准剪切容器上下盒,插入固定销,在下盒内放透水石和滤纸,将带有试样的环刀刃向上,对准剪切盒口,在试样上放滤纸和透水石,将试样小心地推入剪切盒内。

(2)移动传动装置,使上盒前端钢珠刚好与测力计接触,依次加上传压板、加压框架,安装垂直位移量测装置,测记初始读数。

(3)根据工程实际和土的软硬程度施加各级垂直压力,然后向盒内注水;当试样为非饱和试样时,应在加压板周围包以湿棉花。

(4)施加垂直压力,每1h测记垂直变形一次。试样固结稳定时垂直变形值为:黏质土垂直变形每1h不大于0.005mm。

(5)拨去固定销,以小于0.02mm/min的速度进行剪切,并每隔一定时间测记测力计百分表读数,直至剪损。

(6)试样剪切时间可按下式估算:

$$t_f = 50t_{50} \tag{2-1-62}$$

式中:t_f——达到剪损所经历的时间(min);

t_{50}——固结度达到50%所需的时间(min)。

(7)当测力计百分表读数不变或后退时,继续剪切至剪切位移为4mm时停止,记下破坏值。当剪切过程中测力计百分表无峰值时,剪切至剪切位移达6mm时停止。

(8)剪切结束,吸去盒内积水,退掉剪切力和垂直压力,移动压力框架,取出试样,测定其含水率。

4. 结果整理

(1)剪切位移按下式计算:

$$\Delta l = 20n - R \tag{2-1-63}$$

式中:Δl——剪切位移(0.01mm),计算至0.1;

N——手轮转数;

R——百分表读数。

(2)剪应力按下式计算:

$$\tau = CR \tag{2-1-64}$$

式中:τ——剪应力(kPa),计算至0.1;

C——测力计校正系数,(kPa/0.01mm)。

(3)以剪应力τ为纵坐标,剪切位移Δl为纵坐标,绘制$\tau-\Delta l$的关系曲线。

(4)以垂直压力p为横坐标,抗剪强度S为纵坐标,将每一试样的最大抗剪强度点绘在坐标纸上,并连成一直线。此直线的倾角为摩擦角φ,纵坐标上的截距为黏聚力c。

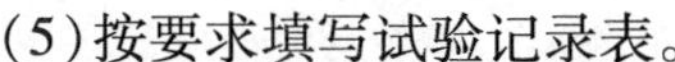

(5)按要求填写试验记录表。

(三)黏质土的固结快剪试验

1. 目的和适用范围

本试验适用于渗透系数小于10^{-6}cm/s的黏质土。

2. 仪器设备

同黏质土的慢剪试验。

3. 试验步骤

(1)~(4)同黏质土的慢剪试验步骤(1)~(4)。

(5)拔去固定销,固结快剪试验的剪切速度为0.8mm/min,在3~5min内剪损。并每隔一定时间测记测力计百分表读数,直至剪损。

(6)~(8)同黏质土的慢剪试验步骤(6)~(8)。

4. 结果整理

同黏质土的慢剪试验。

(四)黏质土的快剪试验

1. 目的和适用范围

本试验适用于渗透系数小于10^{-6}cm/s的黏质土。

2. 仪器设备

同黏质土的慢剪试验。

3. 试验步骤

(1)对准剪切容器上下盒,插入固定销,在下盒内放透水石和滤纸,将带有试样的环刀刃向上,对准剪盒口,在试样上放滤纸和透水石,将试样小心地推入剪切盒内。

(2)移动传动装置,使上盒前端钢珠刚好与测力计接触,依次加上传压板、加压框架,安装垂直位移量测装置,测记初始读数。

(3)根据工程实际和土的软硬程度施加各级垂直压力,然后向盒内注水;当试样为非饱和试样时,应在加压板周围包以湿棉花。

(4)施加垂直压力,拔去固定销立即开动秒表,以0.8mm/min的速度进行剪切。

(5)当测力计百分表读数不变或后退时,继续剪切至剪切位移为4mm时停止,记下破坏值。当剪切过程中测力计百分表无峰值时,剪切至剪切位移达6mm时停止。

(6)剪切结束,吸去盒内积水,退掉剪切力和垂直压力,移动压力框架,取出试样,测定其含水率。

4. 结果整理

同黏质土的慢剪试验。

(五)砂类土的直剪试验

1. 目的和适用范围

本试验适用于砂类土。

2. 仪器设备

同黏质土的慢剪试验。

3. 试验步骤

(1)对准剪切容器上下盒，插入固定销，放入透水石。

(2)将试样倒入剪切容器内，放上硬木块，用手轻轻敲打，使试样达到预定干密度，取出硬木块，拂平砂面。

(3)拨去固定销，进行剪切试验。剪切速度为0.8mm/min，在3~5min内剪损。并每隔一定时间测记测力计百分表读数，直至剪损。

(4)~(6)同黏质土的慢剪试验步骤(6)~(8)。

(7)试验结束后，顺次卸除垂直压力，加压框架、钢珠、传压板。清除试样，并擦洗干净，以备下次应用。

4. 结果整理

(1)计算剪切位移Δl，方法同黏质土的慢剪试验。

(2)计算剪应力τ，方法的同黏质土的慢剪试验。

(3)如欲求砂类土在每一干密度下的抗剪强度，则以抗剪强度为纵坐标，垂直压力为横坐标，绘制在一定干密度下的抗剪强度与垂直压力的关系曲系。该曲线呈直线状，其倾角即为对应干密度下砂土的摩擦角φ。

六、土的三轴压缩试验

(一)压缩机理

对于土这种材料而言，体积变形通常表现为体积缩小，我们把这种在外力作用下土体积缩小的特性称为土的压缩性。

由于土是固体颗粒的集合体，具有碎散性，因而土的压缩性比钢材、混凝土等其他材料大得多，并具有下列两个特点：

(1)土体的压缩变形主要是由孔隙的减小所引起的；

(2)饱和土的压缩需要一定时间才能完成。

(二)与强度有关的工程问题

(1)土作为材料构成的土工构筑物的稳定性问题，如土坝、路堤等填方边坡以及天然土坡等的稳定性问题。

(2)土作为工程构筑物的环境(的)问题，即土压力问题，如挡土墙、地下结构等的周围土体，它的强度破坏将造成对墙体过大的侧向土压力，以至可能导致这些工程构筑物发生滑动、倾覆等破坏事故。

(3)土作为建筑物地基的承载力问题，若基础下的地基土体产生整体滑动或因局部剪切破坏而导致过大的地基变形，都会造成上部结构的破坏或影响其正常使用的事故发生。

(三)有效应力原理

在土中某点截取一水平截面，截面上作用应力σ，它是由上面土体的重力、静水压力及外

荷载 p 所产生的应力,称为总应力。这一应力一部分是由土颗粒间的接触面承担,称为有效应力,用 σ' 表示;另一部分是由土体孔隙内的水及气体承担,称为孔隙应力,对于饱和土(无气体),该部分应力则由水压力承担,称为孔隙水压力,用 u 表示。即式 2-1-65:

$$\sigma = \sigma' + u \tag{2-1-65}$$

此公式称为有效应力原理或有效应力概念。

(四)先期固结压力 p_c 与土层天然固结状态判断

土体在固结过程中所受的最大有效应力,称为先期固结压力 p_c。根据压缩试验作出 $e-\lg p$ 曲线可确定先期固结压力 p_c。

通过测定的先期固结压力 p_c 和土层自重应力 p_0 比较,将天然土层划分为以下三类固结状态,并用超固结比 $OCR = p_c/p_0$ 去判断:

OCR > 1	超固结土
OCR = 1	正常固结土
OCR < 1	欠固结土

(五)三轴压缩试验

1. 基本原理。三轴剪力仪的主要部分组成:主机、稳压系统、量测系统。常规三轴试验的一般程序是:装好试样→根据不同试验要求启闭有关阀门开关→先后向压力室施加土样所承受的侧向主应力、轴应力,直至土样发生变形,测读压力增量及变形,直至破坏为止→按量测结果作出应力—应变曲线,再作出极限应力圆→对 3 ~4 个土样分别施加不同周围压力进行试验,可得出几个极限应力圆,由此绘得强度包线,并求得强度指标 c、φ 值。

2. 试验方法。根据土样固结排水的不同条件,三轴试验可分为下列三种基本方法——不固结不排水剪、固结不排水剪、固结排水剪。

(六)压缩性指标

根据压缩试验所得的 $e-p$ 和 $e-\lg p$ 曲线可整理出以下压缩性指标:

(1)压缩系数:

$$a = \frac{e_1 - e_2}{p_2 - p_1} \tag{2-1-66}$$

(2)压缩指数:

$$C_c = \frac{e_1 - e_2}{\lg p_2 - \lg p_1} \tag{2-1-67}$$

(3)a、C_c 之间的关系:

$$a = \frac{0.435C_c}{p} \tag{2-1-68}$$

(4)体积压缩系数:

$$m_v = \frac{a}{1 + e_1} \tag{2-1-69}$$

(5)压缩模量:

$$E_s = \frac{1 + e_1}{a} \tag{2-1-70}$$

(6)变形模量:

$$E = E_s\left(1 - \frac{2\mu^2}{1-\mu}\right) = E_s(1 - 2\mu K_0) \tag{2-1-71}$$

式中：p_1、p_2、p——$e-p$ 或 $e-\lg p$ 曲线上前级压力、后级压力和平均压力；

e_1、e_2——相应于 p_1、p_2 的孔隙比；

μ、K——土的泊松比和侧压力系数，可通过试验求得。

七、土的无侧限抗压强度试验

1. 目的和适用范围

无侧限抗压强度是指试件在无侧向压力的条件下，抵抗轴向压力的极限强度。

本试验适用于测定饱和软黏土的无侧限抗压强度及灵敏度。

2. 仪器设备

应变控制式无侧限抗压强度仪、切土盘、重塑筒、百分表、天平、卡尺、削土刀等。

3. 试验步骤

（1）将切削好的试件立即称量，准确至0.1g。同时取切削下的余土测定含水率。用卡尺测量其高度及上、中、下各部位直径，按下式计算其平均直径 D_0：

$$D_0 = \frac{D_1 + 2D_2 + D_3}{4} \tag{2-1-72}$$

式中：D_0——试件平均直径（cm）；

D_1、D_2、D_3——试件上、中、下各部位的直径（cm）。

（2）在试件两端抹一薄层凡士林，如为防止水分蒸发，试件侧面也可抹一（层）薄层凡士林。

（3）将制备好的试件放在应变控制式无侧限抗压强度仪（下）加压板上，转动手轮，使其与上加压板刚好接触，调测力计百分表读数为零点。

（4）以轴向应变1%～3%min 的速度转动手轮（0.06～0.12mm/min），使试验在8～20min内完成。

（5）应变在3%以前，每0.5%应变记读百分表读数一次；当应变达3%以后，每1%应变记读百分表读数一次。

（6）当百分表达到峰值或读数达到稳定，再继续剪3%～5%应变值即可停止试验。如读数无稳定值，则轴向应变达20%时即可停止试验。

（7）试验结束后，迅速反转手轮，取下试件，描述破坏情况。

（8）若需测定灵敏度，则将破坏后的试件去掉表面的凡士林，再加少许土，包以塑料布，用手捏搓，破坏其结构，重塑为圆柱形，放入重塑筒内，用金属垫板挤成与筒体积相等的试件，即与重塑前尺寸相等，然后立即重复本试验（3）～（7）步骤进行试验。

4. 试验结果

（1）按下式计算轴向应变：

$$\varepsilon_1 = \frac{\Delta h}{h_0} \tag{2-1-73}$$

$$\Delta h = n\Delta l - R$$

式中：ε_1——轴向应变(%)；

h_0——试件起始高度(cm)；

Δh——轴向变形(cm)；

n——手轮转数；

Δl——手轮每转一转，下加板上升高度(cm)；

R——百分表读数(cm)。

(2)按下式计算试件平均断面积：

$$A_a = \frac{A_0}{1 - \varepsilon_1} \tag{2-1-74}$$

式中：A_a——校正后试件的断面积(cm^2)；

A_0——试件起始面积(cm^2)。

(3)应变控制式允许膨胀压缩仪上试件所受轴向应力按式2-1-75计算：

$$\sigma = \frac{10CR}{A_a} \tag{2-1-75}$$

式中：σ——轴向压力(kPa)；

C——测力计校正系数(N/0.01mm)；

R——百分表读数(0.01mm)。

(4)以轴向应力为纵坐标，轴向应变为横坐标，绘制应力—应变曲线。以最大轴向应力作为无侧限抗压强度。若最大轴向应力不明显，取轴向应变15%处的应力作为该试件的无侧限抗压强度 q_u。

(5)按下式求出软黏土的灵敏度 S_t：

$$S_t = \frac{q_u}{q'_u} \tag{2-1-76}$$

式中：q_u——原状土试件的无侧限抗压强度(kPa)；

q'_u——重塑土(扰动土)试件的无侧限抗压强度(kPa)。

灵敏度是表示土结构对强度影响的指标，灵敏度值愈大，表示土的结构对土体强度影响也愈大，根据灵敏度的大小可将黏性土划分如下：

$S_t < 2$　　不灵敏的黏土；

$S_t = 2 \sim 4$　　中等灵敏黏土或一般黏土；

$S_t = 4 \sim 8$　　灵敏性黏土；

$S_t > 8$　　高灵敏度黏土。

八、粗粒土和巨粒土的最大干密度

测定粗粒土和巨粒土的最大干密度的试验方法有表面振动压实仪法和振动台法。

(一)表面振动压实仪法

表面振动压实仪法分为：干土法和湿土法。

1. 目的和适用范围

本方法是测定粗粒土和巨粒土最大干密度的试验方法。

本试验规定采用表面振动压实仪法测定无黏性自由排水粗粒土和巨粒土（包括堆石料）的最大干密度。

本试验方法适用于通过0.075mm标准筛的土颗粒质量百分数不大于15%的无黏性自由排水粗粒土和巨粒土。

对于最大颗粒尺寸大于60mm的巨粒土，因受试筒允许最大粒径的限制，按本试验的相关规定处理。

2. 仪器设备

（1）振动器见图2-1-10，功率0.75～2.2kW，振动频率30～50Hz，激振力10～80kN；钢制夯可牢固于振动电机上，且有一厚15～40mm夯板。夯板直径应略小于试筒2～5mm。夯与振动电机总重在试样表面产生18kPa以上的静压力。

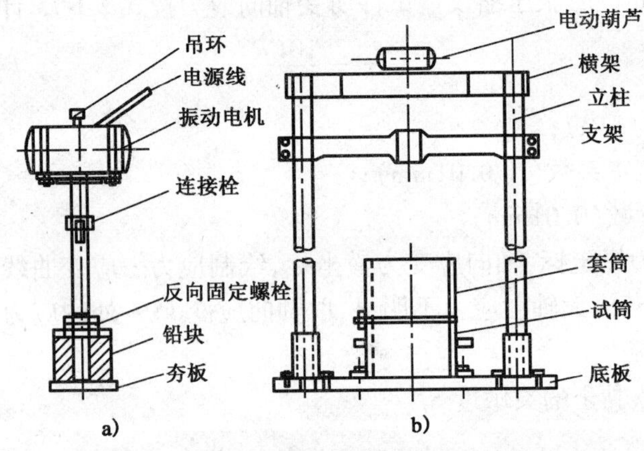

图2-1-10　表面振动压实仪试验装置

（2）试筒见表2-1-11或根据土体颗粒级配选用较大试筒。但固定试筒的底板须固定于混凝土基础上或至少质量为450kg混凝土块上。试筒容积宜用灌水法每年标定一次。

试样质量及仪器尺寸　表2-1-11

土粒最大尺寸（mm）	试验质量（kg）	试筒尺寸		套筒高度（mm）	装料工具
		容积（cm^3）	内径（mm）		
60	34	14200	280	250	小铲或大勺
40	34	14200	280	250	小铲或大勺
20	11	2830	152	305	小铲或大勺
10	11	2830	152	305	25mm漏斗
5或<15	11	2830	152	305	3mm漏斗

（3）套筒：内径应与试筒配套，高度为170～250mm与试筒固定后内壁须成直线连接。

（4）台秤、电动葫芦、标准筛（圆孔筛：60mm、40mm、20mm、10mm、5mm、2mm、0.075mm）。

（5）直钢条：宜用尺寸为350mm×25mm×3mm（长×宽×厚）。

（6）深度仪或钢尺：量测精度要求至0.5mm。

(7)大铁盘:其尺寸宜用600mm×500mm×80mm(长×宽×高)。

(8)其他:烘箱、小铲、大勺及漏斗、橡皮锤、秒表、试筒布套等。

3. 试验步骤

1)干土法

(1)充分拌匀烘干试样,即使其颗粒分离程度尽可能小;然后大致分成三份。测定并记录空试筒质量。

(2)用小铲或漏斗将任一份试样徐徐装填入试筒,并注意使颗粒分离程度最小(装填量宜使振毕密实后的试样等于或略低于筒高的1/3);抹平试样表面。然后可用橡皮锤或类似物敲击几次试筒壁,使试料下沉。

(3)将试筒固定于底板上,装上套筒,并与试筒紧密固定。

(4)放下振动器,振动6min。吊起振动器。

(5)按本试验(2)~(4)步进行第二层、第三层试样振动压实。

(6)卸去套筒。将直钢尺放于试件位置上,测定振毕试样高度。读数宜从四个均布于试样表面至少距筒壁15mm的位置上测得并精确至0.5mm,记录并计算试样高度H_0。

(7)卸下试筒,测定并记录试筒与试样质量。扣除试筒质量即为试样质量。最大干密度ρ_{dmax}。

(8)重复本试验(1)~(7)步骤,直至获得一致的最大干密度。但须制备足够的代表性试料,不得重复振动压实单个试样。

2)湿土法

(1)按湿法试验时,可对烘干试料加足量水,或用现场湿土料进行。拌匀试验颗粒级配及含水率(使颗粒分离程度尽可能小),然后大致分成三份。如果向干料中加水,则需最小饱和时间约1/2h;加水量宜加到足够分量,即在拌和盘中无自由水滞积,且在振密过程中基本保持饱和状态。

注:对于估算向烘干试料中的加水量,起初可尝试每4.5kg试料约加1 000mL的水量,或按下式计算:

$$M_w = M_s\left(\frac{\rho_w}{\rho_d} - \frac{1}{G_s}\right) \tag{2-1-77}$$

式中:M_w——加水量(g);

ρ_d——由起初振密结果所估算的干密度(kg/m^3);

M_s——试样质量(g);

ρ_w——水的密度(1 000kg/m^3);

G_s——土粒相对密度。

(2)将试筒固定于底板上。用小铲或大勺将任一份湿料徐徐填入试筒(装填量宜使振毕试样等于或略低于筒高的1/3)。

(3)放下振动器,振动6min。吊起振动器,吸去试样表面自由。

(4)按本试验2~3步进行第二层、第三层试样振动压实。

(5)卸下试筒。吸去加重底板上及边缘的所有自由水。将百分表架支杆插入每个试筒导向瓦套孔中;刷净试筒顶沿面上及加重底板上位于试筒导向瓦两侧测量位置所积落的细粒土,并尽量避免将这些细粒土刷进试筒内。然后分别测读并记录试筒导向瓦每侧试筒顶沿面（中心线处）各三个百分表读数，共12个读数（其平均值即为百分表初始读数 R_f）；再从加重底板上测读并记录出相应读数（其平均值即为终了百分表读数 R_f）。

(6)测定振毕试样含水率后。计算最大干密度度 ρ_{dmax}。

(7)同干土法试验的第(8)步骤。

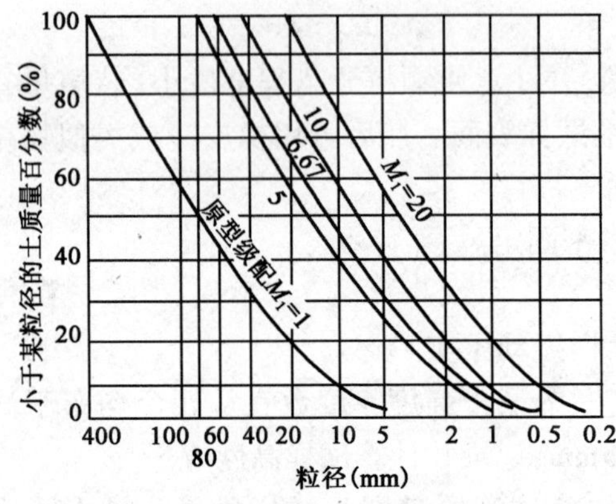

图 2-1-11　原型料与模型料级配关系

(8)对于粒径大于60mm的巨粒土，因受试筒允许最大粒径的限制，应按相似级配法制备缩小粒径的系列模型试料。相似级配法粒径及级配按以下公式及图2-1-11计算。

相似级配模型试料粒径：

$$d = \frac{D}{M_r} \tag{2-1-78}$$

式中：D——原型试料级配某粒径（mm）；

d——原型试料级配某粒径缩小后的粒径，即模型试料相应粒径（mm）；

M_r——粒径缩小倍数，通常称为相似级配模比；

$$M_r = \frac{D_{max}}{d_{max}} \tag{2-1-79}$$

式中：D_{max}——原型试料级配最大粒径（mm）；

d_{max}——试样允许或设定的最大粒径，即60mm、40mm、20mm、10mm等。

相似级配模型试料级配组成与原型级配组成相同，即：

$$P_{Mr} = P_p \tag{2-1-80}$$

式中：P_{Mr}——原型试料粒径缩小 M_r 倍后（即为模型试料）相应的小于某粒径 d 含量百分数（%）；

P_p——原型试料级配小于某粒径 D 的含量百分数（%）。

4. 结果整理

(1)对于干土法，最大干密度 ρ_{dmax}（g/cm³）按下式计算：

$$\rho_{dmax} = \frac{M_d}{V} \tag{2-1-81}$$

$$V = A_c H \tag{2-1-82}$$

式中：ρ_{dmax}——最大干密度（g/cm³），计算至0.001；

M_d——干试样质量（g）；

V——振毕密实试样体积（cm³）；

A_c——标定的试筒横断面积（cm²）；

H——振毕密实试样高度（cm）。

(2)对于湿土法，最大干密度按下式计算：

$$\rho_{dmax} = \frac{M_m}{V(1 + 0.01w)} \tag{2-1-83}$$

式中：ρ_{dmax}——最大干密度（g/cm^3），计算至0.001；

V——振毕密实试样体积（cm^3）；

M_m——振毕密实湿试样质量（g）；

w——振毕密实湿试样含水率（%）。

（3）巨粒土原型料最大干密度应按以下方法确定：

①作图法

延长图2-1-12中最大干密度ρ_{dmax}与相似级配模比M_r的关系直线至$M_r=1$处，即读得原型试料的度ρ_{Dmax}值。

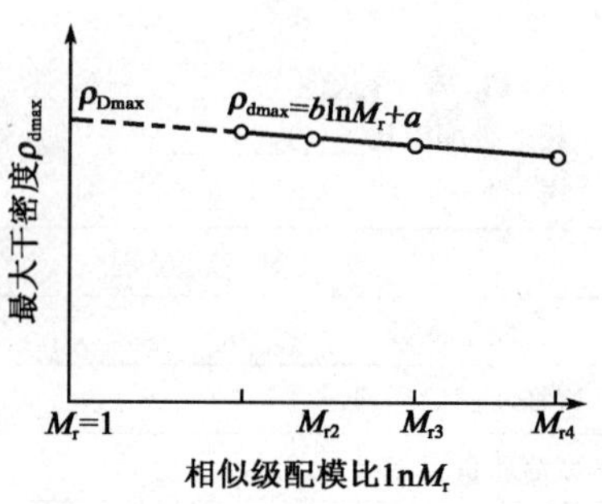

图2-1-12 模型料关系$\rho_{dmax}-M_r$

②计算法

对几组系列试验结果用曲线拟合法可整理出下式：

$$\rho_{dmax}=a+b\ln M_r \tag{2-1-84}$$

式中：A. b——试验常数。

由于$M_r=1$时，$\rho_{dmax}=\rho_{Dmax}$，所以$a=\rho_{Dmax}$

即

$$\rho_{dmax}=\rho_{Dmax}+b\ln M_r \tag{2-1-85}$$

令$M_r=1$时，即得原型材料ρ_{Dmax}的值。

（4）计算干土法所测定的最大干密度试验结果的平均值作为试验报告的最大干密度值，当湿土法结果比干土法高时，采用湿土法试验结果的平均值。

（5）压实指标计算。

如果已测定最小干密度ρ_{dmax}的[采用测定度ρ_{dmax}的试筒及装料工具以干土样松填法试验测定，或采用T 0123—1993的方法]，且已知土料的沉积或填筑干密度ρ_d，则相对密度D_r可按下式计算：

$$D_r=\frac{e_{max}-e_0}{e_{max}-e_{min}} \tag{2-1-86}$$

或

$$D_r=\frac{(\rho_d-\rho_{dmin})\rho_{dmax}}{(\rho_{dmax}-\rho_{dmin})\rho_d} \tag{2-1-87}$$

式中：D_r——相对密度，计算至0.01；

ρ_{dmin}——最小干密度（g/cm^3）；

ρ_{dmax}——最大干密度（g/cm^3）；

e_0——天然孔隙比或填土的相应孔隙比；

e_{max}——最大孔隙比；

e_{min}——最小孔隙比；

ρ_d——天然干密度或填土的相应干密度（g/cm^3）。

如果粒径大于60mm的巨粒土难以测定其最小干密度，但当已知土料的沉积或填筑干密度ρ_D时，则压实度K可按下式计算：

$$K=\frac{\rho_D}{\rho_{Dmax}}\times 100 \tag{2-1-88}$$

（6）本试验记录格式如表2-1-12。

最大干密度试验记录 表 2-1-12

试料编号 CR21　　试料来源 XBKD　　试料最大料径 60mm
相似级配模比 1.33　　振动频率 50Hz　　全振幅 0.5mm
振动历时 3×10min　　试验日期

试验方法			干土法	
平行测定次数		(kg)	1	2
试样+试筒质量		(kg)	42.700	42.850
试筒质量		(kg)	12.800	12.800
试样质量	干土法 M_d	(kg)	29.900	30.051
	湿土法 M_m	(kg)		
试筒容积		(kg)	14.200	14.200
试筒横断面积		(cm^2)	615.75	615.75
百分表初读数		(mm)	42.275	46.350
百分表终读数		(mm)	33.250	36.405
试样表面至试筒顶面距离		(mm)	21.025	21.945
试样体积		(m^3)	0.012 905 4	0.012 848 8
试样干密度	干土法	(kg/m^3)	2 316.9	2 338.7
	湿土法(kg/m^3)			
最大干密度		(kg/m^3)	2327.8	
试验方法			干土法	
任意两个试验值的偏差范围(以平均值百分数表示)		(%)	0.94	
标准差 S		(kg/m^3)	11.4	
* T_p = 加重底板厚度,12mm; * * w = 振毕湿试样含水率		(%)	试样异常情况:	

试验者:　　　　计算者:　　　　校核者:

(7)精密度及允许差

最大干密度试验结果精度要求如表 2-1-13 所列。最大干密度 ρ_{dmax}(kg/m^3),取三位有效数字。

最大干密度试验结果精度 表 2-1-13

试料粒径(mm)	标准差 s(kg/cm^3)	两个试验结果的允许范围(以平均值百分数表示)(%)
<5	±13	2.7
5~60	±22	4.1

5. 报告

(1)试料来源,外观描述。

(2)试筒尺寸及方法。

(3)任何反常现象,如试料损失、分离,加重底板过分倾斜等。

(二)振动台法

1. 目的和适用范围

本方法是测定粗粒土和巨粒土最大干密度的比选试验方法。

本试验规定采用振动台法测定无黏性自由排水粗粒土和巨粒土(包括堆石料)的最大干密度。

本试验方法适用于通过0.075mm标准筛的干颗粒质量百分数不大于15%的无黏性自由排水粗粒土和巨粒土。

对于最大颗粒尺寸大于60mm的巨粒土,因受试筒允许最大粒径的限制,按规程中的相关规定处理。

2. 仪器设备

(1)振动台(图2-1-13):固定于混凝土基础上;振动台面尺寸至少550mm×550mm,且具有足够刚度。振动台最大负荷应满足试筒、套筒、试样、加重底板及加重块等质量的要求,不宜小于200kg;其频率20~60Hz可调,双振幅0~2mm可调。

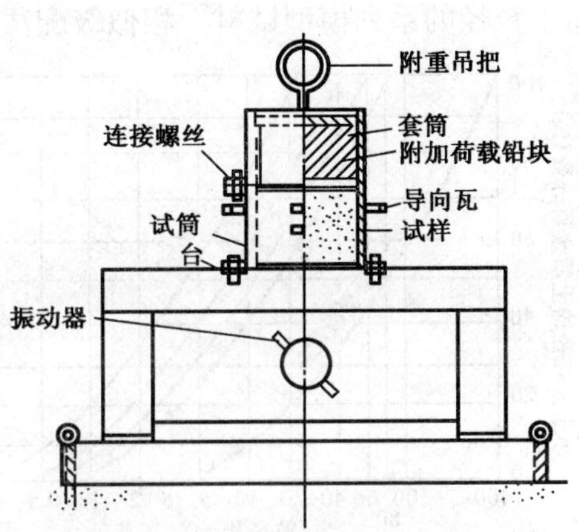

图2-1-13 振动台法试验装置

(2)试筒:圆柱形金属筒,按表2-1-14规定选用。试筒容积宜用灌水法每年标定一次。

(3)套筒:内径宜与试筒配套一致,见表2-1-14,且与试筒紧密固定后内壁成直线连接。

(4)加重底板:底板为12mm厚的钢板,其直径略小于相应试筒内径,中心应有15mm。未穿通的提吊螺孔。

试样质量及仪器尺寸 表2-1-14

土粒最大尺寸(mm)	试样质量(kg)	试筒尺寸		套筒高度(mm)	装料工具
		容积(cm^3)	内径(mm)		
60	34	14200	280	250	小铲或大勺
40	34	14200	280	250	小铲或大勺
20	11	2830	152	305	小铲或大勺
10	11	2830	152	305	ϕ25mm漏斗
5或<5	11	2830	152	305	ϕ3mm漏斗

(5)加重块:对于相应采用的试筒,加重块及其加重底板在试样表面产生的静压力应根据碾压设备确定,一般应大于18kPa。

(6)百分表及表架:百分表量程至少50mm以上,分度值为0.025mm。表架支杆应插入试筒导向瓦套孔中,并使百分表表头杆中心线与试筒中心线或内壁面平行。

(7)台秤:应具有足够测定试筒及试样总质量的量程,且达到所测定土质量0.1%的精度。所用台秤,对于ϕ280mm试筒,量程至少50kg,感量6g;对于ϕ152mm试筒,量程少30kg,感量2g。

(8)起吊机:起重量至少180kg。

(9)标准筛(圆孔筛):60mm、40mm、20mm、10mm、5mm、2mm、0.075mm。

(10)其他工具:如加重底板提手、烘箱、金属盘、小铲、大勺及漏斗、橡皮锤、秒表、直尺、试筒布套等。

3. 试样

(1)采集代表性试料,妥善贮存备用。

(2)采用标准筛分法(T 0115—2007)测定各粒组的颗粒百分数。

(3)对于粒径大于60mm的巨粒土,因受试筒允许最大粒径的限制,应按相似级配法制备缩小粒径的系列模型试料。相似级配法粒径及级配按以下公式及图2-1-14计算。

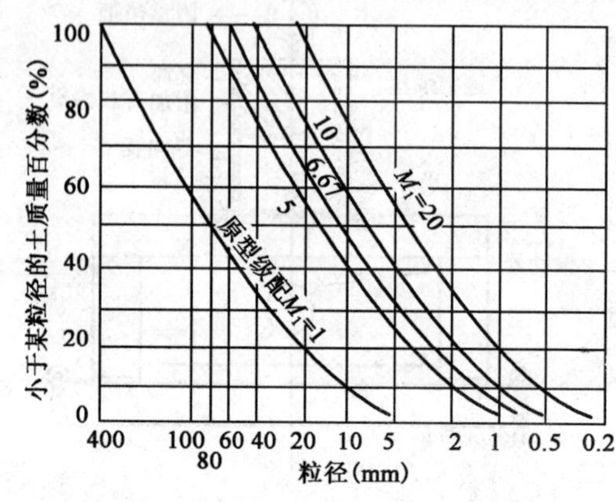

图2-1-14 原型料与模型料级配关系

相似级配模型试料粒径:

$$d = \frac{D}{M_r} \tag{2-1-89}$$

式中:D——原型试料级配某粒径(mm);

d——原型试料级配某粒径缩小后的粒径,即模型试料相应粒径(mm);

M_r——粒径缩小倍数,通常称为相似级配模比:

$$M_r = \frac{D_{max}}{d_{max}} \tag{2-1-90}$$

式中:D_{max}——原型试料级配最大粒径(mm);

d_{max}——试样允许或设定的最大粒径,即60mm、40mm、20mm、10mm等。

相似级配模型试料级配组成与原型级配组成相同,即:

$$P_{M_r} = p_P \tag{2-1-91}$$

式中:p_{M_r}——原型试料粒径缩小 M_r 倍后(即为模型试料)相应的小于某粒径 d 含量百分数(%);

p_P——原型试料级配小于某粒径 D 的含量百分数(%)。

(4)如果采用干土法进行试验,则需将试样在烘箱内烘至恒量,并用烘干法测定现场含水率。烘干后,应完全剥去弱胶结物,以免增大颗粒的自然尺寸。

4. 试验步骤

1)干土法

(1)充分拌匀烘干试样,即使其颗粒分离程度尽可能小;然后大致分成三份。测定并记录空试筒质量。

(2)用小铲或漏斗将任一份试样徐徐装填入试筒,并注意使颗粒分离程度最小(装填量宜使振毕密实后的试样等于或略低于筒高的1/3);抹平试样表面。然后可用橡皮锤或类似物敲击几次试筒壁,使试料下沉。

(3)放置合适的加重底板于试料表面上,轻轻转动几下,使加重底板与试样表面一致。卸下加重底板把手。

(4)将试筒固定于振动台面上,装上套筒,并与试筒紧密固定。将合适的加重块加重在底板上,其上部尽量不与套筒内壁接触。

(5)设定振动台在振动频率50Hz下的垂直振动双振幅为0.5mm;或在振动频率60Hz下的垂直振动双振幅为0.35mm。振动试筒及试样等,在50Hz下振动10min;在60Hz下振动8min。振毕卸去加重块及加重底板。

(6)按本试验(2)~(5)步进行第二层、第三层试料振动压实。但第三层振毕加重底板不再立即卸去。

(7)卸去套筒,然后检查加重底板是否与试样表面密合一致,即按压加重底板边缘,看其是否翘起,若翘起则宜在试验报告中注明。

(8)将百分表架支杆插入每个试筒导向瓦套孔中;刷净试筒顶沿面上及加重底上位于试筒导向瓦两侧测量位置所积落的细粒土,并尽量避免将这些细粒土刷进试筒内。然后分别测读并记录试筒导向瓦每侧试筒顶沿面(中心线处)各三个百分表读数,共12个读数(其平均值即为百分表初始读数 R_i);再从加重底板上测读并记录出相应读数(其均值即为终了百分表读数 R_f)。

(9)卸去加重底板,并从振动台面上卸下试筒。在此过程中,尽可能避免加重板上及试筒沿面上落积的细粒土进入试筒里。如这些细粒土质量超过试样总质量的0.2%,应测定其质量并注明于试验报告中。

(10)在合适的台秤上测定并记录试筒及试样总质量,扣除空试筒质量即为试样质量,或仔细地将试筒里试样全部倒入已知质量的盘中称量。计算最大干密度 ρ_{dmax}。

(11)重复本试验(1)~(10)步,直至获得一致的最大干密度值(最好2%内)。如果发现产生过分的颗粒破碎或者是有棱角的石渣、堆石料或风化软弱岩试料则宜尽量制备足够数量代表性试样,以避免单个试样重复使用。

2)湿土法

(1)按湿法试验时,可对烘干试料加足量水,或用现场湿土料进行。拌匀试料颗粒级配及含水率(使颗粒分离程度尽可能小),然后大致分成三份。如果向干料中加水,则需最小饱和时间约1/2h;加水量宜加到足够分量,即在拌和盘中无自由水滞积,且在振密过程中基本保持饱和状态。

注:对于估算向烘干试料中的加水量,起初可尝试每4.5kg试料约加1 000mL的水量,或按下式估算:

$$M_w = M_s\left(\frac{\rho_w}{\rho_d} - \frac{1}{G_S}\right) \tag{2-1-92}$$

式中:M_w——加水量(g);

ρ_d——由起初振密结果所估算的干密度(kg/m³);

M_s——试样质量(g);

ρ_w——水的密度(1 000kg/m³);

G_s——土粒相对密度。

(2)装试筒于振动台上。启动振动台,用小铲或勺将任一份湿料徐徐装填入试筒(装填料宜使振毕试样等于或略低于筒高的1/3)。每次添加试料后,宜察看试样表面是否滞积有少量自由水。若无,可用海绵蘸水挤入、小器皿注入或其他工具加入足量水。在此过程中,振动台的振幅或振动频率或这两者须随时调节,以阻止试样颗粒过分沸动或松散。大致振动2~3min后,宜用尽可能不带走土粒的办法吸去试样表面的所有自由水。

(3)按干土法试验(3)、(4)步骤装上加重底板、套筒及加重块。

(4)振动试筒及试样等,按干土法试验(5)步骤进行振动。振毕,卸去加重块及加重底板。吸去试样表面所有自由水。

(5)按干土法试验3~5步骤进行第二层、第三层试料的振动压实。但第三层毕加重底板不再立即卸去。

(6)卸下套筒。吸去加重底板上及边缘的所有自由水。按干土法试验(8)步骤测度读记录百分表读数。

(7)按干土法试验(9)步骤卸下加重底板及试筒,然后测定并记录试筒与试样的总量。为测定试样的含水率,仔细地将试筒中全部湿试样倒入已知质量的盘中,并将黏附试筒内壁及筒的所有颗粒冲洗于盘中;然后在烘箱中将试样烘至恒量,测定并记录其烘干质量。

5. 结果整理

1)对于干土法,最大干密度按下式计算:

$$\rho_{\mathrm{dmac}} = \frac{M_d}{V} \tag{2-1-93}$$

式中:ρ_{dmax}——最大干密度,计算至0.1(kg/m^3);

M_d——干试样质量(kg);

V——振毕密实试样体积(m^3);

$$V = \left[V_C - A_c\left(\frac{\Delta H}{V}\right)\right] \times 10^{-6} \tag{2-1-94}$$

式中:V_c——标定的试筒体积(cm^3);

A_c——标定的试筒横断面积(cm^2);

$$\Delta H = (R_i - R_f) + T_P(\text{顺时针读数百分表}) \tag{2-1-95}$$

$$\Delta H = (R_f - R_i) + T_P(\text{逆时针读数百分表}) \tag{2-1-96}$$

式中:R_i——初始百分表读数(0.01mm);

R_f——振毕后加重底板上相对位置百分表终读数的均值(0.0lmm);

T_P——加重底板厚度(mm)。

注:本处以kg/m^3作为ρ_{dmac}的标准单位,而g/cm^3为认可的常用单位。

2)对于湿土法,最大干密度按下式计算:

$$\rho_{\mathrm{dmax}} = \frac{M_m}{V(1 + 0.01w)} \tag{2-1-97}$$

式中:M_m——振毕密实湿试样质量(kg);

w——振毕密实试样含水率(%)。

3)巨粒土原型料最大干密度应按以下方法确定:

(1)作图法

延长图2-1-15中最大干密度ρ_{dmax}与相似级配模比M_r的关系直线至$M_r=1$处,即读得原型材料的ρ_{Dmax}。

(2)计算法

对几组系列试验结果用曲线拟合法可整理出下式:

$$\rho_{\mathrm{dmax}} = a + b\ln M_r \tag{2-1-98}$$

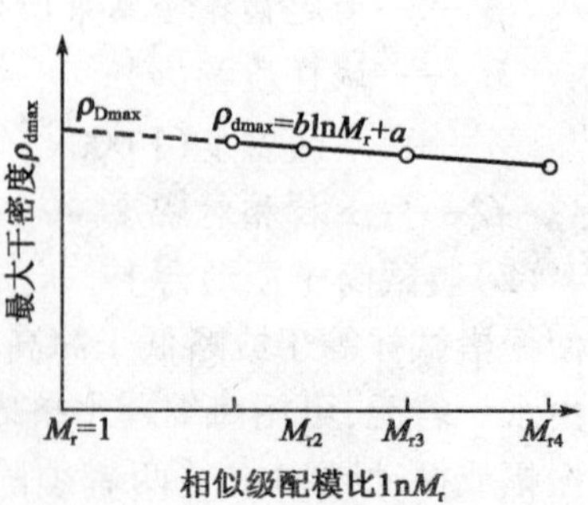

图2-1-15 模型料$\rho_{dmax}-M_r$关系

式中：a、b——试验常数

由于 $M_r = 1$ 时，$\rho_{dmax} = \rho_{Dmax}$，所以 $a = \rho_{Dmax}$

即

$$\rho_{dmax} = \rho_{Dmax} + b\ln M_r \tag{2-1-99}$$

令 $M_r = 1$ 时，即得原型试料 ρ_{Dmax} 的值

4）计算干土法所测定的最大干密度试验结果的平均值作为试验报告的最大干密度值。当湿土法结果比干土法高时，采用湿土法试验结果的平均值。

5）压实指标计算。

如果已测定最小干密度 ρ_{dmax}［采用测定 ρ_{dmax} 的试筒及装料工具以干土样松填法试验测定，或采用振动台法］，且已知土料的沉积或填筑干密度 ρ_d，则相对密度 D_r 可按下式计算：

$$D_r = \frac{e_{max} - e_o}{e_{max} - e_{min}} \tag{2-1-100}$$

或

$$D_r = \frac{(\rho_d - \rho_{dmin})\rho_{dmax}}{(\rho_{dmax} - \rho_{dmin})\rho_d} \tag{2-1-101}$$

式中：D_r——相对密度，计算至0.01；

ρ_{dmin}——最小干密度（g/cm^3）；

ρ_{dmax}——最大干密度（g/cm^3）；

e_0——天然孔隙比或填土的相应孔隙比；

e_{max}——最大孔隙比；

e_{min}——最小孔隙比；

ρ_d——天然干密度或填土的相应干密度（g/cm^3）。

如果粒径大于60mm的巨粒土难以测定其最小干密度，但当已知土料的沉积或填筑度 ρ_D 时，则压实度 K 可按下式计算：

$$K = \frac{\rho_D}{\rho_{Dmax}} \times 100 \tag{2-1-102}$$

6）本试验记录格式如表2-1-15。

最大干密度试验记录 表2-1-15

试料编号 CR21　　试料来源 XBKD　　试料最大料径 60mm

相似级配模比 1.33　　振动频率 50Hz　　全振幅 0.5mm

振动历时 3×10min　　试验日期

试验方法			干土法	
平行测定次数		(kg)	1	2
试样＋试筒质量		(kg)	42.700	42.850
试筒质量		(kg)	12.800	12.800
试样质量	干土法 M_d	(kg)	29.900	30.051
	湿土法 M_m	(kg)		
试筒容积 V_c		(kg)	14 200	14 200
试筒横断面积 A_c		(cm^2)	615.75	615.75

续上表

试验方法		干土法	
百分表初读数 R_i (mm)		42.275	46.350
百分表终读数 R_f (mm)		33.250	36.405
试样表面至试筒顶面距离 $\Delta H = \vert R_i - R_f \vert + T_P^*$ (mm)		21.025	21.945
试样体积 $V = [V_c - A_c(\Delta h/10) \times 10^{-6}]$ (m³)		2 388.7	0.012 848 8
试样干密度	干土法 M_d/V (kg/m³)	2 316.9	2 338.7
	湿土法 $M_m/[V(1+0.01\omega^{**})]$ (kg/m³)		
最大干密度(即平均值)ρ_{dmax} (kg/m³)		2 327.8	
任意两个试验值的偏差范围(以平均值百分数表示) (%)		0.94	
标准差 S (kg/m³)		11.4	
* T_p = 加重底板厚度,12mm; * * w = 振毕湿试样含水率 (%)		试样异常情况:	

试验者:______ 计算者:______ 校核者:______

7)密度及允许差。

最大干密度试验结果精度要求如表 2-1-16 所列。最大干密度 ρ_{dmax}(kg/m³),取三位有效数字。

最大干密度试验结果精度 表 2-1-16

试料粒径(mm)	标准差 S(kg/cm³)	两个试验结果的允许范围(以平均值百分数表示)(%)
<5	±13	2.7
5~60	±22	4.1

6. 报告

(1)试料来源,外观描述;

(2)试筒尺寸及方法;

(3)任何反常现象,如试料损失、分离,加重底板过分倾斜等。

第七节 土的水理性质及化学性质试验

复习要点:

1. 膨胀试验;收缩试验;毛细管水上升高度试验;渗透试验。
2. 酸碱度试验;烧失量试验;有机质含量试验。

一、土的水理性质试验

(一)土的收缩试验

本试验方法适用于原状土和击实黏质土。

1. 按下式计算起始和收缩过程的含水率：

$$w = \left(\frac{m_t}{m_s} - 1\right) \times 100 \tag{2-1-103}$$

式中：w——起始或某时刻的含水率（%），计算至0.1；

m_t——某时刻称得的试样质量（g）；

m_s——干土质量（g）。

2. 按下式计算线缩率：

$$e_{sL} = \frac{R_t - R_0}{H_0} \times 100 \tag{2-1-104}$$

式中：e_{sL}——线缩率（%），计算至0.01；

H_0——试样原高度（mm）；

R_0——百分表初读数（mm）；

R_t——收缩过程中某时刻百分表读数（mm）。

3. 体缩率按下式计算：

$$e_s = \frac{V_0 - V_1}{V_0} \times 100 \tag{2-1-105}$$

式中：e_s——体缩率（%），计算至0.1；

V_0——试样原体积（环刀容积）（cm^3）；

V_1——试样烘干后的体积（cm^3）。

（二）土中毛细管水上升高度试验

土的毛细管水上升高度是水在土孔隙中因毛细管作用而上升的最大高度。

本试验的目的是测定土的毛细管水上升高度和速度，用于估计地下水位升高时路基被浸湿的可能性和浸湿的程度。

结合道路工程的特点，《公路土工试验规程》（JTG E40—2007）采用直接观测法。该方法适用于确定对道路发生危害的路基土的强烈毛细管水上升高度，即在含水率与上升高度的关系曲线上，取含水率等于塑限时的下部高度为强烈毛细管水上升高度。

（三）渗透试验

1. 常水头渗透试验

（1）目的和适用范围

本试验方法适用于砂类土和含少量砾石的无凝聚性土。

试验用水应采用实际作用于土的天然水。如有困难，允许用蒸馏水或经一般过滤的清水，但试验前必须用抽气法或煮沸法脱气。试验时水温宜高于试验室温度3～4℃。

（2）仪器设备

常水头渗透仪、木锤、秒表、天平等。

（3）试验步骤

①将仪器装好，接通调节管和供水管，使水流到仪器底部，水位略高于金属孔板，关止水夹。

②取具有代表性土样3~4kg,称量,准确至1.0g,并测其风干含水率。

③将土样分层装入仪器,每层厚2~3cm,用木锤轻轻击实到一定厚度,以控制孔隙比。如土样含黏粒比较多,应在金属孔板上加铺约2cm厚的粗砂作为缓冲层,以防细粒被水冲走。

④每层试样装好后,慢慢开启止水夹,水由筒底向上渗入,使试样逐渐饱和。水面不得高出试样顶面。当水与试样顶面平齐时,关闭止水夹。饱和时水流不可太急,以免冲动试样。

⑤如此分层装入试样、饱和,至高出测压孔3~4cm为止,量出试样顶面至筒顶高度,计算试样高度,称剩余土质量,准确至0.1g,计算装入试样总质量。在试样上面铺1~2cm砾石作缓冲层,放水,至水面高出砾石层2cm左右时,关闭止水夹。

⑥将供水管和调节管分开,将供水管置入圆筒内,开启止水夹,使水由圆筒上部注入,至水面与溢水孔齐平为止。

⑦静置数分钟,检查各测压管水位是否与溢水孔齐平,如不齐平,说明仪器有集气或漏气,需挤压测压管上的橡皮管,或用吸球在测压管上部将集气吸走,调置水位齐平为止。

⑧降低调节管的管口位置,水即渗过试样,经调节管流出,此时调节止水夹,使进入筒内的水量多于渗出水量,溢水孔始终有余水流出,以保持筒中水面不变。

⑨测压管水位稳定后,测记水位,计算水位差。

⑩开动秒表,同时用量筒接取一定时间的渗透水量,并重复一次,接水时,调节管出水口不浸入水中。

⑪测记进水和出水处水温,取其平均值。

⑫降低调节管管口至试样中部及下部1/3高度处,改变水力坡降H/L,重复⑧至⑪步骤进行测定。

(4)结果整理

①按下式计算干密度及孔隙比:

$$\rho_d = \frac{m_s}{Ah} \tag{2-1-106}$$

$$e = \frac{G_s}{\rho_d} - 1 \tag{2-1-107}$$

式中:ρ_d——干密度(g/cm^3),计算至0.01;

e——试样孔隙比,计算至0.01;

m_s——试样干质量(g);

$$\rho_d = \frac{m}{1 + w_h} \tag{2-1-108}$$

式中:m——风干试样总质量(g);

w_h——风干含水率(%);

A——试样断面积(cm^2);

h——试样高度(cm);

G_s——土粒相对密度。

②按下式计算渗透系数:

$$k_t = \frac{QL}{AHt} \tag{2-1-109}$$

式中：k_t——水温 t℃时试样渗透系数(cm/s)，计算至三位有效数字；

Q——时间 t 内的渗透水量(cm^3)；

L——两测压孔中心之间的试样高度(等于测压孔中心间距：$L = 10cm$)；

H——平均水位差(cm)；

$$H = \frac{H_1 + H_2}{2}$$

t——时间(s)。

③标准温度下的渗透系数按下式计算：

$$k_{20} = k_t \frac{\eta_t}{\eta_{20}} \tag{2-1-110}$$

式中：k_{20}——标准水温(20℃)时试样的渗透系数(cm/s)，计算至三位有效数字；

η_t——t℃时水的动力黏滞系数(kPa·s)；

η_{20}——20℃时水的动力黏滞系数(kPa·s)；

$\frac{\eta_t}{\eta_{20}}$——黏滞系数比。

④精密度和允许差：一个试样多次测定时，应在所测结果中取3～4个允许差值符合规定的测值求平均值，作为该试样在某孔隙比 e 时的渗透系数。允许差值不大于 2×10^{-n}。

2. 变水头渗透试验

(1)目的和适用范围

本试验方法适用于细粒土。本试验采用的蒸馏水，应在试验前用抽气法或煮沸法进行脱气。试验时的水温，宜高于室温3～4℃。

(2)仪器设备

渗透容器、变水头装置、切土器、温度计、削土刀、秒表、钢丝锯、凡士林。

(3)试验步骤

①将装有试样的环刀装入渗透容器，用螺母旋紧，要求密封至不漏水不漏气。对不易透水的试样，进行抽气饱和；对饱和试样和较易透水的试样，直接用变水头装置的水头进行饱和。

②将渗透容器的进水口与变水头管连接，利用供水瓶中的纯水向进水管注满水，并渗入渗透容器，开排气阀，排除渗透容器底部的空气，直至溢出水中无气泡，关排水阀，放平渗透容器，关进水管夹。

③向进水头管注纯水，使水升至预定高度，水头高度根据试样结构的疏松程度确定，一般不应大于2m，待水位稳定后切断水源，开进水管夹，使水通过试样。当出水口有水溢出时开始测记变水头管中起始水头高度和起始时间，按预定时间间隔测记水头和时间的变化，并测记出水口的温度，准确至0.2℃。

④将变水头管中的水位变换高度，待水位稳定再进行测记水头和时间变化，重复试验5～6次。当不同开始水头测定的渗透(透)系数在允许差值范围内时，结束试验。

(4)结果整理

①干密度及孔隙比计算同常水头渗透试验。

②变水头渗透系数按下式计算：

$$k_t = 2.3\frac{aL}{A(t_2 - t_1)}\lg\frac{H_1}{H_2} \tag{2-1-111}$$

式中：k_t——水温 t℃时试样渗透系数(cm/s)，计算至三位有效数字；

a——变水头管的内径面积(cm^2)；

2.3——ln 和 lg 的变换因数；

L——渗径，即试样高度(cm)；

t_1、t_2——分别为测读水头的起始和终止时间(s)；

H_1、H_2——起始和终止水头；

A——试样的过水面积；

③标准温度下的渗透系数计算同常水头渗透试验。

④精密度和允许差同常水头渗透试验。

(四)黄土湿陷试验

1. 目的和适用范围

本试验的目的是测定黄土(黄土类土)的大孔隙比和相对下沉系数。

2. 仪器设备

固结仪、环刀、透水石、变形量测设备、天平、秒表、烘箱、钢丝锯、刮土刀、铝盒等。

3. 试验步骤

采用相对下沉系数试验中的单线法。

(1)切取5个环刀试样，分别将切好的原状土样的环刀外壁涂一薄层凡士林，然后将刀口向下放入护环内。

(2)将底盘放入容器内，底盘上放透水石，借助提环螺丝将护环放入容器中，土样上面覆以滤纸和透水石，然后放下加压导环和传压活塞，使各部分密切接触，保持平衡。

(3)将加压容器置于加压框架正中，密合传压活塞及横梁，预加1.0kPa的压力，使固结仪各部密切接触，装好百分表，并调整读数至零。

(4)对5个试样均在天然湿度下分级加压，分别加至不同的规定压力，按下述进行试验，直至试样湿陷变形稳定为止。

①去掉预加荷载，立即加上第一级荷载50kPa，在加上砝码的同时开动秒表，按下述时间读百分表读数：10min、20min、30min，以后每1h读数一次，直达到稳定沉降为止。然后加第二级荷载。沉降稳定的标准是每小时变形量不超过0.01mm。

②第二级荷载为100kPa，以后顺次为150kPA、200kPA、…、400kPa，加压间隔为50kPa。荷载加上后，按①规定的时间记录百分表读数至沉降稳定为止。

③5个试样分别在最后一级压力下，达到稳定沉降后，稳定标准为每小时变形不大于0.01mm，而后自试样顶面加水，按①规定的时间间隔记录百分表读数至再度达沉降稳定，稳定标准为每3d变形不大于0.01mm。

(5)记读最后一级荷载下达到假定沉降后的百分表读数。拆除仪器，取下试样，测定其含水率和干密度。

(6)如需测定大孔隙比与压力的关系，用从同一块土切取的另外两个性质相同的土样，测定其密度和含水率。并按以上步骤安装仪器和进行试验。但第一个试样在整个过程中应保持其天然含水率。为此,需用湿棉花覆盖在传压活塞周围。第二个试样在 50kPa 压力下达到沉降稳定,稳定标准为每小时变形不大于 0.01mm。而后自试样顶面加水,直至试样分别在各级压力下浸水变形稳定。稳定标准为每 3d 变形不大于 0.01mm。

(7)为求实际压力下的大孔隙比及相对下沉系数,可按本试验(4)~②和③以及(5)步骤进行试验,求大孔隙比及相对下沉系数的实际最大值。

(8)试验完毕,放掉容器的积水,拆除仪器,取出土样。在试样中心处取土测定其含水率。

4. 结果整理

(1)按下式计算试样的孔隙比:

$$e = \frac{h}{h_s} - 1 \tag{2-1-112}$$

$$h_s = \frac{h_0}{1 + e_0} \tag{2-1-113}$$

式中:e——试样的孔隙比,计算至 0.001;

e_0——试验开始时试样的孔隙比;

h_s——试样土粒体积高度,计算至 0.001(mm);

h——试样高度(mm);

h_0——试验开始时试样的高度(mm)。

(2)按下式计算大孔隙比:

$$e_m = e_p - e'_p \tag{2-1-114}$$

式中:e_m——大孔隙比,计算至 0.001;

e_p——p(kPa)压力时浸水前试样的稳定孔隙比;

e'_p——p(kPa)压力时浸水后试样的稳定孔隙比。

(3)按下式计算相对下沉系数:

$$i_m = \frac{e_m}{1 + e_0} \tag{2-1-115}$$

式中:i_m——相对下沉系数,计算至 0.01。

(五)膨胀试验

1. 自由膨胀率试验

(1)目的和适用范围

自由膨胀率为松散的烘干土粒在水中和空气中自由堆积的体积之差与在空气中自由堆积的体积之比,以百分数表示,用以判定无结构力的松散土粒在水中的膨胀特性。

本试验方法宜用于膨胀土。

(2)仪器设备

玻璃量筒、量土杯、无颈漏斗、搅拌器、天平等。

(3)试验步骤

①取代表性风干土样碾碎,使其全部通过 0.5mm 筛,混合均匀后,取约 50g 放入盛土盒内,移入烘箱,在 105~110℃温度下烘至恒量,取出,放在干燥器内冷却至室温。

②将无颈漏斗装在支架上,漏斗下口对正量土杯中心,并保持距杯口 10mm 距离。

③从干燥器内取出土样，用匙将土样倒入量土杯中，盛满后沿杯口刮平土面，再将量土杯中土样倒入匙中，把量土杯放在漏斗下口正中处。将匙中土样一次倒入漏斗，用细玻璃棒或铁丝轻轻搅动漏斗中土样，将其全部漏下，然后移开漏斗，用平口刀垂直于杯口轻轻刮去多余土样（严防震动），称记杯中土质量。

④按步骤③规定，称取第二个试样，进行平行测定，两次质量差值不得大于0.1g。

⑤将量筒置于试验台上，注入蒸馏水30mL，并加入5mL5%的分析纯氯化钠溶液，然后将量土杯中的土样倒入量筒内。

⑥用搅拌器搅拌量筒内悬液，搅拌器应上至液面下至底，搅拌10次（时间约10s），取出搅拌器，将搅拌器上附着的土粒冲洗入量筒，并冲洗量筒内壁，使量筒内液面约至50mL刻度处。

⑦量筒中土样沉积后约每隔5h，记录一次试样体积，体积估读至0.1mL。读数时要求视线与土面在同一平面上，如土面倾斜，取高低面读数的平均值。当两次读数差值不大于0.2mL时，即认为膨胀稳定。用此稳定读数计算自由膨胀率。

(4)结果整理

①按下式计算土样的自由膨胀率：

$$\delta_{ef} = \frac{V - V_0}{V_0} \times 100 \tag{2-1-116}$$

式中：δ_{ef}——自由膨胀率（%），计算至1%；

V——土样在量筒中膨胀稳定后的体积（mL）；

V_0——量土杯容积（mL），即干土自由堆积体积。

②精密度和允许差

本试验应作两次平行测定，取其算术平均值，其平行差值应为：$\delta_{ef} \geq 60\%$时不大于8%；$\delta_{ef} < 60\%$时不大于5%。

2. 无荷载膨胀率试验

(1)目的和适用范围

本试验用于测定试样在无荷载有侧限条件下，浸水后在高度方向上单向膨胀与原高度的比值，这一比值称膨胀率，以百分数表示。

本试验方法适用于测定原状土和击实土样的无荷载膨胀率，供评价黏质土膨胀势能时参考。

(2)仪器设备

膨胀仪、固结仪、百分表、天平、烘箱、干燥器、瓷钵、修土刀、秒表、表面皿等。

(3)试验步骤

①按工程需要取原状土或制备成所需状态的扰动土样，整平其两端；在环刀内壁涂一薄层凡士林，刃口向下，放在土样上。用修土刀将土样修成稍大于环刀直径的土柱，将环刀垂直下压，边压边修，直至土样进入环刀内的厚度超过1cm时为止。

②齐环刀刃口将土样修平，用顶土块从刃口端顶入，齐环刀钝口将顶出的余土修去，制成厚度为20mm的试样。取出顶土块，擦净环刀外壁，称环、土总质量，准确至0.01g。

③在底座中置湿润的透水石1块，将环刀钝口端旋在底座上，使试样底面与透水石顶面接触，然后一并放到水盆中。

④将有孔活塞板放在试样顶面上，对准活塞中心，将百分表装好，并记录百分表读数。

⑤注纯水入盆,盆内水面须经常保持约与试样底面高度齐平。

⑥记下开始注水时间,按 5min、10min、20min、30min、1h、2h、3h、24h 及以后每隔 24h 测记百分表读数,直至试样不再膨胀为止。

⑦移去百分表,将试样从环刀内推出,放入表面皿中,称皿土合质量,准确至 0.01g。

⑧将试样入烘箱,烘至恒量。取出,放在干燥器内,待冷却后称量,准确至 0.01g。

(4)结果整理

①按下式计算任一时间的膨胀率:

$$\delta_e = \frac{\Delta H}{H_0} \times 100 \tag{2-1-117}$$

$$\Delta H = R_t - R_0 \tag{2-1-118}$$

式中:δ_e——时间 t 时土的无荷载膨胀率(%),计算至 0.1;

ΔH_0——时间 t 时试样膨胀的增量(mm);

H_0——试样的起始高度(mm);

R_t——时间 t 时百分表读数(mm);

R_0——试验开始时百分表读数(mm)。

②按下式计算试验前的含水率 w_i 及孔隙比 e_0:

$$w_i = \frac{m - m_s}{m_s} \times 100 \tag{2-1-119}$$

$$e_0 = \frac{\rho_s}{\rho_{d0}} - 1 \tag{2-1-120}$$

式中:w_i——试验前含水率(%),计算至 0.1;

e_0——试验前的孔隙比,计算至 0.01;

m——试验前湿土质量(g);

m_s——干质土量(g);

ρ_s——土粒密度(g/cm^3);

ρ_{d0}——试验前试样干密度(g/cm^3)。

③按下式计算膨胀稳定后含水率 w_H 及孔隙比 e_H:

$$w_H = \frac{m_H - m_s}{m_s} \times 100 \tag{2-1-121}$$

$$e_H = \frac{\rho_s}{\rho_{dH}} - 1 \tag{2-1-122}$$

式中:w_H——膨胀稳定后含水率(%),计算至 0.1;

e_H——膨胀稳定后孔隙比,计算至 0.01;

m_H——膨胀稳定后湿土质量(g);

ρ_{dH}——膨胀稳定后干密度(g/cm^3)。

④精密度和允许差

本试验应作两次平行测定,取其算术平均值,其平行差值应为:$\delta_e \geq 10\%$ 时不大于 1%;$\delta_e < 10\%$ 时不大于 0.5%。

3. 有荷载膨胀率试验

(1)目的和适用范围

为了模拟覆盖压力或某一特定荷载条件，可按实际荷载大小做有荷载有侧限的膨胀率试验，或做不同荷载下的膨胀率试验。

本试验方法适用于测定原状土或击实黏质土在特定荷载下的膨胀率，或测定荷载与膨胀的关系曲线。

(2)仪器设备

膨胀仪、固结仪、百分表、天平等。

(3)试验步骤

①、②同无荷载膨胀率试验步骤①、②。

③试样放入容器后，放上透水石和盖板，安装百分表，施加1kPa的压力，使仪器各部分接触。百分表短针对准整数3或4，长针为零，记下初读数。

④一次或分级连续施加所要求的荷载。待每小时变形不超过0.01mm时，即认为变形稳定，随后向容器注入蒸馏水，并始终保持水面超过土样顶面约5mm，使试样自下而上浸水。

⑤浸水后每隔2h测记百分表读数一次，至两次差值不超过0.01mm时为止。

⑥放水，解除荷载，取出试样，擦干环壁及其他表面水，称量，烘干，计算膨胀后含水率和孔隙比。

⑦需要时，可在膨胀稳定后，按砝码的具体情况，分3~4个等级，逐次退荷到零，并测定各级荷载下的膨胀稳定值。

(4)结果整理

①按下式计算有荷载膨胀率：

$$\delta_{ep} = \frac{R_t + R_p - R_0}{H_0} \times 100 \tag{2-1-123}$$

式中：δ_{ep}——荷载P(kPa)荷载下的膨胀率(%)，计算至0.1；

H_0——试样的初始高度(mm)；

R_t——荷载P(kPa)荷载下膨胀稳定后的百分表读数(mm)；

R_p——荷载P(kPa)荷载下仪器的压缩变形量(mm)；

R_0——试样加荷前百分表读数(mm)。

②精密度和允许差

本试验应作两次平行测定，取其算术平均值，其平行差值应为：$\delta_{ep} \geq 10\%$时不大于1%；$\delta_{ep} < 10\%$时不大于0.5%。

4.膨胀力试验

(1)目的和适用范围

膨胀力是土体在吸水膨胀时所产生的内应力。本试验用于测定试样在体积不变时由于膨胀所产生的最大内应力。

本试验方法适用于原状土和击实土试样，采用加荷平衡法。

(2)仪器设备

单轴固结仪、环刀、透水石、变形量测设备、天平、秒表、烘箱、钢丝锯、刮土刀、铝盒等。

(3)试验步骤

①按单轴固结试验有关步骤制样、装样。

②施加1kPa的预压力，使试样与仪器各部接触。安好百分表，调整指针位置，记下初读

数。随后自下而上地向容器注入蒸馏水，并始终保持水面足够低，而不致使试样受到太大的上浮力。

③当百分表指针顺时针转动时，说明土体开始膨胀，立即往盛砂桶加适量铁砂，使百分表指针回到初读数。加铁砂要避免冲击力。

④及时称余砂重（铁砂总重－余砂重＝平衡荷重）。当平衡荷重足以产生仪器变形时，在加下一级平衡荷重时，百分表指针应反方向转动以扣除与该级平衡荷重相应的仪器变形量。

⑤当测试时间过长需要中断试验时，可用杠杆上下的固定螺旋或磅秤上的制动栓，在维持百分表指针不变条件下，将其固定，以保证中断期间试样不发生膨胀变形。

⑥维持某级平衡荷重达2h或更长而得到恒定试样高度时，则试样在该级平衡荷重下达到稳定。

⑦试验结束后，吸去容器内水，卸载荷重，取出试样，称试样质量，并测定其含水率。

(4)结果整理

①膨胀力按下式计算：

$$P_e = \frac{W \times m}{A} \tag{2-1-124}$$

式中：P_e——膨胀力(kPa)，计算至0.1；

W——总平衡荷重(N)；

A——试样面积(cm^2)；

m——加压设备的杠杆比。

②精密度和允许差

本试验应作两次平行测定，取其算术平均值，其平行差值应为：$P_e \geqslant 30$kPa时不大于5kPa；$P_e < 30$kPa时不大于2kPa。

二、土的化学性质试验

(一)酸碱度试验

1. 目的和适用范围

本方法适用于各类土，其目的是测定土的酸碱度。

2. 仪器设备

酸度计、电动震荡仪、天平等。

3. 试验步骤

(1)酸度计的校正：在测定土样前应按照所用仪器的使用说明书校正酸度计。

(2)土悬液的制备：称取通过1mm筛的风干土样10g，放入广口瓶中，加水50mL(土水比1:5)。在振荡器上振荡3min。静置30min。

(3)土悬液pII值的测定：将25～30mL的土悬液盛于50mL烧杯中，将该烧杯移至电磁搅拌器上。再向该烧杯中加入一只搅拌子。然后将已校正完毕的玻璃电极、甘汞电极(或复合电极)插入杯中，开动电磁搅拌器搅拌2min，从酸度计的表盘(或数字显示器)上直接测定出pH值，准确至0.01。测记土悬液温度。进行温度补偿操作。

(4)测定完毕，应关闭酸度计和电磁搅拌器的电源，用水冲洗电极，并用滤纸吸干电极上粘附的水。若一批试验测完后第二天仍继续测定的话，可将玻璃电极部分浸泡在纯水中。

4. 精密度和允许差

酸碱度试验 pH 值的测定结果要求两次称样平行测定结果允许偏差为 0.1。

(二)烧失量试验

1. 目的和适用范围

本方法适用于各类土，其目的是测定土经高温灼烧后的损失量。

2. 仪器设备

高温炉、分析天平、瓷坩埚、干燥器、坩埚钳等。

3. 试验步骤

(1)先将空坩埚放入升温至 950℃ 的高温炉中灼烧 0.5h，取出稍冷(0.5 ~ 1min)，放入干燥器中冷却 0.5h，称量。

(2)称取通过 1mm 筛孔的烘干土(在 100 ~ 105℃ 烘干 8h)1 ~ 2g(称准到 0.000 1g)，放入已灼烧至恒温的坩埚中，把坩埚放入未升温的高温炉内，斜盖上坩埚盖。徐徐升温至 950℃，并保持恒温 0.5h，取出稍冷，盖上坩埚盖。放入干燥器内，冷却 0.5h 后称量。重复灼烧称量，至前后两次质量相差小于 0.5mg，即视为恒量。至少做一次平行试验。

4. 结果整理

烧失量按下式计算：

$$\text{烧失量}(\%) = \frac{m - (m_2 - m_1)}{m} \times 100 \tag{2-1-125}$$

式中：m——烘干土样质量(g)；

m_1——空坩埚质量(g)；

m_2——灼烧后土样 + 坩埚质量(g)。

(三)有机质含量试验

土的有机质是以碳、氢、氧、氮为主体，还有少量的硫、磷以及金属元素等组成的有机化合物的统称。

1. 目的和适用范围

本试验的目的在于了解土中有机质的含量。本试验方法适用于有机质含量不超过 15% 的土。测定方法采用重铬酸钾容量法——油浴加热法。

2. 仪器设备

分析天平、电炉、油浴锅、温度计。

3. 试验步骤

(1)用分析天平准确称取通过 100 目筛的风干土样 0.100 0 ~ 0.500 0g，放入一干燥的硬质试管中，用滴定管准确加入 0.075 0mol/L $\frac{1}{6}K_2Cr_2O_7 - H_2SO_4$ 标准溶液 10mL(在加入 3mL 时摇动试管使土样分散)，并在试管口插入一小玻璃漏斗，以冷凝蒸出之水气。

(2)将8~10个已装入土样和标准溶液的试管插入铁丝笼中(每笼中均有1~2个空白试管),然后将铁丝笼放入温度为185~190℃的石蜡油浴锅中,试管内的液面应低于油面。要求放入后油浴锅内油温下降170~180℃,以后应注意控制电炉,使油温维持在170~180℃,待试管内试液沸腾时开始计时,煮沸5min,取出试管稍冷,并擦净试管外部油液。

(3)将试管内试样倾入250mL锥形瓶中,用水洗净试管内部及小玻璃漏斗,使锥形瓶中的溶液总体积达60~70mL,然后加入邻菲咯啉指示剂3~5滴,摇匀,用硫酸亚铁标准溶液滴定,溶液由橙黄色经蓝绿色突变为橙红色即为终点,记下硫酸亚铁标准溶液的用量,精确至0.01mL。

(4)空白标定:即用灼烧土代替土样,取2个试样,其他操作均与土样试验相同,记下硫酸亚铁用量。

4. 结果整理

有机质含量按下式计算:

$$有机质(\%)=\frac{C_{FeSO_4}(V'_{FeSO_4}-V_{FeSO_4})\times 0.003\times 1.724\times 1.1}{m_s} \tag{2-1-126}$$

式中:C_{FeSO_4}——硫酸亚铁标准溶液浓度(mol/L);

V'_{FeSO_4}——空白标定时用去的硫酸亚铁标准溶液的量(mL);

V_{FeSO_4}——测定土样时所用去的硫酸亚铁标准溶液的量(mL);

m_s——土样质量(将风干土换算为烘干土)(g);

0.003——1/4碳原子的摩尔质量(g/mol);

1.724——有机碳换算成有机质的系数;

1.1——氧化校正系数。

复习思考题

一、判断题

1. 不规则土样可以用环刀法测定其天然密度。 (　)
2. 土的含水率是土中水的质量与土的质量之比。 (　)
3. 含石膏土土样的含水率测试方法与其他土样一样。 (　)
4. 压缩系数在$\Delta h\sim\Delta p$曲线上求得。 (　)
5. 压缩指数在$\Delta e\sim\Delta p$曲线上求得。 (　)
6. CHS为含砾低液限粉土。 (　)
7. 水析法适用于0.075MM~0.002MM粒径的土。 (　)
8. 液塑限联合测定液限后,无论对细粒土还是粗粒土其计算入土深度的公式是一样的。 (　)
9. 搓条法中只要土体断裂,此时含水率就是塑限含水率。 (　)
10. 使用EDTA滴定法测定水泥或石灰剂量时所用的标准曲线是上级发的。 (　)

11. 土的压缩性表现的是水的排出。 ( )

12. 同一土体在不同击实功的条件下，其最大干密度不变。 ( )

13. 直剪试验中慢剪试验方法是指：先使试样在法向压力作用下完全固结，然后慢速施加水平剪力直至土样破坏。 ( )

14. 压缩试验是研究土体一维变形特性的测试方法。 ( )

15. 压缩试验中土的压缩主要是孔隙体积的减小，所以关于土的压缩变形常以其孔隙比的变化来表示，试验资料整理为 e ~ p 曲线或 e ~ lgp 曲线。 ( )

16. 击实试验利用标准化的击实仪具，试验土的密度和相应的含水率的关系，用来模拟现场施工条件下，获得路基土压实的最大干密度和相应的最佳含水率。 ( )

17. 土的液限含水量是表示土的界限含水量的唯一指标。 ( )

18. 在进行无荷载膨胀量试验中，测定试样是在无侧限条件下，浸水后在高度方向上单向膨胀与原高度的比值，即膨胀量。 ( )

19. 测定土的含水率就是测土中自由水的百分含量。 ( )

20. 对于疏松的砂和含水率大的软黏土抗剪强度的破坏标准是以 15% 的应变量相应的应力。 ( )

21. 塑性图是以液限含水率为横坐标，塑性指数为纵坐标，对细粒土进行工程工程分类的图。 ( )

22. 颗粒分析试验是为测得土中不同粒组的相对百分比含量。 ( )

23. 击实试验的原理与压缩试验的原理一样都是土体受到压密。 ( )

24. 一般对黏性土地基用液性指数和天然孔隙比确定地基的容许承载力。 ( )

25. 土的物理性质指标是衡量土的工程性质的关键。 ( )

26. 对细粒组质量超过 5% ~15% 的砂类土的分类应考虑塑性指数和粒度成分。 ( )

27. 测试含水率时，酒精燃烧法在任何情况下都是适用的。 ( )

28. 影响击实效果的主要因素只有含水率。 ( )

29. 做击实试验时，击实筒可以放在任何地基上。 ( )

30. 工程试验检测原始记录一般用铅笔填写。 ( )

31. 土中的空气体积为零时，土的密度最大。 ( )

32. 环刀法适用于测定粗粒土的密度。 ( )

33. 用比重计法对土进行颗粒分析时，悬液配置过程中必须加六偏磷酸钠。 ( )

34. 相对密度是一种最科学、合理地评价粗粒土状态的方法，所以工程上总是采用该指标评价粗粒土的状态。 ( )

35. 塑性指数是指各种土的塑性范围大小的指标。 ( )

36. 工土试验时，所取试样质量越大越好，否则试样就不具有代表性。 ( )

37. 同一种土体在不同的击实功条件下，其最佳含水率不变。 ( )

38. 通常在孔隙比 e 一定的情况下，土体各密度之间的关系为：饱和密度 ρ_{sat} ≥ 天然密度 ρ ≥ 干密度 ρ_d > 浮密度 ρ'。 ( )

39. 土体界限含水率之间的关系为：$w_L > w_P > w_S$。 ( )

40. 土中孔隙体积与土粒体积之比称为孔隙率。 ( )

41. 膨胀量是土体在吸水膨胀时所产生的内应力。 ( )

42. 含水率的定义是指土中毛细水的重量与土体总重的百分比。（　）

43. 在直剪试验当中，对同一土体分别作快剪与慢剪试验，所测得的结果 c、φ 值相等。（　）

44. 同一种土体在不同击实功的条件下，其最大干密度不变。（　）

45. 直剪试验方法可以分为快剪、固结快剪及慢剪三种。（　）

46. 击实试验试样制备分干法和湿法两种，两种制样所得击实结果是一样的。（　）

47. 在做击实试验时，如遇有超粒径的土颗粒，则只需将其取出，然后再进行击实即可。（　）

48. CBR 值是指试料贯入量为 2.5mm 或 5.0mm 时的单位压力。（　）

49. 环刀法既可以测细粒土的密度，也可以测粗粒土的密度。（　）

50. 做筛分试验时，应首先过 5mm 筛。（　）

51. 土的压缩系数因次为$(kPa)^{-1}$。（　）

52. 试判断下列关系式正确与否？$\rho_{sat}>\rho>\rho_d>\rho'$（　）

53. 击实试验结果整理中，取几组数据中干密度最大的为该土样的最大干密度，其对应的含水量为最佳含水率。（　）

54. d_{60}表示通过百分率为 60% 时在累计曲线上对应的粒径。（　）

55. 土样含水率测定必须做平行试验。（　）

56. 为了给某细粒土定名，必须做它的颗粒分析试验。（　）

57. 做压缩试验时，土样制备应首先过 2mm 筛。（　）

58. 击实试验结果整理中，不用做击实曲线也能得到最大干密度和最佳含水率。（　）

59. 累计曲线范围越广，则土样级配一定越好。（　）

60. 土样含水率试验中，土样的量越大，其测量结果的相对误差也越大。（　）

61. 土的含水率的定义是水的质量比上干土质量。（　）

62. 对有机质土，酒精燃烧法仍可适用。（　）

63. 相对密度试验是用来测定黏土的密实程度的。（　）

64. MgO 含量小于等于 4% 时为钙质消石灰。（　）

65. CBR 试验单位压力随贯入深度的增加而增加。（　）

66. 含有机质的低液限黏土代号为 CLO。（　）

67. CBR 试验精度要求：变异系数 $C_V \not> 12\%$，干密度 ρ_d 偏差$\not>0.03G/CM^3$。（　）

68. 比重计进行“颗分”时土样的分散处理是根据土样 PH 值的大小分别加如不同的分散剂。（　）

69. 测定密度的难点是所求土样的体积。（　）

70. 击实试验结果中，最大密度所对应的干密度是所作土的最大干密度。（　）

71. 土由塑性体状态向半固体状态过渡的界限含水率称为流限。（　）

72. 土的颗粒大小叫土的粒度成分。（　）

73. 土的颗粒大小分析方法是筛分法和比重计法两种。（　）

74. 土的级配系数反映了大小不同粒组分布情况。（　）

75. 土的级配良好，土颗粒的大小组成均匀。（　）

76. 土的压缩试验中土体的减小主要是固体颗粒的变化引起的。（　）

77. 土的含水率是指土中自由水重与固体颗粒重之比。 ( )

78. 土中孔隙体积与固体颗粒体积之比叫土的孔隙比。 ( )

79. 土的干密度是指土固体颗粒单位体积的重量。 ( )

80. 土从液体状态向塑性体状态过渡的界限含水率称为塑限。 ( )

81. 当砂土的天然孔隙比 $e = e_{max}$ 时，$D_r = 0$，说明砂土处于最疏松状态。 ( )

82. 土的塑液限联合测定试验中，在 $h - w$ 图上，$h = 20$mm 所对应的含水率 w，即为该土的液限 w_L。 ( )

83. 土的塑液限联合测定试验时所得到的三个锥入深度 h_1、h_2、h_3 是100g 平衡锥停止下落时的锥入深度。 ( )

84. 土的颗粒特征是指土粒大小、粒度成分。 ( )

85. 细粒土的分类是按塑性图分类。 ( )

86. 土粒越小，在静水中沉降速度越快。 ( )

87. 斯托克斯定律认为土粒直径越大，在静水中沉降的速度越慢。 ( )

88. 土中含水率高低是土的工程分类依据之一。 ( )

89. 土的塑性指数 I_P 越大，说明土颗粒越粗。 ( )

90. 含砂的高液限黏土代号是“CLG”。 ( )

91. “重击”试验结果，干密度与含水率关系图中，含水率指预加的含水率。 ( )

92. 土的空气体积等于零时，土的密度最大。 ( )

93. 土的粒组划分，粗、细粒土是以 2mm 为分界点。 ( )

94. 土的压缩主要是孔隙体积的减小。 ( )

95. CBR 试验土样的评定是以土的最大干密度为标准的。 ( )

96. 土的压缩试验是土体在有侧限的条件下做的； ( )

97. 土的密度大，密实度就一定大。 ( )

98. 土的三相比例随季节温度，荷重等的变化，工程性质也不同，当固体 + 气体(液体 = 0)时为干土。 ( )

99. 土粒的矿物成分：为原生矿物和次生矿物。 ( )

100. 土的巨粒组与粗粒组是以 60mm 粒径分界。 ( )

101. 蜡封法测密度，封蜡的目的是防止水渗入土样孔隙中。 ( )

102. 土的塑性指数 I_P 大，说明土的塑性高。 ( )

103. 土的工程分类粗细划分，其粒径指圆孔筛筛分结果。 ( )

104. 比重计法“颗分”分散剂的校正值是以正值计入。 ( )

105. 任何土都可以用密度来评价密实状态。 ( )

106. 含有机质高液限黏土的代号是“CHO”。 ( )

107. 重型击实试验，干密度与含水率关系图中，峰值点对应的纵坐标为最大干密度。 ( )

108. 土的空气体积等于零说明土的饱和度等于零。 ( )

109. CBR 试验单位压力随贯入深度增加而增加。 ( )

110. 土的液性指数 $I_L < 0$ 时，土为坚硬、半坚硬状态。 ( )

111. 应变控制式直剪仪是等速推动剪切容器，使土样等速位移受剪。 ( )

112. 黏性土的抗剪强度一般都会随剪切速度的加快而减少。（　）
113. 土的工程分类及路面基层所提的粗粒、细粒土概念相同。（　）
114. 粗粒土的密度测试适宜用环刀法。（　）
115. 甲种比重计（密度计）：刻度 -5 ~ 50，最小分度值为0.5。（　）
116. 乙种比重计（密度计）：(20C/20C)刻度为0.995 ~ 1.020，最小分度值为0.0002。（　）
117. 路基路面检测原始记录应集中保管，保管期一般不得少于两个月。（　）
118. 土的颗粒直径越大，其压缩性越小。（　）
119. 土中气体都是自由气体，其孔隙与大气连通。（　）
120. 土的天然密度即为天然状态下单位体积的土质量。（　）
121. 黏性土含水率愈高，其压缩性愈小。（　）
122. 土的饱和容重指孔隙全部充满水时的容重。（　）

二、单项选择题

1. 土粒比重 G_s 的定义式为：

A. $\frac{m_s}{V_s \cdot \rho_w}$　　B. $\frac{m}{V\rho_w}$　　C. $\frac{m_s}{V \cdot \rho}$　　D. $\frac{m}{V_s\rho_w}$

2. 干密度 ρ_d 的定义式为：

A. $\frac{m}{V_s}$　　B. $\frac{m_s}{V}$　　C. $\frac{m_s}{V_s}$　　D. $\frac{m}{V}$

3. 相对密度 D_r 的定义式为：

A. $\frac{e_{max} - e}{e_{max} - e_{min}}$　　B. $\frac{e - e_{min}}{e_{max} - e_{min}}$　　C. $\frac{e_{max} - e_{min}}{e_{max} - e}$　　D. $\frac{e_{max} - e_{min}}{e - e_{min}}$

4. 砾的成分代号为：

A. B　　B. C　　C. G　　D. S

5. 含石膏的含水率测试时，烘干温度为：

A. 75 ~ 80℃　　B. 60 ~ 70℃　　C. 105 ~ 110℃　　D. 110 ~ 120℃

6. 含石膏的含水率测试时，烘干时间为：

A. 4h　　B. 6h　　C. 8h　　D. 12 ~ 15h 以上

7. 水泥稳定土的含水率测试时，烘箱温度开时为：

A. 室温　　B. 60 ~ 70℃　　C. 75 ~ 80℃　　D. 105 ~ 110℃

8. 含水率低于缩限时，水分蒸发时土的体积为：

A. 不再缩小　　B. 缩小　　C. 增大　　D. 不详

9. 液塑限联合测定义测试数据表示在____图形上。

A. $h \sim w$　　B. $\lg h \sim w$　　C. $\lg h \sim \lg w$　　D. $h\text{-}\lg w$

10. 直剪试验的目的是测定：

A. τ, σ　　B. φ, c　　C. T, N　　D. τ, γ

11. 击实试验的目的是测定：

A. $w_{OP}\ \rho_{dmax}$　B. $w\ \rho$　C. $w\ \rho_d$　D. $w_p\ \rho$

12. 直剪试验得到的库仑公式是：

A. $F = fN + C$　B. $F = fN$　C. $\tau_f = c + \sigma\tan\varphi$　D. $\tau = G\gamma$

13. 压缩试验中在什么曲线上确定先期固结压力 PC。

A. $e \sim p$　B. $e \sim \lg p$ 曲线　C. $\lg e \sim \lg p$ 曲线　D. $h - \lg\omega$

14. 自由膨胀率是指：

A. 土粒在水中的自由堆积体积与在空气中自由堆积体积之比

B. 土粒在空气中自由堆积体积与在水中的自由堆积体积之比

C. 土粒在水中和空气中分别自由堆积的体积之差与在空气中自由堆积体积之比

D. 土粒在空气中自由堆积体积与在水中和空气中分别自由堆积的体积之差之比

15. 压缩试验中，稳定标准时间是：

A. 12h　B. 24h　C. 48h　D. 一周以上

16. 校核者必须认真核对检测数据，校核量不得少于所检测项目的______。

A. 3%　B. 4%　C. 5%　D. 6%

17. 土中的水可以分为：______。

A. 自由水与结合水　B. 重力水与结合水

C. 毛细水与重力水　D. 毛细水与结合水

18. 土的压缩试验中试样体积的变化是：

A. 空气体积压缩　B. 水体积压缩

C. 孔隙体积的减小　D. 土颗粒体积压缩

19. 击实试验中，至少应制备的不同含水率试样为：

A. 3 个　B. 4 个　C. 5 个　D. 6 个

20. 土粒密度的单位是：

A. kN/m^3　B. kg/m^3　C. 无　D. kPa

21. 对于坚硬易碎的黏性土，欲求其天然密度宜采用____。

A. 环刀法　B. 灌砂法　C. 蜡封法　D. 灌水法

22. 受表面张力作用而在土层中运动的水是____。

A. 化学结晶水　B. 毛细水　C. 重力水　D. 结合水

23. 测定水泥稳定土的含水量时要在____条件下烘干。

A. 先放入烘箱同时升温到 105° ~ 110°

B. 提前升温至 105° ~ 110°

C. 先放入烘箱同时升温到 75° ~ 80°

D. 提前升温至 75° ~ 80°

24. 已知某土层的 $P_c > P_z$（P_c 为先期固结压力，P_z 为土的自重）判断该土层属于____状态。

A. 正常固结　B. 欠固结　C. 超固结　D. ABC 都不是

25. 土的缩限含水率是指____的界限含水率。

A. 塑态转为流态　B. 半固态转固态

C. 塑态转固态　D. 半固态转塑态

26. 在进行试样常水头渗透试样中,渗透系数的计算公式为:

A. $K_T = \frac{Q}{AJ_t}$　B. $K_T = \frac{QA}{J_t}$　C. $K_T = k_{20}\frac{\eta_T}{\eta_{20}}$　D. $K_T = \frac{QL}{AH_t}$

27. 土的压缩主要是____的减小。

A. 含水率　B. 土的比重　C. 土的孔隙体积　D. 固体颗粒

28. 反应软黏土原状结构强度的指标是____。

A. 灵敏度　B. 内摩擦角　C. 内聚力　D. 粒径大小

29. 某路基填土施工建筑速度快,土层排水不良,欲验算其稳定性,c、φ 指标应采用____。

A. 固结快剪　B. 快剪　C. 慢剪　D. 固结快剪和快剪

30. 含水率测试时,求得土中水的百分含量是____。

A. 弱结合水　B. 强结合水

C. 自由水和部分结合水　D. 化学结合水

31. 界限含水率可以____。

A. 评价各种土的状态　B. 评价黏性土的状态

C. 评价砂性土的状态　D. 评价砾类土的状态

32. 界限含水率测试时____。

A. 考虑土的结构　B. 未考虑土的结构

C. 无法确定土的结构　D. 考虑不考虑土的结构都行

33. 相对密度是用来评价____土的密实状态。

A. 各种　B. 黏性　C. 砂性　D. 砾类

34. 酒精燃烧法测定含水率需燃烧试样的次数为____。

A. 3 次　B. 5 次　C. 2 次　D. 4 次

35. 灌砂法测定土的密度之前,要求标定的内容有____。

A. 一项　B. 两项　C. 三项　D. 四项

36. 击实试验试样制备干法和湿法两种,两种制样所得击实结果应该____。

A. 相同　B. 干法 ρ_{dmax} 不小于湿法 ρ_{dmax}

C. 干法 ρ_{dmax} 不大于湿法 ρ_{dmax}　D. 不一定

37. 击实试验结果整理时,若有超粒径的土颗粒,则____。

A. 均可按照规范的公式修正

B. 超粒径百分含量小于 30% 可以按规范公式修正

C. 不需进行修正

D. 修正不修正都可以

38. 密度测定求算术平均值时,其平行差值不得大于____。

A. 0.01g/gm^3　B. 0.02g/cm^3　C. 0.03g/cm^3　D. 0.04g/cm^3

39. 环刀法可以测定____土的密度。

A. 细粒土　B. 粗粒土　C. 坚硬脆性土　D. 砾石土

40. 经试验测定,某土层 $P_c < P_z$(P_c 为先期固结压力、P_z 为土的自重压力),则该土层是____土。

A. 正常固结　B. 欠固结　C. 超固结　D. 无法确定

41. 对含有少量碎石的黏性土，欲求其天然密度宜采用____。

A. 环刀法　B. 灌砂法　C. 蜡封法　D. 筛分法

42. 下列关系式正确的为：（w_p 为塑限、w_L 为液限，w_s 为缩限）

A. $w_p > w_L > w_s$　B. $w_s > w_L > w_p$

C. $w_L > w_s > w_p$　D. $w_L > w_p > w_s$

43. 对于同一种土样，在孔隙比一定的情况下，下列关系式正确的是：

A. $\rho > \rho_d > \rho_{sat}$　B. $\rho_{sat} > \rho' > \rho$

C. $\rho_{sat} \geqslant \rho > \rho'$　D. $\rho > \rho' \geqslant \rho_d$

44. 在用标准烘干法烘干含有机质小于5%的土时，应将温度控制在____范围。

A. 105～110℃　B. 200℃以上　C. 60～70℃　D. 150℃以上

45. 对同一种土体分别用直剪试验的三种剪切方法进行试验，所得内摩擦角最小的为____。

A. 快剪　B. 慢剪　C. 固结快剪　D. 不确定

46. 工程上含水率的定义为____的质量与土粒质量之比的百分数。

A. 结合水和自由水　B. 结合水　C. 自由水　D. 液相

47. 反映天然含水率与界限含水率关系的指标为____。

A. w_L　B. w_p　C. I_p　D. I_L

48. 液性指数主要应用于评价____。

A. 各种土的状态　B. 砂土的状态

C. 细粒土的状态　D. 粗粒土的状态

49. 液限与塑限的测定皆是用____测定的。

A. 重塑土　B. 原状土　C. 饱和土　D. 黄土

50. 相对密度主要是用来评价____。

A. 各种土的状态　B. 细粒土的状态

C. 粗粒土的状态　D. 黏性土的状态

51. 土中的结晶在常温下水属____。

A. 固相　B. 液相　C. 气相　D. 结合水

52. 在测定含水率过程中，当用各种测试方法所得结果不一样时，应以____为准。

A. 酒精燃烧法　B. 标准烘干法

C. 碳化钙气压法　D. 比重瓶法

53. 当用各种方法测定土的密度的值不同时，应以____为准。

A. 环刀法　B. 灌砂法　C. 蜡封法　D. 现场试坑法

54. 密度试验须进行二次平行测定，取其算术平均值，其平行差值不得大于____。

A. 0.03g/cm^3　B. 0.01g/cm^3　C. 0.02g/cm^3　D. 0.05g/cm^3

55. 对同一种土体分别用直剪试验的三种方法进行试验，所得内摩擦角最大的为____。

A. 快剪　B. 慢剪　C. 固结快剪　D. 不确定

56. 在用标准烘干法烘干含有机质大于5%的土时，应将温度控制在____范围。

A. 105～110℃　B. 200℃以上　C. 60～70℃　D. 150℃以上

57. 土的缩限含水率是指____的界限含水量。

A. 塑态转半流态　　B. 半固态转固态
C. 塑态转半固态　　D. 半流态转流态

58 规范中将土分为:巨粒土、粗粒土、细粒土和____。

A. 黏粒土　B. 软土　C. 特殊土　D. 有机质土

59. 对某砂质土进行颗粒分析试验,已知小于0.075mm 的百分含量不超过10%,则最适合该土样的分析方法为(　)

A. 干筛法　B. 湿筛法　C. 沉降分析法　D. 组合筛分法

60. 测试现场粗粒土或细粒土的密度,最适合的方法为(　)

A. 灌水法　B. 灌砂法　C. 蜡封法　D. 环刀法

61. 击实试验中,至少应制备的不同含水率试样为(　)

A. 4 个　B. 5 个　C. 6 个　D. 3 个

62. 土样制备时过 0.5mm 筛的试验为(　)

A. 击实试验　　B. 压缩试验
C. 界限含水量试验　　D. 剪切试验

63. 以下指标中不属于土的试验指标的是(　)

A. 土的密度　B. 土的干密度　C. 含水率　D. 土粒密度

64. 烘干法中烘箱的标准温度为(　)

A. 100 ~ 105℃　　B. 105 ~ 110℃
C. 95 ~ 100℃　　D. 110 ~ 115℃

65. 在土工试验规程中,粗粒组的粒经范围为(　)

A. 2 ~ 60mm　　B. 0.075 ~ 2mm
C. 0.075 ~ 60mm　　D. 60 ~ 200mm

66. 试验结果表明,砂类土的内摩擦角随试样干密度的增加而____。

A. 减小　B. 增大　C. 不变　D. 不定

67. 室内 CBR 试验,试件应饱水的昼夜数为(　)

A. 1　B. 2　C. 3　D. 4

68. 相对密度主要用来评价(　)

A. 各种土的状态　　B. 细粒土的状态
C. 粗粒土的状态　　D. 巨粒土的状态

69. 某细粒土中含砂 25%,$W_P = 18.0\%$,$W_L = 42.0\%$ 则定名为(　)

A. ML　B. MLS　C. CL　D. CLS

注:其中 M-粉土,L-低液限,S-砂,C-黏土

70. 土的最佳含水率 W_{OP} 和最大干密度 ρ_{dmax} 随击实功的增加(　)

A. $\rho_{dmzx}\uparrow, W_{op}\uparrow$　　B. $\rho_{dmax}\uparrow, W_{op}\downarrow$
C. $\rho_{dmax}\downarrow, W_{op}\uparrow$　　D. $\rho_{dmax}\downarrow, W_{op}\downarrow$

71. 不均匀系数 C_U 的计算公式为(　)

A. $C_u = \frac{d_{60}}{d_{10}}$　B. $C_u = \frac{d_{10}}{d_{60}}$　C. $C_u = \frac{d_{30}}{d_{10}}$　D. $C_u = \frac{d_{10}}{d_{30}}$

72. 在 h-w 图上,查得纵坐标入土深度 $h = 20$mm 所对应的横坐标的含水率 w,即为该土样

的____。

A、塑限 w_p　　B. 液限 w_L　　C. 塑性指数 I_p　　D. 缩限 w_s

73. 按四分法取样时,则取样的数量随粒径的增大而(　)

A. 增加　　B. 减少　　C. 不变　　D. 改变

74. 在测定含水率过程中,当用各种测试方法所得结果有异时,则结果以标准方法为准,该法为(　)

A. 烘干法　　B. 比重法　　C. 酒精燃烧法　　D. 碳化钙气压法

75. 土的最佳含水率(W_0)和最大干密度(ρ_{dmax})随着击实功的增加(　)。

A. $\rho_{dmax}\uparrow, W_0\uparrow$　　B. $\rho_{dmax}\uparrow, W_0\downarrow$

C. $\rho_{dmax}\downarrow, W_0\uparrow$　　D. $\rho_{dmax}\downarrow, W_0\downarrow$

76. 砂土的相对密度 D_r 等于(　)。

A. $\frac{e_{max}-e}{e_{max}-e_{min}}$　　B. $\frac{e-e_{min}}{e_{max}-e_{min}}$　　C. $\frac{e_{max}-e_{min}}{e_{max}-e}$　　D. $\frac{e_{max}-e_{min}}{e-e_{min}}$

77. 原始记录如需更改,作废数据应划(　)条水平线。

A. 一　　B. 两　　C. 三　　D. 四

78. 灌砂法测定密度时适用于(　)。

A. 细粒土和砂类土　　B. 细粒土和粗粒土

C. 卵石土和细粒土　　D. 砂类土和卵石土

79. 某土中含砾:50.0%,砂:36.0%,细粒土:14.0%时,代号为:(　)[其中:$C_u=5, C_c=2$]

A. GWF　　B. SWF　　C. GPF　　D. SPF

注:其中 G-砾,S-砂,W-级配良好,P-级配不良,F-细粒土。

80. 某土的细粒含量:96.2%,$W_p=28.1\%$,$W_L=50.0\%$,代号为:(　)。

A. ML　　B. MH　　C. CL　　D. CH

注:M-粉土,C-黏土,L-低液限,H-高液限,B 线:$W_L=50\%$,A 线:$I_p=0.73(W_L-20)$。

81. 相对密度指标主要用于检测(　)密实程度的指标。

A. 黏土　　B. 粉土　　C. 砂土　　D. 砂砾石

82. 在静水沉法试验中,土粒越大,下沉速率(　)

A. 越小　　B. 越大　　C. 不变　　D. 不一定

83. 公路工程中将土分为(　)类

A. 1　　B. 2　　C. 3　　D. 4

84. 某土的孔隙体积为:V_v,固体颗粒体积为:V_s,孔隙率 n 等于:(　)。

A. $\frac{V_v}{V_s}$　　B. $\frac{V_v}{V_v+V_s}$　　C. $\frac{V_s}{V_v}$　　D. $\frac{V_v+V_s}{V_v}$

85. 某土的干土重为 m_s,固体颗粒体积为:V_s,土样体积为:V,土粒密度 ρ_s 为:(　)。

A. $\frac{m_s}{V}$　　B. $\frac{m_s}{V_s}$　　C. $\frac{V}{m_s}$　　D. $\frac{V_s}{m_s}$

86. 密度试验须进行二次平行测定,取其算术平均值,其平行差值不得大于____。

A. 0.03g/cm^3　　B. 0.01g/cm^3　　C. 0.02g/cm^3　　D. 0.4g/cm^3

87. 土的密度大，孔隙比的值(　)

A. 不变　　B. 不一定　　C. 越大　　D. 越小

88. 土的孔隙率越大，含水率(　)

A. 不变　　B. 不一定　　C. 越大　　D. 越小

89. 土的密度越大，干密度(　)

A. 不变　　B. 不一定　　C. 越大　　D. 越小

90. 土的最大干密度与(　)有关。

A. 天然含水率　　B. 土粒组成特征　　C. 天然密度　　D. 天然孔隙比

91. 土的起始密度大，压缩变形量(　)。

A. 大　　B. 小　　C. 不一定　　D. 不变

92. 土的干密度不变，天然含水率越大，抗剪强度就越(　)。

A. 大　　B. 小　　C. 不一定　　D. 不变

93. 重大或大事故发生后____时间内，中心应向上级主管部门补交事故处理专题报告。

A. 5d　　B. 7d　　C. 15d　　D. 20d

94. 击实试验中，大击实筒的内径和高分别是____。

A. 152mm 和 120mm　　B. 152mm 和 127mm

C. 152mm 和 170mm　　D. 152mm 和 150mm

95. 能搓成小于 1 ~ 3mm 土条而不断的土为____。

A. 塑性高的土　　B. 塑性中等的土　　C. 塑性低的土　　D. 不一定

96. 土中的水分为强结合、弱结合水及____。

A. 重力水　　B. 自由水　　C. 毛细水　　D. 液态水

97. 当土的液性指数 $I_L > 1$ 时，土为____。

A. 塑态　　B. 固态　　C. 流态　　D. 半固态

98. 在锥入深度与含水量关系图上，锥入深度为____对应的含水量为液限。

A. 10mm　　B. 20mm　　C. 30mm　　D. 25mm

99. 在筛分试验中，若 2mm 筛下的土不超过试样总质量的____时，则可省略细筛分析。

A. 5%　　B. 10%　　C. 15%　　D. 20%

100. 含砂的低液限黏土代号是____。

A. CLG　　B. CLS　　C. MLS　　D. MLG

101. 土的粒组划分，粗粒土与细粒土是以____为分界的。

A. 1.0mm　　B. 0.5mm　　C. 0.075mm　　D. 0.1mm

102. 重型击实Ⅰ法、Ⅱ法的单位击实功是____。

A. 不同　　B. 相同

C. Ⅱ法为Ⅰ法 1.5 倍　　D. Ⅰ法为Ⅱ法 1.5 倍

103. 在绘制单位压力(P)与惯入量(l)的关系曲线时，如果发现曲线起始部分反弯，则应

A. 重新取坐标绘制曲线　　B. 重做试验

C. 对曲线进行修正　　D. 不变

104. CBR 试验膨胀量的测试是试件泡入水中____小时测其高度变化。

A. 24　　B. 36　　C. 96　　D. 72

105. 酒精燃烧法对酒精纯度要求达____以上。

A. 98%　B. 93%　C. 95%　D. 90%

106. 土的密度越大，孔隙体积越小，土粒间内摩擦力____。

A. 越　B. 越小

C. 与孔隙在小无关　D. 不变

107. 塑限含水率的搓条试验中土条搓至产生裂缝的直径为____。

A. 5mm　B. 3mm　C. 4mm　D. 2mm

108. 酒精燃烧法测定含水率需将试样燃烧____次。

A. 5 次　B. 3 次　C. 2 次　D. 4 次

109. 土的孔隙比表示孔隙体积与____体积之比。

A. 固体颗粒　B. 液体　C. 气体　D. 固体颗粒加孔隙

110. 用比重法测定含水率仅适用于____。

A. 粉质土　B. 黏质土　C. 砂类土　D. 粗粒土

111. 土的液、塑限试验，同一土样测得锥入深度 h_1、h_2 允许误差为____。

A. 1.0mm　B. 0.3mm　C. 0.5mm　D. 0.2mm

112. 土的饱和度是孔隙中水的体积与____体积之比。

A. 固体颗粒　B. 孔隙　C. 气体　D. 固体颗粒加孔隙

113. 土的液性指数 $I_L=1$ 时，土处于____。

A. 液限　B. 塑限　C. 缩限　D. 塑指

114. 现行公路规范液、塑限联合测定法适用于粒径不大于____的土。

A. 0.5mm　B. 1.0mm　C. 2.0mm　D. 0.25mm

115. 土的液、塑限试验含水率最低的一点，其锥入深度应控制在____。

A. 10mm 以下　B. 15mm 以下　C. 5mm 以下　D. 4mm

116. 粗粒土中____重量少于总质量 50% 的土称砂类土。

A. 砾类土　B. 砂类土　C. 粉土　D. 黏土

117. 含砾的高液限粉土代号是____。

A. CHG　B. MLS　C. MHG　D. MHS

118. “重击”试验干密度与含水率关系图中____对应的横坐标为最佳含水率。

A. 峰值点　B. 最低点　C. $\frac{1}{2}(a+b)$　D. $\frac{2}{3}(a+b)$

119. CBR 试验 98 击所得干密度____“重击”试验最大干密度。

A. 大于　B. 小于　C. 等于　D. 不一定

120. 土样的法向应力与对应的破坏剪应力关系符合____方程。

A. 对数方程　B. 指数方程　C. 线性方程　D. 多项式方程

三、多项选择题

1. 试验数据表达在笛卡儿直角坐标上的试验有：

A. 击实试验　B. 压缩试验　C. 剪切试验　D. 液塑限试验

2. 试验数据表达在一级对数坐标系上的试验有：

A. 颗粒级配　B. 压缩试验　C. 剪切试验　D. 液塑限试验

3. 在测定试样的水理性质试验中，膨胀实验包括：

A. 无荷载膨胀量试验　B. 膨胀力试验

C. 有荷载膨胀量试验　D. 自由膨胀试验

4. 土的压缩性表现在那些方面：

A. 空气排出　B. 水排出　C. 空气压缩　D. 土颗粒压缩

5. 压缩试验曲线表达在：

A. $e \sim p$　B. $\lg e \sim p$　C. $\lg e \sim \lg p$　D. $e \sim \lg p$

6. 液限测定方法有：

A. 联合测定法　B. 圆锥仪法　C. 碟式仪法　D. 搓条法

7. 塑限测定方法有：

A. 联合测定法　B. 圆锥仪法　C. 碟式仪法　D. 搓条法

8. 含水率的测试方法有：

A. 烘干法　B. 酒精燃烧法

C. 碳化钙气压法　D. 比重法

9. 密度的测试方法有：

A. 环刀法　B. 蜡封法　C. 比重法　D. 灌砂法

10. 土的压缩主要指的是____。

A. 孔隙体积的减小　B. 水的排出

C. 固体颗粒的变形　D. 时间长短

11. 土可能是由____相体组成的。

A. 三相体　B. 两相体　C. 四相体　D. 单相体

12. 土的三相体比例指标中，可直接测出的指标有____。

A. 土的干密度　B. 孔隙比

C. 土的密度和土粒密度　D. 含水量

13. 测含有石膏和有机能质土的含水率时，烘箱的温度可采用____。

A. 75℃　B. 100℃　C. 105℃　D. 65℃

14. 利用灌砂法测定土的密度前，需要标定____。

A. 砂的含水率　B. 砂子密度及标定罐体积

C. 灌砂筒锥形体砂重　D. 环刀的体积

15. 界限含水率的测定可评价____。

A. 各种土的状态　B. 黏性土的状态

C. 土的塑性范围的大小　D. 黏性土的结构

16. 相对密度指标____。

A. 可以评价各种土的密实状态

B. 可以评价黏性土的密实状态

C. 可以评价砂性土的密实状态

D. 目前仍不能在工程中广泛应用

17. 土级配情况的评价指标有____。

A. 土粒直径　B. 不均匀系数　C. 曲率系数　D. A、B、C 都不是

18. 土颗粒分析的方法有____。

A. 比重计法　B. 筛分法　C. 沉降法　D. 移液管法

19. 剪切试验所得土的强度指标，可以____。

A. 估算地基承载力　B. 评价土体稳定性　C. 评价土的状态　D. 计算地基的沉降量

20. 无侧限抗压强度试验是按预定干密度用____或____。

A. 静压法　B. 自然沉降　C. 锤击法　D. A、B、C 三种都不是

21. 反映土吸附结合水能力的特性指标有____。

A. 液限 w_L　B. 塑限 w_p　C. 塑性指数 I_p　D. 含水率 w

22. 测定工程用土界限含水率的方法有____。

A. 碟式仪法　B. 圆锥仪法　C. 搓条法　D. 联合测定法

23. 土中的固相物质包括：

A. 无机矿物颗粒　B. 有机质　C. 结晶水　D. 结合水

24. 结合水与自由水在哪些方面有所不同____。

A. 密度　B. 黏滞度　C. 冰点温度　D. 化学成分

25. 土的液相包括：____

A. 强结合水　B. 弱结合水　C. 自由水　D. 结晶水

26. 对于土的可塑性有重要影响的是____

A. 毛细水　B. 重力水　C. 结晶水　D. 固态水（冰）

27. 下列关于 CBR 的说法中，正确的是____。

A. CBR 值越大，材料强度越大

B. CBR 是加州承载力的简称

C. CBR 值是标准压力作用下的贯入量

D. CBR 值是贯入杆贯入入试料 2.5mm 或 5mm 时的单位压力

28. 细粒土分类时的依据是（　）。

A. I_p　B. I_L　C. w_p　D. w_L

29. 以下属特殊类土的是（　）。

A. 红黏土　B. 黄土　C. 软土　D. 膨胀土

30. 影响土击实效果的因数有（　）。

A. 土的含水率　B. 击实功　C. 土的种类　D. 土的级配

31. 以下哪些试验中会用到对数坐标表达或处理试验结果（　）。

A. 密度试验　B. 颗粒分析试验　C. 击实试验　D. 界限含水率试验

32. 属规程规定的含水率试验方法有（　）。

A. 烘干法　B. 炒干法　C. 比重法　D. 酒精燃烧法

33. 以下哪些土质不宜用酒精燃烧法测定含水率( )。

A. 含有机质土　　B. 细粒土

C. 无机结合料稳定土　　D. 含石膏土

34. 以下哪些试验在土样制备过程中需要进行闷料( )。

A. 界限含水率试验　　B. 颗粒分析试验

C. 击实试验　　D. 密度试验

35. 测试现场路基土(细粒土)的密度,可选用的方法有( )。

A. 灌水法　　B. 灌砂法　　C. 环刀法　　D. 蜡封法

36. 在变水头渗透实验中,以下____说法是正确的。

A. 此实验方法适用于任何土质

B 试验采用的蒸馏水要在试验前用抽气法进行脱气

C. 渗透系数计算公式为 $K_T = \dfrac{Q}{AJ_t}$

D. 试验仪器主要有渗透容器,负压装置等

37. 常用测定土含水率的方法为:( )。

A. 烘干法和碳化钙气压法　　B. 炒干法和红外线照射法

C. 酒精燃烧法和比重法　　D. 微波加热法和实容积法

38. 密度试验中应测出土样的( )。

A. 土重和土样体积　　B. 干土重

C. 土粒大小　　D. 含水量

39. 碳化钙气压法作土的含水率时应特别注意( )。

A. 碳化钙的纯度、测定仪型号及含水量测定范围

B. 仪器关闭前试样和碳化钙不能混合

C. 土的分类

D. 称干土重

40. 用灌砂法测定土的密度时应先做出( )。

A. 确定灌砂筒下部锥体内砂的重量

B. 标定罐的容积、标准砂的密度

C. 灌砂筒上储砂筒的容积

D. 标定罐及灌砂筒的重量

41. 酒精燃烧法测定土的含水率的适用范围是( )。

A. 砂土　　B. 细粒土　　C. 含石膏土　　D. 有机质土

42. 环刀法测定土的密度适用范围是( )

A. 砂类土　　B. 粉土和黏土　　C. 砾类土　　D. 有机质细粒土

43. 灌砂法测定现场土的密度适用范围是( )。

A. 粗、细粒土　　B. 卵石类土　　C. 有机质土　　D. 漂石类土

44. 公路工程用土的分类依据为:( )。

A. 土的成因

B. 土颗粒组成特征及土的塑性指标

C. 土中有机质存在情况

D. 土的工程性质

45. 土分类时遇到搭界情况时，应按下列情况定名，土正好位于塑性图 AB 线的交点上，定名为：(　)。

A. 粉土　　B. 黏土　　C. 高液　　D. 低液

46. 土粒级配良好，应同时满足以下几条：(　)。

A. $C_u \geqslant 10$　　B. $C_u \geqslant 5$

C. $C_c < 1$ 或 $C_c > 3$　　D. $C_c = 1 \sim 3$

47. 反映土的松密程度的指标是____及____。

A. 饱和度　　B. 孔隙比　　C. 孔隙率　　D. 密度

48. 比重计进行"颗分"时，土粒直径的计算与____、____有关。

A. 比重计浮泡大小　　B. 土粒沉降距离

C. 土粒沉降时间　　D. 分散剂校正值

49. 细粒土根据塑性图分类，确定为高液限土，其液限是____或____两种情况。

A. 大于 50%　　B. 小于 50%　　C. 等于 50%

50. 砂类土中细粒土质量少于总质量 5% 时称砂，如____及____时称"SW"。

A. $C_u \geqslant 5$　　B. $C_c = 1 - 3$　　C. $W_L < 25$　　D. $C_u < 5$

51. CBR 试验膨胀量的大小与____及____有关。

A. 土样干密度　　B. 土的级配

C. 浸泡时间　　D. 土的结构

52. 界限含水率包括____。

A. 液塑限　　B. 缩限　　C. 塑指　　D. 液指

53. 黏性土的抗剪强度与土的____及____有关。

A. 黏聚力　　B. 内摩擦角　　C. 法向应力　　D. 形变模量

54. 土的压缩系数与土的____及____变化有关。

A. 孔隙比　　B. 剪应力　　C. 压应力　　D. 水的体积

55. 土的无侧限抗压强度大小主要与____有关。

A. 土的干密度　　B. 试件的大小

C. 含水量　　D. 成型方法

56. 公路路面基层分为____及____两类。

A. 水泥混凝土　　B. 无机结合料稳定土

C. 有机结合料稳定土及粒料类　　D. 细粒土类

57. 蜡封法测密度适宜____、____的土。

A. 砂土　　B. 易碎

C. 形状不规则及坚硬　　D. 细粒土

58. 塑性指数 I_L 与土的____、____有关。

A. 土的结构　　B. 天然含水率

C. 塑限　　D. 液限

59. 土的液限、塑限计算与____、____有关。

A. 土的含水率　　B. 土的质量

C. 土的锥入深度　　D. 土的密度

60. 比重计法土粒直径计算系数 k 值与____、____有关。

A. 土粒比重　B. 土粒沉降时间　C. 悬液温度　D. 悬液浓度

61. 土的级配指标____不小于 5，同时____等于 1－3，称土样级配良好。

A. I_P　B. C_u　C. C_c　D. I_L

62. 黏性土的抗剪强度力学指标是____、____。

A. 黏聚力　B. 内摩擦角　C. 水平力　D. 法向力

四、判选题

1.［单选］液限塑限联合测定法的主要试验步骤有：①给圆锥仪锥尖涂少许凡士林，将装好土样的试杯放在联合测定仪上，使锥尖与土样表面刚好接触，然后按动落锥开关，测记经过 5s 锥的入土深度 h。②改变锥尖与土接触的位置，共做两次，两次间距不得小于 1cm。③取有代表性的天然含水量或风干土样进行试验。④将制备好的土样充分搅拌均匀，分层装入盛土杯中，试杯装满后，刮成与杯边齐平。⑤用调土刀调匀，密封放置 18h 以上。⑥重复以上步骤对已制备的其他两个含水量的土样进行测试。正确的试验步骤是（　）。

A. ④②①③⑥⑤　　B. ①③⑥④②⑤

C. ③⑥⑤①④②　　D. ③⑤④①②⑥

2.［单选］黏质土的慢剪试验的主要试验步骤有：①将试样小心地推入剪切盒内。②拨去固定销，以小于 0.02mm/minm 的速度进行剪切，并每隔一定时间侧记测力计百分表读数，直至剪损。③施加垂直压力，每 1h 测记垂直变形一次。试样固结稳定时垂直变形值为：黏质土垂直变形每 1h 不大于 0.05mm。④当测力计百分表读数不变或后退时，继续剪切至剪切位移为 4mm 时停止，记下破坏值。⑤根据工程实际和土的软硬程度施加各级垂直压力，然后向盒内注水。⑥移动传动装置，使上盒前端钢珠刚好与测力计接触，依次加上传压板，加压框架，安装垂直位移量测装置，测记初始读数。⑦取出试样，测定其含水量。正确的试验步骤是（　）。

A. ①⑤④⑥③②⑦　　B. ①⑥⑤③②④⑦

C. ③⑥⑤①④②⑦　　D. ④⑤①③②⑥⑦

3.［单选］砂类土的直剪试验的主要试验步骤有：①对准剪切容器上下盒，插入固定销，入透水石。②顺次卸除垂直压力，加压框架、钢珠、传压板，清除试样，并擦洗干净，以备下次应用。③将试样进行剪切。④将试样倒入剪切容器内。正确的试验步骤是（　）。

A. ④①②③　　B. ①④③②

C. ③①④②　　D. ④①③②

4.［单选］承载比（CBR）试验方法的主要试验步骤有：①称筒本身质量 m_1，并将其安装好。②将其余 3 份试料，按 w_0 制备 3 个试样。③将 1 份试料按 3 层。每层 98 次进行击实，求 ρ_{dmax}、$w_0$④卸下套环，将试件修平并称重 m_2。⑤将试筒放在坚硬的地面上，取备好的试样，分三次倒入试筒按规定次数击实，每一层击实后，层面“拉毛”，击实后，试样不宜高出筒高 10mm。⑥脱模。⑦泡水测膨胀量。⑧贯入试验。正确的试验步骤是（　）。

A. ①⑤④⑥③②⑧⑦　　B. ①③②⑤④⑦⑧⑥

C. ③⑥⑤①⑧④②⑦　　D. ④⑤①③②⑥⑦⑧

5.［单选］不固结不排水试验的主要试验步骤有：①装上压力室罩，向压力室内注满纯水，关排气阀，压力室内不应有残留气泡。②转动手轮，使试样帽与活塞及测力计接触，装上变形百分表，将测力计和变形百分表读数调至零位③关排水阀，开周围压力阀，施加周围压力，周围压力值应与工程实际荷载相适应。④在压力室底座上依次放上不透水板、试样及试样帽，将橡皮膜套在试样外，并将橡皮膜套在试样外，并将橡皮膜两端与底座入试样帽分别扎紧。正确的试验步骤是（　）。

A. ④①②③　　B. ①④③②
C. ③①④②　　D. ④①③②

6.［单选］液限塑限联合测定法的主要资料整理步骤有：①在 $h-w$ 图上，查得纵坐标入土深度 $h=20$mm 所对应的横坐标的含水量 w 即为该土样的液限 w_L。②通过液限 w_L 与塑限入土深度 h_p 的关系，求出 h_p。根据 h_p 值，再查结果试验 $h-w$ 图，对应 h_p 的含水量即为该土样的塑限 w_p 值。③如果三点在一条直线上，在二级双对数坐标纸上，以含水量 w 为横坐标，锥入深度 h 为纵坐标，点绘 a、b、c 三点含水量的 $h-w$ 图，连此三点，应呈一条直线。如果三点不在一条直线上，通过 a 点与 bc 两点相连成两条直线，根据液限（即 a 点含水量）在 $h_p \sim w_L$ 图上查得 h_p 或锥入深度公式计算得 h_p，以此 h_p 再在 $h-w$ 图上的 ab、ac 两直线上求出相应的两个含水量，当两个含水量之差小于 2% 时，以该两点含水量的平均值与 a 点连成一直线，再按三点在一条直线上来做。两个含水量之差大于 2%，试验重做。④试验报告。正确的步骤是（　）。

A. ④②①③　　B. ③①②④
C. ③①④②　　D. ③④①②

7.［单选］黏质土的慢剪试验的主要资料整理步骤有：①剪切位移和剪应力计算②以剪应力 c 为纵坐标，剪切位移 Δl 为纵坐标，绘制 $\tau-\Delta l$ 的关系曲线。③以垂直压力 p 为横坐标，抗剪强度 s 为纵坐标，将每一试样的最大抗剪强度点绘在坐标只纸上，并连成一直线。④记录格式。正确的步骤是（　）。

A. ④②①③　　B. ①③②④
C. ③①④②　　D. ③④①②

8.［单选］对含水率定义的叙述有：①水的质量比固体颗粒的质量 $\left(\frac{m_w}{m_s}\times100\%\right)$。②水的质量比总质量 $\left(\frac{m_w}{m}\times100\%\right)$。③水的质量比总质量减去水的质量 $\left(\frac{m_w}{m-m_w}\times100\%\right)$。④水的质量比总质量减去水和空气的质量 $\left(\frac{m_w}{m-m_w-m_a}\times100\%\right)$。其中正确的是（　）。

A. ①③　　B. ①④　　C. ②③④　　D. ①③④

9.［单选］目前最为常用室内压缩试验作出 $e\sim\lg p$ 曲线确定前期固结压力，较简便明了的方法是经验作图法，具体步骤有：①B 点所对应的有效压力即为前期固结压力。②作 $\angle A1A2$ 的平分线（$A3$），与 $e\sim\lg p$ 曲线直线段的延长线交于一点（B 点）。③在 $e\sim\lg p$ 曲线拐弯处找出曲率半径最小的点（A 点）。④过 A 点作水平线（$A1$）和切线（$A2$）。正确的步骤是（　）。

A. ②①④③　　B. ①③②④　　C. ③①④②　　D. ③④②①

10.［单选］下列有关“直接剪切试验”的叙述中，错误的有（　）。

A. 依据试验方法的不同可分为快剪、固结快剪和慢剪

B. 依据试验设备的不同可分为应力式和应变式

C. 其中应变式较为常用，它是指按即定荷载步长将水平煎力分级施加在剪切盒上，使土样受剪

D. 对于同一种黏质土，三种方法所得的抗剪强度指标有所不同

11.［单选］有关正常固结土、超固结土、和欠固结土的叙述有：①如果土层的自重应力 p_0 等于前期固结压力 p_c，这种土称为正常固结土，则超固结比 $OCR=1$。②如果土层的自重应力 p_0 小于前期固结压力 p_c，这种土称为超固结土，则超固结比 $OCR>1$。③如果土层的自重应力 p_0 大于前期固结压力 p_c，这种土称为欠固结土，则超固结比 $OCR<1$。④如果土层的自重应力 p_0 小于前期固结压力 p_c，这种土称为欠固结土，则超固结比 $OCR>1$。⑤如果土层的自重应力 p_0 大于前期固结压力 p_c，这种土称为欠固结土，则超固结比 $OCR>1$。其中正确的有（　）。

A. ①②③　　B. ①②④　　C. ①②⑤　　D. ②③④

12.［单选］用酒精燃烧法测含水率试验的主要试验步骤有：①用滴管将酒精注入放有试样的称量盒中，直至盒中出现自由液面为止。为使酒精在试样中充分混合均匀，可将盒底在桌面上轻轻敲击。②取代表性试样（黏质土 5～10g，砂类土 20～30g）放入称量盒内，称温土质量。③将试样冷却数分钟，按第 2、3 步的方法重新燃烧两次。④点燃盒中酒精，燃至火焰熄灭。⑤待第三次火焰熄灭后，盖好盒盖，立即称干土质量，准确至 0.1g 其余同烘干法。正确的试验步骤是（　）。

A. ②①④③⑤　　B. ⑤①③②④　　C. ③①⑤④②　　D. ③⑤④①②

13.［单选］有关密度试验叙述有：①测定密度常用的方法有环刀法、蜡封法、灌水法、灌砂法等。②环刀法适用于细粒土。③蜡封法适用于坚硬易碎的土。④对含有碎石的土层或人工填土层无法用环刀取样，则可在现场测点挖一测坑采用现场坑试法测定其密度。⑤灌水法适用于细、砂、砾类土。⑥灌砂法适用于粗、巨粒土。其中正确的有（　）。

A. ①②③④⑤　　B. ①②③④　　C. ①②③④⑤⑥　D. ①②③④⑥

14.［单选］有关比重试验叙述有：①土的比重是土的物理性质中的三个基本指标之一，可以通过试验直接测定。②比重瓶法适用于粒径小于5mm 的土。本试验称量应准确至 0.001g。③浮称法适用于粒径大于、等于 5mm 的土，其中粒径为 20mm 的土质量小于总质量的 10%。④虹吸筒法适用于粒径大于、等于 5mm 的土，其中粒径为 20mm 的土质量大于总质量的 10%。本试验称量应准确至 0.1g。其中正确的有（　）。

A. ②③④　　B. ①②③④　　C. ①②③　　D. ①②

15.［单选］有关颗粒分析试验叙述有：①土粒的大小称为粒度。在工程上把大小相近的土粒合并为组，称为粒组。②土的颗粒分析试验就是测定土的粒径大小和级配状况，为土的分类、定名和工程应用提供依据，指导工程施工。③筛析法粒径大于 0.074mm 的土。④比重计法粒径小于 0.074mm 的土。⑤移液管法

适用粒径小于 0.074mm 的土。其中正确的有（　）。

A. ②③④　　B. ①②③④　　C. ①②③　　D. ①②③④⑤

16.［单选］有关缩限试验的主要试验步骤有：①在收缩皿内涂一薄层凡士林，将土样分层装入皿内。②制备土样：取有代表性的土样制备成含水量大于液限。③将盛满土样的收缩皿

放在通风处风干，待土样颜色变淡后，放入烘箱中至恒量，然后放在干燥器中冷却。④土样装满后，用刀或直尺刮去多余土样，立即称收缩皿加湿土质量。⑤用蜡封法测定试样体积。⑥称收缩皿和干土总质量，准确至0.01g。正确的步骤是(　)。

A. ②①④③⑥⑤　　B. ⑤①③②④⑥

C. ③①⑤⑥④②　　D. ③⑥⑤④①②

17. [单选]影响压实的因素有：①含水量②击实功③压实机械④土粒级配。其中正确的是(　)。

A. ②③④　　B. ①②③④　　C. ①②③　　D. ①②

18. [单选]有关击实试验的叙述有：①击实试验分轻型(Ⅰ法)和重型(Ⅱ法)两类。②小试筒适用于粒径不大于25mm土，大试筒适用于粒径不大于38mm土。③小筒大约需土3kg，大筒大约需土6.5kg。④根据土样含水量的高低选用干法制样和湿法制样。其中正确的叙述有(　)。

A. ②③④　　B. ①②③④　　C. ①②③　　D. ①②

19. [单选]有关单轴固结仪法试验的主要试验步骤有：①将底版放入容器内，底板上放透水石，将土样环刀及护环放入容器中，土样上面覆透水石，使各部密切接触，保持平稳。②将土样涂上凡士林，放入护环内。③去掉预压荷载，立即加第一级荷载，加砝码时立即开动秒表。按照测定需要加载、测记试样高度变化。④将压缩容器置于加压框架正中，预加压力，装好百分表，并调整读数至零。⑤试验结束后，拆除仪器，取出完整土样，称其质量，并测定其终结含水量。正确的步骤是(　)。

A. ②①④③⑤　　B. ⑤①③②④

C. ③①⑤④②　　D. ③⑤④①②

20. [单选]有关无侧限抗压强度试验的主要试验步骤有：①将已浸水一昼夜的试件从水中取出，用软的旧布吸试件表面的可见自由水，并称试件的质量 m_4。

②将试件放到路面材料强度试验仪的升降台上(台上先放一扁球座)，进行抗压试验。试验过程中，应使试件的变形等速增加，并保持速率约为1mm/min。记录试件破坏时的最大压力 $p(N)$。③用游标卡尺量试件的高度 h_1，准确到0.1mm。④从试件内部取有代表性的样品(经过打破)测定其含量 w_1。正确的步骤是(　)。

A. ②①④③　　B. ①③②④　　C. ③①④②　　D. ③④①②

21. [单选]有关回弹模量试验的叙述有：①承载板法试验适用于不同湿度和密度的细粒土及加固土；②承载板法试验的仪器设备有杠杆压力仪、承载板、试筒、量表、秒表等；③强度仪法试验适用于不同湿度和密度的细粒土；④承载板法试验和强度仪法试验的试验步骤都为(1)安装试样。(2)预压。(3)测定回弹量。三步。其中正确的是(　)。

A. ②④　　B. ①②③④　　C. ①②③　　D. ①②

22. [单选]有关膨胀试验的叙述有：①自由膨胀率为松散的烘干土粒在水中和空气中分别自由堆积的体积之差与在空气中自由堆积的体积之比，以百分数表示，用以判定无结构力的松散土粒在水中的膨胀特性。②无荷载膨胀量试验用于测定试样在无荷载有侧限条件下，浸水后在高度方向上单向膨胀与原高度的比值，这一比值称膨胀量，以百分数表示。试验适用于测定原状土和击实土样的无荷载膨胀量，供评价黏质土膨胀势能时参考。③有荷载膨胀量试验适用于测定原状土或击实黏质土在特定荷载下的膨胀量，或测定荷载与膨胀的关系曲线。

④膨胀力是土体在吸水膨胀时所产生的内应力。膨胀力试验用于测定试样在体积不变时由于膨胀所产生的最大内应力。试验适用与原状土的击实土试样，采用加荷平衡法。其中正确的是(　　)。

A. ②④　　B. ①②③④　　C. ①②③　　D. ①②

23. [单选]有关收缩试验的主要试验步骤有：①在室温不高于30℃条件下进行收缩试验。根据试样温度及收缩速度，宜每隔1～4h侧记百分表读数，并称整套装置和试样质量，准确至0.1g。两天后，每隔6～24h侧记百分表读数，并称质量，至两次百分表读数不变.在收缩曲线的Ⅰ阶段内应取不得少于4个数据。②装好百分表，记下初读数。③按蜡封法测定烘干试样体积。④取出试样，并烘干，称干土质量。正确的步骤是(　　)。

A. ②①④③　　B. ①③②④　　C. ③①④②　　D. ③④①②

24. [单选]有关毛细管水上升高度试验的主要试验步骤有：①.取具有代表性的风干土样5kg左右，借漏斗分数次装入有机玻璃管中，并用捣棒不断振捣，使其密实度均匀。②装好毛细管试验仪，将底座的垫圈和钢丝网垫好，然后与有机玻璃拧紧。③将盛水筒装满水，盖上盖子，拧上弹簧，接上塑料管，挂上挂绳。④将有机玻璃管放入装好的试验架上，固定管身，使其垂直。⑤用水平尺控制盛水筒水面比有机玻璃管零点高出0.5～1.0cm，然后固定挂绳与挂钩上，这时筒内水面高度将始终不变。⑥接通塑料管和有机玻璃管底部的接口，然后开启排气小孔，使空气排出，直到孔内有水流出时，拧紧螺帽。⑦从小孔有水排出时计时起，经30.60min，以后每隔数小时，根据管中土的颜色，测记该时的毛细管水上升高度，直至上升稳定为止。⑧若需要了解强烈毛细管水上升高度，可将筒壁小洞盖打开，依次用小勺取出土样，测其含水量。正确的步骤是(　　)。

A. ①⑤④⑥③②⑧⑦　　B. ①③②⑤④⑦⑧⑥

C. ③⑥⑤①⑧④②⑦　　D. ②①④③⑤⑥⑦⑧

25. [单选]有关渗透试验的叙述有：①变水头渗透试验方法适用于砂类土和含水量砾石的无凝聚性土。②常水头渗透试验仪器设备有常水头渗透仪，木锤，秒表，天平等。③常水头渗透试验方法适用于黏质土.本试验采用的蒸馏水，应在试验前用抽气法或煮沸法进行脱气.试验时的水温，宜高于室温3～4℃。④变水头渗透试验仪器设备有渗透容器，南55型渗透仪，负压装置及其他等。其中正确的是(　　)。

A. ②④　　B. ①②③④　　C. ①②③　　D. ①②

26. [单选]有关酸碱度试验的主要试验步骤有：①土悬土的制备。②酸度计的校正。③土悬液pH值的测定。④测定完毕，关闭电源。正确的步骤是(　　)。

A. ②①③④　　B. ①③②④　　C. ③①④②　　D. ③④①②

27. [单选]有关有机质含量试验的叙述有：①土的有机质是以碳、氢、氧、氮为主体，还有少量的硫、磷以及金属元素等组成的有机化合物的统称。②本试验的目的在于了解土中有机质的含量。③本测定方法适用于有机质含量不超过20%的土，测定方法采用重络酸钾容量法—油浴加热法。④若土样中含有Cl^-、Fe^{2+}、Mn^{2+}等还原性物质，则须去除或经校正，否则本法不适用。其中正确的是(　　)。

A. ①②④　　B. ①②③④　　C. ①②③　　D. ①②

28. [单选]有关烧失量试验的叙述有：①本试验主要是测定各类土中有机质成分及测定水泥，石灰，粉煤灰中含碳物质燃烧的完全程度。②本方法适用于各类土。③试验的仪器有高温炉，分析天平，瓷坩埚，干燥器，坩埚坩等。其中正确的是(　)。

A. ①②　　B. ①③　　C. ①②③　　D. ①

29. [单选]扰动土样的制备程序的步骤主要有：①将块状扰动土放在橡皮板上用木碾或粉碎机碾散。②将扰动土样进行土样描述，如颜色，土类，气味及夹杂物等。③配置一定含水量的试样。④根据试验所需土样数量，将碾散后的土样过筛。⑤测定湿润土样不同位置的含水量。⑥对不同土层的土样制备混合试样时，应根据各土层厚度，按比例计算相应质量配合。正确的步骤是(　)。

A. ①⑤④⑥③②　　B. ①③②⑤④⑥

C. ③⑥⑤①④②　　D. ②①④③⑤⑥

30. [单选]下列有关"滚搓法"实验的叙述中，错误的有(　)。

A. 本实验的目的是测定土的塑限

B. 他适用于粒径小于5mm的

C. 搓滚时须用掌均匀施压力于土条上，不得将土条在玻璃板上进行无压力的滚动

D. 若土条在任何含水量下始终搓不到3mm即开始断裂，则认为该土无塑性

31. [单选]下列有关"酒精燃烧法"的叙述中，错误的有(　)。

A. 本实验法适用于快速简易测定细粒土(含有机质的除外)的含水率

B. 所用酒精纯度为90%

C. 试验时用滴管将酒精注入放有试样的称量盒中，直至盒中酒精出现自由面为止

D. 点燃盒中酒精，燃至火焰熄灭。将试样冷却数分钟后，再次加入酒精，重新燃烧，共燃烧三次

五、实际操作题

1. 请叙述现行《公路土工试验规程》中"筛分法"的实用范围、所需主要仪器设备、试验步骤及结果整理。

2. 公路上常用的测定含水率的方法有哪些？并说明这些方法各自的适用范围、烘干法的试验步骤及注意事项。

3. 回弹模量试验的方法有哪几种？各适用的范围？简述其基本步骤？

4. 重型击实试验的目的？为什么超尺寸粒径不参与试验，但资料整理要考虑它们？简述其操作整理过程。

5. 液、塑限试验资料整理时，当含水率与锥入深度在双对数坐标纸上不是直线时怎么办？

6. 测定界限含水率的目的和意义；在液塑限联合测定法试验中，若已按要求测得三组锥入深度及相应土的含水率，如何求得该土样的液塑限。

7. 颗粒分析试验有何意义？工程中判断土级配好坏的主要工作步骤有哪些？

8. 请叙述现行《公路土工试验规程》中"CBR"试验中包括哪些内容？所需要的主要仪器设备有哪些？简述其基本步骤？

9. 简述测定无机结合料稳定土的无侧限抗压强度试验步骤？其取样频率是如何规定的？

10. 有机质含量试验目的和适用范围？简述其基本步骤？

第二章　集　　料

主要内容：

本章主要介绍集料的基本概念、基本性质及其物理力学性能、试验方法以及矿料级配组成设计方法——图解法。

第一节　粗　集　料

复习要点：

1. 集料的定义，标准筛的概念；集料的各种密度定义；吸水性与耐候性的定义、针片状颗粒含量对集料的应用所造成的影响；压碎值试验、洛杉矶磨耗试验、磨光试验及道瑞磨耗试验的目的；石料或集料化学性质的内容；粗集料碱活性试验的目的和意义。

2. 集料种类的划分方法、集料最大粒径和公称粒径概念；各种密度的概念及用途；集料孔隙率与耐久性之间的关系；针片状颗粒的不同定义方法；道瑞磨耗试验、磨光试验的联系与区别、两项试验操作步骤和试验结果所表达的含义；集料的化学性质及其给水泥混凝土或沥青混合料所带来的影响；粗集料的技术要求。

3. 表观密度与毛体积密度的试验操作方法、结果计算；针片状颗粒含量检验操作方法及试验结果的影响因素；集料各项力学性质试验操作步骤及试验结果影响因素；对于同一项试验应用于水泥混凝土与沥青混合料时试验方法与步骤的特点与区别；粗集料坚固性试验的方法与步骤；粗集料软弱颗粒含量试验方法与步骤；压碎值试验操作步骤、洛杉矶磨耗试验操作步骤及试验结果所表达的含义。

一、基本概念

集料是在混合料中起骨架和填充作用的粒料，包括碎石、砾石、机制砂、石屑、砂等。标准筛是对颗粒性材料进行筛分试验用的符合标准形状和尺寸规格要求的系列样品筛。标准筛筛孔为正方形（方孔筛）。

根据集料形成的过程可分为经自然风化、地质作用形成的卵石（砾石）和人工机械加工而成的碎石。

根据粒径大小可分为粗集料和细集料（又称砂）。

根据化学成分分为酸性集料和碱性集料。

集料最大粒径指集料100%都要求通过的最小标准筛筛孔尺寸。集料公称最大粒径指集料可能全部通过或允许有少量筛余（筛余量不超过10%）的最小标准筛筛孔尺寸。通常比集料最大粒径小一个粒级。

二、技术性质

1. 集料的物理性质

1）集料与质量有关的性质

①密度是指材料在绝对密实状态下单位体积的质量。

②堆积密度。单位体积（含物质颗粒固体及其闭口、开口孔隙体积及颗粒间间隙隙体积）物质颗粒的质量。有干堆积密度及湿堆积密度之分。

③表观密度（视密度）。单位体积（含材料的实体矿物成分及闭口孔隙体积）物质颗粒的干质量。

④表干密度。单位体积（含材料的实体矿物成分及其闭口孔隙、开口孔隙等颗粒表面轮廓线所包围的全部毛体积）物质颗粒的饱和面干质量。

⑤毛体积密度。单位体积（含材料的实体矿物成分及其闭口孔隙、开口孔隙等颗粒表面轮廓线所包围的毛体积）物质颗粒的干质量。

密度常用量纲是 g/cm^3。测定表观（相对）密度、表干（相对）密度、毛体积（相对）密度等，为计算空隙率和配合比设计提供依据；测定粗集料不同堆积状态下的密度，包括堆积密度、振实密度和捣实密度，以确定粗集料的空隙率或间隙率。

表观密度和毛体积密度的试验操作方法、结果计算：

试验操作方法（容量瓶法）：

①取试样一份装入容量瓶（广口瓶）中，注入洁净的水（可滴入数滴洗涤灵），水面高出试样，轻轻摇动容量瓶，使附着在试样表面的气泡逸出。盖上玻璃片，在室温下浸水24h。

注：水温应在15～25℃范围内，浸水最后2h内的水温相差不超过2℃。

②向瓶中加水至水面凸出瓶口，然后盖上容量瓶塞，或用玻璃片沿广口瓶瓶口迅速滑行，使其紧贴瓶口水面，玻璃片与水面之间不得有空隙。

③确认瓶中没有气泡，擦干瓶外的水分后，称取集料试样、水、瓶及玻璃片的总质量（m_2）。

④将试样倒入浅搪瓷盘中，稍稍倾斜搪瓷盘，倒掉流动的水，再用毛巾吸干漏出的自由水。需要时可称取带表面水的试样质量（m_4）。

⑤用拧干的湿毛巾轻轻擦干颗粒的表面水，至表面看不到发亮的水迹，即为饱和面干状态。当粗集料尺寸较大时，可逐颗擦干。注意拧湿毛巾时不要太用劲，防止拧得太干。擦颗粒的表面水时，既要将表面水擦掉，又不能将颗粒内部的水吸出，整个过程中不得有集料丢失。

⑥立即称取饱和面干集料的质量（m_3）。

⑦将集料置于浅盘中，放入105℃ ±5℃的烘箱中烘干至恒重，取出浅盘，放在带盖的容器中冷却至室温，称取集料的烘干质量（m_0）。

注：恒重是指相邻两次称量间隔时间大于3h的情况下，其前后两次称量之差小于该项试验所要求的精密度，即0.1%。一般在烘箱中烘烤的时间不得少于4～6h。

⑧将瓶洗净，重新装入洁净水，盖上容量瓶塞，或用玻璃片紧贴广口瓶瓶口水面，玻璃片与水面之间不得有空隙。确认瓶中没有气泡，擦干瓶外水分后称取水、瓶及玻璃片的总质量（m_1）。

结果计算：

①表观相对密度 γ_a。表干相对密度 γ_s、毛体积相对密度 γ_b 按式(2-2-1)、式(2-2-2)、式(2-2-3)计算至小数点后3位。

$$\gamma_s = m_0/(m_0 + m_1 - m_2) \tag{2-2-1}$$

$$\gamma_s = m_3/(m_3 + m_1 - m_2) \tag{2-2-2}$$

$$\gamma_b = m_0/(m_3 + m_1 - m_2) \tag{2-2-3}$$

式中：γ_a——集料的表观相对密度，无量纲；

γ_s——集料的表干相对密度，无量纲；

γ_b——集料的毛体积相对密度，无量纲；

m_0——集料的烘干质量(g)；

m_1——水、瓶及玻璃片的总质量(g)；

m_2——集料试样、水、瓶及玻璃片的总质量(g)；

m_3——集料的表干质量(g)。

②粗集料的表观密度(视密度)ρ_a。表干密度 ρ_s、毛体积密度 ρ_b 按式(2-2-4)、式(2-2-5)、式(2-2-6)计算至小数点后3位。温度修正系数 α_T 按集料规程2005附录B采用。

$$\rho_a = \gamma_a \times \rho_T \text{ 或 } \rho_a = (\gamma_a - \alpha_T) \times \rho_w \tag{2-2-4}$$

$$\rho_s = \gamma_s \times \rho_T \text{ 或 } \rho_s = (\gamma_s - \alpha_T) \times \rho_w \tag{2-2-5}$$

$$\rho_b = \gamma_b \times \rho_T \text{ 或 } \rho_b = (\gamma_b - \alpha_T) \times \rho_w \tag{2-2-6}$$

式中：ρ_a——集料的表观密度(g/cm^3)；

ρ_s——集料的表干密度(g/cm^3)；

ρ_b——集料的毛体积密度(g/cm^3)；

ρ_T——试验温度 T 时水的密度，按《公路工程集料试验规程》附录B取用(g/cm^3)；

α_T——试验温度 T 时的水温修正系数，按《公路工程集料试验规程》附录B取用；

ρ_w——水在4摄氏度时的密度($1.000g/cm^3$)。

2)集料吸水性和耐候性

衡量一定条件下石料吸水能力的大小称为石料的吸水性，该性质可用吸水率和饱水率两项指标表示。

石料在自然环境下的使用过程中，首先要承受周围环境温度改变引起的温度应力作用，其次是承受因正、负气温的交替冻融引起内部组织结构受到的破坏作用，评价石料这种抵抗自然破坏因素的性能称为耐候性。该性能用抗冻性和坚固性两项指标来评价。

石料组成构造中总是存在一些孔隙或裂缝，遇水后表现出一定的吸水能力；通过冻融循环或硫酸钠结晶膨胀循环来测定强度损失及质量损失，以此来表征砂石材料的耐候性。一般来说，孔隙率越大，砂石材料的耐候性越差，尤其是狭小而细长的开口空隙越多，则耐候性更差。

3)集料颗粒形状

针片状颗粒对水泥混凝土集料在拌和和成型过程中影响较大，混凝土结硬以后影响就小了，但对沥青混合料在施工及使用的全过程中都有重要影响。针片状颗粒对水泥混凝土和沥青混合料的和易性、强度和稳定性等性能有不良影响。

在水泥混凝土中，针状颗粒是集料中颗粒长度大于所属粒级平均粒径的2.4倍的颗粒；片状颗粒是指集料颗粒厚度小于所属粒级平均粒径的0.4倍的颗粒。在沥青混合料中，针、片状颗粒是指集料的最小厚度(或直径)方向与最大长度(或宽度)方向的尺寸之比小于1∶3的颗粒。

水泥混凝土针片状颗粒检测方法用规准仪法，沥青混合料针片状颗粒检测方法用游标卡尺法。采用规准仪判断时，首先要通过标准筛将粗集料进行分级，不同粒级的颗粒要对应于规准仪相应的孔宽和间距来判断，不可错位。采用游标卡尺对集料颗粒进行甄别时，首先要确定好颗粒基准面，然后再测量其厚度和长度等相应尺寸。通常情况下，对于同一个样品采用规准仪法测得的针片状颗粒含量比游标卡尺法要小。

2. 集料的力学性质

集料的力学性质包括集料的强度及抗磨耗能力两个主要方面。集料的强度包括岩芯抗压强度及抗压碎能力，磨耗试验则指集料在施工及应用过程中抵抗外力撞击、摩擦及边缘剪切综合破坏作用的能力。

1）粗集料压碎值试验

粗集料压碎值用于衡量石料在逐渐增加荷载的试验条件下，集料抵抗被压碎的能力，是衡量石料力学性质的指标，以评定其在公路工程中的适用性。压力机量程应为500kN，加荷速度应能在10min内达到400kN。

压碎值试验操作步骤：

①将试筒安放在底板上。

②将要求质量试样分三次（每次数量大体相同）倒入试筒中，每次均将试样表面整平，并用金属棒半球面端从石料表面上均匀捣实25次，最上层表面应仔细整平。

③压柱放入试筒内石料面上，注意使压柱摆平，勿楔挤筒壁。

④将装有试样的试筒连同压柱放到压力机上，均匀地施加荷载，在10min时达到总荷载400kN，稳压5s，然后卸荷。将试筒从压力机上取下。

⑤将筒内试样取出，注意勿进一步压碎试样。

⑥用2.36mm筛筛分经压碎的全部试样，可分几次筛分，均需筛到在1min内无明显的筛出物为止。

⑦称取通过2.36mm筛孔的全部细料质量（m_1），准确至1g。

⑧压碎值试验计算：

石料压碎值按下式计算，准确至0.1%，

$$Q'_a = m_1 / m_0 \times 100$$

式中：Q'_a——石料压碎值（%）；

m_0——试验前试样质量（g）；

m_1——试验后通过2.36mm筛孔的细料质量（g）。

2）洛杉矶磨耗试验

洛杉矶磨耗试验测定标准条件下粗集料抵抗摩擦、撞击及边缘剪切能力，以磨耗损失（%）表示。用于评价粗集料在运输、堆放、拌和及碾压过程中保持其棱角性的能力。

洛杉矶磨耗试验操作步骤：

①将不同规格的集料用水冲洗干净，置烘箱中烘干至恒重。

②对所使用的集料，根据实际情况从表2-2-1中选择最接近的粒级类别，确定相应的试验条件，按规定的粒级准备集料，筛分。其中水泥混凝土用集料宜采用A级粒度；对用于沥青路面及各种基层、底基层的粗集料，表中16mm筛孔也可用13.2mm筛孔代替。对非规格材料，

应根据材料的实际粒度，从下表中选择最接近的粒级类别及试验条件。

粗集料洛杉矶试验条件表　　　　表 2-2-1

粒度类别	粒级组成（方孔筛）(mm)	试样质量 (g)	试样总质量 (g)	钢球数量（个）	钢球总质量 (g)	转动次数（转）	适用的粗集料	
							规格	公称粒径 (mm)
A	26.5 ~ 37.5	1 250 ± 25	5 000 ± 10	12	5 000 ± 25	500		
	19.0 ~ 26.5	1 250 ± 25						
	16.0 ~ 19.0	1 250 ± 10						
	9.5 ~ 16.0	1 250 ± 10						
B	19.0 ~ 26.5	2 500 ± 10	5 000 ± 10	11	4 850 ± 25	500	S6	15 ~ 30
							S7	10 ~ 30
	16.0 ~ 19.0	2 500 ± 10					S8	15 ~ 25
C	4.75 ~ 9.5	2 500 ± 10	5 000 ± 10	8	3 330 ± 20	500	S9	10 ~ 20
							S10	10 ~ 15
	9.5 ~ 16.0	2 500 ± 10					S11	5 ~ 15
							S12	5 ~ 10
D	2.36 ~ 4.75	5 000 ± 10	5 000 ± 10	6	2 500 ± 15	500	S13	3 ~ 10
							S14	3 ~ 5
E	63 ~ 75	2 500 ± 50	10 000 ± 100	12	5 000 ± 25	1 000		
	53 ~ 63	2 500 ± 50					S1	40 ~ 75
	37.5 ~ 53	5 000 ± 50					S2	40 ~ 60
F	37.5 ~ 53	5 000 ± 50	10 000 ± 75	12	5 000 ± 25	1 000	S3	30 ~ 60
	26.5 ~ 37.5	5 000 ± 25					S4	25 ~ 50
G	26.5 ~ 37.5	5 000 ± 25	10 000 ± 50	12	5 000 ± 25	1 000	S5	20 ~ 40
	19 ~ 26.5	5 000 ± 25						

注：1. 表中 16mm 筛也可用 13.2mm 筛代替。

2. A 级适用于未筛碎石混合料。

3. C 级中 S12 可全部采用 4.75 ~ 9.5mm 颗粒 5 000g。S9 及 S10 可全部采用 9.5 ~ 16mm 颗粒 5 000g。

4. E 级中 S2 中缺 63 ~ 75mm 颗粒可用 53 ~ 63mm 颗粒代替。

③分级称量（准确至 5g），称取总质量（m_1），装入磨耗机的圆筒中。

④选择钢球，使钢球的数量及总质量符合表 2-2-1 中规定，将钢球加入钢筒中，盖好筒盖，紧固密封。

⑤将计数器调整到零位，设定要求的回转次数，对水泥混凝土集料，回转次数为 500 转，对沥青混合料集料，回转次数应符合表 2-2-1 的要求。开动磨耗机，以 30 ~ 33r/min 的转速转运至要求的回转次数为止。

⑥取出钢球，将经过磨耗后的试样从投料口倒入接收容器（搪瓷盘）中。

⑦将试样过筛。对沥青混合料集料应选用 1.7mm 的方孔筛过筛，对水泥混凝土集料，应选用 2mm 的圆孔筛过筛。筛去试样中被撞击磨碎的细屑。

⑧用水冲干净留在筛上的碎石，置 105℃ ±5℃ 烘箱中烘干至恒重（通常不少于 4h），准确

称量(m_2)。

⑨粗集料磨耗试验(洛杉矶法)计算:

按式(2-2-8)计算粗集料洛杉矶磨耗损失,准确至0.1%,

$$Q=(m_1-m_2)/m_1\times100 \tag{2-2-7}$$

式中:Q——洛杉矶磨耗损失(%);

m_1——装入圆筒中试样质量(g);

m_2——试验后在1.7mm筛上的洗净烘干的试样质量(g)。

磨耗值越小,表示集料抗磨耗性能越好。

3)粗集料道瑞磨耗试验和磨光值试验

采用道瑞磨耗试验机测定集料的磨耗值指标,评定表面层集料抵抗车轮撞击及磨耗的能力。集料磨光值是利用加速磨光机磨光集料,用摆式摩擦系数测定仪测定集料经磨光后的摩擦系数值,采用磨光试验评定表层用集料的抗磨光性。路用集料在使用过程中不仅要表现出较高的承载能力,而且还要有较高的耐磨光性,以满足长期使用时高速行驶车辆对路面抗滑性的要求。

两项试验虽然都是一种磨耗性的能力评价指标,但是两者从不同的模拟角度出发分别对集料作出了相应的要求。磨耗值是抗滑表层中集料抵抗车轮磨耗的能力,以质量损失作为评价指标;磨光值是需要满足长期使用时高速行驶车辆对路面抗滑性的要求,以摩擦系数作为评价指标。

磨光试验步骤:

①试验准备:摆式摩擦系数测定仪的检查与标定、预磨新橡胶轮、集料试样选取、试件用砂准备、环氧树脂准备;

②试件制备:排料,选取集料颗粒尽量紧密排列于试模中(大面、平面朝下)。吹砂,将砂填入集料间隙并用洗耳球吹动密实。配制并填充环氧树脂砂浆,填充过程中不得碰动集料。养护拆模,等环氧树脂砂浆达到强度后拆除试模。

③磨光试验:先将试件分组并编号,将待测试样及标准集料试块按规定顺序安装到道路轮上,并将道路轮安装到轮轴上。

试样的加速磨光试验应在20℃±5℃的室内进行,先进行粗砂磨光,将标记C的橡胶轮安装在调整臂上,准备好30号金刚砂粗砂装入储砂斗,并调节溜砂流量为(27±7)g/min。

在控制面板上设定转数为57 600r,启动按钮,磨光机开始运转,同时使溜砂流量控制为27g/min±7g/min,水流量为60ml/min。试验将进行3h,在1h及2h时,试验将自动停机便于检查试样是否松动并清理。粗砂磨光试验完毕后,清洗道路轮及试样再进行细砂磨光。

细砂磨光将标记X的橡胶轮替换标记C的橡胶轮,重复以上试验步骤,但280号金刚砂细砂溜砂量控制为3g/min±1g/min,试验完毕后清理磨光机及试样。

④磨光值测定:试验温度为20℃±2℃,将试样从道路轮上卸下并表面朝下放在18~20℃的水中2h后取出并安装固定在平台上,标定好摆式摩擦系数测定仪,调节摆的高度,使滑溜块在试样上的滑动长度为76mm,滑溜块应处于试样轮迹中心,滑溜块滑动方向应与试样在磨光机上橡胶轮的运动方向一致。将试样用喷水壶洒水并保持湿润,测定摆值。一块试样重复测定5次,5次读数的最大值与最小值之差不得大于3,取5次读数的平均值作为该试样的磨光值读数(PSV_r),标准试件的磨光值读数用PSV_{br}表示。一种集料重复测试2次,每次都同时对

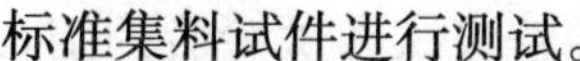

标准集料试件进行测试。

⑤按式2-2-9计算2次平行试验4块试件(每轮2块)的算术平均值PSV_{ra},精确到0.1。但4块试件磨光值读数PSV_r最大值与最小值之差不得大于4.7,否则试验作废。

$$PSV_{ra} = \sum PSV_{ri}/4 \quad (2\text{-}2\text{-}8)$$

式中:$i=1\sim4$,PSV_{ri}为4块试件的磨光值读数。

⑥按式2-2-10计算2次平行试验4块标准试件(每轮2块)的算术平均值PSV_{bra},精确到0.1。但4块标准试件磨光值读数的平均值PSV_{bra}必须在46~52的范围内,否则试验作废。

$$PSV_{bra} = \sum PSV_{bri}/4 \quad (2\text{-}2\text{-}9)$$

式中$i=1\sim4$,PSV_{bri}为4块标准试件的磨光值读数。

⑦按式2-2-11计算集料的PSV值,取整数。

$$PSV = PSV_{ra} + 49 - PSV_{bra} \quad (2\text{-}2\text{-}10)$$

4)粗集料坚固性试验

(1)目的与适用范围

本方法是确定碎石或砾石经饱和硫酸钠溶液多次浸泡与烘干循环,承受硫酸钠结晶压而不发生显著破坏或强度降低的性能,是测定石料坚固性能(也称安定性)的方法。

(2)试验准备

①硫酸钠溶液的配制

取一定数量的蒸馏水(多少取决于试样及容器大小),加温至30~50℃,每1 000mL蒸馏水加入无水硫酸钠(Na_2SO_4)300~350g或10水硫酸钠($Na_2SO_4 \cdot 10H_2O$)700~1 000g,用玻璃棒搅拌,使其溶解并饱和,然后冷却至20~25℃;在此温度下静置48h,其相对密度应保持在1.151~1.174(波美度为18.9~21.4)范围内。试验时容器底部应无结晶存在。

②试样的制备

将试样按表2-2-2的规定分级,洗净,放入105℃±5℃的烘箱内烘干4h,取出并冷却至室温,然后按表2-2-2规定的质量称取各粒级试样质节m_i。

坚固性试验所需的各粒级试样质量　　表2-2-2

公称粒级(mm)	2.36~4.75	4.75~9.5	9.5~19	19~37.5	37.5~63	63~75
试样质量(g)	500	500	1 000	1 500	3 000	5 000

注:1.粒级为9.5~19mm的试样中,应含有9.5~16mm粒级颗粒40%,16~19mm粒级颗粒60%。
2.粒级为19~37.5mm的试样中,应含有19~31.5mm粒级颗粒40%,31.5~37.5mm粒级颗粒60%。

(3)试验步骤

将所称取的不同粒级的试样分别装入三脚网篮并浸入盛有硫酸钠溶液的容器中,溶液体积应不小于试样总体积的5倍,温度应保持在20~25℃的范围内,三脚网篮浸入溶液时应先上下升降25次以排除试样中的气泡,然后静置于该容器中;此时,网篮底面应距容器底面约30mm(由网篮脚高控制),网篮之间的间距应不小于30mm,试样表面至少应在液面以下30mm。

浸泡20h后,从溶液中提出网篮,放在105℃±5℃的烘箱中烘烤4h,至此,完成了第一个试验循环。待试样冷却至20~25℃后,即开始第二次循环。从第二次循环起,浸泡及烘烤时间均可为4h。

完成五次循环后,将试样置于25~30℃的清水中洗净硫酸钠,再放入105℃±5℃的烘箱中烘干至恒重，待冷却至室温后，用试样粒级下限筛孔过筛，并称量各粒级试样试验后的筛余量 m'_i。

注：试样中硫酸钠是否洗净，可按下法检验：取洗试样的水数毫升，滴入少量氯化钡($BaCl_2$)溶液，如无白色沉淀，即说明硫酸钠已被洗净。

对粒径大于19mm的试样部分，应在试验前后分别记录其颗粒数量，并作外观检查，描述颗粒的裂缝、剥落、掉边和掉角等情况及其所占的颗粒数量，以作为分析其坚固性时的补充依据。

(4)计算

试样中各粒级颗粒的分计质量损失百分率按下式计算。

$$Q_i = \frac{m_i - m'_i}{m_i} \times 100 \tag{2-2-11}$$

式中：Q_i——各粒级颗粒的分计质量损失百分率(%)；

m_i——各粒级试样试验前的烘干质量(g)；

m'_i——经硫酸钠溶液法试验后各粒级筛余颗粒的烘干质量(g)。

试样总质量损失百分率按下式计算，精确至1%。

$$Q = \frac{\sum m_i Q_i}{\sum m_i} \tag{2-2-12}$$

式中：Q——试样总质量损失百分率(%)；

m_i——试样中各粒级的分计质量(g)；

Q_i——各粒级的分计质量损失百分率(%)。

5)粗集料软弱颗粒试验

(1)目的与适用范围

测定碎石、砾石及破碎砾石中软弱颗粒含量。

(2)试验步骤

称风干试样2kg(m_1)，如颗粒粒径大于31.5mm，则称4kg，过筛分成4.75~9.5mm，9.5~16mm、16mm以上各1份；将每份中每一个颗粒大面朝下稳定平放在压力机平台中心，按颗粒大小分别加以0.15kN、0.25kN、0.34kN荷载，破裂之颗粒即属于软弱颗粒，将其弃去，称出未破裂颗粒的质量(m_2)。

(3)计算

按下式计算软弱颗粒含量，精确至0.1%。

$$P = \frac{m_1 - m_2}{m_1} \times 100 \tag{2-2-13}$$

式中：P——粗集料的软弱颗粒含量(%)；

m_1——各粒级颗粒总质量(g)；

m_2——试验后各粒级完好颗粒总质量(g)。

6)集料碱活性检验(砂浆长度法)

(1)目的与适用范围

测定水泥砂浆试件的长度变化，以鉴定水泥中的碱与活性集料间的反应所引起的膨胀是否具有潜在危害。

(2)试验准备

①试样制备

水泥:检定一般集料活性时,应使用含碱量高于0.8%的硅酸盐水泥。对于具体工程,如使用几种水泥,含碱量大于0.6%的水泥均应进行试验。

注:水泥含碱量以氧化钠(Na_2O)计,氧化钾(K_2O)换算为氧化钠时乘以换算系数0.658。

集料:对于砂料使用工程实际采用的或拟用的砂;对于集料应把活性、非活性集料分别破碎成表2-2-3所示的级配,并根据岩相检验的结果将活性与非活性集料按比例组合成试验用砂。

砂料级配表　　表2-2-3

筛孔尺寸(mm)	4.75~2.36	2.36~1.18	1.18~0.6	0.60~0.3	0.3~0.15
分级质量比(%)	10	25	25	25	15

砂浆配合比:水泥与砂的质量比为1:2.25。一组3个试件共需水泥400g,砂900g。砂浆用水量按GB 2419"水泥胶砂流动度测定方法"选定,但跳桌跳动次数改为10次/6s,以流动度在105~120mm为准。

②试件制作

成型前24h,将试验所用材料(水泥、砂、拌和用水等)放入20℃±2℃的恒温室中。

砂浆制备:将水倒入拌和锅内,加入水泥拌和30s,再加入砂料的一半拌和30s,最后加入剩余的砂料拌和90s。

砂浆分两层装入试模内,每层捣实20次;浇第一层后安放测头再浇第二层(注意测头周围砂浆应填实),浇捣完毕后用镘刀刮除多余砂浆,抹平表面并编号。

(3)试验步骤

试件成型完毕后,带模放入标准养护室。养护24h±4h后脱模。脱模后立即测量试件的长度,此长度为试件的基准长度。测长应在20℃±2℃的恒温室中进行。每个试件至少重复测试两次,取差值在仪器精密度范围内的2个读数的平均值作为长度测定值。待测的试件须用湿布覆盖,以防止水分蒸发。

测长后将试件放入养护筒中,筒壁衬以吸水纸使筒内空气为水饱和蒸汽,盖严筒盖放入38℃±2℃养护室(箱)里养护(一个筒内的试件品种应相同)。

测长龄期自测基长后算起分14d,1、2、3、6、9、12个月几个龄期,如有必要还可适当延长。在测长的前一天,应把养护筒从38℃±2℃的养护室(箱)中取出,放入20℃±2℃的恒温室。试件的测长方法与测基长时相同,每个龄期测长完毕后,应将试件放入养护筒中,盖好筒盖,放回38℃±2℃的养护室(箱)中继续养护到下一个测试龄期。

测长时应观察试件的变形、裂缝、渗出物,特别要注意有无胶体物质出现,并作详细记录。

(4)计算

试件的膨胀率按下式计算。

$$\Sigma_t = \frac{L_t - L_0}{L_0 - 2\Delta} \times 100 \tag{2-2-14}$$

式中：Σ_t——试件在龄期 t 内的膨胀率(%)；

L_t——试件在龄期 t 的长度(mm)；

L_0——试件的基准长度(mm)；

Δ——测头(即埋钉)的长度(mm)。

以3个试件测值的平均值作为某一龄期膨胀度的测定值。

注：一组3个试件测值的离散程度应符合下述要求：膨胀率小于0.02%时，单个测值与平均值的差值不得大于0.003%；膨胀率大于0.02%时，单个测值与平均值的差值不得大于平均值的15%。超过以上规定时需查明原因，取其余2个测值的平均值作为该龄期膨胀率的测定值。当一组试件的测值少于2个时，该龄期的膨胀率通过补充试验确定。

(5)评定标准

对于砂料，当砂浆半年膨胀率超过0.1%或3个月的膨胀率越过0.05%时(只在缺少半年膨胀率时才有效)，即评为具有危害性的活性集料。反之，如低于上述数值时，则评为非活性集料。

对于集料，当砂浆半年膨胀率低于0.1%或3个月的膨胀率低于0.05%时(只在缺少半年膨胀率时才有效)，即评为非活性集料。如超过上述数值时，尚不能作最后结论，应根据混凝土的试验结果作出最后的评定。

3. 粗集料化学性质

大部分集料是由天然岩石形成的，按化学成分，岩石分为酸性岩石($SiO_2>65\%$)、中性岩石($52\%<SiO_2\leqslant65\%$)和碱性岩石($SiO_2<52\%$)。一般而言，碱性岩石制成的集料与沥青的黏附性比酸性岩石制成的集料与沥青的黏附性好。在水泥混凝土中，碱活性集料会与水泥中的碱产生化学反应，形成膨胀性的产物，使硬化混凝土破坏。

三、粗集料技术要求（表2-2-4～表2-2-7）

水泥混凝土粗集料的压碎指标值(%) 表2-2-4

粗集料品种		混凝土强度等级	
		≤C35	C55～C40
碎石	水成岩	≤16	≤10
	变质岩或深成的火成岩	≤20	≤12
	火成岩	≤30	≤12
卵石		≤16	≤12

碎石或卵石的坚固性指标 表2-2-5

混凝土所处的环境条件	循环后的质量损失(%)
严寒及寒冷地区室外使用且经常处于潮湿或干湿交替状态的混凝土，有抗疲劳、耐磨、抗冲击要求、有腐蚀介质作用或处于水位变化区的地下结构混凝土	≤8
在其他条件下使用的混凝土	≤12

石子中有害杂质及针、片状颗粒含量　　表 2-2-6

<table>
<tr><td rowspan="3">项　目</td><td colspan="4">质量要求</td></tr>
<tr><td colspan="3">混凝土强度等级</td><td rowspan="2">有抗冻、抗渗和其他特殊要求的混凝土</td></tr>
<tr><td>≥C30</td><td>C15 ~ C30</td><td>≤C10</td></tr>
<tr><td>含泥量(按质量计%)</td><td>≤1.0</td><td>≤2.0</td><td>≤2.5</td><td>≤1.0</td></tr>
<tr><td>泥块含量(按质量计%)</td><td>≤0.50</td><td>≤0.70</td><td>≤1.0</td><td>≤0.5</td></tr>
<tr><td>针、片状颗粒含量(按质量计%)</td><td>≤15</td><td>≤25</td><td>≤40</td><td></td></tr>
<tr><td>硫化物和硫酸盐含量(折算为 SO_3 按质量计%)</td><td colspan="4">≤1.0</td></tr>
<tr><td>有机质含量(用比色法试验)</td><td colspan="4">颜色不得深于标准色,如深于标准色,则应配制成混凝土进行强度对比试验,抗压强度比应不低于 0.95</td></tr>
</table>

注:1. 碎石或卵石中如含泥基本上是非黏土质的石粉时,其总含量可由 1.0% 及 2.0% 分别提高到 1.5% 和 3.0%。

2. 碎石或卵石中如含有颗粒状硫酸盐或硫化物,则要求经专门检验,确认能满足混凝土耐久性要求时方能采用。

沥青混合料用粗集料质量技术要求　　表 2-2-7

<table>
<tr><td rowspan="2" colspan="2">指　标</td><td rowspan="2">单位</td><td colspan="2">高速公路及一级公路</td><td rowspan="2">其他等级公路</td><td rowspan="2">试验方法</td></tr>
<tr><td>表面层</td><td>其他层次</td></tr>
<tr><td>石料压碎值</td><td>不大于</td><td>%</td><td>26</td><td>28</td><td>30</td><td>T 0316</td></tr>
<tr><td>洛杉矶磨耗损失</td><td>不大于</td><td>%</td><td>28</td><td>30</td><td>35</td><td>T 0317</td></tr>
<tr><td>表观相对密度</td><td>不小于</td><td>t/m^3</td><td>2.60</td><td>2.50</td><td>2.45</td><td>T 0304</td></tr>
<tr><td>吸水率</td><td>不大于</td><td>%</td><td>2.0</td><td>3.0</td><td>3.0</td><td>T 0304</td></tr>
<tr><td>坚固性</td><td>不大于</td><td>%</td><td>12</td><td>12</td><td>—</td><td>T 0314</td></tr>
<tr><td>针片状颗粒含量(混合料)</td><td>不大于</td><td>%</td><td>15</td><td>18</td><td>20</td><td rowspan="3">T 0312</td></tr>
<tr><td>其中粒径大于 9.5mm</td><td>不大于</td><td>%</td><td>12</td><td>15</td><td>—</td></tr>
<tr><td>其中粒径小于 9.5mm</td><td>不大于</td><td>%</td><td>18</td><td>20</td><td>—</td></tr>
<tr><td>水洗法 <0.075mm 颗粒含量</td><td>不大于</td><td>%</td><td>1</td><td>1</td><td>1</td><td>T 0310</td></tr>
<tr><td>软石含量</td><td>不大于</td><td>%</td><td>3</td><td>5</td><td>5</td><td>T 0320</td></tr>
</table>

注:1. 坚固性试验可根据需要进行。

2. 用于高速公路、一级公路时,多孔玄武岩的视密度可放宽至 $2.45t/m^3$,吸水率可放宽至 3%,但必须得到建设单位的批准,且不得用于 SMA 路面。

3. 对 S14 即 3 ~ 5 规格的粗集料,针片状颗粒含量可不予要求,<0.075mm 含量可放宽到 3%。

第二节　细 集 料 (砂)

复习要点:

1. 水泥混凝土及沥青混合料对细集料的分级概念、技术性质,不同种类细集料适用范围及级配的概念,砂中有害成分及检测的基本方法;砂的技术要求。

2. 细集料筛分所涉及的各个概念及其相互关系;计算集料级配的方法;评价细集料质量及洁净程度的方法;各种密度的测试方法;棱角性试验方法。

3. 砂当量和亚甲蓝试验方法，试验结果所表达的含义；细集料筛分试验的操作步骤、试验结果的影响因素；细度模数的含义与计算方法，砂粗细程度的判定方法。

根据最新国标《建筑用砂》（GB/T 14684—2011），按有关技术要求将砂分成Ⅰ、Ⅱ、Ⅲ级，见表 2-2-8。

建筑用砂分类 表 2-2-8

<table>
<tr><th colspan="5" rowspan="2">项 目</th><th colspan="3">技术要求</th></tr>
<tr><th>Ⅰ级</th><th>Ⅱ级</th><th>Ⅲ级</th></tr>
<tr><td rowspan="5">人工砂</td><td colspan="3">压碎指标</td><td><</td><td>20</td><td>25</td><td>30</td></tr>
<tr><td rowspan="4">甲基蓝试验</td><td rowspan="2">MB 值<1.4 或合格</td><td>石粉含量（%）</td><td><</td><td>3.0</td><td>5.0</td><td>7.0</td></tr>
<tr><td>泥块含量（%）</td><td><</td><td>0</td><td>1.0</td><td>2.0</td></tr>
<tr><td rowspan="2">MB 值<1.4 或合格</td><td>石粉含量（%）</td><td><</td><td>1.0</td><td>3.0</td><td>5.0</td></tr>
<tr><td>泥块含量（%）</td><td><</td><td>0</td><td>1.0</td><td>2.0</td></tr>
<tr><td rowspan="2">天然砂</td><td colspan="3">含泥量（%）</td><td><</td><td>1.0</td><td>2.0</td><td>5.0</td></tr>
<tr><td colspan="3">泥块含量（%）</td><td><</td><td>0</td><td>1.0</td><td>2.0</td></tr>
<tr><td rowspan="5">有害杂质含量（%）</td><td colspan="3">氯化物含量（按氯离子质量计）</td><td><</td><td>0.01</td><td>0.02</td><td>0.06</td></tr>
<tr><td colspan="3">云母含量</td><td><</td><td>1.0</td><td>2.0</td><td>2.0</td></tr>
<tr><td colspan="4">有机物含量（比色法）</td><td>合格</td><td>合格</td><td>合格</td></tr>
<tr><td colspan="4">硫化物及硫酸盐含量（SO_3 质量计）<</td><td>0.5</td><td>0.5</td><td>0.5</td></tr>
<tr><td colspan="4">轻物质含量</td><td>1.0</td><td>1.0</td><td>1.0</td></tr>
<tr><td colspan="4">坚固性（%）</td><td><</td><td>8</td><td>8</td><td>10</td></tr>
<tr><td colspan="5">密度和空隙率</td><td colspan="3">表观密度>2 500kg/m^3；
松散堆积密度>1 350kg/m^3；
空隙率<47%</td></tr>
</table>

砂中含有的云母、淤泥、泥块、轻物质、有机物、硫化物及硫酸盐等，都对混凝土的性能有不利的影响，是有害杂质。

1. 筛分试验

筛分试验是称取一定数量的砂样，在规定的标准套筛上进行筛分，分别测出砂样在各个筛上的存留质量，然后计算出与级配有关的参数。通过筛分试验确定细集料颗粒粒级的分布状况，称为砂的级配。

细集料筛分所涉及的各个概念及其相互关系：

①分计筛余百分率。各号筛的分计筛余百分率为各号筛上的筛余量除以试样总量（m_1）的百分率，准确至 0.1%。对沥青路面细集料而言，0.15mm 筛下部分即为 0.075mm 的分计筛余，测得的 m_1 与 m_2 之差即为小于 0.075mm 的筛底部分。

②累计筛余百分率。各号筛的累计筛余百分率为该号筛及大于该号筛的各号筛的分计筛余百分率之和，准确至 0.1%。

③质量通过百分率。各号筛的质量通过百分率等于100减去该号筛的累计筛余百分率，准确至0.1%。

④根据各筛的累计筛余百分率或通过百分率，绘制级配曲线。

亚甲蓝试验适用于确定细集料中是否存在膨胀性黏土矿物，并测定其含量，以评价细集料的洁净程度。该方法适用于小于2.36mm或小于0.15mm的细集料。

2. 亚甲蓝试验

亚甲蓝试验操作步骤如下：

①配制标准亚甲蓝溶液(10.0g/L±0.1g/L)，由于亚甲蓝在温度超过105℃时会变质，故配制标准亚甲蓝溶液前须测定亚甲蓝含水率。配置时洁净水水温不超过40℃，冷却至20℃避光保存。

②制备细集料悬浊液：取有代表性试样，缩分至400g，在105℃ ±5℃烘箱中烘至恒重，待冷却至室温后筛除大于2.36mm颗粒分2份备用。称取200g试样精确至0.1g。将试样倒入盛有500ml±5ml洁净水的烧杯中，将搅拌器转速调至600r/min，搅拌5min形成悬浊液，用移液管准确加入5mL亚甲蓝溶液，然后保持400r/min±40r/min转速不断搅拌，直到试验结束。

③亚甲蓝吸附量测定：将滤纸架空放置在敞口烧杯的顶部，使其不得与任何其他物品接触，细集料悬浊液在加入亚甲蓝溶液并经400r/min±40r/min转速搅拌1min起，在滤纸上进行第一次色晕检验。即用玻璃棒蘸取一滴悬浊液滴于滤纸上，液滴在滤纸上形成环状，中间是集料沉淀物，液滴的数量应使沉淀物直径在8～12mm之间，外围环绕一圈无色的水环。当在沉淀物周围边缘放射出一个宽度约1mm左右的浅蓝色色晕时，试验结果为阳性。如果第一次的5mL亚甲蓝溶液没有使沉淀物周围出现色晕，再向悬浊液中加入5mL亚甲蓝溶液，继续搅拌1min，再用玻璃棒蘸取一滴悬浊液滴于滤纸上，进行第二次色晕试验，若沉淀物周围仍未出现色晕，重复上述步骤，直到沉淀物周围放射出约1mm的稳定浅蓝色色晕。停止滴加亚甲蓝溶液，但继续搅拌悬浊液，每1min进行一次色晕试验。若色晕在最初的4min内消失，再加入5mL亚甲蓝溶液；若色晕在5min内消失，再加入2mL亚甲蓝溶液。两种情况下，均应继续搅拌并进行色晕试验，直至色晕可持续5min为止。记录色晕可持续5min时所加入的亚甲蓝溶液总体积，精确至1mL。

④细集料亚甲蓝值MBV按式2-2-12计算，精确至0.1。

$$MBV = (V/m) \times 10 \tag{2-2-15}$$

式中：MBV——亚甲蓝值(g/kg)，表示每千克0～2.36mm粒级试样所消耗的亚甲蓝克数；

m——试样质量(g)；

V——所加入的亚甲蓝溶液总量(mL)。

注：公式中系数10用于将每千克试样所消耗的亚甲蓝溶液体积换算成亚甲蓝质量。

3. 砂当量试验

砂当量试验用于测定天然砂、人工砂、石屑等各种细集料中所含黏性土及杂质的含量，用于评价细集料的洁净程度，适用于公称最大粒径不超过4.75mm的集料。

砂当量试验操作步骤如下：

①准备试样，并测定试样含水率，准确称取相当于120g干燥试样的样品湿重，准确至0.1g。

②配制冲洗液，冲洗液中氯化钙、甘油、甲醛含量分别按 2.79g、12.12g、0.34g 进行控制，一般配制 5L 冲洗液，冲洗液使用期限不得超过 2 周，工作温度为 20℃ ±3℃。

③用冲洗管将冲洗液加入试筒，直到最下面的 100mm 刻度处，将相当于 120g ±1g 干料重的湿试样用漏斗仔细倒入直立的试筒中，用手掌反复敲打试筒底部，除去气泡，并使试样尽快湿润，然后放置 10min。

④在试样静止 10min ±1min 后，在筒口塞上橡胶塞，将试筒横向水平固定在振荡机上。开动振荡机，在 30s ±1s 的时间内振荡 90 次。然后将试筒取下竖直放回试验台上。

⑤将冲洗管插入试筒中，用冲洗液冲洗附着在试筒壁上的集料，然后迅速将冲洗管插入试筒底部，不断转动冲洗管，使附着在集料表面的土粒杂质浮游上来，缓慢匀速拔出冲洗管，当液面位于 380mm 刻度处切断冲洗管液流，保持此刻度，开动秒表计时，将试筒静置 20min ±15s。

⑥静置 20min 后，用直尺量取试筒底部距絮状凝结物液面的高度 h_1。

⑦将配重活塞徐徐插入试筒中，直至碰到沉淀物时，立即拧紧套筒上的固定螺丝。将活塞取出，用直尺插入套筒开口中，量取套筒顶面至活塞底部的高度 h_2。精确至 1mm。同时记录试筒内温度，精确至 1℃。

⑧按上述步骤进行两个试样的平行试验。

⑨计算：取两个试样的平均值

$$SE = (h_2/h_1) \times 100 \tag{2-2-16}$$

式中：SE——试样的砂当量（%）

h_2——试筒中用活塞测定的集料沉淀物的高度（mm）；

h_1——试筒中絮凝物和沉淀物的总高度（mm）。

4. 水洗法试验

对水泥混凝土用细集料可采用干筛法，如果需要也可采用水洗法筛分；对沥青混合料及基层用细集料必须用水洗法筛分。

水洗法试验步骤如下：

①准确称取烘干试样约 500g（m_1），准确至 0.5g。

②将试样置一洁净容器中，加入足够数量的洁净水，将集料全部盖没。

③用搅棒充分搅动集料，使集料表面洗涤干净，使细粉悬浮在水中，但不得有集料从水中溅出。

④用 1.18mm 筛及 0.075mm 筛组成套筛。仔细将容器中混有细粉的悬浮液徐徐倒出，经过套筛流入另一容器中，但不得将集料倒出。

注：不可直接倒至 0.075mm 筛上，以免集料掉出损坏筛面。

⑤重复②~④步骤，直至倒出的水洁净且小于 0.075mm 的颗粒全部倒出。

⑥将容器中的集料倒入搪瓷盘中，用少量水冲洗，使容器上粘附的集料颗粒全部进入搪瓷盘中，将筛子反扣过来，用少量的水将筛上的集料冲洗入搪瓷盘中，操作过程中不得有集料散失。

⑦将搪瓷盘连同集料一起置 105℃ ±5℃烘箱中烘干至恒重，称取干燥集料试样的总质量（m_2），准确至 0.1%。m_1 与 m_2 之差即为通过 0.075mm 部分。

⑧将全部要求筛孔组成套筛（但不需 0.075mm 筛），将已经洗去小于 0.075mm 部分的干燥集料置于套筛上（一般为 4.75mm 筛），将套筛装入摇筛机，摇筛约 10min，然后取出套筛，再

按筛孔大小顺序，从最大的筛号开始，在清洁的浅盘上逐个进行手筛，直至每分钟的筛出量不超过筛上剩余量的0.1%时为止，将筛出通过的颗粒并入下一号筛，和下一号筛中的试样一起过筛，这样顺序进行，直至各筛全部筛完为止。

⑨称量各筛筛余试样的质量，精确至0.5g。所有各筛的分计筛余量和底盘中剩余量的总质量与筛分前后试样总量 m_2 相比，其相差不得超过1%。

应进行两次平行试验，以试验结果的算术平均值作为测定值。如两次试验所得的细度模数之差大于0.2，应重新进行试验。

按存留量之和的实际结果进行计算，这样处理两者结果相差很小。

按式(2-2-14)计算细度模数，准确至0.01。

$$M_x=\frac{[(A_{0.15}+A_{0.3}+A_{0.6}+A_{1.18}+A_{2.36}]-5A_{4.75})}{(100-A_{4.75})}$$

式中：　　M_x——砂的细度模数；

$A_{0.15}$、$A_{0.3}$、…、$A_{4.75}$——分别为0.15mm、0.3mm、…、4.75mm各筛上的累计筛余百分率，%。

细度模数越大，砂的颗粒越粗。粗度是评价细集料粗细程度的一种指标，通常用细度模数表示。

5. 细集料棱角性试验(间隙率法)

细集料棱角性试验是测定一定量的细集料通过标准漏斗，装入标准容器中的间隙率，称为细集料的棱角性，以百分率表示。本方法适用于测定天然砂、人工砂、石屑等用于路面的细集料的棱角性，以预测细集料对沥青混合料的内摩擦角和抗流动变形性能的影响。

(1)试验步骤

①称取细集料接受容器的干质量 m_0。

②在容器中加满水，称取圆筒加水的质量 m_1，标定容器的容积 $V=m_1-m_0$，此时可忽略温度对水密度的影响。

③将从现场取来的细集料试样，按照最大粒径的不同选择2.36mm或4.75mm的标准筛过筛，除去大于最大粒径的部分。通常对天然砂或0～3mm规格的机制砂、石屑采用2.36mm筛，对0～5mm机制砂、石屑可采用4.75mm筛。

④取约2kg试样放在搪瓷盘中，加水浸泡24h，仔细淘洗，使泥土和粉尘悬浮在水中。分数次缓缓地将悬浊液通过1.18mm、0.075mm套筛倒去悬浮的混水，并用洁净的水冲洗集料，仔细冲走小于0.075mm部分。将1.18mm及0.075mm筛上部分均倒回搪瓷盘中，放入105℃±5℃烘箱中烘干至恒重，冷却后适当拌和均匀，按分料器法或四分法称取190g±1g的试样不少于3份。

⑤将漏斗与圆筒接好，成一整体，在漏斗下方置接受容器。用一块小玻璃板堵住开口处。

⑥将试样从圆筒中央上方(高度与筒顶齐平)徐徐倒入漏斗，表面尽量倒平。

⑦取走堵住漏斗开启门的小玻璃板。漏斗中的细集料随即通过漏斗开口处流出，进入接受容器中。

⑧用带刃的直尺轻轻刮平容器的表面，不加任何振动。

⑨称取容器与细集料的总质量 m_2，准确至0.1g。

⑩按本规程T0330的方法测定细集料的毛体积相对密度b。

⑪平行试验3次，以平均值作为细集料棱角性的试验结果。

(2)计算

按下式计算容器中细集料的松装密度和间隙率，精确至小数点后1位，间隙率即为细集料的棱角性。

$$\gamma_{fa} = \frac{m_2 - m_0}{m_1 - m_0} \tag{2-2-17}$$

$$U = (1 - \frac{\gamma_{fa}}{\gamma_b}) \times 100 \tag{2-2-18}$$

式中：γ_{fa}——细集料的松装相对密度；

m_0——容器空质量(g)；

m_1——容器与水的总质量(g)；

m_2——容器与细集料的总质量(g)；

U——细集料的间隙率，即棱角性(%)；

γ_b——细集料的毛体积相对密度。

第三节　矿　　粉

复习要点：

1. 矿粉的技术要求和在沥青混合料中的作用。
2. 矿粉试验方法；T 0351—2000 矿粉筛分试验(水洗法)

填料俗称矿粉，指沥青混合料中粒径小于0.075mm的颗粒。矿粉在沥青混合料中一方面起填充作用，另一方面由于矿粉较大的比表面积，吸附沥青后降低了沥青膜厚度，增大了结构沥青所占的比重，从而增加了沥青的粘度。矿粉技术要求如表2-2-9。

矿粉技术要求　　表2-2-9

指标			高速公路、一级公路	试验方法
视密度(t/m³)		不小于	2.50	T 0352
含水量(%)		不大于	1	T 0103 烘干法
粒度范围	<0.6mm	(%)	100	T 0351
	<0.15mm	(%)	90~100	
	<0.075mm	(%)	75~100	
外观			无团粒结块	
亲水系数			<1	T 0353
塑性指数			<4	T 0354
加热安定性			实测记录	T 0355

1. 矿粉筛分试验

(1)目的与适用范围

测定矿粉的颗粒级配。同时适用于测定供拌制沥青混合料用的其他填料如水泥、石灰、粉煤灰的颗粒级配。

(2)仪具与材料

①标准筛:孔径为0.6mm、0.3mm、0.15mm、0.075mm。

②天平:感量不大于0.1g。

③烘箱:能控温在105℃ ±5℃。

④搪瓷盘。

⑤橡皮头研杵。

(3)试验步骤

①将矿粉试样放入105℃ ±5℃烘箱中烘干至恒重,冷却,称取100g,准确至0.1g。如有矿粉团粒存在,可用橡皮头研杵轻轻研磨粉碎。

②将0.075mm筛装在筛底上,仔细倒入矿粉,盖上筛盖。手工轻轻筛分,至大体上筛不下去为止。存留在筛底上的小于0.075mm部分可弃去。

③除去筛盖和筛底,按筛孔大小顺序套成套筛。将存留在0.075mm筛上的矿粉倒回0.6mm筛上,在自来水龙头下方接一胶管,打开自来水,用胶管的水轻轻冲洗矿粉过筛,0.075mm筛下部分任其流失,直至流出的水色清澈为止。水洗过程中,可以适当用手扰动试样,加速矿粉过筛,待上层筛冲干净后,取去0.6mm筛,接着从0.3mm筛或0.15mm筛上冲洗,但不得直接冲洗0.075mm筛。

注:①自来水的水量不可太大太急,防止损坏筛面或将矿粉冲出,水不得从两层筛之间流出,自来水龙头宜装有防溅水龙头。当现场缺乏自来水时,也可由人工浇水冲洗。

②如直接在0.075mm筛上冲洗,将可能使筛面变形,筛孔堵塞,或者造成矿粉与筛面发生共振,不能通过筛孔。

④分别将各筛上的筛余反过来用小水流仔细冲洗入各个搪瓷盘中,待筛余沉淀后,稍稍倾斜搪瓷盘。仔细除去清水,放入105℃烘箱中烘干至恒重。称取各号筛上的筛余量,准确至0.1g。

(4)计算

各号筛上的筛余量除以试样总量的百分率,即为各号筛的分计筛余百分率,精确至0.1%。用100减去0.6mm、0.3mm、0.15mm、0.075mm各筛的分计筛余百分率,即为通过0.075mm筛的通过百分率,加上0.075mm筛的分计筛余百分率即为0.15mm筛的通过百分率,依次类推,计算出各号筛的通过百分率,精确至0.1%。

(5)精密度或允许差

以两次平行试验结果的平均值作为试验结果。各号筛的通过率相差不得大于2%。

2. 矿粉密度试验

(1)目的与适用范嗣

用于检验矿粉的质量,供沥青混合料配合比设计计算使用,同时适用于测定供拌制沥青混合料用的其他填料如水泥、石灰、粉煤灰的相对密度。

(2)仪具与材料

①李氏比重瓶:容量为250mL或300mL,如图T 0352-1所示。

②天平:感量不大于0.01g。

③烘箱:能控温在105℃ ±5℃。

④恒温水槽:能控温在20℃ ±0.5℃。

⑤其他：瓷皿、小牛角匙、干燥器、漏斗等。

(3)试验步骤

①将代表性矿粉试样置瓷皿中，在105℃烘箱中烘干至恒重(一般不少于6h)，放入干燥器中冷却后，连同小牛角匙、漏斗一起准确称量(m_1)，准确至0.01g，矿粉质量应不少于20%。

②向比重瓶中注入蒸馏水，至刻度0～1mL之间，将比重瓶放入20℃的恒温水槽中，静放至比重瓶中的水温不再变化为止(一般不少于2h)，读取比重瓶中水面的刻度(V_1)，准确至0.02mL。

③用小牛角匙将矿粉试样通过漏斗徐徐加入比重瓶中，待比重瓶中水的液面上升至接近比重瓶的最大读数时为止，轻轻摇晃比重瓶，使瓶中的空气充分逸出。再次将比重瓶放入恒温水槽中，待温度不再变化时，读取比重瓶的读数(V_2)，准确至0.02mL。整个试验过程中，比重瓶中的水温变化不得超过1℃。

4)准确称取牛角匙、瓷皿、漏斗及剩余矿粉的质量(m_2)，准确至0.01g。

注：对亲水性矿粉应采用煤油作介质测定，方法相同。

(4)计算

按式(T 0352—1)及式(T 0352—2)计算矿粉的密度和相对密度，精确至小数点后3位。

$$\rho_f = \frac{m_1 - m_2}{V_2 - V_1}$$

$$\gamma_f = \frac{\rho_f}{\rho'_w}$$

式中：ρ_f——矿粉的密度(g/cm³)；

γ_f——矿粉对水的相对密度，无量纲；

m_1——牛角匙、瓷皿、漏斗及试验前瓷器中矿粉的干燥质量(g)；

m_2——牛角匙、瓷皿、漏斗及试验后瓷器中矿粉的干燥质量(g)；

V_1——加矿粉以前比重瓶的初读数(mL)；

V_2——加矿粉以后比重瓶的终读数(mL)；

ρ'_w——试验温度时水的密度，按《公路工程集料试验规程》附录取用。

(5)精密度或允许差

同一试样应平行试验两次，取平均值作为试验结果。两次试验结果的差值不得大于0.01g/cm³。

3. *矿粉亲水系数试验*

(1)目的与适用范围

矿粉的亲水系数即矿粉试样在水(极性介质)中膨胀的体积与同一试样在煤油(非极性介质)中膨胀的体积之比，用于评价矿粉与沥青结合料的黏附性能。本方法也适用于测定供拌制沥青混合料用的其他填料如水泥、石灰、粉煤灰的亲水系数。

(2)仪具与材料

①量筒：50mL两个，刻度至0.5mL。

②研钵及有橡皮头的研杵。

③天平，感量不大于0.01g。

④煤油：在温度270℃分馏得到的煤油，并经杂黏土过滤而得到者(过滤用杂黏土应先经加热至250℃3h，待其冷却后使用)。

⑤烘箱。

(3)试验步骤

①称取烘干至恒重的矿粉5g(准确至0.01g),将其放在研钵中,加入15~30mL。蒸馏水,用橡皮研杵仔细磨5min,然后用洗瓶把研钵中的悬浮液洗入量筒中,使量筒中的液面恰为50mL,然后用玻璃棒搅和悬浮液。

②同上法将另一份同样重量的矿粉,用煤油仔细研磨后将悬浮液冲洗移入另一量筒中,液面亦为50mL。

③将上两量筒静置,使量筒内液体中的颗粒沉淀。

④每天两次记录沉淀物的体积,直至体积不变为止。

(4)计算

①亲水系数按下式计算。

$$\eta = \frac{V_B}{V_H} \tag{2-2-19}$$

式中:η——亲水系数,无量纲;

V_B——水中沉淀物体积(mL);

V_H——煤油中沉淀物体积(mL)。

②平行测定两次,以两次测定值的平均值作为试验结果。

4. 矿粉塑性指数试验

(1)目的与适用范围

①矿粉的塑性指数是矿粉液限含水量与塑限含水率之差,以百分率表示。

②矿粉的塑性指数用于评价矿粉中黏性土成分的含量。

③本方法也适用于检验作为沥青混合料填料使用的粉煤灰、拌和机回收粉尘的塑性指数。

(2)试验步骤

①将矿粉等填料用0.6mm筛过筛,去除筛上部分。

②按《公路土工试验规程》规定的方法测定塑性指数。

5. 矿粉加热安定性试验

(1)目的与适用范围

①矿粉的加热安定性是矿粉在热拌过程中受热而不产生变质的性能。

②矿粉的加热安定性用于评价矿粉(除石灰石粉、磨细生石灰粉、水泥外)易受热变质的成分的含量。

(2)仪具与材料

①蒸发皿或坩埚:可存放100g矿粉。

②加热装置:煤气炉或电炉。

③温度计:最小刻度为1℃。

(3)试验步骤

①称取矿粉100g,装入蒸发皿或坩埚中,摊开。

②将盛有矿粉的蒸发皿或坩埚置于煤气炉或电炉火源上加热,将温度计插入矿粉中,一边搅拌石粉,一边测量温度,加热到200℃,关闭火源。

③将矿粉在室温中放置冷却，观察石粉颜色的变化。

(4)报告

报告石粉在受热后的颜色变化，判断石粉的变质情况。

第四节 矿料级配

复习要点：

1. 矿料级配理论；级配范围的含义。
2. 矿料的级配类型；不同级配类型的特点。
3. 矿料级配曲线的绘制方法，集料的组成设计。

以通过量的百分率为纵坐标，筛孔尺寸（同时也表示矿料的粒径）为横坐标，将各筛上的通过量绘制在坐标图中，然后用曲线将各点连接起来，成为级配曲线。绘制级配曲线的横坐标时采用对数坐标（而相应纵坐标上的通过量仍采用常数坐标）。分别根据两个不同的指数和所确定的级配结果，以及由各级配所绘制的级配曲线，构成级配范围。

粒径粗细不同的集料按照一定的比例组合搭配在一起，以达到较高的密实度，根据搭配组成的结果，可达到以下几种不同的级配形式。

①连续级配：连续级配是某一矿料在标准套筛中进行筛分后，矿料的颗粒由大到小连续分布，每一级都占有适当的比例。

②间断级配：在矿料颗粒分布的整个区间里，从中间剔除一个或连续几个粒级，形成一种不连续的级配，称为间断级配。

③连续开级配：整个矿料颗粒分布范围较窄，从最大粒径到最小粒径仅在数个粒级上以连续的形式出现，形成所谓的连续开级配。

集料组成设计（图解法）：

①准备工作

对所使用的各集料进行筛分，并计算各自的通过量百分率。明确设计级配要求的级配范围，并计算出该要求级配范围的中值。

②绘制框图

按比例（通常纵、横边各为100mm和150mm）绘制一矩形框图，从左下向右上引对角线，作为合成级配的中值。纵坐标表示通过量，按常数标尺在纵坐标上标出通过量百分率刻度；横坐标则表示筛孔尺寸，而各个筛孔具体位置则根据合成级配要求的某筛孔通过量百分率中值，在纵坐标上找出该中值的位置，然后从纵坐标引水平线与对角线相交，再从交点处向下做垂线，垂线与横坐标的交点即为该筛孔相应位置。以此类推，找出全部筛孔在横坐标上的具体位置。

③确定各集料用量

将参与级配合成的各集料的通过量绘制在框图中，用折线的形式连成级配曲线。根据框图中相邻两条级配曲线的关系，即重叠、相接、分离；确定各集料在混合料中的掺配比例。

④合成级配的计算与校核

根据图解过程求得的各集料用量比例，计算出合成级配的结果。当合成级配超出级配范围时,说明图解法得到的比例不是很合适,需要进行各集料的用量调整,直到满足设计级配的要求为止。

复习思考题

一、单项选择题

1. 集料的压碎值是反映集料( )的相对指标。

A. 坚固性　B. 耐磨性　C. 强度　D. 抗冻性

2. 良好的级配应使集料满足如下( )要求。

A. 总表面积小,空隙率大　B. 总表面积小,空隙率小

C. 总表面积大,空隙率大　D. 总表面积大,空隙率小

3. 含水率为5%的湿砂300kg,将其干燥后的质量是( )kg。

A. 280　B. 283　C. 285.71　D. 290

4. 反映集料强度的相对指标是( )。

A. 磨光值　B. 磨耗损失　C. 压碎值　D. 冲击值

5. 在泰波公式中实验指数 $n=0.3$ 与 $n=0.5$ 相比,集料中的粗颗粒含量( )。

A. 少　B. 多　C. 相同　D. 不一定

6. 用于长期处于水中或潮湿环境中的重要结构的材料,表征材料耐水性的软化系数要求( )。

A. 大于0.85　B. 小于0.85　C. 大于0.75　D. 小于0.75

7. 矿质混合料的最大密度曲线是通过试验提出的一种____。

A. 实际曲线　B. 曲线范围　C. 理想曲线　D. 理论直线

8. 粗集料的毛体积密度是在规定条件下,单位毛体积的质量。其中毛体积不包括____。

A. 矿料实体　B. 闭口孔隙　C. 开口孔隙　D. 颗粒间空隙

9. 材料的质量为 m,材料的实体积为 V_0,材料的闭口孔隙体积为 V_1,材料的开口孔隙体积为 V_2,则该材料的毛体积密度为( )。

A. m/V_0　B. $m/(V_0+V_1)$　C. $m/(V_0+V_1+V_2)$

10. 材料的吸湿性大小用( )指标表示

A. 含水率　B. 吸水率　C. 软化系数　D. 耐水性

11. 对同种材料,试件尺寸对材料强度实测值的影响是( )

A. 小尺寸试件的实测强度小　B. 大尺寸试件的实测强度小

C. 材料的实测强度与试件尺寸无关

12. 通常情况下材料吸水后,将使材料的( )降低。

A. 强度　B. 密度　C. 导热系数　D. 表观密度

13. 集料的磨光值是反映集料( )的指标。

A. 强度　B. 耐磨性　C. 坚固性　D. 耐水性

14. 配制C20混凝土,所用粗集料的针片状颗粒含量应不大于( )%。

A. 15　B. 20　C. 25　D. 30

15. 高速公路沥青表面层粗集料的压碎值应不大于(　)%。

A. 26　　B. 28　　C. 30

16. 在用广口瓶法测定粗集料毛体积密度时，正确地操作方法是(　)

a. 取试样一份装入容量瓶中，注入洁净的水，水面高出试样，轻轻摇动广口瓶，使附着在集料表面的气泡逸出。b. 确认瓶中没有气泡，擦干瓶外的水分后，称取集料试样、水、瓶及玻璃片的质量。c. 向瓶中加水至水面凸出瓶口，然后盖上玻璃片，玻璃片与水面之间不得有空隙。d. 用拧干的湿毛巾轻轻擦干颗粒的表面水，至表面看不到发亮的水迹，整个过程中不得有集料丢失。e. 将试样倒入浅搪瓷盘中，稍稍倾斜搪瓷盘，倒掉流动的水，再用毛巾吸干漏出的自由水。需要时可称取带表面水的试样质量。f. 将瓶洗净，重新装入洁净水，盖上玻璃片，玻璃片与水面之间不得有空隙。擦干瓶外水分后称取水、瓶及玻璃片的总质量。g. 立即称取饱和面干集料的表干质量。h. 将集料置于浅盘中，放入 105℃ ±5℃ 的烘箱中烘干至恒重，取出浅盘，放在带盖的容器中冷却至室温，称取集料的烘干质量。

A. a c b e d g h f　　B. a b c d e f　　C. b a d e f h g

D. f g d e a b c　　E. c a e g h f d b

17. 采用水筛法对细集料进行筛分试验的正确步骤是(　)

a. 准确称取烘干试样。b. 将试样置一洁净容器中，加入足够数量的洁净水，将集料全部盖没。c. 用 1.18mm 筛及 0.075mm 筛组成套筛。仔细将容器中混有细粉的悬浮液徐徐倒出，经过套筛流入另一容器中，但不得将集料倒出，直至倒出的水洁净且小于 0.075mm 的颗粒全部倒出。d. 用搅棒充分搅动集料，使集料表面洗涤干净，使细粉悬浮在水中。e. 将容器中的集料倒入搪瓷盘中，用少量水冲洗，使容器上粘附的集料颗粒全部进入搪瓷盘中，将筛子反扣过来，用少量的水将筛上的集料冲洗入搪瓷盘中，操作过程中不得有集料散失。f. 将搪瓷盘连同集料一起置 105℃ ±5℃ 烘箱中烘干至恒重，称取干燥集料试样的总质量。g. 将全部要求筛孔组成套筛（但不需 0.075mm 筛），将已经洗去小于 0.075mm 部分的干燥集料置于套筛上（一般为 4.75mm 筛），将套筛装入摇筛机，摇筛约 10min，然后取出套筛，再按筛孔大小顺序，从最大的筛号开始，在清洁的浅盘上逐个进行手筛，直至每分钟的筛出量不超过筛上剩余量的 0.1% 时为止，将筛出通过的颗粒并入下一号筛，和下一号筛中的试样一起过筛，这样顺序进行，直至各筛全部筛完为止。

A. a c b e d g f　　B. a b d c e f g　　C. b a d e f g

D. f g d e a b c　　E. c a e g f d4b

18. 采用修正平衡面积法进行集料组成设计的正确步骤是(　)

a. 作图框，连接对角线。b. 确定横坐标及纵坐标的位置。c. 将各种集料的级配曲线绘于图框内。d. 根据相邻级配曲线的关系依次确定各种集料的用量。e. 计算合成级配 f. 根据级配范围计算级配中值。g. 将各筛孔级配中值点绘于对角线上。h. 校核、调整。

A. a c b e d g f h　　B. a b d c e f g h　　C. b a d e f g h

D. f g d e a b c h　　E. f a g b c d e h

二、多项选择题

1. 进行集料组成设计可采用(　)。

A. 试算法 B. 线性规划法 C. 修正平衡面积法

2. 沥青路面施工技术规范对用于沥青路面表面层的粗集料路用性能技术要求包括( )。

A. 压碎值 B. 磨耗率 C. 磨光值

D. 冲击值 E. pH 值

3. 粗集料的毛体积密度是在规定条件下,单位毛体积的质量。其中毛体积包括( )。

A. 矿质实体 B. 闭口孔隙 C. 开口孔隙 D. 颗粒间空隙

4. 集料中有害杂质包括( )

A. 含泥量和泥块含量 B. 硫化物和硫酸盐含量

C. 轻物质含量 D. 云母含量

三、判断题

1. 集料的磨光试验中,标准试块所采用的石料为绿帘石化安山岩。 ( )

2. 细度模数越大,表示细集料越粗。 ( )

3. 用于高等级公路路面的集料,其磨光值均不得小于 42。 ( )

4. 用于沥青混合料的集料应优先采用酸性石料。 ( )

5. 石料的酸碱性是根据石料中二氧化硅含量的多少来进行划分的。 ( )

6. 洛杉矶磨耗试验过程中加入的钢球数量与集料粒径无关。 ( )

7. 在测定集料中针片状颗粒的含量时,用于水泥混凝土的集料采用游标卡尺、用于沥青混合料的集料采用规准仪进行测定。 ( )

8. 洛杉矶法粗集料磨耗试验,可测定标准条件下粗集料抵抗摩擦、撞击的能力。 ( )

9. 高速公路沥青表面层应选用抗滑耐磨石料,石料磨光值应大于 42。 ( )

四、问答题

1. 简述集料磨耗试验的操作步骤及数据处理方法。

2. 简述集料压碎值试验的操作步骤及应注意的问题。

第三章 水泥混凝土及砂浆

主要内容：

本章主要介绍水泥和水泥混凝土的物理力学性质及其试验方法，水泥质量的评定标准及水泥混凝土配合比设计方法，砂浆的主要技术性质及试验方法；常用外加剂的品种和作用机理以及相关试验方法。

第一节 水 泥

复习要点：

1. 通用硅酸盐水泥品种的分类及特点；水泥的生产过程、掺石膏或掺和料的原因；水泥细度对水泥性能的影响；水泥净浆标准稠度的概念及意义；硅酸盐水泥凝结硬化过程；水泥化学性质及其对水泥性能的影响；水泥技术标准的主要内容。

2. 水泥品种和适用性；水泥细度的评价指标；标准稠度的测定方法；水泥凝结时间的定义及凝结时间对工程实践的影响；水泥安定性的定义及其对工程实践的影响；水泥强度的影响因素及水泥胶砂强度试验方法；游离氧化钙、游离氧化镁对水泥体积安定性的影响及评价方法；水泥的技术要求及水泥强度等级的评价方法；道路硅酸盐水泥性能要求。

3. 硅酸盐水泥熟料矿物成分及其水化特性；筛析法检测水泥细度的操作方法与特点，水泥细度负压筛的检验方法，比表面积试验方法；维卡仪法稠度测定的方法，试锥法中调整用水量法与固定用水量法的关系及操作步骤；水泥凝结时间的测定方法、步骤及注意事项；水泥体积安全性测定的标准方法（雷氏夹法）及代用法（试饼法）；水泥胶砂强度试验方法，抗压强度、抗折强度计算及数据处理；水泥烧失量试验、氧化镁及三氧化硫含量测定方法；水泥合格与否的判定方法。

一、水泥的基本概念

硅酸盐水泥：硅酸盐水泥熟料中掺入0% ~5%的石灰石或粒化高炉矿渣等混合料，以及适量石膏混合磨细制成的水泥。其中完全不掺混合料的称为Ⅰ型硅酸盐水泥，混合料掺入量不超过5%的称为Ⅱ型硅酸盐水泥。

普通硅酸盐水泥：在硅酸盐水泥熟料中掺入6% ~15%的混合料及适量石膏加工磨细制成的水泥。

矿渣水泥：在硅酸盐水泥熟料中掺入20% ~70%的粒化高炉矿渣和适量石膏加工磨细制成的水泥。

火山灰水泥：在硅酸盐水泥熟料中掺入20% ~50%的火山灰质混合材料和适量石膏加工

磨细制成的水泥。

粉煤灰水泥：在硅酸盐水泥熟料中掺入20%～40%的粉煤灰和适量石膏加工磨细制成的水泥。

硅酸盐水泥和普通硅酸盐水泥在实际工程中应用最为普遍。矿渣水泥、火山灰水泥和粉煤灰水泥中，熟料矿物含量比硅酸盐水泥少得多，而且，常温下二次水化反应进行缓慢。因此，凝结硬化较慢，水化热较小，早期强度较低。但在硬化后期（28d以后），由于二次水化反应，使水化硅酸钙凝胶数量增多，水泥石强度不断增长，甚至超过同强度等级的硅酸盐水泥。二次反应对环境的温度和湿度条件较为敏感，为保证这些水泥强度的稳步增长，需要较长时间的养护。这些水泥的抗软水、海水和硫酸盐腐蚀的能力比硅酸盐水泥强，抗碳化能力、抗冻性和耐磨性较差。

将原料按一定比例掺配，混合磨细，在水泥生产窑中经1450℃的高温煅烧，形成以硅酸钙为主要成分的水泥熟料，然后在熟料中加入3%左右的石膏（或其他混合料）再加工磨细，就得到硅酸盐水泥。

加入石膏是用来调节水泥的凝结速度，使水泥的水化速度适应实际使用的需要。掺加一定数量的混合材料是为了改善水泥的性能，提高质量，降低成本，扩大水泥的使用范围。

二、水泥的矿物组成、水化特性及不同品种水泥的技术特点

水泥品种和适用性见表2-3-1。

硅酸盐系列水泥的特性及强度等级　　表2-3-1

	硅酸盐水泥	普通水泥	矿渣水泥	火山灰水泥	粉煤灰水泥	复合硅酸盐水泥
主要成分	以水泥熟料为主，不掺混合材料或掺入不超过5%的石灰石或粒化高炉矿渣	在水泥熟料中掺入6%～15%的混合材料	在水泥熟料中掺入20%～70%的粒化高炉矿渣	在水泥熟料中掺入20%～50%的火山灰质混合材料	在水泥熟料中掺入20%～40%的粉煤灰	在水泥熟料中掺入15%～50%的两种以上混合材料
特性	1. 硬化快，强度高 2. 水化热大 3. 抗冻性好 4. 耐腐蚀与耐软水侵蚀性差	1. 早期强度较高 2. 水化热较大 3. 抗冻性较好 4. 耐腐蚀与耐软水侵蚀性较差	1. 早期强度低，后期强度增长较快 2. 水化热较小 3. 抗冻性差 4. 耐热性好 5. 耐硫酸盐腐蚀及耐软水侵蚀性较好 6. 抗碳化能力差	1. 抗渗性较好 2. 耐热性较差 3. 耐硫酸盐腐蚀与混合材料种类有关 4. 其他与矿渣硅酸盐水泥相同	1. 干缩性较小，抗裂性较好， 2. 耐硫酸盐腐蚀及耐软水侵蚀性较好 3. 其他与火山灰质硅酸盐水泥相同	1. 早期强度较低，后期强度增长较快 2. 水化热较小 3. 抗冻性较差 4. 抗碳化能力较差 5. 耐硫酸盐腐蚀及耐软水侵蚀性较好 6. 其他性能与混合材料有关
密度（g/cm^3）	3.0～3.15	3.0～3.15	2.8～3.10	2.8～3.10	2.8～3.10	2.8～3.10
堆积密度（kg/m^3）	1 000～1 600	1 000～1 600	1 000～1 200	900～1 000	900～1 000	1 000～1 200
强度等级	42.5，42.5R，52.5，52.5R，62.5，62.5R	32.5，32.5R，42.5，42.5R，52.5、52.5R	32.5，32.5R，42.5，42.5R，52.5、52.5R	32.5，32.5R，42.5，42.5R，52.5、52.5R	32.5，32.5R，42.5，42.5R，52.5、52.5R	32.5，32.5R，42.5，42.5R，52.5、52.5R

常用水泥的选用见表 2-3-2。

常用水泥的选用　　表 2-3-2

	混凝土工程特点或所处环境条件	优先选用	可以选用	不宜选用
普通混凝土	1. 在普通气候环境中的混凝土	普通硅酸盐水泥	矿渣硅酸盐水泥、火山灰质硅酸盐水泥、粉煤灰硅酸盐水泥、复合硅酸盐水泥	—
	2. 在干燥环境中的混凝土	普通硅酸盐水泥	矿渣硅酸盐水泥	火山灰质硅酸盐水泥、粉煤灰硅酸盐水泥
	3. 在高湿度环境中或永远处在水下的混凝土	矿渣硅酸盐水泥	普通硅酸盐水泥、火山灰质硅酸盐水泥、粉煤灰硅酸盐水泥、复合硅酸盐水泥	—
	4. 厚大体积的混凝土	粉煤灰硅酸盐水泥、矿渣硅酸盐水泥、火山灰质硅酸盐水泥、复合硅酸盐水泥	普通硅酸盐水泥	硅酸盐水泥、快硬硅酸盐水泥
有特殊要求的混凝土	1. 要求快硬的混凝土	快硬硅酸盐水泥、硅酸盐水泥	普通硅酸盐水泥	矿渣硅酸盐水泥、火山灰质硅酸盐水泥、粉煤灰硅酸盐水泥、复合硅酸盐水泥
	2. 要求高强（大于 C40 级）的混凝土	硅酸盐水泥	普通硅酸盐水泥、矿渣硅酸盐水泥	火山灰质硅酸盐水泥、粉煤灰硅酸盐水泥
	3. 严寒地区的露天混凝土，寒冷地区处在水位升降范围内的混凝土	普通硅酸盐水泥	矿渣硅酸盐水泥	火山灰质硅酸盐水泥、粉煤灰硅酸盐水泥
	4. 严寒地区处在水位升降范围内的混凝土	普通硅酸盐水泥	—	火山灰质硅酸盐水泥、矿渣硅酸盐水泥、粉煤灰硅酸盐水泥、复合硅酸盐水泥
	5. 有抗渗性要求的混凝土	普通硅酸盐水泥、火山灰质硅酸盐水泥	复合硅酸盐水泥	矿渣硅酸盐水泥
	6. 有耐磨性要求的混凝土	硅酸盐水泥、普通硅酸盐水泥	矿渣硅酸盐水泥	火山灰质硅酸盐水泥、粉煤灰硅酸盐水泥

注：蒸汽养护时使用的水泥品种，宜根据具体条件通过试验确定。

通用硅酸盐水泥熟料各矿物成分特性见表 2-3-3。

各种熟料矿物单独与水作用时表现出的特性　　表 2-3-3

名　称	硅酸三钙	硅酸二钙	铝酸三钙	铁铝酸四钙
水化反应速度	较快	慢	最快	快
28d 水化放热量	大	小	最大	中
强度	高	早期低、后期高	低	中
收缩	中	较大	大	小
抗硫酸盐侵蚀性	中	最好	差	中

三、水泥的技术性质

1. 水泥细度

水泥细度是指水泥颗粒的粗细程度，其对水泥的水化速度、需水量、和易性、放热速率和强度的形成有一定的影响。

水泥细度可通过筛余量及比表面积进行评价，筛余量是80μm标准水泥筛上的存留量；比表面积是单位质量水泥材料的表面积。当两种不同筛析方式所得的实验结果有争议时，以负压筛法为准。

水泥细度检验试验有如下步骤。

(1)负压筛法

筛析试验前，应把负压筛放在筛座上，盖上筛盖，接通电源，检查控制系统，调节负压至4 000～6 000MPa范围内。

称取试样25g，置于洁净的负压筛中，放在筛座上，盖上筛盖，开动筛析仪连续筛析2min，在此期间如有试样附着在筛盖上，可轻轻地敲击筛盖使试样落下。筛毕，用天平称量筛余物。

当工作负压小于4 000MPa时，应清理吸尘器内的水泥，使负压恢复正常。

(2)水筛法

筛析试验前，使水中无泥、砂，调整好水压及水筛架的位置，使其能正常运转：喷头底面和筛网之间距离为35～75mm。

称取试样25g，置于洁净的水筛中，立即用淡水冲洗至大部分细粉通过后，放在水筛架上，用水压为0.05MPa±0.02MPa的喷头连续冲洗3min。筛毕，用少量水把筛余物冲至蒸发皿中，待水泥颗粒全部沉淀后，小心倒出清水，烘干并用天平称量筛余物。

试验筛必须保持洁净，筛孔通畅，使用10次后要进行清洗。金属筛框、铜丝网筛洗时应用专门的清洗剂，不可用弱酸浸泡。

(3)水泥比表面积测定方法

①试样制备：水泥试样应先通过0.9mm方孔筛，再在110℃±5℃温度环境下烘干，并在干燥器中冷却至室温，试样量应使试料层中水泥的空隙率为50%±5%。

②试料层制备：将穿孔板放入透气圆筒的突缘上，用一根比圆筒略小的试棒将一片滤纸送到穿孔板上，边缘压紧。称取按①步确定的水泥用量，精确至0.001g，倒入圆筒，轻敲圆筒壁，使水泥层平坦。再放入一片滤纸，用捣器均匀捣实试料，直至捣器的支持环紧紧接触圆筒顶边并旋转2周，最后慢慢取出捣器。

③透气试验：把装有试料层的透气圆筒连接到压力计上，要保证紧密连接不致漏气，并不振动所制备的试料层。

④打开微型电磁泵慢慢从压力计一臂中抽出空气，直到压力计内液面上升到扩大部下端时关闭阀门。当压力计内液面下降到第一个刻度线时开始计时，当液面下降到第二条刻度线时停止计时，记录液面从第一条刻度线下降至第二条刻度线所需的时间(s)，并记下试验时的温度。

⑤试验结果计算。

2. 水泥净浆标准稠度用水量

水泥净浆标准稠度，是指水泥净浆对标准试杆沉入时所产生的阻力，达到规定状态所具有的水和水泥用量百分率。在进行有关性能检测时，不同品种的水泥需要不同的用水量。因此，规定在标准试验条件下达到统一试验状态即标准稠度，是测定水泥凝结时间和安定性等试验检测结果具有可比性的基础。

水泥浆对标准试杆(或试锥)沉入时所产生的阻力，通过试验不同用水量时的水泥净浆的穿透性，以确定水泥质量达到标准稠度所需要的水量。维卡仪法是让标准试杆沉入净浆，当试杆沉入的距离正好离底板 6mm ±1mm 时的水泥浆就是标准稠度净浆，此时的拌和用水量为该品种水泥标准稠度用水量。试锥法是以水泥净浆稠度仪的试锥沉入深度正好为 28mm ±2mm 时的水泥浆为标准稠度净浆，此时的拌和用水量为该品种水泥标准稠度用水量。

(1)标准稠度用水量(维卡仪法)测定步骤：

①拌和结束后。立即将拌制好的水泥净浆装入已放在玻璃板上的试模中、用小刀插捣，轻轻振动数次，刮去多余的净浆。

②抹平后迅速将试模和底板移到维卡仪上，并将其中心定在试杆下，降低试杆直到与水泥净浆表面接触，拧紧螺丝 1 ~2s 后，突然放松，使试杆垂直自由地沉入水泥净浆中。在试杆停止沉入或释放试杆 30s 时记录试杆到底板的距离，升起试杆后，立即擦净。

③整个操作应在搅拌后 1.5min 内完成。以试杆沉入净浆并距底板 6mm ±1mm 的水泥净浆为标准稠度净浆。其拌和水量为该水泥的标准稠度用水量(P)，按水泥质量的百分比计。

④当试杆距玻璃板小于 5mm 时，应适当减水，重复水泥浆的拌制和上述过程；若距离大于 7mm 时，则应适当加水，并重复水泥浆的拌制和上述过程。

⑤试锥法中，调整用水量法和固定用水量法的结果有冲突时，以调整用水量法的结果为准。当采用固定用水量法测定的试锥下沉深度仅为 13mm 时，此时只能采用调整用水量法。

(2)标准稠度用水量(试锥法)测定步骤：

①拌和结束后，立即将拌好的净浆装入锥模内，用小刀插捣，振动数次后，刮去多余净浆，抹平后迅速放到试锥下面固定位置上。将试锥降至净浆表面处，拧紧螺丝 1 ~2s 后，突然放松，让试锥垂直自由沉入净浆中，到试锥停止下沉或释放试锥 3s 时记录试锥下沉深度，整个操作应在搅拌后 1.5min 内完成。

②用调整水量法测定时，以试锥下沉深度 28mm ±2mm 时的净浆为标准稠度净浆，其拌和水量为该水泥的标准稠度用水量(P)，按水泥质量的百分比计。如下沉深度超出范围，须另称试样，调整水量，重新试验，直至达到 28mm ±2mm 时为止。

③用不变水量法测定时，根据测得的试锥下沉深度 S(mm)。按下式(或仪器上对应标尺)计算得到标准稠度用水量 P(%)：

$$P = 33.4 - 0.185S \tag{2-3-1}$$

3. 凝结时间

水泥加水拌和后，成为可塑性的水泥浆，水泥浆逐渐变稠失去可塑性(尚不具有强度)的过程，称为水泥的“凝结”。随后产生明显的强度，并逐渐发展而成为坚强的人造石——水泥石的过程，称为水泥的“硬化”。凝结和硬化是人为划分的。水泥的凝结硬化过程，也是水泥强度发展的过程。水泥的水化是随着时间的延长，而不断进行的，水化产物也会不断增加并填充毛细孔，使毛细孔孔隙率减小，凝胶孔孔隙率增大。水泥加水拌和后的前 28d 的水化速度较快，强度发展也快，随后显著减慢。但是，只要温度与湿度适当，水泥的水化就会不断进行，其强度在几个月、几年甚至几十年后还会缓慢增长。

水泥凝结时间以标准针沉入标准稠度水泥净浆达到一定深度所需的时间来表示，分为初凝时间和终凝时间。初凝时间是指从水泥全部加入水中到水泥浆开始失去塑性所需的时间；终凝时间是指从水泥全部加入水中到完全失去塑性所需的时间。

水泥初凝时间太短，不利于整个混凝土施工工序的正常进行；但终凝时间过长，又不利于混凝土结构的形成和模具的周转，以及养护周期时间的长短等。因此，水泥凝结时间要求初凝不宜过短，终凝时间不宜过长。

凝结时间测定方法与步骤：

(1)测定前准备工作

调整凝结时间测定仪的试针接触玻璃板，使指针对准零点。

(2)试件的制备

以标准稠度用水量制成标准稠度净浆(记录凝结时间的起始时间，即水泥全部加入水中的时间)一次装满试模，振动数次刮平，立即放入湿气养护箱中。

(3)初凝时间测定

水泥全部加入水中至初凝状态的时间作为初凝时间，用"min"计。

试件在湿气养护箱中养护至加水后30min时进行第一次测定。测定时，从湿气养护箱中取出试模放到试针下，降低试针与水泥净浆表面接触。拧紧螺丝1～2s后，突然放松，使试杆垂直自由地沉入水泥净浆中。观察试针停止沉入或释放试针3s时指针的读数。

临近初凝时，每隔5min测定一次。当试针沉至距底板4mm±1mm时，为水泥达到初凝状态。

达到初凝时应立即重复测一次，当两次结论相同时才能定为达到初凝状态。

(4)终凝时间测定

水泥全部加入水中至终凝状态的时间作为终凝时间，用"min"计。

为了准确观察试件沉入的状况，在终凝针上安装一个环形附件。在完成初凝时间测定后，立即将试模连同浆体以平移的方式从玻璃板下翻转180°。直径大端向上，小端向下放在玻璃板上，再放入湿气养护箱中继续养护。

临近终凝时间每隔15min测定一次，当试针沉入试件0.5mm，即环形附件开始不能在试件上留下痕迹时，为水泥达到终凝状态。

达到终凝时应立即重复测一次。当两次结论相同时才能定为达到终凝状态。

测定时应注意，在最初测定的操作时应轻轻扶持金属柱，使其徐徐下降。以防止试针撞弯，但结果以自山下落为准；在整个测试过程中，试针沉入的位置至少要距试模内壁10mm，每次测定不能让试针落入原针孔，每次测试完毕须将试针擦净，并将试模放回湿气养护箱内，整个测试过程要防止试模振动。

4.水泥体积安定性

安定性是表示水泥浆体硬化后是否发生不均匀性体积变化的指标。水泥在凝结硬化过程中，如果水泥产生不均匀变形或在水泥硬化后变形较大，会使混凝土构件发生变形、膨胀，严重时造成开裂，从而影响混凝土的质量。当不均匀体积变化形成的应力超出水泥结构所能承受的极限时，将会给整个结构造成极为不利的影响，严重时引起结构的破坏。

游离氧化镁和氧化钙都是过烧的，熟化很慢，在水泥已经硬化后才发生固相体积膨胀，引起不均匀的体积变化，导致水泥石开裂。安定性不良可用沸煮法检验。水泥中氧化镁含量不得超过5.0%，若经压蒸安定性试验合格，允许放宽到6.0%；石膏掺量过大引起水泥体积安定性不良，三氧化硫含量不得超过3.5%。

安定性测定的标准方法是雷氏夹法，代用法是试饼法。

(1)雷氏夹法安定性测定方法与步骤(标准法)

①测定前的准备工作

每个试样需要两个试件，每个雷氏夹需配备质量约75～80g的玻璃板两块。凡与水泥净浆接触的玻璃板和雷氏夹表面都要稍稍涂上一层油。

②雷氏夹试件的制备方法

将预先准备好的雷氏夹放在已稍擦油的玻璃板上，并立刻将已制好的标准稠度净浆装满雷氏夹。装浆时一只手轻轻扶持雷氏夹，另一只手用宽约10mm的小刀插捣数次然后抹平，盖上稍涂油的玻璃板，接着立刻将雷氏夹移至湿气养护箱内养护24h±2h。

③沸煮

调整好沸煮箱内的水位，使之在整个沸煮过程中都能没过试件，不需中途添补试验用水，同时保证水在30min±5min内能沸腾。

脱去玻璃板取下试件，先测量雷氏夹指针尖端间的距离A，精确到0.5mm，接着将试件放入水中箅板上，指针朝上，试件之间互不交叉，然后在30min±5min内加热至水沸腾，并恒沸3h±5min。

沸煮结束后，即放掉箱中的热水，打开箱盖，待箱体冷却至室温，取出试件进行判别。

测量雷氏夹指针尖端间的距离C，精确至0.5mm，当两个试件沸煮后增加距离(C～A)的平均值不大于5.0mm时，即认为该水泥安定性合格；当两个试件的(C～A)值相差超过4.0mm时，应用同一样品立即重做一次试验。再如此，则认为该水泥为安定性不合格。

(2)试饼法安定性测定方法与步骤(代用法)

①测定前的准备工作

每个样品需准备两块约100mm×100mm的玻璃板。凡与水泥净浆接触的玻璃板都要稍稍涂上一层隔离剂。

②试饼的成型方法

将制好的净浆取出一部分分成两等份，使之呈球形，放在预先准备好的玻璃板上，轻轻振动玻璃板并用湿布擦净的小刀由边缘向中央抹动，做成直径70～80mm、中心厚约10mm、边缘渐薄、表面光滑的试饼，接着将试饼放入湿气养护箱内养护24h±2h。

③沸煮

调整好沸煮箱内的水位，使之在整个沸煮过程中都能没过试件，不需中途添补试验用水，同时保证水在30min±5min内能沸腾。

脱去玻璃板取下试件，先检查试饼是否完整(如已开裂、翘曲，要检查原因，确定无外因时，该试饼已属不合格品，不必沸煮)，在试饼无缺陷的情况下将试饼放在沸煮箱的水中箅板上，然后在30min±5min内加热至水沸腾，并恒沸3h±5min。

④结果判别

沸煮结束后，即放掉箱中的热水，打开箱盖，待箱体冷却至室温，取出试件进行判别。目测试饼未发现裂缝，用钢直尺检查也没有弯曲(使钢直尺和试饼底部紧靠，以两者间不透光为不弯曲)的试饼为安定性合格；反之为不合格。当两个试饼判别结果有矛盾时，该水泥的安定性

为不合格。

5. 水泥烧失量试验

试样在950℃ ±25℃的高温炉中灼烧，去除二氧化碳和水分，同时将存在的易氧化的元素氧化。通常矿渣硅酸盐水泥应对由硫化物的氧化引起的烧失量的误差进行校正，而其他元素的氧化引起的误差一般可忽略不计。

(1)分析步骤

称取约1g试样(精确至0.000 1g，放入已灼烧恒量的瓷坩埚中，将盖斜置于坩埚上，放在高温炉内，从低温开始逐渐升高温度，在950℃ ±25℃下灼烧15 ~20min，取出坩埚置于干燥器中，冷却至室温，称量。反复灼烧，直至恒量。

(2)结果的计算与表示

$$L_0 = \frac{(M_1 - M_2)}{M_1} \times 100 \qquad (2\text{-}3\text{-}2)$$

式中：L_0——烧失量的质量分数(%)；

M_1——试料的质量(g)；

M_2——灼烧后试料的质量(g)。

6. 水泥中三氧化硫的测定—硫酸钡重量法(基准法)

(1)方法提要

在酸性溶液中，用氯化钡溶液沉淀硫酸盐，经过滤灼烧后，以硫酸钡形式称量。测定结果以三氧化硫计。

(2)分析步骤

称取约0.5g试样，精确至0.000 1g，置于200mL烧杯中，加入约40mL水，搅拌使试样完全分散，在搅拌下加入10mL盐酸，用平头玻璃棒压碎块状物，加热煮沸并保持微沸5min ±0.5min。用中速滤纸过滤，用热水洗涤10 ~12次，滤液及洗液收集于400mL烧杯中。加水稀释至约250mL，玻璃棒底部压一小片定量滤纸，盖上表面皿，加热煮沸，在微沸下从杯口缓慢逐滴加入10mL热的氯化钡溶液，继续微沸3min以上使沉淀良好地形成，然后在常温下静置12 ~24h或温热处静置至少4h(仲裁分析应在常温下静置12 ~24h)，此时溶液体积应保持在约200mL。用慢速定量滤纸过滤，以温水洗涤，直至检验无氯离子为止。

将沉淀及滤纸一并移入已灼烧恒量的瓷坩埚中，灰化完全后，放入800 ~950℃的高温炉内灼烧30min，取出坩埚，置于干燥器中冷却至室温，称量。反复灼烧，直至恒量。

(3)结果的计算与表示

试样中三氧化硫的质量分数计算：

$$W_{SO_3} = \frac{m_2 \times 0.343}{m_1} \times 100 \qquad (2\text{-}3\text{-}3)$$

式中：W_{SO_3}——三氧化硫的质量分数(%)；

m_2——灼烧后沉淀的质量(g)；

m_1——试料的质量(g)；

0.343——硫酸钡对三氧化硫的换算系数。

7. 氧化镁的测定—原子吸收光谱法(基准法)

以氢氟酸—高氯酸分解或氢氧化钠熔融—盐酸分解试样的方法制备溶液，分取一定量的溶液，用锶盐消除硅、铝、钛等对镁的干扰，在空气—乙炔火焰中，于波长285.2nm处测定溶液的吸光度。

（1）分析步骤：氢氟酸—高氯酸分解试样

称取约0.1g试样（mL），精确至0.000 1g，置于铂坩埚（或铂皿）中，加入0.5～1mL水润湿，加入5～7mL氢氟酸和0.5mL高氯酸，放入通风橱内低温电热板上加热，近干时摇动铂坩埚以防溅失。待白色浓烟完全驱尽后，取下冷却。加入20mL盐酸，温热至溶液澄清，冷却后，移入250mL容量瓶中，加入5mL氯化锶溶液，用水稀释至标线，摇匀。此溶液供原子吸收光谱法测定氧化镁用。

（2）氧化镁的测定

从上述两种溶液中吸取一定量的溶液放入容量瓶中（试样溶液的分取量及容量瓶的容积视氧化镁的含量而定），加入盐酸及氯化锶溶液，使测定溶液中盐酸的体积分数为6%，锶的浓度为1mg/mL。用水稀释至标线摇匀。用原子吸收光谱仪，在空气—乙炔火焰中，用镁空心阴极灯，于波长285.2nm处，测定溶液的吸光度，在工作曲线上查出氧化镁的浓度。

8.水泥胶砂流动度测定方法

本方法适用于火山灰硅酸盐水泥、复合硅酸盐水泥和掺有火山灰的普通硅酸盐水泥、矿渣硅酸水泥及指定采用本方法的其他品种水泥的胶砂流动度测定。

（1）材料准备

胶砂材料用量按相应标准要求或试验设计确定。水泥试样，标准砂和试验用水及试验条件应符合GB/T 17671—1999中第四条的有关规定。

（2）胶砂制备

按（GB/T 17671—1999），有关规定进行。

（3）试验步骤

①如跳桌在24h内未被使用，先空跳一个周期25次

②在制备胶砂的同时，用潮湿棉布擦拭跳桌台面、试模内壁、捣棒以及与胶砂接触的用具，将试模放在跳桌台面中央并用潮湿棉布覆盖。

③将拌好的胶砂分两层迅速装入流动试模，第一层装至截锥圆模高度约2/3处，用小刀在相互垂直的两个方向上各划5次，用捣棒由边缘至中心均匀捣压15次，之后装第二层胶砂，装至高出截锥圆模约20mm，用小刀在相互垂直的两个方向上各划5次，再用捣棒由边缘至中心均匀捣压10次。捣压后应使胶砂略高于截锥圆模。捣压深度，第一层捣至胶砂高度的1/2，第二层捣实不超过已捣实底层表面。捣压顺序按顺时针由外及里，装胶砂和捣压时，用手扶稳试模，不要使其移动。

④捣压完毕，取下模套，用小刀由中间向边缘分两次以近水平的角度将高出截锥圆模的胶砂刮去并抹平，擦去落在桌面上的胶砂。将截锥圆模垂直向上轻轻提起，立刻开动跳桌，每秒钟一次，在25s±1s内完成25次跳动。

⑤跳动完毕，用卡尺测量胶砂底面最大扩散直径及与其垂直方向的直径，计算平均值，精确至1mm，即为该水量下的水泥胶砂流动度。

流动度试验，从胶砂拌和开始到测量扩散直径结束，须在6min内完成。

⑥电动跳桌与手动跳桌测定的试验结果发生争议时，以电动跳桌为准。

9. 强度等级

我国采用胶砂法检验水泥的强度，将水泥和标准砂以1∶3的比例混合后，以水灰比0.5拌制成一组塑性胶砂，制成标准试件，在标准条件下养护到规定的龄期，然后采用规定的方法测出抗折和抗压强度。力学强度除了与水泥自身熟料矿物组成和细度有关外，还与水和水泥用量之比（水灰比）、试件制作方法、养护条件和时间密切相关。

水泥胶砂试验步骤及试验结果计算与分析：

（1）试件成型

①成型前将试模擦净，四周的模板与底座的接触面上应涂黄油，紧密装配，防止漏浆，内壁均匀地刷一薄层机油。

②水泥与ISO砂的质量比为1∶3，水灰比为0.5。

③每成型三条试件需称量的材料及用量为：水泥450g ± 2g；ISO砂1 350g ± 5g；水225mL ± 1mL。

④将水加入锅中，再加入水泥，把锅放在固定架上并上升至固定位置。然后立即开动机器，低速搅拌30s后，在第二个30s开始的同时均匀将砂子加入。当砂是分级装时，应从最粗粒级开始，依次加入，再高速搅拌30s。停拌90s，在停拌中的第一个15s内用胶皮刮具将叶片和锅壁上的胶砂刮入锅中。在高速下继续搅拌60s，各个阶段时间误差应在±1s内。

⑤用振实台成型时，将空试模和模套固定在振实台上，用适当的勺子直接从搅拌锅中将胶砂分为两层装入试模。装第一层时，每个槽里约放300g砂浆、用大播料器垂直架在模套顶部，沿每个模槽来回一次将料层播平，接着振实60次。再装入第二层胶砂，用小播料器播平，再振实60次。移走模套，从振实台上取下试模，并用刮尺以90°的角度架在试模顶的一端，沿试模长度方向以横向锯割动作慢慢向另一端移动，一次将超出试模的胶砂刮去。并用同一直尺在近乎水平的情况下将试件表面抹平。

⑥当用代用振动台成型时，在搅拌胶砂的同时将试模及下料漏斗卡紧在振动台台面中心。将搅拌好的全部胶砂均匀地装于下料漏斗中，开动振动台120s ± 5s停止。振动完毕，取下试模，用刮平尺按⑤方法刮去多余胶砂并抹平试件。

⑦在试模上作标记或加字条标明试件的编号和试件相对于振实台的位置。两个龄期以上的试件，编号时应将同一试模中的三条试件分在两个以上的龄期内。

⑧试验前或更换水泥品种时，须将搅拌锅、叶片和下料漏斗等抹擦干净。

（2）养护

①编号后，将试模放入养护箱养护，养护箱内箅板必须水平。水平放置时刮平面应朝上。对于24h龄期的，应在破型试验前20min内脱模。对于24h以上龄期的，应在成型后20～24h内脱模。脱模时要非常小心，应防止试件损伤。硬化较慢的水泥允许延期脱模，但须记录脱模时间。

②试件脱模后即放入水槽中养护，试件之间间隙和试件上表面的水深不得小于5mm。每个养护池中只能养护同类水泥试件，并应随时加水，保持恒定水位，不允许养护期间全部换水。

③除24h龄期或延迟48h脱模的试件外，任何到龄期的试件应在试验（破型）前15min从水中取出。抹去试件表面沉淀物，并用湿布覆盖。

（3）强度试验

①各龄期（试件龄期从水泥加水搅拌开始算起）的试件应在下列时间内进行强度试验：

龄期	试验时间
24h	24h ±15min
48h	48h ±30min
72h	72h ±45min
7 d	7d ±2h
28d	28d ±8h

②抗折强度试验

a. 以中心加荷法测定抗折强度。

b. 采用杠杆式抗折试验机试验时，试件放入前，应使杠杆成水平状态，将试件成型侧面朝上放入抗折试验机内。试件放入后调整夹具，使杠杆在试件折断时尽可能地接近水平位置。

c. 抗折试验加荷速度为50N/s ±10N/s，直至折断，并保持两个半截棱柱试件处于潮湿状态直至抗压试验。

③抗压强度试验

a. 抗折试验后的断块应立即进行抗压试验。抗压试验须用抗压夹具进行，试件受压面为试件成型时的两个侧面，面积为40mm ×40mm。试验前应清除试件受压面与加压板间的砂粒或杂物，试件的底面柱体中心与压力机压板中心差应在 ±0.5mm 内，棱柱体露在压板外的部分约为10mm。

b. 压力机加荷速度应控制在 2 400N/s ±200N/s 速率范围内，在接近破坏时更应严格掌握。

抗折强度按下式计算：

$$R_f = \frac{1.5F_f \times L}{B^3} \tag{2-3-4}$$

式中：R_f——抗折强度（MPa）；

F_f——破坏荷载（N）；

L——支撑圆柱中心距（mm）；

B——试件断面正方形的边长，为40mm。

抗折强度计算值精确到0.1MPa。

数据处理：抗折强度结果取三个试件平均值，精确至0.1MPa。当三个强度值中有超过平均值 ±10% 的，应剔除后再平均，以平均值作为抗折强度试验结果。

抗压强度按下式计算：

$$R_c = \frac{F_c}{A} \tag{2-3-5}$$

式中：R_c——抗压强度（MPa）；

F_c——破坏荷载（N）；

A——受压面积，40mm ×40mm = 1 600mm^2。

抗压强度计算值精确到0.1MPa。

数据处理：抗压强度结果为一组 6 个断块试件抗压强度的算术平均值，精确至0.1MPa。如果6个强度值中有一个值超过平均值 ±10% 的，应剔除后以剩下的 5 个值的算术平均值作为最后结果。如果5个值中再有超过平均值 ±10% 的，则此组试件无效。

四、水泥技术标准和质量评定

水泥与常规试验相关的物理力学指标包括：细度、标准稠度、凝结时间、安定性、抗压强度和抗折强度。水泥强度等级是根据规定龄期测定的抗压强度和抗折强度来划分。硅酸盐水泥的强度等级可划分成42.5、42.5R、52.5、52.5R、62.5、62.5R六种，其中R型的属早强型；普通硅酸盐水泥的强度等级分为32.5、32.5R、42.5、42.5R、52.5、52.5R6种。

我国现行规范规定：凡游离氧化镁、三氧化硫、初凝时间、安定性中任何一项指标不符合相关规定的水泥，均判为废品水泥。表2-3-4所示为硅酸盐水泥、普通硅酸盐水泥的技术要求。

硅酸盐水泥、普通硅酸盐水泥的技术要求　　表2-3-4

序　号	技 术 品 质			指　标
1	不溶物	Ⅰ型不得超过		0.75%
		Ⅱ型不得超过		1.50%
2	氧化镁	不得超过		5.0%
		经压蒸安定性合格，允许放宽到		6%
3	三氧化硫	不得超过		3.5%
4	烧失量	Ⅰ型不得大于		3.0%
		Ⅱ型不得大于		3.5%
		普通水泥不得大于		5.0%
5	细度	硅酸盐水泥比表面积大于		$300m^2/kg$
		普通水泥80μm方孔筛不得超过		10.0%
6	凝结时间	硅酸盐水泥	初凝不得早于	45min
			终凝不得迟于	390min
		普通硅酸盐水泥	初凝不得早于	45min
			终凝不得迟于	10h
7	安定性沸煮检验			合格
8	强度：各龄期不得低于规定数值			—
9	碱含量：水泥中碱按 $NaO+0.658K_2O$ 计算值表示，不得大于			0.60%
	若使用活性集料，用户要求提供低碱水泥时，水泥中的碱含量不得大于0.60%，或供需双方商定			—

凡细度、终凝时间、不溶物和烧失量中任一项指标不符合规定，或混合料掺入量超过最大限量和强度低于商品强度等级指标时，均判为不合格品。当水泥包装标志中水泥品种、强度等级、生产者名称和出厂标号不全的也属于不合格品。

第二节　水泥混凝土

复习要点：

1. 普通混凝土的概念，混凝土的组成材料；维勃稠度试验方法；影响混凝土强度的各种因素，混凝土耐久性评价指标；抗冻性、耐磨性、抗渗性、干缩率试验方法。

2. 混凝土工作性的定义，坍落度试验原理，工作性的评价方法及其影响因素；含气量试验方法混凝土凝结时间的测定方法及注意事项（检测工程师）；混凝土立方体试件制作方法，强度试验方法及操作步骤；混凝土组成材料技术要求。

3. 坍落度试验方法与步骤，混凝土工作性调整方法；混凝土凝结时间对施工及质量的影响；混凝土强度等级的划分依据，混凝土质量的评定方法，混凝土各种强度试验方法、强度试验数据计算与处理；混凝土配合比设计方法与步骤（检测工程师）。

一、水泥混凝土的技术性质

水泥混凝土是由水泥及粗、细集料和水按适当比例混合，在需要时掺加适宜的外加剂、掺和料等配制而成。

1. 新拌水泥混凝土的工作性（和易性）

新拌混凝土的工作性又称和易性，是指新拌混凝土在施工过程中（包括拌和、运输、浇注、成型）易于获得成型密实、质量均匀的性能，包括流动性、黏聚性、保水性三个方面的含义。

坍落度试验测出混凝土拌和物流动性的同时，再通过经验观察，结合一定的辅助手段来综合评定混凝土的工作性。

能够影响到混凝土拌和物工作性的因素概括地分为内因和外因两大类。外因主要指施工环境条件，包括外界环境的气温、湿度、风力大小以及时间等。但应值得重视和了解的因素是在构成混凝土组成材料的特点及其配合比的内因上，其中包括原材料特性、单位用水量、水灰比和砂率等方面。

评价干硬性混凝土和易性采用维勃稠度试验：将拌和物装填到放在维勃稠度仪上的圆锥筒中，提起圆锥筒后，将一透明圆盘扣在混凝土拌和物上。开启振动台，同时开始计时，当透明圆盘底面被水泥浆布满的瞬间停止计时，并关闭振动台。以这一过程所需的时间作为维勃稠度试验的结果，以秒为单位。显然维勃时间愈长，混凝土拌和物的流动性就愈小。

1）坍落度试验方法和步骤

（1）试验前将坍落筒内外洗净，放在经水润湿过的平板上（平板吸水时应垫以塑料布），踏紧踏脚板。

（2）将代表样分三层装入筒内，每层装入高度稍大于筒高的1/3，用捣棒在每一层的横截面上均匀插捣25次。插捣在全部面积上进行，沿螺旋线由边缘至中心，插捣底层时插至底部，插捣其他两层时，应插透本层并插入下层约20～30mm，插捣须垂直压下（边缘部分除外），不得冲击。在插捣顶层时，装入的混凝土应高出坍落筒口，在插捣过程中随时添加拌和物。当顶层插捣完毕后，将捣棒用锯和滚的动作，清除掉多余的混凝土，用镘刀抹平筒口，刮净筒底周围的拌和物。而后立即垂直提起坍落筒，提筒在 5 ~ 10s 内完成，并使混凝土不受横向及扭力作用。从开始装料到提出坍落度筒整个过程应在 150s 内完成。

(3)将坍落筒放在锥体混凝土试样一旁，筒顶平放木尺，用小钢尺量出木尺底面至试样顶面最高点的垂直距离，即为该混凝土拌和物的坍落度，精确至 1mm。

(4)当混凝土试件的一侧发生崩坍或一边剪切破坏，则应重新取样另测。如果第二次仍发生上述情况，则表示该混凝土和易性不好，应记录。

(5)当混凝土拌和物的坍落度大于 220mm 时，用钢尺测量混凝土扩展后最终的最大直径和最小直径，在这两个直径之差小于 50mm 的条件下，用其算术平均值作为坍落扩展度值；否则，此次试验无效。

(6)坍落度试验的同时，可用目测方法评定混凝土拌和物的下列性质，并予记录。

①棍度：按插捣混凝土拌和物时难易程度评定。分“上”、“中”、“下”三级。

“上”：表示插捣容易。

“中”：表示插捣时稍有石子阻滞的感觉。

“下”：表示很难插捣。

②含砂情况：按拌和物外观含砂多少而评定，分“多”、“中”、“少”三级。

“多”：表示用镘刀抹拌和物表面时，一两次即可使拌和物表面平整无蜂窝；

“中”：表示抹五六次才可使表面平整无蜂窝。

“少”：表示抹面困难，不易抹平，有空隙及石子外露等现象。

③黏聚性：观测拌和物各组分相互黏聚情况。评定方法是用捣棒在已坍落的混凝土锥体侧面轻打，如锥体在轻打后逐渐下沉，表示黏聚性良好；如锥体突然倒坍、部分崩裂或发生石子离析现象，即表示黏聚性不好。

④保水性：指水分从拌和物中析出情况，分“多量”、“少量”、“无”三级评定。

“多量”：表示提起坍落筒后，有较多水分从底部析出。

“少量”：表示提起坍落筒后，有少量水分从底部析出。

“无”：表示提起坍落筒后，没有水分从底部析出。

2)和易性调整方法

在新拌混凝土中，水泥浆填充骨料间的空隙，并包裹集料，它赋予新拌混凝土一定的流动性。因此，水泥浆的数量和稠度对新拌混凝土的和易性有显著影响。水泥浆的稠度决定于水灰比，但水灰比直接影响混凝土的强度和耐久性。所以，水灰比的大小，应根据混凝土强度和耐久性的要求合理确定。

事实上，对新拌混凝土流动性起决定作用的是用水量的多少。无论是提高水灰比或增加水泥浆量都表现为混凝土用水量的增加。大量实验表明：在混凝土的原材料确定时，当混凝土的用水量一定，水泥用量增减不超过 50 ~ 100kg 时，新拌混凝土的坍落度大体保持不变，这一规律称为固定用水量法则。单纯加大用水量会降低混凝土的强度和耐久性。因此，应该在保持水灰比不变的条件下，用调整水泥浆量的办法来调整新拌混凝土的流动性。

砂率的变动，会影响新拌混凝土中集料的级配，使集料的空隙率和总表面积有很大变化，对新拌混凝土的和易性产生显著影响。在水泥浆量一定时，砂率过大，集料的总表面积及空隙率都会增大，需较多水泥浆填充和包裹集料，使起润滑作用的水泥浆减少，新拌混凝土的流动性减小。砂率过小，集料的空隙率显著增加，不能保证在粗集料之间有足够的砂浆层，也会降低新拌混凝土的流动性，并会严重影响黏聚性和保水性，容易造成离析、流浆等现象。在新拌混凝土中，加入少量减水剂，能使流动性大幅度增加；加入引气剂，能增加流动性，改善黏聚性，降低泌水性；加入增稠剂，能增加大流动性混凝土的黏聚性，减少泌水。

在混凝土中掺入掺和料，能增加新拌混凝土的黏聚性，减少离析和泌水。当同时加入优质粉煤灰、硅灰等超细微粒掺和料和减水剂时，超细微粒掺和料还能增加新拌混凝土的流动性。

2. 水泥混凝土拌和物凝结时间

通过测定贯入阻力的试验方法，检测混凝土拌和物的凝结时间，来控制现场施工流程。每次测定时，测针应距试模边缘至少25mm，而每次测针的检测点之间净距离也至少为所用测针直径的2倍。如果混凝土进行湿筛不好操作时，可以按混凝土中水泥砂浆的配合比，直接称料拌和成砂浆再进行试验，但注意应按粗集料的吸水率修正加水量。

初凝　　贯入阻力3.5MPa

终凝　　贯入阻力28.0MPa

水泥的水化是混凝土产生凝结的主要原因，但是，混凝土的凝结时间与所用水泥的凝结时间并不一致，因为水灰比的大小会明显影响水泥的凝结时间，水灰比越大，凝结时间越长，一般混凝土的水灰比与测定水泥凝结时间的水灰比是不同的，凝结时间便有所不同。而且新拌混凝土的凝结时间，还受温度、外加剂等其他各种因素的影响。凝结时间长，虽然有助于水泥混凝土浇筑成型但将延长脱模时间，另外强度增长速度较慢。

3. 水泥混凝土拌和物含气量试验(混合式气压法)

(1)试验目的、适用范围和引用标准

本方法规定了采用混合式气压法测定水泥混凝土拌和物含气量的仪器设备和试验步骤。本方法适用于集料公称最大粒径不大于31.5mm、含气量不大于10%且有坍落度的水泥混凝土。

(2)量钵容积的标定

先称量含气量测定仪量钵和玻璃板总重，然后将量钵加满水、用玻璃板沿量钵顶面平推，使量钵内盛满水且玻璃板下无气泡，擦干量钵体外表面后连同玻璃板一起称重，两次质量的差值除以该温度下水的密度即为量钵的容积。

(3)含气量零点的标定

把量钵加满水。将校正管接在钵盖下面小龙头的端部将钵盖轻放在量钵上用夹子夹紧使其气密良好并用水平仪检查仪器的水平打开小龙头、松开排气阀，用注水器从小龙头处加水，直至排气阀出口冒水为止然后拧紧小龙头和排气阀，此时钵盖和钵体之间的空隙被水充满。用手泵向气室充气表压稍大于0.1MPa，然后用微调阀调整表压使其为0.1MPa，按下阀门杆1~2次，使气室的压力气体进入量钵内，读压力表读数，此时指针所示压力相当于含气量为0。

(4)含气量1%~10%的标定

含气量零点标定后，将校正管接在钵盖小龙头的上端，然后按一下阀门杆，慢慢打开小龙头，量钵中的水通过校正管流入量筒中，当量筒中的水为量钵容积的1%时，关闭小龙头。打开排气阀，使量钵内的压力与大气压平衡，然后重新用手泵加压，并用微调阀准确地调到0.1MPa。按1~2次阀门杆，此时测得的压力表读数值相当于含气量1%，同样方法可测得含气量2%，3%~10%的压力表读值。以压力表读值为横坐标，含气量为纵坐标，绘制含气量与压

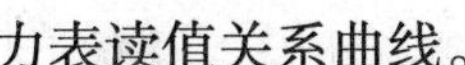

力表读值关系曲线。

(5)混凝土拌和物含气量测定

擦净量钵与钵盖内表面,并使其水平放置。将新拌混凝土拌和物均匀适量地装入量钵内,用振动台振实,振动时间15~30s为宜。也可用人工捣实,将拌和物分三层装料,每层插捣25次,插捣上层时捣棒应插入下层10~20mm。刮去表面多余的混凝土拌和物,用镘刀抹平,并使其表面光滑无气泡。

擦净钵体和钵盖边缘,将密封圈放于钵体边缘的凹槽内,盖上钵盖,用夹子夹紧,使之气密良好。打开小龙头和排气阀,用注水器从小龙头处往量钵中注水,直至水从排气阀出水口流出,再关紧小龙头和排气阀。关好所有的阀门,用手泵打气加压,使表压稍大于0.1MPa,用微调阀准确地将表压调到0.1MPa。按下阀门杆1~2次,待表压指针稳定后,测得压力表读数P_{01}开启排气阀,压力仪表应归零,对容器中试样再测定一次压力值P_{02}如果P_{01}和P_{02}的相对误差小于0.2%,以两次测值的算术平均值,按压力与含气量关系曲线查得所测混凝土样品的仪器测定含气量A_1值(精确至0.1%)作为试验结果;如果不满足,则应进行第三次试验,测得压力值P_{03}。当P_{03}与P_{01}、P_{02}中较接近一个值的相对误差不大于0.2%时,则取两值的算术平均值,按压力与含气量关系曲线查得所测混凝土样品的仪器测定含气量A_1值(精确至0.1%)作为试验结果。当仍大于0.2%时,须重作试验。

(6)集料含气量C测定

在容器中先注入1/3高度的水,然后把集料慢慢倒入容器。水面升高25mm左右就应轻轻插捣10次,并略予搅动,以排除夹杂进去的空气;加料过程中应始终保持水面高出集料的顶面,集料全部加入后,应浸泡约5min,再用橡皮锤轻敲容器外壁,排净气泡,除出水面气泡,加水至满,擦净容器上口边缘,装好密封圈,加盖拧紧螺栓。关闭操作阀和排气阀,开启进气阀,用气泵向气室内注入空气,打开操作阀,使气室内的压力略大于0.1MPa,待压力表显示值稳定后打开排气阀,并用操作阀调整压力至0.1MPa,然后关紧所有阀门。开启操作阀,使气室里的压缩空气进入容器,待压力表显示稳定后记录显示值P_{k1},然后开启排气阀,压力仪表应归零。

重复上述步骤,对容器内的试样再检测一次,记为P_{k2}。

如果P_{K1}与P_{K2}的相对误差小于0.2%,以两次测值的平均值,按压力与含气量关系曲线查得集料的含气量(精确至0.1%)作为试验结果。如果不满足,则应进行第三次试验,测得压力值P_{K3},当P_{K3}与P_{K1}、P_{K2}中较接近一个值的相对误差不大于0.2%时,则取两值的算术平均值,按压力与含气量关系曲线查得集料的含气最C(精确至0.1%)作为试验结果。当仍大于0.2%时,须重作试验。

含气量按下式计算:

$$A = A_1 - C \tag{2-3-6}$$

式中:A——混凝土拌和物含气量(%);

A_1——仪器测定含气量(%);

C——集料含气量(%)。

结果精确至0.1%

4.硬化后水泥混凝土的性能

水泥混凝土强度等级是根据立方体抗压强度标准值来确定,用符号“C”和“立方体抗压强度标准值”两项内容表示。影响混凝土强度的因素很多,以组成原材料的影响为主,包括原材料的特征和各材料之间的组成比例等内因，以及养护条件和试验检测条件等外因。混凝土抵抗环境介质作用并长期保持其良好的使用性能和外观完整性的能力称为耐久性。混凝土耐久性主要包括抗渗、抗冻、抗侵蚀、碳化、碱集料反应及混凝土中的钢筋锈蚀等性能。

（1）立方体混凝土抗压试块成型方法

当坍落度在 25 ~ 70mm 时，用标准振动台成型、将试模放在振动台上夹牢，防止试模自由跳动，将拌和物一次装满试模并稍有富余，开动振动台至混凝土表面出现乳状水泥浆时为止，振动过程中随时添加混凝土使试模常满，记录振动时间（约为维勃秒数的 2 ~ 3 倍，一般不超过 90s）。振动结束后，用金属直尺沿试模边缘刮去多余混凝土，用镘刀将表面初次抹平，待试件收浆后，再次用镘刀将试件仔细抹平，试件抹面与试模边缘的高低差不得超过 0.5mm。

当坍落度大于 70mm 时，用人工成型。拌和物分厚度大致相等的两层装入试模捣固时按螺旋方向从边缘到中心均匀地进行。插捣底层混凝土时，捣棒应到达模底；插捣上层时，捣棒应贯穿上层后插入下层 20 ~ 30mm 处。插捣时应用力将捣棒压下，保持捣棒垂直，不得冲击，捣完一层后，用橡皮锤轻轻击打试模外端面 10 ~ 15 下，以填平插捣过程中留下的孔洞。每层插捣次数 $100mm^2$ 扩截面积内不得少于 12 次。试件抹面与试模边缘高低差不得超过 0.5mm。

（2）梁型混凝土抗弯拉试块成型方法

按所需试样用量称取有代表性的碾压混凝土试样，将试样分两层装入试模。装模时，应注意不使试样产生离析。每次试样入模后，先用镘刀沿试模内壁上下插捣一周，再用捣棒插捣。100mm × 100mm × 400mm 的试件，每层插捣 50 下；150mm × 150mm × 550mm 或 150mm × 150mm × 600mm 的试件，每层插捣 100 下。插捣按螺旋方向从边缘到中间均匀地进行。插捣下层时应插捣至模底，插捣上层时应插入下层 2cm 左右。插捣时应用力均匀，不得冲击。将压板置于试样表面，把改制平板振动器放在压板上，打开振动器开关，振至试样与试模口齐平为止。去掉压板和套模，用镘刀将试样表面抹光。

（3）水泥混凝土抗压强度试验步骤

①至试验龄期时，自养护室取出试件，应尽快试验，避免其湿度变化。

②取出试件，检查其尺寸及形状，相对两面应平行。量出棱边长度，精确至 1mm。试件受力截面积按其与压力机上下接触面的平均值计算。在破型前，保持试件原有湿度，在试验时擦干试件。

③以成型时侧面为上下受压面，试件中心应与压力机几何对中。

④强度等级小于 C30 的混凝土取 0.3 ~ 0.5MP/s 的加荷速度；强度等级大于 C30 小于 C60 时，则取 0.5 ~ 0.8MPa/s 的加荷速度；强度等级大于 C60 的混凝土取 0.8 ~ 1.0MP/s 的加荷速度。当试件接近破坏而开始迅速变形时，应停止调整试验机油门，直至试件破坏，记下破坏极限荷载 F(N)。

（4）抗压强度试验结果计算及评定

①混凝土立方体试件抗压强度按下式计算：

$$f_{cu} = \frac{F}{A} \tag{2-3-7}$$

式中：f_{cu}——混凝土立方体抗压强度（MPa）；

F——极限荷载（N）；

A——受压面积（mm^2）。

②以3个试件测值的算术平均值为测定值,计算精确至0.1MPa。三个测值中的最大值或最小值中如有一个与中间值之差超过中间值的15%,则取中间值为测定值;如最大值和最小值与中间值之差均超过中间值的15%,则该组试验结果无效。

(5)抗弯拉强度试验步骤:

①试件取出后,用湿毛巾覆盖并及时进行试验,保持试件干湿状态不变。在试件中部量出其宽度和高度,精确至1mm。

②调整两个可移动支座,将试件安放在支座上,试件成型时的侧面朝上,几何对中后,务必使支座及承压面与活动船形垫块的接触面平稳、均匀,否则应垫平。

③加荷时,应保持均匀、连续。当混凝土的强度等级小于C30时,加荷速度为0.02～0.05MPa/s;当混凝土的强度等级大于等于C30且小于C60时,加荷速度为0.05～0.08MPa/s;当混凝土的强度等级大于等于C60时,加荷速度为0.08～0.10MP/s。当试件接近破坏而开始迅速变形时,不得调整试验机油门,直至试件破坏,记下破坏极限荷载F(N)。

④记录下最大荷载和试件下边缘断裂的位置。

(6)抗弯拉强度试验结果计算及评定

①当断面发生在两个加荷点之间时,抗弯拉强度F_f按下式计算:

$$F_f = \frac{FL}{bh^2} \tag{2-3-8}$$

式中:F_f——抗弯拉强度(MPa);

F——极限荷载(N);

L——支座间距离(mm);

b——试件宽度(mm);

h——试件高度(mm)。

②以3个试件测值的算术平均值为测定值。3个试件中最大值或最小值中如有一个与中间值之差超过中间值的15%,则把最大值和最小值舍去,以中间值作为试件的抗弯拉强度;如最大值和最小值与中间值之差值均超过中间值15%,则该组试验结果无效。

3个试件中如有一个断裂面位于加荷点外侧,则混凝土抗弯拉强度按另外两个试件的试验结果计算。如果这两个测值的差值不大于这两个测值中较小值的15%,则以两个测值的平均值为测试结果,否则结果无效。

如果有两根试件均出现断裂面位于加荷点外侧,则该组结果无效。

注:断面位置在试件断块短边一侧的底面中轴线上量得。

抗弯拉强度计算精确到0.01MPa。

5. 水泥混凝土强度评定方法

评定方法包括已知标准差统计方法、未知标准差统计方法和非统计方法。

(1)统计法

当混凝土的生产条件在较长时间内能保持一致,且同一品种混凝土的强度变异性保持稳定时,应由连续的三组试件组成一个验收批,其强度应同时满足下列要求:

$$\left.\begin{aligned} \bar{f}_{cu} &\geqslant f_{cu,k} + 0.7\sigma_0 \\ f_{cu,min} &\geqslant f_{cu,k} - 0.7\sigma_0 \end{aligned}\right\} \tag{2-3-9}$$

当混凝土强度等级不高于C20时，其强度的最小值还应满足下列要求：

$$f_{cu,min} \geqslant 0.85 f_{cu,k} \tag{2-3-10}$$

当混凝土强度等级高于C20时，其强度的最小值还应满足下列要求：

$$f_{cu,min} \geqslant 0.90 f_{cu,k} \tag{2-3-11}$$

式中：$\bar{f}_{cu}$——同一验收批混凝土立方体抗压强度的平均值（MPa）；

$f_{cu,min}$——同一验收批混凝土立方体抗压强度的最小值（MPa）；

σ_0——验收批混凝土立方体抗压强度的标准差（MPa）。

验收批混凝土立方体抗压强度的标准差 σ_0，应根据前一个检验期内（不应超过三个月）同一品种混凝土试件的强度，按下列公式确定：

$$\sigma_0 = \frac{0.59}{m}\sum_{i=1}^{m}\Delta f_{cu,i} \tag{2-3-12}$$

式中：$\Delta f_{cu,i}$——第 i 批试件立方体抗压强度中最大值与最小值之差；

m——用以确定验收批混凝土立方体抗压强度标准差的数据批数，$m \geqslant 15$。

当混凝土的生产条件在较长时间内不能保持一致，且混凝土强度变异不能保持稳定时，或在前一个检验期内的同一品种混凝土没有足够的数据用以确定验收批混凝土立方体抗压强的标准差时，应由不少于10组的试件组成一个验收批，其强度应同时满足下列要求：

$$\left.\begin{aligned} &\bar{f}_{cu} - \lambda_1 S_{fcu} \geqslant 0.9 \bar{f}_{cu,k} \\ &f_{cu,min} \geqslant \lambda_2 f_{cu,k} \end{aligned}\right\} \tag{2-3-13}$$

式中：S_{fcu}——同一验收批混凝土立方体抗压强度的标准差（MPa）。当 S_{fcu} 的计算值小于 $0.06 f_{cu,k}$ 时，取 $S_{fcu} = 0.06 f_{cu,k}$；

λ_1, λ_2——合格判定系数，见表2-3-5。

混凝土强度的合格判定系数 表2-3-5

试件组数	10~14	15~24	≥25
λ_1	1.70	1.65	1.60
λ_2	0.90	0.85	0.85

混凝土立方体抗压强度的标准差 S_{fcu} 可按下列公式计算：

$$S_{fcu} = \sqrt{\frac{\sum_{i=1}^{n} f_{cu,i}^2 - n f_{cu}^2}{n-1}} \tag{2-3-14}$$

式中：$f_{cu,i}$——第 i 组混凝土试件的立方体抗压强度值（MPa）。

n——一个验收批混凝土试件的组数。

（2）非统计法

对试件数量有限，不具备按统计法评定混凝土强度条件的工程，可采用非统计法评定。按非统计法评定混凝土强度时，其强度应同时满足下列要求：

$$\left.\begin{aligned}\bar{f}_{cu} &\geqslant 1.15f_{cu,k}\\ f_{cu,min} &\geqslant 0.95f_{cu,k}\end{aligned}\right\} \tag{2-3-15}$$

当检验评定结果不能满足统计法或非统计法的要求时，该批混凝土强度判定为不合格。当混凝土试件强度评定为不合格批时，可采用非破损或局部破损的检测方法，按国家现行有关标准的规定对结构构件中的混凝土强度进行推定，并作为处理的依据。

二、普通水泥混凝土配合比设计

(一)水泥混凝土组成材料性能要求

(1)水泥在混凝土中起胶结作用，对混凝土的性能起着关键作用，应从水泥品种和强度等级两个方面进行选择。水泥应根据工程性质和气候环境及施工条件进行合理选择；水泥的强度等级应与配制的混凝土强度等级相匹配。

(2)混凝土用粗集料(又称石子)包括碎石和卵石，是混凝土中用量最多的组成材料，对混凝土的强度形成起着重要作用。粗集料在混凝土中起着骨架作用，必须具备足够的承载能力，即具有良好的强度和坚固性，这类性质通常采用石料的立方体抗压强度或压碎指标来表示。最大粒径和针、片状颗粒含量均需要不同的限定，不同的级配类型配制的混凝土，将带来不同的影响。有害杂质会影响到水泥与集料之间的黏结性，对水泥的水化效果产生消极作用。

(3)混凝土用细集料应采用级配良好、质地坚硬、颗粒洁净的河沙或海砂。

(二)混凝土配合比设计阶段、要求及设计步骤

1. 配合比设计阶段

(1)初步配合比设计阶段；

(2)试验室配合比设计阶段；

(3)基准配合比设计阶段；

(4)工地配合比设计阶段。

2. 配合比设计要求

(1)满足结构物设计强度的要求：设计强度是混凝土设计过程中必须要达到的指标，针对结构物所发挥的作用、施工单位的施工管理水平，在配合比设计的实际操作过程中，采用一个比设计强度高一些的“配制强度”，以确定最终的结果满足设计强度的要求。

(2)满足施工工作性要求：针对工程实际，构造物的特点，包括断面尺寸、配筋状况以及施工条件等来确定合适的工作性指标，以保证工程施工的需求。

(3)满足耐久性要求：配合比设计中通过考虑允许的“最大水灰比”和“最小水泥用量”，来保证处于不利环境(如严寒地区、受水影响等)条件下混凝土的耐久性的要求。

(4)满足经济性要求：在满足设计强度、工作性和耐久性要求的前提下，设计中通过合理减少价高材料(如水泥)的用量，多采用当地材料以及一些替代物(如工业废渣)等措施，降低混凝土费用，提高经济效益。

3. 设计步骤

计算初步配合比、提出基准配合比、确定试验室配合比和换算工地配合比。

(1)计算初步配合比

①计算混凝土配制强度。根据设计要求的强度等级，普通混凝土配制强度按下式计算：

$$f_{cu,0} \geqslant f_{cu,k} + 1.645\sigma \tag{2-3-16}$$

式中：$f_{cu,0}$——混凝土配制强度(MPa)；

$f_{cu,k}$——混凝土立方体抗压强度标准值(MPa)；

σ——混凝土强度标准差(MPa)。

遇有下列情况时应提高混凝土配制强度：

a. 现场条件与试验室条件有显著差异时；

b. C30 级及其以上强度等级的混凝土，采用非统计方法评定时。

混凝土强度标准差宜根据同类混凝土统计资料计算确定，并应符合下列规定：

a. 计算时，强度试件组数不应少于 25 组；

b. 当混凝土强度等级为 C20 和 C25 级，其强度标准差计算值少于 2.5MPa 时，计算配制强度用的标准差应取不小于 2.5MPa；当混凝土强度等级等于或大于 C30 级，其强度标准差计算值小于 3.0MPa 时，计算配制强度用的标准差应取不小于 3.0MPa；

c. 当无统计资料计算混凝土强度标准差时，其值应按现行国家标准《混凝土结构工程施工及验收规范》(GB 50204)的规定取用。

②计算水灰比(W/C)。普通混凝土水灰比按下式计算：

$$\frac{W}{C} = \frac{\alpha_a \cdot f_{ce}}{f_{cu,0} + \alpha_a \cdot \alpha_b \cdot f_{ce}} \tag{2-3-17}$$

式中：$\alpha_A \cdot \alpha_b$——回归系数；

f_{ce}——水泥 28d 抗压强度实测值(MPa)。

当无水泥 28d 抗压强度实测值时，上公式中的 f_{ce} 值可按下式确定：

$$f_{ce} = \gamma_c \times f_{ce,g} \tag{2-3-18}$$

式中：γ_c——水泥强度等级值的富余系数，可按实际统计资料确定，如无统计资料则可取 1.13；

$f_{ce,g}$——水泥强度等级值(MPa)。

当计算求出 W/C 后，还应根据混凝土所处环境和耐久性要求的允许水灰比进行效核，要满足标准所规定的最大水灰比限定。

③单位用水量(m_{wo})的确定。每立方米混凝土用水量的确定，应符合下列规定：

a. 干硬性和塑性混凝土用水量的确定：

水灰比在 0.40 ~ 0.80 范围时，根据粗集料的品种、粒径及施工要求的混凝土拌和物稠度，其用水量可按表 2-3-6、表 2-3-7 选取。

干硬性混凝土的用水量(kg/m³)　　表 2-3-6

拌和物稠度		卵石最大粒径(mm)			碎石最大粒径(mm)		
项目	指标	10	20	40	16	20	40
维勃稠度(s)	16 ~ 20	175	160	145	180	170	155
	11 ~ 15	180	165	150	185	175	160
	5 ~ 10	185	170	155	190	180	165

塑性混凝土的用水量(kg/m^3)　　表2-3-7

拌和物稠度		卵石最大粒径(mm)				碎石最大粒径(mm)			
项目	指标	10	20	31.5	40	16	20	31.5	40
坍落度(mm)	10～30	190	170	160	150	200	185	175	165
	35～50	200	180	170	160	210	195	185	175
	55～70	210	190	180	170	220	205	195	185
	75～90	215	195	185	175	230	215	205	195

注:①本表用水量系采用中砂时的平均取值。采用细砂时,每立方米混凝土用水量可增加5～10kg;采用粗砂时,则可减少5～10kg。掺用各种外加剂或掺和料时,用水量应相应调整。

②水灰比小于0.4的混凝土以及采用特殊成型工艺的混凝土用水量应通过试验确定。

b.流动性和大流动性混凝土的用水量宜按下列步骤计算:

以表2-3-7中坍落度90mm的用水量为基础,按坍落度每增大20mm用水量增加5kg,计算出未掺外加剂时的混凝土的用水量。

掺外加剂时的混凝土用水量可按下式计算:

$$m_{wa} = m_{w0}(1-\beta) \tag{2-3-19}$$

式中:m_{wa}——掺外加剂混凝土每立方米混凝土用水量(kg);

m_{w0}——未掺外加剂混凝土每立方米混凝土用水量(kg);

β——外加剂的减水率。外加剂的减水率应经试验确定。

④计算单位水泥用量(m_{co})。每立方米混凝土的水泥用量(m_{co})可按下式计算:

$$m_{co} = \frac{m_{wo}}{W/C} \tag{2-3-20}$$

⑤砂率的确定。当无历史资料可参考时,混凝土砂率的确定应符合下列规定:

a.坍落度为10～60mm的混凝土砂率,可根据粗集料品种。粒径及水灰比按表2-3-8选取。如实际水灰比在表中无对应位置,可通过内插的方式推算出来。

混凝土的砂率(%)　　表2-3-8

水灰比(W/C)	卵石最大粒径(mm)			碎石最大粒径(mm)		
	10	20	40	16	20	40
0.40	26～32	25～31	24～30	30～35	29～34	27～32
0.50	30～35	29～34	28～33	33～38	32～37	30～35
0.60	33～38	32～37	31～36	36～41	35～40	33～38
0.70	36～41	35～40	34～39	39～44	38～43	36～41

注:本表数值系中砂的选用砂率,对细砂或粗砂,可相应地减少或增大砂率。只用一个单粒级粗骨料配制混凝土时,砂率应适当增大。对薄壁构件,砂率取偏大值。本表中地砂率系指砂与骨料总量的重量比。

b.坍落度大于60mm的混凝土砂率,可经试验确定,也可在表2-3-8的基础上,按坍落度每增大20mm,砂率增大1%的幅度予以调整。

c.坍落度小于10mm的混凝土或使用外加剂的混凝土,其砂率应经试验确定。

⑥计算砂(m_{so})和石(m_{go})的用量。粗集料和细集料用量的确定,应符合下列规定:

a. 当采用质量法时，应按下列公式计算：

$$m_{co} + m_{go} + m_{so} + m_{wo} = m_{cp} \tag{2-3-21}$$

$$\beta_s = \frac{m_{so}}{m_{go} + m_{so}} \times 100\% \tag{2-3-22}$$

式中：m_{co}——每立方米混凝土的水泥用量(kg)；

m_{go}——每立方米混凝土的粗集料用量(kg)；

m_{so}——每立方米混凝土的细集料用量(kg)；

m_{wo}——立方米混凝土的用水量(kg)；

m_{cp}——每立方米混凝土拌和物的假定重量(kg)，其值可取 2350 ~ 2450kg；

β_s——砂率(%)。

b. 当采用体积法时，应按下列公式计算：

$$\frac{m_{co}}{\rho_c} + \frac{m_{go}}{\rho_g} + \frac{m_{so}}{\rho_s} + \frac{m_{wo}}{\rho_w} + 0.01\alpha = 1 \tag{2-3-23}$$

$$\beta_S = \frac{m_{so}}{m_{g0} + m_{so}} \times 100\% \tag{2-3-24}$$

式中：ρ_c——水泥密度(kg/m^3)，可取 2900 ~ 3100kg/m^3；

ρ_g——粗集料的表观密度(kg/m^3)；

ρ_s——细集料的表观密度(kg/m^3)；

ρ_w——水的密度(kg/m^3)，可取 1 000kg/m^3；

α——混凝土的含气量百分数，在不使用引气型外加剂时，可取 1。

这样就得到初步配合比为水泥：水：砂：石 = m_{co}：m_{wo}：m_{so}：m_{go}。

(2)提出基准配合比

初步配合比设计得到的结果，仅仅依靠的是一种经验方式，其结果必须通过实际检验来查看工作性是否满足施工和易性要求，必要时进行调整，提出符合工作性要求的基准配合比。

进行混凝土配合比试配时应采用工程中实际使用的原材料。混凝土的搅拌方法，宜与生产时使用的方法相同。

工作性调整思路：通过具体的坍落度（或维勃稠度）试验，混凝土的工作性检测结果会有以下几种可能：

①坍落度值（或维勃稠度）满足设计要求，且混凝土黏聚性和保水性亦良好，则原有的初步配合比无需调整，得到的基准配合比与初步配合比一致。

②坍落度值（或维勃稠度）不能满足设计要求，但混凝土黏聚性和保水性却较好时，此时应在保持原有水灰比不变的条件下，调整水和水泥用量，直至通过试验证实工作性满足要求。这样得到的基准配合比中，砂、石用量仍未发生变化，但水泥、水的用量改变。

③当试拌实测之后，发现流动性能够达到设计要求，但混凝土黏聚性和保水性却不好，此时保持原有水泥和水的用量，在维持砂石总量不变的条件下，适当调整砂率以改善混凝土的黏

聚性和保水性,直至坍落度、黏聚性和保水性均满足要求。经过调整,得到的基准配合比同初步配合比对照,其中水泥和水的用量可能未变(也有可能在改变砂率的同时,相应要调整水泥浆的用量,使水泥和水的用量也发生变化),但砂和石各自的用量肯定发生改变。

④试拌实测后,如发现拌和物的坍落度值(或维勃稠度)不能满足设计要求,且混凝土黏聚性和保水性也不好,则应在水灰比和砂、石总量维持不变的条件下,改变用水量和砂率,直到符合设计要求为止。此时提出的基准配合比与初步配合比完全不同。

无论出现以上何种情形,基准配合比为水泥: 水: 砂: 石 = $m_{ca}:m_{wa}:m_{sa}:m_{ga}$。

(3)确定试验室配合比

混凝土强度试验时至少应采用三个不同的配合比。当采用三个不同的配合比时,其中一个应为所确定的基准配合比,另外两个配合比的水灰比,宜较基准配合比分别增加和减少0.05;用水量应与基准配合比相同,砂率可分别增加和减少1%。

当不同水灰比的混凝土拌和物坍落度与要求值的差超过允许偏差时,可通过增、减用水量进行调整。

制作混凝土强度试验试件时,应检验混凝土拌和物的坍落度或维勃稠度、黏聚性、保水性及拌和物的表观密度,并以此结果作为代表相应配合比的混凝土拌和物的性能。进行混凝土强度试验时,每种配合比至少应制作一组(三块)试件,标准养护到28d时试压。

根据试验得出的混凝土强度与其相对应的灰水比(C/W)关系,用作图法或计算法求出与混凝土配制强度($f_{cu,0}$)相对应的灰水比,并应按下列原则确定每立方米混凝土的材料用量:

①用水量(m_w)应在基准配合比用水量的基础上,根据制作强度试件时测得的坍落度或维勃稠度进行调整确定;

②水泥用量(m_c)应以用水量乘以选定出来的灰水比计算确定;

③粗集料和细集料用量(m_g 和 m_s)应在基准配合比的粗集料和细集料用量的基础上,按选定的灰水比进行调整后确定。

混凝土配合比的密度调整按以下规定确定:

应根据前述所确定的材料用量按下式计算混凝土的表观密度计算值$\rho_{c,c}$:

$$\rho_{c,c} = m_c + m_g + m_s + m_w \tag{2-3-25}$$

应按下式计算混凝土配合比校正系数δ:

$$\delta = \frac{\rho_{c,t}}{\rho_{c,c}} \tag{2-3-26}$$

式中:$\rho_{c,t}$——混凝土表观密度实测值(kg/m^3);

$\rho_{c,c}$——混凝土表观密度计算值(kg/m^3)。

当混凝土表观密度实测值与计算值之差的绝对值不超过计算值的2%时,按前述确定的配合比即为确定的设计配合比;当二者之差超过2%时,应将配合比中每项材料用量均乘以校正系数δ,即为确定的设计配合比。

(4)换算工地配合比

试验室配合比是在砂、石材料干燥条件下进行试验和计算得到的结果,而工地所使用的砂、石材料都含有一定的水分，而且所含水分随时间和环境气候的变化，随时不断变动，与设计配合比有明显差异。所以工地现场进行混凝土拌和时，要按当时工地所测得的砂、石含水率进行材料用量的修正。含水率的定义为：砂、石中的水质量占干燥砂、石质量的百分率。因此，工地每立方米混凝土配合比的各材料用量用下列公式计算：

水泥 $$m_c = m'_{cb} \tag{2-3-27}$$

砂 $$m_s = m'_{sb} \times (1 + w_s\%) \tag{2-3-28}$$

石 $$m_g = m'_{gb} \times (1 + w_g\%) \tag{2-3-29}$$

水 $$m_w = m'_{wb} - (m'_{sb} \times w_s\% + m'_{gb} \times w_g\%) \tag{2-3-30}$$

式中：w_s、w_g——分别为工地砂、石材料的含水率(%)。

最终得到混凝土的施工现场配合比：水泥: 水: 砂: 石 $= m_c : m_w : m_s : m_g$

混凝土配合比可采用两种方法来表示：

①单位用量表示法：每立方混凝土中各材料的用量，如1立方混凝土中水泥: 水: 砂: 石 = 340kg: 170kg: 765kg: 1292kg。

②相对用量表示法：以水泥的质量为1，其他材料针对水泥的相对用量，并按"水泥: 砂: 石；水灰比"的顺序排列表示，如上列单位用水量表示法中所列内容为基础，采用相对用量来表示则可转化为1: 2.25: 3.80；W/C = 0.5。

混凝土的耐久性主要取决于混凝土的密实程度，而密实度的大小又在于混凝土的水灰比和水泥用量。当水灰比偏大或水泥用量偏小时，都有可能在硬化后的混凝土构件内部留下过多的孔隙，为日后引起混凝土耐久性不良现象留下隐患。当进行混凝土配合比设计时，为保证混凝土的耐久性，对混凝土的最大水灰比和最小水泥用量，应符合表2-3-9中的规定。

混凝土的最大水灰比和最小水泥用量 表2-3-9

环境条件		结构物类型	最大水灰比			最小水泥用量(kg)		
			素混凝土	钢筋混凝土	预应力混凝土	素混凝土	钢筋混凝土	预应力混凝土
干燥环境		正常的居住和办公用房屋内部件	不作规定	0.65	0.60	200	260	300
潮湿环境	无冻害	高湿度的室内部件、室外部件；在非侵蚀土和(或)水中的部件	0.70	0.60	0.60	225	280	300
潮湿环境	有冻害	经受冻害的室外部件；在非侵蚀性土和(或)水中且经受冻害的部件；高湿度且经受冻害的室内部件	0.55	0.55	0.55	250	280	300
有冻害和除冰剂的潮湿环境		经受冻害和除冰剂作用的室内和室外部件	0.50	0.50	0.50	300	300	300

注：当用活性掺和料取代部分水泥时，表中的最大水灰比和最小水泥用量即为替代前的水灰比和水泥用量。配制C15级及其以下等级的混凝土，可不受本表限制。

第三节　砂　　浆

复习要点：

1. 砂浆组成材料(检测工程师)。
2. 砂浆配合比设计(检测工程师)。
3. 砌筑砂浆的技术性质及其相应的测试方法(检测工程师)。

一、砂浆的基本概念

砂浆中使用的胶凝材料有各种水泥、石灰、石膏和有机胶凝材料等,常用的是水泥和石灰。

二、砌筑砂浆配合比设计

砌筑砂浆的配合比要根据砂浆的品种和强度等级确定;可以查规范手册或资料确定,也可通过计算方法确定。但无论何种方法,都应通过试验调整及验证后才能采用。

1. 砂浆试配强度的确定

砌筑砂浆应具有95%的保证率,其试配强度按下式计算:

$$f_{m,0} = f_{m,k} - t\sigma_0 = f_2 + 1.645\sigma_0 \quad (2\text{-}3\text{-}31)$$

式中:$f_{m,0}$——砂浆的试配强度(MPa)。

$f_{m,k}$——砂浆的设计强度标准值(MPa)。

f_2——砂浆抗压强度平均值(MPa)。

t——概率度,当保证率为95%时,$t = -1.645$。

σ_0——砂浆现场强度标准差(MPa)。

砂浆现场强度的标准差应通过有关资料统计得出,如无统计资料可查表。

2. 水泥用量(Q_C)的计算

砂浆中的水泥用量按下式计算确定:

$$Q_c = \frac{1\,000(f_{m,0} - B)}{Af_{ce}} \quad (2\text{-}3\text{-}32)$$

在无水泥的实测强度值时,可按下式计算f_{ce}:

$$f_{ce} = \gamma_c \cdot f_{ce,k} \quad (2\text{-}3\text{-}33)$$

式中:$f_{ce,k}$——水泥强度等级对应的强度值(MPa);

γ_c——水泥强度等级值的富余系数,该值应按实际资料统计确定。无统计资料时取1.0。

3. 掺加料的确定

砂浆中的掺加料按下式计算:

$$Q_D = Q_A - Q_C \quad (2\text{-}3\text{-}34)$$

式中：Q_D——每立方米砂浆的掺加料用量(kg)。

Q_A——每立方米砂浆中的胶凝材料总量(kg)。

每立方米砂浆中的胶凝材料总量一般取300~350kg之间，掺和料为石灰膏、黏土膏和电石灰膏时，其用量宜按稠度120mm±5mm计量。当石灰膏为其他稠度时，按表2-3-10进行换算。

石灰膏不同稠度时的换算系数　　表2-3-10

石灰膏稠度(mm)	120	110	100	90	80	70	60	50	40	30
换算系数	1.00	0.99	0.97	0.95	0.93	0.92	0.90	0.88	0.87	0.86

4.砂用量和用水量的确定

砂浆中砂的用量取干燥状态砂的堆积密度值(kg)。用水量根据砂浆稠度等的要求，在240~310kg之间选用。

(1)水泥砂浆配合比的选定

水泥砂浆的各材料用量可按表2-3-11选取。

每立方米水泥砂浆中各材料用量(kg)　　表2-3-11

强度等级	水泥用量	砂子用量	用水量
M2.5~M5	200~230	$1m^3$干砂的堆积密度值	270~330
M7.5~M10	220~280		
M15	280~340		
M20	340~400		

砂浆的水泥用量应根据水泥的强度等级和施工水平合理选择，一般当水泥的强度等级较高时(>32.5级)或施工水平较高时，水泥用量选低值。用水量应根据砂的粗细程度、砂浆稠度和气候条件选择，当砂较粗、稠度小或气候较潮湿时，用水量选低值。

(2)砂浆配合比的试配、调整与确定

砂浆在经计算或选取初步配合比后，应采用实际工程使用的材料进行试拌，测定新拌砂浆的稠度和分层度，当和易性不满足要求时，应增加用水量或掺和料，调整至符合要求。将其确定为试配时的砂浆基准配合比。采用基准配合比，以及稠度和分层度符合要求，水泥用量比基准配合比增加或减少10%的另两个配合比，按《建筑砂浆基本性能试验方法》的规定拌和成型试件，养护至规定的龄期，测定砂浆的强度，从中选定符合强度要求且水泥用量较小的配合比，作为砂浆配合比。

三、砌筑砂浆技术性质及其相应的测试方法

1.和易性

新拌砂浆的和易性包括流动性和保水性两方面的性能。

(1)流动性

砂浆的流动性也称稠度，是指砂浆在自重或外力作用下流动的性质。砂浆的流动性用砂浆稠度仪测定，以沉入度(mm)表示。沉入度大的砂浆，流动性好。

砂浆的流动性应根据砂浆和砌体种类、施工方法和气候条件来选择。一般而言，抹面砂浆、多孔吸水的砌体材料、干燥气候和手工操作的砂浆，流动性应大些；而砌筑砂浆、密实的砌体材料、寒冷气候和机械施工的砂浆，流动性应小些。

(2)保水性

砂浆的保水性是指砂浆保持水分的能力。它反应新拌砂浆在停放、运输和使用过程中，各组成材料是否容易分离的性能。保水性良好的砂浆，水分不易流失，容易摊铺成均匀的砂浆层，且与基底的黏结好，强度较高。

砂浆的保水性用分层度测定仪测定，以分层度表示。砂浆的分层度以 10 ~ 20mm 为宜，分层度过大(>30mm)，保水性差，容易离析，不便于施工和保证质量；分层度过小(<10mm)，虽然保水性好，但易产生收缩开裂，影响质量。

2. 硬化砂浆的强度

砂浆的强度是指六块边长为 70.7mm 的立方体试件，在标准养护条件下(温度为 20℃ ± 3℃，相对湿度对水泥混合砂浆为 60% ~80%，对水泥砂浆为 90% 以上)养护 28d 的抗压强度平均值(MPa)，用 $f_{m,0}$ 表示。

砌筑砂浆根据砂浆的强度分为 M2.5、M5、M7.5、M10、M15 和 M20 六个强度等级。

砂浆的强度与其组成材料、配合比以及砌体材料等很多因素有关。对于不吸水基面(如致密的石材)，砂浆强度的影响因素与混凝土相似，主要为水泥的强度和水灰比，其经验公式为：

$$f_{m,0} = \alpha \cdot f_{ce}\left(\frac{C}{W} - \beta\right) \quad (2\text{-}3\text{-}35)$$

式中：$f_{m,0}$——砂浆 28d 的抗压强度(MPa)。

f_{ce}——水泥 28d 实测抗压强度(MPa)。

α,β——经验系数，可根据试验资料统计确定。

C/W——灰水比。

对于吸水基面(如烧结砖)，无论砂浆拌和时用多少水，基底吸水后保留在砂浆中的水量基本相同。砂浆强度主要与水泥强度和水泥用量有关，其关系式如下：

$$f_{m,0} = \alpha \cdot f_{ce}\frac{Q_c}{1\,000} + \beta \quad (2\text{-}3\text{-}36)$$

式中：Q_c——水泥用量(kg)。

α,β——砂浆的特征系数，α 取 3.03，β 取 -15.09。

3. 砂浆的其他性能

(1)砂浆的黏结力

砂浆的黏结力是影响砌体结构抗剪强度、抗震性、抗裂性等的重要因素。通常，砂浆的黏结力随抗压强度增加而提高，但与砌体材料表面的粗糙度、清洁程度、润湿情况及养护情况等有关。粗糙的、润湿的、清洁的表面与砂浆的黏结力较高，养护良好的砂浆与砌体材料的黏结较好。

(2)砂浆的变形性能

砂浆在硬化过程中、承受荷载、温度和干湿变化时，均会产生变形。如果变形过大或不均匀，则会引起砌体沉降或开裂。如果砂过细或胶凝材料过多，会引起砂浆收缩变形过大而开裂，使用轻集料拌制砂浆也容易开裂。

(3)砂浆的抗冻性

受冻融影响的砌体结构，对砂浆还有抗冻性的要求。对冻融循环次数有要求的砂浆，经冻融试验后，质量损失率不得大于5%，抗压强度损失率不得大于25%。

第四节　混凝土外加剂

复习要点：

1. 混凝土常用外加剂的分类及匀质性试验方法(检测工程师)。
2. 掺外加剂混凝土配合比设计(检测工程师)。
3. 减水剂、早强剂、缓凝剂的作用机理，外加剂减水率、泌水率比、含气量、凝结时间差、抗压强度比的试验方法(检测工程师)。

一、外加剂的基本概念

外加剂是在混凝土拌和前或拌和时掺入，掺量不大于水泥质量的5%(特殊情况除外)，并能按要求改善混凝土性能的物质。根据外加剂的功能可分为以下几种类型。

减水剂：在混凝土拌和物坍落度基本相同的条件下，能减少拌和用水量的外加剂称为减水剂。

早强剂：能加速混凝土早期强度发展的外加剂称为早强剂。

缓凝剂：缓凝剂是能延长混凝土凝结时间，而不影响混凝土后期强度的外加剂称为缓凝剂。

混凝土外加剂匀质性试验主要包括氯离子含量测定、含固量、总碱量、含水率、密度、细度、PH值硫酸钠含量的测定，试验方法参考GB/T 8077进行。

二、掺外加剂混凝土配合比设计

掺外加剂普通混凝土配合比设计方法基本步骤与不掺外加剂的混凝土配合比设计相同，但必须根据所加外加剂的功能及掺外加剂的目的对混凝土拌和物及硬化混凝土进行减水率试验，泌水率比、含气量及凝结时间差试验，坍落度及含气量1h经时变化量试验，抗压强度比及收缩率比试验以及相对耐久性试验以检验外加剂性能及掺量能否满足设计要求，是否给混凝土其他性能带来不利影响。

三、常用外加剂的作用机理及相关指标测定

1. 外加剂的作用机理

减水剂主要是通过减水剂分子在水泥颗粒表面的定向排列使水泥粒子带有相同的电荷，

在静电斥力作用下破坏了水泥水化初期的絮凝结构，将水分充分释放并加以利用，从而大幅改善混凝土拌和物的和易性。

缓凝剂主要是通过物理或化学作用，降低水泥水化反应速度，从而延缓混凝土凝结和硬化并在较长时间内保持混凝土的工作性。

早强剂主要是通过物理或化学作用，加速水泥水化反应，从而促进混凝土凝结和硬化、提高早期强度。

2. 外加剂作用效果评价指标

(1)减水率为坍落度基本相同时，基准混凝土和掺外加剂混凝土单位用水量之差与基准混凝土单位用水量之比，坍落度试验方法同普通混凝土。

(2)泌水率比为掺外加剂混凝土泌水率与基准混凝土泌水率之比。

泌水率的测定与计算方法：先用湿布润湿容积为 5L 的带盖筒（内径为 185mm，高200mm），将混凝土拌和物一次装入，在振动台上振动 20s，然后用抹刀轻轻抹平，加盖以防水分蒸发。试样表面应比筒口边低约 20mm。自抹面开始计算时间，在前 60min，每隔 10min 用移液管吸出泌水一次，以后每隔 20min 吸水一次，直至连续三次无泌水为止。每次吸水前 5min 应将筒底一侧垫高约 20mm，使筒倾斜，以便于吸水。吸水后将筒轻轻放平盖好。将每次吸出的水都注入带塞量筒，然后计算出总的泌水量，并计算泌水率。

$$B = V_w / \frac{(W/G)}{G_w} \times 100 \tag{2-3-37}$$

式中：B——泌水率(%)；

V_w——泌水总质量(g)；

W——混凝土拌和物用水量(g)；

G——混凝土拌和物的总质量(g)；

G_w——试样质量(g)。

(3)含气量和含气量 1h 经时变化量的测定。混凝土拌和物出机后取样进行含气量测定，并留样装入内表面用湿布湿润的容器中，加盖静置 1h，然后搅拌均匀后再采用气水混合式含气量测定仪测定含气量，计算出机时和 1h 后的含气量之差，即得到含气量经时变化量。

(4)凝结时间差测定。凝结时间采用贯入阻力仪测定，将混凝土拌和物用 5mm（圆孔筛），振动筛筛出砂浆，拌匀后装入上口径为 160mm，下口内径为 150mm，净高 150mm 刚性不渗水的金属圆筒，试样表面应略低于筒口约 10mm，用振动台振实约 3～5s，置于（20℃ ±2℃）的环境中，容器加盖。一般基准混凝土在成型后 3～4h，掺早强剂的在成型后 1～2h，掺缓凝剂的在成型后 4～6h 开始测定，以后每 0.5h 或 1h 测定一次，但在临近初、终凝时，可以缩短测定间隔时间。每次测点应避开前一次测孔，其净距为试针直径的 2 倍，但至少不小于 15mm，试针与容器边缘之间距离不小于 25mm，测定初凝时间用截面积为 $100mm^2$ 的试针，测定终凝时间用截面积为 $20mm^2$ 的试针。

测试时，将砂浆试筒置于贯入阻力仪上，试针端部与砂浆表面接触，然后在（10s ±2s）内均匀的使试针贯入砂浆（25mm ±2mm）深度。记录贯入阻力，精确至 10N，记录测量时间，精确至 1min，贯入阻力按下式计算：

$$R = \frac{P}{A} \tag{2-3-38}$$

式中：R——贯入阻力值(MPa)；

P——贯入深度达25mm时所需的净压力(N)；

A——试针截面积(mm^2)。

根据计算结果，以贯入阻力值为纵坐标，测试时间为横坐标，绘制贯入阻力值与时间的关系曲线，求出贯入阻力值为3.5Mpa时，对应时间为初凝时间；贯入阻力值为28Mpa时对应时间为终凝时间。

凝结时间差计算公式为：

$$\Delta T = T_t - T_c \tag{2-3-39}$$

式中：ΔT——凝结时间差(min)；

T_t——掺外加剂混凝土初凝或终凝时间(min)；

T_c——基准混凝土初凝或终凝时间(min)。

(5)抗压强度比。试验方法同普通混凝土，分别对掺外加剂的混凝土与基准混凝土测定其规定龄期的抗压强度并进行比较。

抗压强度比 =（掺外加剂混凝土抗压强度/基准混凝土抗压强度）×100%

复习思考题

一、单项选择题（每小题给出的四个选项中，只有一项符合题目要求。）

1. 立方体抗压强度标准值是混凝土抗压强度总体分布中的一个值，强度低于该值的概率不超过(　)。

A. 15%　B. 10%　C. 5%　D. 3%

2. 混凝土拌和物发生分层、离析，说明其(　)。

A. 黏聚性差　B. 保水性差　C. 流动性差　D. A + B + C

3. 欲制得道路水泥，需提高硅酸盐水泥熟料中(　)矿物的含量。

A. 硅酸三钙　B. 硅酸二钙　C. 铝酸三钙　D. 铁铝酸四钙

4. 欲配制严寒地区处在水位升降范围内的混凝土，应优先选用的水泥是(　)。

A. 普通水泥　B. 矿渣水泥　C. 火山灰水泥　D. 粉煤灰水泥

5. 普通混凝土标准试件经28d标准养护后测得抗压强度为30MPa，同时又测得同批混凝土水饱水后的抗压强度为28.9MPa，干燥状态测得抗压强度为32.5MPa，该混凝土的软化系数为(　)。

A. 0.89　B. 0.92　C. 0.96　D. 0.11

6. 以下工程适合使用硅酸盐水泥的是(　)。

A. 大体积的混凝土工程　B. 早期强度要求较高的工程

C. 耐热混凝土工程　D. 受化学及海水侵蚀的工程

7. 砂的细度模数与级配之间的关系是(　)。

A. 细度模数相同，级配一定相同　B. 细度模数相同，级配不一定相同

C. 细度模数相同，级配一定不同　D. 级配相同，细度模数不一定相同

8. 对有抗渗性要求的水泥混凝土，不得选用的水泥品种是(　)。

A. 普通硅酸盐水泥　B. 粉煤灰水泥

C. 矿渣水泥　　D. 硅酸盐水泥

9. 厚大体积混凝土结构不宜选用的水泥是(　)。

A. 硅酸盐水泥　　B. 粉煤灰水泥　　C. 火山灰水泥　　D. 矿渣水泥

10. 新拌混凝土坍落度小于(　),采用维勃稠度法测其和易性。

A. 20mm　　B. 15mm　　C. 10mm　　D. 5mm

11. 硅酸盐水泥中主要矿物成分不包括(　)。

A. 硅酸三钙　　B. 硅酸二钙　　C. 铝酸四钙　　D. 铁铝酸四钙

12. 为满足施工要求,水泥的初凝时间不宜太(　),终凝时间不宜太(　)。

A. 长,短　　B. 长,长　　C. 短,短　　D. 短,长

13. 水泥细度可用下列方法表示(　)。

A. 筛析法和试饼法　　B. 筒压法和比表面积法

C. 筛析法和比表面积法　　D. 试饼法和筒压法

14. 硅酸盐水泥的软水侵蚀属于(　)腐蚀类型。

A. 溶出性　　B. 挥发性　　C. 溶解性　　D. 膨胀性

15. 国家标准规定,硅酸盐水泥的终凝时间为(　)。

A. 不迟于 45 分钟　　B. 不早于 45 分钟　　C. 不迟于 6.5 小时　　D. 不迟于 10 小时

16. 对体积安定性不良的水泥,应做如下处理(　)。

A. 废品　　B. 降级使用　　C. 照常使用　　D. 重新检验水泥标号

17. 碱集料不必具备的条件是(　)。

A. 水泥中含超量的碱　　B. 充分的水

C. 集料中含有碱活性颗粒　　D. 合适的温度

18. 在完全水化的硅酸盐水泥石中,水化硅酸钙约占(　)。

A. 30%　　B. 70%　　C. 50%　　D. 90%

19. 高铝水泥适合用于(　)。

A. 高温高湿环境　　B. 长期承载结构

C. 大体积混凝土工程　　D. 临时抢修工程

20. 低温露天施工的混凝土工程,不宜选用(　)水泥。

A. 硅酸盐　　B. 粉煤灰　　C. 普通　　D. 高铝

21. 普通水泥体积安定性不良的原因之一是(　)。

A. 养护温度太高　　B. C3A 含量高　　C. 石膏掺量过多　　D. (a + b)

22. 当水泥中碱含量高时,与活性集料中所含的活性 SiO_2 会(　)。

A. 发生碱集料反应,使混凝土结构破坏

B. 发生反应生成水化产物,提高集料界面强度

C. 使混凝土密实度提高,强度增加

D. 引起混凝土收缩增大

23. 用负压筛检测水泥细度时,应将负压调节至(　)Pa。

A. 1 000 ~ 2 000　　B. 2 000 ~ 30 006　　C. 3 000 ~ 4 000　　D. 4 000 ~ 6 000

24. 水泥胶砂强度检验(ISO 法)水灰比为(　)。

A. 0.50　　B. 0.60　　C. 0.65　　D. 0.40

25. 水泥胶砂抗折强度试验取三条试件的平均值，如三个值中有超过平均值±(　)%时应将此值剔除。

A. ±5　　B. ±10　　C. ±15　　D. ±20

26. 一批水泥经检验(　)项不符合标准规定，故判定为废品。

A. 强度　　B. 初凝时间　　C. 终凝时间　　D. 细度

27. 完整的水泥混凝土配合比设计的正确步骤是(　)。

a. 根据设计强度等级计算配制强度；b. 根据和易性选定单位水泥用量；c. 计算水灰比并进行耐久性复核；d. 根据和易性选定单位用水量；e. 计算水泥用量并进行耐久性复核；f. 选定砂率；g. 计算砂石材料用量；h. 确定试验室配合比；i. 确定基准配合比；j. 根据现场砂石材料含水率计算施工配合比

A. acdefgihj　　B. abdcefgh　　C. badefgh

D. fgdeabch　　E. fagbcdeh

二、多项选择题

(每小题的备选项中，有两个或两个以上符合题目要求，选项全部正确得满分，部分正确按比例得分，出现错误选项该题不得分。)

1. 水泥细度可用下列方法表示(　)。

A. 筛析法　　B. 比表面积法　　C. 试饼法　　D. 筒压法

2. 影响水泥体积安定性的因素主要有(　)。

A. 熟料中氧化镁含量　　B. 熟料中硅酸三钙含量

C. 水泥的细度　　D. 水泥中三氧化硫含量

3. 水泥石的腐蚀包括(　)。

A. 溶析性侵蚀　　B. 硫酸盐的侵蚀　　C. 镁盐的侵蚀　　D. 碳酸的侵蚀

4. 水泥的活性混合材料包括(　)。

A. 石英砂　　B. 粒化高炉矿渣　　C. 粉煤灰　　D. 黏土

5. 混凝土拌和物的工作性选择可依据(　)。

A. 工程结构物的断面尺寸　　B. 钢筋配置的疏密程度

C. 捣实的机械类型　　D. 施工方法和施工水平

6. 下列水泥不能用于配制严寒地区处在水位升降范围内的混凝土的是(　)。

A. 普通水泥　　B. 矿渣水泥

C. 火山灰水泥　　D. 粉煤灰水泥

7. 混凝土配合比设计时必须按耐久性要求校核(　)。

A. 砂率　　B. 单位水泥用量

C. 浆集比　　D. 水灰比

8. 在混凝土中掺入(　)，对混凝土抗冻性有明显改善。

A. 引气剂　　B. 减水剂　　C. 缓凝剂　　D. 早强剂

9. 粉煤灰的技术指标包括(　)。

A. 细度　　B. 需水量比　　C. 烧失量　　D. 三氧化硫含量

10. 引起水泥安定性不良的原因是(　)。

A. $CaSO_4$ 过量　B. 游离 CaO 多　C. 游离 MgO 多　D. $Ca(OH)_2$ 过量

11. 测定水泥体积安定性时可采用（　）。

A. 沸煮法　B. 压蒸法　C. 滴定法　D. 燃烧法

12. 水泥混凝土配合比设计的基本要求包括（　）。

A. 强度　B. 和易性　C. 耐久性

D. 经济性　E. 安全性

13. 水泥混凝土抗压强度试验时，抗压强度代表值可能的结果为（　）。

A. 最大值　B. 最小值　C. 平均值　D. 中间值

14. 测定混凝土凝结时间的贯入阻力仪由（　）三个部分组成。

A. 加荷装置　B. 测针　C. 砂浆试样筒

D. 标准筛　E. 维卡仪　F. 跳桌

15. 混凝土抗折试件的（标准和非标准规格为（　）。

A. 150×150×550(mm)　B. 100×100×400(mm)

C. 150×150×600(mm)　D. 100×100×600(mm)

16. 进行水泥混凝土配合比设计时，最基本的“三大参数”是（　）。

A. 水灰比　B. 坍落度　C. 砂率

D. 空隙率　E. 用水量　F. 含气量

17. 配制公路桥涵高强度混凝土的要求是（　）。

A. 水胶比 0.24～0.38　B.（水泥+掺和料）不大于 550～600kg/m^3

C. 砂率（40～45）%　D. 坍落度（220～250）mm

18.《公路工程水泥混凝土试验规程》中推荐的混凝土强度快速试验方法为（　）。

A. 1h 促凝蒸压法　B. 4h 压蒸养护法

C. 3d 强度推算法　D. 80℃沸水法

19. 硅酸盐水泥的凝结硬化分为（　）三个阶段。

A. 潜化期（诱导期）　B. 凝结期

C. 稳定期　D. 硬化期

20. 生产硅酸盐水泥熟料的主要原料有（　）三种。

A. 石灰石　B. 花岗石　C. 黏土

D. 铁矿石（粉）　E. 白云石

21. 混凝土减水剂的技术指标包括（　）等二个方面。

A. 掺外加剂混凝土性能指标　B. 匀质性指标

C. 抗冻性指标　D. 抗渗性指标

22. 采用标准养护的混凝土试件应符合（　）条件。

A. 在温度为 20℃±5℃环境中静置 1～2 昼夜

B. 拆摸后放入温度 20℃±2℃，相对湿度 95% 以上标养室中

C. 或放在温度 20℃±2℃的不流动的 $Ca(OH)_2$ 饱和溶液中

D. 经常用水直接冲淋其表面以保持湿润

23. 公路水泥混凝土路面配合比设计在兼顾经济性的同时，应满足（　）等三项技术要求。

A. 弯拉强度　　B. 抗压强度　　C. 工作性
D. 耐久性　　E. 抗拉拔力

三、判断题

（判断下列说法是否正确，若正确在括号内划"√"，错误划"×"。）

1. 石料的孔隙率是石料的孔隙体积占其实体体积的百分率。（　）
2. 石料的坚固性是采用快速冻融法来测定的。（　）
3. 硅酸盐水泥中 C_2S 早期强度低，后期强度高，而 C_3S 正好相反。（　）
4. 硅酸盐水泥中含有氧化钙、氧化镁及过多的石膏，都会造成水泥的体积安定性不良。（　）
5. 用沸煮法可以全面检验硅酸盐水泥的体积安定性是否良好。（　）
6. 按规范规定，硅酸盐水泥的初凝时间不迟于45min。（　）
7. 水泥是水硬性胶凝材料，所以在运输和贮存中不怕受潮。（　）
8. 硅酸盐水泥的细度越细越好。（　）
9. 用粒化高炉矿渣加入少量石膏共同磨细，即可制得矿渣硅酸盐水泥。（　）
10. 两种砂子的细度模数相同，它们的级配不一定相同。（　）
11. 混凝土用砂的细度模数越大，则该砂的级配越好。（　）
12. 在现场混凝土施工中，保持集料总用量不变的情况下降低砂率值，可增大拌和物的流动性。（　）
13. 卵石混凝土比同条件配合比拌制的碎石混凝土的流动性好，但强度则低一些。（　）
14. 流动性大的混凝土比流动性小的混凝土强度低一些。（　）
15. 普通混凝土的强度与其水灰比成线性关系。（　）
16. 在混凝土中掺入引气剂，则混凝土密实度降低，因而其抗冻性亦降低。（　）
17. 混凝土施工配合比和试验室配合比两者的水灰比相同。（　）
18. 混凝土外加剂是一种能使混凝土强度大幅度提高的填充料。（　）
19. 在混凝土施工中，统计得出混凝土强度标准差越大，则表明混凝土生产质量越不稳定，施工水平越差。（　）
20. 普通混凝土的弹性模量是割线弹性模量，而不是切线弹性模量。（　）
21. 压蒸法能检验水泥中石膏对水泥体积安定性的影响。（　）
22. 采用筛分法对水泥细度进行检验时，0.08mm 通过率必须大于95% 方为合格。（　）
23. 水泥混凝土流动性过低时，可加入适量的水以改善。（　）
24. 高速公路路面混凝土用水泥的铝酸三钙含量不宜大于7%。（　）
25. 混凝土抗压强度试件以边长150mm 的正立方体为标准试件，其集料最大粒径为40mm。（　）
26. 为满足公路桥涵混凝土耐久性的需要，在配合比设计时应从最大水灰比和最小水泥用量两个方面加以限制。（　）
27. 有抗冻要求的桥涵混凝土工程，不得掺入引气剂，以免增加混凝土中含气量。（　）
28. 冬期施工，混凝土拌和物的出机温度不宜低于10℃。（　）
29. 混凝土中掺入粉煤灰可以节约水泥，但不能改善混凝土的其他性能。（　）

30. 混凝土外加剂是在混凝土拌制过程中掺入用以改善混凝土性质的物质，除特殊情况外，掺量不大于水泥质量的5%。　(　)

31. 凡细度、终凝时间、不溶物和烧失量中任一项不符合标准规定时，称为废品水泥。　(　)

四、问答题

1. 简述水泥胶砂强度试验全过程。
2. 简述水泥凝结时间试验的操作步骤。
3. 简述水泥混凝土和易性试验方法。
4. 简述水泥混凝土抗折强度的试验步骤及数据处理方法。

第四章 沥青及沥青混合料

主要内容:

本章主要介绍沥青及沥青混合料的技术性质、技术要求、试验检测方法及数据处理方法。

第一节 沥青材料

复习要点:

1. 沥青材料的分类、沥青的组分;沥青黏滞性含义,针入度含义及两者之间的关系;软化点的含义及与黏滞性之间的关系;延度的含义;现行试验规程评价沥青老化性能的方法、试验目的及适用范围;沥青蜡含量试验的操作过程;沥青黏温曲线的作用,动态剪切流变仪法及弯曲梁流变仪法的试验目的及适用范围;沥青与矿料黏附性的影响因素;沥青标号的概念及不同等级沥青的适用范围;液体石油沥青、乳化沥青及改性沥青的定义及应用目的。

2. 沥青针入度试验结果的影响因素,针入度与沥青标号之间的关系,针入度指数的含义;影响软化点试验结果的因素;影响延度试验结果的因素;老化后沥青三大指标的变化规律,薄膜烘箱及旋转薄膜烘箱试验的操作方法及要求,沥青老化性能的评价方法;沥青密度试验方法与步骤;蜡对沥青路用性能的影响;蜡含量试验过程中各种化学试剂的性质及在试验中的作用;黏温曲线试验方法,动态剪切模量与相位角的定义;粗细集料两种黏附性试验方法,试验结果的评定方法及黏附性等级的划分;沥青标号的划分依据及沥青标号的选择;液体石油沥青的掺配,沥青改性的常用方法,SBS 改性沥青的特点,乳化沥青的乳化机理。

3. 沥青适用性气候分区原则、分区方法及沥青标号的选择方法;沥青针入度试验操作方法及试验结果的影响因素,针入度指数计算方法;软化点试验操作方法及试验过程中应注意的问题;延度试验的操作方法;沥青老化试验(TFOT 及 RTFOT)方法;沥青密度试验方法与计算;沥青与矿料黏附性试验水煮法与水浸法的操作步骤;道路石油沥青技术要求;SBS 改性沥青技术要求。

一、沥青材料基本概念

沥青按其在自然界中获得的方式,可分为地沥青和焦油沥青两大类(图 2-4-1)。地沥青按其产源可分为天然沥青和石油沥青。焦油沥青根据其加工的有机物名称而命名。

沥青组分就是将沥青的化学成分分离为化学性质相近,而且与其路用性质有一定联系的几个组。根据组分划分方法可分为三组分、四组分及五组分。

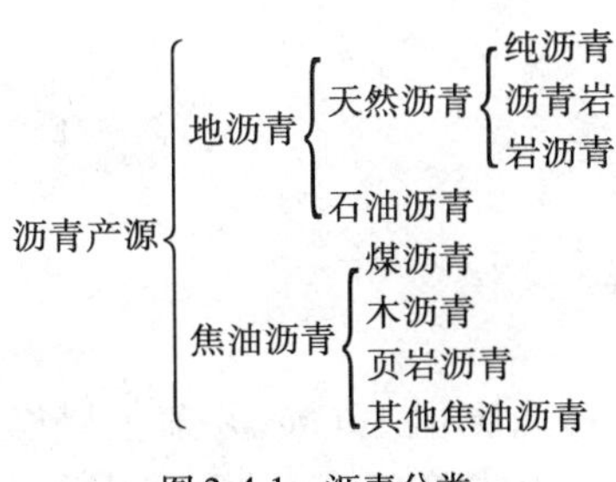

图 2-4-1　沥青分类

①能较好地反映影响沥青及沥青混合料路用性能的气候要素；

②要素本身应具有相对的独立性。造成沥青路面的永久变形、低温缩裂、疲劳龟裂及加速老化的因素很多，气候是最主要的外在因素。

以下为沥青适用性气候分区原则、分区方法及沥青标号的选择方法。

(1)为能更好地进行沥青及沥青混合料路用性能的气候区划工作，在选取气候要素时，本着两个原则：

①能较好地反映影响沥青及沥青混合料路用性能的气候要素；

②要素本身应具有相对的独立性。造成沥青路面的永久变形、低温缩裂、疲劳龟裂及加速老化的因素很多，气候是最主要的外在因素。

(2)区划指标。

①车辙变形主要在高温期间产生，反映高温指标主要是为了评价夏季车辙变形的危害程度。由于车辙形成的机理主要是：沥青混凝土的侧向流动变形，在高温条件下车轮碾压的反复作用使流动变形不断累积形成车辙，因此高温车辙问题与 7 月平均最高温度联系最密切、最直观。为此选 7 月平均最高温度作为第一个要素，≥25℃积温可以作为一个辅助参考值。

②横向裂缝主要是由于降温及温度循环反复作用在路面沥青层产生温度收缩裂缝，及由于半刚性基层收缩开裂产生的反射性裂缝。最低温度、温降速率、负积温等是影响温度对沥青路面温缩裂缝的要素。

③沥青路面的水损害不仅与雨量有密切联系，而且与降雨天数有关。根据实际情况，选用年降水量作为三级指标，以≥10mm 的降雨天数作为参考。

这三个设计指标的求法如下：

①7 月平均最高气温：先求每年 7 月份每一天下午 2 时的温度(一天的最高温度)的平均值作为一年的 7 月平均最高温度，再求取 30 年的 7 月平均最高温度的平均值，将其作为设计的 7 月平均最高温度。即相当于以 30 年作为设计周期，概率为 50%。

②极端最低气温：先求每一年的极端最低气温，再求取 30 年的极端最低气温的最小值，将其作为设计的极端最低气温。即相当于 30 年一遇的概率。

③年降水量是指 30 年的年降水量平均值，将其作为设计的年降水量。即相当于以 30 年作为设计周期，概率为 50%。

(3)选择沥青标号应根据项目所在地气候及交通条件进行选择。

二、沥青的技术性质

1. 沥青针入度

沥青黏滞性是指沥青材料在外力的作用下沥青粒子产生相互位移时的抵抗变形能力，常用黏度来表示。针入度是一种条件黏度。

1)影响针入度试验的条件

(1)试验人员的素质；

(2)温度控制的精度；

(3)针入度仪的质量；

(4)针入度试样的灌制及保温时间是否符合要求等。

2)针入度试验方法

在试验前，将试样放入盛样皿，试样高度应超过预计针入度值10mm，并盖上盛样皿，以防落入灰尘。将盛有沥青试样的盛样皿在室温中(15～30℃)按规定冷却一段时间后，移入温度控制精度为±0.1℃的恒温水浴中一段时间。

调整针入度仪，使之水平。检查连杆与导轨，以确保无水及其他外来物，无明显摩擦。用三氯乙烯或其他溶剂清洗标准针并擦干。将标准针插入连杆固定，按实验条件加上砝码。

将试样放入针入度仪恒温水浴中，通过反光镜或其他措施，调节针尖使其刚好与试样表面接触，将度盘或数显位移计调零。

启动按钮或释放键，开始计时，5s后停止。读取位移计或度盘读数，精确到0.1m。同一样品至少三次平行试验。三次试验结果误差必须满足规定要求。

针入度指数是通过测定沥青在不同温度下的针入度值，建立针入度常用对数与温度的线性关系式后，计算得出的一种评价沥青感温性的指标。此外亦可作为沥青胶体结构类型的判别依据。

3)PI值的计算方法及试验方法

测定3个或3个温度以上的针入度(5个)。

对不同温度条件下的针入度值取对数，作针入度对数与温度的直线关系图。此时应注意，点的选取应本着实事求是的态度，不要剔除偏差大的点而选择符合线性要求的点，同时应注意直线回归的相关系数大于0.997。

$$\text{针入度指数 PI} = \frac{(20 - 500A)}{(1 + 50A)} \tag{2-4-1}$$

式中：A——针入度对数与温度关系曲线的斜率。

2.软化点

软化点是沥青达到规定条件黏度时的温度，取液化点与固化点之间温度间隔的87.21%作为软化点；软化点既是反映沥青材料热稳定性的一个指标，也是沥青黏度的一种量度。

沥青软化点试验结果与试样的预处理方法、温度场的均匀性及升温速率密切相关。

软化点试验方法：

沥青的软化点试验是试样在规定尺寸的金属环内，上置规定尺寸和质量的钢球，放于水(或甘油)中，以(5±0.5)℃/min的速度加热，待钢球下沉达规定距离(25.4mm)时的温度，以℃表示。

试验前，先将试样环置于涂有甘油滑石粉隔离剂的试样底板上，将准备好的沥青试样徐徐注入试样环角至略高出环面为止。估计试样软化点高于120℃，则试样环和试样底板(不用玻璃板)均应预热至80～100℃。试样在室温冷却30min后，用环夹夹着试样环，并用热刮刀刮除环面上的试样，使其与环面齐平。

若试样软化点在80℃以下，则按以下步骤进行软化点试验：

将装有试样的试样环连同试样底板置于装有(5±0.5)℃冷水的保温槽中至少15min；同时将金属支架、钢球、钢球定位环等亦置于相同水槽中。烧杯内注入新煮沸并冷却至5℃的蒸馏水,水面略微低于立杆上的深度标记。从保温槽水中取出盛有试样的试样环放置在支架中层板的圆孔中,套上定位环;然后将整个环架放入烧杯中,调整水面至深度标记,并保持水温为(5±0.5)℃。注意,环架上任何部分不得附有气泡。将0~80℃的温度计由上层板中心孔垂直插入,使端部测温头底部与试样环下面齐平。

将盛有水和环架的烧杯移至放有石棉网的加热炉具上,然后将钢球放在定位环中间的试样中央,立即加热,使杯中水温在3min内调节为维持每分钟上升(5±0.5)℃。注意,在加热过程中,如温度上升速度超出此范围,则试验应重做。试样受热软化逐渐下坠,待与下层底板表面接触时,立即读取温度值,精确至0.5℃。

若试样软化点在80℃以上,则按以下步骤进行软化点试验:

将装有试样的试样环连同试样底板置于装有(32±1)℃甘油的保温槽中至少15min;同时将金属支架、钢球、钢球定位环等亦置于甘油中。在烧杯内注入预先加热至32℃的甘油,其液面略低于立杆上的深度标记。从保温槽中取出装有试样的试样环,按上面的方法进行测定,读取温度至1℃。

同一试样平行试验两次,当两次测定值的差值符合重复性试验精度要求时,取其平均值作为软化点试验结果,准确至0.5℃。

当试样软化点小于80℃时,重复性试验精度的允许差为1℃,再现性试验精度允许差为4℃。当试验软化点等于或大于80℃时,重复性试验精度允许差为2℃,再现性试验精度的允许差为8℃。

3.沥青延度

沥青的延度是当其受到外力的拉伸作用时,所能承受的塑性变形的总能力。

影响延度试验的条件:温度控制的精度,延度仪的质量及延度模灌制时的保温时间是否符合要求等。

延度试验的操作方法:

试验前,先要将隔离剂拌和均匀,涂于清洁干燥的试模底板和两个侧模的内侧表面,并将试模在试模底板上装妥。将沥青试样仔细地自试模的一端至另一端往返几次缓缓注入模中,最后略高出试模,灌模时应注意勿使气泡混入。试件在室温中冷却30~40min,然后置于规定试验温度±0.1℃的恒温水浴中,保持30min后取出,用热刮刀刮除高出试模的沥青,使沥青面与试模面齐平。沥青的刮法应自试模的中间刮向两端,且表面平滑。将试模连同底板再浸入规定试验温度的水浴中1~1.5h。检查延度仪延伸速度是否符合规定要求,然后移动滑板使其指针正对标尺的零点。将延度仪注水,并保温达试验温度±0.5℃。

然后开始延度试验:

将保温后的试件连同底板移入延度仪的水槽中,然后将盛有试样的试模自玻璃板或不锈钢板上取下,将试模两端的孔分别套在滑板及槽端固定板的金属柱上,并取下侧模。水面距试件表面应不小于25mm。开动延度仪,并注意观察试样的延伸情况。此时应注意,在试验过程中,水温应始终保持在试验温度规定范围内,且仪器不得有振动,水面不得有晃动。当水槽采用循环水时,应暂时中断循环,停止水流。水与沥青必须保持在相同比重,因为要防止延长沥青试样的浮沉。在试验中,如发现沥青细丝浮于水面或沉入槽底时,应加盐以增加水的比重,或加酒精以减少水的比重,调整水的密度至与试样相近后,重新试验。试件拉断时,读取指针所指标尺上的读数,以cm表示。在正常情况下,试件延伸时应成锥尖状,拉断时实际断面接近于零。如不能得到这种结果，则应在报告中注明。

同一试样，每次平行试验不少于 3 个，如 3 个测定结果均大于 100cm，试验结果记作 >100cm；特殊需要时也可以分别记录实测值。若 3 个测定结果中，有 1 个以上的测定值小于 100cm 时，且最大值或最小值与平均值之差满足重复性试验精度要求，则取 3 个测定结果的平均值的整数作为延度试验结果；若平均值大于 100cm，记作 >100cm；若最大值或最小值与平均值之差不符合重复性试验精度要求时，试验应重新进行。

当试验结果小于 100cm 时，重复性试验精度的允许差为平均值的 20%；再现性试验精度的允许差为平均值的 30%。

4. 沥青的老化性

沥青在各种环境因素，如受热、阳光、大气、水的作用下，由于产生缩聚反应，分子量增大（组分移行）而致使沥青路用性能逐渐变差的过程叫沥青的老化。

现在通行的评价沥青在拌和过程中热老化程度的试验方法，是薄膜加热试验（简称 TFOT）及旋转薄膜加热试验（简称 RTFOT）。

老化后的沥青针入度变小，软化点升高，延度减小。

当在拌和装置中与热矿质集料拌和时，沥青结合料承受了短期的老化。而沥青路面在承受环境和其他因素的服务寿命中，则持续承受长期老化。我们现在使用蒸发损失试验和薄膜烘箱试验来估计热拌沥青混合料拌和装置中发生的短期老化。将加热后的试样按规定方法进行针入度或延度、软化点等各项薄膜加热试验后残留物的相应试验，据此评价沥青的抗老化性能。

1）薄膜烘箱试验

薄膜加热试验后的性质与沥青在拌和机中加热拌和后的性质有很好的相关性。沥青在薄膜加热试验后的性质，相当于在 150℃ 拌和机中拌和 1.0～1.5min 后的性质。

沥青薄膜加热试验是在一个平底圆盘（内径 139.7mm，深 9.5mm）中放置 50g 试样沥青胶结料（厚度 3.2mm），试样在规定温度条件下，经规定时间加热，测定试验前后沥青质量和性质变化的试验。未经注明，加热温度为 163℃，受热时间为 5h。本方法适用于测定道路石油沥青薄膜加热后的质量损失，并根据需要测定薄膜加热后残留物的针入度、黏度、软化点、脆点及延度等性质的变化，以评定沥青的耐老化性能。

2）旋转薄膜烘箱试验

为 ASTM D2872 所用的旋转薄膜烘箱试验（RTFOT）。将规定数量沥青胶结料倒入置于温度保持在 163℃ 烘箱中架子上的瓶中，架子按规定速度围绕一水平轴旋转，旋转着的瓶不断将新鲜沥青暴露，试样瓶在每一次旋转中都经过喷气净化。

RTFOT 可达到 TFOT 大约同样程度的硬化（老化），但花费时间较少，它还可供给比 TFOT 更多数量的试样。美国使用从这种试验获得的沥青胶结料老化残留物（AR）的黏度来对沥青胶结料进行分级。

RTFOT 方法服务于两个目的，其一是提供已经老化的沥青结合料，用它来对物理性能做进一步试验；其二是确定沥青在生产过程中挥发的质量损失。挥发质量损失是可能发生于拌和和施工操作过程中沥青老化的指标。有些沥青在 RTFOT 方法中因氧化物的生成甚至还增加重量。RTFOT 将沥青新鲜薄膜不断暴露于热和气流中。在某些情况下，滚动作用保持改性剂（如聚合物）在沥青中扩散。

RTFOT 试验的烘箱有一个圆形的垂直支架,支架支持试样瓶并绕其中心转动。当其在支架中旋转到最低位置时,气嘴将空气吹入每一试样瓶。RTFOT 烘箱在使用前必须预热到163℃的老化温度最少16h,且应设置恒温器,以便在试样瓶安置好箱门关闭后使烘箱在10min内回升到这一温度。

为准备 RTFOT 老化,结合料试样加热成液体,但不超过150℃,RTFO 瓶均加入35g 结合料。结合料试验要求用8个样品瓶,两个瓶作为测定质量损失,6个瓶作为进一步试验。这两个质量损失试样瓶称量精确到0.001g。

试样瓶安装于支架中,按15r/min 的速度旋转,空气流设定为(4000±200)mL/min,试样瓶在这样的条件下维持85min。

老化之后,将装有质量损失样品的两个瓶冷却并称量(精确到0.001g)后废弃试样。将其余瓶的剩余物倒入一容器,并搅动均匀。按照试验规程,RTFOT 的剩余物应当从被涂覆的瓶中倒出,而不是刮除,然而这是一个需要进一步研究的问题。对改性冷却而言,为保证取去足够材料又获得均匀试样,刮除通常是需要的。然后将 RTFOT 老化结合料用于动力剪切流变仪(DSR)试验,并转移入盘进行进一步老化,或相同比例地装入小容器作进一步使用。

5. *沥青密度*

沥青密度试验方法:

用比重瓶法确定沥青胶结料比重。由于比重随温度变化,因此试验结果用试验沥青胶结料与水在给定温度的比重来表示。

试验前,先用洗液、水、蒸馏水先后仔细洗涤比重瓶,然后烘干称其质量(m_1),准确至1mg。将盛有新煮沸并冷却的蒸馏水的烧杯浸入恒温水浴中一同保温,在烧杯中插入温度计,水的深度必须超过比重瓶顶部40mm 以上。使恒温水浴及烧杯中的蒸馏水达规定的试验温度±0.1℃。

然后测定比重瓶水值:

将比重瓶及瓶塞放入恒温水浴中,烧杯底浸没水中深度应不少于100mm,烧杯口露出水面,并用夹具将其固定。待烧杯中水温再次达规定温度并保温30min 后,将瓶塞塞入瓶口,使多余的水由瓶塞上的毛细孔中挤出。注意,比重瓶内不得有气泡。将烧杯从水浴中取出,再从烧杯中取出比重瓶,立即用干净软布将瓶塞顶部擦拭一次,再迅速擦干比重瓶外面的水分,称其质量(m_2),准确至1mg。注意,瓶塞顶部只能擦拭一次,即使由于膨胀瓶塞上有小水滴也不能再擦拭。以 m_2-m_1 作为试验温度时比重瓶的水位。这里要注意的是,比重瓶的水值应经常校正,一般每年至少进行一次。

对液体沥青试样的试验步骤如下:

将试样过筛(0.6mm)后注入干燥比重瓶中至满,注意不要混入气泡。将盛有试样的比重瓶及瓶塞移入恒温水浴(测定温度±0.1℃)内盛有水的烧杯中,水面应在瓶口下约40mm。注意勿使水浸入瓶内。从烧杯内的水温达到要求的温度后起算,保温30min 后将瓶塞塞上,使多余的试样由瓶塞的毛细孔中挤出。仔细用蘸有三氯乙烯的棉花擦净孔口挤出的试样,并注意保持孔中充满试样。从水中取出比重瓶,立即用干净软布仔细地擦去瓶外的水分或黏附的试样(注意不得再擦孔口)后,称其质量(m_3),准确至1mg。

对黏稠沥青试样的试验步骤如下:

将准备好的沥青试样,仔细注入比重瓶中,约至2/3 高度。注意勿使试样黏附瓶口或上方瓶壁，并防止混入气泡。取出盛有试样的比重瓶，移入干燥器中，在室温下冷却不少于1h，连同瓶塞称其质量(m_4)，准确至1mg。从水浴中取出盛有蒸馏水的烧杯，将蒸馏水注入比重瓶，再放入烧杯中(瓶塞也放进烧杯中)。然后把烧杯放回已达试验温度的恒温水槽中，从烧杯中的水温达到规定温度时起算保温3min后，使比重瓶中气泡上升到水面，用细针挑除。保温至水的体积不再变化为止。待确认比重瓶已经恒温且无气泡后，再用保温在规定温度水中的瓶塞塞紧，使多余的水从塞孔中溢出，此时应注意不得带入气泡。保温30min后，取出比重瓶，按前述方法迅速擦干瓶外水分后称其质量(m_5)，准确至1mg。

对固体沥青试样的试验步骤如下：

试验前，若试样表面潮湿，可用干燥、清洁的空气吹干，或置50℃烘箱中烘干。将50～100g试样打碎，过0.6mm及2.36mm筛。取0.6～2.36mm的粉碎试样不少于5g放入清洁、干燥的比重瓶中，塞紧瓶塞后称其质量(m_6)，准确至1mg。取下瓶塞，将恒温水浴内烧杯中的蒸馏水注入比重瓶，水面高于试样约10mm，同时加入几滴表面活性剂溶液(如1%洗衣粉、洗涤灵)，并摇动比重瓶使大部分试样沉入水底，必须使试样颗粒表面上所附气泡逸出。注意，摇动时勿使试样摇出瓶外。取下瓶塞，将盛有试样和蒸馏水的比重瓶置于真空干燥箱(器)中抽真空，逐渐达到真空度98kPa(735mmHg)不少于15min。若比重瓶试样表面仍有气泡，可再加几滴表面活性剂溶液，摇动后再抽真空。必要时，可反复几次操作，直至无气泡为止。但要注意，抽真空不宜过快，防止样品带出比重瓶。将保温烧杯中的蒸馏水再注入比重瓶中至满，轻轻地塞好瓶塞，再将带塞的比重瓶放入盛有蒸馏水的烧杯中，并塞紧瓶塞。将有比重瓶的盛水烧杯再置恒温水浴(试验温度±0.1℃)中保持至少30min后，取出比重瓶，迅速擦干瓶外水分后称其质量(m_7)，准确至1mg。

试验温度下液体沥青试样的密度按下式计算：

$$\rho_b = (m_3 - m_1)/(m_2 - m_1) \times \rho_w \tag{2-4-2}$$

试验温度下黏稠沥青试样的密度按下式计算：

$$\rho_b = (m_4 - m_1)/[(m_2 - m_1) - (m_5 - m_4)] \times \rho_w \tag{2-4-3}$$

试验温度下固体沥青试样的密度按下式计算：

$$\rho_b = (m_6 - m_1)/[(m_2 - m_1) - (m_7 - m_6)] \times \rho_w \tag{2-4-4}$$

式中：ρ_w——试验温度下水的密度。

6. 沥青蜡含量

1)沥青蜡含量试验方法

国外现有的石油沥青含蜡量测定方法主要有：

(1)裂解蒸馏法，如德国DIN 52015法及我国方法JTJ 0615—2000(与SH/T 0425—2003同)、日本JPI法、罗马尼亚STAS 8098—88法；

(2)吸附法，如前苏联TOCT 17789—72法、美国UOP法；

(3)磺化法，如法国LCPC法NFT 66015；

(4)色谱法。

在这里，主要介绍我国试验规程中的试验方法。

含蜡量试验前，先在蒸馏瓶中称取沥青试详质量(m_b)(50±1)g，准确至0.1g，并将瓶塞塞紧，用锥形瓶做接受器，装在盛有冰水的烧杯中。当用高温电炉时，将盛有试样的蒸馏瓶置已恒温(550±10)℃的电炉中，并迅速将瓶颈固定在铁架的弹簧支架上，蒸馏瓶支管与置于冰水中的锥形瓶连接。当用燃气炉时，调节火焰高度将蒸馏瓶周围包住。

调节加热强度（即调节蒸馏瓶至高温炉间距离或燃气炉火焰大小），使从加热开始起5~8min内开始初馏（支管端口流出第一滴馏分）。其后以每秒2滴（4~5mL/min）的流出速度继续蒸馏至无馏出油为止，然后在1min内将蒸馏瓶底烧红（即瓶内蒸馏残留物焦化）。全部蒸馏过程必须在25min内完成。蒸馏后支管中残留的馏出油应流入接受器中。将盛有馏出油的锥形瓶从冰水中取出，擦干瓶外水分，在室温下冷却称其质量，得到馏出油总质量（m_1），准确至0.05g。将锥形瓶中的馏出油加热熔化，并搅拌均匀。加热时温度不要太高，避免有蒸发损失。然后将熔化的馏出油注入另一已知质量的锥形瓶（250mL）中，称取用于脱蜡的馏出油质量1~3g（m_2），准确至1mg，其数量需使其冷冻过滤后能得到0.05~0.1g蜡，但取样量不得超过10g。

将冷却过滤装置装妥，并将吸滤瓶支管用橡胶管与水流泵（或真空泵）及U形水银柱压力计连接起来。向冷浴中注入适量冷液（工业酒精），待其液面比试样冷却筒内液面（乙醚—乙醇）高70mm以上，便向冷浴内加干冰不致溅入试样冷却筒内。用适当工具搅拌冷液，使之保持温度（-20±0.5）℃；也可取低温水槽作冷浴，冷液可采用1:1甲醇水溶液，低温水槽应能自动控温到（-20±0.5）℃。

向盛有馏出油的锥形瓶注入10mL乙醚，使其充分溶解，然后注入试样冷却筒中，再用15mL乙醚分两次清洗盛油的锥形瓶，并将清洗液倒入试样冷却筒中。将25mL乙醇注入试样冷却筒内与乙醚充分混合均匀。从加入乙醚时间开始，冷却1h，使蜡充分结晶析出。预先在另一锥形瓶或试管（50mL）中量取50mL乙醚—乙醇（1:1）混合液，使其冷却至-20℃，至少恒冷15min以后再使用。

当试样冷却筒中溶液冷却结晶后，拔起其中的塞子，过滤结晶析出的蜡，并将塞子用适当方法吊在试样冷却筒中，保持自然过滤30min。当砂芯过滤漏斗内看不到液体时，启动水流泵（或真空泵），调节U形水银柱压力计真空度，使滤液的过滤速度为每秒1滴左右，抽滤至无液体滴落，然后小心地关闭水流泵（或真空泵），使压力计恢复常压。再将已冷却的乙醚—乙醇混合液一次加入30mL，洗涤蜡层，并清洗塞子及试样冷却筒内壁。继续过滤，当溶剂在蜡层上看不见时，继续抽滤5min，将蜡中的溶液抽干，以除去蜡中的溶液。

从冷浴中取出试样冷却过滤装置，取下吸滤瓶，将其中溶液倾入一回收瓶中。吸滤瓶也用乙醚—乙醇混合液洗3次，每次用10~15mL，洗液倒入回收瓶中。将试样冷却筒、塞子及吸滤瓶重新装好，再用30mL已预热至50~60℃的石油醚清洗试样冷却筒及塞子，拔起塞子使溶液流至过滤漏斗。待漏斗中无溶液后，再用热石油醚溶解漏斗中的蜡2次，每次用量35mL，然后立即用水流泵（或真空泵）吸滤，至无液滴洒落。将吸滤瓶中蜡溶液倾入已称质量的锥形瓶中，并用常温石油醚分3次清洗吸滤瓶，每次用量5~10mL。将洗液倒入锥形瓶的蜡溶液中。

将盛有蜡溶液的锥形瓶放在适宜的热源上，回收溶剂或使溶剂蒸发完全。然后将锥形瓶置于温度为（105±5）℃烘箱中除去石油醚。然后放入真空干燥箱（105℃±5℃，残压21~35kPa）中1h，再置于干燥器中冷却1h后称其质量，得到析出蜡的质量m_w，准确至0.1mg。

同一沥青试样蒸馏后，从馏出油中取3个试样进行试验。

2）蜡对沥青路用性能的影响。

（1）蜡在高温时融化，使沥青黏度降低，影响高温稳定性，增大温度敏感性。

（2）蜡使沥青与集料的亲和力变小，影响沥青的黏结力与抗水剥离性。

（3）蜡在低温时结晶析出，分散在其他各组分之间，减小了分子间的紧密联系，当蜡结晶的大小超过胶束的界限时，便以不均相的悬浮状态存在于沥青中，蜡相当于沥青中的杂质，使沥青的极限拉伸应变和延度变小，容易造成低温发脆、开裂。

(4)减小了低温时的应力松弛性能，使沥青的收缩应力迅速增加而容易开裂。

(5)低温时的流变指数增加，复合流动劲度减小，时间感应性增加。

(6)蜡的结晶及融化使一些测定指标出现假相，使沥青的性质发生突变，使沥青性质在这一温度区的变化不连续。

7. 沥青旋转黏度试验(布洛克菲尔德黏度计法)

(1)目的与适用范围

①本方法适用于采用布洛克菲尔德黏度计(brook field，简称布氏黏度计)旋转法测定道路沥青在45℃以上温度范围内的表观黏度，以帕秒(Pa·s)计。

②本方法测定的不同温度的黏温曲线，用于确定各种沥青混合料的拌和温度和压实温度。

(2)试验步骤

①按《公路工程沥青及沥青混合料试验规程》T 0602 的方法准备沥青试样，分装在盛样容器中，在烘箱中加热至软化点以上 100℃左右保温 30 ~ 60min 备用。对改性沥青尤应注意去除气泡。

②仪器在安装时必须调至水平。使用前应检查仪器的水准器气泡是否对中。开启黏度计温度控制器电源，设定温度控制系统至要求的试验温度：此系统的控温准确度应在使用前严格标定。

③根据估计的沥青黏度，按仪器说明书规定的不同型号的转子所适用的速率和黏度范围，选择适宜的转子。

④取出沥青盛样容器，适当搅拌，按转子型号所要求的体积向黏度计的盛样筒中添加沥青试样，根据试样的密度换算成质量。加入沥青试样后的液面应符合不同型号转子的规定要求，试样体积应与系统标定时的标准体积一致。

⑤将转子与盛样筒一起置于已控温至试验温度的烘箱中保温，维持 1.5h，当试验温度较低时，可将盛祥筒试样适当放冷至稍低于试验温度后再放入烘箱中保温。

⑥取出转子和盛样筒安装在黏度计上，降低黏度计，使转子插进盛样筒的沥青液面中，至规定的高度。

⑦使沥青试样在恒温容器中保温，达到试验所需的平衡温度(不少于 15min)。

⑧按仪器说明书的要求选择转子速率，例如在 135 ℃测定时，对 RV，HA，HB 型黏度计可采用 20r/min，对 LV 型黏度计可采用 12r/min，在 60℃测定可选用 0.5r/min 等。开动布洛克菲尔德旋转黏度计，观察读数，扭矩读数应在 10% ~98% 范围内，在整个测量黏度过程中，不得改变设定的转速。仪器在测定前是否需要归零。可按操作说明书规定进行。

⑨观测黏度变化，当小数点后面 2 位读数稳定后，在每个试验温度下，每隔 60s 读数一次，连续读数 3 次，以 3 次读数的平均值作为测定值。

⑩对每个要求的试验温度，重复以上过程进行试验，试验温度宜从低到高进行，盛样筒和转子的恒温时间应不小于 1.5h。

⑪如果在试验温度下的扭矩读数不在 10% ~98% 的范围内，必须更换转子或降低转子转速后重新试验。

⑫利用布洛克菲尔德旋转黏度计测定不同温度的表观黏度，绘制黏温曲线一般可采用

135℃和175℃的表观黏度，根据需要也可以采用其他温度。

8. 沥青动力黏度试验(真空减压毛细管法)

(1)目的与适用范围

本方法适用于采用真空减压毛细管黏度计测定黏稠石油沥青的动力黏度。非经注明，试验温度为60℃，真空度为40kPa。

(2)仪具与材料技术要求

①真空减压毛细管黏度计：一组3支毛细管，通常采用美国沥青学会式即AI式毛细管，也可采用坎农曼宁式即C M式或改进坎培式即MK式毛细管测定。

②温度计：量程50～100℃，分度值0.1℃。

③恒温水槽：硬玻璃制，其高度需使黏度计置入时，最高一条时间标线在液面下至少为20mrn。内设有加热和温度自动控制器，能使水温保持在试验温度±0.1℃，并有搅拌器及夹持设备。水槽中不同位置的温度差不得大于±0.1℃。保温装置的控温宜准确至±0.1℃。

④真空减压系统：应能使真空度达到40kPa±66.5Pa的压力，全部装置各连接处不得漏气，以保证密闭：在开启毛细管减压阀进行测定时，应不产生水银柱降低情况。在开口端连接水银压力计，可读至133Pa的刻度、用真空泵或吸气泵抽真空。

(3)方法与步骤

①准备上作

a. 估计试样的黏度，根据试样流经规定体积的时间是否在60s以上，来选择真空毛细管黏度计的型号。

b. 将真空毛细管黏度计用三氯乙烯等溶剂洗涤干净：如黏度计粘有油污，可用洗液、蒸馏水等仔细洗涤，洗涤后置烘箱中烘干或用通过棉花的热空气吹干。

c.《按公路工程沥青及沥青混合料试验规程》准备沥青试样。将脱水过筛的试样仔细加热至充分流动状态，在加热时，予以适当搅拌，以保证加热均匀，然后将试样倒入另一个便于灌入毛细管的小盛样器中，数量约为50mL，并用盖子盖好。

d. 将水槽加热，并调节恒温在(60±0.1)℃范围之内，温度计应预先校验。

e. 将选用的真空毛细管黏度计和试样置烘箱(135±5)℃中加热30min。

②试验步骤

a. 将加热的黏度计置一容器中，然后将热沥青试样自装料管注入毛细管黏度计，试样应不致粘在管壁上，并使试样液面在E标线处±2mm之内。

b. 将装好试样的毛细管黏度计放回电烘箱(135℃±5.5℃)中，保温10min±2min，以使管中试样所产生气泡逸出。

c. 从烘箱中取出3支毛细管赫度计，在室温条件下冷却2min后，安装在保持试验温度的恒温水槽中，其位置应使1标线在水槽液面以下至少为20mm。自烘箱中取出黏度计，至装好放入恒温水槽的操作时间应控制在5min之内。

d. 将真空系统与黏度计连接，关闭活塞或阀门。

e. 开动真空泵或抽气泵，使真空度达到40kPa±66.5Pa。

f. 黏度计在恒温水槽中保待30min后，打开连接减压系统阀门，当试样吸到第一标线时同时开动两个秒表，测定通过连续的一对标线间隔时间，准确至0.1s，记录第一个超过60s的标线符号及间隔时间。

g. 按此方法对另两支黏度计做平行试验。

(4)计算

沥青试样的动力黏度按下式计算：

$$\eta = Kxt \tag{2-4-5}$$

式中：η——沥青试样在测定温度下的动力黏度(Pa·s)；

K——选择的第一对超过60s的一对标线间的黏度计常数(Pa·s/s)；

t——通过第一对超过60s标线的时间间隔(s)。

一次试验的3支黏度计平行试验结果的误差应不大于平均值的7%，否则，应重新试验。符合此要求时，取3支黏度计测定结果的平均值作为沥青动力黏度的测定值。

9. 沥青运动黏度试验(毛细管法)

1)目的与适用范围

(1)本方法适用于采用毛细管黏度计测定黏稠石油沥青、液体石油沥青及其蒸馏后残留物的运动黏度。非经注明，试验温度为135℃(黏稠石油沥青)及60℃(液体石油沥青)。

(2)方法与步骤

①准备工作

a. 估计试样的黏度，根据试样流经毛细管规定体积的时间是否大于60s来选择黏度计的型号。

b. 将黏度计用三氯乙烯等溶剂洗涤干净。如黏度计沾有油污，应用洗液、蒸馏水或无水乙醚等仔细洗涤。洗涤后置温度105℃±5℃的烘箱中烘干，或用通过棉花过滤的热空气吹干，然后预热至要求的测定温度。

c. 将液体沥青在室温下充分搅拌30min，注意勿带入空气形成气泡，如液体沥青黏度过大可将试样置60℃±3℃的烘箱中，加热30min。按公路工程沥青及沥青混合料试验规程准备黏稠沥青试样，均匀加热至试验温度±5℃后倾入一个小盛样器中，并用盖子盖好。

d. 调节恒温水槽或油浴的液面及温度，使温度保持在试验温度±0.1℃。

②试验步骤

a. 将黏度计预热至试验温度后取出垂直倒置，使毛细管N通过橡皮管浸入沥青试样中，在管L的管口接一橡皮球(或水流泵)吸气，使试样经毛细管N充满D球并充满至G处后，用夹子夹住N管上的橡皮管，取出N管并迅速揩干N管口外部所黏附试样，并将黏度计倒转恢复到正常位置。然后用夹子夹紧L管上橡皮球的皮管。

b. 将黏度计移入恒温水槽或油浴(试验温度±0. 1 ℃)中，用橡皮夹子将L管夹持固定，并使L管保持垂直；注意，夹持时，D球须浸入水或油面下至少20mm。

c. 放松L管夹子，使试样流入A球达一半时夹住夹子，试样停止流动；然后在恒温浴中保温30min后，放松L管夹子，让试样依靠重力流动；当试样弯液面达到标线E时，开动秒表，当试样液面流经标线F及J时，读取秒表，分别记录试样流经标志E到F和F到J的时间，准确至0.1s。如试样流经时间小于60s，应改选另一个毛细管直径较小的黏度计。重复上述操作。

(3)计算

①按下式分别计算流经C,J测定球的运动黏度：

$$V_C = C_C \times t_c \tag{2-4-6}$$

$$V_j = C_j \times t_j \tag{2-4-7}$$

式中：V_c、V_j——试样流经 C，J 测定球的运动黏度 mm^2/s

C_c、C_j——C，J 球的黏度计标定常数（mm^2/s）；

t_c、t_j——试样流经 C ，J 球的时间（s）；

当 V_c，V_j 之差不超过平均值的 3% 时，试样的运动黏度度按下式计算：

$$V_T = (V_C + V_J)/2 \tag{2-4-8}$$

当之差超过平均值的 3% 时，试验应重新进行。

式中：V_T——试样在温度 T 时的运动黏度（mm^2/s）；

V_C——试样流经 C 测定球的运动黏度（mm^2/s）；

V_j——试样流经 J 测定球的运动黏度（mm^2/s ）；

10. *沥青黏温曲线和沥青流变性质试验*

黏温曲线是指通过 brookfield 旋转黏度仪测定不同温度下沥青试样的表观黏度，建立沥青表观黏度与温度的关系曲线，再根据各施工工序对黏度要求，反过来计算控制温度，是沥青混合料试验及施工过程中控制温度的有效手段。

弯曲梁流变仪测定沥青的弯曲蠕变劲度和 m 值，适用范围为 20 ~ 1 000MPa。

动态剪切流变仪用来测定沥青试样的动态剪切模量及相位角，动态模量适用范围为 0.1 ~ 10MPa。

通过 brookfield 旋转黏度仪测定沥青在 135℃ 及 175℃（或其他温度）的表观黏度，根据 Saal 公式求得温度与沥青相对黏度的关系。

$$\lg\lg(\eta \times 10^3) = A - B\lg(273 + T) \tag{2-4-9}$$

式中：η——黏度（Pa · s）；

T——温度（℃）；

A、B——经验系数。

或将试验数据点入诺谟图中，查到对应的温度范围。

沥青是一种典型的黏弹性材料，其剪切弹性模量由弹性部分及黏性部分构成，相位角是动态剪切流变试验中测到的沥青变形滞后于应力的幅度，反映了沥青中黏性或弹性所占的比例。

11. *沥青与矿料黏附性*

沥青与矿料的黏附性主要与沥青中官能团的多少、集料的酸碱性以及集料的表面特征有关。

沥青与矿料黏附性试验包括：

（1）水煮法：它适用于粒径大于 13.2mm 的粗集料。

（2）水浸法：我国试验规程规定对粗集料最大粒径小于 13.2mm 的细粒式沥青混凝土，粗集料与沥青的黏附性应采用水浸法试验。

为了使估计的剥离面积百分率较为正确，宜先制取若干个不同剥离率的样本，用比照法目测评定。不同剥离率的样本，可用加不同比例抗剥离剂的改性沥青与酸性集料拌和后得到，也可由同一种沥青与不同集料品种拌和后浸水得到，样本的剥离面积百分率逐个仔细计算得出。由两名以上经验丰富的试验人员分别目测，评定剥离面积的百分率，评定后取平均值表示。由剥离面积百分率，评定沥青与集料黏附性的等级，如表 2-4-1 所示。

沥青与集料黏附性的等级评定 表 2-4-1

试验后石料表面上沥青膜剥落情况	黏附性等级
沥青膜完全保存，剥离面积百分率接近于0	5
沥青膜少部分被水所移动，厚度不均匀，剥离面积百分率小于10%	4
沥青膜局部明显地被水移动，基本保留在石料表面上，剥离面积百分率小于30%	3
沥青膜大部分被水所移动，局部保留在石料表面上，剥离面积百分率大于30%	2
沥青膜完全被水所移动，石料基本裸露，沥青全浮于水面上	1

1）水煮法

我国试验规程 JTJ 052 T 0616 对水煮法作了规定。它适用于粒径大于 13.2mm 的粗集料，其方法是将集料用 13.2mm、19mm（或圆孔筛 15mm、25mm）过筛，取粒径 13.2～19mm（圆孔筛 15～25mm）形状接近立方体的规则集料 5 个，用洁净水洗净，置于温度为（105±5）℃的烘箱中烘干，然后放在干燥器中备用。将大烧杯中盛水，并置于加热炉的石棉网上煮沸。

将集料逐个用细线在中部系牢，再置于（105±5）℃烘箱内 1h。准备沥青试样。逐个取出加热的矿料颗粒，用线提起，浸入预先加热的沥青（石油沥青 130～150℃、煤沥青 100～110℃）试样中 45s 后，轻轻拿出，使集料颗粒完全为沥青膜所裹覆。将裹覆沥青的集料颗粒悬挂于试验架上，下面垫一张废纸，使多余的沥青流掉，并在室温下冷却 15min。待集料冷却后，逐个用线提起，浸入盛有煮沸水的大烧杯中央，调整加热炉，使烧杯中的水保持微沸状态，但不允许有沸开的泡沫。

浸煮 3min 后，将集料从水中取出，观察矿料颗粒上沥青膜的剥落程度，并按表 2-4-1 评定其黏附性等级。同一试样应平行试验 5 个集料颗粒，并由两名以上经验丰富的试验人员分别评定后，取平均等级作为试验结果。

2）水浸法

为了解决水煮法“微沸”状态的不确定性，我国试验规程规定对粗集料最大粒径小于 13.2mm的细粒式沥青混凝土，粗集料与沥青的黏附性应采用水浸法试验。

将集料用 9.5～13.2mm（或圆孔筛 10mm、15mm）过筛，取粒径 9.5～13.2mm（圆孔筛 10～15mm）形状规则的集料 200g，用洁净水洗净，置于温度为（105±5）℃的烘箱中烘干，然后放在干燥器中备用。准备沥青试样，加热至与矿料的拌和温度。将煮沸过的热水注入恒温水浴中，维持（80±1）℃恒温。

按四分法称取集料颗粒（9.5～13.2mm）100g 置于搪瓷盘中，连同搪瓷盘一起放入已经升温至沥青拌和温度以上 5℃的烘箱中持续加热 1h。按每 100g 矿料加入沥青（5.5±0.2）g 的比例称取沥青，准确至 0.1g。放入小型拌和容器中，一起置入同一烘箱中加热 15min。将搪瓷盘中集料倒入拌和容器的沥青中后，从烘箱中取出拌和容器，立即用金属铲均匀拌和 1～1.5min，使集料完全被沥青膜裹覆。然后立即取裹覆有沥青的集料 20 个，用小铲移至玻璃板上摊开，并置于室温下冷却 1h。

将放有集料的玻璃板浸入温度为（80±2）℃的恒温水槽中，保持 30min，并将剥离至浮于水面的沥青用纸片捞出。从水中小心取出玻璃板，浸入水槽内的冷水中，仔细观察裹覆集料的沥青薄膜的剥落情况。由两名以上经验丰富的试验人员分别目测，评定剥离面积的百分率，评定后取平均值表示。

三、沥青技术要求

目前世界上道路沥青的产品分级主要有三种，即针入度分级（按25℃的针入度划分沥青的牌号）、黏度分级（按60℃黏度划分沥青的牌号）以及性能分级（PG分级）。

沥青路面采用的沥青标号，宜按照公路等级、气候条件、交通条件、路面类型及在结构层中的层位、受力特点与施工方法等，结合当地的使用经验，经技术论证后确定。

对高速公路、一级公路，在夏季温度高、高温持续时间长，重载交通、山区及丘陵区上坡路段，服务区、停车场等行车速度慢的路段，尤其是汽车荷载剪应力大的层次，宜采用稠度大、60℃黏度大的沥青，也可以提高高温气候分区的温度水平选用沥青等级；对冬季寒冷的地区或交通量小的公路、旅游公路宜选用稠度小、低温延度大的沥青；对日温差、年温差大的地区宜选用针入度指数大的沥青。当高温要求与低温要求发生矛盾时应优先考虑满足高温性能要求。当缺乏所需标号的沥青时，可采用不同标号掺配的调和沥青，其掺配比例由试验决定。

表2-4-2所示为道路石油沥青技术要求。

道路石油沥青技术要求　　表2-4-2

指　标	单位	等级	沥青标号							
			130	110	90		70		50	30
针入度（25℃、100g、5s）	0.1mm		120～140	100～120	80～100		60～80		40～60	20～40
针入度指数PI		A	-1.5～+1.0							
		B	-1.8～+1.0							
软化点不小于（环与球法）	℃	A	40	43	45	44	46	45	49	55
		B	39	42	43	42	44	43	46	53
		C	37	41	42		43		45	50
60℃动力黏度不小于	Pa·s	A	60	120	160	140	180	160	200	260
15℃延度不小于	cm	A.B	100						80	50
		C	80	60	50		40		30	20
蜡含量（蒸馏法）不大于	%	A	2.2							
		B	3.0							
		C	4.5							
闪点不小于	℃		230		245		260			
溶解度不小于	%		99.5							
密度（15℃）	g/cm^3		实测记录							
TFOT或RTFOT后										
质量变化不大于	%		±0.8							
残留针入度不小于	%	A	54	55	57		61		63	65
		B	50	52	54		58		60	62
		C	45	48	50		54		58	60
残留延度（10℃）不小于	cm	A	12	10	8		6		4	—
		B	10	8	6		4		2	
残留延度（15℃）不小于	cm	C	35	30	20		15		10	—

四、其他沥青材料

液体石油沥青为直馏沥青或针入度较大的沥青加稀释剂掺配而成，适用于透层、黏层及拌制冷拌沥青混合料。

乳化沥青是将黏稠沥青加热至流动态，再经高速离心、搅拌及剪切等机械作用，而形成细小微粒分散在有乳化剂—稳定剂的水中，由于乳化剂—稳定剂的作用而形成均匀稳定的分散系。乳化沥青目前可以广泛应用于从表面处治，贯入式以及沥青混合料等所有的路面类型，不仅可应用于路面维护和修理，而且可用旧有沥青路面的再生。乳化沥青的乳化原理目前研究认为主要有下列原因：

①乳化剂减低界面能的作用；

②界面膜的稳定作用；

③界面电荷的稳定作用。

改性沥青是采用各种措施使沥青的性能得到改善的沥青。采用改性沥青的目的主要是：

①改善沥青结合料的感温性（高温稳定性、低温抗裂性）；

②改善沥青混合料的耐久性；

③提高沥青路面的抗水损坏能力；

④提高沥青混合料的抗变形能力。

改性沥青技术的发展也扩大了沥青技术的应用范围，如薄层磨耗层、大孔隙排水式沥青路面（开级配沥青面层）、SMA 桥面铺装、机场道面、桥面伸缩缝等。

SBS 具有良好的弹性（变形的自恢复性及裂缝的自愈性），同时兼有高温稳定性和低温抗裂性，故已成为目前世界上使用最为普遍的道路改性剂。表 2-4-3 所示为聚合物改性沥青技术要求。

聚合物改性沥青技术要求 表 2-4-3

技术指标		SBS（Ⅰ）				SBR（Ⅱ）		
		Ⅰ-A	Ⅰ-B	Ⅰ-C	Ⅰ-D	Ⅱ-A	Ⅱ-B	Ⅱ-C
针入度（25℃，100g，5s）（0.1mm）	最小	>100	80～100	60～80	30～60	>100	80～100	60～80
针入度指数 PI	最小[1]	−1.2	−0.8	−0.4	0	−1.0	−0.8	−0.6
延度（5℃，5cm/min）（cm）	最小	50	40	30	20	60	50	40
软化点 $T_{R\&B}$（℃）	最小	45	50	55	60	45	48	50
运动黏度 135℃（Pa·s）	最大[2]	3						
闪点（℃）	最小	230						
溶解度（%）	最小	99						
离析，软化点差（℃）	最大[3]	2.5				—		
弹性恢复 25℃（%）	最小	55	60	65	75	—		
黏韧性（N·m）	最小	—				5		
韧性（N·m）	最小	—				2.5		

续上表

技术指标		SBS(Ⅰ)				SBR(Ⅱ)		
		Ⅰ-A	Ⅰ-B	Ⅰ-C	Ⅰ-D	Ⅱ-A	Ⅱ-B	Ⅱ-C
储存稳定性离析48h软化点差,不大于		2.5				—		
TFOT或RTFOT后残留物[4]								
质量变化(%)	不大于	±1.0						
针入度比25℃(%)	最小[5]	50	55	60	65	50	55	60
延度5℃(cm)	最小	30	25	20	15	30	20	10

注:1.表中135℃运动黏度可采用《公路工程沥青及沥青混合料试验规程》(JTJ 052—2000)中的“沥青黏度测定方法(勃洛克菲尔德黏度计法)”进行测定。若在不改变改性沥青物理力学性质并符合安全条件的温度下易于泵送和拌和,或经试验证明适当提高泵送和拌和温度时能保证改性沥青的质量,容易施工,可不要求测定。有条件时应测定改性沥青在60℃时的动力黏度,用毛细管法测定。

2.改性沥青在现场制作后立即使用或储存期间进行不间断的搅拌或泵送循环时,对离析试验指标可不作要求。

1.改性沥青离析试验

本方法适用于测定聚合物改性沥青的离析性,以评价改性剂与基质沥青的相容性对SBS、SBR类聚合物改性沥青,离析试验按如下试验步骤进行:

(1)准备好盛样铝箔管,将盛样管装在支架上

(2)将改性沥青用0.3mm筛过筛,然后加热至能充分浇灌,稍加搅拌并徐徐注入竖立的盛样管中,数量约为50g,将铝管开口的一端捏成一薄片,并折叠两次以上;然后用小夹子夹紧,密闭;

(3)将盛样管连同架子(或烧杯)一起放入163℃±5℃的烘箱中,在不受任何扰动的情况下静放48h±1h。

(4)加热结束后,将盛样管连支架一起从烘箱中轻轻取出、放入冰箱的冷柜中,保持盛样管在竖立状态。不少于4h,使改性沥青试样凝为固体;待沥青全部固化后将盛样管从冰箱中取出;

(5)待试样温度稍有回升发软,用剪刀将盛样管剪成相等的3截,取顶部和底部的各三分之一试样分别放入样品盒或小烧杯中,再放入163℃±5℃的烘箱中融化,取出已剪断的铝管;

(6)稍加搅拌。分别灌入软化点试模中。

(7)对顶部和底部的沥青试样同时进行软化点试验,计算其差值。

(8)应进行两次平行试验。取平均值。

顶部及底部试样软化点差值越大,则改性沥青离析越严重。

2.改性沥青弹性恢复试验

改性沥青弹性恢复试验适用于评价热塑性橡胶类聚合物改性沥青的弹性恢复性能,即测定用延度仪将试样拉长一定长度后的可恢复变形的百分率;非经注明,试验温度为25℃,拉伸速率为5cm/min±0.25cm/min。

试验步骤如下:

(1)按照沥青延度试验方法浇灌改性沥青试样、制模,最后将试样在25℃的水中保温1.5h。

停止拉伸。

(3)拉伸一停止就立即用剪刀在中间将沥青试样剪断,保持试样在水中1h,并保持水温不变。注意在停止拉伸后至剪断试样之间不得有时间间歇,以免使拉伸应力松弛。

(4)取下两个半截的回缩的沥青试样轻轻捋直。但不得施加拉力,移动滑板使改性沥青试样的端部接触,测量试件长度被拉伸及恢复后的增量X。

(5)计算弹性恢复率

$$D=\frac{10-X}{10}\times 100 \tag{2-4-10}$$

式中:D——试样的弹性恢复率(%);

X——试样的长度增量(cm);

第二节　沥青混合料

复习要点:

1. 沥青混合料类型的划分;马歇尔试件材料用量计算方法,马歇尔试件沥青用量范围确定方法,SGC和GTM试件制作方法;沥青混合料配合比设计优选矿料级配类型及最佳沥青用量的确定;沥青混合料高温稳定性的含义,高温稳定性不足时沥青混合料出现的问题;车辙试验的目的及意义;沥青混合料的疲劳性能;几种常用沥青含量检测方法、原理及适用范围;SMA混合料、OGFC混合料的特点。

2. 沥青混合料的结构类型及其特点;沥青混合料各项技术指标的定义;沥青混合料中沥青用量的表示方法,沥青含量及油石比的定义及两者之间的换算关系;马歇尔试件不同密度定义,常用的密度测试方法及其适用性;马歇尔稳定度及流值的含义及试验结果的影响因素;真空法实测沥青混合料最大理论密度的目的及适用范围、仪具及材料技术要求;沥青混合料材料技术要求,沥青与矿料黏附性改善方法,矿料级配调整原则及方法,沥青含量与沥青混合料各技术指标之间的关系及变化规律;车辙试验条件及试验结果所表达的含义;沥青混合料低温抗裂性、水稳定性、渗水性及施工和易性;沥青含量对沥青混合料路用性能的影响,矿料级配检验方法,三氯乙烯试验废液的处理;粗集料骨架间隙率的计算,析漏试验、飞散试验。

3. 沥青混合料空隙率对沥青混合料性能的影响;沥青混合料马歇尔试件的制作条件、方法及材料的计算方法;马歇尔试件毛体积相对密度及表观相对密度的试验操作过程;马歇尔稳定度试验操作步骤,试验结果处理及评定;真空法实测最大理论密度的操作步骤;沥青混合料配合比设计阶段及各阶段设计的详细步骤与工作内容,最佳沥青用量的确定方法;车辙试验步骤及沥青混合料高温稳定性改善措施;沥青混合料水稳定性评价指标及试验操作步骤;沥青含量试验的离心分离法及燃烧炉法试验操作要点及数据处理方法;SMA混合料设计的要点及与常规沥青混合料配合比设计的区别。

具体内容详见“第一篇《公路》第二章第一节”的相关内容。

复习思考题

一、单项选择题

1. 按含硫量的大小可将原油划分为含硫原油和低硫原油,这个含硫量的临界值是____。

A. 0.5% B. 1.0% C. 1.5% D. 2.0%

2. 按现行常规工艺,作为生产沥青原料的原油基属的选择,最好是选用____原油。

A. 中间基 B. 石蜡基 C. 环烷基 D. 以上均不对

3. 与氧化沥青相比,通常直馏沥青具有较____的低温变形能力,但温度感应性____。

A. 好,大 B. 好,小 C. 差,大 D. 差,小

4. 石油沥青的三组分分析法是采用____。

A. 沉淀法 B. 溶解—吸附法 C. 蒸馏法 D. 氧化法

5. 在相同稠度等级的沥青中,氧化沥青的沥青质含量增加,使沥青的高温稳定性得到____,但低温抗裂性也相应____。

A. 提高,提高 B. 降低,降低 C. 提高,降低 D. 降低,提高

6. 饱和分含量增加,可使沥青稠度____;树脂含量增加,可使沥青的延性____。

A. 降低,降低 B. 增加,增加 C. 增加,降低 D. 降低,增加

7. 在沥青的三种胶体结构中,____具有较好的自愈性和低温时变形能力,但温度感应性较差。

A. 凝胶型结构 B. 溶—凝胶型结构

C. 溶胶型结构 D. 固胶型结构

8. 修筑现代高等级沥青路面用的沥青,都应属于____。

A. 凝胶型结构 B. 溶—凝胶型结构

C. 溶胶型结构 D. 固胶型结构

9. ____的沥青当施加荷载很小时,或在荷载作用时间很短时,具有明显的弹性变形。

A. 凝胶型结构 B. 溶—凝胶型结构

C. 溶胶型结构 D. 固胶型结构

10. 为工程使用方便,通常采用____确定沥青胶体结构的类型。

A. 针入度指数法 B. 马歇尔稳定度试验法

C. 环与球法 D. 溶解—吸附法

11. ____是现代沥青等级(标号)划分的主要依据。

A. 黏度 B. 软化点 C. 沥青质含量 D. 含硫量

12. 用标准黏度计测沥青黏度时,在相同温度和相同孔径条件下,流出时间越长,表示沥青的黏度____。

A. 越大 B. 越小 C. 无相关关系 D. 不变

13. 针入度指数越大,表示沥青的感温性____。

A. 越大 B. 越小 C. 无相关关系 D. 不变

14. 沥青是一种典型的____材料。

A. 黏性　　B. 弹性　　C. 塑性　　D. 黏弹性

15. 水煮法是将沥青裹覆后的集料在蒸馏水中浸煮 3min，按沥青膜剥落的情况分为____个等级。

A. 3　　B. 4　　C. 5　　D. 6

16. 可用____指标表征沥青材料的使用安全性。

A. 闪点　　B. 软化点　　C. 脆点　　D. 固化点

17. 煤沥青的游离碳含量增加，可____其黏度和温度稳定性，但低温脆性会____。

A. 提高，减小　　B. 提高，增加　　C. 降低，减小　　D. 降低，增加

18. 乳化沥青具有许多优越性，其最主要的优点是____。

A. 冷态施工，节约能源　　B. 利于施工

C. 节约沥青　　D. 保护环境，保障健康

19. 乳化沥青形成的机理是____。

A. 乳化剂提高界面张力的作用　　B. 乳化剂降低界面张力的作用

C. 界面膜的保护作用　　D. 水的作用

20. 可以用作沥青微填料的物质是____。

A. 炭黑　　B. 高钙粉煤灰　　C. 火山灰　　D. 页岩粉

21. 我国《沥青路面施工技术规范》(JTG F40—2004) 规定：夏炎热区普通沥青混合料 60℃时动稳定度不小于____ mm。

A. 600　　B. 700　　C. 800　　D. 1 000

22. 改善沥青与集料黏附性的方法是____。

A. 掺加高效抗剥落剂　　B. 掺加粉煤灰，活化集料表面

C. 掺加有机酸类，提高沥青活性　　D. 掺加重金属皂类，降低界面张力

23. 沥青混合料的黏聚力是随着沥青黏度的提高而____。

A. 增加　　B. 减小　　C. 无相关关系　　D. 不变

24. 沥青混合料的抗剪强度可通过____方法应用莫尔—库仑包络线方程求得。

A. 磨耗试验　　B. 三轴试验　　C. 标准黏度计法　　D. 直剪试验

25. 按胶浆理论，沥青混合料中微分散系的分散介质是____。

A. 水　　B. 沥青胶结物　　C. 填料　　D. 沥青

26. SBS 改性沥青混合料较原始沥青混合料在技术性能上对____有所改善。

A. 提高高温时的稳定性　　B. 提高低温时的变形能力

C. 降低沥青混合料的成本　　D. A 和 B 均正确

27. 影响沥青针入度最关键的因素是____。

A. 试件养护时间　　B. 试验温度　　C. 环境湿度　　D. 试件大小

28. 标号高于 70 号的 A 级道路石油沥青，其 15℃的延度应不小于____ cm。

A. 150　　B. 120　　C. 100　　D. 80

29. 表征沥青温度敏感性的指标是____。

A. 针入度　　B. 延度　　C. 软化点　　D. 脆点

30. 延度试验过程中，若沥青密度较水的密度小，为保证实验精度，应在试槽中加入____。

A. 煤油　　B. 食盐　　C. 酒精　　D. 三氯乙烯

31. 评价沥青混合料水稳定性的指标是____。

A. 稳定度　B. 动稳定度　C. 劈裂强度　D. 残留稳定度

32. 影响沥青路面抗滑性能的因素是____。

A. 集料耐磨光性　B. 沥青用量　C. 沥青含蜡量　D. A. B 均是

33. 矿料配合比例不变,增加沥青用量,混合料的饱和度将____。

A. 增加　B. 不变　C. 减小　D. 先增加后减小

34. 对水中称重法、表干法、封蜡法、体积法的各自适用条件下述说法正确的是____。

A. 水中称重法适用于测沥青混合料的密度

B. 表干法适合测沥青混凝土的密度

C. 封蜡法适合测定吸水率大于 2% 的沥青混合料的密度

D. 体积法与封蜡法适用条件相同

35. 石油沥青老化后,其软化点较原沥青将____。

A. 保持不变　B. 升高　C. 降低　D. 先升高后降低

36. 饱和度是用来评价沥青混合料的____。

A. 高温稳定性　B. 低温抗裂性　C. 耐久性　D. 抗滑性

37. 在蜡质量与含蜡量关系图上,若三个点恰好在一斜率为正的直线上,已知蜡质量为 0.05g和 0.10g 时,含蜡量依次为 1.5% 和 2.5%,该沥青含蜡量为____。

A. 1.5%　B. 2.0%　C. 2.5%　D. 无法确定

38. 沥青针入度试验属于条件黏度试验,其条件为____。

A. 温度　B. 时间　C. 针的质量　D. A + B + C

39. 目前,国内外测定沥青蜡含量的方法很多,但我国标准规定的是____。

A. 蒸馏法　B. 硫酸法　C. 组分分析法　D. 化学分析法

40. 沥青混合料试件质量为 1 200g,高度为 65.5mm,成型标准高度(63.5mm)的试件混合料的用量为____ g。

A. 1 152　B. 1 163　C. 1 171　D. 1 182

41. 沥青针入度的单位为"°",1° = ____ mm。

A. 0.1　B. 0.01　C. 1.0　D. 10

42. 若沥青混合料的油石比为 5.0%,则沥青含量为____。

A. 4.76%　B. 4.56%　C. 5.00%　D. 5.26%

43. 为保证沥青混合料中沥青与骨料的黏附性,在选用石料时,应优先选用____石料。

A. 酸性　B. 碱性　C. 中性　D. 无要求

44. 油石比是指____比值。

A. 沥青与矿料的质量　B. 沥青与矿料的体积

C. 沥青与混合料总质量　D. 沥青与混合料总体积

45. 沥青材料老化后其质量将____。

A. 减小　B. 增加

C. 不变　D. 有的沥青减小,有的增加

46. 我国现行《公路沥青路面施工技术规范》(JTG F40—2004)规定的沥青混合料级配范围均属____。

A. 连续级配　B. 间断级配　C. 开级配　D. 半开级配

47. 在沥青混合料中,细集料是指粒径小于____的天然砂、人工砂及石屑。

A. 5mm　B. 2.36mm　C. 4.75mm　D. 2.5mm

48. 在沥青混合料中,既有较多数量的粗集料可形成空间骨架,同时又有相当数量的细集料可填充骨架的孔隙,这种结构形式称之为____结构。

A. 骨架—空隙　B. 密实—骨架

C. 悬浮—密实　D. 骨架—密实

49. 通常软化点较高的沥青,则其____较好(含蜡量高的沥青除外)。

A. 气候稳定性　B. 热稳定性　C. 黏结性　D. 塑性

50. 延度较大的沥青,则其____较好。

A. 气候稳定性　B. 温度稳定性　C. 黏结性　D. 塑性

51. 车辙试验主要是用来评价沥青混合料的____。

A. 高温稳定性　B. 低温抗裂性　C. 耐久性　D. 抗滑性

52. 测定沥青碎石混合料密度最常用的方法为____。

A. 水中重法　B. 表干法　C. 蜡封法　D. 体积法

53. 采用表干法测定沥青混合料试件毛体积密度的正确步骤是____。

A. 在天平上称取试件干燥状态时的质量。

B. 擦干试件表面的水分,在天平上称取试件的表干重。

C. 将试件放入浸水天平中,称取试件水中重。

D. 计算试件的毛体积相对密度。

E. 量取水温,对毛体积密度进行修正。

A. ABCDE　B. ACBDE

C. ABCED　D. BCADE

54. 采用蜡封法测定沥青混合料试件毛体积密度的正确步骤是____。

A. 在天平上称取试件干燥状态时的质量。

B 将试件放入浸水天平的吊篮中,称取试件的水中重。

C. 将试件放入70℃左右的液体蜡中,迅速取出,待冷却后称取试件重。

D. 计算试件的毛体积相对密度。

E. 量取水温,对毛体积密度进行修正。

F. 预先测定蜡的密度。

A. ABCDEF　B. FACBDE

C. ABCEFD　D. BCADFE

55. 在通过马歇尔试验确定沥青混合料油石比过程中,正确地步骤是____。

A. 测定试件的马歇尔稳定度与流值。

B. 测定试件的体积指标。

C. 根据设计及规范要求,确定各指标所对应的油石比范围。

D. 确定所有指标满足要求的油石比公共范围。

E. 根据气候条件及交通量确定最佳油石比。

A. BACDE　B. ACBDE　C. ABCED　D. BCADE

二、多项选择题

1. 表征沥青黏结力的指标包括（　）。

A. 针入度　B. 标准黏度　C. 布氏黏度　D. 溶解度

2. 表征沥青变形能力大小的指标包括（　）。

A. 延度　B. 测力延度　C. 回弹模量　D. 弹性恢复

3. 表征沥青温度敏感性的指标包括（　）。

A. 针入度指数　B. 软化点　C. 黏温曲线　D. 闪点

4. 针入度试验过程中，对试验结果产生影响的因素包括（　）。

A. 试验温度　B. 环境湿度　C. 试针材料

D. 试针锥度及光洁度　E. 下沉时间

5. 软化点试验过程中，对试验结果产生影响的因素包括（　）。

A. 试验起始温度　B. 升温速度　C. 球的质量　D. 球的材料

6. 对沥青进行人工模拟老化，可以采用（　）试验。

A. TFOT　B. RTFOT　C. PAV　D. 燃烧试验

7. 沥青的三组分是指（　）。

A. 油分　B. 树脂　C. 沥青质　D. 官能团

8. 沥青中蜡含量将对沥青路用性能产生不利影响，主要包括（　）。

A. 降低高温稳定性　B. 降低低温抗裂性

C. 降低水稳定性　D. 降低抗滑性

9. 沥青的老化进程包括（　）。

A. 油分的蒸发　B. 发生缩聚反应

C. 组分的分解　D. 沥青变软

10. 同一牌号的沥青，根据其质量可分为（　）。

A. 1 个等级　B. 2 个等级　C. 3 个等级　D. 4 个等级

11. 沥青的劲度模量主要取决于（　）。

A. 沥青的化学成分　B. 沥青的特性

C. 荷载作用时间　D. 路面工作温度

12. 可用（　）指标表征沥青材料的使用安全性。

A. 闪点　B. 软化点　C. 脆点　D. 燃点

13. 乳化沥青具有许多优越性，其主要优点为（　）。

A. 冷态施工，节约能源　B. 利于施工

C. 节约沥青　D. 保护环境，保障健康

14. 评价沥青混合料水稳定性的方法有（　）。

A. 马歇尔试验　B. 浸水马歇尔实验

C. 冻融劈裂试验　D. 浸水车辙试验

15. 影响沥青混合料高温稳定性的因素有（　）。

A. 沥青种类及沥青用量　B. 矿料级配

C. 压实度　D. 温度

16. 下列影响沥青混合料技术性质的因素中，与矿料间隙率不相关的是（　）。

A. 集料最大粒径　B. 细砂用量　C. 石粉用量　D. 沥青针入度

17. 沥青混合料试件的矿料间隙率包括（　）。

A. 空隙率　B. 沥青体积百分率

C. 混合料间隙率　D. 骨料空隙率

18. 用乳化沥青作透层油时，要通过试洒试验确定乳化沥青的（　）。

A. 渗透深度　B. 稠度（黏度）

C. 破乳速度　D. 单位面积洒布量

19. 25℃时，测得比重瓶充满水时的质量为 55.062 2g，瓶加沥青再充满水时的质量为 55.189 2g，其中沥青质量为 15g，沥青的相对密度为（　），密度为（　）（保留三位小数，25℃时水的密度修正系数为 0.990 98）。

A. 1.009　B. 0.999　C. 0.012　D. 1.015。

20. 沥青混合料理论最大相对密度计算式中的 r_1、$r_2 \cdots r_n$ 的物理含义，下述说法正确的是（　）。

A. 粗集料对水的毛体积相对密度　B. 各矿料的表观密度

C. 各矿料的表观相对密度　D. 细集料用表观相对密度

21. 沥青混合料的表观密度是指单位表观体积混合料的质量，表观体积包括（　）。

A. 实体体积　B. 不吸水的内部闭口孔隙体积

C. 开口孔隙体积　D. 部分开口孔隙体积

22. A. B. C. D 四种同标号沥青，老化试验结果按序（质量变化，针入度比，25℃延度）如下，请从中选出两种抗老化性能好的沥青（　）。

A. −0.7%，42%，60cm　B. 0.8%，50%，68cm

C. −0.8%，52%，70cm　D. 0.7%，38%，50cm

23. A. B. C. D 四个检测单位对同一沥青试样按规定方法对针入度、延度和软化点进行了试验，结果按序如下，你认为那家结果较可信（　）（单位略）。

A. 80，>100，42　B. 100，>100，45

C. 70，>100，40　D. 90，>100，41

24. 沥青混合料稳定度和残留稳定度的单位分别是（　）。

A. MPa　B. kN　C. %　D. mm

25. 若沥青混合料密度试验采用表干法，理论最大相对密度计算中粗、细骨料分别采用（　）。

A. 表观密度　B. 毛体积相对密度

C. 表干相对密度　D. 表观相对密度

26. 在确定最佳沥青用量的初始值 OAC_1 时，取三个沥青用量的平均值，它们分别是（　）。

A. 最大密度对应的沥青用量　B. 最大稳定度对应的沥青用量

C. 空隙率中值对应的沥青用量　D. 饱和度中值对应的沥青用量

27. 软化点试验时，软化点在 80℃以下和 80℃以上其加热起始温度不同，分别是（　）。

A. 室温　B. 5℃　C. 22℃　D. 32℃

28. 沥青混合料的组成设计包括（　）阶段。

A. 初步配比　B. 目标配比　C. 生产配比　D. 生产配比验证

29. 通过配合比设计，可以决定沥青混合料的（　）。

A. 材料品种　B. 矿料级配　C. 沥青用量　D. 碾压温度

30. 沥青混合料的物理性质指标是（　）。

A. 稳定度和流值　B. 沥青饱和度　C. 密度　D. 空隙率

31. 针入度试验属条件性试验，其条件主要有3项，即（　）。

A. 时间　B. 温度　C. 针质量　D. 沥青试样数量

32. 沥青混合料的沥青材料的标号应根据（　）等因素选择。

A. 路面类型　B. 矿料级配　C. 气候条件　D. 施工方法

33. 确定道路建筑用天然石料等级的指标有（　）。

A. 岩石的类别　B. 单轴抗压强度

C. 饱水后的极限抗压强度　D. 磨耗率

34. 沥青混合料抽提试验的目的是检查沥青混合料的（　）。

A. 沥青用量　B. 矿料级配

C. 沥青的标号　D. 矿料与沥青的黏附性

三、判断题

1. 我国目前的原油分类是按照“关键馏分特性”和“含硫量”进行分类的。（　）
2. 现行常规工艺，作为生产沥青原料的原油基属的选择，最好是选用石蜡基原油。（　）
3. 油沥青的三组分分析法是将石油沥青分离为：油分、沥青质和沥青酸。（　）
4. 蜡沥青会使沥青路面的抗滑性降低，影响路面的行车安全。（　）
5. 针入度指数（PI）值越大，表示沥青的感温性强。（　）
6. 随着沥青稠度和沥青酸含量的增加，沥青与石料的黏附性提高。（　）
7. 用于中轻交通量道路的石油沥青标准是按针入度值划分的。（　）
8. 与石油沥青相比，煤沥青温度稳定性和与矿质集料的黏附性均较差。（　）
9. 蜡组分对沥青的高温稳定性、低温抗裂性、与集料的黏附性等几乎没有影响。（　）
10. 黏度是沥青材料最重要的技术性质之一。（　）
11. 沥青混合料是一种复合材料，由沥青、粗集料、细集料和矿粉以及外加剂所组成。（　）
12. 悬浮—密实结构的沥青混合料高温稳定性很好。（　）
13. 沥青混合料的抗剪强度主要取决于黏聚力和内摩擦角两个参数。（　）
14. 沥青混合料的黏聚力随着沥青黏度的提高而降低。（　）
15. 沥青混合料中如果矿粉颗粒之间接触处是自由沥青所连接，则具有较大的黏聚力。（　）
16. 沥青用量只影响沥青混合料的黏聚力，不影响其内摩擦角。（　）
17. 黏聚力值随温度升高而显著降低，但内摩擦角受温度变化的影响较小。（　）
18. 我国现行国标规定，采用马歇尔稳定度试验来评价沥青混合料的高温稳定性。（　）
19. 即使在夏季，为防止水的渗入和阳光紫外线对沥青的老化作用，沥青混合料空隙率越

少越好。（ ）

20. 煤沥青可用于面层热拌沥青混合料。（ ）

21. 沥青混合料试验室配合比设计可分为矿质混合料组成设计和沥青最佳用量确定两部分。（ ）

22. 沥青混合料的主要技术性质为：高温稳定性、低温抗裂性、耐久性、抗滑性和工作性。（ ）

23. 高聚物材料按其性能和用途可分为橡胶和纤维两大类。（ ）

24. 当前合成橡胶类改性沥青中，通常认为改性效果较好的是丁苯橡胶。（ ）

四、问答题

1. 简述沥青三大指标的测定方法及操作过程中需注意的问题。
2. 简述沥青蜡含量的试验方法及步骤。
3. 简述沥青旋转薄膜烘箱试验的具体步骤。
4. 简述针入度指数的测定及计算方法。
5. 简述沥青混合料组成设计的详细步骤。
6. 简述沥青混合料冻融劈裂试验的具体步骤。
7. 石油沥青有哪些技术性质？“三大指标”所表征的石油沥青技术性质有何重要性？
8. 沥青老化的影响因素有哪些？老化后的沥青其性质发生哪些变化？
9. 怎样划分石油沥青的标号？标号大小与沥青主要技术性质之间的关系怎样？
10. 简述石油沥青延度试验的试验条件及注意事项。
11. 何谓沥青混合料？试述沥青混合料的强度理论。
12. 沥青混合料有那些类型？并简述各自的优缺点。
13. 简述空隙率大小对沥青混合料性能的影响。

第五章　路面基层与底基层材料

主要内容：

介绍几种常见类型的无机结合料稳定材料（水泥稳定类材料、石灰稳定类材料、石灰工业废渣类材料）的技术要求、混合料配合比设计方法、无机结合料稳定材料试验检测方法。

第一节　无机结合料稳定材料技术要求

复习要点：

1. 水泥稳定类材料、石灰工业废渣类材料、石灰稳定类材料的常见类型、级配要求。

2. 基层、底基层材料的类型划分；水泥稳定类材料、石灰工业废渣类材料、石灰稳定类半刚性类材料的适用范围；综合稳定类材料技术要求。

3. 石灰、粉煤灰的技术要求；水泥稳定类原材料（土、水泥、粒料）的技术要求；石灰稳定类原材料的技术要求；半刚性基层和底基层混合料的强度与压实度要求。

具体内容详见“第一篇《公路》第三章第一节”的相关内容。

第二节　无机结合料稳定材料组成设计方法

复习要点：

1. 水泥稳定类、石灰工业废渣类、石灰稳定土类混合料组成设计的一般规定。

2. 原材料试验方法；水泥稳定类、石灰工业废渣类、石灰稳定土类混合料组成设计的内容。

3. 水泥稳定类混合料、石灰工业废渣类混合料、石灰稳定土类混合料设计步骤与要点。

具体内容详见“第一篇《公路》第三章第二节”的相关内容。

第三节　无机结合料稳定材料试验检测方法

复习要点：

1. 无机结合料稳定材料冻融试验方法，抗冲刷试验方法；回弹模量试验方法。

2. 氧化钙和氧化镁含量测试方法目的与适用范围；石灰或水泥剂量测定方法的原理；

EDTA 滴定法的目的与适用范围、所使用的试剂、试验步骤；劈裂试验的目的、适用范围、试验步骤；顶面法测定室内抗压回弹模量的试验步骤；无机结合料稳定材料振动压实试验方法；固体体积率概念、测量原理和方法。

3. 无机结合料稳定材料取样方法，养生试验方法；氧化钙和氧化镁含量测试步骤；EDTA 滴定法标准曲线的制作；击实试验步骤、要点与计算；无侧限抗压强度试验试件的制备、养生、强度测试及其要求；CBR 值试验方法；烘干法测定无机结合料稳定土含水率的试验目的、适用范围和试验步骤。

具体内容详见“第一篇《公路》第三章第三节”的相关内容。

复习思考题

一、单项选择题

1. 下列土中，________最适用于石灰稳定。

A. $I_P = 15 \sim 20$ 的黏性土　　B. 含有一定黏性土的中粗粒土

C. $I_P = 0$ 的级配砂砾、级配碎石　　D. 塑性指数在 15 以上的黏性土

2. ________土最适用于石灰和水泥综合稳定。

A. 塑性指数在 15 以上的黏性土　　B. 塑性指数在 10 以下的亚砂土

C. 有机质含量超过 10% 的土　　D. 碎石

二、多项选择题

1. 公路路面常用的基层与底基层材料可分为________。

A. 柔性基层　　B. 半刚性基层　　C. 刚性基层　　D. 半柔性基层

2. 公路路面常用的基层与底基层结合料有________。

A. 气硬性结合料　　B. 水硬性结合料

C. 无机结合料　　D. 有机结合料

E. 粒料结合料

3. 钙质生石灰和镁质生石灰的技术指标是根据________确定的。

A. CaO + MgO 的含量　　B. 未消化残渣含量

C. 有效 MgO 的含量　　D. 有效 CaO + MgO 的含量

4. 粉煤灰的技术指标要求有________。

A. 粉煤灰中 SiO_2、Al_2O_3 和 Fe_2O_3 的总含量应大于 70%

B. 烧失量不应超过 20%

C. 比面积宜大于 2 500cm^2/g

D. 含水率不大于 35%

5. 无机结合料稳定材料配合比设计时，7d 抗压强度的确定应根据________综合确定。

A. 交通量　　B. 结合料类型与含量

C. 公路等级　　D. 所处的结构层位

6. 下列________不能作为高速公路基层。

A. 级配碎石 B. 石灰稳定材料

C. 水泥稳定碎石 D. 水泥混凝土

7. 室内 CBR 的大小与________有关。

A. 压实度 B. 含水率

C. 是否泡水 D. 试验过程中的加载速度

8. 水泥稳定碎石的抗压强度与________有关。

A. 水泥品种与用量 B. 碎石的级配

C. 养生期与条件 D. 石料强度

三、判断题

1. 在粉碎的或原状松散的土中掺入一定量的无机结合料(包括水泥、石灰或工业废渣等)和水,经拌和得到的混合料在压实与养生后的材料称为无机结合料稳定材料。( )

2. 粒料类基层的强度主要依靠石料的嵌挤锁结作用以及填充结合料的黏结作用。( )

3. 凡能被经济粉碎的土都可用水泥稳定,其最大颗粒和颗粒组成应满足规范的要求。对于水泥稳定细粒土而言,要求土的均匀系数应大于 5,液限不应超过 40,塑性指数不应大于 17。( )

4. 塑性指数在 15 ~ 20 的黏性土以及含有一定数量黏性土的中粒土和粗粒土均适宜于用石灰稳定。( )

5. 用石灰稳定不含黏性土或无塑性指数的级配砂砾、级配碎石和未筛分碎石时,应添加 15% 左右的黏性土。( )

6. 水泥稳定材料和石灰稳定材料对集料的压碎值要求是不一样的。( )

7. 钙石灰比镁石灰稳定材料的初期强度高,特别是在剂量不大的情况下,但镁石灰稳定材料的后期效果并不比钙石灰差,尤其是在剂量较大时,还优于钙石灰。石灰的等级越高(即 CaO + MgO 的含量越高)时,在同样石灰剂量下有较多的 CaO 和 MgO 起作用,因而稳定效果越好。( )

8. 塑性指数在 15 以上的黏性土更适用于石灰和水泥综合稳定。( )

9. 对于水泥和石灰综合稳定的材料,当水泥用量超过结合料用量的 30% 时,应按水泥稳定类进行设计。( )

10. 可采用快硬水泥或早强水泥来提高水泥稳定基层的早期强度。( )

四、问答题

1. 试述水泥稳定碎石材料击实试验步骤和采有的主要仪器设备。

2. 试述水泥稳定类材料组成设计的步骤。

3. 试述室内 CBR 试验的主要步骤和主要采用的仪器设备。

4. 基层和底基层分为几类?

5. 烘干法测定半刚性基层材料与土的含水率有什么区别?

6. 半刚性基层材料进行击实试验时,如果存在超颗粒尺寸,应怎么处理?

第六章　钢　　材

复习要点：

1. 建筑钢材的种类及用途。

2. 普通钢筋的主要力学性能指标；钢材的冷加工时效与强化；钢材的焊接与热处理（检测工程师）。

3. 普通钢筋与焊接接头的力学性能测试方法。

第一节　钢材分类及主要力学性能指标

一、建筑钢材的种类及用途

土木工程中常用的钢材有钢结构用型钢和钢筋混凝土结构用钢筋、钢丝两大类。各种型钢和钢筋的性能，主要取决于所用的钢种及其加工方法。

热轧钢筋是钢筋混凝土用普通钢筋的主要品种。从外形可分为光圆钢筋和带肋钢筋，与光面钢筋相比，带肋钢筋与混凝土之间的握裹力大，共同工作的性能较好。

冷轧带肋钢筋是以普通低碳钢或低合金钢热轧盘条为母材，经多道冷轧（拔）减径后，在其表面冷轧成三面有肋的钢筋。冷轧带肋钢筋可用于没有振动荷载和重复荷载的建筑及一般构筑物的钢筋混凝土结构。

冷轧扭钢筋是采用低碳热轧盘圆钢材经冷轧扁和冷扭转而成的具有连续螺旋状的钢筋。该钢筋刚度大，不易变形，与混凝土的握裹力大，无需再加工（预应力或弯钩），可直接用于混凝土工程，节约钢材30%。使用冷轧扭钢筋可减小板的设计厚度、减轻自重，施工时可按需要将成品钢筋直接供应现场铺设，免除现场加工钢筋，改变了传统加工钢筋占用场地、不利于机械化生产的弊端。冷轧扭钢筋主要适用于板和小梁等构件。

预应力混凝土用热处理钢筋是用热轧带肋钢筋经淬火和回火调质热处理而成。热处理钢筋成盘（称为盘圆或盘条）供应。预应力混凝土用热处理钢筋的强度高，综合性能好，且开盘后可自然伸直，不需调直。使用时应按所需长度切割，不能用电焊或氧气切割，也不能焊接。主要用于预应力轨枕、预应力梁等。

预应力混凝土用钢丝是用牌号为60～80号的优质碳素钢盘条，经酸洗、冷拉或冷拉再回火等工艺制成，故有冷拉钢丝与消除应力钢丝两种。为了增加混凝土与钢丝之间的握裹力，还可在碳素钢丝表面压痕制成刻痕钢丝。

钢结构所用钢材主要是型钢和钢板。型钢有热轧和冷成型两种，钢板也有热轧和冷轧两种。

钢结构常用的型钢有工字钢、H型钢、T型钢、槽钢、角钢等，型钢由于截面形式合理，材料在截面上的分布对受力有利，且构件间连接方便，所以型钢是钢结构中采用的主要钢材。

钢结构用钢的钢种和钢号，主要根据结构的重要性、荷载特征、结构形式、应力状态、连接方法、钢材厚度和工作环境等因素选择。对于承受动力荷载或振动荷载的结构、处于低温环境的结构，应选择韧性好、脆性临界温度低的钢材。对于焊接结构，应选用碳当量符合要求，可焊性较好的钢材。

二、钢材的主要力学性能指标

1. 强度

强度是钢材力学性能的主要指标。

(1)屈服强度也称屈服极限，它是钢材开始丧失对变形的抵抗能力，并开始产生大量塑性变形时所对应的应力。中碳钢和高碳钢没有明显的屈服点，通常以残余变形0.2%的应力作为屈服强度。

(2)抗拉强度，它是钢材所能承受的最大拉应力。即当拉应力达到强度极限时，钢材完全丧失了对变形的抵抗能力而断裂。

(3)屈强比，是屈服强度与抗拉强度的比值。通常用来比较结构的可靠性和钢材的有效利用率，屈服比越小，结构可靠性越高，即延缓结构损伤程度潜力越大，但若比值太小，则钢材的利用率太低。

2. 塑性

塑性是钢材在受力破坏前可以经受永久变形的性能，通常用伸长率和断面收缩率表示。

(1)伸长率，是钢材受拉发生断裂时所能承受的永久变形能力。试件拉断后标准长度的增量与原标准长度之比的百分率即伸长率。

(2)断面收缩率，是指试件拉断后缩颈处横断面积的最大缩减量占原横断面积的百分率。

3. 冲击韧性

钢材的冲击韧性，是指钢材在冲击荷载作用下断裂时吸收能量的能力，它是衡量钢材抵抗脆性破坏的力学性能指标。

4. 耐疲劳性

钢材在交变应力(随时间做周期性交替变更的应力)的反复作用下，往往在工作应力远小于抗拉强度时发生骤然断裂，这种现象称为“疲劳破坏”。

第二节　钢材的冷加工时效及强化

钢材在常温下进行冷拉、冷拔或冷轧，使其产生塑性变形，从而提高屈服强度，称为冷加工强化。钢材经冷加工强化后，屈服强度提高，塑性、韧性及弹性模量降低。

将冷加工后的钢材，在常温下存放15～20d或在100～200℃条件下存放一段时间(2～3h)，称为时效处理。前者为自然时效处理，后者为人工时效处理。钢材经时效处理后，屈服强度将进一步提高，抗拉强度也提高，硬度增加，弹性模量基本恢复，但塑性和韧性将进一步降低。

钢材经冷加工和时效处理后强化的原因，一般认为是钢材产生塑性变形后，塑性变形区域内的晶粒产生相对滑移，导致滑移面上的晶粒破碎，晶格畸变，使滑移面变得凹凸不平，从而阻碍变形的进一步发展，提高了抵抗外力的能力，因而屈服强度提高，塑性降低，脆性增大。时效处理后，溶于 α—Fe 中的碳、氮原子向滑移面等缺陷部位移动、富集，使晶格扭曲、畸变加剧，因而强度进一步提高，塑性和韧性进一步下降。

第三节　钢材的焊接与热处理

热处理是按照一定的制度，对钢材进行加热、保温和冷却，使得钢材的性能按要求而改变的过程。热处理可以改变钢的晶体组织和显微结构，或消除由于冷加工在材料内部产生的内应力，从而改变钢材的力学性能。热处理一般仅在钢材生产厂或加工厂进行，并以一定的热处理状态供应用户。在工程现场，有时需对焊接件进行热处理。常用的热处理方法有退火、正火、淬火和回火等。

焊接是将两金属的接缝处加热熔化、加压，或两者并用，以造成金属原子间和分子间的结合，从而使之牢固地连接起来。钢材的焊接是土木工程中广泛应用的连接方式。钢材的焊接主要有电弧焊和接触对焊。焊接的质量取决于钢材的可焊性、焊接工艺和焊接材料。

钢材的可焊性是影响焊接质量的重要因素之一。影响可焊性的因素主要是钢材的化学成分，在硫、磷含量均小于 0.05% 的情况下，可焊性主要取决于钢材的含碳量（C）和碳当量（C_{eq}）。

在焊接过程中，钢材在很短时间内达到很高的温度，使局部金属熔融，由于金属的传热性好，所以，在被焊接区域，往往伴随温度的急速升高和下降及体积的急剧膨胀和收缩，易产生内应力、变形及内部组织的变化，形成焊接缺陷，如裂纹、气孔、夹杂物等，从而影响钢材的强度、塑性、韧性和耐疲劳性。因此，必须正确选择焊接方法、控制焊接工艺参数。

焊接质量的检验方法主要有抽取试样试验和原位非破损检测两类。抽取试样试验是在试验室测试焊接件的力学性能，以观察焊接对钢材的影响。非破损检测则是在结构原位，采用超声、射线、磁力等物理方法，对焊缝进行缺陷探伤，以对焊接质量进行评价。

第四节　钢材主要力学性能测试方法

1. 屈服强度、抗拉强度和伸长率测试

由拉力试验测定，试验先用拉伸力将试样拉伸，一般拉至断裂以便测定力学性能。

（1）在屈服阶段中，外力不增大，而变形继续增加。这时相应的应力称为屈服极限或屈服强度。屈服强度按下式计算：

$$\sigma_s = F_s/S_0 \tag{2-6-1}$$

式中：F_s ——屈服平台恒定的力；

S_0 ——重量法测定的平均原始面积。

（2）试样拉至断裂，从拉伸曲线图上确定试验过程中的最大力 F_b，或从测力盘上读取最大力 F_b。抗拉强度按下式计算：

$$\sigma_b = F_b/S_0 \tag{2-6-2}$$

（3）伸长率测量。工程中钢材塑性指标通常用伸长率和断面收缩率表示，钢筋一般只进行伸长率单项抽验，当试件拉断后标距长度的增量与原标距长度之比的百分率即为伸长率，并按下式计算：

$$\delta = \frac{L_1 - L_0}{L_0} \times 100\% \tag{2-6-3}$$

式中：L_1——试件拉断后标距部分的长度（mm）；

L_0——试件原标距长度（mm）。

为了测定拉断后伸长率，应将试样断裂的部分仔细地配接在一起，使其轴线处于同一直线上，并采取特别措施确保试样断裂部分适当接触后测量试样断后标距。这对小横截面试样和低伸长率试样尤为重要。应使用分辨力优于0.1mm的量具或测量装置测定断后标距（L_0），准确到±0.25mm。

2. 钢筋焊接接头力学性能测试

（1）焊接接头拉伸性能测试：按规定选择试样尺寸；根据钢筋级别及直径选择拉力试验机或万能试验机量程；选择合适的夹具，拉伸过程中夹具与钢筋不得产生滑移；试验前用游标卡尺复核钢筋直径；以10～30MPa/s加载速率将试样拉至断裂或颈缩，得到最大荷载；计算抗拉强度。

抗拉强度
$$\sigma_b = F_b / S_0 \tag{2-6-4}$$

σ_b——抗拉强度（MPa）；

F_b——最大力（N）；

S_0——试样工程截面面积（mm^2）。

（2）剪切试验：按规定选择试样尺寸；根据钢筋级别及直径选择万能试验机量程，一般不大于300kN；选择合适的夹具，拉伸过程中夹具与钢筋不得产生滑移；以10～30MPa/s加载速率直至试件破坏，得到最大抗剪荷载。

（3）弯曲试验：按规定确定试样的形式与尺寸；弯曲试验可在万能机或压力机上进行；选取弯心直径及弯曲角度；将试样放在两支点上，使焊缝中心与压头中心线一致，缓慢的对试样施加弯曲力，直至达到规定的弯曲角或出现裂缝、破断为止；记录弯曲后试样受拉面有无裂纹、断裂时弯曲角度、断口位置及特征、有无焊接缺陷。

（4）冲击试验：按规定选择试样形状及尺寸；按规定对试样进行保温处理；按规定量取试样尺寸；冲击试验机标准打击能量为（300±10）J和（150±10）J。打击瞬间摆锤的冲击速度为5.0～5.5m/s；试验时，用摆锤冲击试件刻槽背面，将其打断，以试件单位截面积上所消耗的功作为钢材的冲击韧度值，以α_k表示，并按下式计算：

$$\alpha_k = A_{kv} / F \tag{2-6-5}$$

式中：α_k——试样的冲击韧度（J/cm^2）；

A_{kv}——V形缺口试样冲击吸收功（J）；

F——试验前试样缺口底部处的公称截面面积（cm^2）。

α_k值越大，表明钢材的冲击韧性越好。

（5）疲劳试验：按规定选择试样长度，试样长度宜为疲劳受试长度（包括焊缝与母材）与2个夹持长度之和，且受试长度不小于500mm；试样不得有气孔、烧伤、压伤、咬边等焊接缺陷；疲劳试验机参数应满足试验要求；加载频率宜根据试验机类型、试样刚度及试验要求确定，不得引起疲劳受试区发热；按照规定选取应力比；试样破坏后应及时记录断裂位置、离夹具端部的距离以及应力循环次数，并仔细观察断口，做图描述断口特征。

复习思考题

一、单项选择题

1. 伸长率是衡量钢材(　)的指标。

A. 塑性　B. 硬度　C. 疲劳强度　D. 焊接性能

2. 钢筋拉伸和冷弯检验中，如有某一项试验结果不符合标准要求，则从同一批中任取(　)倍数量的试样进行该不合格项目的复核。

A. 2　B. 3　C. 4　D. 1

3. 在热轧钢筋电弧焊接头拉伸试验中，(　)个热轧钢筋接头试件的抗拉强度均不得小于该牌号钢筋规定的抗拉强度，并应至少有(　)个试件是延性断裂。

A. 3,2　B. 2,1　C. 3,3　D. 2,2

4. 钢材在常温条件下承受规定弯曲程度的弯曲变形能力叫做钢材的(　)。

A. 塑性　B. 冷弯性能　C. 韧性　D. 脆性

5. 下列哪种钢筋需进行反复冷弯试验？(　)

A. 高强钢丝　B. 钢绞线　C. 细钢筋　D. 粗钢筋

6. 进行钢筋焊接接头的强度检验时，每批切取(　)个接头作拉伸试验。

A. 1　B. 2　C. 3　D. 4

7. 钢筋的屈服强度与抗拉强度的比值称为屈强比，屈强比越小，说明(　)。

A. 钢材越硬　B. 钢材越软　C. 结构可靠性高　D. 安全储备小

8. 受力钢筋对接连接应优先采用(　)。

A. 搭接焊　B. 帮条焊　C. 闪光对焊　D. 坡口焊

9. 钢筋接头检验焊接前必须根据施工条件进行试焊，按不同的焊接方法至少选择(　)个试样进行基本力学性能检验。

A. 1　B. 2　C. 3　D. 4

10. 下列说法正确的是(　)。

A. 冷拉后的钢筋强度会提高，塑性、韧性会降低

B. 冷拉后的钢筋韧性会提高，塑性会降低

C. 冷拉后的钢筋硬度增加，韧性提高，但直径减小

D. 冷拉后的钢筋强度提高，塑性不变，但脆性增加

11. 钢筋接头检验焊接前，必须根据施工条件进行试焊，按不同的焊接方法至少抽取每组(　)个试样，进行基本力学性能检验。

A. 1　B. 2　C. 3　D. 4

12. 预应力混凝土用钢绞线按结构分类，下列哪种表示方法是不存在的(　)。

A. 1×2　B. 1×3　C. 1×5　D. 1×7

13. 表示钢材塑性指标的是(　)。

A. 屈服强度　B. 伸长率　C. 冲击韧性　D. 硬度

14. 钢筋接头采用搭接焊时，接头双面焊缝的长度不小于(　)d。

A. 5 B. 6 C. 8 D. 10

二、多项选择题

1. 热轧钢筋试验项目包括( )。
A. 屈服强度 B. 极限强度 C. 松驰率 D. 伸长率
2. 钢材塑性指标通常用( )表示。
A. 伸长率 B. 断面收缩率 C. 屈服强度 D. 抗拉强度
3. 桥涵用钢按其形式来分类时可分为( )。
A. 型材 B. 异形材 C. 线材 D. 钢板
4. 钢材的强度是钢材重要力学性能指标,包括( )。
A. 屈服强度 B. 抗压强度 C. 抗拉强度 D. 抗剪强度
5. 冷拉钢筋的力学性能包括( )。
A. 屈服强度 B. 抗压强度 C. 伸长率 D. 外观检查
6. 焊缝的检测手段主要有( )。
A. 外观检查 B. 超声波探伤 C. 照相检查 D. 射线探伤

三、判断题

1. 钢筋拉伸试验中,若断口恰好位于刻痕处,试验结果仍然有效。 ( )
2. 预应力钢筋一般都应进行松驰试验。 ( )
3. 冲击韧性是指钢材抵抗其他较硬物体压入的能力。 ( )
4. 合格钢材连接部分焊接后,由于硬化脆裂和内应力增大作用,力学性能低于焊件本身。 ( )
5. 钢筋的标距长度对其伸长率无影响。 ( )
6. 热轧钢筋的试件应从任意两根中分别切取,即在每根钢筋上切取一个拉伸试件和一个弯曲试件。 ( )
7. 钢材的屈强比越大,结构可靠性越大。 ( )
8. 良好的焊接性是指钢材的连接部分焊接后,力学性能不低于焊件本身,以防止产生硬化脆裂和内应力过大等现象。 ( )
9. 钢筋电弧焊接头强度试验以 300 个接头为一批,不足 300 个亦按一批取样检验。 ( )

四、问答题

1. 简述桥梁工程用钢材的主要力学性能和加工性能。
2. 简述钢筋冷弯性能试验的步骤。
3. 钢筋连接的方法有哪些?
4. 简述钢筋闪光对焊接头质量检测内容。

第七章 石 料

复习要点:

1. 桥涵工程所用石料的种类与用途。
2. 石料的技术等级划分。
3. 石料的力学性能——饱水抗压强度、抗冻性及坚固性试验方法。

一、桥涵工程所用石料的种类与用途

桥涵工程所用石料主要包括片石、块石、粗料石等,主要用于桥涵工程的墩台基础、防护工程、排水设施等圬工构造物及石拱桥、石拱涵及某些片石混凝土大型基础等。

二、石料的技术要求

石料的技术要求首先是根据构成石料的矿物组成、成分含量和组织结构对石料进行分类,共分为岩浆岩类、石灰岩类、砂岩和片岩类、砾石类共四种。然后按其物理力学性质(饱水抗压强度和洛杉矶磨耗率)再划分为4个等级,其中1级为最强的岩石,2级为坚强的岩石,3级为中等强度的岩石,4级为较软的岩石。相应的路用石料等级划分和技术标准列于表2-7-1。

道路建筑用天然石料等级划分和技术标准 表2-7-1

岩石类别	主要代表岩石名称	等级	技术标准	
			极限抗压强度(MPa)(饱水状态)	洛杉矶磨耗率(%)
岩浆岩类	花岗岩、玄武岩、安山岩、辉绿岩等	1	>120	<25
		2	100~120	25~30
		3	80~100	30~45
		4	—	45~60
石灰岩类	石灰岩、白云岩等	1	>100	<30
		2	80~100	30~35
		3	60~80	35~50
		4	30~60	45~60
砂岩和片岩类	石英岩、片麻岩、石英片麻岩、砂岩等	1	>100	<30
		2	80~100	30~35
		3	50~80	30~45
		4	35~50	50~60
砾石类	—	1	—	<20
		2	—	20~30
		3	—	35~50
		4	—	50~60

三、石料主要力学性能试验方法

1.单轴抗压强度试验

单轴抗压强度试验是测定规则形状岩石试件单轴抗压强度的方法,主要用于岩石的强度分级和岩性描述。采用饱和状态下的岩石立方体(或圆柱体)试件的抗压强度来评定岩石强度(包括碎石或卵石的原始岩石强度)。在某些情况下,试件含水状态还可根据需要选择天然状态、烘干状态或冻融循环后状态。试件的含水状态要在试验报告中注明。

(1)试验步骤:

用游标卡尺量取试件尺寸(精确至0.1mm),对立方体试件在顶面和底面上各量取其边长,以各个面上相互平行的两个边长的算术平均值计算其承压面积;对于圆柱体试件在顶面和底面分别测量两个相互正交的直径,并以其各自的算术平均值分别计算底面和顶面的面积,取其顶面和底面面积的算术平均值作为计算抗压强度所用的截面积。

试件的含水状态可根据需要选择烘干状态、天然状态、饱和状态、冻融循环后状态。试件烘干和饱和状态应符合相关规定。

按岩石强度性质,选定合适的压力机。将试件置于压力机的承压板中央,对正上、下承压板,不得偏心。

以0.5~1.0MPa/s的速率进行加荷直至破坏,记录破坏荷载及加载过程中出现的现象。抗压试件试验的最大荷载记录以N为单位,精度为1%。

(2)结果整理:

岩石的抗压强度和软化系数分别按下式计算。

$$R = P/A \tag{2-7-1}$$

式中:R——岩石的抗压强度(MPa);

P——试件破坏时的荷载(N);

A——试件的截面积(mm^2)。

$$K_P = R_w/R_d \tag{2-7-2}$$

式中:K_p——软化系数;

R_w——岩石饱和状态下的单轴抗压强度(MPa);

R_d——岩石烘干状态下的单轴抗压强度(MPa)。

单轴抗压强度试验结果应同时列出每个试件的试验值,及同组岩石单轴抗压强度的平均值;有显著层理的岩石,分别报告垂直与平行层理方向的试件强度的平均值。计算值精确至0.1MPa。软化系数计算值精确至0.01,3个试件平行测定,取算术平均值,3个值中最大与最小之差不应超过平均值的20%,否则,应另取第4个试件,并在4个试件中取最接近的3个值的平均值作为试验结果,同时在报告中将4个值全部给出。

2.岩石的抗冻性试验

是用来评估岩石在饱和状态下经受规定次数的冻融循环后抵抗破坏的能力。岩石抗冻性对于不同的工程环境气候有不同的要求。冻融次数规定:在严寒地区(最冷月的月平均气温低于-15℃)为25次;在寒冷地区(最冷月的月平均气温低于-15℃~-5℃)为15次。

(1)试验步骤如下：

将试件编号，用放大镜详细检查，并做外观描述。然后量出每个试件的尺寸，计算受压面积。将试件放入烘箱，在105～110℃下烘至恒重，烘干时间一般为12～24h，待在干燥器内冷却至室温后取出，立即称其质量m_s，精确至0.01g，按吸水率试验方法，让试件自由吸水饱和，然后取出擦去表面水分，放在铁盘中，试件与试件之间应留有一定间距。待冰箱温度下降到-15℃以下时，将铁盘连同试件一起放入冰箱，并立即开始记时。冻结4h后取出试件，放入(20±5)℃的水中融解4h，如此反复冻融至规定次数为止。每隔一定的冻融循环次数(如10次、15次、25次等)，详细检查各试件有无剥落、裂缝、分层及掉角等现象，并记录检查情况。称量冻融试验后的试件饱水质量m_{f1}，再将其烘干至恒重，称其质量m_{f2}。按规程抗压强度试验方法测定冻融试验后的试件饱水抗压强度，另取3个未经冻融试验的试件测定其饱水抗压强度。

(2)结果整理：

计算岩石冻融后的质量损失率，试验结果精确至0.1%。

$$L = (m_1 - m_2)/m_1 \times 100 \qquad (2\text{-}7\text{-}3)$$

式中：L——冻融后的质量损失率(%)；

m_1——试验前烘干试件的质量(g)；

m_2——试验后烘干试件的质量(g)。

计算岩石的冻融系数，试验结果精确至0.01。

$$K_f = R_f/R_s \qquad (2\text{-}7\text{-}4)$$

式中：K_f——冻融系数；

R_f——经若干次冻融试验后的试件饱水抗压强度(MPa)；

R_s——未经冻融试验的试件饱水抗压强度(MPa)。

3.岩石的坚固性试验

坚固性试验是确定岩石试样经饱和硫酸钠溶液多次浸泡与烘干循环后而不发生显著破坏或强度降低的性能，是测定岩石抗冻性的一种简易方法。一般适用于质地坚硬的岩石。有条件者均应采用直接冻融法进行岩石的抗冻性试验。

(1)试验步骤：

将试件放入烘箱，在105～110℃下烘至恒重，烘干时间一般为12～24h，取出置于干燥器内，冷却至室温，称其质量(精确至0.01g，以下皆同此)。

把烘干试件浸入装有硫酸钠溶液的盛器中，溶液应高出试件顶面2cm以上，用盖将盛器盖好，浸置20h，然后将试件取出，再用瓷皿衬住置于105～110℃的烘箱中烘4h。4h后取出试件，将其冷却至室温，再重新浸入硫酸钠溶液中，至硫酸钠结晶溶解后取出试件，用放大镜及钢针仔细观察岩石试件有无破坏现象，并详细描述记录。

按上述方法反复浸烘5次，最后一次循环后，用热洁净水煮洗几遍，直至将试件中硫酸钠溶液全部洗净为止。

确认是否洗净可用10%氯化钡溶液进行检验，具体操作为：取洗试件的水若干mL，滴入少量氯化钡溶液，如无白色沉淀，则说明硫酸钠已被洗净。将洗净的试件烘至恒重，准确称出其质量。

(2)结果整理：

计算岩石的坚固性试验质量损失率，试验结果精确至0.1%。

$$Q = (m_1 - m_2)/m_1 \times 100 \quad (2\text{-}7\text{-}5)$$

式中：Q——硫酸钠浸泡质量损失率（%）；

m_1——试验前烘干试件的质量（g）；

m_2——试验后烘干试件的质量（g）。

取3个试件试验结果的算术平均值作为测定值。

复习思考题

一、单项选择题

1. 对于同种石料，其有关各密度概念中数值最大的是（ ）。
   A. 密度　B. 表观密度　C. 毛体积密度
2. 判定石料亲水性的指标是（ ）。
   A. 亲水角　B. 憎水角　C. 吸水率　D. 含水率
3. 石料的吸水率大小与石料组织结构中（ ）的多少有关。
   A. 闭口孔隙　B. 开口孔隙　C. 实体
4. 石料的耐水性以（ ）指标表示。
   A. 抗冻标号　B. 软化系数　C. 吸水率　D. 亲水性
5. 石料的酸碱性由石料中（ ）含量决定。
   A. H^+　B. OH^-　C. SiO_2　D. $Ca(OH)_2$
6. 检验石料岩芯抗压强度的标准试件是边长为（ ）mm的立方体。
   A. 50　B. 70　C. 80　D. 100

二、多项选择题

1. 计算石料孔隙率时需要用到的密度是（ ）。
   A. 密度　B. 表观密度　C. 毛体积密度
2. 石料的抗冻性与石料组织结构中（ ）有关。
   A. 闭口孔隙的多少　B. 开口孔隙的多少
   C. 实体的多少　D. 开口孔隙形状及联通情况
3. 石料的抗冻性以经过冻融循环试验后，石料的（ ）表示。
   A. 质量损失率　B. 强度损失率　C. 溶解度
4. 划分石料等级的依据是（ ）。
   A. 饱水抗压强度　B. 磨耗率　C. 压碎值　D. 磨光值

三、判断题

1. 对于同种石料，其有关各密度概念中数值最大的是毛体积密度。（ ）
2. 石料的亲水性与憎水性的划分是看其亲水角是否大于90°。（ ）

3. 通过饱水率可以计算出石料的开口孔隙率。 ( )
4. 软化系数越大的石料，则其耐水性越好。 ( )
5. 硫酸钠坚固性试验可以替代冻融循环试验，检验石料的抗冻性。 ( )

四、问答题

1. 简述石料力学指标与路用性能之间的关系。
2. 简述石料等级的划分及应用原则。
3. 简述石料酸碱性对路用性能的影响。

第八章　土工合成材料

主要内容：

包括土工合成材料的种类与功能、土工合成材料在路桥工程中的应用、土工合成材料在工程应用中的注意问题以及土工合成材料的主要试验。

第一节　土工合成材料的种类与功能

复习要点：

1. 公路工程对土工织物及相关产品的要求与规定。
2. 土工织物的种类及相关产品的质量要求与功能。
3. 土工合成材料在工程应用中的注意问题。

一、土工合成材料的种类

土工合成材料是用于岩土工程和土木工程建设的聚合物材料的总称。对于其分类，国内外尚未统一规定，国内一般分为四类，如下所示：

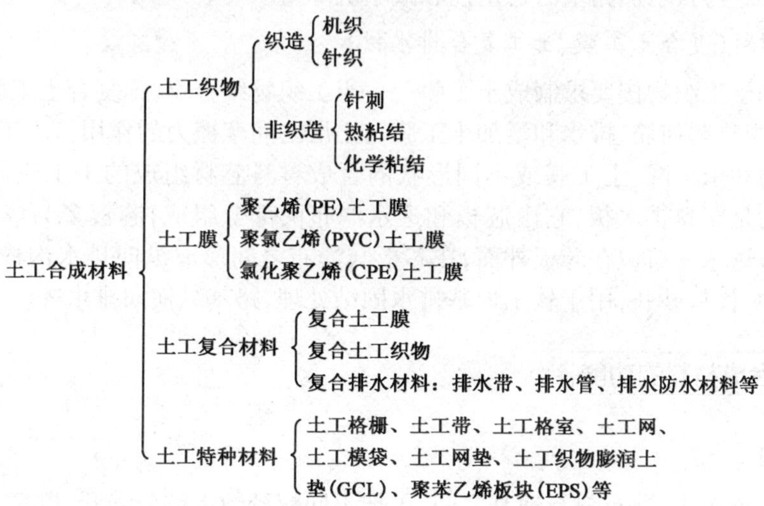

1. 土工织物

包括有纺(机织)和无纺(非织造)的土工布、毡、毯，此类材料透水性良好。无纺布大部分是针刺型的，强度没有显著的方向性，具有较大的延伸率，能适应较大的变形。有纺布也称编织布，在它的生产过程中，把冷却的塑料薄膜切成细条，通过拉伸使大分子定向排列，制成扁丝，因此具有较高的强度和较低的延伸率。

2. 土工膜

是指土建工程中的塑料薄膜、合成橡胶、沥青材料等。此种材料具有不透水性，可用作防渗材料，以代替黏土、灰土、混凝土等传统的防渗材料。

3. 特种材料

包括土工格栅、土工网、土工垫、土工格室、土工模袋及土工泡沫塑料。

土工格栅是经过拉伸形成的具有方形或矩形格栅的聚合物板材。由于制造过程中经过了定向拉伸，使聚合物分子沿拉伸方向定向排列，加强了分子链间的联结力，大大提高了其抗拉强度（可较未拉伸前提高5～10倍），而延伸率却只为原板材的10%～15%。土工格栅埋入土中的抗拔力由于格栅与土体之间的摩擦咬合力较强而显著增大，常用作加筋土结构的筋材或土工复合材料的筋材。

土工网是合成材料条带、粗股条编织或合成树脂压制的具有较大孔眼刚度较大的平面结构或三维结构的网状土工合成材料。用于软基加固层、坡面防护、植草以及制造组合土工材料，如复合排水材的基材。

土工垫及土工格室都是合成材料特制的三维结构，前者多为长丝结合而成的三维透水聚合物网垫，后者为由土工织物、土工格栅或土工模、条带聚合物构成的蜂窝状或网格状三维结构。常用于防冲蚀和保土工程，刚度大且侧限能力高的多用于地基加筋垫层或支挡结构中。

土工模袋是一种双层聚合化纤织物制成的连续（或单独的）袋状材料，它可以代替模板，施工时用高压泵把混凝土或砂浆灌入模袋中，最后形成板材或其他形状结构，可用于护坡工程。

土工泡沫聚苯乙烯块是一种超轻型土工合成材料，用作铁路、公路路基的填料或地基换填料，降低地基附加应力，增加路基的稳定性和减小沉降量。

4. 复合型材料（复合土工膜、土工复合排水材）

将土工膜和土工织物按要求制成土工膜——土工织物组合物，称复合土工膜，土工膜主要用来防渗，土工织物起加筋、排水和增加土工膜与土层之间摩擦力的作用。土工复合排水材是以无纺土工织物和土工网、土工膜或不同形状的合成材料芯材组成的土工应用的排水材料。当前应用最多的是塑料排水板，它由芯板和透水滤布两部分组成，芯板多为成型的硬塑料薄板，具有瓦楞形，透水滤布包在芯板外面，在芯板与滤布之间形成纵向排水沟槽。将排水板用插板机插入土中，代替砂井，用于软土地基排水固结处理、路基纵横向排水等。

二、土工合成材料的功能

1. 隔离作用

将土工织物置于土、砂石料与地基之间，可把不同粒径的土粒分隔开，以免相互混杂，或发生土粒流失从而失去各种材料和结构的完整性。

2. 防护作用

当比较集中的应力或应变从一种物体传到另一种物体时，土工织物可以在中间起到减轻或分散的作用。如厚的无纺织物和复合土工膜可起保温作用、防冻害、可减轻车辆的集中荷载对地基土的影响、防止路面反射裂缝。

3. 滤层作用

把土工织物置于土体表面或相邻土层之间，土中水分可以通过织物排出，同时织物可阻止土颗粒流失，以免造成土体失稳（管涌），可代替砂、砾石等反滤层。

4. 排水作用

厚的针刺型无纺布和复合型材料可以在土体中形成排水通道，把土中水分汇集起来，沿着材料平面缓慢地排出土体外。

5. 加筋作用

土工合成材料有较高的抗拉强度，埋于土中，可以承受一部分拉应力，限制土体侧向位移，增加稳定性，具有加筋功能。特别是土工格栅，由于土粒嵌入格栅孔口之内，产生较大的摩擦力，可以提高土体的强度。

6. 防渗作用

土工膜和复合型土工合成材料，可以作为各种工程的防渗材料。

土工合成材料用于某一项工程会发挥主次作用，如公路的碎石基层与地基之间铺放土工织物，一般说"隔离"是主要的，"滤层"和"加筋"是次要的，"排水"是不甚重要的。设计者要综合考虑，如选用光滑的土工膜来隔离，则可能引起路基中孔隙水压力升高，造成路基失稳。在软弱地基上修路"加筋"可能起控制作用。

第二节　土工合成材料在路桥工程中的应用

复习要点：

1. 土工复合材料的适用范围。
2. 土工合成材料在路桥工程中的应用。
3. 相关标准对土工合成材料在路桥工程中的应用的规定。

土工合成材料用于路基（及软基）处理、路面结构层、路基下和桥台后排水系统、路堤（堑）边坡防护及支挡结构时，具有重量轻、施工方便、工期短、投资少、见效快及工程质量可靠等优点，表现出明显的技术效果和经济效益。据国外的统计资料，土工合成材料在公路工程中的应用占全部用量的1/3以上。

一、土工合成材料用于公路工程中的五种主要作用

1. 路堤加筋

（1）土工合成材料应用于路堤加筋，其主要作用在于提高路堤的稳定性。土工合成材料对路堤的沉降特别是不均匀沉降有一定的减少或调节作用。

（2）土工合成材料加筋路堤对地基的承载力有一定的要求。一方面是为了保证路堤的稳定，另一方面地基承载力影响着加筋路堤的高度，再一方面是为了控制路堤的沉降。

2. 台背路基填土加筋

在桥涵、通道等横穿公路的构造物与构造物台背的路基填土之间，往往因为刚度悬殊而产

生阶梯状不均匀沉降，引起“桥头跳车”现象发生。

采用土工合成材料加筋构造物台背的回填土，主要是利用土工合成材料与构造物之间的锚固力以及与回填土之间的嵌锁力和界面摩阻力，将结构物与回填土联为一体，以增强其整体性，减少两者之间的不均匀沉降。

3. 过滤与排水

土工合成材料用于过滤和排水多为增强和改善过滤结构和排水结构的过滤排水能力。土工合成材料可单独或与其他材料配合，作为过滤体和排水体用于暗沟、渗沟、坡面防护等公路工程结构中。

4. 路基防护

路基防护主要包括坡面防护与冲刷防护。坡面防护用于防护易受自然因素影响而破坏的土质或岩石边坡；冲刷防护用于防护水流对路基的冲刷与淘刷。

(1)坡面防护。土质边坡防护可采用拉伸网草皮、固定草种布或网格固定撒种。岩石边坡防护可采用土工网或土工格栅。沿河路基可采用土工织物软体沉排、土工模袋进行冲刷防护。

(2)冲刷防护。冲刷防护是保证路基坚固与稳定的重要措施。冲刷防护有两种类型：一种是直接防护，以加固坡岸为主要措施；另一种为间接防护，以改变水流方向、降低流速、减少冲刷为主要措施。

5. 路面裂缝防治

(1)土工合成材料在道路路面工程中的应用主要是减少或抑制反射裂缝的数量，减少沥青路面的车辙，在半刚性基层沥青路面中还可适当提高(底)基层的疲劳寿命。

(2)土工合成材料放在沥青路面面层上部可减少温度裂缝，放在下部可防止反射裂缝，在(底)基层底部可增加半刚性材料的疲劳寿命。

(3)沥青路面新路施工发现基层已经有裂缝时，为了减少反射裂缝的影响，可以采用土工合成材料进行处理；对于老路补强，为了减少老路反射裂缝，同样可以采用土工合成材料进行处理。

(4)应用于路面裂缝防治的土工合成材料主要是玻纤网和土工织物。应用玻纤网从机理上讲，主要是利用材料的抗拉强度和抗拉模量阻止裂缝向路面延伸，因此要求其强度高、延伸率小。土工织物的抗拉强度一般较小，其主要起隔离作用，因此一般要求材料有一定的强度，同时延伸率在一定的范围。

二、土工合成材料在路桥工程中的应用

1. 用于道路面层与基层之间的柔性路面结构层

高等级公路要求“强基薄面”，将高模量的土工合成材料置于路面结构层中，可增大路面结构层的抗拉强度，减薄路面结构层的厚度，保持路面的结构完整性，这方面多用高模量的土工织物和玻纤网，其拉伸模量一般应大于 25 ~ 30kN/m。把土工织物铺在半刚性基层与沥青路面之间，或在旧水泥混凝土路面使用年久之后加铺沥青面层时，先在水泥板块接缝处(包括纵缝和横缝)铺上条状土工织物，再做沥青结构层；或在龟裂的薄沥青路面上浇洒黏层油，再

将土工织物满铺,然后铺筑沥青面层或橡胶沥青混凝土面层,能起到控制裂缝发展的作用。研究表明,加铺土工合成材料后,可改善裂缝处的应力集中,增强路面整体刚度,减少车辙,延长沥青面层的疲劳寿命。如江苏高速公路、京福高速公路、六合高速公路、广西金宜一级公路、石家庄高速公路均采用土工格栅进行路基路面加筋;上海外滩二期道路拓宽工程的中山东二路采用三层土工织物分层包裹碎石、水泥粉煤灰及回填土形成人造硬壳层。

2. 用于临时道路

许多林区、海港、油田及一些军用的临时道路要通过水文地质条件不良的地区,如沼泽或软土地区,采用避绕的方法需延长线路增大投资。将土工合成材料(多用针刺或热黏型无纺土工织物)铺设在软弱的地基上,利用其良好的抗拉强度和变形特性,避免其上部的填料在荷载作用下与地基土相混淆,同时约束填料的侧向移动,保证填料层的相对刚度,将上覆荷载扩散到较大面积的地基上,减少地基所需承受的压力。临时道路完成使命后,由于合成材料的隔离作用,其上的填料可回收再用(图 2-8-1)。

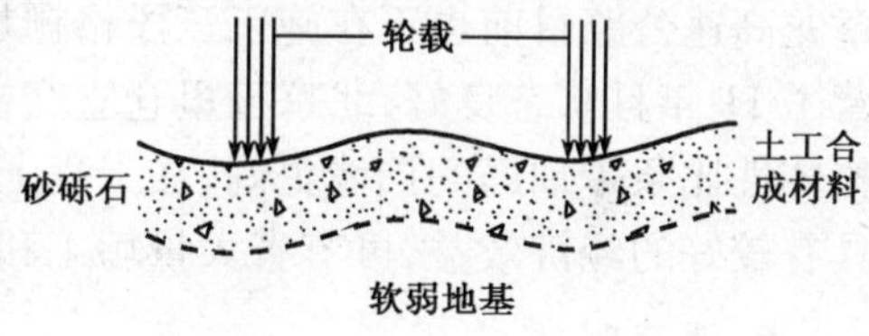

图　2-8-1

3. 用于排水

用软式透水管水平打入路堑边坡中,排除边坡内积水,将其铺设于道路中央分隔带中,进行分隔带排水。也可用无纺针刺型或热黏型土工织物包在碎石、卵石等透水材料之外或直接包在各种带孔的排水管外,构成排水盲沟(图 2-8-2),用于线路纵、横向地面下排水或设在两线之间用于线间或站内排水,代替一般要求较高且施工困难的砂砾反滤料,或代替各种材料的排水盲沟管材。也可用于挡土墙背后和桥台背后排水系统(图 2-8-3),或用于隧道衬砌内侧设置土工织物作。为排水或防水层。如江苏高速公路及汾灌高速公路在道路中央分隔带中应用软式透水管排水、无纺土工织物过滤及复合土工膜防渗。

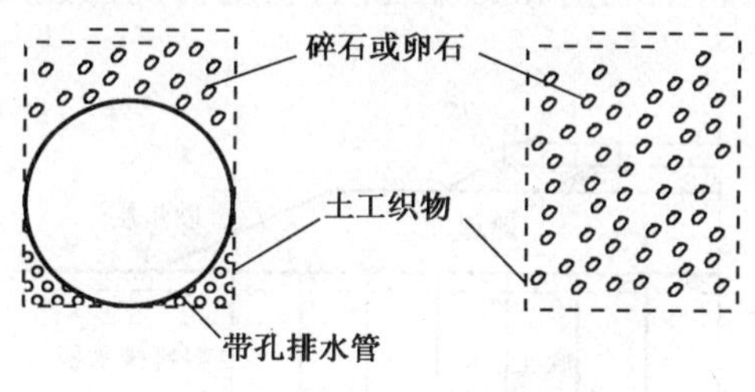

图 2-8-2　土工织物排水盲沟示意图

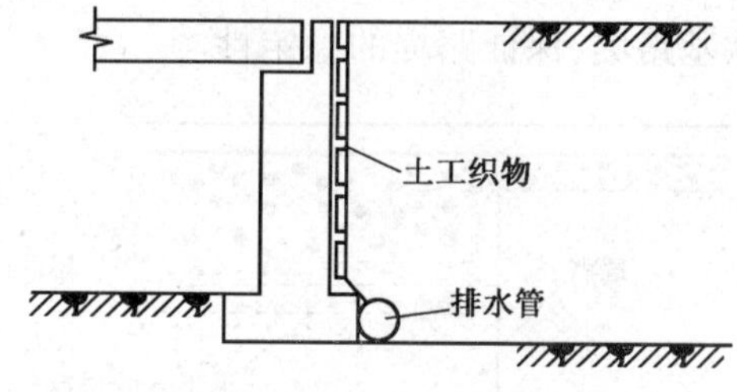

图 2-8-3　桥台土工织物排水层

4. 用于植被防护

用三维土工网垫进行路堤(堑)边坡的植被防护,也可将其铺在河岸、水库、池塘岸坡上防止边坡被冲刷(图 2-8-4),或利用土工织物袋装砂石及土工膜袋作护坡。如汾灌高速公路临水路堤边坡采用土工膜袋进行防护,新台高速公路采用土工垫植草护坡,造价是浆砌片石护坡的 1/3。洛三高速公路对风化砂岩和泥岩互层边坡,采用土工网结合锚杆喷混凝土砂浆进行坡面防护,深圳市公路护坡采用土工网垫草坪。

5. 用于护坡

用土工格栅和复合加筋带构筑加筋土挡墙和桥台或加陡路堤边坡,增强稳定性,节省占地

(图 2-8-5)，也用于路堤边坡加强层。

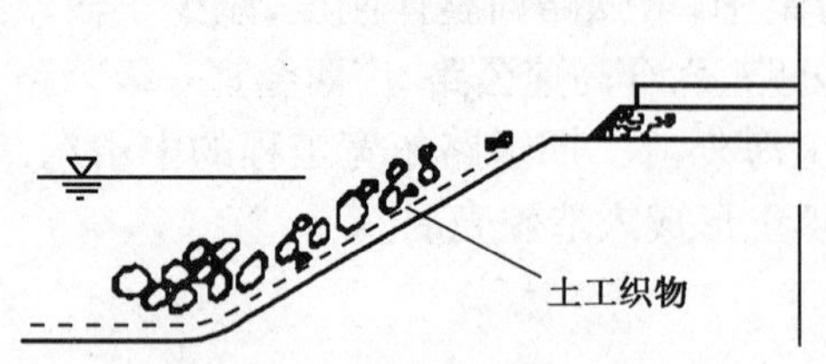

图 2-8-4　铁道边坡防护断面图

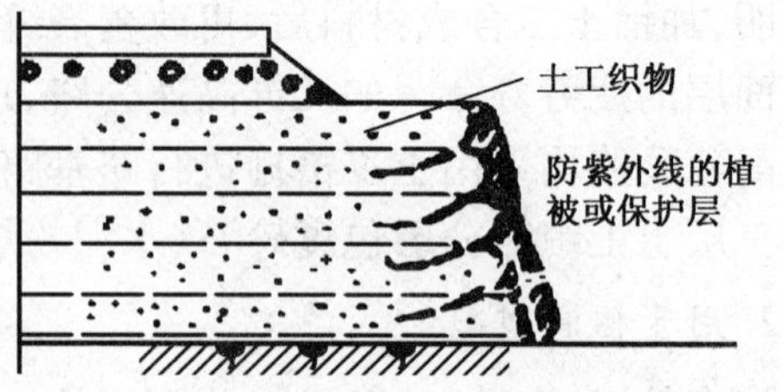

图 2-8-5　土工织物加陡路堤边坡

如 108 国道广南段采用土工格栅修建了高度达 30m，坡度为 1:0.5 的陡边坡路堤。福建章龙高速公路目前也正在施工三段格栅加筋的陡边坡路堤。北京安慧立交桥加筋土桥台，运营了 11 年且状态良好，北京五里仓立交桥采用土工格栅加筋土挡墙。满铺格栅的加筋土挡墙整体性比条带加筋的挡墙更好，在工程上用得越来越多。加筋土挡墙与常规重力式挡墙相比，具有较好的经济效益，可节省大量圬工和工期，节约造价 10% ~30%。

6. *调节刚度*

用土工格栅和土工网铺设于桥头、填挖交界处、新老路基结合部位，以调节桥梁到路基的刚度，减小冲击力，防止桥头跳车及错台(图 2-8-6)。如云南楚大高速公路采用这种方法处理了填土高度 4 ~8m 的 6 个桥台，加筋后路基回弹模量大幅提高，完工半年后沉降趋于稳定，并取消了常用的桥头搭板。洛三高速公路对填土高度 5 ~10m 的桥台采用全高度满铺。320 国道株洲段白关桥及 107 国道湘潭段龙云立交桥用土工网解决了桥头跳车问题。

7. *用于软土地基加固处理*

用塑料排水板代替砂井以加速软土地基的固结，提高地基承载力(图 2-8-7)。或用土工织物、土工格栅、土工网结合碎石或砂砾垫层铺设于软土地基和路堤之间，利用其抗拉强度加筋软基路堤，保证路堤的稳定性。

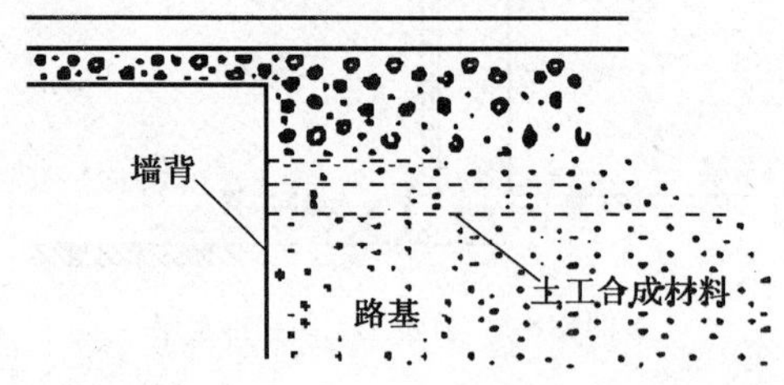

图 2-8-6　土工合成材料加筋桥头填土基床

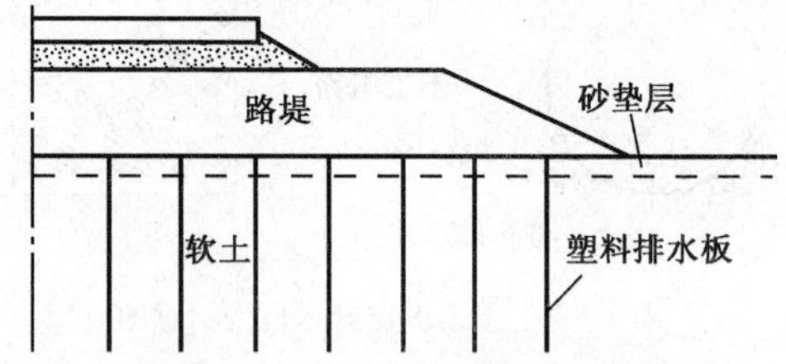

图 2-8-7　塑料排水板加固软土地基

如津京塘高速公路将土工织物铺设于路堤底部，和塑料排水板结合进行软土地基处理，取得了较好效果。江苏高速公路及汾灌高速公路采用有纺土工织物加 40cm 的砂砾层(或碎石垫层)进行软弱地基加筋，在基坑底部和碎石垫层顶部分别铺设土工网处理软基地段小型构筑物基础，洛三高速公路采用土工网包裹 50cm 厚碎石垫层进行软基处理。现场实测结果表明，在原地基承载力小于 60kPa 的吹填粉细砂软基上，水平铺设两层土工网，垂直间距 20cm，层间回填碎石土，振动碾压后承载力达 250kPa 以上，是单纯铺设一层土工网的两倍，是仅进行强夯加碾压的 1.47 倍。

8. 用于处理膨胀土和湿陷性路基

用不透水的土工膜作封闭层,使路基土含水率不发生大的变化。如洛三高速公路采用两布一膜涤纶复合土工膜进行路基边沟和中央分隔带的防渗处理,在路面基层下铺设一层土工膜,其下再铺设50cm的碎石垫层,垫层下再铺设土工织物滤层。

9. 治理道路翻浆

用土工膜铺设于冻融翻浆路段,保持温度稳定减小路基冻害,治理道路翻浆。如哈同公路及大庆油田均采用土工材料治理道路翻浆。

10. 建造陡坡路基和挡墙

用纤维土(土工材料聚酯丝和无黏性土混合)建造陡坡路基和挡墙,法国及英国道路中于70年代末就有先例。

11. 超轻质填料筑路堤

用超轻质填料(聚苯乙烯块EPS)筑路堤,铺在桥台和引堤交接处,以减小地基荷载,防止堤身出现过度沉降和沉降差,避免桥台和引堤交接处错台。

三、土工合成材料在工程应用中的注意问题

1. 土工合成材料在工程应用中应注意的问题

1)利用土工合成材料提高散粒材料的抗拉强度

土工合成材料现已广泛应用于增加土体类散粒材料抗拉强度,为此开发的土工隔室、土工格栅、编织布、无纺布、夹筋条带等诸多品种,已应用于路堤、边坡、基坑、隧道等各类工程,并取得了显著的经济效益,但应用中由于对土工合成材料的应力应变特性了解不够,也出现了诸多问题,主要表现在以下方面:

(1)土工合成材料的抗拉能力不能充分发挥。

要达到土工合成材料的抗拉强度需要的应变一般很大(如无纺织物峰值抗拉强度对应的应变一般大于80%),而一般土工建筑物应变在百分之几到百分之十几时已达到破坏状态。这样,埋置在土体中作为增加抗拉强度的土工织物的应变远达不到其抗拉强度对应的应变。因此,土工织物的抗拉能力远没有充分发挥。若设计时按照峰值强度考虑,工程的安全性自然没有保障。为此,在一些工程应用中提出了预应力土工合成材料的铺设方法,即在铺设时根据设计需要的拉力,结合土工合成材料试验的应力应变曲线,计算铺设时的预拉应变和预拉应力,并且设计了相应的铺设设备。这一方法在几项工程中的应用效果良好。

(2)土工合成材料具有较大的流变性。

土工合成材料的抗拉强度是在实验室按照试验规程在很高的变形速率(50mm/min)下得到的,并且一般具有很大的流变特性。如图2-8-8所示的一种无纺土工织物,当拉伸速率从50mm/min降到0.1mm/min时,峰值抗拉强度约降低40%,而一般土工建筑物应变速率与土工织物试验速率相比非常低。这样,埋置在土体中作为增加抗拉强度的土工织物的峰值抗拉强度要比试验值低许多。因此,若设计时按照峰值强度考虑,工程的安全性自然没有保障。

2)利用土工合成材料的抗渗特性

工程建设中,大量使用了PVC或聚乙烯等薄膜来代替传统的黏土作为防渗材料。由于薄膜材料渗透性很小,一些工程应用中将其作为不透水材料使用。实际上,即使完好的薄膜材料,试验表明其渗透系数大致在10 -10 ~10 -11cm/s数量级。若常规黏土防渗材料渗透系数为10 -7cm/s数量级,则0.2mm厚的薄膜材料的渗流量相当于20 ~200cm厚的黏土防渗体。但实际使用中,由于刺破和搭接处缺陷等问题,往往达不到这一等效值;有时还会出现设计时没有考虑到的工况在实际工程运行中发生,致使工程失效。如宁夏引黄工程中,在引水渠道的混凝土预制板护坡下大量使用防渗膜,以减少水量损失,设计结构型式如图2-8-9所示。防渗膜在防止渠水渗漏方面取得了良好的效果,但在1994年集中的、量大的雨季,渠坡外地下水位较渠中水位高得多,在外水压力下,致使大量护坡破坏,防渗膜与混凝土预制板一起冲至渠底,甚至发生渠底防渗膜与预制板一起上浮破坏的现象。

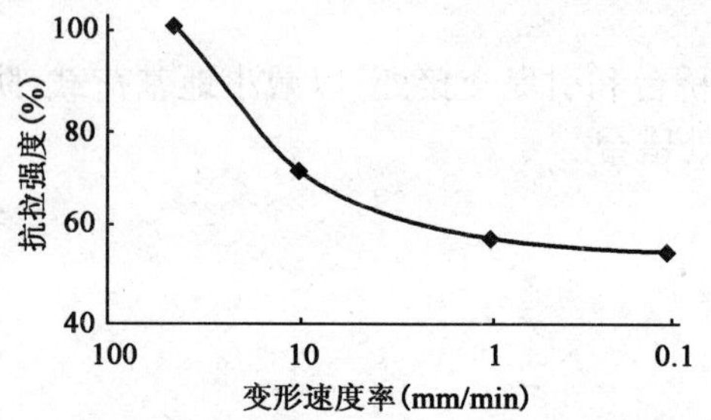

图2-8-8　200g/m^2 无纺织物抗拉强度与变形速率的关系图

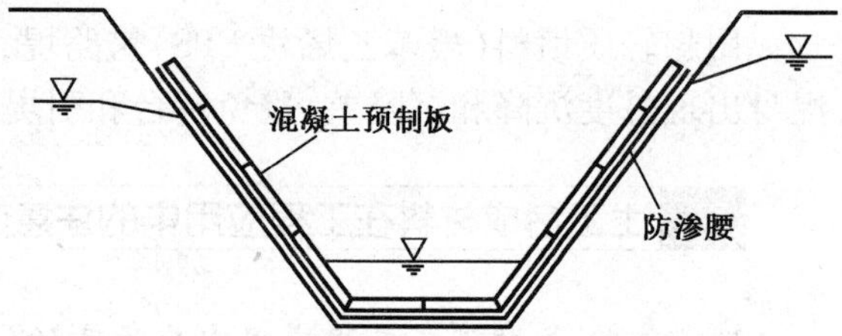

图2-8-9　引水渠断面图

3)利用土工合成材料作为反滤材料

土工合成材料的有效孔径能够很好地人为控制,因此,将其应用于反滤结构中的设计和施工都较传统的级配砂石料反滤体简单。设计规范中一般用3个参数作为选择合适的土工织物反滤材料的标准:

(1)土工织物的有效孔径 O_{95} 与织物下土体的有效粒径 d_{10} 的关系满足规定要求;

(2)土工织物的渗透系数满足规定的要求;

(3)土工织物的强度满足规定的要求。

但应用中发现,土工织物容易吸附黏土颗粒,致使其渗透系数在使用期内不断减小,有时造成浸润线上升,水压力增加,直至出现工程事故等问题。近年来,在机场、地下硐室等许多工程中,为降低地下水位和排出岩体中的裂隙水,大量使用了柔性圆形透水软管,取得了良好的效果。软管外包土工织物作为反滤材料通常是设计成败的关键。

4)利用土工合成材料作为拉筋材料

将土工合成材料做成条带形式埋入土中,以承担拉力设计很薄的挡土建筑物,在工程上亦有较广泛的应用。挡土结构较传统的挡土墙体积小、外观漂亮。混凝土板后的土压力靠条带拉力承担。若按照条带抗拉强度设计,未验算条带与土之间的摩擦力,则有可能出现条带拉出、边坡向外位移过大,甚至发生边坡倒塌现象。因此,设计者应考虑条带拉出和拉断两种破坏形式,分别进行试验研究。

以上列举的土工合成材料应用中可能出现的几类问题,是目前在工程中涉及的问题。工程应用中出现的问题可能还由其他因素造成,但只要在应用土工合成材料的工程特性中,考虑工程中可能出现的各种工况、合理设计、精心施工,问题完全能够克服。由于土工合成材料在抗拉特性、抗渗特性、反滤特性等方面突出的优点和价格的优势,因此被广泛应用于各类工程中。

2. 检验注意事项

在应用上,工合成材料应考虑其性能指标测试问题。一般分为:

(1)物理性指标。单位面积质量、厚度、等效孔径(EOS)及其与压力的关系等。

(2)力学性指标。拉伸强度、撕裂强度、握持强度,顶破强度,胀破强度,材料与土相互作用摩擦强度等。

(3)水力学指标。垂直渗透系数(或透水率)、平面渗透系数(或导水率)、梯度比(R)等。

(4)耐久性。抗老化性、抗化学性等。

总之,要根据工程具体需要,选择材料的测试项目。测试方法应符合有关标准规定。

3. 土工合成材料与其他工程措施的比较

工程中应用土工合成材料是技术上的进步,但是与其他工程措施相比较,最吸引人的是它所带来的经济效益。据报道,无论在发达国家还是发展中国家,工程项目中应用土工合成材料,最多可节省30%的投资。

1)土工合成材料应用经济效益

(1)加筋路堤的边坡可以加大,既减少了土地占用,也减少了土方量。

(2)应用加筋技术可以加快工程进度。

(3)加筋土结构在施工过程中稳定性较好,对施工地点几乎没有限制。

(4)土工合成材料的应用增加了土的强度,使工程性质较差的土也可用于填筑路堤。

2)土工合成材料应用优越性

(1)加筋土结构使土的抗剪能力和加筋的抗拉能力都得到发挥,有效利用了材料。

(2)土中加筋使结构柔度加大,增加了结构对变形的适应能力。

(3)可以严格控制加筋的质量,易于保证加筋土结构的质量。

(4)土工合成材料应用于工程,在许多领域提供了崭新的解决方案。

3)土工合成材料应用缺陷

(1)土工合成材料的性能有待深入研究。

(2)土工合成材料在储存、搬运和安装过程中有可能损坏。

(3)结构如果存在不规则几何形状的边、角,其土工合成材料的应用较困难。

(4)还没有完善的土工合成材料的设计施工规范。

综上所述,在推广应用土工合成材料的同时,一定要注意以下几方面的问题:

(1)注重实效。土工合成材料的大力推广应用要合理引导、科学比较、因地制宜、避免盲目。

(2)严把材料质量关。进入工程的土工合成材料必须经过有资质测试机构的测试,试验合格才可投入使用。

(3)严格设计。应用土工合成材料时要严格按有关规范进行设计,否则将影响土工合成材料的推广应用。

(4)注意保护。鉴于土工合成材料的性能特点,要注意施工过程中的保护,以防止损坏和老化。

(5)合理作用。对于土工合成材料在使用过程中带来的一些问题，要采取相应技术措施予以解决。施工过程中要严格按规范操作，以更好地发挥土工合成材料的功能。

4. 土工合成材料在应用过程中存在的问题和改进方法

1)存在的问题

土工合成材料在我国发展迅速，使用日益广泛，迄今为止几乎渗透到水利和土木工程的所有领域。然而，目前我国土工合成材料在生产开发、设计、施工等环节上还存在一些问题，一定程度上限制了其发展。和先进国家相比，我国的技术和经验大致落后十几年。产品离规格化和系列化还有一定的距离，存在着制造工艺和质量的差距；施工工艺和程序还不够规范和严格，几乎没有专用的施工机械；工程应用经验的理性分析、基础研究不够；缺乏工程的原位观测或模型试验的资料验证，测试标准和方法尚不完善；现有的设计计算结果与实际处理效果相差甚远，理论落后于实践造成了现有规范的局限性；常用的原材料在性能上还有一定缺陷；价格偏高，有些用量大的工程负担不起等。

2)改进方法

为了缩小和外国在技术上的差距，应加强国内外信息和技术交流。基于理论研究和经验总结落后于工程应用，工程技术人员一方面要领会现有规范的精神实质，灵活运用规范加强对实践的指导；另一方面要重视现场测试资料积累，及时总结实践经验，加强基础理论研究，为不断完善和修订规范、制定土工合成材料应用的强制性国家标准提供资料。土工合成材料涉及的公路、建筑、水利、环保等领域的各行业之间应经常保持信息沟通，科研、生产、设计、施工、监理部门各环节应组成科研、生产、应用体系，注重培训学习，及时掌握和灵活应用新技术、新材料，密切沟通，加强协调。一方面应做好引进设备的消化、吸收及开发创新工作，加紧开发配套的土工合成材料施工机具，以利于土工合成材料的推广和发展；另一方面应加大土工合成产品协作开发的力度，形成全新的产品开发系统，使产品的设计与开发为不同的行业、不同的工程条件服务，进一步研制出具有良好的抗腐蚀、抗老化、低蠕变性的原材料，以适应不同环境的需要。应开发专用的、高质的、规格化的产品；应进一步降低成本，减少周转环节，使土工合成材料的产品具有竞争力。各生产厂家提供的土工合成材料产品应具有产品质量合格证，提供该产品的相应主要技术指标；提供的大批量的产品质量应和事先提供的样品质量保持一致。设计、施工及建设、监理单位应严把质量关。施工单位应对运到施工现场的批量产品质量进行检查，并对各项技术指标进行试验；建设单位应对产品质量进行复查，并审核施工单位的试验结果。各方共同努力做到有发展、有创新地用对、用好土工合成材料，保证使用的场合和部位正确，所选的材料适当，因地制宜、物尽其用、综合考虑、统筹安排一切资源。

第三节　土工合成材料的工程特性

复习要点：

1. 土工织物及相关产品的性能。

2. 土工合成材料的工程特性。

3. 相关标准对土工合成材料的性能的规定。

一、物理特性

1. 厚度

土工合成材料的厚度用 mm 表示。厚度的变化对织物的孔隙率、透水性和过滤性等水力特性有很大的影响。常用的各种土工合成材料的厚度:土工膜 0.25 ~0.75mm,最厚的可达 2 ~4mm;复合型材料有时采用较薄的土工膜,最薄可达 0.1mm;土工格栅的厚度随部位的不同而异,其肋厚一般由 0.5mm 至几十 mm。

2. 单位面积质量

单位面积质量为单位面积土工合成材料具有的质量,它反映材料多方面的性能,如抗拉强度、顶破强度等力学性能以及孔隙率、渗透性等水力学性能,通常以 g/m^2 表示,是土工合成材料的重要物理性能之一。土工织物和土工膜单位面积的质量受原料密度的影响,同时受厚度、外加剂和含水率的影响。常用的土工织物单位面积质量一般在 50 ~1200g/m^2 的范围内。

二、力学特性

反映土工合成材料力学特性的指标主要有拉伸特性、抗拉强度、撕裂强度、水力学特性及蠕变特性等。

1. 拉伸强度及特性

土工合成材料是柔性材料,大多通过其抗拉强度来承受荷载以发挥工程作用,因此抗拉强度及其应变是土工合成材料的重要特性指标。

土工合成材料的抗拉强度与测定时的式样宽度、形状、约束条件有关,必须在标准规定的条件下测定。土工织物在受力过程中厚度是变化的,不易精确测定,故其受力大小一般以单位宽度所承受的力来表示。单位为 kN/m 或 N/m,而不是习惯上所用的单位面积的应力来表示。

2. 握持强度

土工织物承受集中力的现象普遍存在,握持强度是反映其分散集中力的能力。握持强度实验是握持试样两端部分宽度进行的一种拉力试验。它的强度由两部分组成,一部分为试样被握持宽度的抗拉强度;另一部分为相邻纤维提供的附加抗拉强度。由于试验的难度较大,采用的试样和夹具的尺寸也不尽相同,因此,测得的结果也相差很多。一般不易作为设计依据,只可用作不同土工织物的抗拉强度比较。土工织物握持力一般为 0.3 ~6.0kN。

3. 撕裂强度

土工织物和土工膜在铺设和使用过程中,常常会有不同程度的破损。撕裂强度反映了试样抵抗扩大破损裂口的能力,可评价不同土工织物和土工膜被扩大破损程度的难易,是土工合成材料应用中的重要力学指标。土工织物梯形撕裂强度一般为 0.15 ~30kN,不加筋土工膜的梯形撕裂强度一般为 0.03 ~0.4kN。

4. 蠕变特性

材料的蠕变是指材料在受力大小不变条件下,其变形随时间增长而逐渐增大的现象。蠕变特性是土工合成材料的重要特性之一,是材料能否长期使用的关键。

三、耐久性

土工合成材料的耐久性主要指对紫外线辐射、温度变化、化学和生物侵蚀、干湿变化、冻融变化和机械磨损等外界因素变化的抵御能力。材料的耐久性主要与聚合物的类型及添加剂的性质有关。

第四节　公路工程土工合成材料主要试验

复习要点：

1. 土工合成材料的几种主要试验。
2. 土工合成材料的质量检测方法。
3. 土工合成材料的试验方法并熟练操作。

一、试样制备与数据处理

1. 取样与试样准备

1）适用范围

（1）本方法规定了卷装土工合成材料的取样方法与试样准备方法，其他类型的土工合成材料可参照执行。

（2）本方法的基本内容为后面各项试验均应遵守的共同规定。

2）引用标准

《纺织品的调湿和试验用标准大气》（GB/T 6529—2008）

《塑料试样状态调节和试验的标准环境》（GB/T 2918—1998）

3）取样程序

（1）取卷装样品。

①取样的卷装数按相关文件规定。

②所选卷装材料应无破损，卷装呈原封不动状。

（2）裁取样品。

①全部试验的试样应在同一样品中裁取。

②卷装材料的头两层不应取作样品。

③取样时应尽量避免污渍、折痕、孔洞或其他损伤部分，否则要加放足够数量。

（3）样品的标记。

①样品上应标明下列内容：

a. 商标、生产商、供应商；

b. 型号；

c. 取样日期；

d. 加标记表示样品的卷装长度方向。

②当样品两面有显著差异时，在样品上加注标记，标明卷装材料的正面或反面。

③如果暂不制备试样，应将样品保存在洁净、干燥、阴凉避光处，并且避开化学物品侵蚀和机械损伤。样品可以卷起，但不能折叠。

4)试样准备

(1)用于每次试验的试样，应从样品长度和宽度方向上均匀地裁取，但距样品幅边至少10cm。

(2)试样不应包含影响试验结果的任何缺陷。

(3)对同一项试验，应避免两个以上的试样处在相同的纵向或横向位置上。

(4)试样应沿着卷装长度和宽度方向切割，需要时标出卷装的长度方向。除试验有其他要求外，样品上的标志必须标到试样上。

(5)样品经调湿后，再制成规定尺寸的试样。

(6)在切割结构型土工合成材料时可制定相应的切割方案。

(7)如果制样造成材料破碎，发生损伤，可能影响试验结果，则将所有脱落的碎片和试样放到一起，用于备查。

5)调湿和状态调节

(1)土工织物。试样应在标准大气条件下调湿24h，标准大气按GB/T 6529—2008规定的三级标准：温度20℃±2℃、相对湿度65%±5%。

(2)塑料土工合成材料。按GB/T 2918—1998标准中第6条规定，在温度23℃±2℃的环境下进行状态调节，时间不少于4h。

(3)如果确认试样不受环境影响，则可省去调湿和状态调节的处理程序，但应在记录中注明试验时的温度和湿度。

6)试验报告

试验报告应包括以下内容：

(1)试样的制取与准备方法；

(2)试样选择、制取、准备过程中观察到的详细情况，和做同一试验时在纵向和横向位置上的取样情况；

(3)任何与取样程序规定不符的详情；

(4)制样的日期，所选卷的来源；

(5)样品的名称、规格、供应商、生产商和型号。

2. 试验数据整理与计算

1)适用范围

(1)本方法规定了土工合成材料试验数据的整理和计算。

(2)规定了算术平均值、标准差和变异系数的计算方法。

(3)给出了异常试验数据的取舍原则。

(4)本方法内容适用于所有土工合成材料试验，是后面各项试验均应遵守的共同规定。

2)算术平均值

算术平均值$\overline{X}$按下式计算：

$$\overline{X} = \frac{\sum_{i=1}^{n} X_i}{n} \tag{2-8-1}$$

式中：n——试样个数；

X_i——第 i 块试样的试验值；

$\overline{X}$——n 块试样值的算术平均值。

3）标准差

标准差 σ 按下式计算：

$$\sigma = \sqrt{\frac{\sum_{i=1}^{n}(X_i - \overline{X})^2}{(n-1)}} \tag{2-8-2}$$

式中符号意义同式(2-8-1)。

4）变异系数

变异系数 C_V 按下式计算：

$$C_V = \frac{\sigma}{X} \times 100\% \tag{2-8-3}$$

式中符号意义同式(2-8-1)、式(2-8-2)。

5）试验数据的取舍

试验异常数据的取舍，应按各章节的具体规定进行。如没有明确规定，可按 K 倍标准差作为取舍标准，即舍去那些在 $\overline{X} \pm K_\sigma$ 范围以外的测定值。试件数量不同，K 值不同。K 值按表2-8-1选用。

统计量的临界值

表2-8-1

试件数量	3	4	5	6	7	8	9	10	11	12	13	14
K	1.15	1.46	1.67	1.82	1.94	2.03	2.11	2.18	2.23	2.28	2.33	2.37

二、物理性能试验

1. 单位面积质量测定

1）适用范围

(1)本方法规定了土工合成材料单位面积质量的测定方法。

(2)本方法适用于土工织物、土工格栅，其他类型的土工合成材料可参照执行。

2）引用标准

《数值修约规则与极限数值的表示和判定》(GB/T 8170—2008)

3）定义

单位面积质量：单位面积的试样，在标准大气条件下的质量。

4）仪器设备及材料

剪刀或切刀，称量天平(感量为0.01g)，钢尺(刻度至mm，精度为0.5mm)。

5）实验步骤

(1)取样：按取样与试样准备的有关规定取样。

(2)试样调湿和状态调节：

①土工织物。试样应在标准大气条件下调湿24h，标准大气按GB/T 6529—2008规定的三级标准：温度20℃ ±2℃、相对湿度65% ±5%。

②塑料土工合成材料。按 GB/T 2918—1998 标准中第 6 条规定，在温度 23℃ ±2℃的环境下，进行状态调节，时间不少于 4h。

③如果确认试样不受环境影响，则可省去调湿和状态调节的处理程序，但应在记录中注明试验时的温度和湿度。

(3)试样制备：

①土工织物：除符合取样与试样准备的有关规定外，用切刀或剪刀裁取面积为 10 000mm^2 的试样 10 块，剪裁和测量精度为 1mm。

②对于土工格栅、土工网这类孔径较大的材料，除符合试验数据整理与计算的有关规定外，试样尺寸应能代表该种材料的全部结构。可放大试样尺寸，裁剪时应从肋间对称剪取，裁剪后应测量试样的实际面积。

(4)称量：将裁剪好的试样按编号顺序逐一在天平上称量，读数精确到 0.01g。

6)结果计算

(1)按下式计算每块试样的单位面积质量，按 GB/T 8170—2008 修约，保留一位小数。

$$G = \frac{m \times 10^6}{A} \tag{2-8-4}$$

式中：G ——试样单位面积质量(g/m^2)；

m ——试样质量(g)；

A ——试样面积(mm^2)。

(2)计算 10 块试样单位面积质量的平均值 $\overline{G}$，精确到 0.1g/m^2；同时计算出标准差 σ 和变异系数 C_V。

平均值 $\overline{G}$、标准差 σ 和变异系数 C_V 按试验数据整理与计算的规定计算。

7)试验报告

试验报告应包括以下内容：

(1)试验名称、规格；

(2)试验结果；

(3)试验用大气条件；

(4)试验日期；

(5)试验中规定应注明的情况；

(6)任何偏离规定程序的详细说明。

2. 土工织物厚度测定

1)适用范围

(1)本方法规定了在一定压力下测定土工织物和相关产品厚度的试验方法。

(2)本方法适用于土工织物及复合土工织物。

2)引用标准

(GB/T 8170—2008)《数值修约规则与极限数值的表示和判定》

3)定义

(1)厚度：土工织物在承受规定的压力下，正反两面之间的距离。

(2)常规厚度：在 2kPa 压力下测得的试样厚度。

4）仪器设备及材料

（1）基准板：面积应大于2倍的压块面积。

（2）压块：圆形，表面光滑，面积为25cm^2，重为5N、50N、500N不等；其中常规厚度的压块为5N，对试样施加2kPa ±0.01kPa的压力。

（3）百分表：最小分度值0.01mm。

（4）秒表：最小分度值0.1s。

试验步骤

（1）取样：按取样与试样准备的有关规定取样。

（2）试样调湿和状态调节：按试验数据整理与计算的第5条规定进行。

（3）试样制备：除符合试验数据整理与计算的有关规定外，裁取有代表性的试样10块，试样尺寸应不小于基准板的面积。

（4）测定2kPa压力下的常规厚度：

①擦净基准板和5N的压块，压块放在基准板上，调整百分表零点。

②提起5N的压块，将试样自然平放在基准板与压块之间，轻轻放下压块，使试样受到的压力为2 ~ 0.01kPa，放下测量装置的百分表触头，接触后开始记时，30s时读数，精确至0.01mm。

③重复上述步骤，完成10块试样的测试。

（5）根据需要选用不同的压块，使压力为20kPa ±0.1kPa，重复规定的程序，测定20kPa ±0.1kPa压力下的试样厚度。

（6）根据需要选用不同的压块，使压力为200kPa ±0.1kPa，重复规定的程序，测定200kPa ±0.1kPa压力下的试样厚度。

5）试验结果

（1）计算在同一压力下所测定的10块试样厚度的算术平均值，以mm为单位，计算到小数点后三位，按GB/T 8170—2008修约到小数点后两位。

（2）如果需要，同时计算出标准差σ和变异系数C_V。标准差σ和变异系数C_V按试验数据整理与计算的规定计算。

6）试验报告

试验报告应包括以下内容：

（1）试样名称、规格；

（2）本次试验所采用的压力、压脚尺寸；

（3）试验结果；

（4）试验用大气条件；

（5）试验日期、试验人员；

（6）试验中规定应说明的情况；

（7）任何偏离规定程序的详细说明。

3. 幅宽测定

1）适用范围

（1）本方法规定了土工合成材料幅宽的测定方法。

（2）本方法适用于土工织物，其他类型的土工合成材料可参照执行。

2)引用标准

(GB/T 8170—2008)《数值修约规则与极限数值的表示和判定》

3)定义

幅宽:整幅样品经调湿除去张力后,与长度方向垂直的整幅宽度为幅宽。

4)仪器设备及材料

(1)钢尺:分度值为1mm,长度大于试样的宽度。

(2)测定桌。

5)试验步骤

(1)取样及试样准备:按取样与试验准备规定取样。

(2)长度超过5m的样品。

①消除张力和临时标记。

先将样品端头1~2m在测定桌上放平,除去张力,在离端头约1m处做第一对临时标记;然后轻拉样品至中段在测定桌上放平,除去张力,做第二对临时标记;再拉样品到最后的1~2m,在测定桌上放平,除去张力,做第三对临时标记。

②调湿。

样品除去张力后,将其充分暴露在标准大气中调湿。调湿按取样与试验准备中的第5条规定进行,时间至少24h,直到连续测量3对临时标记处幅宽的差异小于每个标记处幅宽的0.25%为止。

③测量。

将样品的临时标记抹去,放在测定桌上,以大致相等的间距(不超过10m)测量样品的幅宽至少5处,测点离样品头尾端至少1m,测量精确到1mm。

(3)长度小于5m的样品:将样品平放在测定桌上,除去张力,以大致相等的间距标出至少4个标记,但第一个和最后一个标记不应标在距样品两端小于样品长度1/5处。测量每一标记处的幅宽,测量精确到1mm。

6)试验结果

(1)对长度超过5m的样品,可用上文测得的幅宽值计算算术平均值 $\overline{w}$ 。

(2)对长度小于5m的样品,可用上文测得的幅宽值计算算术平均值 $\overline{w}$ 。

(3)计算精确度。计算精确到1mm。按表2-8-2所列,分档按GB/T 8170—2008规定进行修约。

修　约　表　　表2-8-2

幅宽(mm)	100~500	500~1 000	1 000以上
精确度(mm)	1	5	10

(4)如需要,按试验数据整理与计算的规定计算标准差 σ 和变异系数 C_v 。

7)试验报告

试验报告应包括以下内容:

(1)样品名称、规格;

(2)试验日期;

(3)样品幅宽;

(4)样品最大和最小幅宽；

(5)测定的方法；

(6)任何偏离规定程序的详细说明。

4. 土工格栅、土工网网孔尺寸测定

1)适用范围

(1)本方法规定了土工格栅、土工网网孔尺寸的测定方法。

(2)本方法适用于各类孔径较大的土工格栅、土工网，其他相同类型的土工合成材料可参照执行。

2)引用标准

(GB/T 8170—2008)《数值修约规则与极限数值的表示和判定》

3)定义

当量孔径：土工格栅、土工网等大孔径的土工合成材料，其网孔尺寸是通过换算折合成与其面积相当的圆形孔的孔径来表示的，称为当量孔径。

4)仪器设备及材料

(1)游标卡尺：量程200mm，精度0.02mm。

(2)其他：坐标纸、铅笔、求积仪。

5)试验步骤

(1)取样：按取样与试验准备规定取样。

(2)试样调湿和状态调节：按取样与试验准备中的第5条规定进行。

(3)试样制备：除符合取样与试验准备的规定外，每块试样应至少包括10个完整的有代表性的网孔。

(4)测试方法：

①对较规则网孔的试样(图2-8-10)，当网孔为矩形或偶数多边形时，测量相互平行的两边之间的距离；当网孔为三角形或奇数多边形时，测量顶点与对边的垂直距离。同一测点平行测定两次，两次测定误差应小于5%，取均值；每个网孔至少测3个测点，读数精确到0.1mm，取均值。

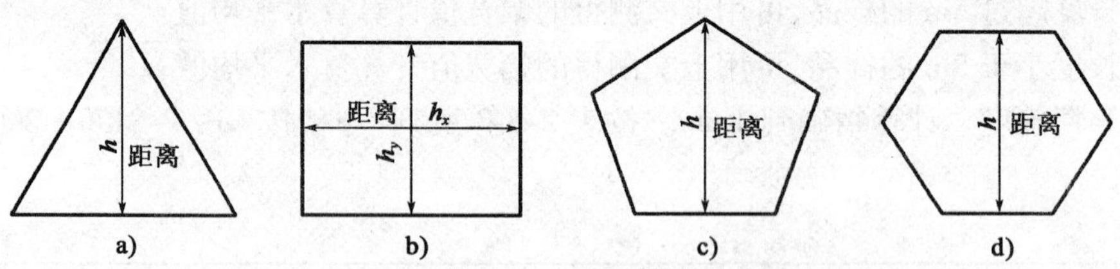

图2-8-10　土工格栅、土工网网孔尺寸测试示意图

②对于孔边呈弧线或不规则网孔的试样，检测时应将试样平整地放在坐标纸上固定好，用削尖的铅笔紧贴网孔内壁将网孔完整地描画在坐标纸上，用同一坐标纸一次描出所有的应测孔，每个网孔测描两次。

6)结果计算

(1)计算网孔面积。

①对较规则网孔，按下列公式计算网孔面积：

三角形网孔　$$A = 0.5774\,h^2 \tag{2-8-5}$$

矩形网孔　$A = h_x h_y$　(2-8-6)

五边形网孔　$A = 0.7265\,h^2$　(2-8-7)

六边形网孔　$A = 0.8660\,h^2$　(2-8-8)

式中：A——网孔面积(mm^2)；

h——网孔高度(mm)。

②对不规则网孔，用求积仪测出坐标纸上每个网孔两次测描的面积，两次测量值误差应小于3%，取均值。

(2)按下式计算网孔的当量孔径，计算精确到0.1mm：

$$D_e = 2 \times \sqrt{\frac{A}{\pi}} \tag{2-8-9}$$

按实验数据整理与计算的规定计算10个网孔当量孔径的平均值D，按GB/T 8170—2008规定修约，精确到1mm。标准差σ和变异系数C_V，按实验数据整理与计算的规定计算。

7)试验报告

试验报告应包括以下内容：

(1)试样名称、规格；

(2)本次试验所采用的试验方法；

(3)试验结果；

(4)试验用大气条件；

(5)试验日期。

三、力学性能试验

1.宽条拉伸试验

1)适用范围

(1)本方法规定了用宽条试样测定土工织物及其有关产品拉伸性能的试验方法。

(2)本方法适用于大多数土工合成材料，包括土工织物及复合土工织物，也适用于土工格栅。

(3)本方法包括测定调湿和浸湿两种试样拉伸性能的程序，包括单位宽度的最大负荷和最大负荷下的伸长率以及特定伸长率下的拉伸力的测定。

2)引用标准

(GB/T 6682—2008)《分析实验室用水规格和试验方法》

3)定义

(1)名义夹持长度。

①用伸长计测量时的名义夹持长度：在试样的受力方向上，标记的两个参考点间的初始距离，一般为60mm(两边距试样对称中心为30mm)，记为L_0。

②用夹具的位移测量时的名义夹持长度：初始夹具间距，一般为100mm，记为L_0。

(2)隔距长度：试验机上下两夹持器之间的距离，当用夹具的位移测量时，隔距长度即为名义夹持长度。

(3)预负荷伸长：在相当于最大负荷1%的外加负荷下，所测的夹持长度的增加值，以m

表示，见图2-8-11中的L_0'。

(4)实际夹持长度：名义夹持长度加上预负荷伸长（预加张力夹持时）。

(5)最大负荷：试验中所得到的最大拉伸力，以kN表示，见图2-8-11中的D点。

(6)伸长率：试验中试样实际夹持长度的增加与实际夹持长度的比值，以%表示。

(7)最大负荷下伸长率：在最大负荷下试样所显示的伸长率，以%表示。

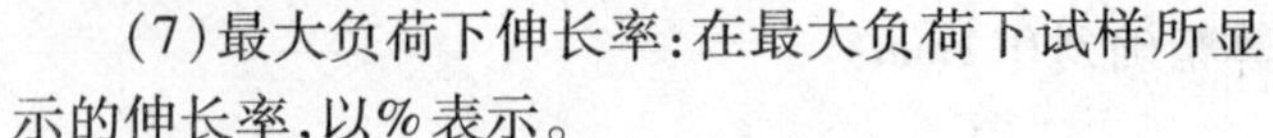

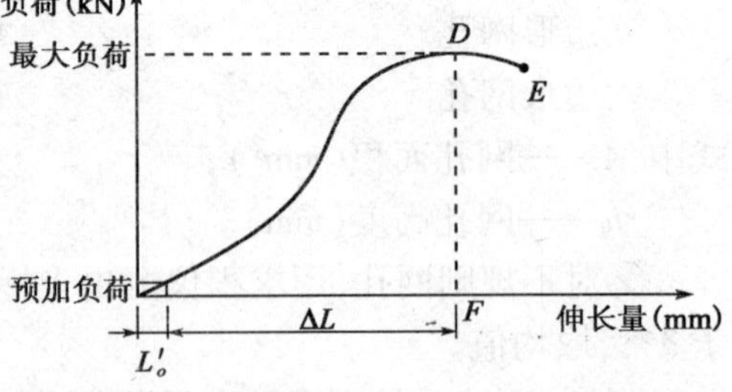

图2-8-11　松式夹持试样的负荷—伸长曲线图

(8)特定伸长率下的拉伸力：试样被拉伸至某一特定伸长率时每单位宽度的拉伸力，以kN/m表示。

(9)拉伸强度：试验中试样拉伸直至断裂时每单位宽度的最大拉力，以kN/m表示。

4)仪器设备及材料

(1)拉伸试验机：具有等速拉伸功能，拉伸速率可以设定，并能测读拉伸过程中试样的拉力和伸氏量，记录拉力—伸长曲线。

(2)夹具：钳口表面应有足够宽度，至少应与试样200mm同宽，以保证能够夹持试样的全宽，并采用适当措施避免试样滑移和损伤。

注：对大多数材料宜使用压缩式夹具，但对那些使用压缩式夹具出现过多钳口断裂或滑移的材料，可采用绞盘式夹具。

(3)伸长计：能够测量试样上两个标记点之间的距离，对试样无任何损伤和滑移，能反映标记点的真实动程。伸长计包括力学、光学或电子型式的。伸长计的精度应不超过±1mm。

(4)蒸馏水：仅用于浸湿试样，见GB /T6682—2008。

(5)非离子润湿剂：仅用于浸湿试样。

5)试样制备

(1)取样：按取样与试样准备的规定取样。

(2)试样数量：纵向和横向各剪取至少5块试样。

(3)试样尺寸：

①无纺类土工织物试样宽为200mm±1mm（不包括边缘），并有足够的长度以保证夹具间距100mm；为控制滑移，可沿试样的整个宽度与试样长度方向垂直地画两条间隔100mm的标记线（不包含绞盘夹具）。

②对于机织类土工织物，将试样剪切约220mm宽，然后从试样的两边拆去数目大致相等的边线以得到200mm±1mm的名义试样宽度，这有助于保持试验中试样的完整性。

注：当试样的完整性不受影响时，则可直接剪切至最终宽度。

③对于土工格栅，每个试样至少为200mm宽，并具有足够长度。试样的夹持线在节点处，除被夹钳夹持住的节点或交叉组织外，还应包含至少1排节点或交叉组织；对于横向节距大于或等于75mm的产品，其宽度方向上应包含至少两个完整的抗拉单元。

如使用伸长计，标记点应标在试样的中排抗拉肋条的中心线上，两个标记点之间应至少间隔60mm，并至少含有1个节点或1个交叉组织。

④对于针织、复合土工织物或其他织物，用刀或剪子切取试样可能会影响织物结构，此时

允许采用热切，但应在试验报告中说明。

⑤当需要测定湿态最大负荷和干态最大负荷时，剪取试样长度至少为通常要求的两倍。将每个试样编号后对折剪切成两块，一块用于测定干态最大负荷，另一块用于测定湿态最大负荷，这样使得每一对拉伸试验是在含有同样纱线的试样上进行的。

(4)试样调湿和状态调节：

①土工织物。干态试验所用试样的调湿，按取样与试样准备中的第5.1条规定进行。湿态试验所用试样应浸入温度为20℃ ±2℃的蒸馏水中，浸润时间应足以使试样完全润湿或者至少24h。为使试样完全湿润，也可以在水中加入不超过0.05%的非离子型润湿剂。

②塑料土工格栅。塑料土工格栅试样状态调节按取样与试样准备中的第5.2条规定进行。

③如确认试样不受环境影响，则可不进行调湿和状态调节，但应在报告中注明试验时的温度和湿度。

6)试验步骤

(1)拉伸试验机的设定。对于土工织物，试验前将两夹具间的隔距调至100mm ±3mm。选择试验机的负荷量程，使断裂强力在满量程负荷的30% ~90%之间。设定试验机的拉伸速度，使试样的拉伸速率为名义夹持长度的(20% ±1%)/min。

如使用绞盘夹具，在试验前应使绞盘中心间距保持最小，并且在试验报告中注明使用了绞盘夹具。

(2)夹持试样。将试样在夹具中对中夹持，注意纵向和横向的试样长度应与拉伸力的方向平行。合适的方法是将预先画好的横贯试件宽度的两条标记线尽可能地与上下钳口的边缘重合。对湿态试样，从水中取出后3min内进行试验。

(3)试样预张。对已夹持好的试件进行预张，预张力相当于最大负荷的1%，记录因预张试样产生的夹持长度的增加值L_0'。

(4)使用伸长计时，在试样上相距60mm处分别设定标记点(分别距试样中心30mm)，并安装伸长计，注意不能对试样有任何损伤，并确保试验中标记点无滑移。

(5)测定拉伸性能。开动试验机连续加荷直至试样断裂，停机并恢复至初始标距位置。记录最大负荷，精确至满量程的0.2%；记录最大负荷下的伸长量ΔL，精确到小数点后一位。

如试样在距钳口5mm范围内断裂，结果应予剔除；纵横向每个方向至少试验5块有效试样。如试样在夹具中滑移，或者多于1/4的试样在钳口附近5mm范围内断裂，可采取下列措施：

①夹具内加衬垫；

②对夹在钳口内的试样加以涂层；

③改进夹具钳口表面。

无论采用了何种措施，都应在试验报告中注明。

(6)测定特定伸长率下的拉伸力。使用合适的记录测量装置测定在任一特定伸长率下的拉伸力，精确至满量程的0.2%。

7)结果计算

(1)拉伸强度。使用下式计算每个试样的拉伸强度：

$$\alpha_f = F_f C \tag{2-8-10}$$

式中：α_f——试样拉伸强度(kN/m)；

F_f——最大负荷(kN)；

C——由式(2-8-11)或式(2-8-12)求出。

对于非织造品、高密织物或其他类似材料：

$$C = \frac{1}{B} \tag{2-8-11}$$

式中：B——试样的名义宽度(m)。

对于稀松机织土工织物、土工网、土工格栅或其他类似的松散结构材料：

$$C = \frac{N_m}{N_s} \tag{2-8-12}$$

式中：N_m——试样1m宽度内的拉伸单元数；

N_s——试样内的拉伸单元数。

(2)最大负荷下的伸长率。使用下式计算每个试样的伸长率：

$$\varepsilon = \frac{\Delta L}{L_0 + L'_0} \times 100 \tag{2-8-13}$$

式中：ε——伸长率(%)；

L_0——名义夹持长度(使用夹具时为100mm，使用伸长计时为60mm)；

L'_0——预负荷伸长量(mm)；

ΔL——最大负荷下的伸长量(mm)。

(3)特定伸长率下的拉伸力。每个试样在特定伸长率下的拉伸力，按下式计算，用kN/m表示。

例如，伸长率为2%时的拉伸力：

$$F_{2\%} = f_{2\%} C \tag{2-8-14}$$

式中：$F_{2\%}$——对应2%伸长率时每延米拉伸力(kN/m)；

$f_{2\%}$——对应2%伸长率时试样的测定负荷(kN)；

C——由式(2-8-11)或式(2-8-12)中求出。

(4)平均值和变异系数。

①按试验数据的整理和计算的规定，分别对纵向和横向两组试样的拉伸强度、最大负荷下伸长率及特定伸长率下的拉伸力计算平均值和变异系数，拉伸强度和特定伸长率下的拉伸力精确至3位有效数字，最大负荷下伸长率精确至0.1%，变异系数精确至0.1%。

②每组有效试样为5块。

8)试验报告

试验报告应包括以下内容：

(1)试样名称、规格；

(2)试样状态，湿样或干样；

(3)每个方向的试样数量；

(4)纵向和横向的拉伸强度；

(5)纵向和横向最大负荷下的伸长率；

(6)如果需要，分别计算出与2%、5%和10%的伸长率相对应的拉伸力；

(7)测定值的标准偏差或变异系数；

(8)试验机的型号；

(9)夹具型式,包括夹具尺寸、钳口表面型式、变形测量系统和初始夹具隔距;

(10)如果需要,给出典型的负荷—伸长曲线;

(11)任何偏离规定程序的详细说明。

2. 接头、接缝宽条拉伸试验

1)适用范围

(1)本方法规定了用宽条样测定土工合成材料接头和接缝拉伸性能的试验方法。方法包括测定调湿和浸湿两种试样拉伸性能的程序。

(2)本方法适用于大多数土工合成材料,包括土工织物、土工复合材料,也适用于土工格栅,但试样尺寸要做适当改变。

2)引用标准

《分析实验室用水规格和试验方法》(GB/T 6682—2008)

3)定义

(1)接缝:两块或多块土工合成材料缝合起来的连续缝迹。

(2)接头:两块或多块分开的土工合成材料,由除缝合外的其他方法接合起来的联结处。

(3)接头、接缝强度:由缝合或接合两块或多块土工合成材料所形成的联结处的最大抗拉力,以 kN/m 为单位。

(4)接头、接缝效率:接头、接缝强度与在同方向上所测定的土工合成材料的强度之比,以%表示。

4)仪器设备及材料

(1)拉伸试验机:具有等速拉伸功能,拉伸速率可以设定,并能测读拉伸过程中试样的拉力和伸长量,记录拉力—伸长曲线。

(2)夹具:钳口应有足够宽度,至少应与试样同宽(200mm),以保证能够夹持试样的全宽,并采用适当措施避免试样滑移和损伤。

(3)蒸馏水:符合 GB /T 6682—2008 的要求。

(4)非离子润湿剂。

5)试样制备

(1)取样:按取样与试样准备的规定取样。

(2)试样数量:剪取含接头、接缝试样至少 5 块,每块试样应含有一个接缝或接头,如需要湿态试验,另增加 5 块试样。

(3)制样:如样品无接缝或接头,需要制备接缝或接头时,应根据施工实际中接头、接缝的形式及有关方面的协议制备试样。剪取试样单元至少 10 个(每 2 个为一组),每个单元尺寸应满足制备后的试样尺寸符合测定的要求。

(4)试样尺寸:

①从接合或缝合的样品中剪取试样,每块试样的长度不少于 200mm,接头、接缝应在试样的中间部位,并垂直于受力方向,每块试样最终宽度为 200mm,按图 2-8-12 所示剪取试样,角 A 为 90°。

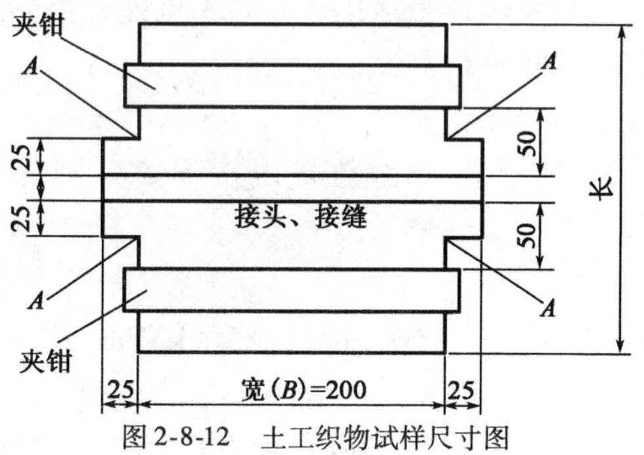

图 2-8-12　土工织物试样尺寸图

②对于机织土工织物，在距试样中心线 25mm + $b/2$ 的距离处剪 25mm 长的切口，以便拆去边纱得到 200mm 的名义宽度(图 2-8-12)。

③对于土工格栅和土工网，试样宽度至少为 200mm，包含不少于 5 个拉伸单元，长度应大于 100mm 加接头宽度，接头两侧应含有至少一排节点或交叉组织，这些节点或交叉组织不应包括被夹钳夹持住的及形成接头的节点或交叉组织(图 2-8-13)，剪去离开该排节点 10mm 处的肋条或交叉组织。试样的交叉组织至少应比被测试的拉伸单元宽 1 个节距，以利形成接头。

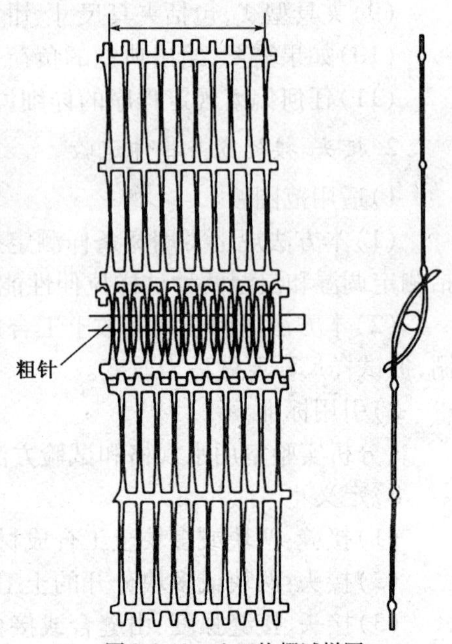

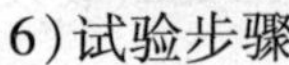
图 2-8-13　土工格栅试样图

④对于针织土工织物、复合土工织物或其他土工织物，用刀剪切试样可能会影响其结构，此时可采用热切，但应避免损伤图 2-8-12 中 A 的部位。

(5)试样调湿和状态调节：按取样与试样准备中的第 5 条规定进行。

6)试验步骤

(1)拉伸试验机的设定。调整两夹具间的隔距为 100mm ± 3mm 再加上接缝或接头宽度，土工格栅、土工网除外。选择试验机的负荷量程，使断裂强力在满量程负荷的 30% ~90% 之间。设定试验机的拉伸速度，使试样的拉伸速率为名义夹持长度的(20% ±1%)/min。

(2)夹持试样。将试样放入夹钳中心位置，长度方向与受力方向平行，保证标记线与钳口吻合，以便观察试验过程中试样是否出现打滑。

对于湿态试样，从水中取出后 3min 内进行试验。

(3)测定接头、接缝拉伸强度。开启拉伸试验机，直至接头、接缝或材料本身断裂，记录最大负荷，精确至满量程的 2%，观察和记录断裂原因：

①试样断裂；

②缝线断裂；

③试样与接头、接缝滑脱；

④接缝开裂；

⑤上述两种或多种组合；

⑥其他。

如果试样是从图 2-8-12A 点处开始断裂，或试样在夹具中打滑，则应剔除该试验结果并另取一试样进行测试。

7)结果计算

(1)接头、接缝强度。按下式分别计算纵向或横向的接头、接缝强度，精确至 3 位有效数字。

$$S_f = F_f C \tag{2-8-15}$$

式中：S_f ——接头、接缝强度(kN/m)；

F_f ——最大负荷(kN)；

C ——计算系数，由式(2-8-16)或式(2-8-17)求得。

对于土工织物或类似小孔结构材料：

$$C = \frac{1}{B} \tag{2-8-16}$$

对于土工网、土工格栅或类似材料：

$$C = \frac{N_m}{N_n} \tag{2-8-17}$$

式中：B ——试样宽度（m）；

N_m ——样品 1m 宽内的拉伸单元数；

N_n ——试样内的拉伸单元数。

(2)按试验数据整理与计算的规定计算 5 块试样的接头、接缝强度的平均值 $\overline{S_f}$ 及接头、接缝强度的变异系数 C_V。

(3)接头、接缝效率。如果需要计算接头、接缝效率，按宽条拉伸试验方法测定 5 块无接头、接缝试样的平均拉伸强度 $\overline{\alpha_f}$，其拉伸方向应与接头、接缝试样相同。

按下式计算接头、接缝效率，精确至小数点后 1 位。

$$E = \frac{\overline{S_t}}{\alpha_f} \times 100 \tag{2-8-18}$$

式中：E ——接头、接缝效率（%）；

$\overline{S_f}$ ——平均接头、接缝强度（kN/m）；

$\overline{\alpha_f}$ ——无接头、接缝材料的平均拉伸强度（kN/m）。

8)试验报告

试验报告应包括以下内容：

(1)样品名称、规格、产品的接合方法及方向、试样是否采用热切；

(2)试样的状态，即干态或湿态；

(3)拉伸试验机的类型及夹具型式；

(4)接头、接缝强度的单个值、平均值和变异系数；

(5)每一试样的断裂类型；

(6)如果需要的话，给出接头、接缝效率；

(7)任何偏离规定程序的详细说明。

3. 条带拉伸试验

1)适用范围

(1)本方法规定了单筋、单条试样测定土工合成材料拉伸性能的试验方法。

(2)本方法适用于各类土工格栅、土工加筋带。

2)引用标准

《数值修约规则与极限数值的表示和判定》(GB/T 8170—2008)

3)定义

(1)名义夹持长度

①用伸长计测量时的名义夹持长度：在试样的受力方向上，标记的两个参考点间的初始距离，一般为 60mm（两边距试样对称中心为 30mm），记为 L_0。

②用夹具的位移测量时的名义夹持长度：初始夹具的间距，一般为 100mm，记为 L_0。

(2)预负荷伸长。在相当于最大负荷1%的外加负荷下，所测的夹持长度的增加值，以 mm 表示。

(3)隔距长度。试验机上下两夹持器之间的距离。当用夹具的位移测量时，隔距长度即为名义夹持长度。

(4)实际夹持长度。名义夹持长度加预负荷伸长(预加张力夹持时)。

(5)最大负荷。试验中所得到的最大拉伸力，以 kN 表示(图 2-8-14 中的 D 点)。

(6)伸长率。试验中试样实际夹持长度内变形的增加量与实际夹持长度的比值，以%表示。

(7)最大负荷下伸长率。在最大负荷下试样所显示的伸长率，以%表示。

(8)拉伸强度。土工格栅试样被拉伸直至断裂时每单位宽度的最大拉伸力，以 kN/m 表示。

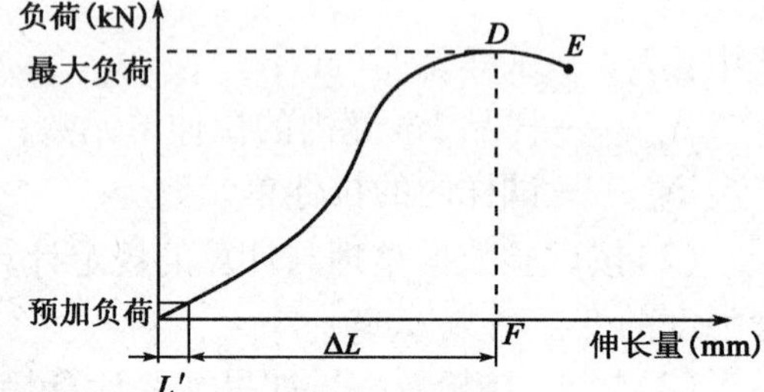

图 2-8-14　松式夹持试样的负荷—伸长曲线图

(9)断裂拉力。土工加筋带单条试样被拉伸直至断裂过程中所能承受的最大拉力，以 kN 表示。

4)仪器设备及材料

(1)拉伸试验机：具有等速拉伸功能，拉伸速率可以设定，并能测读拉伸过程中试样的拉力和伸长量，记录拉力—伸长曲线。

(2)夹具：钳口应有足够的约束力，允许采用适当措施避免试样滑移和损伤。

注：对大多数材料宜使用压缩式夹具，但对那些使用压缩式夹具出现过多钳口断裂或滑移的材料，可采用绞盘式夹具。

(3)伸长计：能够测量试样上两个标记点之间的距离，对试样无任何损伤和滑移，能反映标记点的真实动程。伸长计包括力学、光学或电子型式的，精度应不超过 ±1mm。

5)试样制备

(1)取样：按取样与试样准备的规定取样。

(2)试样数量：土工格栅纵向和横向各裁取至少 5 根单筋试样；土工加筋带裁取至少 5 条试样。

(3)试样尺寸：

①对于土工格栅，单筋试样应有足够的长度，试样的夹持线在节点处，除被夹钳夹持住的节点或交叉组织外，还应包含至少 1 个节点或交叉组织。

如使用伸长计，标记点应标在筋条试样的中心上，两个标记点之间应至少间隔 60mm，并至少含有 1 个节点或 1 个交叉组织，夹持长度应为数个完整节距。

②对于土工加筋带，试样应有足够的长度以保证夹具间距 100mm。为控制滑移，可沿试样的整个宽度与试样长度方向垂直地画两条间隔 100mm 的标记钱(不包含绞盘夹具)。

(4)试样调湿和状态调节：按本规程取样与试样准备中的第 5 条规定进行。

6)试验步骤

(1)拉伸试验机的设定。选择试验机的负荷量程，使断裂强力在满量程负荷的 30% ~ 90%之间。设定试验机的拉伸速度，使试样的拉伸速率为名义夹持长度的(20% ±1%)/min。

如使用绞盘夹具,在试验前应使绞盘中心间距保持最小,并且在试验报告中注明使用了绞盘夹具。

(2)试样的夹持和顶张。将试样在夹具中对中夹持,对已夹持好的试件进行预张,预张力相当于最大负荷的1%,记录因预张试样产生的夹持长度的增加值 L'_0。

(3)使用伸长计时,在分别距试样中心30mm的两个标记点处安装伸长计,不能对试样有任何损伤,并确保试验中标记点无滑移。

(4)测定拉伸性能。开动试验机连续加荷直至试样断裂,停机并恢复至初始标距位置,记录最大负荷,精确至满量程的0.2%;记录最大负荷下的伸长量,精确到小数点后1位。

如试样在距钳口5mm范围内断裂,结果应予剔除。如试样在夹具中滑移,或者多于1/4的试样在钳口附近5mm范围内断裂,可采取下列措施:

①夹具内加衬垫;

②对夹在钳口内的试样加以涂层;

③改进夹具钳口表面。

无论采用了何种措施,都应在试验报告中注明。

(5)测定特定伸长率下的拉伸力。使用合适的记录测量装置测定在任一特定伸长率下的拉伸力,精确至满量程的0.2%。

7)结果计算

(1)拉伸强度:

①土工格栅试样拉伸强度按下式计算:

$$\alpha_f = \frac{fn}{L} \tag{2-8-19}$$

式中:α_f——拉伸强度(kN/m);

f——试件的最大拉伸力(kN);

n——样品宽度上的筋数;

L——样品宽度(m)。

②土工加筋带试样断裂拉力,以试件最大拉伸力表示,单位为kN。

(2)试样最大负荷下的伸长率按下式计算:

$$\varepsilon = \frac{\Delta L}{L_0 + L'_0} \times 100 \tag{2-8-20}$$

式中:ε——最大负荷下的伸长率(%);

L_0——名义夹持长度(使用夹具时为100mm,使用伸长计时为60mm);

L'_0——预负荷伸长量(mm);

ΔL——最大负荷下的伸长量(mm)。

(3)特定伸长率下的拉伸力:

①土工格栅试样特定伸长率下的拉伸力按下式计算。

例如,伸长率为2%时的拉伸力:

$$F_{2\%} = \frac{f_{2\%}\,n}{L} \tag{2-8-21}$$

式中：$F_{2\%}$ ——对应2%伸长率时每延米拉伸力(kN/m)；

$f_{2\%}$ ——对应2%伸长率时试件的拉伸力(kN)；

n ——样品宽度上的筋数；

L ——样品宽度(m)。

②土工加筋带试样特定伸长率下的拉伸力以试件特定伸长率下的拉力表示，单位为kN。

(4)平均值和变异系数：

①按试验数据整理与计算的规定对土工格栅的拉伸强度、最大负荷下伸长率和特定伸长率下的拉伸力计算平均值和变异系数。

②按试验数据整理与计算的规定对土工加筋带的断裂拉力、最大负荷下伸长率和特定伸长率下的拉伸力计算平均值和变异系数。

③拉伸强度、断裂拉力和特定伸长率下的拉伸力精确至3位有效数字，最大负荷下伸长率计算到小数点后1位，按GB/T 8170—2008修约到整数，变异系数精确至0.1%。

④每组有效试样为5个。

8)试验报告

试验报告应包括以下内容：

(1)试样名称、规格型号；

(2)试样状态；

(3)每个方向的试样数量；

(4)纵向和横向的平均拉伸强度；

(5)纵向和横向最大负荷下的伸长率；

(6)如果需要，计算特定伸长率下的拉伸力；

(7)标准偏差或变异系数；

(8)试验机的型号；

(9)夹具型式，包括夹具尺寸、钳口表面型式、变形测量系统和初始夹具隔距；

(10)任何偏离规定程序的详细说明。

4. 梯形撕破强力试验

1)适用范围

(1)本方法规定了用梯形试样测定土工织物撕破强力的方法。

(2)本方法适用于测定土工织物的梯形撕破强力。

2)引用标准

《数值修约规则》(GB 8170)

3)仪器设备及材料

(1)拉伸试验机：应具有等速拉伸功能，拉伸速率可以设定，并能测读拉伸过程中的应力、应变量，记录应力—应变曲线。

(2)夹具：钳口表面应有足够宽度，以保证能够夹持试样的全宽，并采用适当措施避免试样滑移和损伤。

4)试样制备

(1)取样：按规程的规定取样。

(2)制样：纵向和横向各取10块试样，试件尺寸见图2-8-15。试样上不得有影响试验结果

的可见疵点。在每块试样的梯形短边正中处剪一条垂直于短边的15mm长的切口，并画上夹持线。

(3)试样调湿和状态调节：按规程条规定进行。

5)试验步骤

(1)调整拉伸试验机卡具的初始距离为25mm，设定满量程范围，使试样最大撕破负荷在满量程负荷的30%～90%范围内，设定拉伸速率为100mm/min±5mm/min。

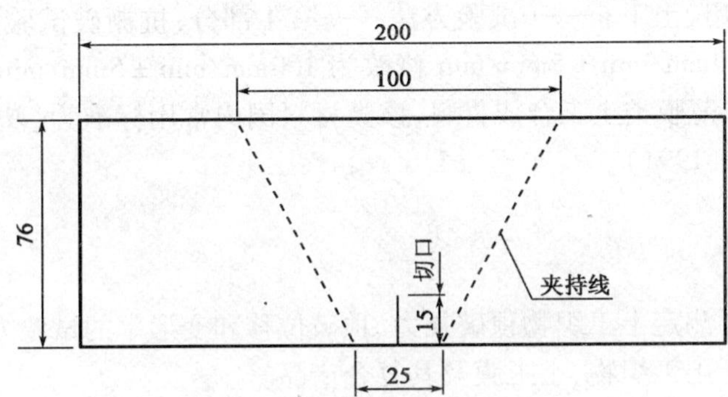

图2-8-15　梯形试样平面图(尺寸单位：mm)

(2)将试样放入卡具内，使夹持线与夹钳钳口线相平齐，然后旋紧上、下夹钳螺栓，同时要注意试样在上、下夹钳中间的对称位置，使梯形试样的短边保持垂直状态。

(3)开动拉伸试验机，直至试样完全撕破断开，记录最大撕破强力值，以N为单位。

(4)如试样从夹钳中滑出或不在切口延长线处撕破断裂，则应剔除此次试验数值，并在原样品上再裁取试样，补足试验次数。

6)试验结果

(1)按规程的规定分别计算纵、横向撕破强力的平均值和变异系数。

(2)纵、横向撕破强力以各自10次试验的算术平均值表示，以N为单位，计算到小数点后1位，按GB 8170修约到整数；变异系数精确至0.1%。

7)试验报告

试验报告应包括以下内容：

(1)样品名称、规格型号和状态描述；

(2)试验结果；

(3)试验日期；

(4)试验用的仪器类型；

(5)试验用的大气条件；

(6)试验中规定应注明的情况；

(7)任何偏离规定程序的详细说明。

8)条文说明

目前，国内外关于土工织物梯形撕破强力试验方法的标准有《土工布—试验方法—第4部分：抗撕破试验》(ISO 9073.4:1997)、美国《土工布梯形撕破强力测定》(ASTM D4533—1991)、澳大利亚《土工布试验方法——方法3：测定撕破强力—梯形法》(AS 3706.3—1990)和《土工布梯形撕破强力试验方法》(GB/T 13763—1992)，其主要参数见表2-8-3。

土工织物梯形撕破强力试验方法标准及主要参数　表 2-8-3

标准编号	试样尺寸	试样数量(块)	拉伸速率(mm/min)
ISO 9073.4:1997	梯形尺寸	10(每个方向)	100
ASTM D4533—1991	梯形尺寸	10(每个方向)	300
AS 3706.3—1990	梯形尺寸	5(每个方向)	300
GB/T 13763—1992	梯形尺寸	10(每个方向)	50 ±5

本方法非等效采用《土工布——试验方法——第 4 部分:抗撕破试验》(ISO 9073.4),较原规程,拉伸速率由 50mm/min ±5mm/min 修改为 100mm/min ±5mm/min。本方法适用于土工织物,不适用于塑料薄膜类土工合成材料,该类材料国内常用标准为《塑料直角撕破性能试验方法》(QB/T 1130—1991)。

5. 顶破强力试验

1)使用范围

(1)本方法规定了测定土工织物顶破强力、顶破位移和变形率的试验方法。

(2)本方法适用于土工织物、土工膜及其复合产品。

2)引用标准

GB 8170 数值修约规则

3)定义

(1)顶破强力

顶压杆顶压试样直至破裂过程中测得的最大顶压力。

(2)顶破位移

从顶压杆顶端开始与试样表面接触时起,直至达到顶破强力时,顶压杆顶进的距离。

(3)变形率

环形夹具内侧至顶压杆边缘之间试样的长度变化百分率。

4)仪器设备及材料

(1)试验机:应具有等速加荷功能,加荷速率可以设定,并能测读加荷过程中的应力、应变量,记录应力—应变曲线。

(2)顶破夹具:夹具夹持环底座高度须大于 100mm,环形夹具内径为 150mm(见图 2-8-16),其中心必须在顶压杆的轴线上。

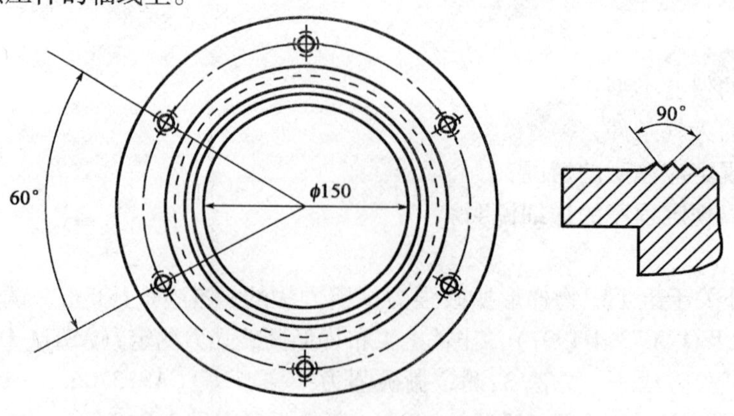

图 2-8-16　夹持设备(尺寸单位:mm)

(3)顶压杆:直径为 50mm、高度为 100mm 的圆柱体,顶端边缘倒成 2.5mm 半径的圆弧(见图 2-8-17)。

5)试样制备

(1)取样:按规程的规定取样。

(2)制样:裁取 ϕ300mm 的圆形试样 5 块,试样上不得有影响试验结果的可见疵点,在每块试样离外圈 50mm 处均等开 6 条 8mm 宽的槽(见图 2-8-18)。

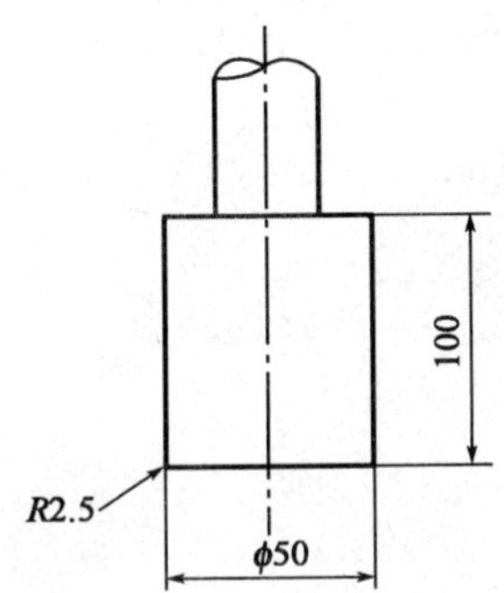

图 2-8-17　顶压杆(尺寸单位:mm)

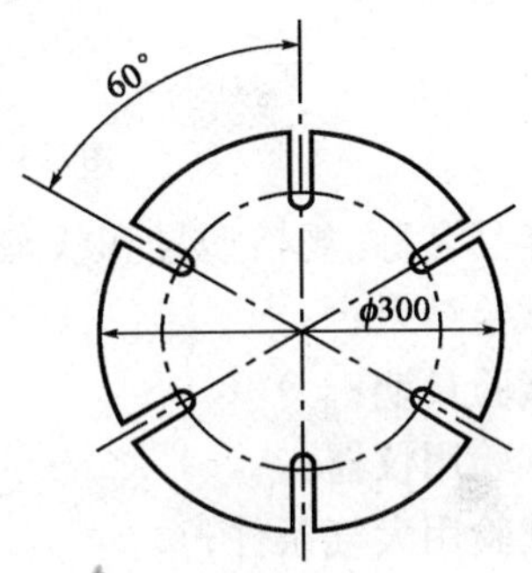

图 2-8-18　试样(尺寸单位:mm)

(3)试样调湿和状态调节:按规程的条规定进行。

6)试验步骤

(1)试样夹持:将试样放入环形夹具内,使试样在自然状态下拧紧夹具,以避免试样在顶压过程中滑动或破损。

(2)将夹持好试样的环形夹具对中放于试验机上,设定试验机满量程范围,使试样最大顶破强力在满量程负荷的 30% ~90% 范围内,设定顶压杆的下降速度为 60mm/min ± 5mm/min。

(3)启动试验机,直到试样完全顶破为止,观察和记录顶破情况,记录顶破强力(N)和顶破位移值(mm)。如土工织物在夹具中有明显滑动,则应剔除此次试验数据,并补做试验至 5 块。

7)结果计算

(1)按规程的规定,分别计算 5 块试样的顶破强力(N)、顶破位移(mm)的平均值和变异系数 C_v。顶破强力和顶破位移计算至小数点后 1 位,按 GB 8170 修约到整数。

(2)变形率计算至小数点后 1 位,按 GB 8170 修约到整数。

$$\varepsilon = \frac{L_1 - L_0}{L_0} \times 100 \tag{2-8-22}$$

$$L_1 = \sqrt{h^2 + L_0^2} \tag{2-8-23}$$

以上两式中:h ——顶压杆位移距离(mm);

L_0 ——试验前夹具内侧到顶压杆顶端边缘的距离(mm);

L_1 ——试验后夹具内侧到顶压杆顶端边缘的距离(mm);

ε ——变形率(%)。

h 、L_0 、L_1 见图 2-8-19。

8)试验报告

试验报告应包括以下内容:

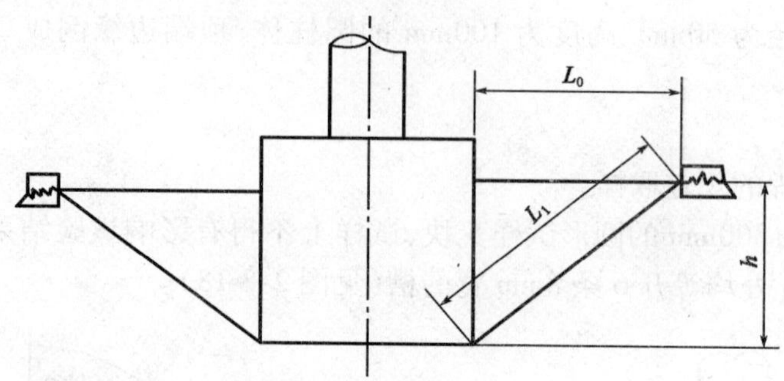

图 2-8-19 顶破试验示意图(尺寸单位:mm)

(1)样品名称、规格型号和状态描述;

(2)试验结果;

(3)试验日期;

(4)试验用仪器;

(5)试验用大气条件;

(6)任何偏离规定程序的详细说明。

9)条文说明

土工合成材料在工程结构中,要承受各种法向静态力的作用,所以顶破强力是土工合成材料力学性能的重要指标之一。评价顶破强力的方法不少,其中专用于土工织物、土工膜及其有关产品的方法有 CBR 顶破(圆柱形顶杆)和圆球顶破,而 CBR 顶破强力被广泛地用于土工织物产品标准的技术要求中。国内外有关 CBR 顶破强力的方法标准和主要参数见表 2-8-4。

CBR 顶破强力的方法标准及主要参数 表 2-8-4

标 准 编 号	顶压杆直径(mm)	夹具内径(mm)	顶压速率(mm/min)	试样数量(块)
ISO 12236—1996	50 ±0.5	150 ±0.5	50 ±10	5
DIN 54307	50	50	60 ±10	10
GB/T 14800 - 1993	50	50	60 ±5	5

本次主要修订点是:增加了试件调湿和试验用标准大气条件,结果计算增加了顶破位移和变形率,试样量由 10 块改为 5 块。顶压速率仍保持为 60mm/min ±5mm/min,与国家标准《土工布顶破强力试验方法》(GB/T 14800—1993)一致。

本方法详细地给出了试样制备和夹具的要求,但有时设备条件不同,允许在保证夹持环内径为 150mm、有效高度空间大于 100mm、能够夹紧试件的前提下采用气压或液压夹具,其试样按相关要求制备。

特别要指出的是,本方法只适用于各种土工织物、复合土工织物,土工膜、复合土工膜及其相关的复合产品,对一些稀松或孔径较大的土工合成材料不适用,土工网和土工格栅不进行该项试验。

6. 刺破强力试验

1)适用范围

(1)本方法规定了测定土工织物刺破强力的试验方法。

(2)本方法适用于土工织物、土工膜,及其复合产品。

2)引用标准

GB 8170 数值修约规则

3)仪器设备及材料

(1)试验机:应具有等速加荷功能,加载速率可以设定,能测读加载过程中的应力、应变,记录应力—应变曲线,要求行程大于100mm,加载速率能达到300mm/min±10mm/min。

(2)环形夹具:内径45mm±0.025mm,底座高度大于顶杆长度,有较高的支撑力和稳定性。

(3)平头顶杆:钢质实心杆,直径8mm±0.01mm,顶端边缘倒角0.5mm×45°。

4)试样制备

(1)取样:按规程的规定取样。

(2)制样:裁取圆形试样10块,直径不小于100mm,试样上不得有影响试验结果的可见疵点,根据夹具的具体结构在对应螺栓的位置处开孔。

(3)试样调湿和状态调节:按规程条规定进行。

5)试验步骤

(1)试样夹持,将试样放入环形夹具内,使试样在自然状态下拧紧夹具(见图2-8-20)。

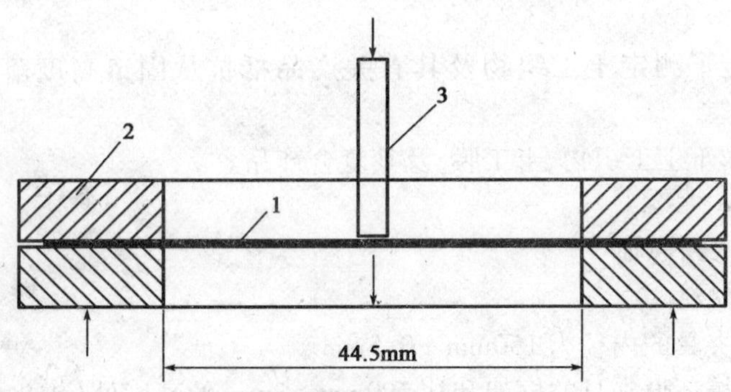

图2-8-20 刺破试验示意图

1-试样;2-环形夹具;3-ϕ8mm平头顶杆

(2)将装好试样的环形夹具对中放于试验机上,夹具中心应在顶杆的轴心线上。

(3)设定试验机的满量程范围,使试样最大刺破力在满量程负荷的30%~90%范围内,设定加载速率为300mm/min±10mm/min。

(4)对于湿态试样,从水中取出后3min内进行试验。

(5)开机,记录顶杆顶压试样时的最大压力值即为刺破强力。如土工织物在夹具中有明显滑移则应剔除此次试验数据。

(6)按照上述步骤,测定其余试样,直至得到10个测定值。

6)结果计算

按规程的规定计算10块试样刺破强力的平均值(N),按GB 8170修约到3位有效数字。如果需要,按规程的规定计算刺破强力的变异系数C_v,精确至0.1%。

7)试验报告

试验报告应包括以下内容:

(1)样品名称、规格型号和状态描述;

(2)试验日期；

(3)试验用仪器；

(4)试验用大气条件；

(5)试样刺破强力的平均值；

(6)如果需要，给出刺破强力的变异系数；

(7)任何偏离规定程序的详细说明。

8)条文说明

刺破强力的原理方法与CBR顶破强力类似，但在顶杆直径、试样面积和顶压速率上有所不同。刺破强力反映的是土工合成材料抵抗小面积集中负荷的能力，适用于各种机织土工织物、针织土工织物、非织造土工织物、土工膜和复合土工织物等产品。但对一些较稀松或孔径较大的机织物不适用，土工网和土工格栅一般不进行该项试验。

美国FHWA土工织物手册和美国材料试验协会标准ASTM D4833等通用标准中，刺破速率通常采用300mm/min ± 10mm/min，修订时参照了上述标准。主要修改点是：刺破速率由100mm/min改为300mm/min ± 10mm/min；增加了试样调湿和状态调节。

7.落锥穿透试验

1)适用范围

(1)本方法规定了测定土工织物及其有关产品抵抗从固定高度落下钢锥穿透能力的方法。

(2)本方法适用于土工织物、土工膜，及其复合产品。

2)引用标准

GB 8170 数值修约规则

3)仪器设备及材料

(1)环形夹具：夹具的内径为150mm ±0.5mm。

(2)落锥架：支撑环形夹具的框架和从500mm ±2mm的高度处（锥尖至试样的距离）释放落锥至试样中心的装置（见图2-8-21）。

注：可采用不限制落锥下落速率的导杆或借助于机械释放系统，以保证落锥锥尖朝下自由下落。

(3)不锈钢落锥：锥角45°，最大直径为50mm，表面抛光，总质量为1 000g ±5g。

(4)量锥：顶角比落锥小、，最大直径为50mm，质量为600g ±5g，标有刻度（见图2-8-22）。

4)试样制备

(1)取样：按规程的规定取样。

(2)制样：裁取圆形试样10块，大小应与所用试验装置相适应，试样上不得有影响试验结果的可见疵点。如果已知被测试样品两面的特性不同，应对两面分别试验10块试样，并在试验报告中说明，给出每面的试验结果。

(3)试样调湿和状态调节：按规程的条规定进行。

5)试验步骤

(1)将试样无褶皱地在环形夹具中夹紧，避免对试样施加预张力，并防止试验过程中试样的滑移。

(2)将装有试样的环形夹具放置在框架上（见图2-8-21），采用适当的方法，保证夹具在框架中对中水平放置。

(3)释放落锥,从锥尖离试样 500mm ± 2mm 的高度自由跌落在试样上,记录任何不正常的现象。如落锥在试样上跳动,第 2 次落下形成又一个破洞,在这种情况下,测量较大的破洞。

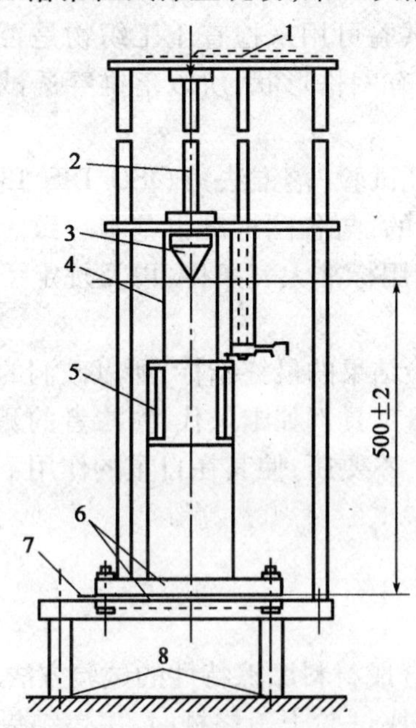

图 2-8-21　落锥架示意图(尺寸单位:mm)

1-释放系统;2-导杆;3-落锥;4-金属屏蔽;5-屏蔽;6-夹持环;7-试样;8-水平调节螺丝

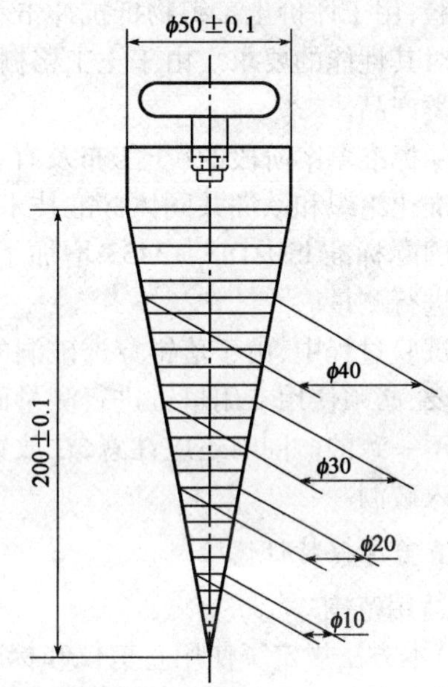

图 2-8-22　量锥示意图(尺寸单位:mm)

(4)立即从破洞中取出落锥,将量锥在自重的作用下放入破洞,10s 后测读该洞的直径,读数精确至毫米。测量值应当是在量锥处于垂直位置时的最大可见直径。如果材料的各向异性明显,即纵向和横向的性能不同,除测量较大的破洞外,有必要对其他破洞孔径进行说明。如完全穿透试样,则不需测量,记录为完全穿透。

6)试验结果的计算

按规程的规定计算 10 块试样破洞直径的算术平均值(mm)和变异系数 C_v,破洞直径计算至小数点后 1 位,按 GB 8170 修约到整数。

注:如果落锥完全穿透一块或多块试样,造成 50mm 的破洞,则不需计算平均值和变异系数。这种情况下,应在试验报告中报出单值,并就该性能作出专门的说明。

7)试验报告

试验报告应包括以下内容:

(1)样品名称、规格型号和状态描述;

(2)试验日期;

(3)试验用仪器;

(4)试验大气条件;

(5)破洞直径的平均值、变异系数;

(6)不正常的状态,如第 2 次穿透;

(7)根据破洞形状指出材料各向异性的程度;

(8)任何偏离规定程序的详细说明。

8)条文说明

落锥穿透试验是模拟具有尖角的石块或锐利物掉落在土工织物上对土工织物造成损坏的一种试验,用于评价土工织物抵抗冲击和穿透的能力。试验可用来检查土工织物是否符合现场施工对其性能的要求。由于土工格栅和土工网本身具有网格形状,所以落锥穿透试验不适用于这类产品。

国际标准草案阶段的《土工布及有关产品　动态穿孔试验(落锥法)》(ISO/DIS 13433)是国际标准化组织和欧洲共同体标准技术委员会共同制定的,与各国标准也基本一致。本次修订参照国际标准 lSO/DIS 13433 增加了试样调湿和试验用标准大气条件,以及规定了使用专用量锥进行测量。

在试验过程中,由于落锥穿透破洞的大小是评定试验结果的最终指标,所以破洞的测量精度很重要,必须使用专用量锥进行测量而不能用长度测量工具例如卡尺代替,二者的测量结果一般是不一致的。同时还应注意,在放置量锥时,不要转,不要压,使其在自重的作用下自然垂直地进入破洞。

8. 直剪摩擦特性试验

1)适用范围

(1)本方法规定了使用直剪仪和标准砂土测定土工合成材料摩擦特性的试验方法。

(2)本方法适用于所有土工合成材料,当使用刚性基座试验土工格栅时,摩擦结果应进行校正。

2)定义

(1)相对位移(ΔL):剪切试验中试样与砂土之间的位移。

(2)法向力(P):对试样施加的恒定垂直力(kN)。

(3)剪切力(T):恒速位移条件下剪切试验中测得的水平力(kN)。

(4)法向应力(σ):单位面积的法向力(kN)。

(5)剪应力(τ):砂土、土织物摩擦试验中单位面积的剪切力(kPa)。

(6)最大剪应力(τ_{max}):位移量在剪切面长度的 0 ~ 16.5% 范围内,沿砂土、土织物界面产生的最大剪切力(kPa)。

(7)摩擦角(ϕ_{sg}):土工织物和土之间的摩擦角,为最大剪应力对法向应力关系图中各点的"最佳拟合直线"的斜率(%)。

(8)表观黏聚力(C_{sg}):土工织物与土之间的抱合力,为最佳拟合直线上法向应力等于最佳拟合直线的斜率(%)时的剪应力(kPa)。

(9)砂土最大剪应力($\tau_{s,max}$):砂土(在一定法向压力下)的最大剪应力(kPa)。

(10)砂土、基座最大剪应力($\tau_{sup,max}$):砂土、试样基座剪切试验中的最大剪应力(kPa)。

(11)摩擦比($f_{g(\delta)}$):在相同的法向应力下,砂土、土工织物间最大剪应力 τ_{max} 与砂土最大剪应力 τ_{max} 之比。

3)仪器设备及材料

(1)直剪仪。有接触面积不变和接触面积递减(标准土样直剪仪)两种直剪仪,分别见图 2-8-23 和图 2-8-24。

①剪切盒:

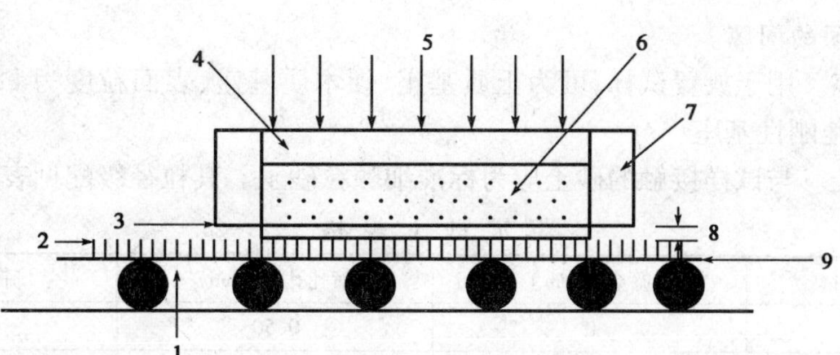

图 2-8-23　接触面积不变直剪仪示意图

1-刚性滑板;2-土工织物试样;3-水平反作用;4-法向力加载系统;5-法向力;6-标准砂土;7-刚性剪切盒;8-最大 0.5mm 隔距;9-水平力

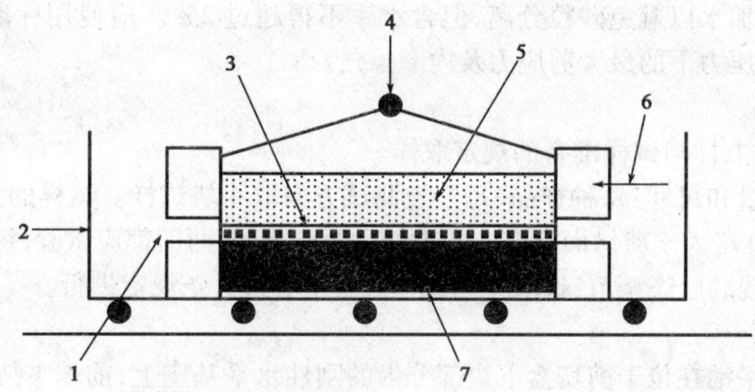

图 2-8-24　接触面积递减直剪仪示意图

1-标准剪切盒;2-水平力;3-土工织物试样;4-法向力;5-标准砂土;6-水平反作用;7-试样刚性基座

a. 接触面积不变的剪切盒:剪切盒应具有足够的刚性,在承受负荷时不发生变形,盒内部尺寸不小于 300mm×300mm,盒厚至少应为盒长的 50%,以便能容纳砂土层和加压系统。试验土工格栅时,剪切盒的最小尺寸还应该增加。

剪切盒下部为刚性滑板,滑板的长度至少为剪切盒长度加上试样尺寸的 16.5%,以确保在相对剪切位移达 16.5% 时试样和砂土之间完全接触。

b. 接触面积递减的剪切盒:上下剪切盒大小相等,尺寸至少为 300mm×300mm。

②刚性滑板。剪切盒应装在刚性滑板上,刚性滑板由低摩擦滚排或轴承支撑在机座上,滑板可在剪切方向上自由滑动。

③水平力加载装置。用于推动下剪切盒在水平方向上恒速位移,位移速率为(1±0.2)mm/min。

④施加法向力的装置。能均匀地对剪切面施加法向力,在下剪切盒恒速位移过程中法向力始终保持垂直,精度为 2%。

⑤测定剪切力和相对位移的装置。剪切力测量装置的测量精度为 0.5%。相对位移测量装置的测量精度为 0.2mm。

注:a. 仪器的设计应考虑砂土膨胀,确保剪切盘上下部分之间的间隙等于试样厚度加 0.5mm。

b. 填土及压密时上剪切盒与试样之间应装配密封条,以避免土粒堵塞上剪切盘和土工织物或土工格栅之间的间隙。

(2)试样基座。用于放置试样，可为土质基座、硬木质基座、表面粒度为 P80 的氧化铝标准摩擦基座或其他刚性基座。

(3)标准砂土。与试样接触的砂土应为标准细颗粒砂土。其粒径级配见表 2-8-5。

标准砂土规格 表 2-8-5

筛孔孔径(mm)	筛余量(%)	筛孔孔径(mm)	筛余量(%)
2.00	0	0.50	67 ±5
1.60	7 ±5	0.16	87 ±5
1.00	33 ±5	0.08	99 ±5

如果观察到细砂在试验中有流失，砂土级配必须重新校正。

可以对砂土加水以避免砂粒分离，但含水率不得超过 2%。应使用标准土样直剪仪测量砂土在不同法向压力下的最大剪应力及内摩擦角。

4)试样制备

(1)取样:按取样与试样准备的规定取样。

(2)试样数量和尺寸:每种样品、每个被测试方向取 4 块试样。试样的大小应适合于试验仪器的尺寸，宽度略大于剪切面宽度。如果样品两面不同，两面都应试验，每面试验 4 块试样。

(3)试样调湿和状态调节:按取样与试样准备中的第 5 条规定进行。

5)试验步骤

(1)将试样平铺在位于剪切盒下边部分内的刚性水平基座上，前端夹持在剪切区的前面。试样与基座之间用胶黏合(如使用 P8O 氧化铝标准摩擦基座可不黏合)。黏合后试样应平整、没有折叠和褶皱。试验中试样和基座之间不允许产生相对滑移。

注:对于大孔径(大于 15mm)、高孔隙率(孔隙面积大于试样总面积的 50%)的土工格栅，也可选用砂土基座(将下剪切盒用标准砂土填充至规定密度)。当选用刚性板作为高孔隙率土工格栅(或土工织物)的基座时，必须进行砂土和基座之间的摩擦试验，求出与每个法向应力相对应的最大剪应力($\tau_{\mathrm{sup,max}}$)。

(2)安装上剪切盒，用预先称准质量的标准砂土填充上剪切盒，装填厚度 50mm。砂土厚度应均匀，压密后的干密度为 1 750kg/m^3。

(3)安装水平力加载仪、位移测量仪(传感器或刻度表)，并对试样施加 50kPa 的法向压力。

(4)施加水平荷载，使上下剪切盒之间做速率为(1 ±0.2)mm/min 的相对位移。连续或间隔测量剪切力 T，同时记录对应的相对位移 ΔL，间隔时间为 12s，开始时也可视情况加密，直至达到剪切面长度的 16.5% 时结束试验。

(5)卸下试样，仔细地除去被测试样上的标准砂土，检查和记录试样是否发生伸长、褶皱或损坏。

(6)重复(1)~(5)步骤，在 100kPa、150kPa 和 200kPa 法向应力下再各试验一块试样。

(7)如需要，试验样品的另一方向或另一面。

注:①应测定所用直剪仪的固有内阻。当固有内阻与剪切力相比不可忽略时，在进行数据处理时，应先从剪切力测量值中减去固有内阻对测量结果进行修正，再用修正后的结果进行

计算。

②固有内阻测定方法：组装直剪仪，不放标准砂土，不加法向力，测定剪切盒以(1.0 ± 0.2)mm/min 速率移动 50mm 过程中的最大剪切力，即为直剪仪固有内阻。

6)结果计算

(1)使用下式计算每块试样的法向应力：

$$\sigma = \frac{P}{A} \tag{2-8-24}$$

式中：σ ——法向应力(kPa)；

P ——法向力(kN)；

A ——接触面积(m^2)。

(2)使用下式计算每块试样剪应力：

$$\tau = \frac{T}{A} \tag{2-8-25}$$

式中：τ ——剪应力(kPa)；

T ——剪切力(kN)；

A ——试样接触面积(m^2)。

如果使用接触面积递减的仪器，试样接触面积则为变值，每次计算均应使用与最大剪切力出现时相对应的实际接触面积值。

(3)根据剪应力和对应的相对位移作图 2-8-25，求取每块试样的最大剪应力。当剪应力与位移关系曲线出现峰值时，该峰值即为最大剪应力；当关系曲线不出现峰值时，取位移量为剪切面积长度的 10% 时的剪应力作为最大剪应力。

(4)对于所有试样(4 个)，根据最大剪应力和对应的法向应力作图 2-8-26，通过各点做出最佳拟合直线，直线与法向压力轴之间的夹角即为土工织物和砂土的摩擦角 ϕ_{sg}，最大剪应力轴上的截距为土工织物和砂土的表观黏聚力 C_{sg}。

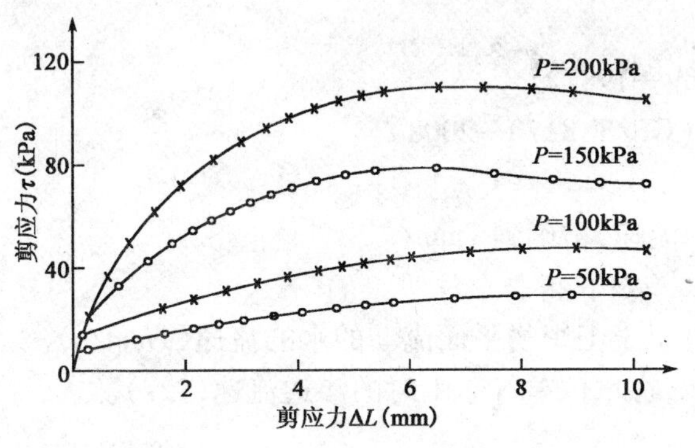

图 2-8-25　剪应力与位移关系曲线图

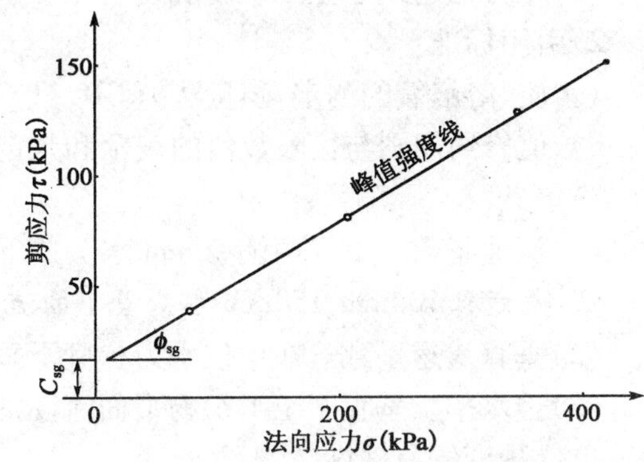

图 2-8-26　最大剪应力与法向应力关系曲线

(5)使用下式计算每块试样的摩擦比 $f_{g(\delta)}$：

$$f_{g(\delta)} = \frac{\tau_{\max(\delta)}}{\tau_{s,\max(\delta)}} \tag{2-8-26}$$

式中：$f_{g(\delta)}$ ——摩擦比；

$\tau_{max(\delta)}$ ——在不同法向应力下的最大剪应力(kPa)；

$\tau_{s,max(\delta)}$ ——在不同法向应力下标准砂土的最大剪应力(kPa)。

7)试验报告

试验报告应包括以下内容：

(1)样品名称、规格型号和状态描述；

(2)试验日期；

(3)试验用仪器；

(4)试验大气条件；

(5)试样的被测方向(纵向或横向)、正面或反面；

(6)剪应力与相对位移关系图,标示出计算中使用的最大剪应力；

(7)最大剪应力与法向应力的关系图；

(8)砂土直剪试验中剪应力与相对位移的关系图；

(9)砂土直剪试验中最大剪应力与法向应力的关系图；

(10)给出试样与标准砂土之间的黏聚力、摩擦角和摩擦比；

(11)试验中是否有破损或不正常现象的观察记录；

(12)任何偏离规定程序的详细说明。

四、水力性能试验

1. 垂直渗透性能试验(恒水头法)

1)适用范围

(1)本方法规定了土工织物及复合土工织物在系列恒定水头下垂直渗透性能的试验方法。

(2)本方法适用于土工织物和复合土工织物。

2)引用标准

《水质 溶解氧的测定 碘量法》(GB /T 7489—1987)

《数值修约规则与极限数值的表示和判定》(GB/T 8170—2008)

3)定义

(1)流速指数。试样两侧 50mm 水头差下的流速,精确到 1mm/s。

注:也可取 100mm、150mm 水头差下的流速,但应在报告中注明。

(2)垂直渗透系数。在单位水力梯度下垂直于土工织物平面流动的水的流速(1mm/s)。

(3)透水率。垂直于土工织物平面流动的水,在水位差等于 1 时的渗透流速(1/s)。

4)仪器设备及材料

(1)恒水头渗透仪：

①渗透仪夹持器的最小直径为 50mm,能使试样与夹持器周壁密封良好,没有渗漏。

②仪器能设定的最大水头差应不小于 70mm,有溢流和水位调节装置,能够在试验期间保持试件两侧水头恒定,有达到 250mm 恒定水头的能力。

③测量系统的管路应避免直径的变化,以减少水头损失。

④有测量水头高度的装置,精确到 0.2mm。

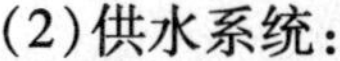

(2)供水系统：

①试验用水应按 GB /T 7489—1987 对水质的要求采用蒸馏水或经过过滤的清水，试验前必须用抽气法或煮沸法脱气，水中的溶解氧含量不得超过 10mg/kg。

②溶解氧含量的测定在水入口处进行，溶解氧的测定仪器或仪表应符合 GB/T 7489—1987 的有关规定。

③水温控制在 18 ~ 22℃。

注：由于温度校正只同层流相关，流动状态应为层流；工作水温宜尽量接近 20℃，以减小因温度校正带来的不准确性。

(3)其他用具：

①秒表，精确到 0.1s。

②量筒，精确到 10mL。

③温度计，精确到 0.2℃。

5)试样制备

(1)取样：按取样与试样准备的规定取样。

(2)试样数量和尺寸：试样数量不小于 5 块，其尺寸应与试验仪器相适应。

(3)试样要求：试样应清洁，表面无污物，无可见损坏或折痕，不得折叠，并应放置于平处，上面不得施加任何荷载。

6)试验步骤

(1)将试样置于含湿润剂的水中，至少浸泡 12h 直至饱和并赶走气泡。

(2)将饱和试样装入渗透仪的夹持器内，安装过程应防止空气进入试样，有条件时宜在水下装样，并使所有的接触点不漏水。

(3)向渗透仪注水，直到试样两侧达到 50mm 的水头差。关掉供水，如果试样两侧的水头在 5min 内不能平衡，查找是否有未排除干净的空气，重新排气，并在试验报告中注明。

(4)调整水流，使水头差达到 70mm ± 5mm，记录此值，精确到 1mm。待水头稳定至少 30s 后，在规定的时间周期内，用量杯收集通过仪器的渗透水量，体积精确到 10mL，时间精确到 s。收集渗透水量至少 1 000mL，时间至少 30s。如果使用流量计，流量计至少应有能测出水头差 70mm 时的流速的能力，实际流速由最小时间间隔 15s 的 3 个连续读数的平均值得出。

(5)分别对最大水头差 0.8、0.6、0.4 和 0.2 倍的水头差，重复(4)的程序，从最高流速开始，到最低流速结束，并记录下相应的渗透水量和时间。如果使用流量计，适用同样的原则。

注：如土工织物总体渗透性能已确定，为控制产品质量也可只测 50mm 水头差下的流速。

(6)记录水温，精确到 0.2℃。

(7)对剩下的试样重复(2) ~ (6)的步骤。

7)结果计算

(1)流速指数：

①按下式计算 20℃时的流速 ν_{20} (mm/s)：

$$\nu_{20} = \frac{VR_{\mathrm{T}}}{At} \tag{2-8-27}$$

式中：V——渗透水的体积(m^3)；

R_T —— T℃水温时的水温修正系数(表2-8-4);

A ——试样过水面积(m^2);

t ——达到水体积 V 的时间(s)。

如果使用流速仪,流速 v_T 直接测定,则按下式计算20℃时的流速 v_{20} (mm/s):

$$\nu_{20} = \nu_T R_T \tag{2-8-28}$$

②计算每块试样不同水头差下的流速 v_{20} 。使用计算法或图解法,用水头差 h 对流速 v_{20} 通过原点做曲线。在一张图上绘出5个试样的水头差 h 对流速 v_{20} 的曲线5条。

③通过计算法或图解法求出5个试样50mm水头差的流速值,给出平均值和最大、最小值。平均值为该样品的流速指数,精确到1mm/s。

(2)垂直渗透系数:

按下式计算实际水温下的垂直渗透系数 k :

$$k = \frac{v}{i} = \frac{v\delta}{\Delta h} \tag{2-8-29}$$

式中:k ——实际水温下的垂直渗透系数(mm/s);

v ——垂直土工织物平面水的流动速度(mm/s);

i ——土工织物上下两侧的水力梯度;

δ ——土工织物试样厚度(mm);

Δh ——对土工织物试样施加的水头差(mm)。

按下式计算20℃水温下的垂直渗透系数 k_{20} :

$$k_{20} = kR_T \tag{2-8-30}$$

式中:k_{20} ——水温20℃时的垂直渗透系数(mm/s);

k ——实际水温下的垂直渗透系数(mm/s);

R_T ——T℃水温时的水温修正系数(表2-8-6)。

水温修正系数　　表2-8-6

温度(℃)	R_T	温度(℃)	R_T
18.0	1.050	20.5	0.988
18.5	1.038	21.0	0.976
19.0	1.025	21.5	0.965
19.5	1.012	22.0	0.953
20.0	1.000		

(3)透水率:

按下式计算水温20℃时的透水率 θ_{20} :

$$\theta_{20} = \frac{k_{20}}{\delta} = \frac{\nu_{20}}{\Delta h} \tag{2-8-31}$$

其中:θ_{20} ——水温20℃时的透水率(1/s);

k_{20} ——水温20℃时的渗透系数(mm/s);

δ ——土工织物厚度(mm);

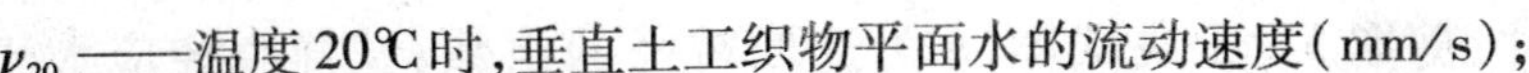

v_{20} ——温度20℃时,垂直土工织物平面水的流动速度(mm/s);

Δh ——对土工织物试样施加的水头差(mm)。

8)试验报告

试验报告应包括以下内容:

(1)样品名称、规格型号和状态描述;

(2)样品状态的描述;

(3)试验日期;

(4)渗透仪规格型号、主要技术指标;

(5)试样有效过水面积;

(6)测定全部渗透性能时,每个试样的流速对水头损失曲线的集合;

(7)水头差50mm时的流速指数(VI_{50}),如需要,给出垂直渗透系数和透水率;

(8)水温范围;

(9)供水方式和溶解氧值;

(10)任何偏离规定程序的详细说明。

2. 有效孔径试验(干筛法)

1)适用范围

(1)本方法规定了用干筛法测定土工织物孔径的试验方法。

(2)本方法适用于土工织物和复合土工织物。

2)引用标准

GB /T 6005—1997　试验筛、金属丝编织网、穿孔板和电成型薄板筛孔的基本尺寸

(GB/T 8170—2008)《数值修约规则与极限数值的表示和判定》

3)定义

(1)标准颗粒材料:洁净的玻璃珠或天然砂粒,其粒径应符合本方法中的粒径分组要求。

(2)孔径:以通过其标准颗粒材料的直径表征的土工织物的孔眼尺寸。

(3)有效孔径(O_e):能有效通过土工织物的近似最大颗粒直径。例如 O_{90} 表示土工织物中90%的孔径低于该值。

4)仪器设备及材料

(1)筛子:直径200mm。

(2)标准筛振筛机。

横向振动频率:220次/min ±10次/min;回转半径:12mm ±1mm。

垂直振动频率:150次/min ±10次/min;振幅:10mm ±2mm。

(3)标准颗粒材料。

标准颗粒材料粒径分组如下:

0.045 ~0.063、0.063 ~0.071、0.071 ~0.090、0.090 ~0.125、0.125 ~0.180、0.180 ~0.250、0.250 ~0.280、0.280 ~0.355、0.355 ~0.500、0.500 ~0.710(mm)。

(4)天平:称量200g,感量0.01g。

(5)秒表、细软刷子、剪刀等。

5)试样制备

(1)取样:按取样与试样准备的规定取样。

(2)试样数量及尺寸：剪取 $5\times n$ 块试样，n 为选取粒径的组数；试样直径应大于筛子直径。

(3)试样调湿：按取样与试样准备中的第 5 条规定进行。当试样在间隔至少 2h 的连续称重中质量变化不超过试样质量的 0.25% 时，可认为试样已经调湿。

6)试验步骤

(1)试验前应将标准颗粒材料与试样同时放在标准大气条件下进行调湿平衡。

(2)将同组 5 块试样平整、无褶皱地放入能支撑试样而不致下凹的支撑筛网上。从较细粒径规格的标准颗粒中称 50g，均匀地撒在土工织物表面上。

(3)将筛框、试样和接收盘夹紧在振筛机上，开动振筛机，摇筛试样 10min。

(4)关机后，称量通过试样进入接收盘的标准颗粒材料质量，精确至 0.01g。

(5)更换新的一组试样，用下一较粗规格粒径的标准颗粒材料重复(2)～(4)步骤，直至取得不少于三组连续分级标准颗粒材料的过筛率，并有一组过筛率达到或低于 5%。

7)结果计算

(1)按下式计算过筛率，结果按 GB/T 8170—2008 修约到小数点后两位：

$$B=\frac{P}{T}\times 100 \tag{2-8-32}$$

式中：B——某组标准颗粒材料通过试样的过筛率(%)；

P——5 块试样同组粒径过筛量的平均值(s)；

T——每次试验用的标准颗粒材料量(g)。

(2)以每组标准颗粒材料粒径的下限值作为横坐标(对数坐标)，相应的平均过筛率作为纵坐标，描点绘制过筛率与粒径的分布曲线。找出曲线上纵坐标 10% 所对应的横坐标值，即为 O_{90}；找出曲线上纵坐标 5% 所对应的横坐标值，即为 O_{95}，读取两位有效数字。

(3)土工织物有效孔径分布曲线的绘制示例：

①曲线的绘制。以每组标准颗粒材料粒径的下限值为横坐标、过筛率的平均值为纵坐标绘制有效孔径分布曲线。

② O_{90}、O_{95} 值的确定：

O_{90} 表示 90% 的标准颗粒材料留在土工织物上，其过筛率约为 $1-90\%=10\%$，曲线上纵坐标为 10% 点所对应的横坐标即定义为有效孔径 O_{90}，单位为 mm。

O_{95} 表示 95% 的标准颗粒材料留在土工织物上，其过筛率约为 $1-95\%=5\%$，曲线上纵坐标为 5% 点所对应的横坐标即定义为有效孔径 O_{95}，单位为 mm。

8)试验报告

试验报告应包括以下内容：

(1)样品名称、规格型号；

(2)样品状态的描述；

(3)试验日期；

(4)试验设备型号、主要技术指标；

(5)试验条件(标准颗粒材料的选用、摇筛时间等)；

(6)试验结果(孔径分布曲线、有效孔径)。

五、耐久性能试验

1. 抗氧化性能试验

1)适用范围

(1)本方法规定了聚丙烯和聚乙烯类土工合成材料抗氧化性能的试验方法。

(2)本方法适用于以聚丙烯和聚乙烯为原料的土工合成材料,但不适用于土工膜。

2)引用标准

《纺织品　织物拉伸性能第1部分:断裂强力和断裂伸长率的测定条样法》(GB /T 3923.1—1997)

《数值修约规则及极限数值的表示和判定》(GB/T 8170—2008)

3)仪器设备及用具

(1)拉伸试验机:应具有等速拉伸功能,拉伸速率可以设定,并能测读拉伸过程中的应力、应变量。

(2)恒温烘箱:烘箱有可调节的通风口,箱内有足够的空间供悬挂试样,并能保持设定的温度,温度精度为±1℃。

(3)耐热的试样夹持夹具:悬挂于烘箱内,能保持试样间有至少10mm的间隔,离烘箱壁的距离至少100mm。

4)试样制备

(1)取样:按取样与试样准备规定的方法抽取样品。

(2)试样数量和尺寸:从样品上剪取两组试样,一组用作加热老化的老化样;一组用作对照样。每组纵、横向各取5块试样,土工织物每块试样的尺寸至少300mm×50mm,土工格栅试样在宽度方向上应保持完整的抗拉单元,在长度方向至少有3个连接点,试样的中间有1个连接点。

(3)试样调湿和状态调节:

①试样在放入烘箱内老化前不需进行调湿和状态调节。

②进行拉伸性能试验前,对老化样和对照样进行调湿和状态调节,按取样与试验准备中的第5条规定进行。

5)试验步骤

(1)设定烘箱温度:聚丙烯材料试样烘箱温度设定为(110±1)℃;聚乙烯材料试样烘箱温度设定为(100±1)℃。

(2)当烘箱温度稳定后,将试样夹持在夹具上,悬挂在烘箱内,试样间彼此不接触,试样的总体积不超过烘箱内空间体积的10%,试样距烘箱壁的距离至少100mm。

(3)对于起加强作用的土工合成材料试样,或使用时需要长时间拉伸的试样,聚丙烯材料试样需在烘箱内老化28d;聚乙烯材料试样老化56d。对于用作其他方面的土工合成材料试样,聚丙烯材料试样需老化14d;聚乙烯材料试样老化28d。

(4)由于耐热试验过程中试样可能产生收缩,所以拉伸试验前应将对照样在烘箱相同温度下放置6h后,再调湿进行拉伸试验。

(5)拉伸性能测定:当试样在烘箱中达到规定的时间后,把试样取出,按取样与试样准备的第5条规定进行调湿和状态调节。按GB /T 3923.1—1997进行拉伸试验,拉伸速率为

100mm/min。分别计算纵、横向断裂强力的平均值，对照样记为 F_c，老化样记为 F_e；分别计算纵、横向断裂伸长的平均值，对照样记为 ε_c，老化样记为 ε_e。如果其中一块试样的拉伸试验无效，则在相同方向上再取一块试样（经过相同处理）进行试验。

6）结果计算

（1）按下式计算断裂强力保持率，按 GB/T 8170—2008 修约至 1 位小数：

$$R_F = \frac{F_e}{F_c} \times 100 \tag{2-8-33}$$

式中：R_F ——样品的断裂强力保持率（%）；

F_e ——老化样的平均断裂强力（N）；

F_c ——对照样的平均断裂强力（N）。

（2）按下式计算断裂伸长的保持率，按 GB/T 8170—2008 修约至 1 位小数：

$$R_\varepsilon = \frac{\varepsilon_e}{\varepsilon_c} \times 100 \tag{2-8-34}$$

式中：R_ε ——样品的断裂伸长保持率（%）；

ε_e ——老化样的平均断裂伸长（mm）；

ε_c ——对照样的平均断裂伸长（mm）。

7）试验报告

试验报告应包括以下内容：

（1）样品名称、规格型号；

（2）样品状态的描述；

（3）试验日期；

（4）老化试验的时间；

（5）所用烘箱的型号；

（6）烘箱温度和最大偏差；

（7）温度对对照样的影响；

（8）断裂强力保持率 R_F；

（9）断裂伸长保持率 R_ε；

（10）任何偏离规定程序的详细说明。

2. 抗酸、碱液性能试验

1）适用范围

（1）本方法规定了土工合成材料抗酸、碱液性能的试验方法。

（2）本方法适用于所有的土工合成材料。

注：本方法仅考虑试样全部浸渍于酸、碱液体中的情况。对于其他情况，可修改试验条件以符合特殊应用的要求。也可适用于某些方法预处理后的试样，例如经风化、水淬取处理或者安装时受损的试样。

2）引用标准

《数值修约规则与极限数值的表示和判定》（GB/T 8170—2008）

《纺织品　织物拉伸性能第 1 部分：断裂强力和断裂伸长率的测定条样法》（GB /T 3923.1—1997）

3）仪器设备及材料

（1）拉伸试验机：应具有等速拉伸功能，拉伸速率可以设定，并能测读拉伸过程中的应力、应变。

（2）试验容器应具有下列装置：

①密封盖：以限制挥发性成分的蒸发，如果有必要的话，可使用回流冷凝器。

②搅拌器（或等效装置）：保持液体以及液体和试样间物质交换均匀。

③试样架：确保试样位置适当，使试样间的距离至少为10mm。

④在密封盖上至少有一个可关闭的小孔，以便注入液体，控制液体的浓度。试验容器应有足够大的容积，并且能保持试液恒定的温度为（60 ±1）℃。容器和装置所用的材料应能抵抗试验所用化学品的腐蚀，通常可用玻璃或不锈钢。

（3）试液。使用两种类型的液体：

①无机酸：0.025mol/L 的硫酸。

②无机碱：氢氧化钙[$Ca(OH)_2$]饱和悬浮液，例如可用约2.5g/L 的 $Ca(OH)_2$。

应使用纯的化学试剂，试验用水为三级水。

4）试样制备

（1）取样：按取样与试样准备规定的方法抽取样品。

（2）试样的数量和尺寸。

从样品上剪取三组试样，一组用作耐酸液的浸渍样；一组用作耐碱液的浸渍样；一组用作对照样。单位面积质量的测定：每组5块试样，每块试样的尺寸至少100mm×100mm。尺寸变化和拉伸性能的测定：纵横向应分别测定，试样的尺寸至少300mm×50mm。土工格栅试样在宽度上应保持完整的抗拉单元，在长度方向应至少有3个连接点，试样的中间有1个连接点。

注：a. 建议多备几块试样，作为拉伸试验失败时的备用样。

b. 如果产品上有涂层，并且该涂层在使用过程中能够被溶液渗透，那么应分别对涂层试样和去掉涂层后试样进行试验。如果未按上述要求试验，就应在试验报告中注明：试样的涂层破损后有可能改变其抗化学性。

c. 复合产品应分别评定各层的耐酸、碱液性能。但应注意，复合材料的性能可能由于分成单层而受到影响。

5）试验步骤

（1）浸渍前的测定。浸渍前的测定，试样应进行调湿和状态调节，按取样与试样准备中的第5条规定进行。

①质量的测定：按单位面积质量规定的方法测定5块试样的单位面积质量，并计算其平均值 G_0 。

②尺寸的测定：分别在5块试样的中部沿长度方向画一条中心线，在垂直于长度方向上作两条标记线，标记线间的距离至少为250mm，沿中心线测量两个标记线之间的距离，并计算其平均值 d_0 。

（2）浸渍试验。

①试验用液体的量应是试样重量的30倍以上，并能使试样完全浸没。酸碱两种液体的温度均为（60 ±1）℃。

②将耐酸液的浸渍样和耐碱液的浸渍样，在不受任何机械应力的情况下，分别放在盛硫酸

溶液和氢氧化钙溶液的容器中，试样之间、试样与容器壁之间以及试样与液体表面之间的距离至少为10mm。不同材料的试样不应在同一个容器内试验。试样分别在两种液体中浸渍3d。

氢氧化钙溶液应连续搅拌，硫酸溶液每天至少搅拌一次，测定并记录液体的初始pH值。如液体连续使用，至少每7d要添加或者更换一次，以保持初始时的pH值。液体和试样应避光放置。

③浸渍样从酸、碱溶液中取出后，先在水中清洗，然后在0.01mol/L的碳酸钠溶液中清洗，最后再在水中清洗，要保证清洗充分。

如是涤纶土工织物，从氢氧化钙浸渍液中取出后，需去除附着的对苯二酸钙晶体，可采用以下方法：在一个不断搅拌的装置中，用10%（按重量）的氮川三乙酸钠清洗5min，然后在3%（按重量）的乙酸溶液中清洗，最后用水清洗。

④将对照样在温度为(60±1)℃的清水中浸渍1h，试验用水为三级水。

⑤浸渍样和对照样试样应在室温下干燥或在60℃温度下干燥，在干燥过程中不要对试样施加过大的应力。

(3)浸渍后的测定。

①表观检查：用肉眼检查酸、碱浸渍样与对照样的差异，例如变色等，并记录下来。

②质量的测定：按单位面积质量的测定方法，分别测定浸渍样和对照样的单位面积质量，并计算各自的平均值 G_e 和 G_c。

③尺寸的测定：将浸渍样和水浸渍后的对照样调湿后，沿中心线测量两个平行线之间的距离，并计算其平均值 d_e 和 d_c。

④拉伸性能：按GB /T 3923.1—1997分别进行浸渍样和对照样的拉伸性能试验，拉伸速率为100mm/min。

分别计算纵、横向断裂强力的平均值，浸渍样记为 F_e，对照样记为 F_c；计算断裂伸长的平均值，浸渍样记为 ε_e，对照样记为 ε_c。

⑤显微镜观察：用放大250倍的显微镜观察浸渍样和对照样之间的差异，并给出定性的结论。

6)结果计算

分别计算试样在酸、碱液体浸渍后的性能变化。

(1)质量的变化。按下式计算质量变化率，按GB/T 8170—2008修约到小数点后1位：

$$P_G = \frac{G_e - G_c}{G_0} \times 100 \tag{2-8-35}$$

式中：P_G——样品的单位面积质量变化率(%)；

G_e——浸渍样的平均单位面积质量(g/m²)；

G_c——对照样的平均单位面积质量(g/m²)；

G_0——浸渍前试样的平均单位面积质量(g/m²)。

P_G 为负时表示质量损失，为正时表示质量增加。

(2)尺寸的变化。按下式计算尺寸变化率，按GB/T 8170—2008修约到小数点后1位：

$$P_d = \frac{d_e - d_c}{d_0} \times 100 \tag{2-8-36}$$

式中：P_d——样品的尺寸变化率(%)；

d_e ——浸渍样的平均尺寸(mm);

d_c ——对照样的平均尺寸(mm);

d_0 ——浸渍前试样的平均尺寸(mm)。

P_d 为负时表示收缩,为正时表示伸长。

(3)拉伸性能的变化:

按下式计算强力保持率,按 GB/T 8170—2008 修约到小数点后 1 位:

$$R_F = \frac{F_e}{F_c} \times 100 \tag{2-8-37}$$

式中:R_F ——样品的强力保持率(%);

F_e ——浸渍样的平均断裂强力(N);

F_c ——对照样的平均断裂强力(N)。

按下式计算断裂伸长的保持率,按 GB/T 8170—2008 修约到小数点后 1 位:

$$R_\varepsilon = \frac{\varepsilon_e}{\varepsilon_c} \times 100 \tag{2-8-38}$$

式中:R_ε ——样品断裂伸长的保持率(%);

ε_e ——浸渍样的平均断裂伸长(mm);

ε_c ——对照样的平均断裂伸长(mm)。

7)试验报告

试验报告应包括以下内容:

(1)样品名称、规格型号;

(2)样品状态的描述;

(3)试验日期;

(4)视觉评定结果,如果使用显微镜观察,标明放大倍数;

(5)分别报出试样在酸、碱液中浸渍后的性能变化:质量变化率 P_G 、尺寸变化率 P_d 、强力保持率 R_F 、断裂伸长保持率 R_ε ;

(6)任何偏离规定程序的详细说明。

复习思考题

一、判断题

1. 在土工合成材料中,特种材料包括:土工格栅、土工网、土工织物、土工膜以及土工泡沫塑料等。 ( )

2. 在进行土工合成材料的试验时,全部的试验应在同一样品中截取。 ( )

3. 土工合成材料也可以用于路基加固处理,来提高地基承载力以及利用土工合成材料本身的抗拉强度加筋软基路基,从而保证路堤的稳定性。 ( )

4. 土工合成材料的厚度变化对织物的孔隙率、透水性和过滤性等水力特性没有影响。 ( )

5. 在测定土工合成材料的垂直渗透性能试验时,将饱和的试样装入渗透仪的夹持器内,可

以允许空气进入试样。（　）

6. 土工膜袋应置于阴凉、洁净的室内储存，储存期从出厂日期算起，不得超过 15 个月。（　）

7. 土工织物厚度是指土工织物在承受一定压力时，正反两面之间的距离。（　）

8. 接缝是指两块或多块土工合成材料缝合起来的连续缝迹。（　）

9. 土工织物圆柱形顶压杆顶压试样直到破裂过程中测得的最大顶压力即为顶破强力。（　）

二、单选题

1. 土工合成材料的试验数据整理与计算中，变异系数 C_V 为（　）。

A. $\frac{\sigma}{\overline{X}} \times 100\%$　B. $\frac{\sigma}{X} \times 100\%$　C. $\frac{\overline{X}}{\sigma} \times 100\%$　D. $\frac{X}{\sigma} \times 100\%$

2. 土工合成材料的宽带拉伸试验中，拉伸强度公式为（　）。

A. $\alpha_f = F_f A$　B. $\alpha_f = F_f \sigma$　C. $\alpha_f = F_f C$　D. $\alpha_f = f_n C$

3. 土工合成材料的宽带拉伸试验中，伸长率的计算公式为（　）。

A. $\varepsilon = \frac{\Delta L}{L_0 - L'_0} \times 100$　B. $\varepsilon = \frac{L'_0}{L_0 - \Delta L} \times 100$

C. $\varepsilon = \frac{L'_0}{\Delta L - L_0} \times 100$　D. $\varepsilon = \frac{\Delta L}{L'_0 - L_0} \times 100$

4. 表观黏聚力的成分代号为（　）。

A. σ_f　B. C_g　C. G_f　D. C_{sg}

5. 在条带拉伸试验中，选择拉伸机的负荷量程，使断裂强力在满量程负荷的（　）之间。

A. 10% ~70%　B. 20% ~80%　C. 30% ~90%　D. 40% ~90%

6. 塑料土工格栅试验前应进行状态调节，其环境温度及调节时间应为（　）。

A. 20℃ ±2℃；≥4h　B. 20℃ ±2℃；24h

C. 23℃ ±2℃；≥4h　D. 23℃ ±2℃；≥8h

7. 蠕变试验适合测定土工合成材料在（　）下的变形特性。

A. 长期荷载　B. 短期荷载　C. 周期荷载　D. 短暂荷载

三、多选题

1. 土工合成材料的主要功能有（　）。

A. 加筋作用　B. 隔离作用　C. 防渗作用　D. 排水作用

2. 土工合成材料在公路桥梁工程主要应用有（　）。

A. 用于护坡　B. 用于调节刚度

C. 用于临时道路　D. 用于柔性路面结构层

3. 土工合成材料的主要力学特性有（　）。

A. 蠕变特性　B. 耐久性　C. 拉伸特性　D. 撕裂强度

4. 土工合成材料的主要类型包括（　）。

A. 土工织物　B. 土工格栅　C. 土工网　D. 土工袋

5. 土工合成材料的水力学特性主要表现在(　)。

A. 顶破强度　B. 渗透性　C. 抗拉性　D. 孔隙率

6. 进行一批组的塑料土工格栅试验时,如下应在该批产品中重新抽取双倍样品进行复检的有(　)。

A. 单位面积质量、厚度或颜色中1项不合格;外观质量、拉伸或伸长率中有0项不合格

B. 单位面积质量、厚度或颜色中0项不合格;外观质量、拉伸或伸长率中有1项不合格

C. 单位面积质量、厚度或颜色中0项不合格;外观质量、拉伸或伸长率中有2项不合格

D. 单位面积质量、厚度或颜色中1项不合格;外观质量、拉伸或伸长率中有1项不合格

7. 条带拉伸试验中,如果试样在夹具中滑移,可采取(　)措施。

A. 换夹具　B. 对夹在钳口内的试样加以涂层

C. 改进夹具钳口表面　D. 夹具内加衬垫

四、问答题

1. 简述土工合成材料在公路与桥梁工程中的具体应用。
2. 请叙述土工织物厚度测定试验的试验步骤、主要仪器材料以及数据处理的方法。
3. 简述土工合成材料的主要功能及作用机理。
4. 请叙述土工合成材料试验数据整理与计算的步骤与方法。
5. 请叙述土工合成材料直剪摩擦特性试验的试验步骤,主要仪器材料及数据处理方法。

复习思考题参考答案

第一章 土工试验

一、判断题

1.（×）2.（×）3.（×）4.（×）5.（×）6.（×）7.（✓）8.（×）9.（×）10.（×）
11.（×）12.（×）13.（×）14.（✓）15.（✓）16.（✓）17.（×）18.（×）19.（×）20.（✓）
21.（✓）22.（✓）23.（×）24.（✓）25.（✓）26.（×）27.（×）28.（×）29.（×）30.（×）
31.（✓）32.（×）33.（×）34.（×）35.（×）36.（×）37.（×）38.（✓）39.（✓）40.（×）
41.（✓）42.（×）43.（×）44.（×）45.（✓）46.（×）47.（×）48.（×）49.（×）50.（×）
51.（✓）52.（✓）53.（×）54.（✓）55.（✓）56.（×）57.（×）58.（×）59.（×）60.（×）
61.（✓）62.（×）63.（×）64.（✓）65.（✓）66.（✓）67.（✓）68.（✓）69.（✓）70.（×）
71.（×）72.（×）73.（×）74.（✓）75.（×）76.（×）77.（×）78.（✓）79.（✓）80.（×）
81.（✓）82.（✓）83.（×）84.（✓）85.（✓）86.（×）87.（×）88.（×）89（×）90.（×）
91.（×）92.（✓）93.（✓）94.（✓）95.（×）96.（✓）97.（×）98.（✓）99.（✓）100.（✓）
101.（×）102.（✓）103.（✓）104.（✓）105.（×）106.（✓）107.（✓）108.（×）109.（✓）
110.（✓）111.（✓）112.（×）113.（×）114.（×）115.（✓）116.（✓）117.（×）118.（✓）
119.（×）120.（✓）121.（×）122.（✓）

二、单项选择题

1. A	2. B	3. A	4. C	5. A	6. D	7. D	8. A	9. A	10. B
11. A	12. C	13. B	14. C	15. B	16. C	17. A	18. C	19. C	20. C
21. C	22. B	23. B	24. C	25. B	26. D	27. C	28. A	29. B	30. C
31. B	32. B	33. C	34. A	35. C	36. B	37. B	38. C	39. A	40. B
41. B	42. D	43. C	44. A	45. A	46. A	47. D	48. C	49. A	50. C
51. A	52. B	53. B	54. A	55. B	56. C	57. B	58. C	59. B	60. B
61. B	62. C	63. B	64. B	65. C	66. B	67. D	68. C	69. D	70. B
71. A	72. B	73. A	74. A	75. B	76. A	77. B	78. B	79. A	80. D
81. C	82. B	83. D	84. B	85. A	86. A	87. B	88. B	89. B	90. B
91. C	92. B	93. B	94. A	95. B	96. B	97. C	98. B	99. B	100. B
101. C	102. A	103. C	104. C	105. C	106. A	107. B	108. B	109. A	110. C
111. C	112. B	113. A	114. A	115. C	116. A	117. C	118. A	119. C	120. C

三、多项选择题

1. ABC　2. AB　3. ABCD　4. ABC　5. AC
6. ABC　7. AD　8. ABCD　9. ABD　10. AB
11. AB　12. CD　13. AD　14. BC　15. BC
16. CD　17. BC　18. ABCD　19. ABCD　20. AC
21. ABC　22. ABCD　23. ABC　24. ABC　25. ABC
26. AB　27. AB　28. BD　29. BD　30. ABCD
31. BD　32. ACD　33. ACD　34. AC　35. BC
36. BCD　37. AC　38. AD　39. AB　40. AB
41. AB　42. BD　43. AC　44. BC　45. BC
46. BD　47. BC　48. BC　49. AC　50. AB
51. AC　52. AB　53. AB　54. AC　55. AC
56. BC　57. BC　58. BC　59. AC　60. AC
61. BC　62. AB

四、判选题

1. D　2. D　3. B　4. B　5. D　6. B　7. B　8. D　9. D　10. C
11. A　12. A　13. B　14. C　15. D　16. A　17. B　18. B　19. A　20. B
21. A　22. B　23. A　24. D　25. A　26. A　27. A　28. C　29. D　30. B
31. B

五、实际操作题(略)

第二章　集　　料

一、单项选择题

1. C　2. B　3. C　4. C　5. A　6. A　7. C　8. D　9. C　10. A
11. B　12. A　13. B　14. C　15. A　16. A　17. B　18. E

二、多项选择题

1. ABC　2. ABC　3. ABC　4. ABCD

三、判断题

1. ✓　2. ✓　3. ×　4. ×　5. ✓　6. ×　7. ×　8. ✓　9. ✓

四、问答题(略)

第三章　水泥混凝土及砂浆

一、单项选择题

1. C　2. A　3. D　4. A　5. A　6. B　7. B　8. C　9. A　10. C
11. C　12. D　13. C　14. A　15. C　16. A　17. D　18. B　19. D　20. B
21. C　22. A　23. D　24. A　25. B　26. B　27. A

二、多项选择题

1. AB　2. AD　3. ABC　4. BC　5. ABC
6. BCD　7. BD　8. AB　9. ABCD　10. ABC
11. ABC　12. ABCD　13. CD　14. ABC　15. AB
16. ACE　17. AB　18. BC　19. ABD　20. ABD
21. AB　22. AB　23. ACD

三、判断题

1. ×　2. ×　3. ×　4. ✓　5. ×　6. ×　7. ×　8. ×　9. ×　10. ✓
11. ×　12. ×　13. ✓　14. ×　15. ×　16. ×　17. ✓　18. ×　19. ✓　20. ✓
21. ×　22. ×　23. ×　24. ×　25. ✓　26. ✓　27. ×　28. ✓　29. ×　30. ✓
31. ×

四、问答题(略)

第四章　沥青及沥青混合料试验

一、单项选择题

1. A　2. C　3. A　4. B　5. C　6. B　7. C　8. B　9. A　10. A
11. A　12. A　13. B　14. D　15. C　16. A　17. B　18. A　19. B　20. A
21. D　22. A　23. A　24. D　25. D　26. D　27. B　28. C　29. C　30. C
31. D　32. D　33. A　34. C　35. B　36. C　37. B　38. D　39. A　40. B
41. A　42. A　43. B　44. A　45. D　46. A　47. C　48. B　49. B　50. D
51. A　52. D　53. B　54. B　55. A

二、多项选择题

1. ABC　2. AB　3. ABC　4. ADE　5. ABC
6. ABC　7. ABC　8. AB　9. AB　10. ABC
11. ABCD　12. AD　13. ABD　14. BCD　15. ABCD

16. D　17. AB　18. AD　19. AB　20. AD
21. AB　22. BD　23. AD　24. BC　25. BA
26. ABC　27. BD　28. BCD　29. ABC　30. BCD
31. ABC　32. AC　33. ACD　34. AB

三、判断题

1. ✓　2. ×　3. ×　4. ×　5. ×　6. ✓　7. ×　8. ×　9. ×　10. ✓
11. ✓　12. ×　13. ✓　14. ×　15. ×　16. ×　17. ✓　18. ×　19. ×　20. ×
21. ✓　22. ✓　23. ×　24. ×

四、问答题(略)

第五章　路面基层与底基层材料

一、单项选择题

1. A　2. A

二、多项选择题

1. ABC　2. CD　3. BD　4. ABC　5. ABCD
6. BD　7. ABCD　8. ABCD

三、判断题

1. ✓　2. ✓　3. ✓　4. ✓　5. ✓　6. ×　7. ✓　8. ✓　9. ✓　10. ×

四、问答题(略)

第六章　钢　　材

一、单项选择题

1. A　2. B　3. B　4. B　5. C　6. C　7. C　8. B　9. C　10. A
11. B　12. B　13. B　14. D

二、多项选择题

1. ABD　2. AB　3. AC　4. AD　5. AC　6. ABD

三、判断题

1. × 2. × 3. × 4. × 5. × 6. × 7. × 8. ✓ 9. ✓

四、问答题(略)

第七章 石 料

一、单项选择题

1. A 2. A 3. B 4. B 5. C 6. A

二、多项选择题

1. AC 2. BD 3. AB 4. AB

三、判断题

1. × 2. ✓ 3. ✓ 4. ✓ 5. ✓

四、问答题(略)

第八章 土工合成材料

一、判断题

1. × 2. ✓ 3. ✓ 4. × 5. ✓ 6. × 7. ✓ 8. × 9. ×

二、单选题

1. B 2. C 3. A 4. D 5. C 6. B 7. A

三、多选题

1. ABCD 2. ABCD 3. ABCD 4. ABCD 5. BD 6. BD 7. BCD

四、问答题:略

参 考 文 献

[1] 交通运输部工程质量监督局,交通运输部职业资格中心. 公路水运工程试验检测人员考试大纲(2013 年版). 北京:人民交通出版社,2013.

[2] 华人民共和国行业标准. 公路工程技术标准(JTG B01—2003). 北京:人民交通出版社,2003.

[3] 中华人民共和国行业标准. 公路路基设计规范(JTG D30—2004). 北京:人民交通出版社,2004.

[4] 中华人民共和国行业标准. 公路工程质量检验评定标准　第一册　土建工程(JTG F80/1—2004). 北京:人民交通出版社,2004.

[5] 中华人民共和国行业标准. 公路工程沥青及沥青混合料试验规程(JTG E20—2011). 北京:人民交通出版社,2011.

[6] 中华人民共和国行业标准. 公路工程无机结合料稳定材料试验规程(JTG E51—2009). 北京:人民交通出版社,2009.

[7] 中华人民共和国行业标准. 公路沥青路面施工技术规范(JTG F40—2004). 北京:人民交通出版社,2004.

[8] 中华人民共和国行业标准. 公路沥青路面设计规范(JTG D50—2006). 北京:人民交通出版社,2006.

[9] 中华人民共和国行业标准. 公路水泥混凝土路面设计规范(JTG D40—2011). 北京:人民交通出版社,2011.

[10] 中华人民共和国行业标准. 公路土工试验规程(JTG E40—2007). 北京:人民交通出版社,2007.

[11] 中华人民共和国行业标准. 公路工程集料试验规程(JTG E42—2005). 北京:人民交通出版社,2005.

[12] 中华人民共和国行业标准. 公路工程水泥及水泥混凝土试验规程(JTG E30—2005). 北京:人民交通出版社,2005.

[13] 中华人民共和国行业标准. 公路工程岩石试验规程(JTG E41—2005). 北京:人民交通出版社,2005.

[14] 中华人民共和国行业标准. 公路工程土工合成材料试验规程(JTG E50—2006). 北京:人民交通出版社,2006.

[15] 中华人民共和国行业标准. 公路路基路面现场测试规程(JTG E60—2008). 北京:人民交通出版社,2008.

[16] 张超,郑南翔,王建设. 路基路面试验检测技术. 北京:人民交通出版社,2004.

[17] 高大钊,袁聚云. 土质学与土力学(第三版). 北京:人民交通出版社,2011.

[18] 刘宗耀,杨灿文. 土工合成材料工程应用手册[M]. 北京:中国建筑工业出版社,1994.

[19] 刘宗耀. 土工合成材料在我国的应用[A]. 全国第二届土工合成材料学术会议论文集[C]. 沈阳,全国土工合成材料技术协作网,中国水力发电工程学会土工合成材料专业委

员会,1990:9-18.

[20] 庞士荣.土工合成材料的主要性能及在岩土工程中的应用[J].路基工程,1997(2):11-15.

[21] 郑卫东.程英华.我国公路工程中的土工合成材料[A].全国第五届土工合成材料学术会议论文集[C].宜昌:现代知识出版社,2000:71-81.

[22] 周志刚,华祖琨.土工加筋技术研究及其在公路铁路工程中的综合应用[A].全国第五届土工合成材料学术会议论文集[C].宜昌:现代知识出版社,2000:210-221.

[23] 陈洪江.土工织物在道路反射裂缝防治中的应用[J].武汉城市建设学院学报,2000(3):1-17.

[24] 陈洪江.土工合成材料在路桥工程中的应用[J].武汉城市建设学院学报,2001(3):1-18.

[25] 南京水利科学研究院.土工合成材料测试手册.北京:水利电力出版社,1991.